円環モデルからみた
パーソナリティと
感情の心理学

［編著］
ロバート・プルチック
ホープ・R・コント

［訳］
橋本泰央
小塩真司

Robert Plutchik & Hope R. Conte
Circumplex Models of Personality and Emotions

福村出版

This Work was originally published in English under the title of:
Circumplex Models of Personality and Emotions
as a publication of the American Psychological Association in the United States of America.
Copyright © 1997 by the American Psychological Association (APA)

The Work has been translated and republished in Japanese language
by permission of the APA through The English Agency (Japan) Ltd.

This translation cannot be republished or reproduced by any third party in any form
without express written permission of the APA.
No part of this publication may be reproduced or distributed in any form or by any means,
or stored in any database or retrieval system without prior permission of the APA.

目 次

イントロダクション　パーソナリティと感情の円環モデル ················ 7
　　　　　　　　　Robert Plutchik & Hope R. Conte

第1部　パーソナリティとの関連からみた円環

第1章　感情とパーソナリティ構造の一般モデルとしての円環モデル ··············· 20
　　　　　　　　　Robert Plutchik

第2章　円環モデルを用いた対人行動，感情，精神病症候群研究 ··············· 44
　　　　　　　　　Maurice Lorr

第3章　「対人円環」の条件：社会的支援行動の検討 ··············· 51
　　　　　　　　　Jerry S. Wiggins & Krista K. Trobst

第4章　パーソナリティ特性の研究：円環を用いた分析 ··············· 70
　　　　　　　　　Michael B. Gurtman

第5章　項目分析の利点：因子同士の横の関係性の活用 ··············· 88
　　　　　　　　　Clarence C. McCormick & Lewis R. Goldberg

第6章　家族関係と子どもの行動を表現した球体モデルと因子モデルの統合 ······· 111
　　　　　　　　　Earl S. Schaefer

第7章　人間関係のオクタゴンモデル ··············· 127
　　　　　　　　　John Birtchnell

第8章　職業興味の円周構造 ··············· 150
　　　　　　　　　Terence J. G. Tracey & James B. Rounds

第2部　感情と円環との関連

第9章　感情をどのように呼ぶべきか ·· 166

James A. Russell

第10章　インパクトメッセージの円環尺度：

感情と対人行動の操作的結びつき ·· 179

Donald J. Kiesler, James A. Schmidt, & Christopher C. Wagner

第11章　パーソナリティ特性と感情の円環モデルの理論的・方法論的精緻化 ······ 198

Gene A. Fisher

第12章　対人サークルと社交性の底流にある潜在的感情 ···························· 218

Rauni Myllyniemi

第3部　臨床問題への円環モデルの応用

第13章　パーソナリティ障害と対人円環 ·· 240

Thomas A. Widiger & Steven Hagemoser

第14章　構造方程式モデリングによる対人円環の評価 ······························ 261

David M. Romney & John M. Bynner

第15章　対人問題の円環構造 ·· 278

Leonard M. Horowitz, D. Christopher Dryer, & Elena N. Krasnoperova

第16章　円環を活用した精神療法研究 ·· 311

William P. Henry

第17章　臨床研究における構造モデルとしての対人円環：

集団精神療法，対人問題，パーソナリティ障害を例に ·················· 333

Stephen Soldz

第18章　摂食障害患者の対人特性測定と治療：円環モデルの臨床応用 ……………… 349

James K. Madison

エピローグ　円環の未来 ……………………………………………………………… 363

Robert Plutchik & Hope R. Conte

訳者あとがき ………………………………………………………………………… 372

著者索引 ……………………………………………………………………………… 374

事項索引 ……………………………………………………………………………… 383

イントロダクション

パーソナリティと感情の円環モデル

Robert Plutchik & Hope R. Conte

　過去数十年の間，パーソナリティ特性と感情の構造を定義づけようと，さまざまな努力が払われてきた。主たるアプローチは2つである。1つは因子分析を用いたアプローチで，パーソナリティや感情の基本となる，あるいは根本をなす比較的少数の次元を見出すことを目的としてきた。もう1つのアプローチはすべての特性や感情の間の類似構造を見出すことを目的としたもので，特性間の関係や感情同士の関係が連続性を持った循環行列もしくは円環によって簡潔に表現できるとする考えに立っている。

　パーソナリティ構造が今日我々の理解する形となった端緒は1940年代に行われたCattell,Eysenck, Guilfordらの研究に遡る。彼らが初めて活用し，その後多くの研究者が利用するようになった因子分析の手法は，単純構造を原則としている。結果的に，パーソナリティの構造を表現するためには4から16の基本次元が必要だと考えられてきた。近年ではすべてのパーソナリティ特性は5つの広範なパーソナリティ次元（つまり5因子モデル：Five Factor Model）によって表現可能だとする考えが支持されており，それを裏づける研究結果も数多く報告されている。5つの因子は外向性，協調性，誠実性，情緒安定性，経験への開放性と命名されている。研究者によっては経験への開放性の代わりに文化や知性を，情緒安定性の代わりに神経症傾向を，そして誠実性の代わりに行動統制を用いることもある。

　あまり知られていないが，パーソナリティ研究や感情研究で用いられる構造モデルにはもう1つ別のモデルがある。精神測定分野ではGuttmanが初期の研究で，パーソナリティ研究ではLearyやWigginsが，そして感情研究ではPlutchikやLorrがそのモデルを用いて研究を始めた。彼らはパーソナリティ特性と感情を表現する用語が（この2つの領域は用語の上でも意味の上でも重なり合う部分が非常に多いのであるが），概念的にも数学的にも円環モデルを用いて体系化できることを示した。円環モデルは，要素（特性もしくは感情）同士の位置関係が円の中で近接しているほど類似度が増し，離れた位置にあるほど非類似性が増すという特徴を持つ。さらに対立する要素同士は円の対極に配置される。これらの特徴は相関行列パターンによっても，他の数学的手法によっても定義づけることができる。このモデルを提唱する研究者によれば，円環は主にパーソナリティの対人関係に関わる側面に適用可能であるが，知性や文化的次元には必ずしも適用できない。

　円環モデルで表現される概念領域の数は，ここ30年で増加の一途をたどっている。感情やパーソナリティに加え，表情，新しい種類の精神測定手法の開発，臨床でみられる現象の解釈，職業選択の理解などである。しかし現在あるさまざまな円環モデルを一堂に集めて論じた書籍は

これまで出版されてこなかった。本書はその機会の提供を意図している。本書には 26 人の研究者が原稿を寄せてくれたが，現在円環の概念に基づいてデータ解釈や理論構築を試みている研究者のほとんどがここに含まれている。

　書籍としてある程度の一貫性を得るために，編者は各著者もしくは各グループに対していくつかの質問を投げかけ，直接間接に回答を依頼した。質問の中身は，例えば「円環はどのように定義され，どのように測定されるか」「円環はどのような点で有用か」「円環モデルと因子分析モデルの関連をどう考えるか」「研究，臨床における円環の意味は何か」といったことである。

　読み進めていただければ分かるが，各章で取り上げる研究対象はそれぞれ異なっているものの，全体では大きく 3 つのセクションに分けられている。第 1 のセクションでは主にパーソナリティ理論やパーソナリティの記述に対する円環の考え方の適用法が論じられている。第 2 のセクションでは主に感情や対人相互作用と円環モデルとの関連が取り上げられ，第 3 のセクションでは臨床上の問題に対する円環モデルの応用法（例えばパーソナリティ障害の診断や精神療法において円環が果たす役割，精神測定テストの開発基盤としての円環の活用法など）が主たるテーマとなっている。しかし 3 つのセクションは明確に区別されるものではなく，内容的に重なり合っている部分も多い。セクションに区分した目的はあくまで各章の主要なテーマを分かりやすく提示することにある。本書の最後では詳細なエピローグを記し，各著者の提起した重要な問題点を概観している。3 つのセクションを構成する各章の内容は次の通りである。

第 1 部：パーソナリティとの関連からみた円環

　第 1 部の 8 章では円環の概念を活かしたパーソナリティの表現に焦点を当てる。円環の存在を確認するための実践的方法や，円環を表現するための数理的方法，円環の考えに基づいて考案されたテストなどについて論じる。また，第 1 部では円環が対人関係に関わる多くの特性を反映するという重要な考えが繰り返し述べられている。

第 1 章　感情とパーソナリティ構造の一般モデルとしての円環モデル

　Robert Plutchik が第 1 章で示そうとしたことは次の 2 つである。まず，感情研究とパーソナリティ研究は，対人関係に関わる同じ基本的領域の異なる側面を扱っている。Plutchik がそう考える 1 つ目の理由は感情とパーソナリティを表現する語彙の多くが共通していること，2 つ目の理由は両者の機能が非常に似ていること，そして 3 つ目の理由は両者の構造がともに円環モデルでの表現に適していることである。Plutchik が示そうとしたことの 2 つ目は，感情領域とパーソナリティ領域の円環モデルを用いた研究史と，著者自身の感情心理進化理論の概略である。Plutchik の理論によれば，対人関係に関わるパーソナリティ特性はより基本的な感情から派生しており，色の 3 原色を混ぜ合わせることでほとんどの色を作り出すことができるのと同じイメージで捉えることができる。さらにパーソナリティ障害や自我防衛を含む他の領域も感情から派生したと示唆している。感情やパーソナリティ特性，パーソナリティ障害，自我防衛が円環構造で示されるとした研究を紹介し，円環モデルが対人関係一般に適用可能であるとしている。

第2章　円環モデルを用いた対人行動，感情，精神病症候群研究

　Maurice Lorr は，他に先駆けて円環モデルを情動やパーソナリティ，精神療法に適用した研究者であり，本書では対人円環の概念の発展のあらましを記している。また円環構造の有無を確かめる方法を論じ，それぞれの方法からいかに似通った結果が見出されてきたかを述べている。Lorr は印象や対人的な性癖，精神病の症状を測定する心理学的な尺度を開発してきた。そのいくつかを紹介し，それらの尺度が円環構造を示すことを裏づけるデータを紹介している。

第3章　「対人円環」の条件：社会的支援行動の検討

　Jerry S. Wiggins と Krista K. Trobst の指摘によれば，円環の応用範囲は情動や診断，表情の分類や職業選択研究まで広がってきた。著者らの考えではそれらの円環はすべて対人プロセスを反映しており，そのプロセスは地位（status）と愛（love）という基本的な対人関係の表れである。Wiggins は以前に，対人関係を表現した円環尺度を作成している。その尺度では特性同士の相関を反映した特性プロフィールを描くことが可能である。著者らはこの考え方を推し進めて，社会的支援に対する個人の性向を測定するための新たな尺度を開発した。この支援行動尺度は円環構造をなし，適合度も良好であった。支援行動尺度と社会支援スタイル尺度の相関は中程度であった。この尺度は個人のタイプ分けや，同様の概念を測定するために開発された他の尺度の妥当性を評価する際の理論的基盤になり得ると考えられる。

第4章　パーソナリティ特性の研究：円環を用いた分析

　Michael B. Gurtman が強調しているのは，円環が特性同士の関係性を表現しているがゆえに，ある構成概念と他の特性との関係を表す法則定立的ネットワークとしての役割を果たすという点である。このことを構成概念の明確化（construct elucidation）と呼んでいる。Gurtman によれば円環モデルは有用ではあるが，その応用範囲は主に対人関係領域や感情領域に限られる。さらに対人特性や感情をモデル化する上では，例えば5因子モデルにみられるような因子分析によって単純構造を求める手法よりも，円環の方が向いていると主張している。その根拠となるのは，対人領域で典型的にみられる複数因子に負荷する項目の存在である。そのような項目を理解する上では線形モデルよりも円環モデルの方が適しているからである。

　Gurtman が本書で分析対象としたのは，カリフォルニア Q セットの項目と方法論を用いて発表された過去の研究データの数々である。分析の結果，Q セットの項目の大部分が複数の因子に負荷するという，円環に典型的な特徴を示すことが明らかとなった。また特性の特徴を示す方法として，円環上に布置して示す方法に加え，円周統計学を用いた興味深い方法を紹介し，そのどちらも重要だとしている。Q セットから構成された円環は，円周統計学的分析と項目内容分析のいずれの面からみても，特性の配置や特性間の関係性，各特性の帯域幅もしくは隣接する特性同士の重なりの程度などを表現しているという。Gurtman は既存のデータを円環の考え方を用いて再分析することで，パーソナリティについて多くの洞察を得ることができると結論している。

第5章　項目分析の利点：因子同士の横の関係性の活用

　因子分析を用いた単純構造アプローチでは，ほとんどの心理変数が2つ以上の因子に対して同時に負荷すると Clarence C. McCormick と Lewis R. Goldberg は指摘している。すると1つの側面だけを測定するという考えに基づいて設計された尺度の合計得点にはどのような意味があるのかという疑問が湧いてくる。それに対して円環は内容の重なり合うカテゴリーを体系的に取り扱うことができる。しかしカテゴリー間の相関を表現するためには複雑な数学と循環データに関する統計手法が必要である。

　McCormick と Goldberg は Leary のモデルに基づき作成された対人チェックリストへの回答データを，いくつかの手法を用いて分析している。その結果どのデータの参加者の回答を取り上げても，また参加者すべての回答を平均しても，同じように円環状に配置されることを示している。円環を用いた分析によって逸脱した回答者を特定することができ，また項目プールの中から多義的な項目を拾い上げることができる。彼らが強調しているのはデータ分析の際に因子分析の手法と円環を用いた分析方法を併用することの重要性である。

第6章　家族関係と子どもの行動を表現した球体モデルと因子モデルの統合

　Earl S. Schaefer によれば尺度同士の関係をプロットして図で示す方法は概念間の相互関係を表す上で効率的であり，言葉や相関行列，因子負荷の表で示すよりも分かりやすい。円環モデルは特性間の関係を平面上の位置関係で表現したモデルであり，社会的行動や感情面の動きを研究する際にしばしば用いられてきた。Schaefer は我が子に対する母親の行動を記した研究のいくつかを再検討し，複数の下位尺度からなる2次元の円環構造が見出されたとしている。また親の行動を子どもが表現した結果を分析すると2次元上の円環状配列がみられたという。さらに夫婦の一方が自分に対するパートナーの行為をどのように認識しているかを探る研究でも，母親の娘に対するふるまいを娘が記述した研究でも，教師が13歳の子どもを評定した研究でも，項目の因子分析の結果，円環構造が見出されてきた。診断上の概念も円環状に配列できるとした初期の研究もある。

　その後の研究では，さらに学力領域の項目を加えることで，パーソナリティと適応行動に関する，より包括的な3次元球体モデルが構成されるとしている。対人関係における円環モデルや球体モデルによれば，すべての人間関係のカギとなる要素は愛（love）や受容（acceptance），統制（control），関与（involvement）などである。

第7章　人間関係のオクタゴンモデル

　John Birtchnell が提案している対人関係モデルは円ではなく八角形（オクタゴン）のモデルである。その軸は上位―下位，遠い―近いで表される次元を反映している。Birtchnell によれば対人行動は何者かから逃げる動きではなく，何者かに向かっていく動きを基盤としている。飢えのような内的に動機づけられた状態とは異なり，対人関係に関するゴールは他者との相互作用によってのみ満たされる。

イントロダクション　パーソナリティと感情の円環モデル

　Birtchnell はオクタゴンのうち基幹となる４つの特性——親密さ（closeness），疎遠（distance），上位（upperness），下位（lowerness）——それぞれについて，関連するパーソナリティ特性の概念を示している。オクタゴンに配置された特性にはそれぞれ適応的なものと不適応なものとがある。例えば親密さの適応的様態には親しげな言動や形式張らない態度，親愛の情や気軽な会話などがある。また不適応な様態としては見捨てられることへの恐れや盛んに注意を引こうとすること，１人でいるときに不安になることなどが挙げられる。

　Birtchnell によれば DSM-IV に含まれるパーソナリティ障害はいずれも８つの特性の不適応な様態に置き換えて表現することができる。例えば猜疑性パーソナリティ障害は疎遠さが不適応な様態で表出したものと捉えることが可能である。猜疑性パーソナリティ障害の患者は権力や地位に執着し，しばしば誇大な妄想を示す。それに対して自己愛性パーソナリティ障害は上位と関連する不適応様態である。自己愛性パーソナリティ障害の患者は自分が他者よりも優れており，特別な扱いを受けるべきだと信じている。そして小さくみられたり，重要ではないとみられることに対して恐れを抱いている。Birtchnell の研究はオクタゴンと臨床問題との関連性を示そうとした点で非常に興味深いが，実証的裏づけは今後の課題である。

第８章　職業興味の円周構造

　第１部の最後の章では，Terence J. Tracey と James Rounds 自身が行った職業興味に関する調査を，円環モデルを用いて再検証している。彼らが焦点を当てた Holland の仮説によれば，職業選択に関わるパーソナリティと職場環境は６つのタイプ（RIASEC）に分けることができる。その６つとは現実的（realistic），研究的（investigative），芸術的（artistic），社会的（social），企業的（enterprising），慣習的（conventional）である。６つのタイプは正六角形を構成するように配置されており，近接するタイプ同士は類似度が高いことを示している。

　本章では Holland の円周構造をさまざまな分野の研究を通して再検討している。メタ分析の結果によれば，RIASEC モデルは３つの円周モデルのいずれに対しても十分な適合度を示し，クラスターモデルよりも節約的な表現が可能であった。さらに Tracey と Rounds は職業興味とパーソナリティの構造を２つの基本的な手法（因子アプローチと円環アプローチ）を用いて検討している。円環分析は潜在的な特性よりも円周構造そのものに焦点を当てる手法である。その結果，因子アプローチと円環アプローチのいずれによっても RIASEC の６タイプを導くことが可能であった。しかし潜在特性の決定には恣意的な側面が免れ得ないことを考えれば，円周構造そのものに目を向けるべきではないかと著者たちは考えている。

　一般化の問題に関していえば，アメリカ人を対象とした多くの研究をみる限り，Holland のモデルは RIASEC の職業興味の尺度間相関をよく表現できているといえる。また性別や年齢，尺度が変わっても構造に違いはみられない。しかし文化の違いによる構造の差があると考えられている。

　本章の最後の節で Tracey と Rounds は最新の研究成果を要約した上で，職業興味のタイプをいくつに分類するかは研究者の任意であり，６より多くも少なくも分類し得ると述べている。さらに Holland の円周構造に職業威信の次元を加えることで球体構造を構成することができ，その

11

球体構造が大きな発見的価値を持つことを示している。

第 2 部：感情と円環との関連

　第 2 部では円環の考え方を感情に適用する方法に焦点を当てる。第 2 部の各章では感情を対人関係における相互作用の一側面として捉えている。感情とパーソナリティ特性を表す語句は密接に関連しており，ともに循環構造で表現することが可能である。各章で挙げられている実験データは，感情研究に対する円環の適用可能性を示している。

第 9 章　感情をどのように呼ぶべきか

　感情を余さず完全に記述するためには少なくとも 6 つの特徴を示す必要があると James A. Russell は主張する。第 1 に必要なのは感情カテゴリーの例である。第 2 に感情にはさまざまな強弱があるが，感情を表す言葉にその強弱が反映されている。第 3 に感情同士の関係は円環によって表現可能である。第 4 に感情は快楽的価値や覚醒などのより広い次元の中に位置づけられる。第 5 に感情はスクリプト（一連の出来事の配列の原型）を反映する。そして第 6 に感情のカテゴリーは曖昧な概念を表現しているにすぎない。

　円環モデルは感情同士を明確に区分するのではなく，重なり合う程度によって区別しようという，ある意味で曖昧な考え方をするモデルである。円環は段階的に変化する物事の様態を描写する方法であり，感情はまさにそのような特徴を持つ。Russell は円環を用いた感情研究の流れを簡単に振り返っている。Russell によれば円環構造は特定の言語だけでなく，さまざまな言語において繰り返し見出されてきたという。また 2 歳の子どもや，脳に深刻な損傷を負った人の表情を対象とした研究でも円環構造は見出されている。さらに異なる分析手法によっても円環構造が支持されている。

第 10 章　インパクトメッセージの円環尺度：感情と対人行動の操作的結びつき

　Donald J. Kiesler, James A. Schmidt, Cristopher C. Wagner はやりとりを行う 2 者間で喚起されるインパクトメッセージに焦点を当てている。インパクトメッセージとは感情や行動傾向，幻想などを含んだ概念で，2 者間の支配・提携関係に関する一方から他方への要求を言外に含んでいる。一方の対人行動（メッセージ）は相手の特定の反応を誘発する。例えば相補性の原理においては，一方の支配的な行動は相手から従属的な行動を，友好的な行動は相手から友好的な行動を，非友好的な行動は非友好的な行動をそれぞれ引き出すと考えられている。これらの考えは円環モデルを用いることで簡潔に表現できる。

　本章ではインパクトメッセージを測定する尺度の開発過程が述べられる。この尺度は自記式で，相手に対して抱く感情（自動的に喚起される典型的な感情で，かつ比較的意識にのぼりにくい感情）を測定する。56 項目からなる最新のインパクトメッセージ・インベントリーは，因子分析の結果，円環構造を持つことが示されている。円環の主要な 2 軸は支配性・親密性と解釈可能で，円環状に配置された要素の位置関係と理論上予想された配置との間には非常に多くの共通点がみら

れた。

　Kiesler らは最後の節で，インパクトメッセージ・インベントリーを使って隠された複雑な感情的反応を測定することができると主張している。Kiesler らの考えでは感情的反応を引き起こす最も重要な出来事は対人行動であり，その対人行動を表現する上で最も適しているのが円環モデルである。Kiesler らの試みは現代の感情理論の枠組みの中でインパクトメッセージ理論を概念として捉え直したものといえる。最後に，対人関係における相補性の考えを尺度化する際には，対人間で起きる出来事の連鎖を構成する目にみえる要素だけでなく，目にみえない隠れた要素をも尺度に盛り込む必要があると強調している。

第 11 章　パーソナリティ特性と感情の円環モデルの理論的・方法論的精緻化

　Gene A. Fisher は大学生に毎日の気分を記録させた研究について記している。得られたデータを分析したところ，円環モデルによく適合し，その円環はすでに報告されている円環と重なる部分が多かったという。Fisher の考えでは気分は感情とパーソナリティ特性を結びつけるものであり，感情とパーソナリティ特性は同じモデルで記述可能である。しかし明確な円環構造を得るためには，社会的望ましさによるバイアスを取り除く必要がある。

　Fisher は，感情を表す語句とパーソナリティ特性を表す語句とはなぜ円環構造を示すのか，と問う。彼の仮説によれば円環構造は SD 法で抽出された評価と活性の 2 つの次元を反映している。この仮説は主観的な経験である感情を，有機体たる個人のさまざまな状態を読み取るための情報とみなす考えに基づいている。さらにまた，感情は本人が望む行動と環境的要因の結果として実際に起こったこととの食い違いの程度を表しているという仮説も示されている。

第 12 章　対人サークルと社交性の底流にある潜在的感情

　第 2 部の最後の章では Rauni Myllyniemi が，パーソナリティ特性や感情を構成する要素同士の相関が円周構造を形成する理由が，対人行動のどのような性質にあるのかを考察している。Myllyniemi はその理由を感情の側面から考察し，ほとんどの対人行動は感情安定性への志向性を軸に展開されているとする考えを示している。この感情的志向性は，有害な出来事や有益な出来事に対する認知や，危険なものを取り除くことへの動機づけ，そのための行動などを含む統制手続き全体を指す。Myllyniemi によれば対人円環の各要素は社会的な意味と感情的な意味の両方を含んでいる。例えば，親密—敵意の軸は情愛，和やかさ，つらさ，苦痛などの感情をも表している。

　次いで Myllyniemi は対人円環を論じた自身の研究のいくつかを紹介している。その中の 1 つは形容詞の類似性を評定した研究で，相関行列をもとに因子分析した結果，きれいな円環構造がみられたという。2 つ目の研究ではさまざまな表情を描いた略図と写真との間の類似構造について論じ，多次元尺度構成法によって 2 次元からなる円環構造が見出されたとしている。最後にMyllyniemi は社会的・感情的志向性を進化的観点から解釈することを提案している。

第3部：臨床問題への円環モデルの応用

　第3部の6章では円環モデルが臨床的な問題を理解する上で果たし得る役割に焦点を当てる。いくつかの章では円環モデルを使ってパーソナリティ障害を表現する方法が述べられている。またパーソナリティや対人関係を測定するための心理尺度を構成する際の円環の活用法を述べた章や，円環モデルが精神療法の現場でも有用に活用できると論じた章も第3部に含まれる。

第13章　パーソナリティ障害と対人円環

　Thomas A. Widiger と Steven Hagemoser は，対人円環を使って DSM パーソナリティ障害を表現しようと試みた理論研究や実証研究の流れを概観している。その結果，対人関係上の不適応が主たる要素となっているパーソナリティ障害があり，そうしたパーソナリティ障害患者の対人関係は対人円環の観点から理解することができるとしている。パーソナリティ障害の中には，特に境界性パーソナリティ障害に顕著であるが，統合失調型パーソナリティ障害や強迫性パーソナリティ障害のような，主たる病態が対人的側面にあるものがある。著者らは，パーソナリティ障害を表現し理解する上で円環モデルが優れている点を，パーソナリティの5因子モデルを引き合いに出して論じている。

　そして，5因子モデルと対人円環の関連を調べた Costa と McCrae (1989) の研究をもとに，2つのモデルが互いに補い合う関係にあると述べている。つまり5因子モデルはパーソナリティのより包括的なモデルであり，対人円環はその中に位置づけられる。対人円環は5因子の中の2つの側面——外向性と協調性——とその組み合わせを表現している。著者らはさらに神経症傾向や誠実性，開放性の次元を組み合わせた円環についても言及し，対人円環と5因子モデルは相補的なモデルであり，相対立するものではないと結論している。

第14章　構造方程式モデリングによる対人円環の評価

　David M. Romney と John M. Bynner は，これまでパーソナリティ理論の研究者が考案してきたパーソナリティ特性モデルの歴史を簡単にまとめている。探索的因子分析の手法を用いた階層モデルや Louis Guttman の radex モデル，K. Jöreskog の確認的因子分析と構造方程式モデリングなどである。Romney らによれば，対人パーソナリティ特性とそれに関連したパーソナリティ障害を表現するモデルとしては，円環モデルが伝統的階層モデルに代わり得る最有力候補である。著者らは2つの研究で用いられたデータに対して共分散構造分析を行い，パーソナリティ障害もまた Leary の対人特性と同じように円状に配列できるとする Wiggins の理論を検証した。

　その結果，DSM-III-R の10のパーソナリティ障害のうち5つの障害（演技性，依存性，分裂病質，妄想性，自己愛性）と，Wiggins が考えていた7つの障害に関しては円環モデルにうまく適合することが示された。また反社会性，境界性，回避性，受動攻撃性，強迫性の各パーソナリティ障害同士の関係は準シンプレックスモデルで表すのが最も適切であると示唆されている。

イントロダクション　パーソナリティと感情の円環モデル

第15章　対人問題の円環構造

　Leonard M. Horowitz と D. Christopher Dryer は対人問題の構造と本質に関する自身の考えを簡潔に述べている。初めに対人問題インベントリーについて記し，その利用法を紹介している。尺度に含まれた対人問題の数々は，精神療法を受けるために来院した患者が抱える問題の代表的なものである。調査の結果，対人問題の構造が円環状をなすこと，そして対人問題が2つの基本因子の組み合わせ——つまり親密さ—愛情の因子と統制—支配の因子——で解釈できることが示されている。対人問題インベントリーは患者が抱える対人問題の視覚的表現や，精神療法の治療過程の検討，尺度同士を比較してそれぞれ何を測定しているのかを明らかにする際に活用することができる。

　また Horowitz らは対人行動に関するモデルを提案している。このモデルは次の4つの原則を仮定している。(a) 対人行動は敵対的行動から友好的行動までを含む親密さの次元と，服従的行動から支配的行動までを含む支配性の次元の2つの次元で表現可能である，(b) ある対人行動は相手から相補的な反応を引き出し，その行動と反応との関係は円環で表現可能である，(c) 2者間の非相補的行動は両者の間で緊張感を高める，(d) 人が学習するのは一連の対人的やりとりの流れではなく，特定の刺激に対する個別的で個人的な反応である。本章では4つの仮説を裏づける研究結果も同時に紹介されている。

　章の最後では対人目標についても検討がなされる。Horowitz らの考えによれば対人問題は達成されなかった対人目標の表れである。それゆえ患者の対人問題を理解するためには，まず患者の対人目標や対人希望を測定し，患者の訴えにあがってくる相手の行動がそれらを満たしているのかどうかを考える必要がある。対人目標インベントリーはそのために開発された尺度である。Horowitz らは尺度の構成や開発過程，利用方法を論じ，対人行動や対人問題が円環で表現されるように，対人目標もまた2次元の円環で簡潔に表現可能であるとする研究結果を示している。

第16章　円環を活用した精神療法研究

　William P. Henry は Benjamin の社会的行動の構造分析（Structural Analysis of Social Behavior: SASB）（Benjamin, 1993）を利用した最近の研究内容を紹介している。SASB は3つの円環で構成され，他者に対する自分のふるまいと他者から受けたふるまい，自分に対する自分自身のふるまいを測定する。研究の結果は，円環モデルが記述だけでなく説明や予測の際にも有用であるとする著者の考えを裏づけるものであった。

　本章では SASB を利用して患者の対人問題を動的に記述する方法や治療成果を測定する方法が示される。さらに Benjamin との共同研究において SASB モデルを活用して異常なパーソナリティの理論モデルを構築し，異常なパーソナリティと正常なパーソナリティとは質的に区別されるとしている。円環を使った初期の研究では，パーソナリティの病理は特性の表出の程度の問題として，つまり量的なものとして捉えられていたが，Henry の考え方はこれとは対照的である。さらに SASB の応用法——基礎理論の検証や対人的願望，恐れ，統制戦略の測定に用いられる尺度の開発など——が論じられている。これらの尺度によって共通の指標に基づいたデータを収

15

集することができるため，多岐にわたる臨床情報を１つにとりまとめて，問題・治療・結果に関するデータを一貫性をもって測定することが可能となる。著者は最後に，円環モデルを基盤とすることで精神病理の諸理論と精神療法——認知療法や行動療法，精神力動療法など多岐にわたるが——とを統合的に理解することができるとしている。

第17章　臨床研究における構造モデルとしての対人円環：
集団精神療法，対人問題，パーソナリティ障害を例に

　Stephen Soldz は対人円環を構造モデルとして扱った臨床領域の研究に焦点を当てている。１つ目の例は集団精神療法を受ける患者の行動研究である。集団内での言動を測定した得点をもとに主成分分析を行うと，対人円環の２つの次元に相当する２つの主成分が抽出された。この結果は，円環の原理とは無関係にデザインされた行動測定方法で計測したデータを使った場合でも，集団精神療法の場で患者がみせる対人行動を円環で表現できるという証拠を示したという意味で重要である。

　２つ目に挙げられているのは対人円環を使って DSM-Ⅲ-R のパーソナリティ障害同士の関係を描き出した研究である。その結果は解釈上妥当なものであり，さらに５因子モデルの外向性と協調性の組み合わせが対人円環と本質的に同じものを表していることを示していた。しかし境界性パーソナリティ障害や妄想性パーソナリティ障害などの多くのパーソナリティ障害は，対人円環上同じような場所に布置されて互いに区別がつかず，親密性の次元の両極に配置されたパーソナリティ障害は１つもなかった。パーソナリティ障害同士の関係を捉えるには５因子モデルの外向性と協調性以外の次元も活用した方がよいようである。

　Soldz はまた IIP-SC の開発過程とその特徴を述べている。IIP-SC は対人問題を円環で表現した非常に簡易的な尺度であり，時間の制約があって項目数の多い尺度が使えない場合に特に有用である。IIP-SC はそのもととなった尺度と同程度の精度で治療の効果を測定することが可能であり，患者の対人問題を円環上に配置して把握する上で使いやすい尺度といえる。

第18章　摂食障害患者の対人特性測定と治療：円環モデルの臨床応用

　James K. Madison はパーソナリティの円環モデルを摂食障害患者の診断と治療に応用した研究に焦点を当てて論じている。Wiggins の対人円環と摂食障害に関する概論をもとに，著者は摂食障害患者の対人スタイルについていくつかの仮説を提示している。そして Wiggins のモデルをもとに尺度化された対人形容詞尺度を使って，文献研究から立てた仮説——摂食障害患者には敵対的対人スタイルを持つ者が多い——を検証している。

　数多くの調査の結果，摂食障害患者の中にもさまざまな対人スタイルを持つ患者がいることが明らかとなった。その中でも際立って異なる対人スタイルを持つグループが２つあった。１つのグループは予想通り他者と距離をとり，敵対的対人スタイルを持つ患者の集まりであったが，もう１つは親切で他者との関わり合いを過度に重視する患者で構成されていた。これら２つの患者グループに対する治療戦略を立てる上で対人理論と対人円環とが活用されている。

エピローグ

　エピローグでは本書の中で議論された概念上の重要な問題を取り上げる。1つ目の問題は円環構造をどのように見出し，測定するかという問題である。これまでに数多くの方法が考案され，さらに円環を構成する要素にもさまざまな名前がつけられている現状が指摘されている。しかし，パーソナリティ特性やさまざまな感情が円状に配列されるとする研究結果は，対象者や分析方法を変えて行われた研究でも再現性が確認されており，信頼すべき結果のようである。

　2つ目の問題は，軸の意味に関する問題である。この問題は軸の抽出が因子分析によるのか，あるいは円環分析によるのかを問わない。パーソナリティの基本次元につける名前については，何年もの間，さまざまな意見が渦巻いている。しかし円環の観点から考えれば，軸は変数同士の位置関係を決める際の基準として任意に設定されたものにすぎない。軸の名称は必要であれば利用すればよいし，無視してもかまわない。大切なのは変数同士の関係が循環ネットワークで表現されるということである。

　3つ目の問題は，心理テストの作成や心理測定において円環が果たし得る役割の問題である。エピローグでは多くの円環尺度を簡単に概観したのち，2つの例を挙げて，円環がテスト項目の特徴の再解釈を可能にすること，および既存のデータの再分析によって，それまでは認識されなかった円環パターンが見出される場合があることを示す。また円環の概念に基づいて項目分析を行うことで，回答が大きく逸脱した評定者や意味の曖昧な項目の特定にも役立つことを示す。

　4つ目の問題は円環モデルと5因子モデルの関係に関する問題である。両モデルの理論的基盤の変遷を概観し，対人領域のパーソナリティ研究や感情研究で扱われてきた項目のほとんどが単純構造を持たず，2つ以上の因子に実質的に負荷することを示す。これは多くの研究ですでに指摘されてきたことであり，最近では5因子の中の2つを組み合わせると円環の特徴が強く表れるとする研究もみられる。特に外向性と協調性，情緒安定性の次元の組み合わせにおいて顕著であり，いずれも主に対人関係と関連する次元である。5因子モデルと円環モデルとは相補的なモデルであり，どちらを使うかは研究者の関心次第である。

　エピローグの最後では円環モデルの重要性に触れる。円環モデルが有用な領域として，パーソナリティ特性やパーソナリティ障害，感情や精神症状，精神療法の相互作用，適応機能，職業選択，目標設定などが挙げられる。円環モデルは新しいテストや尺度の開発を促し，円周配列を表すための新しい数理的方法を生み出している。さらに対人相互作用や精神療法の介入方法に関する，検証可能な多くの仮説にもつながっている。本書に記された数多くのアイデアは今後の理論の発展や研究の基盤になるだろう。

文　献

Benjamin, L. S. (1993). *Interpersonal diagnosis and treatment of personality disorders.* New York: Guilford.

Costa, H. R., & McCrae, R. R. (1989). *The NEO-PI/FFI manual supplement*. Odessa, FL: Psychological Assessment Resources.

第1部

パーソナリティとの関連からみた円環

第1章

感情とパーソナリティ構造の一般モデルとしての円環モデル

Robert Plutchik

　パーソナリティと感情の領域は概念的に異なる分野に属すると考えられてきたし，そう教えられてきた。しかし両者は対人関係という同じ領域の異なる側面を表していると考えるべきである。その理由をいくつか挙げてみよう。

言葉の重複

　1つ目の理由は感情を表す言葉とパーソナリティを表す言葉の多くが同じという事実である。例えばこんな研究がある。StormとStorm（1987）は子どもと大人数百人に感情を表す言葉を思いつく限り書き出してもらった。さらにテレビコマーシャルの場面を複数切り取り，そこに出てくる人物の気持ちを分類してもらった。その結果500以上の用語が収集され，さまざまなカテゴリーに分類された。面白いことに収集された多くの用語はパーソナリティを表現する際に用いられる言葉と関連した用語であった。つまり，陰気，怒った，穏やかなどの言葉は感情だけでなくパーソナリティを表現することもできたのである。同じような研究としてClore, OrtonyとFoss（1987）の研究がある。彼らは心理学の先行研究から感情を表すと考えられる膨大な言葉のリストを入手した。そして大学生に依頼してそれぞれの言葉が感情を表すと思うかどうか評価させた。結果は協力者によって大きく異なるものであった。協力者間での一致率が低かった理由の1つは，言葉だけを呈示したために前後の文脈が分からなかったからと考えられた。リスト中によいと書いてあった場合，感情を表すともパーソナリティを表すとも，どちらとも解釈することができる。同様に攻撃的という言葉も，一時的な感情ともパーソナリティとも解釈し得たのである。

　言語は数千年という長い時間をかけて発達してきた複雑な構造を持っている。さまざまな歴史的要因が相互に作用し合って，1つの言葉に多様な意味が付加さてきた。さらに，ある言葉が科学的な文脈や技術的な文脈で使われるようになれば，新しい意味が次々と追加されることだろう。不安という言葉を例に挙げて考えてみよう。ウェブスター大辞典には次の3つの定義が記されている。(a)「不安で苦しい心の状態」，(b)「気持ちが落ち着かず動揺した病的な状態」，(c)「危険に対する十分な根拠のない予感で，抑圧されたリビドーから生じた感情が転換したもの」である。同じ言葉が一時的な気持ちを表すとも，持続的な状態を表すとも定義されている。感情状態は特定の状況によって喚起される，比較的短時間の心の動きを指すと一般には考えられている。それに対して特性は安定した行動パターンで，さまざまな状況で現れると考えられている。

試験になるたびに不安を覚える人もいれば，不安を感じることが人生の一部になってしまったような人もいる。

　状態と特性の区別は多分に曖昧である（Allen & Potkay, 1981）。同じ形容詞リストが教示を変えただけで状態の測定にも特性の測定にも使われる。研究協力者に「今どう感じているか」と尋ねれば，あるいは「ここ数日どう感じていたか」と尋ねれば，それは感情的な状態や気分を尋ねていることになる。しかし「普段どう感じるか」と尋ねれば，パーソナリティ特性を尋ねていることになるのである。結局ある状態を感情と呼ぶか，パーソナリティ特性と呼ぶかは，尋ねる際の時間枠の設定次第である。従来の研究を簡潔にまとめた McCrae と Costa（1994）によれば，パーソナリティ特性は長期間にわたって極めて安定しているという。年単位の期間をおいて行った再検査の結果でも，パーソナリティ特性は 0.60 から 0.80 の相関を示すのが一般的である。またこの傾向は男女で変わらず，すべての人種でも同様だという。

　用語の意味が時間枠の設定次第で変わるのは動物を対象とした場合でも同様である。Hebb（1946）はチンパンジーを扱った初期の研究において，同じ行動が恐怖や神経質，内気さに分類され得ることを指摘しており，それは多くの要因に左右されると述べている。どの場合でも速やかに現れるのは何らかの逃避行動である。チンパンジーが恐怖を感じている場合，逃避行動は切迫したもので，明らかに特定の刺激に反応しており，普段みられない行動だという。神経質は継続的にみられる特徴であり，ちょっとしたことに驚きやすいことでそれと知ることができる。内気さは見慣れぬ個体を避ける傾向として現れる。このように同じような行動が一時的な感情状態の発露とも，パーソナリティ特性の表出とも解釈され得ることは明らかである。そしてその解釈は刺激を受けた状況や詳しい行動の様子についての情報，および個体が過去にみせた典型的な行動についての知識に依存する。

感情と特性が持つ機能的重要性

　感情とパーソナリティ特性が広範な同じ概念領域の一部であると考える 2 つ目の理由は，それらが同じような機能を備えているからである。感情がどのような機能を果たしているかという疑問はもっと取り上げられてよい。同じように「パーソナリティ特性が果たす機能は何か」と問うこともできる。

感情が果たす機能

　1872 年，Darwin はその著書『人及び動物の表情について（*The Expression of the Emotions in Man and Animals*）』で感情が果たす機能について論じた。しかし彼の考えに心理学者が目を向けたのは第二次世界大戦が終わって 10 年もたってからのことだった。それ以来，進化論的アプローチや動物行動学的アプローチによる感情研究が徐々に認められて，多くの研究者による理論的貢献がなされてきた（Plutchik, 1980a）。

　感情に対して進化論的考え方を適用する前に次の考えを確認しておこう。それは，すべての生物にとって自然環境はさまざまな問題を作り出すものであり，生存を図るためにはそれらの問題

に上手に対処しなければならない，という考えである。対処すべき問題の中には獲物や自分を狙う捕食者に対して適切な判断を下すこと，自分を守ってくれる存在や自分が庇護すべき存在，潜在的な仲間に対して適切にふるまうことが含まれている。この考えによれば，感情は系統発生のあらゆる段階でみられる基本的な適応パターンの1つと考えることができる。適応パターンには敵対行動や生殖行動，探索行動などが含まれるが，これらは系統発生のあらゆる段階で機能的に等価な行動の中で維持されてきた適応形態である。感情は基本的には個体の生存を図り遺伝子を残すためのコミュニケーションプロセスである。感情行動は未来の行動の意図を示すシグナルとして働き，相互作用する個体同士の関係に影響を与える。そうした環境で生じる緊急事態に適切に対応（例えば逃げるか戦うか）することで生き残る可能性が増えるのである（Plutchik, 1994）。

　研究者の中には感情を対人関係に対処するための戦略だと考える者もいる。Nesse（1991）は感情について次のように記している。

　　つらい時期にあっても友情や愛情はよい関係を維持するのに役立つ。怒りは相手の搾取から
　　身を守るために役立つ。（中略）不安や罪悪感は（中略）それを抱いた人に約束を履行させ，
　　社会の決まり事を遵守させ，友人に対して忠実であらしめる。（p. 33）

　感情が果たす重要な機能については，新生児研究が貴重な示唆を与えてくれる。発達的観点から考えれば，新生児は環境に潜む危険に対して最も無防備な存在である。新生児がみせるさまざまな合図や感情表現，コミュニケーションパターンは自らの無防備さを前提としている。新生児はさまざまな行動を通じて自分の養育者に働きかけ，自らの生存可能性を高めている。子どもが生き抜くためには誕生直後から多くの問題に対処しなくてはならない。そのため生存を確かなものにするための何らかのメカニズムが子どもと養育者の双方に存在している必要がある。親の注意を引き，支援を得るための方法を子どもが生得的に知らなかったとしたら，あるいは子どもが必要とするものを与える方法を親が知らなかったとしたら，種としての生存確率は低くなるだろう。そのためコミュニケーションパターンは，初めて使うその日からすぐに機能しなくてはならない。感情はコミュニケーションにおけるシグナルの役割を担っていると考えられるのである。新生児は自分の養育者に向かって感情を表出することで自らの生存確率を高めている。感情は活動を阻害するものでも，不適応の結果でもない。むしろ人の精神状態を安定させる働きがある。感情は一時的に現れる適応反応であり，人と，その周りの環境の間で関係が悪化した際には，安定した，望ましい関係へと修復するように働くのである。

　同じような指摘は育児研究の側からもなされている。Dix（1991）によれば，感情は，

　　関係性を示すバロメーターである。感情によって，子どもに対する働きかけがどの程度うま
　　くいっていると親が考えているか分かるからだ。（中略）好ましくない感情はシステムを再
　　編成する原因となり，（中略）好ましい感情は子どもとの同調を動機づけし，子どもの要求
　　や生理的欲求に対する反応を促進して親と子どもの相互作用を調和させ，親と子ども双方の
　　利益へと導く。（p. 19）

感情が果たす機能の重要性を示す最後の例として文化人類学者による霊長類の音声研究を取り上げてみよう。Seyforth, Cheney と Marler（1980）によれば，サバンナザルは捕食者の違いによって外的脅威の種類を仲間に示すための警告音を使い分けている。そしてヒョウに対する警告音を聞いた仲間は木に駆け上り，ワシに対する警告音を聞いた仲間は空を見上げ，蛇に対する警告音を聞いた仲間は地面を見渡すという。

これらの例（詳細は Plutchik, 1994 を参照されたい）から，感情的シグナルや感情の表出が動物の一生における重要な出来事——例えば威嚇や攻撃，警告，求愛，交配，社会的接触，孤立，分裂，挨拶，譲歩，支配，服従，遊びなど——と関連することが分かる。これらの出来事は個体間のさまざまな関係に影響を及ぼす。感情は恒常性を維持する装置として働き，個体間に何らかの出来事が生じた際に関係性を比較的安定した状態（もしくは通常の状態）に維持する機能を果たす。他の個体との関係が悪化した場合，感情は一時的な適応反応を示し，悪化した関係を安定的で望ましい関係に回復させる。

パーソナリティ特性が果たす機能

多くの精神分析学者が，パーソナリティ特性が重要な機能を果たしていると論じてきた。例えば精神分析学を体系づけた1人である Fenichel は，性格（パーソナリティ）を本能的な葛藤の沈殿物と考えていた（Fenichel, 1946）。さまざまな感情同士が葛藤した結果，感情的な傾向が固まり「凝固」することで，一時的な感情が永続的なパーソナリティ特性へと変化するというのが彼の考えである。Rapaport も子どもが表す感情は一時的なものだが，大人になると不安症の人は常に不安に悩まされ，悲観的な人はふさぎこみがちであり，陽気な人はいつでも快活だと述べている（Rapaport, 1950）。

最近の研究では精神分析学者の Spezzano（1993）が，精神分析の論文には明示的な情動の理論が組み込まれており，精神分析学とは主に情動の理論を扱う学問であると述べている。彼の考えでは精神障害は情動を調節しようとする試みである。精神障害（ここでは性格神経症やパーソナリティ障害を指す）は対人関係を調節する機能を持つ。例えば愛には，個人的な課題に対して他者の協力をつなぎとめる作用がある。脅しを用いることで，痛みや脅威を招き得る相互作用が起きないようにしたり，相手に対して優位に立とうとする。精神分析が読み解くのはそのような患者の情動であり，情動に対する患者の自己欺瞞の仕方である。自己欺瞞には明確な役割——自分の限界を認識することに伴う痛みを和らげる役割——があるのである。

パーソナリティ特性が果たす機能の重要性を論じているのは精神分析学者だけではない。例えば心理学者の Millon（1994）はパーソナリティを生涯にわたる個人のスタイルと捉えており，他者との関わり方や問題が起きた際の対処の仕方，感情の表し方と関連すると指摘している。個人の考え方や人との関わり方には比較的決まったパターンがあり，外的な力を利用したり，制御したり，外的な力に対して順応するなどの機能を果たしている。パーソナリティ特性の表出は相手から相補的で，たいてい予想可能な反応を引き出す。そして対人問題の脅威を低減し，対人関係の安定化に寄与する。

Millon（1994）によれば，不安や抑うつ，自己批判などの長期的な感情のパターン（つまりパー

ソナリティ特性）がもたらすものはさまざまである。他者からの心遣いという第二次疾病利得を
もたらし，責任を逃れる言い訳になる。成績不振を合理化し，他者に怒りを向けることを正当化
する。では何が一時的な感情を永続的なパーソナリティ特性へと変化させるのだろうか。彼の考
えによれば，それは「人が人生の中で直面する経験が限られており，かつ同じような経験が何度
も繰り返される」（p. 287）ことである。

　Millon の考えを慢性的な悲嘆や憂うつなどのパーソナリティ特性に当てはめて考えてみよう。
人を悲しみに突き落とす出来事といえば大切なものや大切な人を失うことであろう。人は特徴的
な表情や声によって（例えば泣いたり，悲しみのシグナルを示したりすることによって）喪失感を表現
する。そのような悲しみのシグナルをみた人はたいてい同情を示し，何か手助けしようとするだ
ろう。抑うつの特性は極端な形で現れた持続的な悲しみのシグナルで，本人が自覚するとしない
とにかかわらず，他者からの援助を引き出す機能を絶えず果たしていると考えられる。

　Cantor と Harlow（1994）の考えでは，対人不安という特性には他者の主導権を自らに受け入
れさせることによって不安な状況を解消する機能がある。対人不安特性が高い人はその不安ゆえ
に他者から注意を引くことを避け，結果的にプレッシャーを受けることなくふるまうことがで
きる。

　不安という特性が果たす役割については，Trower と Gilbert（1989）は別の考えを持っている。
哺乳類の中でも霊長類は群れを作って生活しているが，群れの中では優勢順位が決まっており，
群れの安定性が保たれている。各個体が自分の地位に見合った行動をとることで，群れとしての
凝集性が高まる。ある個体が自分より優位な個体から威嚇を受けることがあっても，群れから逃
げることはほぼ不可能である。群れの助けなくして生き延びることは難しいからである。威嚇を
受けた個体が群れに残るには従属を示す儀礼やしぐさをとらなくてはならない。対人不安は群れ
としての凝集性を保つために発達した可能性が考えられるのである。そう考えると，対人不安特
性の高い人は敵意と競争に満ちたこの世界で脅威を見積もり，地位の喪失に対処する方法を身に
つけているといえる。

　パーソナリティ特性の役割について，最後に攻撃性を例に挙げて考えてみよう。Novaco（1976）
は人の攻撃性には多くの有用な機能があることに気づいた。第1に攻撃性が高い人は目的達成の
ために熱心に取り組む。攻撃性は気力と関連を持ち，目的達成の牽引力となる。第2に攻撃的な
人は他者をおじけづかせ，強くて危険な存在だという印象を与える傾向がある。このような印象
を与えることで，危機に際しては資源を獲得しやすくなり，生き延びる可能性が高くなる。第
3に攻撃性は自らの脆弱感を減じ，無力感が意識に上るのを防ぐ。そして第4に攻撃的な人はグ
ループの支配構造やヒエラルキーを中心になって作り上げる。支配構造やヒエラルキーが確立
することでメンバー間の関係性が安定し，グループの凝集性が保たれるため，攻撃性の特性はグ
ループメンバーの生存率を高める。

　本節でみたさまざまな例から分かるように，感情とパーソナリティ特性とは似通った機能——
社会関係の調節——を果たしている。感情傾向が永続したものが特性であり，感情と特性は同じ
概念領域の異なる側面を表している。

感情の円環構造

　感情同士の関係性を円周モデルもしくは円環モデルで表現しようという試みがこれまでになされてきた。またパーソナリティ特性同士の関係を円環モデルで表現する試みも並行して，時には同時に行われてきた。本節ではその歴史を簡単に振り返ってみよう。

　1921 年，McDougall は感情と色彩には類似する点があると指摘した。

> 色彩には非常に多くの種類があって，それらは感情と同様に細かなグラデーションをなして徐々に移り変わっていく。しかしこれら微妙な色彩はすべて，さまざまな割合で溶け合い，混じり合った少数の原色に還元することができる。（中略）同じことは感情に当てはまる。(p. 114)

　感情と色彩の単純な類似を考えると，感情にも基本的な感情が存在して，色相環に似た感情環のようなものが構成できるのではないだろうか。1941 年，Schlosberg は Frois-Wittmann が作成した顔写真 72 枚を実験参加者にみせて，写真の表情がどのような感情を表しているのか判定させた結果を報告した。実験で用いられた判定の区分は 6 つの感情領域——愛・幸福・歓喜，驚き，恐怖・苦しみ，怒り・決意，嫌悪，軽蔑——である。各表情に対する判定が複数の区分にまたがるという結果から，Schlosberg は色相環に似た円周構造を見出している。そして表情を円周構造に並べたこの平面は 2 つの軸もしくは次元で規定されると示唆している。それは感じが良い—悪いという軸と注意—拒絶という軸の 2 つである。1954 年には強度を表す次元を 3 つ目の軸として追加して，円錐状のモデルを構成している。

　筆者も 1958 年に同じような円錐状モデルを提案している。それは感情同士の関係を表現したモデルで，基本感情として 8 つの感情（4 対の対極となる感情）——喜びと悲しみ，怒りと心配，受容と嫌悪，驚きと期待——を想定している。このモデルの詳細は拙著（1962, 1980a, 1994）や拙論（1970, 1980b, 1983, 1989, 1990, 1993, 1994, 1995）を参照されたい。

　感情の円周構造に関する別の研究として Block（1957）の研究を挙げることができる。Block は女子大学生に 15 の感情を呈示して，20 の尺度群で構成された SD 法を用いて評定するように求めた。尺度は 7 段階の両極性尺度で，「良い—悪い」「高い—低い」「活動的—受動的」「緊張した—リラックスした」などの対義語を両極に並べたものである。Block は感情ごとに得られた尺度の平均値を用いて，15 の感情のプロフィールを描き出している。のちに筆者はそのプロフィールを用いて，あらゆる組み合わせからなる相関行列を作成し，因子分析を行った。その結果 2 因子で分散の多くが説明され，15 の感情が以下の並びで円周構造を作る（誇り，期待，高揚，愛，満足，思いやり，郷愁，退屈，悲嘆，罪悪感，謙遜，心配，妬み，恐れ，怒りの順番）ことが分かった。対極に配置された感情の組み合わせには高揚と悲嘆，満足と心配，愛と退屈などがあった。男女差はみられず，ノルウェーの大学生を対象とした研究においてもほぼ同様の結果が得られた。

　感情の円環構造について研究を進める中で，筆者は一対比較法を修正して用いたことがある

第 1 部　パーソナリティとの関連からみた円環

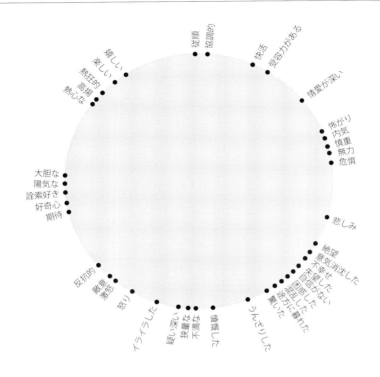

図 1 － 1　類似度評定および SD 法に基づく感情概念の円環構造
Plutchik, 1980a, copyright HarperCollins より許可を得て転載

(Plutchik, 1980a)。明らかに意味が異なる語を 3 語選んで比較対象とし，参加者には感情を表す 146 語を比較対象の 3 語と照らし合わせて類似度を判定してもらった。判定には「正反対（－5 点）」から「関連なし（0 点）」「同じ（＋5 点）」までの 11 段階の尺度を用いた。そして得られた類似度の平均値をベクトル角に変換して円周上に配置した。その際，「関連なし」同士は 90 度離れた位置に，「正反対」は 180 度離れた位置にくるように配置した。図 1 － 1 は感情を表す 146 語のうちの 40 語を円周上に配置したものである。

　この図で注目すべきは，分布に多少密な部分，疎な部分があるものの，言葉が円のほぼ全周に散らばっていることである。意味の似た言葉同士は近くに，「受容」と「敵意」のような（あるいは「独断的」と「内向的」のような）反対の意味を持つ言葉同士はほぼ 180 度離れたところに配置されている。円環はまた感情を表す用語の曖昧さを明らかにしてくれる。例えば，頑固，憤慨した，疑い深いは一般に考えられているよりもお互い近い意味合いを持っていることが分かる。

　この感情サークルの妥当性を検証するために SD 法を用いてさらに研究を行い，先ほどの研究と同じ単語が円周上に占める位置を検討した。先ほどと同じ 40 語を用いて，5 人の参加者が SD 法（7 段階，20 形容詞対）による判定を行った。用語のプロフィール同士の相関関係をもとに因子分析を行い，因子負荷量をもとにデータをプロットすることで各用語のベクトル角を得た。これらのベクトル角を一対比較法で得られたベクトル角と比較したところ積率相関係数は 0.90 で，2 つの研究から得られた円環の並びがほぼ等しいことが示唆された。

他の手法を用いた研究によっても感情の円環構造が見出されている（Russell, 1989）。感情語の並びが一部異なっているのは分析方法の違いや選んだ用語の違いによると考えられる。

パーソナリティ特性の円環構造

1903 年，Wundt は古代ギリシャ人が考えた 4 つの気質のうち粘液質（自制的，持続的な，冷静な）と胆汁質（自己顕示的な，せっかちな，活動的な），多血質（愛想がよい，のんきな，満足した）と黒胆汁質（心配性，疑い深い，まじめな）（Eysenck, 1970）とはそれぞれ正反対の特性語で表現することができると考えた。Wundt の考えはアメリカの心理学会でほとんど注目されなかった。この考えが注目されるようになったのは 1946 年の Cattell による研究以降である。Cattell は，Allport と Odbert（1936）が作成したパーソナリティ特性語リストから 171 語を選び，因子分析を用いた一連の研究を行った。その結果見出した 36 のクラスターに両極性の名前をつけ，それらを標準的縮約パーソナリティ領域（standard reduced personality sphere）と名づけた。1951 年には Freedman, Leary, Ossorio と Coffey が円周モデルを提案して対人意図（interpersonal purpose）と命名した。彼らの仮説によれば対人相互作用は 16 の様式に分類可能で，それらの様式は支配的，拒絶的，信頼した，愛情に満ちたなどと表現することができる。彼らの円周モデルは円を 16 等分して，相互作用の「適応的」な様式を円の中央に，相互作用の極端な様式をその外周に配置したものである。LaForge と Suczek（1955）は，各様式間の相関係数の平均値は離れたもの同士ほど小さくなる傾向があると報告している。

Stern（1958）はこれとは別にパーソナリティの円周モデルを考案し，そのモデルをもとに質問紙を構成した。質問紙は「スピードを出して運転する」「異性とふざけ合う」「平穏な人生を送る」「病人の面倒を見る」などの行動を示した文章を数多く並べたもので，それぞれに対して好きか嫌いかで回答するものである。回答は 30 の尺度得点として集計される。尺度は円環状に配置され，社交的と内向的，独立的と依存的，攻撃的と臆病などが対極に配置されている。

Stern が円周モデルを発表したのと同じころ，Schaefer（1959, 1961）は子どもに対する母親の社会的・感情的働きかけに関するいくつかの研究の結果を報告した。母親と子どもの間で交わされる相互作用の相関を求め，得られた相関行列をもとに因子分析を行ったものである。分散のほとんどが 2 因子で説明されたため，その 2 因子からなる平面上に各変数を配置したところ，円に近い配置がなされることを見出した。この円環では愛情表現と無視，厳しさと平等主義，自律性と押しつけがましさがそれぞれ対極に配置された。

これらの論文の中で Schaefer は変数が円周構造をなして並んでいる様子を円環と表現しているが，この円環（circumplex）という用語は Guttman（1954）が論文の中で用いた用語である。この用語には相関行列に含まれる相関係数が規則的に増加し，次いで減少するという幾何学的な意味が込められている。つまり相関係数が高い正の値から低い負の値へと徐々に変化していく場合，そのようなデータに対して因子分析を行うと，変数はたいてい 2 次元平面上に円周構造をなして並ぶのである。

1963 年には Lorr と McNair が対人行動サークル（interpersonal behavior circle）の開発を報告した。彼らはまずさまざまな対人行動を記した文を一覧にした。その一覧をもとに複数の医師が患

者群と非患者群の評定を行った。そして得られた項目間の相関係数から相関行列を構成して因子分析を行った。主要な2つの因子に対する因子負荷をもとにすべての項目を配置したところ，複数の項目で構成されるクラスター同士が円周構造を作ることが分かった。これらの結果およびその後改めて得られた同様の知見（Lorr & McNair, 1965）をもとに対人行動サークルが作成された。対人行動サークルは以下の順番に並んだ14の区分（社交性，愛情，心遣い，協調性，敬意，服従，卑下，抑制，分離，不信，敵意，承認，支配，開示）で構成されている。

　Rinn は 1965 年の論文で，感情，対人関係，態度の各領域は円環構造を用いて理論化できるとした過去の研究を概観している。そして対人行動を表現する概念として提案されたさまざまな概念は，円環の異なる領域を概念化したものであると指摘した。Rinn によれば支配と服従，敵意と愛，統制と自律，外向と内向などのいわゆる基本次元は，対人行動を一般化した円環の異なる側面を表している。円においてはどんな軸も他の軸よりもより根源的であるとする理由はないため，いわゆる「基本次元」というものはまったく任意に定められたものにすぎないとした。

　Rinn の研究の翌年，Schaefer と筆者は猜疑性，抑うつ，躁病などの診断を受けた患者に各パーソナリティ特性や感情がどの程度みられるか，医師に依頼して評定を行った（Schaefer & Plutchik, 1966）。パーソナリティ特性間のすべての相関係数を計算して因子分析を行い，因子負荷量に基づいて各特性を平面上に布置すると円環に似た構造が見出された。

　さらに何年かのうちに，パーソナリティに関連したデータで円環状の配列が見出されたとする研究報告が相次いだ（Bayley, 1968; Conte & Plutchik, 1981; Gerjuoy & Aaronson, 1970; Rimmer, 1974）。Conte と Plutchik が報告した円環は図1−2のようなものである。

　この円環では特性が円周上にほぼ均等に並んでいる。対極に位置する特性の組み合わせはうなずけるものだし（例えば心配性対自信がある，素直対頑固，喧嘩っ早い対温和），近くに位置する特性同士は明らかに似た意味を持っている。

　1980 年代以降，円環の考え方を活用した対人行動領域の論文や書籍の数は増加傾向にある。そのような領域には一般的なパーソナリティやパーソナリティ障害，家族関係，心理療法，職業心理学，社会的相互作用（Kiesler, 1983; Olson, 1993; Wiggins, 1979, 1982）などがある。これらの研究を進めた研究者の多くが本書の執筆に参加している。

　本節では感情とパーソナリティの密接なつながりを論じてきた。感情とパーソナリティを表現する言葉が重複すること，そして時間の枠組みが感情とパーソナリティを区別する上で曖昧な役目を果たしていることは重要である。また感情とパーソナリティ特性が互いに似通った機能，つまり社会的相互作用に対して影響を与え，調整する機能を果たすことも示した。そして最後に，円周モデルや円環モデルを用いて感情やパーソナリティ特性同士の関係を表現することができるとした論文を概観した。これらのことから感情とパーソナリティ特性とは同じ概念領域，つまり対人関係領域の異なる側面を表しているといえる。

円環モデルが表す意味

　必ずしもすべての研究者が同意するとは限らないが，円環モデルの重要な点をいくつか明らか

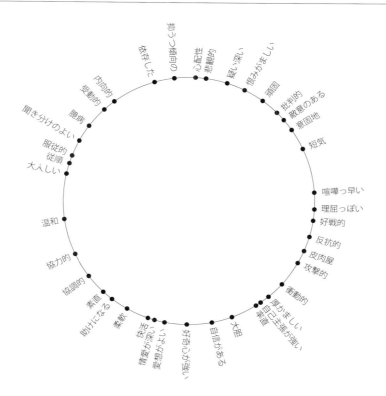

図 1-2 類似度評定および SD 法に基づくパーソナリティ特性の円環構造
Conte & Plutchik, 1981 より許可を得て転載

にしておこう。

1. 円環はある種の関係性や相互作用を反映している。類似性や両極性もその1つである。複数の要素の類似の程度が互いに異なり（感情やパーソナリティ特性，診断名のように），両極性（例えば喜びと悲しみ，支配性と従属性，反社会性と回避性）を示す場合，要素同士の関係は円を用いて近似的に表現することが可能である。統計学的には，要素同士の相関係数は相関の程度——それは概念的にどの程度近しいか，あるいはどの程度対極的かによる——に応じて規則的な増加と減少のパターンをみせる。概念的に正反対の要素同士の相関係数は−1.0となり，互いに独立した，あるいは無相関な要素同士の相関係数は0.0になる。類似した要素同士の相関係数は正の値をとる。

　円環上で要素が占める正確な位置を決める方法が複数あることを知っておくことは重要である。相関のない2つの変数はどんな変数であれ軸とみなすことが可能であり，それをもとに他のすべての変数の相対的な位置を推測することができる。2つの主要な軸を決定する際は因子分析を活用することが可能で，決定された2軸に対する因子負荷をもとに他の変数を布置することができる。因子分析の他にも，直接類似度比較法（direct similarity scaling）(Conte & Plutchik, 1981) や多次元尺度構成法を用いることもできる（Paddock & Nowicki,

1986)。他の統計的手法も用いられているし（Russell, 1989），今後も新しい方法が開発されると思われる。

2．円環であることは要素同士が円周上に均等に配置されることを必ずしも意味しない。また円周上に並ぶカテゴリーの数にも（4, 6, 8, 16のような）特定の決まった数があるわけではない。そして円環モデル自体が特定の軸を根源的もしくは基本的な軸として規定するわけでもない。本当の円には特別な軸など存在しない。統計学的手法（例えば因子分析のような）で得られた基本軸は，数ある項目や変数の中から分析のために最初に選ばれた項目や変数を反映しているのかもしれないし，感情やパーソナリティ用語の意味が重複する頻度を反映している可能性もある。また研究者の理論的性向を映し出している可能性も考えられる。

3．円環を用いて表現できるパーソナリティは主として対人的な側面であり，研究者たちが長年分類してきたパーソナリティのあらゆる側面を表現するわけではない。身体的な特徴や侮蔑的な言葉，知的能力，才能，認知スタイルは，いずれもパーソナリティの側面として考えられたことがあるが，円環ではたぶん上手に，あるいはまったく表現できないであろう。

4．円環モデルに本来備わっている両極性という概念は，相反する要素同士の葛藤を意味する。葛藤は対人関係につきものである。葛藤は接近対回避，取り込み対放出，接着対分離，攻撃対退却などの基本的な過程を反映している。これらの両極性は社会的相互作用を調節するシステムとして働いている（Horowitz & Stinson, 1995）。

感情の包括的モデルとしての意味

　円環は感情を概念化する包括的アプローチのうちの1つにすぎない。表1-1には筆者が考える感情の心理学的進化説の基本命題をいくつか示した。心理学的進化説では円環を立体的な円錐モデルの断面と考えている。これらの基本命題については別の著書の中で詳細に述べた（例えばPlutchik, 1993）。本章では，対人関係モデルとしての円環に焦点を当てているのだから，最後の基本命題に限って話をすることにしよう。つまり感情は多くの派生的な概念領域と関連するという命題についてである。

　派生という用語は3つの意味で用いられる。進化論的文脈ではヒトの特性が下等動物に由来することを表す。例えばヒトの冷笑は下等霊長類の唸り声から派生したと考えられる，というときの使い方がそうである。発達論的文脈では大人にみられる特性が幼児期の特性に由来するという意味で用いられる。例えば，憤りがちな特性は小さい時期に与えられた罰の経験から派生する，というときの使い方がこれである。さらに派生という用語は，ある概念領域がより根源的な領域から導かれるという考えを表す際にも用いられる。例えば，複数の原色を混ぜ合わせることでほとんどの色を作り出すことができるのと同じように，パーソナリティ特性もいくつかの感情が混じり合ったものから派生する，という際の派生はこの意味である。これから述べる派生の概念は主に最後の意味で使っている。

　筆者はこれまで多くの研究で，いくつかの感情が混じり合った様子を表す言葉がパーソナリティ特性語と一致することを示してきた（Plutchik, 1980a）。敵意は怒りと嫌悪からなると考えら

第1章　感情とパーソナリティ構造の一般モデルとしての円環モデル

表1−1　感情の心理学的進化説の基本命題

1.　感情は進化的適応に基づいたコミュニケーションと生存のための仕組みである。
2.　感情は対人関係に影響を与え，対人関係を調節する。
3.　感情は遺伝学的根拠を持つ。
4.　感情はさまざまな証拠から推論される仮説的概念である。
5.　感情は負の行動フィードバックループを備えた複雑な一連の事象を指し，社会的相互作用を安定化する機能を持つ。
6.　感情同士の関係は立体的な構造モデルで表現可能である。このモデルの断面図は円環となる。
7.　感情は多くの派生概念領域と関連を持つ。

表1−2　感情と派生語

主観に関する専門語	パーソナリティ特性に関する専門語	診断に関する専門語	自我防衛に関する専門語
恐れ	臆病	受動性	抑圧
怒り	喧嘩っ早い	反社会性	置き換え
喜び	社交的	躁病	反動形成
悲しみ	陰気	抑うつ	補償
受容	信じやすい	演技性	否認
嫌悪	敵意のある	猜疑性	投影
期待	好奇心の強い	強迫性	知性化
驚き	優柔不断	境界性	退行

れるし，社交性は喜びと受容が混じり合ったものと考えられる。罪悪感は喜びと恐れが組み合わさったものであろう。このように多くのパーソナリティ特性を構成する感情要素が特定されている。パーソナリティ特性が円環で表現できるのは，それが円環構造を持つ感情から派生したからだと考えられる（Conte & Plutchik, 1981）。そして感情が円環構造を持つのは，社会的相互作用が常に葛藤と対立を伴うからである。

　派生という概念は他の概念領域にも広く適用されてきた。詳細は表1−2を参照されたい。要点を説明すると次のようになる。何度も繰り返し恐ろしい思いをさせられたならば，その人は臆病さ（あるいは内気や引きこもり，おとなしさなどの，それに類する用語）とでもいうべきパーソナリティ特性を示すようになるであろう。その臆病さが極端で，そのせいで生活にひどい差しさわりがでる場合，DSM 第Ⅱ軸の受動性といった診断名がつくかもしれない。このような考え方はパーソナリティ障害を一般的なパーソナリティ特性が過度に現れ出たものとする考えに基づいている。

　もしこの考え方が正しければ，派生領域（上記の例ではパーソナリティ）は派生元となる領域（同じく感情）と共通する特性を備えていると考えることは妥当といえよう。そう考えるとパーソナリティ障害や自我防衛はパーソナリティや感情と同様に円環構造を示すと考えられる。この考えは Wiggins（1982），Strack, Lorr と Campbell（1990），および本書の筆者たち（例えば第2章の Lorr，第6章の Schaefer，第11章の Fisher，第13章の Widiger と Hagemoser）も論じている。

31

パーソナリティ障害に対する円環モデルの適用

　円環モデルがパーソナリティ障害に対して適用できることを示すために，以下の研究が行われた（Plutchik & Conte, 1994）。用いた手法は一対比較法の修正版（Plutchik & Conte, 1985）である。16人の経験豊富な臨床医に依頼してDSM-Ⅲ-Rの第2軸に分類される11のパーソナリティ障害および付録に収録されたサディスティックパーソナリティ障害と自己敗北性パーソナリティ障害について類似あるいは相違の程度を評定してもらった。さらに気分変調症もパーソナリティ障害の可能性があるために評定の対象に加えられた。臨床医は14の障害それぞれを比較対照用に選ばれた3つの障害と照らし合わせて7件法の両極性尺度で評定した。比較対照用の障害はDSM-Ⅲ-Rで診断用に分けられた3つのクラスターA, B, Cから1つずつ選ばれた。統合失調型パーソナリティ障害，自己愛性パーソナリティ障害，依存性パーソナリティ障害の3つである。

　研究の際には反社会性，自己愛性，シゾイドといった診断用語をそれ単独では用いないこととした。というのも，用語だけを単独で用いる場合，臨床医ごとに捉える意味がいくぶん異なるからである。その代わりDSM-Ⅲ-Rの基準に従って各パーソナリティ障害を簡潔に記述した文を用意した。

　こうして各パーソナリティ障害の特徴を要約的に記述した文を比較対照用の3つのパーソナリティ障害を記述した文とそれぞれ比較した。つまりパーソナリティ障害の病名は使わずに，各障害を表現した文同士を比較したのである。評定は −3（障害を記した2つの文の意味は正反対）から 0（両者は無関係），そして +3（両者の意味は同一）の範囲で行われた。類似度の評定値は，それゆえ，主観的判断を表してはいるが，パーソナリティ障害間に推定される相関係数に相当する。例えば +3の評定値は，評定者が2つの文の内容を同じと考えたことを意味し，相関係数1.00を示唆する。評定値の0は相関係数0.00（無相関）を，評定値の −3は相関係数 −1.00もしくは2つの文がまったく異なること，つまり評定者が2つの文の内容を正反対だと考えたことを意味する（Stone & Coles, 1970）。

　比較対照用の文と比較して得られた各文章の類似度の平均値を角度に置き換えて円周上に配置した。図1−3はパーソナリティ障害の病名を円環上に配置したものである。猜疑性，統合失調型，シゾイドは3つ並んでおり，風変わりなクラスターを明確に構成している。他の病名が作るグループはDSM-Ⅲ-Rに記述されたクラスターとは異なる点に注意されたい。

　DSM-Ⅲ-Rで定義された突飛もしくは演劇的クラスターは本研究では確認されなかった。例えば境界性と演技性は円環上ではこの区分からは外れている。しかし，興味深いことにサディスティックは自己愛性や反社会性ときれいにグループを作った。このクラスターは攻撃性を表す側面の中心に位置するように思われる。それゆえ円環上のこのクラスターもしくは区分は攻撃性クラスターと命名するのがより適切だと考えられる。

　従来，不安クラスターは回避性や依存性，強迫性，受動─攻撃性からなるとされてきたが，こちらも確認されなかった。本研究では回避性と依存性は互いに類似しており，かつ自己敗北性や気分変調性との類似も示唆された。それゆえこのグループは不安─抑うつクラスターと名づける

第1章　感情とパーソナリティ構造の一般モデルとしての円環モデル

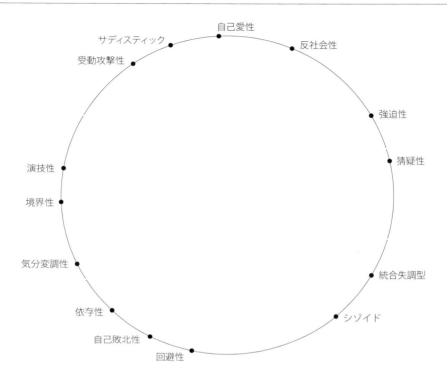

図1-3　一対比較法に基づいたパーソナリティ障害の円環構造

のがよいと思われる。我々の研究データによれば，受動―攻撃性障害と強迫性障害は不安―抑うつクラスターとはまったく異なる。

興味深い事実としては，演技性障害と境界性障害が円環上で近接して配置され，かつ気分変調症とも近いことが挙げられる。このグループにふさわしいクラスターとしては，不安―抑うつクラスターが考えられる。これは演技性障害と境界性障害に不安と抑うつ症の特徴が強く表れることからも裏づけられる。

これらのパーソナリティ障害を対立という観点でみると，攻撃性のクラスターが不安―抑うつクラスターの対極に配置された。また風変わりなクラスターは演技性障害と境界性障害の対極に配置された。

このように一対比較法の修正法を用いた研究により，データに基づいた円環構造がパーソナリティ障害でみられることが明らかとなった。この円環には従来のクラスターが部分的に再現されているが，重要な違いもみられる。突飛なクラスターとされてきたものは攻撃性の制御の問題と明らかに関連するように思われるため，攻撃性クラスターと命名すべきであろう。また不安のクラスターには新たに提案された障害である自己敗北性パーソナリティ障害が含まれると考えられる。さらに不安のクラスターには気分変調性パーソナリティ障害が含まれると思われるが，この気分変調症は現時点では DSM-III-R の第2軸には含まれていない。境界性障害と演技性障害を不安クラスターに含めるべきとも考えられるが，その場合はクラスターの範囲を広げて抑うつの症状をも含めるべきであろう。我々が不安―抑うつクラスターと記してきたのはこのような考え

による。

　これらのことから分かることは，パーソナリティ障害ではすべて程度の差こそあれ複数の障害が併存しており，類似度の観点からみればパーソナリティ障害同士の違いは漸進的だということである。つまり，厳密にいえば，分類されたクラスターはいくぶん恣意的で，分類の土台となる境界線も恣意的な選択の結果にすぎない。一方，円環の概念に沿って考えれば，すべてのパーソナリティ障害は――現在分類されている障害や将来臨床的に分類されるかもしれない障害を含め――類似度に沿った円周上への配置として表現される。

　さらにこれらの結果から，併存症という概念だけではパーソナリティ障害が持つ根本的な類似構造を捉えきれないことが分かる。併存症という概念で捉えることができるのは部分的に症状を共有する障害の組み合わせだけである。円環の概念で考えてみればパーソナリティ障害の症状が具合も程度もさまざまに重なり合っていることが分かる。仮に2つの障害が円環上対極に配置されていれば，その2つを間違えることはまずあり得ず，併存し得ない組み合わせと考えることができる。

　最後に，これらの知見はパーソナリティ障害を独立した複数のカテゴリーに分けて考えるべきか，複数の次元で表現されると考えるべきかという問題とも関連する。我々のデータによればそれぞれのパーソナリティ障害は独立したカテゴリーに分類されるものではなく，さまざまな症状の重なり合いや障害の併発がみられるという特徴を持つ。あらゆるパーソナリティ障害同士の類似度がさまざまに異なるという意味では，類似度という次元ですべてのパーソナリティ障害を考えることができる。また，どのような診断名が下される場合でも，診断の根拠となる症状の数は異なるものである。つまり同じ診断名の中には強度という次元が存在すると考えられるが，多くの臨床医は融通のきく基準を用いて診断を下すことを好むであろう。心理療法研究のための患者の抽出は診断が本質的に恣意的なものを含むことを認識した上でなされるべきであり，各患者に併発しているすべてのパーソナリティ障害に関する情報を提供する必要性があるときに限られるべきである。

　我々の同僚が行った研究では，前青年期の精神障害患者に対する診断名も円環に似た配列で示せることが初めて明らかとなった(Pfeffer & Plutchik, 1989)。研究の参加者は前青年期の子どもで，DSM-III-R の診断名がついた精神障害の入院患者106人，外来患者101人，健常者101人であった。データを分析したところ，素行障害のような特定の障害をもつ患者の中には，割合は異なるものの別の診断名も下されている患者がいることが分かった。例えば素行障害の診断を受けた66人の子どものうち，51.1％の子どもは境界性パーソナリティ障害の診断も受けていた。同じく39.4％の子どもは特異的発達障害の，22.7％は注意欠陥障害の，21.1％は気分変調症の診断を受けていた。これと同じ分析を各障害に対して行った。こうして得られた円環類似構造は図1-4を参照されたい。このモデルは類似度に従って各診断名の相対的な配置を示したものであり，絶対的な配置を示すものではない。円環をみると鑑別しにくい診断名，鑑別の容易な診断名が分かる。

　表1-3にはパーソナリティ障害を円環モデルで表現した9つの先行研究を簡潔にまとめた。研究によってデータの収集方法が異なり，さらに分析方法や診断名，患者のサンプルも異なって

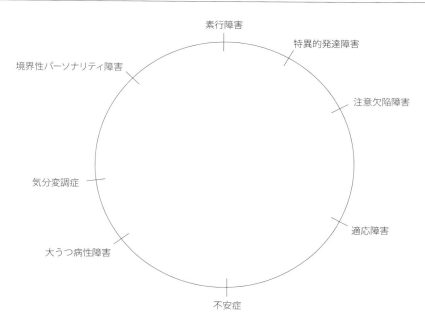

図1−4　混同行列に基づく前青年期精神疾患群の円環類似構造
Pfeffer & Plutchik, 1989 より許可を得て転載

いる。ここに示されているのはパーソナリティ障害を円環上に配置した際の相対的な順番である。公表された図表から、各障害のベクトル角を推定もしくは引用している。

　各研究が用いた方法は異なるにもかかわらず、結果には多くの共通点がみられる。仮に猜疑性から順番にみてみると、自己愛性と反社会性はほとんどの研究で円環上近くに配置されている。また境界性はリストの真ん中付近に、依存性と自己敗北症、回避性はシゾイドもしくは統合失調型の近くにあることが分かる。ベクトル角の平均は、例えば自己愛性は45度、演技性は117度、シゾイドは295度である。多少の違いはあるものの、各診断名が配置される円環上の区域は研究間で概ね一致している。これらの知見はパーソナリティ障害の診断を円環を用いて分析することの価値を裏づけるとともに、各パーソナリティ障害の間に類似性と両極性の関係が存在することを示している。

自我防衛の円環モデル

　精神分析が果たした最も重要な貢献の1つに自我防衛の概念があることは広く認められている。自我防衛は動機、感情、社会的関係、発達、パーソナリティ、適応、心理療法に関わると考えられている。最近出版された書籍の中で、筆者は自我防衛について1つのモデルを提案し、これらの関連を検討した上で詳細な解説を行っている（Plutchik, 1995）。モデルの概要を簡単に紹介してみよう。

第1部　パーソナリティとの関連からみた円環

表1−3　パーソナリティ障害の円環上のベクトル角

Plutchik & platman（1977）	角度	Wiggins（1982）	角度
猜疑性	0°	猜疑性	0°
社会病質	82°	自己愛性	45°
気分循環性	130°	強迫性	90°
演技性	156°	軽躁病	140°
安定した	187°	演技性	180°
強迫性	283°	依存性	220°
受動―攻撃性	320°	受動―攻撃性	270°
シゾイド	340°	シゾイド	315°

Plutchik & Conte（1985）	角度	Millon（1987）	角度
猜疑性	0°	猜疑性	0°
反社会性	40°	自己愛性	27°
自己愛性	53°	演技性	58°
境界性	65°	受動―攻撃性	81°
演技性	115°	境界性	103°
安定した	180°	自己敗北性	128°
依存性	216°	依存性	153°
強迫性	300°	回避性	193°
回避性	327°	統合失調型	221°
受動―攻撃性	330°	シゾイド	245°
統合失調型	333°	強迫性	275°
シゾイド	335°	攻撃性	305°
		反社会性	335°

Romney & Bynner（1989）	角度	Pincus & Wiggins（1990）	角度
猜疑性	0°	猜疑性	0°
自己愛性	32°	反社会性	22°
強迫性	90°	自己愛性	78°
軽躁病	147°	演技性	106°
演技性	180°	依存性	236°
依存性	203°	回避性	274°
受動―攻撃性	270°	シゾイド	310°
シゾイド	330°		

自我防衛の意味の重なり合い

　自我防衛に関する文献を注意深く読むと，多くの防衛機制の意味範囲が広く重なり合っている
ことが分かる。例えば，内面化，同一化，取り入れ，体内化などの用語は同じような意味で使わ
れることがあり，使い方が統一されていない。隔離，合理化，儀式，打ち消し，呪術的思考など
の概念についても同様である（Vaillant, 1971）。しかし多くの防衛機制の意味が似ている一方で，
互いに対極的な意味を持つ防衛機制があることも分かる。例えば，行為化は抑圧と，投影は同一
化と反対の意味を持っているように思われる。このようにさまざまな防衛機制の間に類似性と両

第1章　感情とパーソナリティ構造の一般モデルとしての円環モデル

表1-3　つづき

Plutchik & Conte（1985）	角度	Strack, Lorr, & Campbell（1990）	角度
猜疑性	0°	猜疑性	0°
自己愛性	12°	自己愛性	30°
演技性	40°	攻撃性	40°
軽躁病	54°	演技性	60°
強迫性	112°	反社会性	70°
依存性	172°	受動―攻撃性	104°
境界性	185°	境界性	150°
統合失調型	202°	自己敗北性	190°
回避性	233°	回避性	210°
シゾイド	254°	統合失調型	211°
受動―攻撃性	281°	シゾイド	232°
反社会性	350°	依存性	240°
		強迫性	306°

Plutchik & Conte（1994）	角度
猜疑性	0°
強迫性	20°
反社会性	60°
自己愛性	85°
サディスティック	102°
受動―攻撃性	117°
演技性	160°
境界性	170°
気分変調性	192°
依存性	210°
自己敗北性	225°
回避性	240°
シゾイド	292°
統合失調型	312°

極性がみられることから，自我防衛に対しても円環モデルを適用することができそうである。

　それぞれの自我防衛機制には主題がある。例えば置き換えの一般的な定義は，「真の」怒りの対象よりも危険の少ない個人に対して向けられる怒りの放出というものである。投影は他者に敵意を抱いて拒絶することと関連を持つが，これは個人が，他者の中に受け入れ難い，もしくは危険な特性や感情が存在すると信じていることから生じる。補償は現実の，もしくは想像上の損失や不足を補うための代月品をみつけようとする働きのことである。

　これらの例から，防衛機制とは感情が複雑に入り混じった状態に対する反応であり，特定の感情とともに不安を内に含んでいると考えられる。つまり，例を挙げれば，置き換えは怒りととも

に怒りを表現することに対する不安をも含んでいる。投影には自己嫌悪（もしくは自身への拒絶）と，自己嫌悪に対する不安とが入り混じっている。補償には喪失を嘆く気持ちと失ったものを取り戻すことができるかどうか不安に思う気持ちとが含まれている。否認には潜在的な危険や不快な対象を無批判に受け入れること，もしくはそのような対象に対する自らの認知を偽ることが含まれるが，同時にそのようなことに対する不安も入り混じっている。そして退行には危険を前に助けを求める気持ちと，助けを求めることに対する不安とが含まれる。しかし我々がそれを意識することはない。このことから感情は自我防衛の概念体系に深く組み込まれていると考えられる。

自我防衛の構造

　これまでみてきたことから，すべての自我防衛には基盤となる構造があると考えられる。それぞれの自我防衛には関連するパーソナリティ特性や社会的欲求，特徴的な方略，目的もしくは機能がある。この仮説をまとめたものが表1−4である。まとめるにあたり Kellerman（1979）の記述を一部参考にしている。

表1−4　自我防衛の基底構造

自我防衛	関連する特性	社会的欲求	方略	機能
抑圧	臆病 受け身 無気力 従順	社会的関係の回避，社会的関係と距離をとる	痛みを伴う出来事を忘れる	受け身の姿勢をとって決定を下さず，不安を避ける
置き換え	攻撃性 挑発的 冷笑的	敵意を引き受けるスケープゴートをみつける	欲求不満の原因の象徴もしくは代替を攻撃する	報復の恐れなしに怒りを表出する
反動形成	利他的 禁欲的 誠実 道徳的	善い（正しい）行いをみせる	抱いた関心を正反対に置き換える	悪い行い，特に性的行動に対する関心を隠す
補償	自慢好き 空想家 心配した 不十分	人に認められる，感心される，称賛を受ける	自身のよい面を誇張する	自覚された欠点を改善する，もしくは喪失を置き換える
否認	判断力のない 信じやすい 暗示を受けやすい だまされやすい ロマンチスト	社会関係における葛藤を避ける	脅威や問題をよいものと捉える	好意を持たれている，あるいは愛されている感覚を維持する
投影	批判的 やかまし屋 すぐに非難する	他者の欠点を暴く	責める，もしくは不当に批判する	劣等感や恥，個人としての不完全さの感覚を低減する
知性化	強迫的 横暴 独占欲の強い	すべての社会関係をコントロールする	すべての行為を理性的に正当化する	突然の，または容認され難い衝動の発現を防ぐ
退行	衝動的 落ち着かない 抑制のきかない	すべての衝動を表出する	衝動的で未成熟な態度をみせる	衝動的な行いに対する容認を得る

注：Plutchik, R. (1995). A Theory of Ego Defences. In H. R. Conte, & R. Plutchik, *Ego Defenses: Theory and Measurement*. New York: John Wiley & Sons より許可を得て転載

第1章 感情とパーソナリティ構造の一般モデルとしての円環モデル

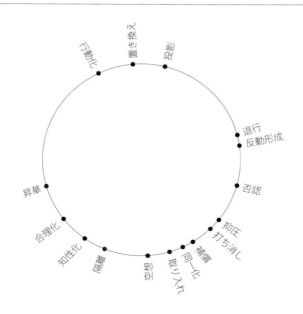

図1-5 一対比較法による16の防衛機制の類似度
Plutchik, Kellerman, & Conte, 1979より許可を得て転載

　表1-4に記された仮説のいくつかを例にとって考えてみよう。頻繁に置き換えを行う人は攻撃的で，挑発的もしくは冷笑的な傾向がある。彼らの欲求はスケープゴートをみつけて，そのスケープゴートに安心して敵意を向けることである。欲求不満の源の代わりを攻撃することで，報復を心配することなしに怒りを表現することができる。
　もう1つ別の例を挙げてみよう。否認を多用する人は暗示を受けやすく，人をすぐに信じ，騙されやすい。彼らの欲求は社会関係の中で生じる他者との葛藤を避けることである。その欲求を満たすために，抑圧を用いる人とは異なり，社会的な問題を軽く見積もり，取るに足らないものと解釈したり，あるいは望ましいとさえ解釈する。この無意識に行われる方略は，他者に好かれている，もしくは愛されているという感覚を維持する機能を果たす。このことから否認と抑圧の間に相当程度類似した部分があることは明らかである。否認と抑圧には社会関係の中で生じる痛みや葛藤を避けたいという欲求を見て取ることができる。実際にすべての自我防衛は社会関係の調節という機能を果たす。これらのことから円環モデルによって防衛機制間の類似性と両極性を表現できると考えることができる。
　この仮説を確かめるために，16の防衛機制間の相対的な類似性を検討した。経験豊富な精神科医に依頼して，防衛機制間の類似性の程度を一対比較法で評価してもらった。方法の詳細はPlutchik, KellermanとConte（1979）を参照されたい。
　分析の結果，防衛機制間の類似の程度，および両極性の程度が円環に近い構造で示された。その結果，否認と抑圧，および打ち消しは比較的似た意味を持つと考えられた。知性化と合理化，隔離も互いに似た意味を持つと考えられた。投影と置き換え，行動化のクラスターもお互い近くに配置され，似た方法で自我を守っていることが示された。この結果は図1-5に示した通りで

ある。

　図1−5から両極性についても読み取ることができる。置き換えは空想や取り入れの対極に位置する。昇華は退行と反動形成の対極に，行動化は抑圧のそれぞれ対極に位置している。これらの関係性はいずれも臨床的にも重要である。このモデルをもとに心理テストが開発され，現在広く使われている（Conte & Apter, 1995）。

結　論

　円環は複数の要素や変数間の関係を類推して表現する方法であり，それらの関係性は類似性と両極性の2次元で表現される。円環は対立する要素間の葛藤を本質的に含んでいる。さまざまな社会関係は類似性と両極性の用語を用いて表現できることから，円環モデルを用いた概念化が可能なのである。円環モデルは多岐にわたる対人関係領域，例えば，感情やパーソナリティ特性，パーソナリティ障害，そして自我防衛などに適用できる。また本書でも紹介されているように，表情（第12章）や臨床症候群（第13章），心理療法（第16章）にも適用可能である。さらに円環モデルは尺度構成に利用できるとも考えられている（Plutchik, 1989）。円環モデルはさまざまな対人関係の構造を包括的に表現したモデルになる可能性を秘めている。

文　献

Allen, B., & Potkay, C. R. (1981). On the arbitrary distinction between states and traits. *Journal of Personality and Social Pathology, 4*, 916-928.

Allport, G. W., & Odbert, H. S. (1936). Trait names: A psychological study. *Psychological Monographs, 47* (211).

Bayley, N. (1968). Behavioral correlates of mental growth: Birth to thirty-six years. *American Psychologist, 23*, 1-17.

Block, J. (1957). Studies in the phenomenology of emotions. *Journal of Abnormal and Social Psychology, 54*, 358-363.

Cantor, N., & Harlow, R. E. (1994). Personality, strategic behavior, and daily-life problem solving. *Current Directions in Psychological Science, 3*, 169-172.

Cattell, R. B. (1946). *The description and measurement of personality*. New York: Harcourt Brace.

Clore, G. L., Ortony, A., & Foss, M. A. (1987). The psychological foundations of the affective lexicon. *Journal of Personality and Social Psychology, 53*, 751-766.

Conte, H. R., & Apter, A. (1995). The Life Style Index: A self-report measure of ego defenses. In H. R. Conte & R. Plutchik (Eds.), *Ego defenses Theory and measurement* (pp. 179-201). New York: Wiley.

Conte, H. R., & Plutchik, R. (1981). A circumplex model for interpersonal personality traits. *Journal of Personality and Social Psychology, 40*, 701-711.

Darwin, C. (1872/1965). *The expression of the emotions in man and animals*. London: Murray, 1872. Reprinted by University of Chicago Press, 1965.

Dix, T. (1991). The affective organization of parenting: Adaptive and maladaptive processes. *Psychological Bulletin, 110*, 3-25.

Eysenck, H. J. (1970). A dimensional system of psychodiagnostics. In A. R. Mahrer (Ed.), *New approaches to personality classification*. New York: Columbia University Press.

Fenichel, O. (1946). *The psychoanalytic theory of neurosis*. Boston: Routledge & Kegan Paul.

Freedman, M. B., Leary, T. F., Ossorio, A. G., & Coffey, H. S. (1951). The interpersonal dimension of personality. *Journal of Personality, 20,* 143-161.

Gerjuoy, H., & Aaronson, B. S. (1970). Multidimensional scaling of terms used to describe personality. *Psychological Reports, 26,* 3-8.

Guttman, L. A. (1954). A new approach to factor analysis. The radex. In P. F. Lazarsfeld (Ed.), *Mathematical thinking in the social sciences* (pp. 238-248). New York: Free Press.

Hebb, D. O. (1946). Emotion in man and animal: An analysis of the intuitive processes of recognition. *Psychological Review, 53,* 88-106.

Horowitz, M. J., & Stinson, C. H. (1995). Defenses as aspects of person schemas and control processes. In H. R. Conte & R. Plutchik (Eds.), *Ego defenses Theory and measurement* (pp. 79-97). New York: Wiley.

Kellerman, H. (1979). *Group therapy and personality Intersecting structures.* New York: Grune & Stratton.

Kiesler, D. J. (1983). The 1982 interpersonal circle: A taxonomy for complementarity in human transactions. *Psychological Review, 90,* 185-214.

LaForge, R., & Suczek, R. F. (1955). The interpersonal dimension of personality: III. An interpersonal check list. *Journal of Personality, 24,* 94-112.

Lorr, M., & McNair, D. M. (1963). An interpersonal behavior circle. *Journal of Abnormal and Social Psychology, 67,* 68-75.

Lorr, M., & McNair, D. M. (1965). Expansion of the interpersonal behavior circle. *Journal of Personality and Social Psychology, 2,* 823-830.

McCrae, R. R., & Costa, P. T., Jr. (1994). The stability of personality: Observations and evaluations. *Current Directions in Psychological Science, 3,* 173-175.

McDougall, W. (1921). *An introduction to social psychology.* Boston: Luce.

Millon, T. (1987). *Manual for the MCMI-II* (2nd ed.) Minneapolis, MN: National Computer Systems.

Millon, T. (1994). Personality disorders: Conceptual distinctions and classification issues. In P. J. Costa & T. A. Widiger (Eds.), *Personality disorders and the five-factor model of personality* (pp. 279-301). Washington, DC: American Psychological Association.

Nesse, R. M. (1991). Psychiatry. In M. Maxwell (Ed.), *The sociobiological imagination.* Albany: State University of New York Press.

Novaco, R. W. (1976). The functions and regulation of the arousal of anger. *American Journal of Psychiatry, 133,* 1124-1128.

Olson, D. H. (1993). Circumplex model of marital and family systems: Assessing family functioning. In F. Walsh (Ed.), *Normal family processes* (pp. 104-136). New York: Guilford Press.

Paddock, J. R., & Nowicki, S. (1986). The complexity of Leary's interpersonal circle. A multidimensional scaling perspective. *Journal of Personality Assessment, 50,* 279-289.

Pfeffer, C. R., & Plutchik, R. (1989). Co-occurrence of psychiatric disorders in child psychiatric patients and nonpatients: A circumplex model. *Comprehensive Psychiatry, 30,* 275-282.

Pincus, A. L., & Wiggins, J. S. (1990). Interpersonal problems and conceptions of personality disorders. *Journal of Personality Disorders, 4,* 342-352.

Plutchik, R. (1958). Outlines of a new theory of emotions. *Transactions of the New York Academy of Sciences, 20,* 394-403.

Plutchik, R. (1962). *The emotions: Facts, theories and a new model.* New York: Random House.

Plutchik, R. (1970). Emotions, evolution and adaptive processes. In M. Arnold (Ed.), *Feelings and emotions.* New York: Academic Press.

Plutchik, R. (1980a). *Emotion: A psychoevolutionary synthesis.* New York: Harper & Row.

Plutchik, R. (1980b). A general, psychoevolutionary theory of emotion. In R. Plutchik & H. Kellerman (Eds.), *Emotion: Theory, research and experience (Vol. 1). Theories of emotion* (pp. 3-34). New York: Academic Press.

Plutchik, R. (1983). Emotions in early development: A psychoevolutionary approach. In R. Plutchik & H. Kellerman (Eds.),

Emotion: Theory, research and experience (Vol. 2). *Emotions in early development* (pp. 221-258). New York: Academic Press.

Plutchik, R. (1989). Measuring emotions and their derivatives. In R. Plutchik & H. Kellerman (Eds.), *Emotion: Theory, research and experience* (Vol. 4). *The measurement of emotions* (pp. 1-36). San Diego, CA: Academic Press.

Plutchik, R. (1990). Emotions and psychotherapy: A psychoevolutionary perspective. In R. Plutchik & H. Kellerman (Eds.), *Emotion: Theory, research and experience* (Vol. 5). *Emotion, psychopathology, and psychotherapy* (pp. 3-42). New York: Academic Press.

Plutchik, R. (1991). Emotions and evolution. In K. T. Strongman (Ed.), *International review of studies on emotion* (pp. 37-58). New York: John Wiley.

Plutchik, R. (1993). Emotions and their vicissitudes: Emotions and psychopathology. In M. Lewis & J. M. Haviland (Eds.), *Handbook of emotions* (pp. 53-66). New York: Guilford Press.

Plutchik, R. (1994). *The psychology and biology of emotion*. New York: Harper Collins.

Plutchik, R. (1995). A theory of ego defenses. In H. R. Conte & R. Plutchik (Eds.), *Ego defenses Theory and measurement* (pp. 13-37). New York: Wiley.

Plutchik, R., & Conte, H. R. (1985). Quantitative assessment of personality disorders. In R. Nickols, J. O. Cavenar, Jr., & H. K. H. Brodie (Eds.), *Psychiatry* (Vol. 7) pp. 1-13. Philadelphia, PA: J. B. Lippincott.

Plutchik, R., & Conte, H. R. (1994, June). *The circumplex structure of personality disorders: An empirical study*. Paper presented at the annual meeting of the Society for Psychotherapy Research, York, England.

Plutchik, R., Kellerman, H., & Conte, H. R. (1979). A structural theory of ego defenses and emotions. In C. E. Izard (Ed.), *Emotions in personality and psychopathology* (pp. 229-257). New York: Plenum Press.

Plutchik, R., & Platman, S. R. (1977). Personality connotations of psychiatric diagnoses. *Journal of Nervous and Mental Disease, 165*, 418-422.

Rapaport, D. (1950). *Emotions and memory*. New York: International Universities Press.

Rimmer, A. (1974). Radex of the language of emotion. *Israel Annals of Psychiatry and Related Disciplines, 12*, 238-241.

Rinn, J. L. (1965). Structure of phenomenal domains. *Psychological Review, 72*, 445-466.

Romney, D. M., & Bynner, J. M. (1989). Evaluation of a circumplex model of *DSM-III* personality disorders. *Journal of Research in Personality, 23*, 525-538.

Russell, J. (1989). Measures of emotion. In R. Plutchik & H. Kellerman (Eds.), *Emotion: Theory, research and experience* (Vol. 4). *The measurement of emotions* (pp. 83-112). New York: Academic Press.

Schaefer, E. S. (1959). A circumplex model for maternal behavior. *Journal of Abnormal and Social Psychology, 59*, 226-235.

Schaefer, E. S. (1961). Converging conceptual models for maternal behavior and for child behavior. In J. Glidewell (Ed.), *Parental attitudes and child behavior* (pp. 124-146). Springfield, IL: C. C. Thomas.

Schaefer, E. S., & Plutchik, R. (1966). Interrelationships of emotions, traits, and diagnostic constructs. *Psychological Reports, 18*, 399-410.

Schlosberg, H. (1941). A scale for the judgment of facial expressions. *Journal of Experimental Psychology, 29*, 497-510.

Schlosberg, H. (1954). Three dimensions of emotion. *Psychological Review, 61*, 81-88.

Seyforth, R. M., Cheney, D. L., & Marler, P. (1980). Monkey responses to three different alarm calls: Evidence of predator classification and semantic communication. *Science, 210*, 801-803.

Sim, J. P., & Romney, D. M. (1990). The relationship between a circumplex model of interpersonal behaviors and personality disorders. *Journal of Personality Disorders, 4*, 329-341.

Spezzano, C. (1993). *Affect in psychoanalysis: A clinical synthesis*. Hillsdale, NJ: Analytic Press.

Stern, G. G. (1958). *Activities Index*. Syracuse, NY: Syracuse University Psychological Research Center.

Stone, L. A., & Coles, G. J. (1970). Correlation similarity: The basis for a new revised method of similarity analysis. *Studia Psychologica, 12*, 258-265.

Storm, C., & Storm, T. (1987). A taxonomic study of the vocabulary of emotions. *Journal of Personality and Social Psychology, 53*, 805-816.

Strack, S., Lorr, M., & Campbell, L. (1990). An evaluation of Millon's circular model of personality disorders. *Journal of Personality Disorders, 4*, 353-361.

Trower, P., & Gilbert, P. (1989). New theoretical conceptions of social anxiety and social phobia. *Clinical Psychology Review, 9*, 19-35.

Vaillant, G. E. (1971). Theoretical hierarchy of adaptive ego mechanisms. *Archives of General Psychiatry, 24*, 107-118.

Wiggins, J. S. (1979). A psychological taxonomy of trait-descriptive terms: The interpersonal domain. *Journal of Personality and Social Psychology, 37*, 395-412.

Wiggins, J. S. (1982). Circumplex models of interpersonal behavior in clinical psychology. In P. C. Kendall & J. N. Butcher (Eds.), *Handbook of research methods in clinical psychology* (pp. 183-221). New York: Wiley.

第2章

円環モデルを用いた対人行動，感情，精神病症候群研究

Maurice Lorr

　筆者が円環モデルに関心を抱いたのは1953年のことであった。Louis Guttman が海軍研究事務所に提出した研究助成依頼を審査するように依頼されたのである。テーマは「新たな因子分析の取り組み：radex モデル」であった。当初 Guttman は円環モデルを使って足し算，掛け算，割り算の能力を測定した心理実験データを分析していた。また文字グループ分け課題や文字列課題，文完成課題や語彙課題などの結果も円環モデルを活用して分析していた。本章では円環モデルを対人行動や気分，精神病的行動に応用した研究を簡単に振り返ることとする。

　円環の定義は，ある領域内の性質を異にする一連の特性で，順番に並んではいるものの始まりも終わりもないものとされた（Guttman, 1954）。円環は相関構造を表すモデルの1つで，相関行列を幾何学的に表現したものと考えられていた。変数間の違いは一定の半径を持つ2次元もしくは平面上における配置の違いとして表現される。モデルが最適の場合，諸変数は円周上に均等に配置される。相関行列から円環構造を見出すことができるかどうかを確認するためには，主成分分析や多次元尺度構成法を用いることができる。円環が構成される場合はたいてい2つの成分が確認されるが，一般因子が確認された場合は分析に先立って個人スコアをイプサティブ変数に変換することで一般因子を取り除くことができる（Horowitz, Rosenberg, Baer, Ureño, & Villaseñor, 1988）。

　最も広く知られている円環としては Freedman, Leary, Ossorio と Coffey（1951）が提案した対人サークル（interpersonal circle）が挙げられる。このモデルはのちに LaForge と Suczek（1955）や Leary（1957）により改良が加えられた。それとは別に Lorr と McNair（1963）は対人行動目録（Interpersonal Behavior Inventory: IBI）を作成して項目カテゴリー間の相関を分析し，カテゴリー同士が循環的順序で配置されること，また相関が正弦曲線を示すことを見出した。さらにIBI の循環構造を規定する2軸が支配対従属，心遣い対敵意と解釈できることを示した（Lorr & McNair, 1965）。同時に対人チェックリスト（Interpersonal Checklist: ICL）（LaForge & Suczek, 1955）についても検討を行い，ICL には対人サークルの主要な側面の1つである親和性（社交性）を測定する項目が含まれていないことを明らかにした。

　Wiggins（1979）は多くの文献を調査して，よく知られた対人円環の内容を検討した。そしてICL の特性形容詞が両極性を満たしていないと考え，8つの対人形容詞クラスターを代表する8つの形容詞をそれぞれ選び出した（Wiggins, Trapnell, & Phillips, 1988）。彼らが作成した64項目からなる短縮版〔訳注：Revised Interpersonal Adjective Scales: IAS-R〕は円環の2次元〔訳注：2軸をなす Love と Dominance のこと〕を測定する尺度である。その後 Trapnell と Wiggins（1990）は円

環を構成する2次元がMcCraeとCosta（1987）の作成した5因子モデルの外向性と調和性に密接に対応することを見出した。

IAS-Rの8つの形容詞クラスターは両極性をなす4組のペアで構成される。その4組とは支配対従順，打算的対謙遜，冷淡対協調，内向性対外向性である。LorrとStrack（1990）は4つの両極性因子によって形容詞間の相関を説明できるという仮説を立てた。相関行列をもとに主成分分析を行ったところ対人円環の中に上記の4次元が含まれることが示された。この結果は対人円環と対人サークルの次元概念とが相補的な概念，つまり互いに補い合う関係にあることを示唆している。

5因子モデルを支持する研究はますます増えつつある。5因子とは外向性，協調性，神経症傾向（反対は情緒的安定性），勤勉性，経験への開放性である。単純構造を目指して因子を回転させることで，因子に含まれる項目同士の相関が高くなり，相関のばらつきを抑えることができる。完全な単純構造が満たされた場合，各項目はそれぞれ1つの因子にのみ負荷する。Saucier（1992）は単純構造の程度を測る指標として平方因子負荷量指標（squared factor loading index: SQLI）を考案した。彼の研究によれば，5因子の中から2因子を取り出して組み合わせた10通りのペアのうち，外向性と協調性，神経症傾向のいずれかを組み合わせたときに2つの因子に同時に負荷する項目がみられる傾向があった。一方で勤勉性と開放性は単純構造を作る傾向が強かった。TrapnellとWiggins（1990）の対人円環は外向性と協調性の組み合わせに相当すると考えられている。

ConteとPlutchik（1981）は円環モデルが対人特性語間の関係を捉えているかどうかを2つの方法を用いて検証した。初めに特性語の中から代表的な用語を抽出し，次いで特性語同士の類似度を調べ，特性語が環状に配置されるかどうか分析を行った。さらに上記とは別にSD法（Osgood, Suci, & Tannenbaum, 1957）を用いた実験を行い，初めの研究で得られた円環モデルの妥当性を検討した。その結果，円環モデルの妥当性が確認されたと報告している。

Fisher, Heise, Bohrnstedt と Lucke（1985）は被験者に自己報告してもらった気分に対する円環モデルの適用可能性を検討した。特性語や状態語と同様の環状構造が人々の実際の行動や気持ちを表現できるのかどうか，まだ分からなかったからである。そこでFisherらは気分を自己報告してもらい，対人特性円環と同様の構造を再現しようと試みた。すると気分を測定した値の平均値は測定を重ねるほどに特性の測定値に近づいていった。また実験参加者に依頼して33個の形容詞がそのときの気持ちを表しているかどうかを5件法で回答させた。参加者の回答から得られた項目間の相関係数をもとに主成分分析を行ったところ，2つの主成分の寄与率はそれぞれ46％と27％であった。これらの結果からFisherらは円環モデルが理論的構成概念として妥当であると結論している。円環モデルは暗黙のパーソナリティ理論が生み出す幻影ではないのである。

Benjaminの3つの円環

円環を応用した他のモデルにBenjamin（1974）の社会的行動の構造分析（Structural Analysis of Social Behavior: SASB）がある。SASBは3つの環状モデルで構成され，2つは対人間でみられる

行動を，1つは精神内面の経験を表している。SASB は行動をその焦点に着目して分類している。行動の焦点が他者にある場合，縦軸には支配と自律性の付与が対置される。2つ目のモデルの焦点は他者に対する自己の反応にある。このモデルでは従属的役割や子どもに特徴的な行動が表現されている。3つ目のモデルは取り入れられた行動を表している。縦軸に対置されているのは自己制御対自己解放である。横軸は3つのモデルすべてで愛情とその欠如，敵意を抱き攻撃する傾向を対置している。このように各モデルは2つの因子によって規定されている（Benjamin, 1994）。

　のちに Benjamin らは SASB をクラスターの形で表現した（Benjamin, 1993）。各モデルの項目は，Wiggins が IAS-R で形容詞群を8つの対人形容詞下位尺度にまとめたように，それぞれ8つのクラスターにまとめられた。そして，対をなすクラスター同士が対極に配置された。他者に焦点を当てたモデルの場合，自律対支配，肯定対軽視，愛対拒絶，保護対放置の4対，8つのクラスターで構成され，クラスター同士をつないだ軸が円環の縦軸横軸を構成している。自己に焦点を当てたモデルでは主張対服従，暴露対宥和，接近対引きこもり，信じやすい対線を引く，の8つのクラスターがある。3つ目の取り入れのモデルでは自己表現対自己抑圧，自己肯定対自己否定，自分を大切にする対自己を拒絶する，自己防衛対セルフネグレクトの8つのクラスターが仮定されている。筆者らはモデルに含まれる項目間の相関をもとに因子分析を行えば4因子が抽出されるという仮説を立てた。また8つのクラスター間の相関をもとに因子分析を行えば各円環を規定する2因子が抽出されると予想される。

　Schaefer（1961）は母親の行動に関する概念モデルを構築したが，このモデルは Benjamin の他者に焦点を当てたモデルに似ている。円環を規定する2つの軸は愛対敵意と自律対支配である。この2軸の間には保護対無視と肯定対見下しの2軸がある。この円環は明らかに Benjamin（1993）がその著書で述べた内容と合致している。

支配―従属に対する新たな視点

　SASB では支配の反対を自律性の付与と考えている点が非常に重要である。従属は支配と間接的な相補関係をなしている。Lorr（1991）は支配―従属のパーソナリティ次元を再定義することを提案した。2者の関係が対等の場合，指示的（支配的）行動の反対は理論的にも経験的にも非指示的行動である。それに対して服従や応諾は，親や上司の管理的行動に対する場合の相補的行動である。2者の関係が対等でない場合，2者間には地位や威信，影響力の違いがある。その場合，上位の者が行動を起こして支配的役割を果たし，下位の者はそれに従う。これまでのほぼすべての尺度は対等な2者関係を想定してきた。それに対して SASB 尺度は2者間に上下関係を想定している。従来の尺度のような対等な2者関係を測定することは想定していないのである。

　支配に関する上記の見方を裏づけるため，対人スタイル目録（Interpersonal Style Inventory: ISI）（Lorr & Youniss, 1986）の指示的尺度とパーソナリティ調査票（Personality Research Form: PRF）（Jackson, 1967）の支配尺度の得点を用いた研究を行った。いずれの尺度も20個の項目で構成されており，半分は肯定項目，残り半分は否定項目である。尺度得点には T と記された肯定項目の合計点と，F と記された否定項目の合計点を用いた。肯定項目得点は否定項目得点と有意な

負の相関を示すと予想された。216 人の大学生を対象とした研究では，支配尺度の肯定項目と否定項目の相関は −0.64 であった。また ISI の指示的尺度の肯定項目と否定項目の相関は −0.70 であった。327 人の高校生を対象とした研究では，PRF の支配性尺度の相関が −0.63，ISI の指示的尺度では −0.65 であった。このように指示的な態度と非指示的な態度とは強い負の相関を示した。このことから対等な関係においては指示的な態度の反対は非指示的態度であると考えられる。

感情の円周モデル

1962 年 Plutchik は基本情動を包括する理論を考案した。基本情動は，彼の考えでは，個体が生存する上での適応装置としての役割を果たしている。適応的行動および情動の原型となる次元には次のようなものがある。つまり，(a) 取り込み（受容），(b) 拒絶（嫌悪），(c) 破壊（怒り），(d) 防衛（恐れ），(e) 再生産（喜び），(f) 遮断（悲しみ），(g) 定位（驚き），(h) 探索（期待）の 8 つである。Plutchik のモデルではこの 8 つの情動を配列して円周構造を構成している。

Russell（1980）もまた感情の円周モデルを提案している。モデルを支持する証拠として，28 個の感情形容詞をさまざまな方法で評定し，分析した結果が示されている。その中には形容詞間の類似性評定に基づく多次元尺度構成法による分析も含まれている。1 次元尺度構成法は予測された快—不快と覚醒の次元の検証に使われた。3 つ目の方法には主成分分析が含まれ，参加者に自己報告してもらった感情状態のデータに対する分析が行われた。見出された循環構造は 2 つの次元で規定されており，縦軸は覚醒対睡眠・疲労，横軸は楽しみ対苦悩の軸と解釈された。

Lorr と Lingoes（1995）は異なる方法を試み，気分や感情の両極性を調べることで循環構造の存在を確かめようとした。Osgood ら（1957）が考案した SD 法は言葉の意味を 3 つの次元で捉える方法である。3 つの次元は評価（良い—悪い，幸せ—悲しみ），潜勢力（大きい—小さい，強い—弱い），活動性（早い—遅い，活動的—受動的）と呼ばれる。しかし SD 法の次元が両極性を示さないと考える研究者もいた。それに対して Bentler（1969）は実験を行い，意味空間が両極性を構成することを示した。Lorr，McNair と Fisher（1982）は感情プロフィール検査（Profile of Mood State）（McNair, Lorr, & Droppleman, 1971）を多くの精神疾患患者に実施して 72 個の形容詞を評定してもらい，回答から極端な外れ値を取り除いた上で相関をもとに主成分分析を行った。その結果，両極性をなす 5 つの気分状態が明確に見出された。

Lorr と Lingoes（1995）は種々の気分が円周構造を示すと仮説を立て，9 つの形容詞尺度を用いて検証を行った。これらの尺度は，陽気，活発，興奮，怒り，緊張・不安，物思いに沈む，落胆，疲弊・不活発，冷静の 9 つの気分を測定できるよう設計されていた。尺度得点の相関係数（$N = 200$）は尺度間の距離に変換され，次いで Lingoes の助けを借りて Lingoes-Guttman 非計量因子分析（Lingoes & Guttman, 1967）が行われた。その結果，データが 2 次元で表現できることが分かり，Kruskal のストレス統計量は 0.5 未満で「良好」と判断された。9 つの気分をプロットすると第 1 因子は陽気・活発対抑うつ・緊張を表したものと判断された。第 2 因子は興奮対疲弊・不活発を表していた。9 つの気分を 2 次元上に配置した際の座標を表 2−1 に示した。Russell（1980）の知見と同様に，円周構造への当てはまりは気分においても良好である。

第1部　パーソナリティとの関連からみた円環

表2-1　Lingoes-Guttman による最小空間での座標

変数	次元	
	I	II
陽気	−95.3	−37.7
活発	−100.0	−36.3
興奮	−14.8	−100.0
怒り	90.3	−63.8
緊張	97.1	−42.7
物思いに沈む	93.9	−89.2
落胆	100.0	−6.1
疲弊―不活発	51.1	76.9
冷静	−91.0	−18.9

注：Lorr & Lingoes (1995, 未発表資料) A Circular Affect Order より改編して転載

精神病症候群の円周構造

　高次の精神病症候群を想定した階層モデルが提案されている。提案のいくつかは『精神病症候群』（Lorr, Klett, & McNair, 1963）（未邦訳）にまとめたので参照されたい。しかし階層モデルの当てはまりがよいのはすべての相関係数が正であるような一群の変数に対してである。一方，パーソナリティや精神障害の変数同士は両極性の関係にあるものが多い。そこで精神病症候群に循環構造がみられるかどうかを検討するために，入院患者用多次元精神病理尺度（Inpatient Multidimensional Psychiatric Scales: IMPS）（Lorr, Klett, McNair, & Lasky, 1963）の75項目を用いた研究を行った。その結果 IMPS を構成する10個の尺度のうち8個が環状に並ぶことが分かった。尺度間の相関係数は表2-2に示した通りである。

　予想通りに2次元の枠組みで捉えることができるか検討するために，相関係数をもとに主成分分析を行った。その結果2つの主成分が抽出され，固有値はそれぞれ 3.5 と 2.6 で，分散の 76% を説明していた。第3主成分の固有値は 0.67 にすぎなかった。第1の次元は表2-3に示したように，興奮，誇大性，妄想投影対遅滞の対立をなしている。第2の次元は運動障害，思考解体対不安抑うつを表している。

結　論

　本章では円環モデルという概念を初めに創案した Guttman（1954）の研究と，それに先立って同様の概念を使用した Freedman らの研究（1951）および LaForge と Suczek（1955）の研究を簡単に紹介した。Leary ら（1957）や Lorr と McNair（1963, 1965）も円周構造の概念を用いた研究を行っている。そして Wiggins によるその後の研究（1979）や対人円環に関する広範な研究に触れ，対人行動を表す次元が5因子モデル（McCrae & Costa, 1987）の次元と相補的な関係にあるとする考えを紹介した。

第2章　円環モデルを用いた対人行動，感情，精神病症候群研究

表2-2　IMPS 尺度で測定した8つの症状間の健常者群における相関係数

	1	2	3	4	5	6	7	8
1　興奮	*							
2　誇大妄想	.44	*						
3　妄想投影	.27	.38	*					
4　不安抑うつ	−.12	−.05	.16	*				
5　遅滞とアパシー	−.37	−.13	−.12	.14	*			
6　見当識障害	−.04	−.02	−.06	−.11	.36	*		
7　運動障害	.28	.10	.18	−.03	.34	.34	*	
8　思考解体	.46	.31	.29	−.14	.15	.30	.51	*

注：IMPS = Impatient Multidimensional Psychiatric Scales. Lorr, Klett, McNair, & Lasky (1963) より転載

表2-3　IMPS 精神病症候群に対する主成分分析結果

症候群	因子	
	I	II
興奮	.74	.38
誇大性	.87	.00
妄想投影	.33	.03
不安抑うつ	−.53	−.69
遅滞	−.72	.04
見当識障害	−.19	.31
運動障害	−.29	.89
思考解体	.34	.85

注：IMPS = Impatient Multidimensional Psychiatric Scales. Lorr, Klett, McNair, & Lasky (1963) より転載

　さらに，対人パーソナリティ特性間の関係を概念化する上での円環モデルの価値を示す研究（Benjamin, 1974; Conte & Plutchik, 1981; Lorr & Youniss, 1986）を紹介した。最後に感情研究における円周モデルの有用性を論じ（Lorr, McNari, & Fisher, 1982; Lorr & Lingoes, 1995; Russell, 1980），円周モデルで精神病症候群を概念化し得るとする研究結果を示した。

文　献

Benjamin, L. S. (1974). Structural analysis of social behavior. *Psychological Review, 81*, 392-425.

Benjamin, L. S. (1993). *Interpersonal diagnosis and treatment of personality disorders*. New York: Guilford Press.

Benjamin, L. S. (1994). SASB: A bridge between personality theory and clinical psychology. *Psychological lnquiry, 5*, 273-316.

Bentler, D. M. (1969). Semantic space is (approximately) bipolar. *Journal of Psychology, 71*, 33-40.

Conte, H. R., & Plutchik, R. (1981). A circumplex model for personality traits. *Journal of Personality and Social Psychology, 40*, 701-711.

Fisher, G. A., Heise, D. R., Bohrnstedt, G. W., & Lucke, J. F. (1985). Evidence for extending the circumplex model of personality trait language to self-reported moods. *Journal of Personality and Social Psychology, 49*, 233-242.

Freedman, M. B., Leary, T., Cssorio, A. G., & Coffey, H. S. (1951). The interpersonal dimension of personality. *Journal of*

Personality, 20, 143-161.

Guttman, L. (1954). A new approach to factor analysis: The radex. In Paul F. Lazerfeld (Ed.), *Mathematical thinking in the social sciences* (pp. 258-348). Glencoe, IL: Free Press.

Horowitz, L. M., Rosenberg, S. E., Baer, B. A., Ureño, G., & Villaseñor, V. S. (1988). Inventory of Interpersonal Problems Psychometric properties and clinical applications. *Journal of Clinical and Consulting Psychology, 56*, 885-892.

Jackson, D. N. (1967). *Personality research form manual*. Goshen, NY: Research Psychologist Press.

LaForge, R. S., & Suczek, R. F. (1955). The interpersonal dimension of personality: An interpersonal checklist. *Journal of Personality, 24*, 94-112.

Leary, T. (1957). *Interpersonal diagnosis of personality: A functional theory and methodology for personality evaluation*. New York: Ronald Press.

Lingoes, J. C., & Guttman, L. (1967). Nonmetric factor analysis: A rank reducing alternative to linear factor analysis. *Multivariate Behavioral Research, 2*, 485-505.

Lorr, M. (1991). A redefinition of dominance. *Personality and Individual Differences, 12*, 807-879.

Lorr, M., Klett, C. J., & McNair, D. M. (1963). *Syndromes of psychosis*. New York: Macmillan.

Lon; M., Klett, C. J., McNair, D. M., & Lasky, J. J. (1963). *The inpatient multidimensional psychiatric scale*. Palo Alto, CA: Consulting Psychologist Press.

Lorr, M., & Lingoes, J. C. (1995). *A circular affect order*. Unpublished manuscript.

Lorr, M., & McNair, D. M. (1963). An interpersonal behavior circle. *Journal of Abnormal and Social Psychology, 67*, 68-75.

Lorr, M., & McNair, D. M. (1965). Expansion of the interpersonal behavior circle. *Journal of Personality and Social Psychology, 2*, 823-830.

Lorr, M., McNair, D. M., & Fisher, S. (1982). Evidence for bipolar mood states. *Journal of Personality Assessment, 46*, 432-436.

Lorr, M., & Strack, S. (1990). Wiggins Interpersonal Adjective Scales: A dimensional view. *Personality and Individual Differences, 11*, 423-425.

Lorr, M., & Youniss, R. (1986). *Interpersonal Style Inventory (ISI) manual*. Los Angeles: Western Psychological Services.

McCrae, R. R., & Costa, P. T., Jr. (1987). Validation of the Five-Factor Model of personality across instruments and observers. *Journal of Personality and Social Psychology, 52*, 81-90.

McNair, D. M., Lorr, M., & Droppleman, L. F. (1971). *The profile of mood states*. Los Angeles: Educational and Industrial Testing Service.

Osgood, C. E., Suci, G. J., & Tannenbaum, P. H. (1957). *The measurement of meaning*. Urbana: University of Illinois Press.

Plutchik, R. (1962). *The emotions: Facts, theories and a new model*. New York: Random House.

Russell, J. A. (1980). A circumplex model of affect. *Journal of Personality and Social Psychology, 39*, 1161-1178.

Saucier, G. (1992). Bench marks: Integrating affective and interpersonal circles within the big five personality factors. *Journal of Personality and Social Psychology, 62*, 1025-1035.

Schaefer, E. S. (1961). Converging conceptual models for maternal behavior and for child behavior. In J. C. Glidwell (Ed.), *Parental attitudes and child behavior*. Springfield, IL: Charles C. Thomas.

Trapnell, P. D., & Wiggins, J. S. (1990). Extension of the interpersonal adjective scales to include the big five dimensions of personality. *Journal of Personality and Social Psychology, 59*, 1-10.

Wiggins, J. S. (1979). A psychological taxonomy of trait-descriptive terms: The interpersonal domain. *Journal of Personality and Social Psychology, 37*, 395-412.

Wiggins, J. S., Trapnell, P., & Phillips, N. (1988). Psychometric and geometric characteristics of the revised Interpersonal Adjective Scales (IAS-R). *Multivariate Behavioral Research, 23*, 517-530.

第3章

「対人円環」の条件：社会的支援行動の検討

Jerry S. Wiggins & Krista K. Trobst

　円環モデルは複数の知能検査間の相関関係を図解したことに始まり，その後，急速な発展を遂げてきた（Guttman, 1954）。円環モデルが幾何モデルとして発展してきた経緯と実証研究へのさまざまな応用はバラエティに富んでおり，その歴史自体が興味深いものである。しかし円環モデルの近年の発展とモデルが秘める今後の可能性にはさらに目を見開かされる。例えば1992年をとってみても，円環モデルは心理測定学会（Psychometric Society）の会長講演のテーマであったし（Browne, 1992），パーソナリティ研究における「基本次元」であると考えられていた（Wiggins & Pincus, 1992）。また伝統的な単純構造を追求する著名な研究者たちはビッグ・ファイブ（Big Five）と呼ばれるパーソナリティ次元を組み合わせて円環モデルの作成を試みている（Hofstee, de Raad, & Goldberg, 1992）。

　本書を読めばさまざまな種類の円環モデルが多くの領域に応用されていることが分かる。このことは円環モデルが秘める可能性を証明するものであるが，同時に円環モデルはどの範囲まで適用可能なのかという疑問も湧いてこよう。例えば，古典的，現代的対人関係理論に由来する多くの概念と円環モデルが非常に似通っているために，両者の違いを明確に区別できない場合がある（Wiggins, Phillips, & Trapnell, 1989）。一方，感情や精神疾患診断名，顔の表情を円環モデルで表現したり，あるいは神経症傾向と外向性を軸とした円環モデルを構成した場合，これらの円環構造と従来の対人関係理論との関係性を疑問に思うかもしれない。

　ある円環を対人円環と主張するためには，円環構造が実証的に示されること，および円環を構成する尺度が対人関係に関する概念を測定していると解釈するに足る，妥当性のある確たる根拠が求められる。円環が対人的なものを表現していると解釈可能な場合と不可能な場合とはたいてい明らかである。例えば，物理的に明確に定義可能な視覚刺激や聴覚刺激間の類似性評価を表現する際の円環モデルの有用性が示されてきたが（Shepard, 1978），その円環構造の中に対人関係の本質が存在すると考える者はいないであろう。一方，Myllyniemi（第12章執筆者）が表情を並べて構成した円環構造は，尺度構成する際の手法上の問題から円環として最適な構造とはいえないかもしれない。しかし明瞭に表現されたファセット理論には説得力があり，構造の本質が対人関係に関するものだとする解釈が可能である。つまりある円環を対人円環と解釈できるかどうかは，そのように解釈するだけの十分な理由があるかどうかによっている。

　この「十分な理由」が研究者によって異なることは当然考えられる。何をもって十分な理由と考えるかは，研究者がどのような概念を用いて対人行動を研究するかによって異なるからである。しかし本章の目的は対人関係という用語の使い方を不当に定めてしまうことではない。円環構造が有用なのは，臨床的な実践の場であろうと基礎研究であろうと，適切な解釈が可能な場合

に限られるというのが本章の主張である。適切な解釈を可能にする条件としては以下の２つが求められる。(a) 円環の次元で表現された理論が対人行動を包括すること，もしくは対人行動へと向かう一連の態度を表現していること，(b) 尺度に含まれる変数の弁別力が高く，ある状況下での詳しい解釈を可能とすること，の２つである。これらの点を示すため，まず円環で表現した対人行動理論の概要を記し，次いで異なる状況下での解釈に影響を及ぼすいくつかの要素を列挙していく。

理論的方向性

　高度に抽象化した場合，さまざまな領域の概念を作動性（agency）と共同性（communion）という２つのメタ概念[1]（Bakan, 1966）を使って統合的に理解することが可能である。それらの領域としては，(a) 哲学的世界観（Wiggins, 1991），(b) あらゆる社会でみられる共通課題（Redfield, 1960），(c) 社会的行動を規定する文化的要因（Triandis, 1995），(d) 社会における労働の不均衡（Parsons & Bales, 1955）と生殖問題の解決（Buss, 1991），(e) 神話や昔話，個人の人生における物語の主題（McAdams, 1993），(f) 包括的パーソナリティ理論（Wiggins, 1991），(g) 対人行動の特に動的部分（Wiggins & Trapnell, 1996 参照）などがある。

　抽象度をもう少し下げた場合，対人の場（interpersonal situation）という概念（Sullivan, 1953）が用いられる。この対人の場という概念は，人と人との間で過去から現在にわたって相互に与え合ってきた影響力が，同じく対人関係に影響を及ぼす社会的文化的基盤の中に埋め込まれ，作用している複雑な場を表現している。ここで重要となるのは社会的交換（social exchange）（Foa & Foa, 1974）という概念である。社会的交換理論では，地位（作動性）と愛情（共同性）という資源の面からみた望ましい対人の場のあり方を求めて，相互作用する２者間で交渉が行われると考える。対人間の相互作用で交渉がうまくいくと，自尊心を求める作動的欲求と安全性を求める共同的欲求が満たされ，作動的・共同的不安といった望ましくない結果を避けることができる（Wiggins & Trapnell, 1996）。

　Foa（1965）は対人関係に関わる諸変数に対してファセット分析を行い，(a) 対象（自己と他者），(b) 資源（愛情と地位），(c) 方向性［与える（+）と取り上げる（-）］の３つのファセットに分解した。パーソナリティ測定にあたり，最も重要だと考えられる対人変数は対人特性である。対人特性は対人場面で，状況を超えて繰り返される，社会的交換における個人の特徴的な様式を指す。例えば，温かでいたわりがあり，人の役に立とうとする特徴を持つ人は，資源（愛情と地位）を必要としている人に対して愛情と地位を与え得る状況を得ようとするだろう。そのような人は人助けする状況［愛情（+）］を一般に好む傾向があるが，それ以上に助けを必要とする人々［地位（-）］のことを大切に思う傾向が自分自身にあることを（正確に）認識しているであろう。つまりそのような人が好む対人の場は以下のように定義することができる。

　　自己［愛情（+1）；地位（-1）］，他者［愛情（+1）；地位（+1）］

　1　他の概念を議論，表現，分析する際に用いられる概念のこと。

第3章 「対人円環」の条件：社会的支援行動の検討

表3-1 対人変数のファセットの要素

オクタント	対人形容詞尺度	社会的アウトカム			
		自己		他者	
		地位	愛情	愛情	地位
PA	自信過剰―支配的	+1	+1	+1	−1
BC	傲慢―打算的	+1	+1	−1	−1
DE	冷淡―冷たい	+1	−1	−1	−1
FG	孤独―内向的	−1	−1	−1	−1
HI	自信のない―服従的	−1	−1	−1	+1
JK	謙虚―率直	−1	−1	+1	+1
LM	温和―友好的	−1	+1	+1	+1
NO	群居的―外向的	+1	+1	+1	+1

注：対人形容詞尺度 = Interpersonal Adjective Scales (IAS)

　この様式の社会的交換によって定義される対人変数を我々は温和─友好的と呼んでいる。このような対人変数は全部で８つあり，それぞれ異なるファセットの要素から構成される。表3-1には８つの対人変数が持つファセットの要素を示した。隣接する変数同士の違いはただ１つの要素の違いであることに注意されたい。例えば傲慢─打算的ふるまい（BC）が自信過剰─支配的ふるまい（PA）と異なっている点は他者への愛情を拒否する点だけである。また表の最初と最後に記された変数同士も１つの要素だけが異なっている点にも注意が必要である。群居的─外向的ふるまい（NO）と自信過剰─支配的ふるまい（PA）の違いは，後者が他者に地位を与えることを拒否する部分だけである。

　８つの変数に関する上記の仮説が正しいとするならば，８つの変数を測定する尺度間のデータ相関は必然的に円環を構成する（Wiggins & Trapnell, 1996）。なぜなら対人空間に関わる領域は円環を構成する２つの主成分（支配─作動性と慈しみ─共同性）で定義できるが，この領域には２者（自己と他者）にとって社会的（地位），感情的（愛情）な意味を持つ，あらゆる相互作用が原則として含まれるからである。

　対人形容詞尺度（Interpersonal Adjective Scales: IAS）（Wiggins, 1995）は対人空間を表現すべく構成された尺度で，種々の項目や尺度，人物を驚くべき精度で円環空間内に配置・表現することができる。例えば図3-1に示したIASの特性図は温和─友好的な特徴を持つ女性を表現している。円環は45度ずつ均等に切り分けられた８つのオクタントで構成され，各オクタントにはアルファベット（PA, BC, DE……）と内容を示すラベル（自信過剰─支配的，傲慢─打算的，冷淡─冷たい……）が反時計回りに付されている[2]。

2　これらのアルファベットを初めに用いたのはFreedman, Leary, OssorioとCoffey（1951）で，円の一番上から反時計回りに並んだ16の対人変数を表すために，(A)支配的，(B)傲慢，(C)打算的……(P)自信過剰，と命名した。現在の研究者たちは16の変数を２つずつ組み合わせてオクタントにまとめる傾向にある。つまり(PA)自信過剰─支配的，(BC)傲慢─打算的……(NO)群居的─外向的といった具合である。８つのオクタントの名称は徐々に変化してきたが，アルファベット自体は円の領域を表す名称として──例えばPA（67～112度），BC（112～157度），NO（23～67度）といった具合に──使われている。

第1部　パーソナリティとの関連からみた円環

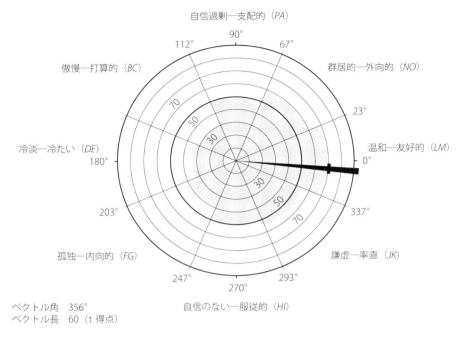

図3-1　温和―友好的な女性の対人形容詞尺度の特性図

　この特性図は特徴的な形をしている。女性の最も特徴的なオクタント［温和―友好的（LM）］が高く突出し，その両隣に位置するオクタント（NOとJK）がなだらかに続き，反対に位置するオクタント（DE）が低くなっている。8つのベクトル角の平均は角位置として特性図の中に記してある。ベクトル長は円の中心に始点を持つ8つのベクトルの長さを平均したものである。図3-1に記したように，本特性図の角位置は356度で，温和―友好的カテゴリー（337～22度）のほぼ真ん中に位置する。ベクトル長（図中ではベクトル上に印をつけた）は平均値を50，標準偏差を10に標準化した際の60に相当する。ベクトル長はある対人パターンが出現する強度と解釈することが可能である。
　特性図から解釈する限り，この女性は温和―友好的「タイプ」の特徴を（ベクトル長から分かるように）適度に備えた，典型的なタイプ（角位置が区分の中心付近にある）の女性といえよう。つまり人間関係においては温和で，慈しみがあり，思いやりがあって相手を気遣う傾向があり，困った人や助けを必要としている人，病人や介護や支援を必要としている人に対して物質面で施しを行い，もしくは感情面で同情を寄せる傾向があると考えられる（Wiggins, 1995）。

測定のための要素

　円環の解釈を可能とし，さらに詳細に解釈するための要素はいくつかあるが，まずはその中から5つを取り上げる。

第3章 「対人円環」の条件：社会的支援行動の検討

文　脈

　さまざまな研究で対人関係に関わる構成概念を測定する際には研究協力者に対して行う教示も変わってくるが，こうした多様な教示を言い表す適切な言葉が他にないため，我々は文脈と呼んでいる（Wiggins & Trapnell, 1996）。最もよく使われてきた測定上の文脈は1つの行動もしくは特性を測定するものであり（Wiggins, 1997），2人もしくは3人以上の間で交わされる社会的交換もここに含まれる。一般的な社会的交換の中身は支配と慈しみという2つの次元で定義可能であるが，この2つの次元は特性語の意味を強調する過去の語彙研究（Saucier, 1992）によっても，特性語を自己や他者の属性に帰する5因子モデル研究（McCrae & Costa, 1989）によっても重要であることが分かっている。対人形容詞尺度はこの支配と慈しみの組み合わせで定義される空間の指標として開発された尺度である。

　対人領域には数多くの派生領域があり，文脈が変われば焦点となる構成概念も変わってくる。例えば被験者に対して対人交流をどの程度苦痛と感じるかを回答させた場合，文脈が示しているのは対人問題という領域となり（Horowitz, Rosenberg, Baer, Ureño, & Villaseñor, 1988），円環モデルで表現することができる（Alden, Wiggins, & Pincus, 1990）。この円環が対人的なものを表しているとする理論的裏づけも数多く行われている（例えば Gurtman, 1994; Horowitz, Weckler, & Doren, 1983; Pincus & Wiggins, 1990）。

　円環モデルの例には一般的な対人領域とはあまり関係しないように思われるものもある。例えば職業関心の領域で Holland が作成した職業興味検査（Vocational Preference Inventory）（Holland, 1985b）は，きれいな円環を構成している（Tracey & Rounds, 1993; Trapnell, 1989）。職業的関心とパーソナリティの関係に関する Holland（1985a）の確立された理論を，より一般化された対人行動理論の中に組み込んでみれば，この尺度が表現する領域を対人的なものと捉えることは妥当といえる（Hogan, 1983; Tracey & Rounds, 1993）。

視　点

　対人関係の報告や評定，対人場面での反応を測定する場合，自己や他者，第三者の視点から測定することができる。もしくは「私が彼をだましていると彼が考えていると思う」のように複数の視点を組み合わせて評定することも可能である（Laing, Phillipson, & Lee, 1966）。Kiesler（1987）が考案したインパクトメッセージ・インベントリー（Impact Message Inventory）は対人関係において特に捉えにくい視点からの測定を可能にした尺度である。実験参加者は自分にとって重要な他者と相互作用が行われた際の自分の感情や行動傾向，内面に喚起されたメッセージについて4段階で回答する。捉えにくい対象を測定しているにもかかわらず，オクタントに区分された本尺度は見事に円環を構成している（Kiesler & Schmidt, 1991）。さまざまな視点からパーソナリティを評定すると測定結果が異なるという問題は，測定の「正確性」という別の問題を提起する。測定の視点に関わるこれらの問題は非常な難題であるが，この領域に取り組む研究者が注目に値するのは「……判断を誤ることがないからではなく，多くの困難にもかかわらずどうにか正確性を担保していること自体が驚くべきことであるように思えるから」（Funder, 1989, p. 12）なのである。

役 割

社会学の分野で研究されてきたことだが，社会の制度・慣行は対人関係の形成過程を促進・抑制し，概して何らかの強い影響を与える。そのため社会制度や慣行を対人関係に影響を与える要因として考慮に入れてしかるべきである（Searle, 1995）。世界的な視野でみれば，社会の作動的・共同的制度の運用の違いは，その社会が個人主義的か集団主義的かという文化の違いによるところが大きい（Triandis, 1995）。各文化の中に視点を移してみれば作動的・共同的状況を見出すことができるが（Moskowitz, 1994），そこには制度化された慣習の影響を明らかに見て取ることができる。つまり友人関係や婚姻関係，血縁関係（例えば父と息子），社会組織（例えば雇用者と被雇用者），職業意識（例えば心理療法士と患者），その他さまざまな役割に対して制度化された慣習が影響を及ぼし，対人間での愛情と地位の交換を促進したり，抑制したりするのである。

測定の水準

対人関係の測定はさまざまな測定水準で行われる。微視的な分析は進行中の相互作用の中でも刺激—反応行動という一連の流れを対象とし，巨視的な分析は時と状況にかかわらず繰り返される全体的な傾向を対象とする。対人関係のシステムを初めに考えた研究者たちが観察したのはグループ療法で交わされる刺激—反応行動パターン（Freedman, Leary, Ossorio, & Coffey, 1951）であった。最近の例では Gifford（1991, 1994）がグループ対話で観察した非言語的行為を微視的に分析した結果をもとに円環を作成した研究がある。一方，巨視的に分析する際には，主として自己評定（特性）や他者による認知（反射）によって測定した包括的な対人性向を用いることが多い（Leary, 1957）。

解釈の水準

対人円環に対しては 3 通りの解釈が行われてきた。それらは円環が持つ量的・質的特徴に対する仮説の違いを反映しており，目的に応じてそれぞれが重要な役割を果たしてきた。これら 3 通りの解釈は直観的，順序的，数量的と表現することができる。

1．非量的水準では，円環は対人関係理論で想定されている概念を分かりやすく図解したものと考えられている。例えば心理療法の最中に患者がみせる特徴的な自己呈示の変化や方向，強度などの概念がこれにあたる。この直観的解釈を強力に支持する先行研究としては Lewin の初期の研究を挙げることができる（Cartwright, 1959 参照）。円環はまたみた目に分かりやすく，人の心に直接訴えてくる力を備えているため，対人相互作用に関する発想を掻き立てる問題発見装置ともなっている（Wiggins, 1996）。
2．量的水準では，最小限の仮定を置くだけで，変数間の相関係数の大きさやベクトル角，円の中心からの距離などを考慮に入れることなしに，測定変数間に特定の配列がみられるかどうかを検証することができる（Guttman, 1954）。
3．円環のことを，対人関係に関する先行理論で見出された諸概念間の関係を幾何学的に表現

したモデルと捉える向きもあるだろう（Wiggins, Phillips, & Trapnell, 1989）。この捉え方には，実証研究の結果に基づいて構成概念妥当性の解釈を可能にするために必要な強い数量的仮定が含まれている。

円環を用いた研究知見の報告

対人関係に関する測定結果を報告する際には，内容，視点，役割，測定の水準，解釈の水準を詳細に記載すべきである。その意味で「対人問題インベントリー円環尺度を用いて問題となる対人性向に対する配偶者の認知を測定した」という記述は望ましい書き方である。なぜならこのような書き方をすることで読み手は以下の情報を読み取ることができるからである。

対人問題インベントリー円環尺度［解釈の水準　数量的］を用いて問題となる［文脈　問題］対人性向［測定の水準　巨視的］に対する配偶者［役割　配偶者］の認知［視点　他者］を測定した。

対人交流としての社会的支援

社会的支援を対人的観点から解釈する試みは，驚くべきことにこれまで行われてこなかった。Cobb（1976）の著名な論文に，対人関係理論を応用して社会的支援の概念を分析した優れた例があるものの，この論文はむしろ，生活上のストレスが健康に悪影響を与えるのを防ぐ役割を社会的支援が果たしていることを，実証研究のレビューを通して示したことで知られている。Cobb（1976）が定義した社会的支援とは「患者に，自分が気にかけられている，愛されている，尊ばれている，そして互恵関係のネットワークの一員であると信じさせる情報」（p. 300）というものである。Cobb は愛情（感情的支援）と地位（尊厳的支援）という社会的資源に加えて，モノやサービス，情報などの物質的資源についても論じている。その意味では Cobb が考えた公式は，2 者相互作用の観点から社会的交換理論の基礎を築いた Foa と Foa（1974）の考えに極めて似ている（Wiggins & Trapnell, 1996）。しかし Cobb（1976）によれば物質的資源は，

前述した分類のいずれかに関する情報を内包しているわけではない。だからといって研修医の恭しい態度が尊厳的支援とはいえないとか，看護師の親切な手当が感情的支援にあたらないというわけではない。サービスそのものがそれ自体として支援を構成するわけではないと述べているにすぎないのである……（p. 301）

社会的支援の観点からは愛情と地位という社会的資源が提供されることは非常に重要であり，その点で我々は Cobb と同じ意見である。しかし物質的資源（すなわちモノやサービス，情報，お金）の提供にも重要な役割があり，見落とされるべきではない。受け取る側の必要に応じた物質的資源の提供がなされ，そのことで目の前の問題への対処が可能となる限り，この物質的提供は支援行動と考えるべきである。また対人関係の観点からは，物質的資源の提供は愛情と地位（社会的

第1部　パーソナリティとの関連からみた円環

資源）を相手に伝える対人メッセージを媒介する働きも果たしている。つまり同じ行動であっても，どのように行われたかによって対人関係における意味合いが異なってくる。例えばお金を貸す行為を通じて，いたわりのある人物であれば愛情や尊重の気持ちを借り手に伝えるが，傲慢—打算的な人物であれば自分の優位性や価値を借り手に伝える，という具合である。

　先に示した（図3-1）IAS特性図は典型的な温和—友好的女性のものであった。友人や家族から支援を求められたならば，この女性はそれが自分の地位を低くすることになっても，必要とする相手に愛情と地位を提供すべき状況であると考えるであろう。社会学者であればこの関わり方を社会的支援とみなし，そこにみられる具体的な行動を人助け（人の役に立たないの対義語）と判断するであろう。

　喜んで手助けし支援してくれる人に助けや支援を求めることができれば確かによいだろうが，誰もがそのような友人や家族を持っている幸運な人ばかりとは限らない。何といっても温和—友好的な人の割合はおおよそ8人に1人しかいないのだから！　もちろん似通ったタイプの人もいる。例えば温和—友好的と隣接する謙虚—率直，群居的—外向的タイプの人たちで，ともに愛情と地位を相手に喜んで与える人たちである（表3-1参照）。しかし謙虚—率直タイプの人は自己に愛情と地位を与えない傾向があるため，だらだらと言いなりになってしまう可能性がある。また群居的—外向的タイプの人は自己に地位を与えたがる傾向があるため，相手に与える地位をいくぶんおとしめるかもしれない。傲慢—打算的，冷淡—冷たい，孤独—内向的タイプの人はこの場合問題にならない。いずれも他者に愛情と地位を与えたがらないからである。自信過剰—支配的タイプの人は，愛情は与えるが相手の重要性は認めたがらない。自信のない—服従的タイプの人はしぶしぶ相手の地位を認めるものの愛情を与えることはない。

　我々が重視している点は明らかにこれまでおろそかにされてきた。つまり支援を必要とする人々に対する反応には個人差があり，その個人差は他の対人状況[3]でもみられる個人の社会的交換の特徴的パターンを反映しているという点である。それゆえ我々は支援行動における個人差を捉える上で円環モデルが有用であると考えている。今回検討している測定のための要素は文脈（他者を助け，支援する），視点（自己），役割（友人，親類），測定（巨視的），そして解釈（数量的）である。もちろん支援行動に最も影響を及ぼし得るのは文脈である。前述したように何が支援行動とみなされるかについては社会の制約が明らかに大きいと思われるからである。

支援行動尺度

　本章の第2筆者であるTrobstは，以前の研究で支援を提供する際の決定要因としてどのような提供者側の特徴があるのかを調べたことがある。その際，支援を必要とする友人に対して提供するであろう（と提供者自身が信じている）支援の量や種類を測定する尺度（支援行動尺度：Supportive Actions Scale: SAS）の構成が試みられた（Trobst, 1991; Trobst, Collins, & Embree, 1994）。

3　潜在的な支援受給者側の，社会的交換様式における個人差はここでは考慮していない。しかし対人の場を最終的に定義する上では同様に重要だと思われる。

表3－2　支援行動尺度オクタント間の相関行列

	PA	BC	DE	FG	HI	JK	LM	NO
PA	1.00							
BC	.6032	1.00						
DE	.1067	.5026	1.00					
FG	−.2475	.1038	.4910	1.00				
HI	−.4117	−.2788	.1766	.5196	1.00			
JK	−.1813	−.3419	−.2590	.0073	.4114	1.00		
LM	.1989	−.2642	−.4916	−.4273	−.0297	.3888	1.00	
NO	.4965	.0844	−.3286	−.5274	−.3227	.1122	.6675	1.00

注：$N = 444$，PA＝指示的，BC＝傲慢，DE＝批判的，FG＝距離をおく，HI＝回避的，JK＝恭しい，LM＝慈しみ，NO＝積極的関与

　がん患者が受けた支援を包括的にまとめた Dakof と Taylor（1990）の一覧を利用して概念領域（Loevinger, 1957）が定義され，31 項目が作成された。31 項目の相関行列から主成分を抽出した結果見出された3因子は，支援様式の違いを表していると考えられた。詳細な検討の結果，3因子と対人円環空間の間に理論的つながりが見出された。第Ⅰ因子（励ます—感情的行動）はいたわりのある支援を，第Ⅱ因子（指示的行動）は支配的支援行動を表し，第Ⅲ因子（回避的行動）には服従的（支配的でない）傾向を示す行動が含まれていた。これらの結果から円環構造の存在が示唆されたが，これらの項目で表現できていない領域があることも分かった。この結果に力を得て，筆者らは支援行動を網羅する円環モデルの構成を試みることとした。

　まず研究1において3人の評定者（Wiggins, Trobst と Paul Trapnell）が対人サークルの8つの区域を測定するための項目候補を作成した。作成した139項目をブリティッシュコロンビア大学の学生169人に呈示し，支援を必要とする友人や家族に対してどのような行動をとるか回答してもらった。回答は「1（決してしない）」から「7（必ずする）」までの7件法で行われた。得られた回答をもとに円環を構成する手続きを行い，8つのオクタントを構成して，すべての項目についてベクトル角と分散寄与率を検討した。しかし8つのオクタントは均等に配置されず，きれいな円環構造とはいえなかった。

　研究2では共通性の低い項目（0.1 以下）を除外し，新たに項目を追加して140項目を作成し，444人の大学学部生に回答を求めた。ベクトル角と共通性の値を参考に項目を選定し，円環の8つの尺度を構成した。8つの尺度間の相関係数（表3－2参照）をもとに主成分分析を行ったところ，第1・第2主成分で分散の35.4％と29.4％がそれぞれ説明された。また比較的小さな一般因子（Wiggins, Steiger, & Gaelick, 1981）が分散の14.8％を説明していたが，その因子に特別高い負荷量をみせる変数はみられなかった。図3－2に示した通り，きれいな円環構造が得られたが（Trobst & Wiggins, 1995），のちに議論するように，この結果は他の論文に示されている結果と比較しても遜色のないものであった。

　表3－3には支援行動円環尺度（Supportive Actions Scale-Circumplex: SAS-C）のオクタントを構成する項目例を挙げ，支援行動を表す円環が持つ対人的特徴を示した。全体的に理論に合致しているが，支援を必要とする友人や家族への反応としては驚くような項目も含まれている。「助

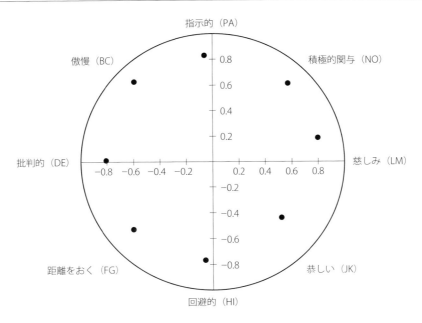

図3−2 支援行動円環尺度の構造（$N = 444$）

表3−3 支援行動円環尺度の項目例

下位尺度	位置a	項目例
指示的（PA）	90°	助言する 私に任せなさいと伝える
傲慢（BC）	135°	行いを改めるように説得する 支援者として自分がいかに適任か強調する
批判的（DE）	180°	因果応報を忘れてはいけないと伝える 泣き言を言っても仕方がないと言う
距離をおく（FG）	225°	過度に自分を頼りにさせない 問題に耳を貸している間は私情を挟まない
回避的（HI）	270°	指示的になることを避ける 問題に対する意見を表明することに尻込みする
恭しい（JK）	315°	議論しないようにする ただ静かに耳を貸す
慈しみ（LM）	0°	抱きしめてあげる ただそばにいてあげる
積極的関与（NO）	45°	問題について話を引き出す 問題について頻繁に問いかける

a 尺度の中心は左上寄りである

言する」（指示的：PA）や「抱きしめてあげる」（慈しみ：LM）人がいることはうなずけるが，「泣き言を言っても仕方がないと言う」（批判的：DE），「過度に自分を頼りにさせない」（距離をおく：FG）などの行動をとる人がいたことは，理論通りとはいえ，やや驚きの結果である。愛する人が苦しんでいるときにそうした明らかに不適当な反応をみせる人がいるという事実は，しばらくの間，社会的支援研究者の当惑と憶測の種となった。有用とは思えない行動をとるのは適切な行動をあえてとらなかったせいだと考える研究者もいたが，この仮説は正しくないことが証明されている（Lehman, Ellard, & Wortman, 1986）。我々の考えでは，有用とは思えない行動をとる理由は，異なる反応をするよう働きかける強い状況的圧力があるにもかかわらず，自らの特性が優位に表出してしまうせいである。

　尺度の最終版が利用可能となった際には，本尺度が社会的支援の研究者にとって有用性の高い新たな道具となることを期待している[4]。しかし本章の目的は社会的支援研究で使用する際に特有の，本尺度の繊細ともいえる特徴を記すこと，および本尺度が対人特性を測定する従来の尺度とどのように異なるのかを示すことである。図3-2で示したSASの円環構造を支えている観察可能な特徴および心理測定学的特徴について，より詳しくみていくことにしよう。

社会的支援の円環：いくつかの補足と予測

　個人の一般的対人特性を記述する際に，愛情と地位を与える対象あるいは与えない対象が自己か他者かという問題は，等しく重要な問題である。しかし，驚くにはあたらないだろうが，支援行動という限られた文脈でいえば，他者に対して愛情と地位を与えるか否かという，提供者側の傾向に比重がかけられてきた。支援の受け手側の傾向に目を移してみると，2つの観点［(a) 地位を拒否するか与えるか，(b) 愛情と地位をともに与えるか，ともに拒否するか］からみた各対人様式同士の類似点に気がつくだろう。表3-1の「他者」の列をみてみると，指示的（PA）と傲慢（BC）は支援の提供者に地位を与えることを拒否するタイプで，回避的（HI）と恥しい（JK）は提供者に地位を与えるタイプである。慈しみがある（LM）と積極的関与（NO）タイプは愛情と地位の両方を提供者に与え，批判的（DE）と距離をおく（FG）タイプは愛情と地位の両方を提供者に与えることを拒否する。他者に対する資源の分配様式の類似に基づいて8つのタイプをまとめた結果は，我々が検討中の研究結果と，すべてではないがよく合致する部分がある。

項目の作成と選定

　SAS-Cを構成するオクタントの項目を仮説に沿って作成するのは比較的容易であった。しかし項目選定の段階で，理論的に想定されたオクタントとは異なるオクタントに配置される項目が多数にのぼるという事態に直面した。これは隣接するオクタント同士を区別することが困難であったためである。特に慈しみがある（LM）と積極的関与（NO）との区別をつけるのが困難であった。一方のオクタントに属する項目を作ったつもりが他方に配置されてしまうということが

4　改訂版SAS-Cは心理テストとして優れた性質を備えている。

多々あり，そのことに対する概念的説明はすぐにはつかなかった。SAS-C の慈しみがあると積極的関与の相関は 0.67 で，円環のオクタント間の相関としては通常よりも高い値となっている。傲慢（BC）と指示的（PA）に属する項目を適切に分ける上でもいくつかの困難があった。両者の相関が 0.60 あることからもその困難がうかがわれよう。さらに慈しみがあると積極的関与の場合以上に，オクタントの配置に対して合理的な説明を加えることに伴う困難さもあった。さらには，各オクタントに対して概ね同数の項目（17 もしくは 18）を作成したにもかかわらず，恭しい（JK）にはわずかに 5 項目しか配置されなかった。恭しいに属すると考えて作成した項目の大部分は回避的（HI）に配置されたのである。恭しいは SAS-C 上では最終的には概ね最適な位置にあるが，共通性は低くなっている（図 3-2 参照）。これはこのオクタントを構成する項目が 5 つしかないためだと考えられる（α = 0.64）。

　本節のタイトルは前に記したように予測である。そこで，まだ裏づけのない後付けの解釈ではあるものの，考え得る可能性について述べてみよう。効果的な社会的支援の 1 つは慈しみ（LM）の領域の中でも支配性が強めの領域に区分されると思われる。というのも支援が本当に役に立つのは，愛情と地位についての明確なメッセージが，単に慈しむ雰囲気以上のものを与えることができる場合だからである。この場合，慈しみのある人は LM の中でも相手に働きかける項目に対して同意を示すであろう。事実 LM として残っている項目の大部分はベクトル角が 360 度以上の項目である。同様の理由から，積極的に関与する人（NO）が効果的に関与するとするならば，単なる快活さや社交性，陽気さ以上のものを持っている必要がある。つまり社会的支援の観点で考えるならば NO の領域の中でもより温かみのある項目に同意すると考えられる。それゆえ社会的支援の枠組みでは，LM と NO の項目同士は密接に関連する傾向があるのである。同じように恭しい（JK）に属する項目を作成する際にも，慈しみのある（LM）に区分される効果的な社会的支援とあまりに近すぎる項目を書くわけにはいかず，かといって LM と区別された項目を書くと回避的（HI）の領域との関連が強くなってしまうと考えられる。

　状況によっては，円の指示的な領域に効果的な社会的支援のあり方が分類されるという考えもあり得る。多くの人は，心悩ませる問題に対する助言（それもたぶんよい助言）を友人に求めた経験があるだろう。しかしそこには友人の生活環境の一部を支配することに関連する傲慢さのにおいが感じられる。純粋に指示的（PA）な人であれば巧みに役割を果たすであろうが，傲慢な支援者（BC）の場合はいささかその役割を楽しみすぎる嫌いがあるかもしれない。いずれのタイプの支援者も相手に地位を認めたがらないため，前者（PA）が抱く交流的意図と後者（BC）が抱く非交流的な意図とを区別することは難しいと考えられる。

支援行動円環尺度の構造を支える第 I 因子

　対人円環の 8 つの変数を構成する項目を因子分析にかけた場合，項目の一般分散のおよそ半分を説明する 4 つの両極性因子が得られると考えられる（Lorr & Strack, 1990）。例えば我々は IAS の潜在因子として 4 つの因子を見出したが，それらは予想通り，支配対従属，傲慢対謙虚，冷淡対温和，内向的対外向的の 4 つの両極性因子であった。

　ところが SAS-C の項目を主成分分析にかけたところ，4 つの主因子による分散説明率はわず

か 38％にすぎなかった。因子は解釈可能ではあったが，8つのオクタント変数が入り混じった単極性の因子であった。第Ⅰ因子に対しては主に慈しみ（LM）と積極的関与（NO）を示す項目の負荷量が大きかった。第Ⅱ因子に対しては指示的（PA），傲慢（BC），批判的（DE）を示す項目の，第Ⅲ因子に対しては回避的（HI）と恭しい（JK）を示す項目の，第Ⅳ因子に対しては主に距離をおく（FG）項目の負荷量が大きかった。SAS 原版から SAS-C を作成する際には 5 つの項目しか残らなかったが，項目レベルで考えれば，原版で見出された（Trobst, 1991）3 つの潜在因子である励ます―感情的（LM-NO），指示的（PA-BC），回避的（HI-JK）の因子が SAS-C の根底にも存在すると考えられる。

母相関係数の推定

所与のデータが円環性を示すかどうかの評価は，母相関係数行列の推定という，愚直ではあるがコンピューターを使えば簡単な方法で行うことができる。推定された母相関係数それぞれをサンプルと考えて，データ相関行列と母相関行列の適合度を調べるのである（Wiggins et al., 1981）。推定された母相関係数をもとに理想的な循環相関行列を構成する。理想的な循環相関行列では同一対角線上の相関係数は互いに等しく，隣接する対角線に移るに従い相関係数は循環パターンに合致した減少と増加を示す。SAS-C から得られたデータ相関行列と，推定された母相関係数から作成された理想的な循環相関行列の間の平均平方残差は 0.0058 であった。Wiggins ら（1981, p. 273）が検討した 18 サンプルの中で円環の当てはまりが最もよかった実験データの平均平方残差は 0.0053 である。つまり心理測定の観点からみれば SAS-C は有用性の高い心理測定尺度の 1 つといえる。

母相関係数から抽出した 2 つの主成分以外の 6 つの主成分から円環についてのさらなる情報が得られる場合もある（Wiggins et al., 1981）。例えば分散の 14％を説明する一般因子〔訳注：Wiggins は回答の仕方にみられる個人差を表す因子の意味で使用している〕があれば，一般因子に対する同じ正の負荷からの偏差を示す特異性因子〔訳注：回答の仕方にみられる個人差からの逸脱を表す因子〕もまた存在する。SAS-C の相関をもとに行った因子分析によれば，明らかに一般因子と思われる第Ⅲ因子が回避的（HI）と恭しい（JK）オクタントに対して予想以上の因子負荷量を示していた。この因子が一般因子なのかどうかを確かめるために，回答者のすべての項目得点からその回答者の平均値を引いたイプサティブデータを作成し，相関行列をもとに再び因子分析を行った。すると先ほどの第Ⅲ因子が消えたことから，この因子は一般因子と考えられた。もしかするとこのやや特殊な一般因子のことを，問題に対しては消極的になって避けようとするが，支援を必要とする他者に対しては活動的に応じる傾向を反映した因子と考える向きもあるかもしれない。いずれにせよ，これ以上の探求は学術上の問題に属する。イプサティブデータに変換して分析しても SAS-C が持つ円環構造にはほとんど影響はない。

支援行動尺度と対人形容詞尺度の相関

これまでの議論から，支援行動尺度が測定している領域は対人形容詞尺度が測定する一般的な特性領域とは同一とはいえず，またいうべきでもないことは明らかである。支援行動尺度への回

答を求めた参加者に対して対人形容詞尺度への回答も求めたところ，両尺度のオクタント同士の相関の平均は 0.37（0.22 – 0.56）であった。さらに重要なことに，支援スタイルと特性間の相関は（正の相関であれ，負の相関であれ），地位を示す変数よりも交流を示す変数において高かった。対人形容詞尺度の LM は支援行動尺度の LM とは 0.56 の相関を示し，支援行動尺度の DE とは −0.50 の相関を示した。対人形容詞尺度の DE と支援行動尺度の DE の相関は 0.47 で，支援行動尺度の LM との相関は −0.38 であった。つまり支援が求められる状況では，温和―友好的な人の行動を予測する方が自信過剰―支配的な人の行動を予測するよりも（支援するにせよ，しないにせよ）容易であるといえる。しかしこのことは他の状況を考えてみれば不思議はない。例えばリーダーシップを評価する際には，作動性に関する個人の傾向についての情報の方が共同性に関する特性についての情報よりも価値があると考えられるからである。

　一般的な特性と特定の文脈における特性をそれぞれ円環として配置した場合に，対応するオクタント同士が示す相関の程度を正確に述べることは不可能である（Wiggins & Trapnell, 1996）。対人形容詞尺度と対人問題円環尺度（Inventory of Interpersonal Problems Circumplex Scales: IIP-C）（Gurtman, 1995）のオクタント間の相関がそのよい例である。974 人に回答を求めた調査では，両尺度のオクタント間の相関の平均は 0.46（0.36 – 0.58）であった（Alden et al., 1990）。相関の範囲は対人形容詞尺度と支援行動尺度間の相関の範囲と近いが，相関の平均はこちらの方が高い（支援行動尺度との相関の平均 0.37 に対して 0.46）。

　特性の適応的な表出と不適応な表出とが連続性を持っていると仮定すると，特性が行動として表出する強さと，その表出に対する精神病理学的診断との間に関連があると考える人がいるに違いない（Pincus, 1994）。しかし精神病理の文脈そのものには，それこそ数えきれないほどの測定上の難しさが含まれている。例えば過度な孤独―内向的行動（FG）にみられる不適応な本質は，過度な温和―友好的行動（LM）にみられる不適応よりもずっと目につきやすい。後者の一般的な表出は，それ単独では適応的と考えられてしまうからである（Wiggins, 1995, p. 26 参照）。また対人問題円環尺度には一般的な不平不満や神経症傾向を意味する因子が含まれているが，これに対応する因子は対人形容詞尺度で測定される一般的な対人空間には含まれていない。一般的特性を配置した対人形容詞尺度と不適応な対人的特徴を表現した対人問題円環尺度との間には上記以外にもさまざまな違いがあり，これらが両尺度間の相関の強さに影響を与えていると考えられる。

社会的支援尺度に含まれる要素

　前述したように円環を解釈する際には少なくとも 5 つの要素を考慮すべきである。SAS-C を例に考えてみよう。

文　脈

　対人特性を測定する場合は自己と他者の双方に対する資源の分配という観点で考える必要があった。しかし支援行動という文脈で考える際には，他者に対して愛情もしくは地位を与えるのか与えないのかという点に，より多くの注意が払われる。我々が SAS を用いて行った初期の研

究で分かったことは，支援行動の根底に社会的支援の文脈に特有のクラスター（励ます—感情的行動，指示的行動，回避的行動など）が存在し，それらが支援行動に反映されているということである。我々は他の文脈においても支援行動が個人の特性を反映すると考え，それゆえ円環も構成するという仮説を立てたが，やはりその通りであった。

視 点

　支援行動の成果に対する見方は，支援を提供した側と受けた側の視点の違いで異なる可能性がある（Lehman & Hemphill, 1990）。そして両者の視点はそれぞれのパーソナリティ特性の影響を受けていると考えられる。この非常に複雑な対人場面の研究にはまだ手をつけていないが，SAS-C試作版を用いた研究で得られた興味深い知見のいくつかを例に挙げてみよう。Hemphill（1996）は慢性疲労症候群の患者と彼らを支援する家族もしくは友人の双方に対してパーソナリティ検査を行い，同時に治療期間中に支援者が行った支援行動に対する双方の意見を尋ねた。分析の1つによれば，ビッグ・ファイブ尺度への自己回答で協調性が低かった患者は，受けた支援がSAS-Cでいうところの批判的（DE）で距離をおく（FG）ものであったと報告する傾向があり，その関連は統計的に有意であった。また支援者が患者の慢性疲労症候群の原因を（環境要因や遺伝あるいは感染要因よりもむしろ）心理的なものだと考えている場合，患者は受けた支援が批判的（DE），回避的（HI）で，積極的な関与（NO）ではなかったと報告していた。

役 割

　社会的支援を必要とする友人や知り合いが存在する場合，あるタイプの人々（例えば批判的で距離をおき，回避的な人々）は自分たちの特性とはまったく異なる役割（例えば面倒見のいい親類）を演じざるを得ないことがある。一方，別のタイプの人々（例えば慈しみがあり，積極的に関与し，恭しい人々）は，友人や知り合いとの関係性の中で演じるべき役割の中でも支援行動は重要な役割に含まれると考えるだろう。我々の文化では一般に，必要なときにそばにいてくれる友人こそが本当の友人であると考えられているため，批判的な人や距離をおく傾向がある人もしくは回避的傾向がある人が，対人場面で自分が好むやり方を初めから露骨に押し出すとは考えにくい（少なくとも我々の研究に参加した一般的な人々の中には，そのような人はいなかった）。それにもかかわらず，こうした傾向があることを自認する人々は，支援を受けた人から支援者としての役割を果たしておらず助けにならないといった評価を結局は受けてしまうようである。

測 定

　広範で持続的な特性の数々を伝統的な対人空間の中に意味づけ，配置することができるという仮説の検証のためにすべての特性を対象とした巨視的な分析が行われてきた。こうした分析は個々の特性についての研究を排除するものではなく，むしろ促進する。SAS-Cはさまざまな支援行動を分類しており，対人相互作用場面で進行している個人の行動を分類することができる。そのため心理療法家間の支援スタイルの違いを治療同盟の質の評価のような変数と関連させて研究することが可能となる。

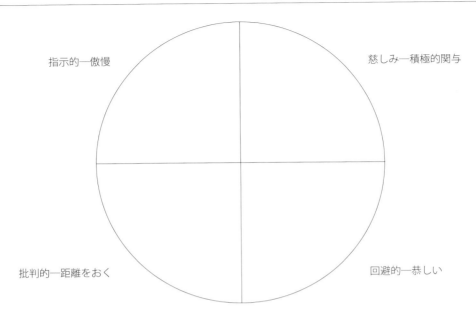

図3-3 支援行動円環尺度の4象限

解 釈

　その幾何学的・実質的特徴から，SAS-C はさまざまな用途に用いることができる。例えば人の類型学的分類（Wiggins et al., 1989）や，多くの心理尺度を構成する下位尺度（もしくは項目）の分類（Wiggins & Broughton, 1991）などである。基本的かつ最適な解釈次元に関する問題（Rosch, Mervis, Gray, Johnson, & Boyes-Braem, 1976）は SAS-C にとって解決すべき問題である。円環をいくつのカテゴリーに分けて解釈するかについては4（例えばCarson, 1969）から36（Benjamin, 1974）までさまざまな考えがある。Wiggins（1980）は基本的な特性を表現する上では8つのカテゴリーに分けるのが最適であると考えた。SAS-C の場合はこれまでの節で述べてきたように図3-3のような4つのカテゴリーに分けるのがよいと考えている。円環のパイを切り分けてできたカテゴリーが従来の分析に使われてきた区分とは異なることに注意されたい。4つのカテゴリーは対人行動の基本軸に沿って切り分けられていることが分かるであろう。SAS-C で測定した支援のタイプの根底に各人の特性があると解釈できるかどうかはさておき，SAS-C は支援行動を分類する概念上・測定上の基盤として，社会心理学者や社会的支援の研究者の関心を引くであろう。

結 論

　これまでに考えてきたように，支援行動の円環モデルが対人円環と解釈できるのかどうかという疑問に答えるには，実質的な問題および心理測定学的問題の両方に答えなければならない。実質的な問題についていえば，自分にとって重要な他者から助けや支援を求められた際にどのように反応するかという観点から個人差を解釈し得る，と考えるだけの十分な理論的裏づけがあると

いえよう。社会的支援を必要とする状況が対人的状況である限り，2者間で愛情と地位のやりとりが起きると考えられるし，社会的支援にみられる相互作用が愛情と地位のやりとりを表していることは直観的事実のように思われる（Cobb, 1976）。愛情や地位という資源の求め方にみられる個人差は他の対人状況においても同様に働くであろうし，対人状況の違いを超えた特徴的な反応の個人差（つまり対人特性）を反映していると考えられる。しかしこうした特徴的な反応の仕方は，社会的支援そのものに含まれる文脈によって調整を受けるとも考えられる。それはリーダーシップや競争力などを求められる他の文脈で，それに合わせて行動を調整するのと同じことである。

　心理測定学的問題に関していえば，SAS-C はきれいな円環構造をなし，上述した実質的問題をよく反映している。支援スタイル（指示的，傲慢など）の配列は資源の交換をファセット単位で理論立てた我々の考えと一致しており，支援スタイルと対人特性（IAS）の下位尺度との相関も予想通りであった。支援の文脈そのものに含まれ得る調整効果を探る心理測定学的試みを付加的に述べたが，これはもともと探索的試みであり，方法論の提案のつもりである。新たな領域に円環を応用する試みが広がっているので，ぜひ活用していただきたい。

文　献

Alden, L. E., Wiggins, J. S., & Pincus, A. L. (1990). Construction of circumplex scales for the Inventory of Interpersonal Problems. *Journal of Personality Assessment, 55,* 521-536.

Bakan, D. (1966). *The duality of human existence: Isolation and communion in Western man.* Boston: Beacon.

Benjamin, L. S. (1974). Structural analysis of social behavior. *Psychological Review, 8,* 392-425.

Browne, M. W. (1992). Circumplex models for correlation matrices. *Psychometrika, 57,* 469-497.

Buss, D. M. (1991). Evolutionary personality psychology. In M. R. Rosenzweig & L. W. Porter (Eds.), *Annual review of psychology* (Vol. 41, pp. 459-491). Palo Alto, CA: Annual Reviews.

Carson, R. C. (1969). *Interaction concepts of personality.* Chicago: Aldine.

Cartwright, D. (1959). Lewinian theory as a contemporary systematic framework. In S. Koch (Ed.), *Psychology: A study of science* (Vol. 2, pp. 7-91). New York: McGraw-Hill.

Cobb, S. (1976). Social support as a moderator of life stress. *Psychosomatic Medicine, 38,* 300-314.

Dakof, G. A., & Taylor, S. E. (1990). Victims' perceptions of social support: What is helpful from whom? *Journal of Personality and Social Psychology, 36,* 752-766.

Foa, U. G. (1965). New developments in facet design and analysis. *Psychological Review, 72,* 262-274.

Foa, U. G., & Foa, E. B. (1974). *Societal structures of the mind.* Springfield, IL: Charles C. Thomas.

Freedman, M. B., Leary, T. F., Ossorio, A. G., & Coffey, H. S. (1951). The interpersonal dimension of personality. *Journal of Personality, 20,* 143-161.

Funder, D. C. (1989). Accuracy in personality judgment and the dancing bear. In D. M. Buss and N. Cantor (Eds.), *Personality psychology: Recent trends and emerging directions* (pp. 210-223). New York: Springer.

Gifford, R. (1991). Mapping nonverbal behavior on the Interpersonal Circle. *Journal of Personality and Social Psychology, 61,* 279-288.

Gifford, R. (1994). A lens framework for understanding the encoding and decoding of interpersonal dispositions in nonverbal behavior. *Journal of Personality and Social Psychology, 66,* 398-412.

Gurtman, M. B. (1994). The circumplex as a tool for studying normal and abnormal personality: A methodological primer. In S. Strack & M. Lorr (Eds.), *Differentiating normal and abnormal personality* (pp. 243-263). New York: Springer.

Gurtman, M. B. (1995). Personality structure and interpersonal problems: A theoretically-guided item analysis of the Inventory of Interpersonal Problems. *Journal of Personality Assessment, 3*, 343-361.

Guttman, L. (1954). A new approach to factor analysis: The radex. In P. R. Lazarsfeld (Ed.), *Mathematical thinking in the social sciences* (pp. 258-348). Glencoe, IL: Free Press.

Hemphill, K. J. (1996). *Supportive and unsupportive processes within the stress and coping context*. Unpublished manuscript. Department of Psychology, University of British Columbia, Vancouver.

Hofstee, W. K. B., de Raad, B., & Goldberg, L. R. (1992). Integration of the Big Five and circumplex approaches to trait structure. *Journal of Personality and Social Psychology, 63*, 146-163.

Hogan, R. (1983). A socioanalytic theory of personality. In M. M. Page (Ed.), *1982 Nebraska symposium on motivation Personality---current theory and research* (pp. 58-89). Lincoln: University of Nebraska Press.

Holland, J. L. (1985a). *Making vocational choices: A theory of vocational personalities and work environments* (2nd ed.). Englewood Cliffs, NJ: Prentice-Hall.

Holland, J. L. (1985b). *Professional manual for the Vocational Preference Inventory*. Odessa, FL: Psychological Assessment Resources.

Horowitz, L. M., Rosenberg, S. E., Baer, B. A., Ureño, G., & Villaseñor, V. S. (1988). Inventory of Interpersonal Problems: Psychometric properties and clinical applications. *Journal of Consulting and Clinical Psychology, 56*, 885-892.

Horowitz, L. M., Weckler, D. A., & Doren, R. (1983). Interpersonal problems and symptoms: A cognitive approach. In P. Kendall (Ed.), *Advances in cognitive-behavioral research and therapy* (pp. 81-125). London: Academic Press.

Kiesler, D. J. (1987). *Manual for the Impact Message Inventory Research edition*. Palo Alto, CA: Consulting Psychologists Press.

Kiesler, D. J., & Schmidt, J. A. (1991). *The Impact Message Inventory Form IIA Octant Scale Version*. Richmond: Virginia Commonwealth University.

Laing, R. D., Phillipson, H., & Lee, A. R. (1966). *Interpersonal perception: A theory and method of research*. New York: Springer.

Leary, T. (1957). *Interpersonal diagnosis of personality: A functional theory and methodology for personality evaluation*. New York: Ronald Press.

Lehman, D. R., Ellard, J. H., & Wortman, C. B. (1986). Social support for the bereaved: Recipients' and providers' perspectives on what is helpful. *Journal of Consulting and Clinical Psychology, 54*, 438-446.

Lehman, D. R., & Hemphill, K. J. (1990). Recipient's perceptions of support attempts and attributions for support attempts that fail. *Journal of Social and Personal Relationships, 7*, 563-574.

Loevinger, J. (1957). Objective tests as instruments of psychological theory. *Psychological Reports, 3*, 635-694 (Monograph No. 9).

Lorr, M., & Strack, S. (1990). Wiggins' Interpersonal Adjective Scales: A dimensional analysis. *Personality and Individual Differences, 11*, 423-425.

McAdams, D. P. (1993). *The stories we live by: Personal myths and the making of self*. New York: William Morrow.

McCrae, R. R., & Costa, P. T., Jr. (1989). The structure of interpersonal traits: Wiggins' circumplex and the Five-Factor Model. *Journal of Personality and Social Psychology, 56*, 586-595.

Moskowitz, D. S. (1994). Cross-situational generality and the interpersonal circumplex. *Journal of Personality and Social Psychology, 66*, 921-933.

Parsons, T., & Bales, R. F. (1955). *Family, socialization, and interaction process*. Glencoe, IL: Free Press.

Pincus, A. L. (1994). The interpersonal circumplex and the interpersonal theory: Perspectives on personality and its pathology. In S. Strack & M. Lorr (Eds.), *Differentiating normal and abnormal personality* (pp. 114-136). Glencoe, IL: Free Press.

Pincus, A. L., & Wiggins, J. S. (1990). Interpersonal problems and conceptions of personality disorders. *Journal of Personality Disorders, 4*, 342-352.

Redfield, R. (1960). How society operates. In H. L. Shapiro (Ed.), *Man, culture and society* (pp. 345-368). New York: Oxford University Press.

Rosch, E., Mervis, C. B., Gray, W. D., Johnson, D. M., & Boyes-Braem, P. (1976). Basic objects in natural categories. *Cognitive Psychology, 8*, 382-439.

Saucier, G. (1992). Benchmarks: Integrating affective and interpersonal circles with the Big Five personality factors. *Journal of Personality and Social Psychology, 62*, 1025-1035.

Searle, J. R. (1995). *The construction of social reality*. New York: Free Press.

Shepard, R. N. (1978). The circumplex and related topological manifolds in the study of perception. In S. Shye (Ed.), *Theory construction and data analysis in the behavioral sciences* (pp. 29-80). San Francisco: Jossey-Bass.

Sullivan, H. S. (1953). *The interpersonal theory of psychiatry*. New York: Norton.

Tracey, T. J., & Rounds, J. (1993). Evaluating Holland's and Gati's vocational-interest models: A structural meta-analysis. *Psychological Bulletin, 113*, 229-246.

Trapnell, P. D. (1989). *Structural validity in the measurement of Holland's vocational typology: A measure of Holland's types scaled to an explicit circumplex model*. Unpublished Master's thesis, Vancouver, University of British Columbia.

Triandis, H. C. (1995). *Individualism and collectivism*. Boulder, CO: Westview Press.

Trobst, K. K. (1991). *Determinants of support provision Interaction of provider and recipient factors*. Unpublished Master's thesis, University of British Columbia, Vancouver.

Trobst, K. K., Collins, R. L., & Embree, J. M. (1994). The role of emotion in social support provision: Gender, empathy and expressions of distress. *Journal of Social and Personal Relationships, 11*, 45-62.

Trobst, K. K., & Wiggins, J. S. (1995, August). *A circumplex measure of stylistic differences in social support provision*. Poster presented at the annual convention of the American Psychological Association, New York.

Wiggins, J. S. (1980). Circumplex models of interpersonal behavior. In L. Wheeler (Ed.), *Review of personality and social psychology* (Vol. 1, pp. 265-293). Beverly Hills, CA: Sage.

Wiggins, J. S. (1991). Agency and communion as conceptual coordinates for the understanding and measurement of interpersonal behavior. In W. Grove & D. Cicchetti (Eds.), *Thinking clearly about psychology Essays in honor of Paul E. Meehl* (Vol. 2, pp. 89-113). Minneapolis: University of Minnesota Press.

Wiggins, J. S. (1995). *Interpersonal Adjective Scales Professional manual*. Odessa, FL: Psychological Assessment Resources.

Wiggins, J. S. (1996). An informal history of the interpersonal circumplex tradition. *Journal of Personality Assessment, 66*(2), 217-233.

Wiggins, J. S. (1997). In defense of traits. In R. Hogan, J. A. Johnson, & S. R. Briggs (Eds.), *Handbook of personality psychology*. San Diego, CA: Academic Press.

Wiggins, J. S., & Broughton, R. (1991). A geometric taxonomy of personality scales. *European Journal of Personality, 5*, 343-365.

Wiggins, J. S., Phillips, N., & Trapnell, P. (1989). Circular reasoning about interpersonal behavior: Evidence concerning some untested assumptions underlying diagnostic classification. *Journal of Personality and Social Psychology, 56*, 296-305.

Wiggins, J. S., & Pincus, A. L. (1992). Personality: Structure and assessment. In M. R. Rosenzweig & L. R. Porter (Eds.), *Annual review of psychology* (Vol. 43, pp. 473-504). Palo Alto, CA: Annual Reviews.

Wiggins, J. S., Steiger, J. H., & Gaelick, L. (1981). Evaluating circumplexity in personality data. *Multivariate Behavioral Research, 16*, 263-289.

Wiggins, J. S., & Trapnell, P. D. (1996). A dyadic-interactional perspective on the Five-Factor Model. In J. S. Wiggins (Ed.), *The Five-Factor Model of personality Theoretical perspectives* (pp. 88-162). New York: Guilford Press.

第4章

パーソナリティ特性の研究：円環を用いた分析

Michael B. Gurtman

　現代のパーソナリティ研究の多くは，特定の特性（例えば，マキャベリアニズム，外向性，ナルシシズム，自己モニタリングなど）について理解を深めることを目的としている。研究の中心は構成概念妥当性（Cronbach & Meehl, 1955）の検証という困難な企てである。つまりある特性と他の特性のつながり，そして観測変数とのつながりを見出して，特性の概念を表す法則定立的ネットワークを作り上げることである。その過程を通じて，特性は他の特性との関連の仕方——占める位置づけ——によって，体系化されたネットワークの中に位置づけられる。

　さまざまなネットワークが考えられるが，科学的観点から最も有用と思われるネットワークはおそらく，特性を包括的パーソナリティモデルの中に位置づけたネットワークであろう。ビッグ・ファイブと5因子モデル（例えばGoldberg, 1993; McCrae & John, 1992）および円環モデル（例えばWiggins, 1979）は，パーソナリティの特定領域を包括したネットワークとしての役割を本質的に果たしており，さまざまな特性概念が示す特徴やそれらを測定する尺度の特徴を研究する上での基盤となっている。

　本章ではパーソナリティを表現する円環もしくは円周モデルが概念の解明という広範な目的に対して果たし得る貢献について論じる。円環構造はパーソナリティ心理学者が特別な関心を寄せる2つの領域の特徴を表していると考えられている。それは対人関係（例えばWiggins, 1979）と感情（例えばPlutchik, 1989; Russell, 1980）である。筆者の考えでは，円環モデルの幾何学的特徴に従って対人関係と感情に関する特性を「円環分析」することにより，特性の特徴をより深く理解することが可能となる。

　本章では初めに円環モデルを定義して，同じく主要なモデルであるビッグ・ファイブや5因子モデル（例えばSaucier, 1992）との関連をみていく。対人特性と感情特性の共通因子空間を表現する上では単純構造モデルよりも円環モデルの方が適しているとされている（例えばHofstee, de Raad, & Goldberg, 1992; Johnson & Ostendorf, 1993; Meyer & Shack, 1989; Saucier, 1992）。次に，円環の特徴を活かした幾何学的分析方法によって特性の主要な特徴（特性の主題となる特徴，帯域幅，因子の彩度）を明らかにできることを示す。幾何学的分析方法を用いることで，ネットワークに占める特性の位置づけを簡潔ではあるが情報量豊かでメタ象徴的に（Wainer & Thissen, 1981）表現することができる。最後に，公表済みの研究データを材料として円環を用いた再分析を行う。円環分析を行うことで関心対象の特性の新たな側面が明らかとなり，新たな文脈で特性を理解す

Terence Tracey の貴重な助言に謝意を表する。

ることができる。ある特性と既存の円環尺度との相関が記載されていれば、この種の再分析が可能である（例えば Buss & Chiodo, 1991; Gifford, 1991; Gifford & O'Connor, 1987; Horowitz, Rosenberg, & Bartholomew, 1993; Moskowitz, 1994）。さらに、対人関係と感情領域が円環モデルで表現可能なら、パーソナリティを測定する包括的尺度や、尺度に手を加えて行われた分析から円環の因子空間を抽出することも可能であろう。本章ではパーソナリティ測定に広く使われ評価も定まっているカリフォルニア Q セット（California Q-Set: CQ）（Block, 1961/1978）を用いて、この可能性を検証する。CQ から抽出した項目群に対して円環分析ができるならば、領域に焦点を当てた本質的な再分析の道が多くのパーソナリティ研究に開かれることとなる。さらに、他の包括的パーソナリティ尺度を用いて同じ手続きの分析を行い、同様の成果をあげることができると考えられる。

　先に進む前に、カリフォルニア Q セットについて簡単に振り返っておこう。従来のパーソナリティ尺度とは異なり、CQ は人間中心アプローチ（Ozer, 1993）に基づいてパーソナリティ描写を行う尺度で、Q 分類法を採用している。CQ はパーソナリティの基本的な側面を表現した 100 の短文（例えば「ペースが速い、行動が早い」「自分の感情や興味を他者に投影しがちである」）で構成されている（Block, 1961/1978, p. 138）。CQ を使った評定は一般的には専門家（観察者）が行い、短文はあらかじめ定められた 9 つのカテゴリーに分類される（「まったく特徴を表していない」[1] から「特徴を非常によく表している」[9]）。最近出版された Funder, Parke, Tomlinson-Keasey と Widaman（1993）には CQ を用いた研究方法が記されており、CQ がパーソナリティを研究する上で汎用性のある尺度であることが示されている[1]。

　McCrae, Costa と Busch（1986）と Lanning（1994）は CQ の探索的因子分析を行った。彼らの研究結果はともに CQ の項目からパーソナリティの 5 因子が再現できることを示すものであった。特に Lanning のデータは専門家が 1 日から 3 日間の観察をした上で評定を行った非常に大きなサンプル（参加者 940 人）に基づいているため価値が高いといえる。本章で行ういくつかの分析は Lanning が報告している因子負荷量を利用している。

円環モデルと 5 因子モデルとの関連

　円環（circumplex）という用語を初めて用いたのは Guttman（1954）である。円環は明瞭な循環順列構造を持った、ある種の相関パターンを表していた（Browne, 1992 も参照）。この特徴的な相関パターン（例えば Browne, 1992; Wiggins, Steiger, & Gaelick, 1981 参照）は円周様（circulant）行列や円周（circular）行列とも呼ばれている。

　よく知られた円環の概念——特性を単純に円形に配列したもの（例えば Conte & Plutchik, 1981; Hofstee et al., 1992; Saucier, 1992; Wiggins, 1979, 1982）——は上記の行列を因子分析することで導き出

1　賢明なる読者の中には、本章のタイトル（Studying Personality Traits: The Circular Way）から Funder ら（1993）の書籍の中で Block（1993）が著した初章のタイトル（Studying Personality the Long Way）を連想した方もいるかもしれない。Block のタイトルも、実は R. W. White の著作を想起させるものである。これらすべての研究者たちに謝意を述べる。

される（例えば Wiggins et al., 1981）。それゆえこの幾何学的円環構造は，詳細に図解された因子モデルとして定義し直すことも可能である。このモデルは，幾何学的には円であることから以下の3つの特徴を持つ。それは2次元であること，一定の半径を持つこと，配列が連続的であることである。2次元という特徴がどの程度満たされるかは，ある領域における特性間の違いを2つの次元（因子）の違いにどの程度還元できるかという点にかかっている。つまり一般分散のある程度までが2つの因子で説明されなくてはならない（例えば Wiggins, 1979; Wiggins et al., 1981）。一定の半径が得られるのは2因子で表現された平面上に因子が均等に投影される場合，つまり円の中心からの距離がいずれも等しい場合である。因子分析の考え方でいえば，2つの因子に対する共通性（h^2）がすべての特性で等しいことを表している。それゆえ円環の半径は特性の共通性（h）の平方根もしくはベクトル長によって求められる。

　円環と単純構造モデル（すなわちビッグ・ファイブ）が特性を体系づける方法は，3つ目の特徴からみれば非常に対照的である。円環では特性は2因子で表現された平面上に均等に，全方向満遍なく配置される。単純構造の場合，特性はそれぞれの因子軸の近くに密集したクラスターを構成する。この問題は複数の研究者（Hofstee et al., 1992; Johnson & Ostendorf, 1993; Saucier, 1992）が取り扱っている。彼らが着目したのはビッグ・ファイブ——外向性（I），協調性（II），誠実性（III），神経症傾向もしくは情緒安定性（IV），知性もしくは経験への開放性（V）——のマーカーとされる特性形容語の因子負荷パターンであった。その結果，共通して見出された結果が2つあった。1つ目は，マーカーとされる特性語のほとんどが想定された因子に関連した単一の意味だけを持つわけではない（Goldberg, 1993）ということであった（つまり他の因子に対してもかなりの大きさの因子負荷をみせていた）。このことはビッグ・ファイブの中に円環構造が存在することを裏づけるとまではいえないが，それを予見させる結果であった。2つ目は，ビッグ・ファイブから特定の因子を2つ取り上げて平面を構成し，その平面上に特性を配置すると，円環に似た配置を示すということであった。Saucier（1992）の研究は，パーソナリティの中でも特に対人関係（I, II）と感情（I, IV）に関わると考えられる領域（例えば John, 1990; McCrae & Costa, 1989; Meyer & Shack, 1989）で，円環に似た特性の分布がみられることを明確に示していた。Saucierが分析で言及した円環は以下の3つである。外向性（I）と協調性（II）を組み合わせた対人関係円環（Wiggins, 1979 参照），外向性（I）と神経症傾向（IV）を組み合わせた感情円環（Russell, 1980; Watson & Tellegen, 1985 参照），協調性（II）と神経症傾向（IV）を組み合わせた名前のつけられていない円環。

カリフォルニア Q セットから円環を再構成できるか

　対人関係領域と感情領域とが円環構造を持つと仮定するならば，パーソナリティを包括的に表現したあらゆる尺度から円環構造を再現することができるはずである。そこで本節ではカリフォルニア Q セットの 100 項目を使ってこの仮説を検証してみよう。検証にあたっては Lanning（1994）の論文にある因子負荷量を用いる。すでに述べたように，Lanning の報告は専門家が1日から3日間の観察をした上で 940 人を Q 分類法で評定したデータに基づいている。また対人

関係領域や感情領域の構成と，その評価法についても試みに述べる。

　1つ目の課題はQセットの項目が概ね単一の意味しか持たないのか（単一構造に当てはまるのか），あるいは円環の特徴に近い複数因子への負荷量をみせるのか（例えばHofstee et al., 1992）[2]を明らかにすることである。今回は負荷量が絶対値で0.30を超えている場合にのみ，その因子に負荷するとみなした。この基準でみると40項目が単一因子への負荷を，43項目が2つの因子への負荷をみせた。さらに14項目は3つの因子に対して，そして2項目は4つの因子に対して負荷した（1項目はどの因子に対する負荷もみせなかった）。つまり項目の大部分は2つ以上の因子に対して同時に負荷しており，円環による表現が適していると考えられた。

　対人関係領域と感情領域に適した項目を選び出すため，理論上これらの領域を構成すると考えられる2次元の平面上に各CQ項目を配置した際のベクトル長を計算した。検討を加えた平面は3つ（対人関係：Ⅰ／Ⅱ：感情：Ⅰ／Ⅳ：その混合：Ⅱ／Ⅳ）である。一般にベクトル長は因子負荷量の平方和の平方根を計算することで求められる（例えばMardia, 1972）。ベクトル長が0.30を超えた項目はその領域に属するとみなした。この基準によれば3つの平面のいずれにも属さなかった項目は15％にすぎず，CQ項目の大部分はいずれかの領域に属していた。内訳は対人関係平面上に62％，感情平面上に68％，混合平面上に75％である。

　CQから構成した感情と対人関係の円環について2点重要な確認を行わなくてはならない。これは言い方を変えればCQが理論的に一般性を持つかどうかの検証でもある。1点目は，項目を中心から均等な距離で配置した際に，それらが円環上に均等に分布するのか，あるいはどこかに明らかな隙間ができて飛び飛びに固まるのか，という点である。2点目はこれらの円環にみられる特性の並び（つまり特性が表す意味の並び）が既存のモデル（例えばWigginsの円環）とどの程度一致しているか，という点である。1点目は円環の構造に関する問題であり，2点目は実質的な妥当性に関する問題といえる（例えばGurtman, 1994）。

　以下で示した一連の図はCQから構成した3つの領域の円環である。図4-1は対人関係領域を，図4-2は感情領域を，図4-3はそれらの混合（協調性―神経症傾向）領域を表している[3]。図中の数字は各領域に配置された項目のベクトル長を示す。円形の配置は，Hofsteeらに始まる研究（1992; Goldberg, 1993; Gurtman, 1993も参照）の中で示されてきた様子によく似ている。数学的証明を持ち出すまでもなく，どの領域でも項目の分布具合は単純構造モデルよりも円環モデルが想定する分布に合致している。感情の円環は他の2つに比べるとやや不完全（項目の分布が偏って

2　円環の特徴は単一の医子に負荷する項目と複数の因子に負荷する項目の両方が存在することであり，それは特性が円のどこに配置されるか（軸の上か，軸と軸の間か）による。

3　他の対人円環モデルと比較できるように，Lanning（1994）の因子分析で見出された外向性―協調性の軸を回転させて，支配性と愛情の軸（例えばWiggins, 1979）に合わせている。手順としてはまずCQ項目の中からWiggins（1979）の対人円環を構成する8つのオクタントのうち7つのオクタントのマーカーになると思われる項目を選び出した。謙虚―率直（JK）に相当する明確なマーカーはCQ項目には含まれていなかった。次いでこれらのマーカーが最大限理論的な位置に近くなるように因子の回転を行った。回転させた角度は時計回りに28度である。この軸のズレは円環モデルとビッグ・ファイブモデルを対人関係空間で2次元的に表現した際に想定されている違いと一致している（例えばJohn, 1990; McCrae & Costa, 1989）。

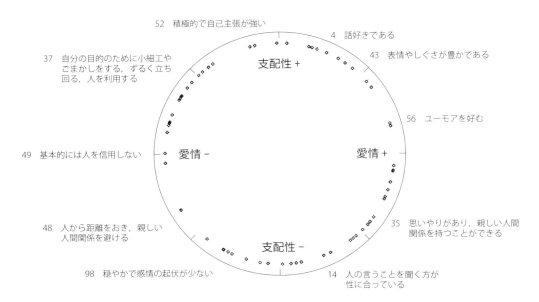

図4-1 カリフォルニアQセットの項目から構成した対人円環

図中の項目は例。Consulting Psychologists Press, Inc., Palo Alto, CA 94303, *The Q-Sort Method in Personality Assessment and Psychiatric Research*（Jack Block, PhD.）の特別の許可を得て改編。Copyright 1961 by Charles C. Thomas. All rights reserved. 出版社の書面の許可のない無断複製を禁じる〔訳注：項目の訳は一部，清水・Gjerde（1993）を参照した〕

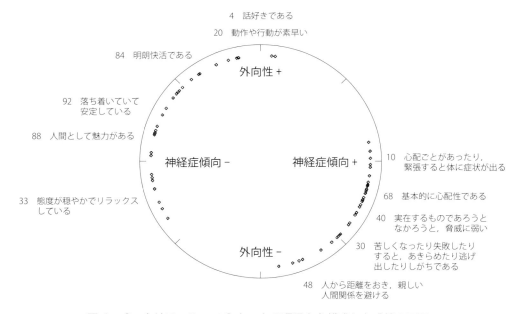

図4-2 カリフォルニアQセットの項目から構成した感情の円環

図中の項目は例。Consulting Psychologists Press, Inc., Palo Alto, CA 94303, *The Q-Sort Method in Personality Assessment and Psychiatric Research*（Jack Block, PhD.）の特別の許可を得て改編。Copyright 1961 by Charles C. Thomas. All rights reserved. 出版社の書面の許可のない無断複製を禁じる〔訳注：項目の訳は清水・Gjerde（1993）を参照した〕

第4章 パーソナリティ特性の研究：円環を用いた分析

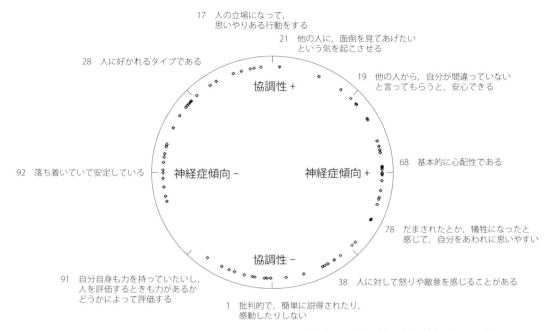

図4-3 カリフォルニアQセットの項目から構成した協調性―神経症傾向の円環

図中の項目は例。Consulting Psychologists Press, Inc., Palo Alto, CA 94303, *The Q-Sort Method in Personality Assessment and Psychiatric Research*（Jack Block, PhD.）の特別の許可を得て改編。Copyright 1961 by Charles C. Thomas. All rights reserved. 出版社の書面の許可のない無断複製を禁じる〔訳注：項目の訳は清水・Gjerde（1993）を参照した〕

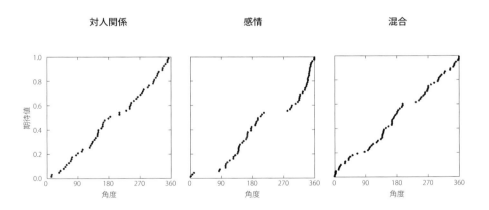

図4-4 CQから構成した3つの円環上の項目確率プロット

理論的に想定される均等分布に対する実際の項目のベクトル角。混合は協調性―神経症傾向の円環を示す

いる）であるが，これは感情構造にみられる隙間（例えば Meyer & Shack, 1989），もしくは CQ 項目の偏りによるものと思われる。

3つの円環の実質的内容は従来のモデルとよく一致していた。理解の助けとなるよう，プロットされた項目の中のいくつかを図中に示した。詳細に検討すれば，対人関係領域を表した図4-1の円環が Wiggins（1979, 1982）や Kiesler（1983）の円環と明らかに類似していることが分かる。図4-2の感情の円環は，Eysenck（例えば Eysenck & Eysenck, 1985）や Russell（1980），Watson と Tellegen（1985）らの著名なモデルでも言及された神経症傾向—外向性の構造と概ね一致している。協調性と神経症傾向を組み合わせた3つ目の円環（図4-3）は最近までほとんど研究の対象とはなってこなかったが，Saucier（1992）が形容詞の分析に基づいて構成した八角形のモデル（p. 1032）はこれと似たところがある。

円環構造を直観的に識別することは概ね容易だが，円状の配置が得られた際に，それがどの程度完全な円環に近いのかを示す指標があれば便利である。理論的には，完全な円環構造であれば項目は架空の円周上に均等に分布する（言い方を変えれば，項目が測定する特性が均等に分布する）。これを確かめる上では確率プロット（probability plot）を参考にするとよい（Wainer & Thissen, 1981; Wilkinson, 1990）。確率プロットもしくは P-plot は，均等分布のような，ある理論モデルで想定される分布と比較した際の，得られた分布（例えば項目が円環上に配置された際のベクトル角）の逸脱具合を示す。図4-4は3つの領域の均等分布に対する確率プロットである。項目分布が均等な円状の場合，プロットは対角線上にまっすぐに並ぶ。つまりこの線からの逸脱が大きければ，均等分布への適合度が低いと判断される。図をみる限り，対人関係と協調性—神経症傾向の円環は均等分布への適合度が高いが，感情の円環は適合度がやや低い。

円状に分布した項目が均等分布に適合する度合いを統計的手法で確認することもできる。Upton と Fingleton（1989, 第9章）は，適合度を評価する方法をまとめている（また Fisher, Heise, Bohrnstedt, & Lucke, 1985 と Mardia, 1972 も参照のこと）。n 個の項目が円周上に均等に分布する場合，隣接する項目同士がなす角度（項目同士のズレ）は一定になり，$360°/n$ で求められる。ギャップ・テスト（Gap test）はそこからの逸脱を評価する。項目の分布に密な部分と粗な部分がある場合，帰無仮説が棄却される。

Upton と Fingleton（1989, pp. 246-247）の詳細な記述によれば，Rao のギャップ・テストでは測定した角度 Gi と基準となる角度 $360°/n$ の差の絶対値の合計値 G 値を使用する。G 値は $n > 50$ の場合は概ね正規分布に従うため，z 値を計算することで有意性検定を行うことができる。検定によれば対人関係の項目分布（$z = -0.47$）と協調性—神経症傾向（$z = 0.15$）の円環では有意な逸脱は見出されず，項目は均等分布すると考えられた。一方，感情の円環の z 値（$z = 3.90$）は有意であり（$p < 0.001$），均等分布への適合度合いは比較的悪かった。

分析の枠組みとしての円環：いくつかの原則

前節でみたようにカリフォルニア Q セットの項目を用いて3つの円環もしくは円環に類似した構造を構成することが可能である。これらの構造は対人関係や感情領域を構成する特性を円を

第4章　パーソナリティ特性の研究：円環を用いた分析

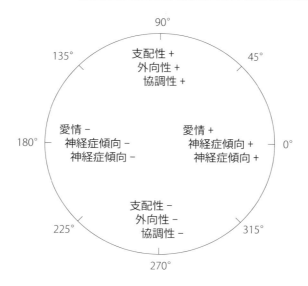

図4-5　3つの円環の極座標
3つずつ記した名称は各円環の主要な軸を示す。それぞれ上から対人関係，感情，混合の円環

用いて表現したものである。本節ではこうした表現によってどのような項目分析手法が可能となるかを示すことで，構成概念妥当性の検証を試みる。特性分析の手法はこれらの法則定立的ネットワークが持つ幾何学的特徴を活かしたもので，現在広く使われている円環モデルに対する理解を深めることにもつながると考えられる。円環を用いて特性を表現する上で，より正確にいうならば，円環を用いて特性を測定する尺度を表現する上で，重要な特徴が3つある。それは主題となる特徴，帯域幅，因子の彩度である。これらの点については以前の著作でも論じたことがある（Gurtman, 1992a, 1992b, 1993, 1994 参照）。

　主題となる特徴とは　ある特性が示す中心的概念のことだが，円環上では円環を既定する2つの因子のブレンドとして表現される。例えば対人関係円環では，特性同士の違いは支配性と愛のブレンドの度合いで表現される（例えば Leary, 1957; Wiggins, 1979）。内向性であれば理論的には支配性（-）と愛（-）が同程度ブレンドされたものとして表現される（例えば Kiesler, 1983）。しかし最終的には特性が持つ因子構成を円特有の表現方法，つまり極座標で表現できることが望ましい（例えば Gurtman, 1992a, 1993; Wiggins & Broughton, 1991）。（直交座標を極座標に変換する三角関数の公式は多くの文献に記載がある。例えば Gurtman, 1991; Mardia, 1972; Wiggins & Broughton, 1991）。ある特性の特徴を円環上に占める位置，つまり任意の地点からの角位置（反時計回りの角度）によって表現することができるからである。極座標で表現することで特性の主題となる特徴を円環上の角位置として表現することができ，角位置同士の関係から特性間の類似度を考えることも可能となる。図4-5では3つの円環が表す因子空間を極座標で表現している。

　特性が占める円環上の位置を決める際には，特性が持つ中心的な傾向性を推定しなくてはならない（Mardia, 1972）。図4-6を例に考えてみよう。この図はQ分類法を用いた研究で報告さ

れることの多いデータの種類を用いた例として作成した図である[4]。特性の特徴を最もよく表す
Qセットの項目が角位置で示されている。各項目を1単位長のベクトルと考えると，項目間の
違いはベクトル角もしくはベクトルの向き（θ_i）に還元される。円環上での特性の配置は，特性
を構成する項目が示すベクトルの向きの平均で決まる。つまり，6つのベクトルを合成して得ら
れるベクトルの向き θ_R が特性のベクトル角である。この角度がいわゆる平均角（circular mean:
Mardia, 1972）で，図4−6の例では91度となる。幾何学的方法論からいえば，複数の項目を要
約する上でベクトルによる表現は最適である。下記の公式で示される量を最大化できるからで
ある。

$$\sum cos\,(\theta_R - \theta_i)$$

　θ_i は項目 i の角度を示す。平均角は因子分析でいう最大負荷の基準と関連する。完全な2因
子平面では，コサインの値は，ある次元に対して変数が示す負荷量（つまり相関係数）の幾何学的
表現である（例えばComrey, 1973）。同様に平均角は円環平面上で項目が示す負荷量を最大化する
次元をベクトル角として表している。
　円環による表現のもう1つの特徴は，項目の帯域幅，逆にいえば凝集性を表現できることであ
る。項目の中には広く領域を網羅すると理論的に考えられる項目もあれば，比較的狭い範囲だけ
を含むと考えられる項目もある。この差異は，一般には忠実度と帯域幅（例えばCronbach, 1990）
の問題と呼ばれ，多くのパーソナリティ心理学者にとってはよく知られた問題である。
　円環はある特性の意味範囲を計算する上では特に適している。円環の本質がパーソナリティ特
性の構造を平面上で表現することにある（Goldberg, 1993）からである。特性の帯域幅は特性を構
成する項目の円環上への分布によって示される。つまり項目の分布は特定の関心領域（対人関係
や感情）において特性が指し示す範囲を表している。ファセットを構成する項目であれば（例え
ばCosta & McCrae, 1992）帯域幅は比較的狭い範囲になるであろう。Wiggins（1979）の対人円環
モデルでは8つの特性（例えば傲慢―打算的）を挙げているが，それぞれの特性が指し示す範囲は
45度と想定されている。特性が示す範囲は最大で90度（もしくは4象限）である[5]。例えばビッ
グ・ファイブ（例えば外向性，協調性）は，円の90度の範囲を網羅する上位特性である（例えば
Costa & McCrae, 1992; Goldberg, 1993）。
　円環中に占める特性の帯域幅を定量化する上で，角度の分散（Mardia, 1972）は合理的な指標の
1つである。角度の分散は（線形の）標準偏差と同様，中心となる傾向からの逸脱の程度を表す。
角度の分散は，特性の平均的な方向性に対して項目がどの程度の広がりを持っているかを示し，
内的整合性を推測する手掛かりとなる。

4　元となるデータはカリフォルニア人格検査マニュアル（CPI）（Gough & Heilbrun, 1987）の妥当性のセク
　ションから引いた。図中の6つのマーカーは，Institute for Personality Assessment and Research のメン
　バーがQセットを用いて行った研究においてCPIの支配性（Dominance: Do）と最も相関が高かったCQ
　の項目である。
5　90度を超えると負の相関を示す項目が出てしまうため，特性としてのまとまりが失われてしまう。

第4章　パーソナリティ特性の研究：円環を用いた分析

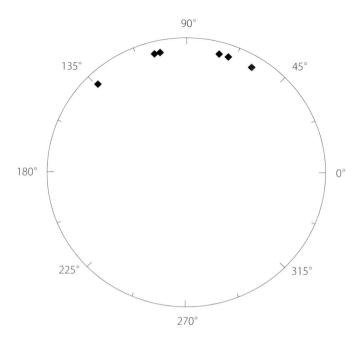

図4-6　円環へのプロット例

角度の分散 S は以下の公式で導かれる（Mardia, 1972, p. 22）。

$$S = 1 - \sum cos(\theta_R - \theta_i)/n$$

n は項目の数，θ_R は特性の平均角度，θ_i は項目 i の角度である。$cos(\theta_R - \theta_i)$ を特性に対する項目の負荷量と解釈する場合，角度の分散は項目の「平均的」負荷量の逆指標である。$S=0$ の場合，負荷量の平均は 1 となり，すべての項目が円環上同じ場所にあることを示す。$S=1$ の場合，項目は最大限に散らばっており，それらの方向性が円環内でまったく重なり合っていないことを示す。図4-6の場合，項目負荷量の平均は 0.905 であり，S は 0.095 である。

平均負荷量のアーク・コサインを計算することで逸脱の程度を角度に変換することができ，分散を平均と項目間の角度として表現できる。例えば $S=0.5$ の場合，平均と項目間の角度は±60度［つまりアーク・コサイン（0.5）］となる。正規分布を考えると，この範囲に項目の 68％ が含まれ，この数値は正規分布における標準偏差と等しい。図4-6の例では角度の分散は 25 度である。

円環上の特性の広がりを効果的かつ簡潔に要約して伝えるためには，項目を配置する代わりにその範囲のイメージを記すとよい。図4-7のように，特性の主たる特徴を簡潔に分かりやすく示すことができる。

最後に示す特性の特徴は，因子の彩度である。因子の彩度とは，特性が属する円環領域によって説明される特性の分散の程度を反映し，特定領域と特性との関連の程度を示す。以前の論文で

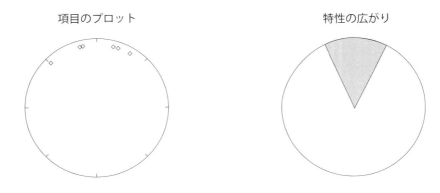

図4-7　円環への項目のプロットと項目が示す特性の広がり

筆者は，特性の中には対人関係的側面が多く含まれる（例えばマキャベリアニズム）特性と，そうでない特性があることを示した（Gurtman, 1991）。同様に，より感情に関連した特性と，そうでない特性がある。こうした特性の特徴を推定する簡単な方法は，特性と関連したCQの項目を円環上に配置した際のベクトル長の平均を算出することである。項目のベクトル長は，前述したように共通性の平方根であるから，円環領域を構成する2因子と項目間の相関Rに等しい。こうして算出した彩度は関連領域との相関の強さを示す。

特性の分析例

本節では円環構造を活かした前述の方法を用いて，公表済みのカリフォルニアQセットのデータの再分析を行う。使用したデータは，報告書の中で（平均や相関係数によって）特性や属性の特徴を最もよく表すとされている項目のデータである。再分析を通して，円環モデルがCQを用いた研究結果に文脈と秩序を与え，研究知見に対する理解を深める一助となるかどうかを示す。分析対象の一部に特集論文を用いたのは，そこで述べられている概念分析（Ozer, 1993）そのものに関心を持ったからである。

1つ目の分析対象は「適応的パーソナリティ」についてのデータである。Block（1961/1978）はQ分類法の概論書で，複数の臨床心理専門家の分類を踏まえ，「適応的パーソナリティ」を表現するCQの項目を分類している（付録D）。さらに各項目が表す適応・不適応の度合いを一覧に記している。

表4-1は上記の分類に基づいて行った，円環を用いた分析の結果である。この表の特徴は，特性の広がりを数値で記している点にある。これらの数値により，特定の円環領域における特性の中心的な傾向（角度の平均）と帯域幅（角度の分散）を簡潔に示すことができる。

表に明らかなように，適応的な項目と不適応な項目は，3つの円環の中で概ね互いに固まり関連し合っている。例えば対人円環では（Kiesler, 1983; Wiggins, 1979），適応的パーソナリティは温和―友好的（346度）の中心に，不適応なパーソナリティは冷淡―孤独（213度）の中心に布置される。注意すべきことに，対人関係の観点からは適応と不適応は完全な正反対ではない。対人円

第4章　パーソナリティ特性の研究：円環を用いた分析

表4-1　3つの円環を用いた適応的パーソナリティの分析

特性	円環	平均角度	分布の広がり	角度の分散	平均ベクトル長
適応的	対人関係	346°	.646	70°	.374
	感情	186°	.130	30°	.341
	混合	154°	.256	42°	.481
不適応	対人関係	213°	.255	42°	.433
	感情	336°	.188	36°	.573
	混合	336°	.149	32°	.587

注：Block (1961/1978)，付録D記載データに基づいて算出

表4-2　3つの円環を用いた自己志向性（ナルシシズム）と対象志向性の分析

特性	円環	平均角度	分布の広がり	角度の分散	平均ベクトル長
自己志向性	対人関係	162°	.225	39°	.411
	感情	55°	.781	77°	.353
	混合	289°	.285	44°	.526
対象志向性	対人関係	321°	.102	26°	.516
	感情	206°	.308	46°	.350
	混合	119°	.139	31°	.610

注：Wink (1991a) 報告のデータに基づいて算出

環上では180度離れていないからである。もっとも，予想されたことではあるが（例えばCoata & McCrae, 1992），適応的なパーソナリティを円環で表現する場合，神経症傾向を含む2つの円環，特に協調性―神経症傾向の円環を用いた方がよいと思われる。協調性―神経症傾向の円環平面上に適応的パーソナリティと不適応なパーソナリティを布置すると，それぞれの項目は比較的固まり合い（つまり比較的分散が小さく），彩度も高かった（つまりベクトル長が長かった）からである。適応的パーソナリティの位置（154度）は神経症傾向が低く，協調性が高い位置にあり，不適応なパーソナリティはそのほぼ対極に布置されている（336度）。

　2つ目の分析対象は，成人の発達とナルシシズムの特性を調べたWinkの研究（例えばWink, 1991a, 1991b, 1992a, 1992b）データである。成人女性のライフコース研究の一環として，Wink (1991a) はCQの項目を用いて，ナルシシズム傾向がある人の類型を表現した。Winkは対象関係論の立場から，自己志向性としてのナルシシズムと，反対の方向性を持つ対象志向性とを区別した。そしてパーソナリティ心理学の専門家がQ分類法のための項目を選び出した。自己志向性を表す13の肯定的表現と，対象志向性を表す13の否定的表現である。概念の違いを明確にするために，Winkはこれらの項目を対象に因子分析を行った（Wink, 1992aも参照）。その結果ナルシシズムと関連する3つの因子（過敏症，わがまま，自律―知的野心）と，対象志向性と関連する2つの因子（率直さ―頼りがい，寛大さ）が見出された。

　表4-2には，ナルシシズムと対象志向性を表すCQ項目に対して行った円環分析の結果を示した。対人関係領域に絞って結果をみていこう。表にあるように，ナルシシズムは162度の位置に布置された。専門家が示した類型とCQ項目からも読み取ることができるが，ナルシシズムの構成概念が含む敵意には，やや支配的な傾向があることが分かる（例えばKiesler, 1983; Wiggins,

第1部　パーソナリティとの関連からみた円環

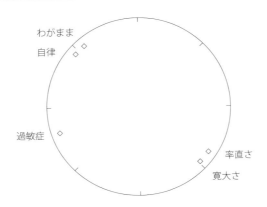

図4-8　CQ対人関係円環上における Wink (1991a) の自己志向性と対象志向性の位置

1979)。対人円環を用いたナルシシズム研究には，ナルシシズムを一般的な特性として扱った研究や，パーソナリティ障害として扱った研究がある（例えば Bradlee & Emmons, 1992; Buss & Chiodo, 1991; Gurtman, 1992a; Soldz, Budman, Demby, & Merry, 1993; Wiggins & Pincus, 1989)。総じていずれのナルシシズムも，支配性と敵意が特定の割合でブレンドされたものとみなすことができ，円環上では90度（支配性が強い）から180度（敵意が強い）の間に布置される傾向がある。いわゆる健全なナルシシズム（例えば Emmons, 1987）は，自己主張や世渡りの才，自信などの側面を併せ持ち，支配性が優位で，円環の90度付近に布置される。一方，病的なナルシシズムは，敵対的な態度や他者を搾取する傾向，感情移入できないなどの反社会的特徴を多分に含み，円環の180度付近に布置される。これらを踏まえると，Wink が報告しているナルシシズムは，どちらかというと病的寄りのようである。

　Wink が行ったナルシシズムの因子分析の結果（1991a）が円環によるナルシシズムの分類結果に近いことは驚くにはあたらない。図4-8で示した自律（138度），わがまま（130度），過敏症（198度）が占める円環上の位置から，ナルシシズムの3つの特徴は支配性と敵意の割合によって区別されることが分かる。過敏症は病的なナルシシズムの特徴であるし，自律と（おそらく）わがままは，より健全なナルシシズムの特徴である。「ナルシシズムの2つの側面」に関するWink の論文（1992b）によれば，「潜在的ナルシシズム」尺度と「顕在的ナルシシズム」尺度の違いは，支配性―敵意の割合の違いであり，ナルシシズムの顕在的側面の方が支配性が強い（つまり90度）とされている。最後に，他者志向性を表す2つの因子［率直さ（316度）と寛大さ（325度）］が，対人円環で比較的近くに布置される（それゆえ互いに似ている）ことに注意されたい。

　最後の例では Funder のデータを用いた。Funder はQ分類法を用いたパーソナリティ研究の権威である。Funder と Harris (1986) は社会的鋭敏さ（social acuity）を研究する際，さまざまな対象から得たデータ間の一貫性を測定する目的で，質問紙を組み合わせたテストバッテリーの一部にCQを組み込んだ。社会的鋭敏さの定義は，「他者の心理的状態を知覚し，その知覚に基づいて自身の行動を決める能力および傾向」(p. 530) というものであった。質問紙には対人的感受性を測定する3つのよく知られた尺度が含まれていた。セルフ・モニタリング尺度（Self-

第4章　パーソナリティ特性の研究：円環を用いた分析

表4-3　3つの円環と社会的鋭敏さを測定する3つの尺度の関連

特性	円環	平均角度	分布の広がり	角度の分散	平均ベクトル長
セルフ・モニタリング	対人関係	45°	.118	28°	.519
	感情	134°	.058	20°	.605
	混合	164°	.109	27°	.453
非言語的感受性	対人関係	335°	.331	48°	.454
	感情	203°	.437	56°	.318
	混合	118°	.222	39°	.542
共感性	対人関係	31°	.384	52°	.519
	感情	142°	.376	51°	.465
	混合	151°	.386	52°	.440

注：Funder と Harris（1986）報告のデータに基づいて算出

Monitoring Scale）（Snyder, 1974），感受性を測定する非言語的感受性テスト（Profile of Nonverbal Sensitivity）（Rosenthal, Hall, DiMatteo, Rogers, & Archer, 1979），共感性尺度（Empathy Scale; Hogan, 1969）の3つである。方法も成り立ちも異にする3つの尺度への回答はそれぞれ比較され，また CQへの回答とも比較された。CQを用いた評定には，自己評定と知人による評定の2種類があった。

　Funder と Harris の関心は，鋭敏さを測定するさまざまな尺度間の一貫性の程度を調べること，つまり，測定しているものが共通した特定の概念に収束するかどうかを調べることにあった。そのためにさまざまな尺度間の相関を調査したのである。そこで同様の問題に円環アプローチで迫ってみよう。この場合収束の度合い（あるいは構成概念の測定，Gurtman, 1992a）は円環内での近接の程度で測られる。円環内での近接の程度はパーソナリティの特定領域（対人関係や感情）における概念の収束度合いを反映しているからである。この方法には，単に相関係数を調べる方法に比べて特筆すべき利点がある。類似の程度を特定のカテゴリーの記述（例えばパーソナリティ領域）に結びつけることができる点である[6]。

　今回の分析は，知人による Q 分類評定データに基づいて行った。分析にあたり，3つの尺度（セルフ・モニタリング尺度，非言語的感受性テスト，共感性尺度）それぞれと最も高い相関をみせる CQ 項目を選び出した（Funder & Harris, 1986 の表4, 5, 6を参照）。

　表4-3はこれらのデータに基づいて円環分析を行った結果である。社会的鋭敏さを測定する3つの尺度と3つの領域（対人関係，感情，協調性―神経症傾向）の関連を示している。表からはセルフ・モニタリングと共感性が，明らかにひとまとまりになることが分かる。どの円環でもベクトル角が互いに似ているからである。しかし，非言語的感受性が測定する社会的鋭敏さは，他の2つの尺度が測定するそれとはやや異なるようである。3つの尺度間の収束度合いは余弦差相関（cosine-difference correlation）（Gurtman, 1992a, 1993; Fisher et al., 1985 も参照）によって簡単に数量化可能である。余弦差相関とはベクトル角の差に対するコサインを指す。相関係数なので，余弦

6　もう1つの利点は，紙幅の関係で説明するのが難しいが，尺度の分散から生じる違いを最小限に抑えることができる点である。例としてある特性を測る尺度と8つのオクタントに分けられた円環（例えば Wiggins, 1979）との相関を考えてみよう。尺度の分散は円環上で表現される尺度間の相関の強さには影響しても，相関パターンには影響を与えない。円環上の配置は相関パターンによって決まるのである。

83

差相関がとる値の範囲は，1（完全な一致，つまり円環上に布置した際にベクトル角の違いが0度）から0（直交，90度ずれている），−1（対極に位置する，180度離れている）までである。セルフ・モニタリングと共感性の余弦差相関は 0.97（対人関係），0.99（感情），0.98（協調性―神経症傾向）であった。非言語的感受性は協調性―神経症傾向の円環で最大の余弦差相関を示し（共感性と 0.83），感情の円環ではそれよりも小さな相関しか示さなかった。3つの円環すべてで，非言語的感受性はセルフ・モニタリングよりは共感性との間に大きな相関を示した（平均 $r=0.47$ に対して $r=0.63$）。

結　論

　本章の目的は，パーソナリティ特性の理解と把握を目指す研究者にとって，円環がいかなる包括的法則定立的ネットワークを提供し得るかを示すことであった。円環はパーソナリティの因子モデルにある種の複雑さを加えたモデルであり（例えば Guttman, 1954），その複雑さによって，パーソナリティ特性を単純構造で捉える従来の見方（例えば Goldberg, 1993; Johnson & Ostendorf, 1993）よりも，パーソナリティ特性が持つ多面性をうまく説明している。対人関係と感情特性についていえば，円環で示された2つの領域は特性の特徴を研究する上で非常に有用である。

　円環は，Wiggins（1979）や Kiesler（1983）が模範的な尺度構成を行ったように，一から作り上げることが可能である。しかし，既存の尺度を注意深く分析することによっても，円環構造を見出すことができる（例えば Wiggins & Broughton, 1991）。本章ではカリフォルニア Q セット（CQ）から，データ分析のための構造的・実質的妥当性のある円環が構成できることを示した。Piedmont, McCrae と Costa（1991）や Wiggins と Broughton（1991）が行った最近の研究では，形容詞チェックリスト（Adjective Check List Scales: ACL）（Gough & Heilbrun, 1983）にも円環の構成につながり得る親和的な土台があることが示唆されている。

　Hofstee ら（1992）が以前行ったように，本章でも1つの円環だけでなく，パーソナリティの3つの円環に同時に焦点を当てた。対人関係と感情の円環はパーソナリティ研究者には広く知られているが，協調性と神経症傾向で構成される円環の検討は始まったばかりである（例えば Saucier, 1992）。しかし，いくつかの例でみてきたように，協調性と神経症傾向で構成された円環は，より古い起源を持つ対人関係と感情の円環と比較しても，特性の重要な特徴を捉えることができる。

　CQ や ACL のような既存の尺度から円環構造を再構成することができれば，発表済みデータや保管データの再分析の可能性に道が開かれる。意欲的な研究者にとっては，CQ を使った広範囲にわたる研究を用いて，本章でみてきた，領域に焦点を当てた探索的分析を行うことで，別の視点で領域を捉え直す機会となるであろう。CQ データを分析するために本章で用いた方法は，出版物（例えば Ozer, 1993）に一般に掲載されているデータを利用できるように考えられた方法である。それゆえ本章は，円環を用いた CQ データ分析の勧めでもある。最終的には，CQ から構成した円環（ついでにいえば ACL から構成した円環）を使って表現した特性の特徴が，一般的な円環や因子で表現された特徴と合致するかどうかを示す必要がある。筆者は合致すると推測しているが，この方法を試してみたいという読者にこれ以上のことは任せて，いったん筆をおくこととする。

文 献

Block, J. (1961 / 1978). *The Q-Sort Method in personality assessment and psychiatric research*. Palo Alto, CA: Consulting Psychologists Press.

Block, J. (1993). Studying personality the long way. In D. C. Funder, R. D. Parke, C. Tomlinson-Keasey, & K. Widaman (Eds.), *Studying lives through time: Personality and development* (pp. 9-41). Washington, DC: American Psychological Association.

Bradlee, P. M., & Emmons. R. A. (1992). Locating narcissism within the interpersonal circumplex and the Five-Factor Model. *Personality and Individual Differences, 13*, 821-830.

Browne, M. W. (1992). Circumplex models for correlation matrices. *Psychometrika, 57*, 469-497.

Buss, D. M., & Chiodo, L. M. (1991). Narcissistic acts in everyday life. *Journal of Personality, 59*, 179-215.

Comrey, A. L. (1973). *A first course in factor analysis*. New York: Academic Press.

Conte, H. R., & Plutchik, R. (1981). A circumplex model for interpersonal personality traits. *Journal of Personality and Social Psychology, 40*, 701-711.

Costa, P. T., Jr., & McCrae, R. R. (1992). Normal personality assessment in clinical practice: The NEO Personality Inventory. *Psychological Assessment, 4*, 5-13.

Cronbach, L. J. (1990). *Essentials of psychological testing* (5th ed.). New York: Harper & Row.

Cronbach, L. J., & Meehl, P. E. (1955). Construct validity in psychological tests. *Psychological Bulletin, 52*, 281-302.

Emmons, R. A. (1987). Narcissism: Theory and measurement. *Journal of Personality and Social Psychology, 52*, 11-17.

Eysenck, H. J., & Eysenck, M. W. (1985). *Personality and individual differences A natural science approach*. New York: Plenum Press.

Fisher, G. A., Heise, D. R., Bohrnstedt, G. W., & Lucke, J. F. (1985). Evidence for extending the circumplex model of personality trait language to self-reported moods. *Journal of Personality and Social Psychology, 49*, 233-242.

Funder, D. C., & Harris, M. J. (1986). On the several facets of personality assessment: The case of social acuity. *Journal of Personality, 54*, 528-550.

Funder, D. C., Parke, R. D., Tomlinson-Keasey, C., & Widaman, K. (1993). *Studying lives through time: Personality and development*. Washington, DC: American Psychological Association.

Gifford, R. (1991). Mapping nonverbal behavior on the interpersonal circle. *Journal of Personality and Social Psychology, 61*, 279-288.

Gifford, R., & O'Connor, B. (1987). The interpersonal circumplex as a behavior map. *Journal of Personality and Social Psychology, 52*, 1019-1026.

Goldberg, L. R. (1993). The structure of personality traits: Vertical and horizontal aspects. In D. C. Funder, R. D. Parke, C. Tomlinson-Keasey, & K. Widaman (Eds.), *Studying lives through time: Personality and development* (pp. 169-188). Washington, DC: American Psychological Association.

Gough, H. G., & Heilbrun, A. B. (1983). *The Adjective Check List manual*. Palo Alto, CA: Consulting Psychologists Press.

Gough, H. G., & Heilbrun, A. B. (1987). *Administrator's guide for the California Psychological Inventory*. Palo Alto, CA: Consulting Psychologists Press.

Gurtman, M. B. (1991). Evaluating the interpersonalness of personality scales. *Personality and Social Psychology Bulletin, 17*, 670-677.

Gurtman, M. B. (1992a). Construct validity of interpersonal personality measures: The interpersonal circumplex as a nomological net. *Journal of Personality and Social Psychology, 63*, 105-118.

Gurtman, M. B. (1992b). Trust, distrust, and interpersonal problems: A circumplex analysis. *Journal of Personality and Social Psychology, 62*, 989-1002.

第1部　パーソナリティとの関連からみた円環

Gurtman, M. B. (1993). Constructing personality tests to meet a structural criterion: Application of the interpersonal circumplex. *Journal of Personality, 61*, 237-263.

Gurtman, M. B. (1994). The circumplex as a tool for studying normal and abnormal personality: A methodological primer. In S. Strack & M. Lorr (Eds.), *Differentiating normal and abnormal personality* (pp. 243-263). New York: Springer.

Guttman, L. (1954). A new approach to factor analysis: The radex. In P. F. Lazarsfeld (Ed.), *Mathematical thinking in the social sciences* (pp. 258-348). Glencoe, IL: Free Press.

Hofstee, W. K. B., de Raad, B., & Goldberg, L. R. (1992). Integration of the Big Five and circumplex approaches to trait structure. *Journal of Personality and Social Psychology, 63*, 146-163.

Hogan, R. (1969). Development of an empathy scale. *Journal of Consulting and Clinical Psychology, 33*, 307-316.

Horowitz, L. M., Rosenberg, S. E., & Bartholomew, K. (1993). Interpersonal problems, attachment styles, and outcome in brief dynamic psychotherapy. *Journal of Consulting and Clinical Psychology, 61*, 549-560.

John, O. P. (1990). The "Big Five" factor taxonomy: Dimensions of personality in the natural language and in questionnaires. In L. A. Pervin (Ed.), *Handbook of personality theory and research* (pp. 66-100). New York: Guilford Press.

Johnson, J. A., & Ostendorf, F. (1993). Clarification of the Five-Factor Model with the abridged Big Five dimensional circumplex. *Journal of Personality and Social Psychology, 65*, 563-576.

Kiesler, D. J. (1983). The 1982 interpersonal circle: A taxonomy for complementarity in human transactions. *Psychological Review, 90*, 185-214.

Lanning, K. (1994). Dimensionality of observer ratings on the California Adult Q-Set. *Journal of Personality and Social Psychology, 67*, 151-160.

Leary, T. (1957). *Interpersonal diagnosis of personality: A functional theory and methodology for personality evaluation*. New York: Ronald Press.

Mardia, K. V. (1972). *Statistics of directional data*. New York: Academic Press.

McCrae, R. R., & Costa, P. T., Jr. (1989). The structure of interpersonal traits: Wiggins's circumplex and the Five-Factor Model. *Journal of Personality and Social Psychology, 56*, 586-595.

McCrae, R. R., Costa, P. T., Jr., & Busch, C. M. (1986). Evaluating comprehensiveness in personality systems: The California Q-Set and the Five-Factor Model. *Journal of Personality, 54*, 430-446.

McCrae, R. R., & John, O. P. (1992). An introduction to the Five-Factor Model and its applications. *Journal of Personality, 60*, 175-215.

Meyer, G. J., & Shack, J. R. (1989). Structural convergence of mood and personality: Evidence for old and new directions. *Journal of Personality and Social Psychology, 57*, 691-706.

Moskowitz, D. S. (1994). Cross-situational generality and the interpersonal circumplex. *Journal of Personality and Social Psychology, 66*, 921-933.

Ozer, D. J. (1993). The Q-Sort Method and the study of personality development. In D. C. Funder, R. D. Parke, C. Tomlinson-Keasey, & K. Widaman (Eds.), *Studying lives through time: Personality and development* (pp. 147-168). Washington, DC: American Psychological Association.

Piedmont, R. L., McCrae, R. R., & Costa, P. T., Jr. (1991). Adjective check list scales and the Five-Factor Model. *Journal of Personality and Social Psychology, 60*, 630-637.

Plutchik, R. (1989). Measuring emotions and their derivatives. In R. Plutchik & H. Kellerman (Eds.), *The measurement of emotions* (Vol. 4, pp. 1-35). New York: Academic Press.

Rosenthal, R., Hall, J. A., DiMatteo, M. R., Rogers, P. L., & Archer, D. (1979). *Sensitivity to nonverbal communication: The PONS test*. Baltimore: Johns Hopkins University Press.

Russell, J. A. (1980). A circumplex model of affect. *Journal of Personality and Social Psychology, 39*, 1161-1178.

Saucier, G. (1992). Benchmarks: Integrating affective and interpersonal circles with the Big-Five personality factors. *Journal of Personality and Social Psychology, 62*, 1025-1035.

Snyder, M. (1974). Self-monitoring and expressive behavior. *Journal of Personality and Social Psychology, 30*, 526-537.

Soldz, S., Budman, S., Demby, A., & Merry, J. (1993). Representation of personality disorders in circumplex and Five-Factor space: Explorations with a clinical sample. *Psychological Assessment, 5*, 41-52.

Upton, G. J. G., & Fingleton, B. (1989). *Spatial data analysis by example (Vol. 2 Categorical and directional data)*. New York: Wiley.

Wainer, H., & Thissen, D. (1981). Graphical data analysis. *Annual Review of Psychology, 32*, 191-241.

Watson, D., & Tellegen, A. (1985). Toward a consensual structure of mood. *Psychological Bulletin, 98*, 219-235.

Wiggins, J. S. (1979). A psychological taxonomy of trait-descriptive terms: The interpersonal domain. *Journal of Personality and Social Psychology, 37*, 395-412.

Wiggins, J. S. (1982). Circumplex models of interpersonal behavior in clinical psychology. In P. C. Kendall & J. N. Butcher (Eds.), *Handbook of research methods in clinical psychology* (pp. 183-221). New York: Wiley.

Wiggins, J. S., & Broughton, R. (1991). A geometric taxonomy of personality scales. *European Journal of Personality, 5*, 343-365.

Wiggins, J. S., & Pincus, A. L. (1989). Conceptions of personality disorders and dimensions of personality. *Psychological Assessment A Journal of Consulting and Clinical Psychology, 1*, 305-316.

Wiggins, J. S., Steiger, J. H., & Gaelick, L. (1981). Evaluating circumplexity in personality data. *Multivariate Behavioral Research, 16*, 263-289.

Wilkinson, L. (1990). *SYSTAT: The system for statistics*. Evanston, IL: SYSTAT.

Wink, P. (1991a). Self- and object-directedness in adult women. *Journal of Personality, 59*, 769-791.

Wink, P. (1991b). Two faces of narcissism. *Journal of Personality and Social Psychology, 61*, 590-597.

Wink, P. (1992a). Three narcissism scales for the California Q-Set. *Journal of Personality Assessment, 58*, 51-66.

Wink, P. (1992b). Three types of narcissism in women from college to mid-life. *Journal of Personality, 60*, 7-30.

〔訳注文献〕

清水弘司・Gjerde Per F.（1993）．Q分類による性格測定——California Adult Q-set（CAQ）日本語版作成の試み——．埼玉大学紀要（教育学部　教育科学Ⅱ），*42*, 55-62.

第5章

項目分析の利点：因子同士の横の関係性の活用

Clarence C. McCormick & Lewis R. Goldberg

　因子行列は2つの視点から分析可能である。縦もしくは階層的に捉える視点は行列の列を分析対象とし，横に捉える視点は行を分析対象とする。この2つの視点の違いは心理測定テストの構成や得点化の方法，解釈に影響を及ぼす（Goldberg, 1993）。本章ではこれらの違いを述べた上で，後者の利点を示す。初めに心理測定における線形モデルと円形モデルの比較を行う。そしてGuttman（1954）とStevens（1951）が発展に寄与した概念を紹介する。次いで円形モデルの基本的かつ重要な点の検討を行い，円周統計の主要な手法に関して簡単な解説を加える。そして対人チェックリスト（Interpersonal Checklist: ICL）を例に，パーソナリティ尺度を項目レベルで分析することの利点を示す。最後に外部分析（例えばICL項目を用いた自己評定）と内部分析（例えばまったく異なる手法を用いた語義の類似性評価）の結果を比較して，ICLの構造を検討する。本章の目的は，パーソナリティ研究で行われてきた従来の構造解析に代わる方法論についての議論を促進し，科学としてのパーソナリティ心理学の体系的な発展に寄与することである。

縦の視点

　因子分析の解釈は，長らく列に着目して行われてきた。因子は，強い関連を持つ変数との関係性から解釈される。変数は特定の因子とのみ強い相関を持つのが理想とされる。その場合，因子負荷行列には，0に近い多くの数字と，1に近い少数の数字が並ぶ。Thurstone（1947）はこれを単純構造と名づけた。バリマックス回転のような近年行われる因子の回転アルゴリズムは，データの許容範囲内で最大限の単純構造を得るための手法である。完全な単純構造で成り立つ世界では，必要とされるのは縦の視点のみである。というのも，変数が特定の因子に対して高い負荷量をみせた場合，必然的に他の因子に対する負荷量は0になるからである。しかし実際の世界はより混沌としており，ほとんどの心理学変数は少なくとも2つ以上の因子と強い関連を持つ。

　変数を項目と考えた場合，ある因子に対して高い負荷量を持つ項目同士はまとめられ，下位尺度を構成する。構成された下位尺度は主成分分析では要約変数，伝統的な因子分析では潜在変数と解釈される（Goldberg & Digman, 1994）。いずれの場合でも，分析を行う前提として，因子に負荷する項目間に本質的な順序関係はないと仮定される。項目同士は（ものさしの目盛りについた印

　第2著者は米国国立精神保健研究所からMH-49227の助成を受けた。G. Rolfe LaForge, Daniel Levitin, Robert R. McCrae, Gerard Saucier, Jerry S. Wiggins諸氏の思慮に富んだ助言に深謝する。

のように）互いに等価で，入れ替え可能な単位と仮定される。こうした慣例は古典的計量心理学理論とも合致している。尺度得点は，測定したい内容に合致した回答の数を単純に数え上げることで算出される。得られた得点は研究参加者同士の比較や対照群との比較に使用される。尺度得点は個人が持つ特性の程度を表すと仮定される。個人個人は得点で順位がつけられ，尺度得点が高いほど尺度が表す特性をより多く持つと仮定される。

　しかし，慣例的に行われてきた上記の手法は，いくつかの強い仮定を必要としている。つまり，(a) 信頼性の問題は別として，各尺度を構成するすべての項目は，ただ 1 つの特性だけを測定する（1 次元性の仮定），(b) いずれの項目間相関もほぼ等しい，(c) すべての項目の分散はほぼ等しい（Wherry, 1984）という仮定である。実際には，これらの仮定は，長らく認識されてきたことではあるが（例えば McNemar, 1946），概して現実的ではない。むしろ，ほとんどの項目は 1 次元性（1 因子のみに負荷）を持つとはいえず，むしろ複数の次元性（複数因子に負荷）を持つ。多くの項目にとって，主に負荷する因子の他に，2 次的に負荷する因子も重要な意味を持つことが分かってきたのである。これは因子分析が行われ始めたころからも指摘されてきたことであった（例えば Guilford & Guilford, 1936; Mosier, 1937）。

　1 次元性の仮定が成り立たない場合，各個人の合計得点が似ていても，得点のもととなった項目が互いに異なる可能性があり，結果的に得点が何を表しているのかが曖昧になってしまう（例えば Briggs & Cheek, 1986）。各個人を合計得点で比較対照する際には，程度は不明であるが，系統誤差が生じる。同じ構成概念を測定したい場合でも，異なる項目で構成された尺度で測定すると，個々人の順位が根本的に変わってしまう可能性がある（例えば Butt & Fiske, 1968）。

横の視点

　縦の視点の場合，因子の意味は因子負荷行列を縦にみていくことで捉えることができた。それに対して横の視点では，各項目がすべての因子に対してどのような負荷をみせるかに焦点を当てて分析を行う。完全な単純構造の世界では，各項目はただ 1 つの因子にのみ負荷し，他の因子に対する負荷量は 0 に近くなる。しかし現実には，ほとんどの項目は 1 因子性とはいえず，むしろ複雑な因子構造を持ち，たいてい 2 因子以上に負荷する。心理測定で用いられる基本的な最小単位である項目そのものが，実は複数次元を内包しており，現在の計量心理学的方法が想定する 1 次元性を表現した変数ではないのである。

　ほとんどの項目は，それゆえ，少なくとも 2 つの要因をブレンドした概念として表現される。2 つの要因に対して負荷量の高い項目すべてを対象として 2 変量度数分布（散布図）を作成してみると（Hofstee, de Raad, & Goldberg, 1992），項目は 1 か所に固まらずに，むしろ 2 変量で表現される空間いっぱいに散らばるのが一般的である。単位円上に項目を投影すると，ほとんどの項目は極と極の間に散らばり，わずかな項目だけが極周囲に固まる。

　円環上に布置された項目内容を検討すると，近接する項目同士は内容が概ね似ており，項目間の距離が離れるほど，一般に項目同士の内容もかけ離れていく。項目が 90 度近く離れて配置されている場合，項目同士の内容は無相関に近い。項目間の距離が 180 度に近くなるほど，項目同

士の内容は反対の意味に近くなる。このような配置は，項目が表す意味内容の重なり具合に関連しているとも考えられる。特定の項目を研究対象として取り上げる場合，その項目は左右（時計回り方向と反時計回り方向）に分布している項目と共通した意味内容を持っていると考えられる。それゆえ，ある項目を，意味内容を共有する項目群の中心として捉えることで，その項目の角位置を項目群が表す意味内容の指標として解釈することができる。

線形か，円形か

計量心理学の歴史を振り返ると，円環データが持つ性質を明らかにする上で多大な貢献を果たした2人の研究者がいる。Louis Guttman と S. S. Stevens である。

Guttman モデル

Guttman（1954）によれば変数はその並び方で2種類に分けることができる。1つ目は程度の違いを表す連続体上に並べることのできる変数である。Guttman はこの連続体を simplex（シンプレックス）と名づけた。simplex は「複雑構造の単純配列（simple order of complexity）」（p. 260）の短縮形である。変数は連続体上に「最小」から「最大」（p. 260）へと順番に並べられる。この場合，観測変数同士の順序関係には，数体系と同様の推移関係（$a>b$ かつ $b>c$ ならば $a>c$）が想定される。2つ目の変数は，種類の違いに沿って円環上に並べることのできる変数である。Guttman はこの種の円環構造の呼び名として，circumplex（円環配列）という用語を新たに作り出した。circumplex は「複雑構造の円形連続体（circular continuum of complexity）」の短縮形である。circumplex では変数同士が値の高低や量の多寡で順序づけられることはなく，変数同士は「始まりもなければ終わりもない，いわゆる円形順序」（p. 260）関係にある。円形順序関係をなす変数に推移関係が当てはまらないことは明らかである。

Guttman によれば，変数間に円形順序関係を仮定できるかどうかは，変数間の相関係数（Guttman, 1954）や相関係数に似た別の指標（Shepard, 1978）に「隣接の法則」が当てはまるか否かによる。隣接の法則によって circumplex を構成するかどうかを見極めることができる。circumplex を構成する場合，どの変数も，その両隣の変数との相関が最も高くなる。時計回りもしくは反時計回りに離れるに従って相関は小さくなり，180度離れた変数との相関が最も小さくなる。180度を超えて元の変数に近づいてくると，相関は再び大きくなる。

相関係数が circumplex モデルに従っている場合，行列に並び変えると円周行列の特徴を示す（Davis, 1979）。完全な円周行列の場合，各行の和と各列の和は等しく，同じ値が対角線上に並び，その値は主対角線から非対角成分で構成される対角線へと移るに従って小さくなり，その後再び大きくなるパターンを示す。もちろん，実際のデータから構成した相関行列は完全な円周行列の近似にすぎない。Lorr と McNair（1963）は，実際のデータから構成した円周行列の各列の相関係数を1つのグラフ上にプロットすれば，（位相を変えつつ）概ね重なり合う正弦波が描かれると指摘している。

circumplex は位相幾何学的には，直線と同様，1次元の表現であるが，図解上は平面上で表

現される（Shepard, 1978）。円周構造を規定するには直交する2つの次元が必要だとする考えはもっともであるが，そのような両極性からなる2つの次元がなくとも，相関係数のような類似度に従った配列を構成し，解釈することが可能である（Shepard, 1978; Torgerson, 1986）。必要かつ十分な情報は，変数間の相関係数である。因子分析によって変数を次元空間上で表現することがあるが，これらの次元を取り除いて無視しても，変数の配列の解釈に影響を及ぼすことはない。Plutchik（1980）が述べているように，「標本のサンプリングや項目に偏りでもない限り，円環の中には，他に優先するポジションも軸もない。（中略）なぜなら円環の場合，軸を変えようと変数同士の関係は変わらないからである」（p. 196）。

Guttman（1954）は simplex と circumplex を組み合わせて2変量モデルを構成し，radex（radial order of complexity：複雑構造の放射状配列）と名づけた。circumplex モデルは球体の表面に分布する変数に対しても適用可能であるし，4次元トーラスのような，3次元よりも大きな次元の球体上に存在する変数に対して用いることもできる（Degerman, 1972）。

Steven モデル

Guttman が simplex と circumplex の区分をつけたのと同様の区別を，Guttman とは別に，心理物理変数に対して行ったのが Stevens（1975）である。Stevens は prothetic（プロセティック）と metathetic（メタセティック）とに分けた。prothetic は程度や大きさ，強度の違いを表すために用いられ，「どのくらい」という問いに回答を与える。一方 metathetic は性質の違いを表すために使われ，「どのような」という問いに回答を与える。prothetic の例には音の大きさや光の明るさがあり，metathetic の例としては音の高さ，色調，傾きもしくは方向（角度）などがある。

読者の中には，circumplex が metathetic な変数をモデル化したものであり，simplex が prothetic な変数をモデル化したものだと考える向きもあろう。Krantz, Luce, Suppes と Tversky（1971）も次のように指摘している。

> 間隔を直接比較する方法は数多い。しかし，配列されたもの同士の間隔が直線上に並ぶ場合（感覚の連続体，条件つき確率，効用連続体）と，間隔を表現するためにより複雑な構造が必要とされる場合とでは，比較する方法は明確に異なる。（p. 140）

なぜなら，彼らによれば，多くの場合比較されている「個々の対象が1つの尺度で測定できるものか，極めて疑わしい」（p. 140）からである。

しかし Stevens は metathetic な変数を測定する方法を詳細に研究したわけではない。彼の研究上の関心は感覚の強さを測定することに向けられていたし，尺度に関する理論的議論は，prothetic な変数を対象とした場合にこそふさわしい，実数体系を用いた尺度に限られていた（Stevens, 1951）。

第1部　パーソナリティとの関連からみた円環

円周モデルを用いた心理測定

　現在の心理測定理論では，項目や，複数の項目で構成される尺度の1次元性が仮定されていることが多い。この仮定があるために，心理テストの得点を「実数のものさし」上に布置することが理論上可能となり，得点に基づく順序尺度情報を個々人に付与することができる。これが，1次元性の仮定が重要で，関心の対象となっている理由である。現に，ほとんどの心理測定理論は実数体系が持つ推移関係を利用して発展してきた。

　しかし，多くの心理テストに含まれる項目が多次元性を持っていることは明らかである。となると，項目や尺度の得点を実数のものさし上に布置することは適切な方法とはいえなくなる。それらの得点は，因子分析を行った変数をプロットするように，2次元（もしくは3次元以上の）空間上に布置されるべきである。つまりそれらの得点が表している量は，実数体系で表現可能な量ではなく，2つの（もしくは3つ，あるいはそれ以上の）順序関係で表現可能な量なのである。Guttman（1954）が述べているように，こうした量は順序の推移関係を含んでいない。空間上に布置された点は，1本の直線上で測定できる単純な順序関係で測ることはできないのである（Halberg & Devlin, 1967）。

　直線上の点と空間内の点の違いは，後者の量を測定するためには，前者とはやや異なる演算を必要とすることである（Ross, 1938）。つまりベクトル代数や幾何解析，三角関数を用いた分析が必要で，測定された量は，数学者がいうところの複素数に含まれる。複素数の表記はさまざまな形をとり得る。順列関係を表す代数学的表記（例えばx, y）やベクトル表記 $[x\ y]$，"r, θ"のような極座標での表記（rはベクトル長，θは角度），"$a+bi$"のような複素数表記（iは-1の平方根でaとbは実数）など，必要に応じて最も便利な表記が用いられる。これらの演算を用いて得点を算出している尺度には対人チェックリスト（ICL）（LaForge, Leary, Naboisek, Coffey, & Freedman, 1954）や改訂版対人形容詞尺度（Revised Interpersonal Adjective Scales: IAS-R）（Wiggins, Trapnell, & Phillips, 1988）がある。

　円環尺度得点を実数と同じように扱って平均を計算すると，とんでもない間違いを犯すことになる（例えば Batschelet, 1981; Mardia, 1972; Ross, 1938; Schlosberg, 1941; Woodworth & Schlosberg, 1954）。平均値の計算を誤ると，偏差値や分散，標準偏差，標準得点，相関係数，信頼性の推定など，平均値を用いて算出するすべての統計値もまた誤ることになる。例えば，IAS（Wiggins, Trapnell, & Phillips, 1988, 表1, p. 521）の温和―友好的を測定する下位尺度項目の円環上の配置（角度）が，それぞれ348.6度，356.0度，359.7度，360.0度，4.1度，5.6度，6.2度，8.6度だとする。これらを一般的な実数として計算すると平均値は181.1度となり，項目の反対側に平均値が位置するという，見事なまでに不正確な値となってしまう。複素数の演算を用いると平均値は1.1度となり，この区間に分布する項目群の傾向性を正確に測定できる。上記の問題が生じるのは「通常使われる線形の尺度では0をどちらの方向に定めるかが重要なため，円状の分布に対して用いるのは不適切」（Mardia, 1972, p. 18）だからである。

　これらを考え合わせると，計量心理学者は現在のテスト理論を複素数に基づく理論に拡張する

第5章　項目分析の利点：因子同士の横の関係性の活用

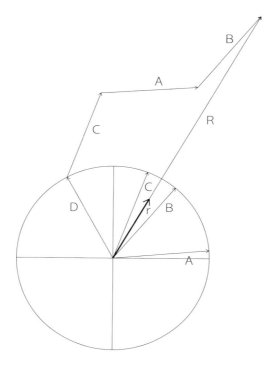

図5-1　4つの円環変数の三角和

必要があろう。円環モデルが広まるほど，その必要性は増すと考えられる。本章は円周モデルを用いた心理測定の手引きを述べる場ではないが，その基本概念と有用性を示すいくつかの例を簡単に紹介しておく。

　円環上に布置された変数の位置はθで表現され，原点からの距離はpで表される。pはベクトル長と呼ばれる。変数を標準化して単位円上に布置した場合，各変数のpは1.0に等しい。項目への回答の結果は円周上への分布として表現される。ベクトル代数や三角関数を用いるとθの和を求めて座標で表すことができ，この座標は項目群の平均的な位置やベクトル長を表す。求められたベクトル長（R）は，すべての変数が同一の場所に布置されている場合，つまりすべてのθが等しい場合，項目群の数（N）に等しい。項目群がある程度の広がりを持って分布している場合，θは項目ごとに異なり，RはNよりも小さくなる。それゆえベクトル長は項目群の分布の広がりに関する情報を与える。RをNで除した指標は平均ベクトル長（r）と呼ばれるが，円周モデルにおけるrは線形モデルの標準偏差に相当する。

　上記の操作を図5-1に示した。円環上に4つの変数A, B, C, Dがあるとする。4つの変数のベクトル長はすべて等しいと仮定されているため，単位円の円周上に布置されている。4つの変数を心理テストの項目とみなした場合，古典的テスト理論に従えば4つの変数の和をもって尺度得点とするため，尺度得点は4点になる。

　しかし，4つの変数が円環上に布置されていることが分かれば，三角関数を用いて和を算出する必要がある。つまり変数が布置されている方向の違いやベクトル長の違い（図5-1の場合は単

93

位円なのですべて等しい）を考慮して分析する必要がある。それゆえ，各変数の標準化得点を合計するのではなく，各変数のサインとコサインを足し合わせて，合成変数のサインとコサインを算出しなくてはならない。作図上は4つのベクトルをつなげればよく，つなげる順番は任意である。図5-1ではD＋C＋A＋Bの順番につなげ合わせている。

　図5-1から明らかなように，合成ベクトルの方向は単位円上の4つのベクトルが持つ方向性を維持したものとなる。最後につなぎ合わせたベクトルBの終点は単位円の外にあって，4つの変数を合成ベクトルと同じ距離まで延長した際には，4つの変数の中心付近に位置する。原点とベクトルBの終点をつないだ線は，三角関数を用いて計算した4つのベクトルの合成ベクトルであり，Rで示されている。合成ベクトルが示す方向は4つの変数が示す方向の平均である。Rのベクトル長は3.044である。4つの変数の単位長を単純に足し合わせた合計の4よりも小さいのは，計算する際に各変数が持つ方向の情報が組み込まれているからである。すべての変数が同一地点に布置される場合，合成変数はその延長上にあり，ベクトル長は4になる。それゆえ，ベクトル長は変数が円環上でどの程度散らばって存在するかを表す指標となる。

　ベクトル長RをN（変数の数）で除した平均ベクトルの長さは平均ベクトル長と呼ばれる。平均ベクトルは合成ベクトルと向きが常に等しく，単位円内に終点を持つ。円周モデルにおける平均ベクトルは線形モデルの標準偏差に相当する。図5-1では$R/N＝3/4$もしくは0.75で，rと記された太線のベクトルがこれである。フォン・ミーゼス分布に基づくと，この平均ベクトル長は円環標準偏差では40.5度（範囲は$120°-5°＝115°$）に相当する。

　複素数を扱う場合，項目の平均そのものも複素数となる。項目の平均配置は項目群の典型的な種類やタイプを表すと解釈できる。また平均ベクトル長は項目群の分布の広がりの程度を表す指標とも解釈できる。ともに「どのくらい？」という問いに答えを与える得る指標ではなく，大きさや強度を推定する指標ではない。

　しかし，心理学的特性や心理状態の測定場面で，強度の推定を求められることは多い。より支配的な人もいれば，より親しみやすい人もいる。心配性な人もいれば，幸福そうな人もいる。では，そのような人たちは他の人と比べてどの程度異なるのだろうか。この問いに答えるためには，protheticとmetatheticな方法とを組み合わせる必要がある。そのようなモデルの1つがGuttman（1954）のradexモデルであり，対人チェックリスト（ICL）（LaForge & Suczek, 1955）で採用されている。対人チェックリストは円を16領域に等分して，各領域内をさらに中心から弦に向かって4等分し，項目を配置したモデルである（例えば管理を表す領域には，極端な表現型としての独裁的，適度な表現型としてのよき指導者がともに含まれる）。

　別の例はPlutchik（1980）が構成した感情状態を表す形容語の構造モデルにみることができる。Plutchikは感情形容語を（色相環に似た）8等分した円に整理した。さらに（明度に似た）強度の次元を仮定して，感情形容語を強度ごとに並べた，色立体に似たモデルを作り上げた。30人の研究参加者が11件法で評定した結果の平均をもとに，感情形容語は3つの領域に分けられた。その結果，立体的な半球形（もしくは円錐形）のモデルが構成された。このモデルは3層の円環で構成され，各層が異なる強度に対応している。半球形への配置に基づいてすべての形容語を1つの平面上にプロットしたモデルは，Guttmanのradexに対応している。

円周統計学：歴史の概観

1950年代の初期，R. Fisher（1953）とGumbel, Greenwoodと Durand（1953）はそれぞれ，球体表面と円周上に並んだデータを分析するための基礎を築いた。2人の論文は追従する多くの研究を生み，そこから円周上や球体表面に分布するデータ分析のための記述統計学的手法や推計統計学的手法が生み出された。生み出された統計手法はさまざまな書籍に紹介されている。円周上に分布したデータの分析については Mardia（1972），Zar（1974），Batschelet（1981），Uptonと Fingleton（1989），N. Fisher（1993）らを参照されたい。球体表面に分布するデータの分析であれば Mardia（1972），Watson（1983），N. Fisher, Lewis と Embleton（1987）に記載がある。

円を利用した統計手法をすでに使い始めた心理学者もいる。例えば多次元尺度構成法についての著書の中で，Schiffman, Reynolds と Young（1981）は円周統計を利用して個人差を解釈する方法に1章を割いている。最近では G. Fisher, Heise, Bohrnstedt と Lucke（1985）が円状に分布した2つの項目群の比較にカイパー検定（Kuiper's test）（コルモゴロフ＝スミルノフ検定〈Kolmogorov-Smirnov significance test〉を円環データに拡張したもの）を利用し，さらに項目間の相関係数を利用して，同じ項目群を円周上に配置する際に用いられた2つの方法間の一致度を測定している。Gurtman（1993）は周期回帰の手法を用いて，周期性を持つデータに対して余弦波の当てはまりを検討する方法を提案している。また単純構造と円環モデルを比較するためにレイリーの検定（Rayleigh test）を行っている（Gurtman, 1994）。Levitin（1994）は音の高さに対する記憶を扱った研究の中で，適合度を測る指標としてレイリーの検定を用いている。これらの手法が心理測定上有用であることを多くの研究者に知ってもらい，研究使用への関心が高まることを期待している。

尺度の特徴を捉え，項目を分析するためには

Guttman（1954, 1957）は，多くの心理学変数は近接の法則に従って円環上に特定の順序で配置されるとの仮説を立てた。理想的な測定がなされれば，この順序は変わらないと考えられた。実際，円環尺度の下位尺度得点同士の相関係数を求め，因子分析を行った研究では，異なる集団を対象とした場合でも，円環上に配列された下位尺度の順序は非常に似通っていることが示されている（例えば Paddock & Nowicki, 1986; Rounds & Tracey, 1993; Wiggins et al., 1988）。こうした有用な情報は一度に1つの因子だけを解釈しては得られない。一度に2つ3つの因子を検討して初めて分かることである。

しかし，下位尺度相関の検討から近接の法則が明らかになり下位尺度の配列が決定されるわけではない。下位尺度相関は下位尺度に含まれる項目群の平均的な位置を反映しており，配置された下位尺度間の距離は大きくなりがちである。すると相関の背後にある円環の本質について多くを推測することが難しくなる。それに対して項目そのものを分析対象とした場合には状況が大きく変わってくる。項目間の距離はより小さくなり，項目同士の固まりが円環上により明瞭に現れることで，項目間の類似と相違が検討しやすくなる。

さらに，ある項目を取り上げてみれば，その項目は隣接する項目と一般には似た意味を持つ。しかし，その項目から時計回りの方向に位置する項目群と，反時計回りの方向に位置する項目群との間には，明確な違いが存在する。このような方向的な位置関係は，同じ名前や似た名前を持つ下位尺度同士の違いを理解する上で役に立つ。

　例として Butt と Fiske（1968）の研究を取り上げる。彼らは支配性の概念を測定するとされる複数の尺度の比較を行った。Gough, McClosky と Meehl（1951）の支配性尺度と Cattell, Saunders と Stice（1957）の支配性尺度との相関はわずかに 0.35 であった。しかし 2 つの尺度の項目同士を比較してみると，Gough の尺度には友好的で社交的なリーダーシップスタイルに焦点を当てた項目が多く，Cattell の尺度には自己中心的で強引，喧嘩っ早いリーダーシップスタイルに焦点を当てた項目が多いことが分かった。2 つの尺度に含まれる項目の中には似た意味の項目もあったが，項目配置が示す中心的な傾向性からは，2 つの尺度が支配性という特性のやや異なる側面を測定していると考えられた。Butt と Fiske が述べているように，支配性が高い人を選び出す目的で 2 つの尺度を用いる場合，「2 つの，異なる集団に属する人たちを選ぶ結果になる」（1968, p. 513）。別々の研究者たちが同じ名称をつけた 2 つの尺度の違いを区別することなしに研究知見の体系的な蓄積が望めず，それゆえ科学的な蓄積としてのパーソナリティ心理学の発展が阻害されかねないのは明らかである。

　ビッグ・ファイブの因子構造と，ビッグ・ファイブを円環で表現した Hofstee ら（1992）の AB5C に関する知識があれば，第 I 因子（高潮性・外向性）と第 II 因子（協調性）で構成される平面上に分布した 2 つの項目群の方向性の違いを明らかにすることができる。支配性から時計回りの方向に分布する項目は協調性（例えば好意）と外向性がブレンドした項目で，反時計回りの方向に分布する項目は非協調性（例えば敵意）と外向性がブレンドした項目と解釈できる。つまり 2 つの項目群がともに共通する概念（支配性）と関連しつつも，お互いに識別可能であることが分かる。

　この単純な例が示唆することは重要である。異なる尺度同士の関係を検討するために一般的に行われている手続きでは，項目同士の関係を検討することで得られるほどの情報は得ることができない。尺度単位で行われる多くの分析では単純構造を指向した階層的な分類がなされるが，それよりも変数同士の横の関係を明らかにすることができる分類の方が有用なことが多いのである。

近接の法則

　これまで述べてきたことを実験的に検証するためには，複数の項目の意味の類似性を測定するために使われてきた方法を用いればよい（例えば Conte & Plutchik, 1981; Deese, 1965; McCormick & Kavanagh, 1981; Miller, 1969; Russell, 1980; Schlosberg, 1952）。それは項目を円環上に分布させる方法で，各項目の配置や傾向性，平均からのばらつきの程度などを明らかにすることができる。研究参加者グループの中の項目のばらつきの平均は，項目が示す平均的な意味の指標となる。こうした情報はテストを構成・解釈する際に重要な意味を持つ。項目の解釈がテストの構成者と回答者とで同じかどうかを確認できるからである。円周標準偏差は参加者グループが項目の意味をど

第5章　項目分析の利点：因子同士の横の関係性の活用

程度一致して捉えているかを知るための指標となる。円周標準偏差の大きな項目は多義的な解釈が可能であることを表し（Goldberg, 1963），尺度を構成する項目としてはふさわしくない。標準偏差の小さな項目の方が，解釈の個人差が小さいために，より実用的である。

　意味の類似や相違で項目を評価する方法には一般に2つの手続きがある。Wiggins（1973）はこの2つを外的手続きと内的手続きと名づけた。内的手続きの肝は，一対比較や並べ替えの手法を用いて，項目同士の類似度を参加者が直接判定することにある。外的手続きの場合，各項目が自分自身や他者にどの程度当てはまるかを評定し，評定結果の分析から間接的に項目間の類似度を推定する。通常，内的手続きと外的手続きの手法を用いて得られた結果は非常に似通った結果となり（例えばPeabody & Goldberg, 1989），どちらの手法を用いても項目の配置や中心的な傾向性については同じような結果を得ることができる。しかし参加者にかかる負担は，内的手続きの方が外的手続きに比べはるかに大きい。とはいえ，項目の円周標準偏差や語義の曖昧さに関する情報を得るためには内的手続きの手法によるほかない。

対人チェックリストの構造

　これまで述べてきたことをLaForgeとSuczek（1955）の対人チェックリスト（ICL）の分析を通してみてみよう。ICLは対人行動の研究と測定のために考案された複雑な理論体系（Freedman, Leary, Ossorio, & Coffey, 1951; Leary, 1957）の中の一側面（自己と他者の記述）を操作的に定義することを目指して構成された。これから行う分析結果を理解してもらうためには，まずICLの構成手続きとそれに続く一連の研究についてかいつまんで話しておく必要がある。

対人チェックリスト

　対人システム（Interpersonal System）（Freedman et al., 1951）の研究者たちは，対人行動は2つの，互いに独立した基本次元に基づいて整理することができると提案した。その2つとは愛―憎しみ，支配―従属の次元である。さらに2つの次元を構成する4つの極が表す意味内容をさまざまな割合で組み合わせることで，対人行動を簡潔に記述することができると考えた。変数を円状に並べたのは，「任意の変数同士の関係性の理論的強さは，円周上での変数間の距離の減少関数で与えられる」（LaForge & Suczek, 1955, p. 96）という考えを表している。相関の高い変数同士は近くに，概念上反対と思われる変数同士は対極に配置される。円周は16の区間，もしくは16の下位尺度に分けられ，得点化および図解上の便宜から2つずつをまとめて8つの下位尺度としている。さらに対人行動の強度も同時に測定できるように各区間が4つのレベルに分けられており，標準的な適応的行動から特異的な不適応行動までと対応している。ICLは円環と称されることが多いが，より正確にはGuttmanのradexと呼ぶべきである。

　ICLを作成する過程で3回の大きな改訂が行われた。ICLの項目は5人の心理学者が各区画の意味を示す名称と各項目を見比べた上で，意味が近いと考えられた16区画のいずれかに分類したものであった。しかし，こうして分類した項目を使用したところ，円の右側（親密さ）にある項目に対する参加者の是認率が左側（敵意）にある項目に対する是認率よりもはるかに大きく

97

なってしまった。参加者の是認率は円のどこでもバランスがとれていることが望ましく、不適応的な行動は各区画内の特異的な（強度の）項目に対する是認という形で示されるべきと考えられた。

是認率の偏りを少なくするために、「強度1の言葉は90％の人がはいと回答する言葉、強度2の言葉は約67％の人が、強度3の言葉は約33％の人が、強度4の言葉は約10％の人がはいと回答する言葉」とする決まりを設けた（LaForge & Suczek, 1955, p. 102）。もともとのICLの強度分類では、さまざまな強度と是認率（好ましい言葉・社会的望ましさを表す言葉）を示す言葉が混在していると思われた。そこでICLの著者たちは、円の各区画に好ましい言葉だけでなく中程度の強度の言葉を配置するという修正を施した。項目を8つの下位尺度（円の区画）に割り当てたことが、のちにいくつかの問題を引き起こすこととなるが、これについては後で述べる。興味深いことに、ICLの得点を計算する上では項目の強度の重みづけは考慮されない。回答者が各下位尺度の中ではいと回答した項目の数を数え上げて、回答者の特性の指標としている。

ICLの因子分析

未発表の研究（McCormick, 1976）だが、ICLを用いて分析を行ったデータがある。中流階級に属する763人の男女が自己評定を行ったデータで、年齢の中央値は41歳である。初期のICLマニュアル（Leary, 1956）にある通り、各下位尺度の中で研究参加者が是認した項目の数が下位尺度得点として用いられている。8つの下位尺度得点をもとに因子分析を行ったところ、1つの一般因子と2つの両極性因子が抽出された。2つの両極性因子に対する負荷をもとにプロットしたのが図5-2である。この図はRinn（1965）やPaddockとNowicki（1986）がICLの下位尺度を分析した結果と極めて近く、ICLの作成者が想定した通り、下位尺度が円状に配置されている。

しかし本研究でも、またRinn（1965）やPaddockとNowicki（1986）の研究でも、隣接する下位尺度同士の間隔は一定でなく、どちらかというと2つのクラスターに分かれているように思われる。2つのクラスターは円の対極にあって、互いに離れている。こうした特徴は、ICL作成の際に収集した対人特性領域に漏れがあり、「外向的な社会参加や感情的不安定性と関連する領域がない」（Stern, 1970, p. 64）せいだと考えられてきた。

図5-2にみられるような下位尺度同士の構造上の問題は、ICLの項目を分析すると明らかになる。項目を対象に因子分析を行う場合、参加者の回答は標準化され、個人差は是認率と一般因子の違いに還元される。2つの因子からは項目のベクトル角を算出することができる。その結果128項目が円周上にほぼ満遍なく分布することが分かったが、項目が密に固まっている区画もあった。各区画に分類された項目の数は以下の通りである。管理的（20項目）、競争的（8項目）、攻撃的（25項目）、懐疑的（14項目）、慎み深い（22項目）、従順（15項目）、協力的（11項目）、責任感（13項目）。

128項目を円周上に並べ、8つの区画（下位尺度）に分割した。下位尺度得点は参加者が是認した項目の数とした。下位尺度間の相関係数をもとに因子分析を行うと、やはり1つの一般因子と2つの両極性因子が抽出された。2つの両極性因子に対する負荷をもとに下位尺度をプロットした図が図5-3である。

第 5 章　項目分析の利点：因子同士の横の関係性の活用

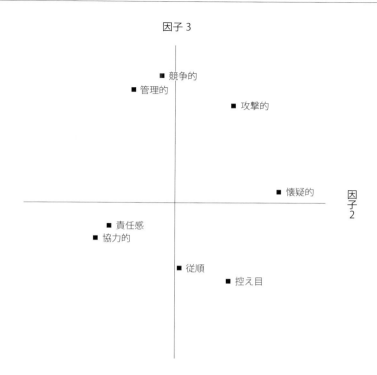

図 5 − 2　対人チェックリスト原版の下位尺度の因子プロット

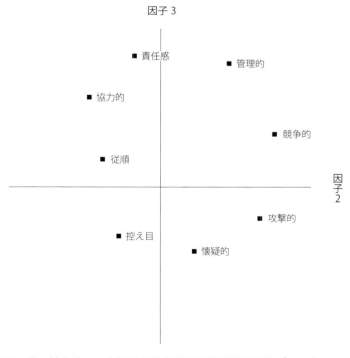

図 5 − 3　対人チェックリスト改良版の下位尺度の因子プロット

第1部　パーソナリティとの関連からみた円環

　図5-2と比べ，図5-3の分布の方が理想的な円環に近い。下位尺度が円の対極に分かれて2つのクラスターを形成する様子はもはや観察されない。このことから，ICLマニュアルに基づいて分析を行った際に下位尺度が2つのクラスターに分かれて大きく離れていたのは，Stern（1970）が指摘したような項目サンプリングのせいではないことが分かる。むしろ，問題はICL作成者たちが円の8区画に項目を分類したその方法にある。彼らは参加者が各区画の項目それぞれに対して特定の是認率を示すであろうと理論的に予測して，項目を分類したのである。

　それに対して，データに基づいて尺度を構成すると，下位尺度間の間隔はより均等になった。協力的と責任感の間隔は図5-2では5度程度しか離れていなかったが，図5-3では28度離れており，望ましい配置に近づいている。項目同士の間隔は45度離れているのが理想的だが，図5-2では各項目の配置は平均23度ずれている。一方，図5-3ではそのずれは平均13度であった。このような配置の修正がなされたのは，ICLで仮定された項目の配置を，因子分析の結果に従って修正したせいである。この結果から，ButtとFiske（1968）が分析の中で述べた考えが支持されたといえる。つまり，テストを構成する際には，下位尺度同士の関係を検討するよりも項目同士の関係を検討した方が有用で，得られる情報量も多いのである。

　Wiggins（1979）もまた対人形容詞尺度（Interpersonal Adjective Scales: IAS）を構成する際に同様の結論に達した。彼は当初，ICLの作成手順を繰り返そうと試みたが，「特性形容詞を並べたLearyのモデルを部分的には再現することができたが，同時にモデルの欠点もまた再現することになった」（1979, p. 402）。それに対して，研究参加者が自己評定したデータをもとに項目を配置して，異なる4つのサンプルで検証したところ，IASの下位尺度の配置は完全な円環構造に近いことが示された。

対人チェックリスト項目の外的分析

　回答者が自分に当てはまるとした対人チェックリストの項目は円環状に配置される。しかし一般的には，比較的限られた円弧の範囲に収まることが多い。円周統計の手法を使うことで，条件が異なる参加者個人（例えば自己と他者，夫と妻，自己と理想的自己，治療前と治療後，患者とセラピスト）から得られた，項目に対する是認パターンの類似および相違を評価することができる。さらに，円環状の分布をモーメント（例えば円環平均，円環分散，歪み）として比較することが可能である。あるサンプルを構成するメンバー全員の平均を三角関数を利用して計算すれば，やはり円環状の分布を得ることができる。そのため円周モデルの統計手法を用いて，さまざまなサンプル（例えば男性と女性，ヒステリー患者と強迫神経症患者，外向的な人と内向的な人）の平均的な分布（モーメント）同士を比較することが可能である。

　McCormick（1976）が行った研究から1人の参加者の回答を取り上げ，円周統計の手法で分析した結果を表5-1に示した。項目への回答は分割し直した8つグループにまとめた上で統計処理を行った。fの列に書かれているのはこの参加者の度数分布である。分布に関する統計量は表の下に記した。この参加者が是認した項目は円の270度以上の範囲にわたっているが，その87％は8つのオクタントのうちの3つ，つまり135度の範囲に分布している。その分布は支配性

第5章　項目分析の利点：因子同士の横の関係性の活用

表5-1　円形線形の度数分布から計算した平均角，標準偏差，95%信頼区間

区間	sin	cos	f	$sin \times f$	$cos \times f$
管理的（PA）	1.000	0.000	13	13.000	0.000
競争的（BC）	0.707	−0.707	1	0.707	−0.707
攻撃的（DE）	0.000	−1.000	0	0.000	0.000
懐疑的（FG）	−0.707	−0.707	0	0.000	0.000
控え目（HI）	−1.000	0.000	1	−1.000	0.000
従順（JK）	−0.707	0.707	6	−4.242	4.242
協力的（LM）	0.000	1.000	26	0.000	26.000
責任感（NO）	0.707	0.707	16	11.312	11.312
合計			63	19.777	40.847

注：k は Batschelet (1981)，Fisher (1993)，Mardia (1972) の表を参照
N = "f" 列の値の合計 = 63
Σsin = "$sin \times f$" 列の値の合計 = 19777　Σcos = "$cos \times f$" 列の値の合計 = 40847
R = ベクトル長 = $[(\Sigma sin)^2 + (\Sigma cos)^2]^5$ = 45383
r = 平均ベクトル長 = R / N = 720
ラジアンの標準偏差 = $[2 (1 - r)]^5 = [2 (1 - 720)]^5$ = 748　角度の標準偏差 = 748 (180°/π) = 42.9°
標準誤差 = $[1 96 / (R \times k^5)] \times (180°/\pi)$ = 11.4°　θ = 平均角 = arctan ($\Sigma sin / \Sigma cos$) = 25.8°
95% 信頼区間 = 25.8° ± 11.4° = 14.4°から 37.2°

の側にやや偏っているようである。

　分布の平均角（θ）は約26度で，自己評定によればこの参加者は責任感のある人物に分類される。ベクトル長（R）は統計的推測を行う際に最もよく使われる指標である。平均ベクトル長（r）と分布の平均角（θ）は母数の最尤推定量である。分布の標準偏差はラジアンや角度を用いて算出可能であるが，ほとんどの人にとっては角度で表現した方が分かりやすいであろう。回答者の度数分布の標準偏差は，この参加者のように43度程度もしくは概ね1つのオクタントに収まるのが一般的である。

　平均角の95%信頼区間は，ベクトル長と平均ベクトル長のどちらを使っても計算することができる。計算には K 値が必要で，これはフォン・ミーゼス分布のパラメータである。フォン・ミーゼス分布は円周上の正規分布と呼ばれる。K 値は平均ベクトル長（r）と K 値の関係を記した表から簡単に求められる。この参加者の平均角の95%信頼区間は±11.4度である。それゆえ平均角は14度から37度の範囲にあると推測できる。

　研究参加者のサンプルから一部を取り出して平均を計算しても，その分布は円環を呈する。その分布の円環への適合度を検証するためにはコルモゴロフ＝スミルノフ検定に相当する統計手法を使うことができる。あるいは三角モーメントを計算して統計的に評価することも可能である。表5-2には McCormick (1976) のサンプルから計算した男性と女性の平均の分布および両者を合わせた平均の分布を記した。特定の個人が是認した項目の分布を検討したときに比べ（表5-1），分布の偏りがより明瞭である。男性では最頻値は管理的カテゴリーであり，責任感のカテゴリーがそれに続いている。女性の場合，度数が最も高いのは責任感のカテゴリーで，次が管理的カテゴリーである。

　円形線形標準偏差は個人の是認率の分布に比べ，2分の1から3分の1になるのが一般的である。たいていの場合そうであるように，平均の方が個人の観測値に比べ変動が少ない。男性と女

第1部　パーソナリティとの関連からみた円環

表5-2　763人の参加者の配置（平均角）を区間に分けた際の度数分布

区間	男性	女性	合計
管理的（PA）	128	133	261
競争的（BC）	9	8	17
攻撃的（DE）	5	2	7
懐疑的（FG）	6	4	10
控え目（HI）	1	9	10
従順（JK）	4	24	28
協力的（LM）	13	50	63
責任感（NO）	84	283	367
N	250	513	763
R	195.0	402.4	587.9
r	.78	.78	.77
標準偏差	37.1°	38.0°	38.9°
k	2.6	2.6	2.5
θ	72.2°	50.4°	57.5°
標準誤差	±4.9°	±3.4°	±3.2°

性の平均の違いは約19度である。これは2つの信頼区間を比較すれば分かるが，統計学的に有意な差である。実際に2標本検定（Watson & Williams, 1956）を行うと，0.1％水準で有意である。

対人チェックリスト項目の内的分析

　円環を構成する項目群を外的分析を使って選び出す場合，項目の曖昧さに関する情報が得られないために意味が明瞭な項目を選び出すことができないという問題が生じる。意味が明瞭な項目を選び出すためには内的分析を行う必要がある。内的分析であれば項目同士の意味の類似度を測定することができる。Schlosberg（1941）とWoodworthとSchlosberg（1954）が用いた方法は，パーソナリティ項目群から円環状に並ぶ項目を選び出す上で，おそらく最も適当な方法の1つである。それは循環度数分布を作成する方法で，各項目の意味を人々が平均的にはどのように捉え，またその捉え方がどの程度ばらつくかを推定することができる。McCormickとKavanagh（1981）はこの手法を用いてICLの項目を評価している。

　その手順は簡単である。まずICLの区分の中から中強度のカテゴリーに振られた名称を選んで，8つの容器にラベルとして貼り付けた。協力的，責任感，管理的，競争的，攻撃的，懐疑的，控え目，従順の8つである。次いで容器をランダムに並べ，104人の大学生に指示して，ICLの128項目（こちらも参加者ごとにランダムに並べ替えた）を意味が最も似ていると思われるラベルが貼られた容器に分類させた。ICLで仮定された順番（Leary, 1956）に容器を並べ替えた際には，項目の度数分布が単峰性を示すと考えられた。また度数分布の高い順に容器を並べ替えれば，Guttman（1954）が示した円周行列様のパターンを示すと考えられた。しかし上記の手順では度数分布を求めるに際して何の制約も課していないため，度数分布が線形となるか円形線形となるか，また単峰性となるか双峰性となるかは，いずれもあり得る状態である。

第5章　項目分析の利点：因子同士の横の関係性の活用

表5-3　8項目の度数分布，平均角と標準偏差

項目番号

区間	3	72	43	112	50	54	27	63
管理的（PA）	77	22	1	1	0	8	5	22
競争的（BC）	2	41	6	7	1	1	2	0
攻撃的（DE）	1	20	57	17	6	0	0	0
懐疑的（FG）	0	15	25	73	11	0	0	0
控え目（HI）	0	3	9	6	55	5	8	12
従順（JK）	2	0	1	0	29	34	17	10
協力的（LM）	0	2	5	0	2	34	47	11
責任感（NO）	22	1	0	0	0	19	29	49
r	.90	.66	.74	.86	.80	.68	.75	.62
θ	81°	146°	197°	215°	276°	354°	5°	35°
標準偏差	25°	47°	41°	30°	36°	46°	41°	50°

注：$N = 104$
項目　　3：命令することができる
　　　 72：抜け目なく，計算高い
　　　 43：苛立った
　　　112：誰のことも信用しない
　　　 50：自信がない
　　　 54：権威に対して頭が上がらない
　　　 27：友好的
　　　 63：面倒見がよい

　表5-3に示したのがICL128項目から選んだ8項目の度数分布である。8つの区間から1つずつ選んである。他の項目の分布も概ね似た傾向を示した。度数を示す行列をみると，円周構造の特徴を示していることが分かる。例えば，対角要素から右上もしくは左上に進むつれ，度数は初め減少し，次いで増加するパターンを示す。生データを用いるよりもむしろ度数の割合を行列で示すことで，円環と関連した典型的な相関パターンを示す相関行列に似た行列を構成することができる。

　この8つの項目が示す配列の線形平均と標準偏差は，表5-1に示した方法と同様の手順で計算することができる。まず任意の項目区間を0度に設定する。ICLと比較しやすいように，協力的を表す区間を0度とした。度数分布の下に記されているのが線形平均（θ）である。線形平均をみると項目は円の全周にわたって配置されており，その並びはICLが想定した順番になっている。外的分析でも明らかになったように，128項目は円の全周にわたって分布し，かつ8つの区間ごとに比較的固まる様子がみられた。先の分析と同様，項目内容を検討すると近接に配置された項目同士は意味が似ていることが分かる。

　項目の類似度をもとに決定した項目の配置と，初期のICLマニュアル（Leary, 1957）に示された配置とを比較してみよう。参加者が項目の意味を考えて分類した場合，項目の約3分の1はまったく異なる場所に配置された（表5-3にある項目についていえば，最頻値を示したカテゴリーはマニュアル通りであった。しかし，そうはならない項目もあった）。これは因子分析の結果と同様であった。そこで，上記の手続きで得られた項目配置をもとに新しく下位尺度を構成し直した。その下位尺度で自己評定を行ったサンプルのデータを分析したところ，因子分析をもとに構成された下

第1部　パーソナリティとの関連からみた円環

位尺度を用いて分析した際の結果とほぼ同様の結果が得られた。特に下位尺度の位置をプロットすると，図5-3とほぼ同じといってよい配置になった。下位尺度同士の間隔は理想的には45度であるが，ICL原版ではそこから平均23度ずれていたのに対し，外的分析を行って再構成した場合にはそのずれが13度になり，内的分析を行った今回はそのずれはわずかに8度であった。異なる2種類の分析手法で同一の知見が得られたことから，以下のことが支持されたといえる。つまりICL原版を分析した際に大きなギャップ（図5-2）が生じた原因は，項目の選択にあったのではなく，項目をどの下位尺度に分類するかという配置の問題にあったのである。今回それぞれ異なる研究参加者を対象に外的分析と内的分析をした結果が一致したことから，自己評定を行った参加者の項目解釈と，類似度評価課題参加者が下した項目の解釈との間に違いはなかったと考えられる。

　類似度評価の分布をみることで，項目の解釈に対する個人差も明らかにすることができる。例えば，項目3（「命令することができる」）に対しては，104人中77人（74%）の参加者が，意味が最も近いのは管理的だと考え，22人（21%）はその隣の区間（責任感）だと考えた。つまり，こうした分析をすることで，互いに関連するが明確に区別される2つの概念のどちらの意味に項目を解釈するか，という個人差を明らかにすることができる。項目3の意味を競争的，攻撃的に最も近いと考えた3人の参加者は，項目を比較的特異な意味に捉えているようである。とはいえ，いずれの区間も責任感とは反対側であるが，管理的の隣に位置している。

　項目3については，他の参加者とはまったく異なる解釈をした参加者が2人いる。2人は項目3の意味が最も近いのは従順のカテゴリーだと解釈したが，これは円の対極に位置する。「命令することができる」という項目をどう解釈すれば従順に最も近いと捉えられるのか理解に苦しむが，もしかすると2人の参加者は従順という言葉の意味を知らなかったのかもしれないし，適当に分類をして実験を早く終わらせてしまおうと考えたのかもしれない。いずれにせよ，このような参加者の回答は分析の際には除外すべきであろう。

　内的分析を用いてサンプルから極端な回答をする個人を選り分けることができるのと同様，類似度評価を用いることで項目群の中から曖昧な意味を持つ項目を選別することができる。参加者間で項目の解釈が一致する度合いの指標としては，項目分布の標準偏差を活用することができる。意味が曖昧な項目の場合，標準偏差は大きくなり，意味が明瞭な項目の場合，標準偏差は小さくなる。8項目の標準偏差を表5-3の一番下の行に示した。標準偏差は26度から50度の範囲にわたっており，参加者同士が項目の意味を同じように解釈していることが分かる。

　表5-4にはICL128項目すべての平均ベクトル長（r）の度数分布を示した。平均ベクトル長（の円環標準偏差）を角度に変換した数値も記してある。表をみると項目の63%でrが0.70以上である（円環標準偏差では44度以下に相当）。円周統計の書籍によれば，ひとまとまりとみなすに足る分布具合である。テスト構成の際に少なくとも2，3項目を各区間に割り振り，それらの項目の三角和をもって各区間の代表値とすることを考えれば，標準偏差が52度（$r=0.50$）程度の項目まで含めてもよいであろう。この基準に基づけば，ICL項目の93%がパーソナリティ尺度の項目として使用に耐えると考えられる。

　rが0.45未満の場合（標準偏差では60度以上に相当），分布が広範すぎて統計的推論の材料とし

第5章　項目分析の利点：因子同士の横の関係性の活用

表5−4　類似度評価の結果から計算した対人チェックリスト128項目の平均ベクトル長の度数分布

区間		度数	相対度数	累積度数
長さ	角度			
.90−.99	8°−26°	15	12	12
.80−.89	27°−36°	27	21	33
.70−.79	37°−44°	39	30	63
.60−.69	45°−52°	23	18	81
.50−.59	52°−57°	15	12	93
.40−.49	58°−62°	7	5	98
.30−.39	63°−67°	1	1	99
.20−.29	68°−72°	1	1	100
.10−.19	73°−76°	0	0	100
.00−.09	77°−81°	0	0	100
合計		128		

表5−5　標準偏差の大きい対人チェックリスト7項目の度数分布

区間	項目番号						
	74	8	15	96	13	17	20
管理的（PA）	5	9	4	19	8	3	12
競争的（BC）	56	28	4	1	3	4	31
攻撃的（DE）	3	23	14	3	14	20	5
懐疑的（FG）	3	23	56	5	5	2	1
控え目（HI）	27	3	0	26	5	18	13
従順（JK）	3	8	2	14	3	0	0
協力的（LM）	1	7	5	12	23	4	7
責任感（NO）	6	3	19	24	43	53	35
r	.40	.43	.40	.31	.45	.28	.43
θ	155°	172°	210°	355°	40°	54°	85°
標準偏差	63°	61°	63°	67°	60°	69°	61°

注：$N = 104$
項目　74：利己的
　　　　8：人に冷淡にもなれる
　　　15：人を信じない
　　　96：お節介
　　　13：必要とあらば文句を言うことができる
　　　17：自分を批判的に振り返ることができる
　　　70：高慢で，自己満足傾向がある

ては使いにくい（N. Fisher, 1993）。そのような大きな標準偏差を示したICLの項目は約7％であった。これらは意味が曖昧にすぎるので，質問項目として使った場合には解釈の誤りを招く可能性がある。大きな標準偏差を示した7つの項目の分布と円周統計を表5−5に示した。一番下の行をみると標準偏差は60度から69度の範囲（$r = 0.28$ から 0.45）にわたっている。度数分布は対極に位置する2か所に大きな山を作るか，あるいは隣り合った数か所に集中しており，それ以外の箇所にも回答が分布している。

　意味が曖昧な項目の例として項目74（利己的）をみてみよう。ICLの作成者はこの項目を攻撃

的な区間に分類した。しかし類似度評価で分類されたカテゴリーは競争的であり，この区間に分類した参加者は54％にのぼる。一方で26％の参加者が控え目を表す区間に分類している。控え目の区間は競争的カテゴリーの対極にあり，攻撃的カテゴリーからは2つ離れている。さらに残りの20％の参加者の回答は他の6つの区間に散らばっている。まるで多くの参加者が控え目や利己的の意味が分からなかったかのようである。しかし項目50（自信がない）のように，53％の参加者が控え目に分類し，38％の参加者がその両隣のカテゴリー（従順，懐疑的）に分類するといった適切な分布をみせる項目もある。それゆえ区間の名称ではなく，項目そのものが曖昧さを含んでいると考えるべきであろう。

外的分析と内的分析の結果の比較

Pearson の相関係数は一般線形モデルに基づいており，円状に分布する変数に対して使うことはできない。Pearson の相関係数に相当する円周モデルの指標が N. Fisher（1993）によって考案されているので，そちらを使うとよい。この指標を利用して，因子分析から導かれた128項目の配置と，類似度評価の結果得られた配置とがどの程度一致するかを調べると，係数は.74であった。さらに意味の曖昧な9項目を除外して分析したところ，係数は.87に上昇した。異なる参加者がそれぞれ外的分析と内的分析の対象となったこと，および項目の意味が明確になるよう書き換える努力を一切払っていないことを考えれば，非常に高い値といえる。

多くの項目が本質的に曖昧さを含んでいることは広く知られている（例えば Comrey, 1962）。しかし，ICL 項目の分析を通してこれまでみてきたことが他のパーソナリティ尺度の項目でも当てはまるのであれば，項目の持つ2次元的特徴を考慮に入れる必要はあるものの，項目の信頼性は思ったほど悪くはないのかもしれない。McCormick と Kavanagh（1981）は容器を用いた実験とは異なるサンプル（$N=142$）に対し，別の方法を用いて ICL 項目の評価を行っている。ICL は項目を円環状に並べる際の基軸として，2つの対極性の次元（愛―憎しみ，支配―従順）を仮定している（Freedman et al., 1951）。2人はこの2つの対極性次元を尺度として利用し，9件法（中立的・軽度・適度・強い・極めて強い）を用いた調査を行った。参加者は各項目が2つの対極性次元に属する用語とどの程度似ているか評定を行った。参加者は各項目に対して各次元との評定を1回ずつ，計2回の評定を行った。参加者への項目の提示はランダムな順序で行われた。

回答の平均を求めて，2つの次元で構成される平面上に座標として布置した。2つの次元は直交が仮定されており，142程度のサンプルサイズでも2つの次元の相関はわずかに -0.09 と，ほぼ0に近かった。座標を利用して，2次元平面上での角位置を求めたところ，類似度評価を行って計算した項目の角度との相関は，128項目全体では0.79で，意味の不明瞭な9項目を除外した場合には0.84に上昇した。異なる3つのサンプルを3種類の方法で分析した結果から，項目が円環状に並ぶのはまず確かなように思われる。

結　論

　本章では，パーソナリティ構造を分析するために一般的に用いられる2つの方法を比較した。縦方向（階層的）に捉える方法と横方向に捉える方法である。本章では後者の利点を論じた。この議論はパーソナリティ特性が本質的に多元的側面を持つとの仮定に基づく。それゆえ各側面を個別に分析するよりも，2つ以上の側面を同時に分析した方が，多くの知見を引き出すことができるのである。2つの特性を同時に分析する場合，2つを単位円上にプロットする方法は，両者を識別するためのよい方法である。このような考えのもとに，Guttman（1954）が提唱した主要な概念のいくつか——simplex, circumplex, radex 構造——が，Stevens（1951）が区別したprothetic と metathetic の概念と統合可能であることを示した。これらの概念は，近年の円周統計学の発展とともに，古典的テスト理論を拡張した円周モデルに基づく手法が心理測定に取り入れられるための基礎となった。

　対人チェックリスト（ICL）の下位尺度や項目を分析するために本章で用いた考え方や手法は，円環構造に合わせて考案された分析手段としてはおそらく最も幅広く研究が行われてきたものである。本章では，下位尺度を分析対象として扱った際にみられた不規則な並びが，項目を分析対象として扱うことで解決された例をみてきた。そして分析の際に一般的に用いられる2つの手法を比較した。外的分析の例としては，763人の成人参加者が自己評定したデータを分析して，ICL128 項目が円環状に並ぶかどうかを検討した。データに基づいて ICL の下位尺度を新たに構成し直したところ，原版で想定されている下位尺度よりもはるかに円環に近い構造となった。外的分析との比較として2種類の内的分析も行った。それは，（a）語彙分類課題と，（b）円環構造を既定すると考えられる2つの対極性次元それぞれとの類似度評定課題であった。これらの分析を通して得られた最も特筆すべき知見は，3種類の分析のいずれからも非常に似た項目の配置が得られたことであった。

　本章でみてきたことから多くの重要な示唆を得ることができる。外的分析と内的分析のいずれの手法によってもほぼ同様の結果を得ることができるが，参加者に大きな負担を強いることになる内的分析によってのみ，各参加者が下す判断が適切かどうかを明らかにすることができ（それゆえ大きく偏った実験参加者を除外する目安となる），かつ解釈が比較的曖昧になりがちな項目はどれかを知ることができる（それゆえ意味が曖昧な項目をテスト構成から除外することができる）。では内的分析で得られるデータの豊富さは，参加者に強いる時間と労力に見合うだけの価値があるのだろうか。どのように費用対効果を見積もるかは研究計画によって異なるだろう。理想をいえば，将来両方の手法を用いた研究が行われて，得られた知見同士を比較できることが望ましい（例えばPeabody & Goldberg, 1989）。

文　献

Batschelet, E. (1981). *Circular statistics in biology*. New York: Academic Press.

Briggs, S. R., & Cheek, J. M. (1986). The role of factor analysis in the development and evaluation of personality scales. *Journal of Personality, 54*, 106-148.

Butt, D. S., & Fiske, D. W. (1968). Comparison of strategies in developing scales for dominance. *Psychological Bulletin, 70*, 505-519.

Cattell, R. B., Saunders, D. R., & Stice, G. (1957). *The Sixteen Personality Factors Questionnaire* (Rev. ed. with 1961 supplement). Champaign, IL: Institute for Personality and Aptitude Testing.

Comrey, A. L. (1962). Factored homogeneous item dimensions: A strategy for personality research. In S. Messick & J. Ross (Eds.), *Measurement in personality and cognition* (pp. 11-26). New York: Wiley.

Conte, H. R., & Plutchik, R. (1981). A circumplex model for interpersonal personality traits. *Journal of Personality and Social Psychology, 40*, 701-711.

Davis, P. J. (1979). *Circulant matrices*. New York: Wiley.

Deese, J. (1965). *The structure of associations in language and thought*. Baltimore: Johns Hopkins University Press.

Degerman, R. (1972). The geometric representation of some simple structures. In R. N. Shepard, A. K. Romney, & S. B. Nerlove (Eds.), *Multidimensional scaling: Theory and applications in the behavioral sciences* (Vol. 1). New York: Seminar.

Fisher, G. A., Heise, D. R., Bohrnstedt, G. W., & Lucke, J. F. (1985). Evidence for extending the circumplex model of personality trait language to self-reported moods. *Journal of Personality and Social Psychology, 49*, 233-242.

Fisher, N. I. (1993). *Statistical analysis of circular data*. New York: Cambridge University Press.

Fisher, N. I., Lewis, T. I., & Embleton, B. J. J. (1987). *Statistical analysis of spherical data*. New York: Cambridge University Press.

Fisher, R. (1953). Dispersion on a sphere. *Proceedings of the Royal Society of London, Series A, 217*, 295-305.

Freedman, M. B., Leary, T. F., Ossorio, A. G., & Coffey, H. S. (1951). The interpersonal dimension of personality. *Journal of Personality, 20*, 143-161.

Goldberg, L. R. (1963). A model of item ambiguity in personality assessment. *Educational and Psychological Measurement, 23*, 467-492.

Goldberg, L. R. (1993). The structure of personality traits: Vertical and horizontal aspects. In D. C. Funder, R. D. Parke, C. Tomlinson-Keasey, & K. Widaman (Eds.), *Studying lives through time: Personality and development* (pp. 169-188). Washington, DC: American Psychological Association.

Goldberg, L. R., & Digman, J. M. (1994). Revealing structure in the data: Principles of exploratory factor analysis. In S. Strack & M. Lorr (Eds.), *Differentiating normal and abnormal personality* (pp. 216-242). New York: Springer.

Gough, H. G., McClosky, H., & Meehl, P. (1951). A personality scale of dominance. *Journal of Abnormal and Social Psychology, 46*, 360-366.

Guilford, J. P., & Guilford, R. R. (1936). Personality factors S, E, and M, and their measurement. *Journal of Psychology, 2*, 109-127.

Gumbel, E. J., Greenwood, J. A., & Durand, D. (1953). The circular normal distribution: Theory and tables. *Journal of the American Statistical Association, 48*, 131-152.

Gurtman, M. B. (1993). Constructing personality tests to meet a structural criterion: Application of the interpersonal circumplex. *Journal of Personality, 61*, 237-263.

Gurtman, M. B. (1994). The circumplex as a tool for studying normal and abnormal personality: A methodological primer. In S. Strack & M. Lorr (Eds.), *Differentiating normal and abnormal personality* (pp. 243-263). New York: Springer.

Guttman, L. (1954). A new approach to factor analysis: The radex. In P. F. Lazarsfeld (Ed.), *Mathematical thinking in the social sciences* (pp. 258-348). Glencoe, IL: Free Press.

Guttman, L. (1957). Empirical verification of the radex structure of mental abilities and personality traits. *Educational and Psychological Measurement, 17,* 391-407.

Halberg, C. J. A., Jr., & Devlin, J. F. (1967). *Elementary functions.* Atlanta, GA: Scott, Foreman.

Hofstee, W. K. B., de Raad, B., & Goldberg, L. R. (1992). Integration of the Big Five and circumplex approaches to trait structure. *Journal of Personality and Social Psychology, 63,* 146-163.

Krantz, D. H., Luce, R. D., Suppes, P., & Tversky, A. (1971). *Foundations of measurement Vol. I Additive and polynomial representations.* San Diego, CA: Academic Press.

LaForge, R., Leary, T. F., Naboisek, H., Coffey, H. S., & Freedman, M. B. (1954). The interpersonal dimension of personality: II. An objective study of repression. *Journal of Personality, 23,* 129-153.

LaForge, R., & Suczek, R. F. (1955). The interpersonal dimension of personality: III. An Interpersonal Check List. *Journal of Personality, 24,* 94-112.

Leary, T. (1956). *Multilevel measurement of interpersonal behavior.* Berkeley, CA: Psychological Consultation Service.

Leary, T. (1957). *Interpersonal diagnosis of personality A functional theory and methodology for personality evaluation.* New York: Ronald Press.

Levitin, D. J. (1994). Absolute memory for musical pitch: Evidence from the production of learned memories. *Perception and Psychophysics, 56,* 414-423.

Lorr, M., & McNair, D. M. (1963). An interpersonal behavior circle. *Journal of Abnormal and Social Psychology, 67,* 68-75.

Mardia, K. V. (1972). *Statistics of directional data.* New York: Academic Press.

McCormick, C. C. (1976). [Item factor analysis of the Interpersonal Checklist]. Unpublished raw data.

McCormick, C. C., & Kavanagh, J. A. (1981). Scaling Interpersonal Checklist items to a circular model. *Applied Psychological Measurement, 5,* 421-447.

McNemar, Q. (1946). Opinion-attitude methodology. *Psychological Bulletin, 43,* 289-374.

Miller, G. A. (1969). A psychological method to investigate verbal concepts. *Journal of Mathematical Psychology, 6,* 169- 191.

Mosier, C. L. (1937). A factor analysis of certain neurotic symptoms. *Psychometrika, 2,* 263-286.

Paddock, J. R., & Nowicki, S., Jr. (1986). An examination of the Leary circumplex through the Interpersonal Check List. *Journal of Research in Personality, 20,* 107-144.

Peabody, D., & Goldberg, L. R. (1989). Some determinants of factor structures from personality-trait descriptors. *Journal of Personality and Social Psychology, 57,* 552-567.

Plutchik, R. (1980). *Emotion: A psychoevolutionary synthesis.* New York: Harper & Row.

Rinn, J. L. (1965). Structure of phenomenal domains. *Psychological Review, 72,* 445-466.

Ross, R. T. (1938). A statistic for circular scales. *Journal of Educational Psychology, 29,* 384-389.

Rounds, J., & Tracey, T. J. (1993). Prediger's dimensional representation of Holland's RIASEC circumplex. *Journal of Applied Psychology, 78,* 875-890.

Russell, J. A. (1980). A circumplex model of affect. *Journal of Personality and Social Psychology, 39,* 1161-1178.

Schiffman, S. S., Reynolds, M. L., & Young, F. W. (1981). *Introduction to multidimensional scaling.* New York: Academic Press.

Schlosberg, H. (1941). A scale for the judgment of facial expressions. *Journal of Experimental Psychology, 29,* 497-510.

Schlosberg, H. (1952). The description of facial expressions in terms of two dimensions. *Journal of Experimental Psychology, 41,* 229-237.

Shepard, R. N. (1978). The circumplex and related topological manifolds in the study of perception. In S. Shye (Ed.), *Theory construction and data analysis in the behavioral sciences* (pp. 29-80). San Francisco: Jossey-Bass.

Stern, G. G. (1970). *People in context.* New York: Wiley.

Stevens, S. S. (1951). Mathematics, measurement, and psycho-physics. In S. S. Stevens (Ed.), *Handbook of experimental psychology* (pp. 1-49). New York: Wiley.

Stevens, S. S. (1975). *Psychophysics*. New York: Wiley.

Thurstone, L. L. (1947). *Multiple factor analysis*. Chicago: University of Chicago Press.

Torgerson, W. S. (1986). Scaling and psychometrika: Spatial and alternative representations of similarity data. *Psychometrika, 51*, 57-63.

Upton, G. J. G., & Fingleton, B. (1989). *Spatial data analysis by example: Categorical and directional data* (Vol. 2). New York: Wiley.

Watson, G. S. (1983). *Statistics on spheres*. New York: Wiley.

Watson, G. S., & Williams, E. J. (1956). On the construction of significance tests on the circle and the sphere. *Biometrika, 43*, 344-352.

Wherry, R. J., Sr. (1984). *Contributions to correlational analysis*. Orlando, FL: Academic Press.

Wiggins, J. S. (1973). *Personality and prediction: Principles of personality assessment*. Reading, MA: Addison-Wesley.

Wiggins, J. S. (1979). A psychological taxonomy of trait-descriptive terms: The interpersonal domain. *Journal of Personality and Social Psychology, 37*, 395-412.

Wiggins, J. S., Trapnell, P., & Phillips, N. (1988). Psychometric and geometric characteristics of the Revised Interpersonal Adjective Scales (IAS-R). *Multivariate Behavioral Research, 23*, 517-530.

Woodworth, R. S., & Schlosberg, H. (1954). *Experimental psychology* (Rev. ed.). New York: Henry Holt.

Zar, J. H. (1974). *Biostatistical analysis*. Englewood Cliffs, NJ: Prentice-Hall.

第6章

家族関係と子どもの行動を表現した球体モデルと因子モデルの統合

Earl S. Schaefer

　本章を読んだ学生諸君や研究者諸氏が，比較的簡単な方法を計画的に用いることで心理学領域の分析・統合に実質的貢献を行うことができると感じてくれれば，本章の目的は達成されたことになる。心理学的概念を簡潔なモデルで表現するためには，分析と推論，弁別と統合を繰り返し行わなければならない。詳細な分析と統合的推論は個別に取り組まれることが多いが，妥当なパーソナリティモデルの構築にはその両方が必要である。種々の推論や概念モデルを統合するには，議論すべき重要な領域の定義を行い，概念を展開する上での基盤を明確にしなくてはならない。Thurstone（1947）のドメイン（domain）に関する議論と Guttman（1954）のユニバース（universe）に関する議論とは，ともに概念を統合する原理に関するものであった。ドメインという概念が主眼を置いているのは，例えば社会的行動，感情の動き，対人行動などの限定された特定の領域である。それに対してユニバースという概念は，パーソナリティや適応行動といった，より広範な領域に主眼を置いている。2次元からなる円環モデルが発見されたのは，社会的行動や感情領域の分析からであった。さらに学力を一緒に分析したところ，パーソナリティ研究をも統合した立体的な3次元モデルが構成されたのである。

概念化，測定，統合のための方法論

概念化と測定の過程

　特定の領域を定義するには対象となる概念を選び，そこに含まれるべき行動を決定しなくてはならない。Schaefer, Bell と Bayley（1959）は母親の特徴と子どもに対する母性行動を測定するための尺度を開発した。母性行動モデルを構成した際（Schaefer, 1959）に対象となったのは，自分の子どもに対して母親がとる行動であった。子どもの行動を表現した円環モデルを開発した際に対象となったのは，当初は社会的行動や感情，対人行動だけ（Schaefer, 1961）であった。対象を子どもの学力まで広げて，子どもがクラス内でみせる行動をも包括して概念化を図ったところ，適応行動を表す立体モデルが見出された。

指導を賜った Maurice Lorr 教授に多大なる感謝の意を表する。因子分析と円環に関する Guttman の論文は Lorr 教授にご教示いただいた。また概念化や測定にともにあたってくれた以下の共同研究者の方々に感謝申し上げる。アメリカ国立精神衛生研究所の Richard Q. Bell, Leo Droppelman, May Aaronson。オランダグローニンゲン大学の Alex Kalverboer，ノースカロライナ大学の Marianna Edgerton と Charles K. Burnett。

第1部　パーソナリティとの関連からみた円環

　特徴的な行動や典型的と思われる行動を集めて同質性を持つ尺度を構成することで，調査に耐え得る心理尺度が開発できる。測定すべき特性は当該領域の先行研究から判断してもよいし，専門家の判断を仰いでもよい。領域に関連した，観察可能な行動を集め，類似した行動や互いに関連する行動をまとめることで，特性を測定するための尺度が構成される。また特徴的な行動を複数書き出す方法をとってもよい（Furfey, 1926）。筆者が同僚とさまざまな領域を研究した際には，64 の特性を測定するために 20 の尺度を開発した。各尺度は特性特有な行動を記した 5 項目から 10 項目で構成された。内的一貫性を確保するためには，一般的には他者評定尺度（5 項目以上）よりも自己評定尺度（10 項目以上）の方が多くの項目を必要とする。概念に沿ってまとめられた尺度の信頼性が高いほど，全体の配置や因子構造内で占める尺度の位置が安定する。

　項目は観察可能な行動を短く，簡潔に記したものでなければならない。そしてまた，研究対象となる参加者の回答が十分な分布と変動をみせる項目でなければならない。尺度に含まれる項目は互いに関連した，あるいは類似した行動を表現していなければならず，それらには実質的な相関がなければならない。特定の研究対象に対する尺度の信頼性を左右するのは，項目の数や相関，および対象となったサンプル内における特性のばらつきなどである。病的行動を記した項目を一般の人々に適用した場合，分布が偏り，得点のばらつきが乏しくなり，尺度の信頼性は低くなりがちで，正常範囲の行動を測定する尺度としては十分とはいえない。

　特定領域の概念の創出や，尺度の開発は 1 人で行うこともできるだろうが，筆者の経験では共同研究やチームで行う研究もまた生産的で刺激的である。領域を定義し，その領域に関連する特性を選び出し，特性を定義し得る行動を選択・記述する際に研究者同士で確認しながら研究を進めることで，スムーズな概念の創出や，信頼性のある尺度開発が可能となる。組織的に概念創出と尺度開発に取り組むことが，その後の概念モデルの開発につながるのである。項目として取り上げるべき行動や尺度を組織的に作り出すことができないままに構成された概念モデルは，不完全で不明確なものになりがちである。

尺度相関をもとに概念モデルを作り上げる方法

　項目を記述し，まとめて尺度化した後は，一般的には尺度同士の相関をもとに因子分析が行われる。Thurstone（1947）は 2 因子，3 因子に対する因子負荷をプロットして尺度を配置することで，尺度同士の類似関係を明らかにした。Thurstone（1947）が因子負荷をプロットして尺度の配置を行った目的は，因子を回転して単純構造を得ることにあった。つまり解釈可能な因子の抽出を目指したのである。それに対して Guttman（1954）が radex モデルで重視したのは，相関係数が変数間の共通した分散を示すことを利用して，変数間の近接関係を明らかにすることであった。Thurstone が比較的独立した次元を特定することを重視したのに対し，Guttman は尺度同士の近接関係や配置を重視したのである。

　尺度同士の近接関係を明らかにするには，相関行列で最も高い相関をみせる尺度同士をそれぞれ隣り合わせに配置していけばよい。たいてい A, B, C, D といった順番に並び，尺度同士の相関が順々に変化していく。

　互いに無相関か相関の小さな 2 つの尺度を選んで，他の尺度との相関をプロットする方法を使

えば，相関行列から円環配列を作り出すことができる。これは2次元の因子分析をして因子負荷をプロットする方法に似ている。因子分析を用いた方がより正確ではあるが，比較的無相関な2つの尺度との相関を利用する方法でも因子分析の結果に似た近接関係を作り出すことが可能である。近接関係に従って相関行列を並び替えると，一般に相関係数の並びは規則的なパターンを示す。

　多次元尺度構成法（Multidimensional scaling analysis）（Kruskal & Wish, 1977; Shepard, Romney, & Nerlove, 1972）は概念領域を示す空間内に変数を位置づける最短の方法である。両極性を持つ3つの次元を2次元上に投影するには，負の尺度の符号を逆転させる必要がある。例えば愛他主義と敵意の間に高い負の相関がみられる場合，負の尺度を逆転させることで愛他主義と敵意の低さとの類似や関連が分かりやすくなり，2つが同じ区域に配置される。多次元尺度構成法で3次元空間を分析する場合，負の尺度を逆転させることで2次元平面上への布置が可能となる。尺度間の関係を空間内にプロットすることで，概念間の関係を，言葉や相関係数，因子負荷量で示すよりも効率的に表現することができる。

　ある領域について概念化を行い，測定して，それらを統合する過程は，関連する行動の分析に始まり，特性，次元，次元配列の分析へと進む階層的な分析を必要とする。観察可能な行動を抽象化して言語で表現し，計量可能な尺度の形に整え，相関の統計解析を行い，尺度同士の関係を空間的に表現する一連の過程によって，概念領域を簡潔に表現することができる。これらの過程を踏んで作られた概念モデルが土台となって，さらに研究が進められ，研究成果の統合，理論的検討が行われる。領域の特定分野を代表すべく選ばれた重要な概念や尺度は，多くの概念を包括した広範な領域を研究する際に含めるべき重要な変数が何かを教えてくれる。例えば適応行動の領域において，社会的行動や感情の円環配列に知性や動機を測定する尺度を加えて分析を行い，球体モデルが得られたのはその例である。

階層的立体モデルの開発

母性行動の円環モデルと球体モデルの開発

　Schaefer ら（1959）はバークレー発達研究（Berkeley Growth Study）が残した母性行動についての記録を数量化したものをもとに母性行動調査用紙（Maternal Behavior Research Instrument）を作成した。さらに親の態度に関する調査用紙（Parent Attitude Research Instrument）（Schaefer & Bell, 1958）や親の行動研究から得た知見，Bayley（1933）が生後3年以内の乳幼児と一緒にいる母親の母性行動を観察した膨大な記録も参考にして，測定すべき概念や行動を決定した。56人の母親の行動を記した観察記録を読んだ後，32の概念について3人が評定を行った。各概念は特性行動を表現した複数の項目で定義された。評定不可能であった項目や回答にばらつきのなかった項目，信頼性が低かった項目を除外し，項目得点の合計を概念得点とした。概念得点は評定者ごとに算出した。概念得点の評定者間の信頼性係数は 0.89（子どもを無視する）から 0.76（侵入的）の範囲であった。

　子どもに対する母親の行動を表した18の尺度を材料として，母性行動を表す円環モデルの開

第1部　パーソナリティとの関連からみた円環

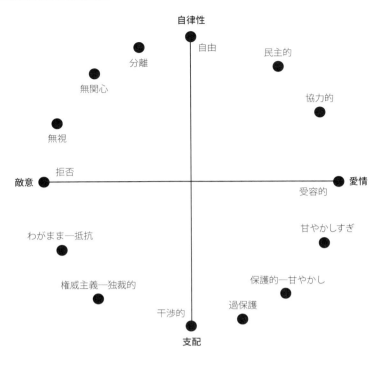

図6-1　母性行動の円環モデル

"A circumplex model for maternal behavior," Earl S. Schaefer, 1959, Journal of Abnormal and Social Psychology, 59, 232. アメリカ心理学会の許可を得て転載

発が行われた。Guttman（1954）のradexモデルに関する研究によれば，相関係数から18尺度間の近接関係が明らかにできると考えられた。自律性尺度，肯定的評価尺度と他の尺度の相関を求めてプロットしたところ，円環状の配列が得られた。因子分析でも2次元上の配列が確認された（Schaefer, 1959）。図6-1に示したのは，円環仮説に従い，母性行動に関する14の概念を経験的に並べたものである。子どもが青年期に入ってから行われた，同じ母親たちに対するインタビューから得られた評定値の円環構造についても検討がなされ，同様の2次元からなる円環配列が確認された。

　その後，Becker（1964）は思いやりと敵意，寛容と厳しさ，穏やかな分離と不安感を伴う関わり合いの3次元からなるモデルを提案した。子どもが親の行動を報告した内容（Schaefer, 1965a）をもとに因子分析を行うと，以下の尺度が2次元上に円環状に配列することが明らかとなった（Schaefer, 1965b）。その並びは社会性・独立的思考の促進から肯定的評価・愛情の表現，過保護・過干渉，侵入的，口やかましい・否定的評価，ネグレクト・無視の順番であった。さらに因子分析によれば3つ目の次元として寛容対厳格な管理の軸が確認され，親の行動を球状のモデルで表現できる可能性が示唆された。

夫婦関係・大人の親子関係の2次元円環モデルの開発

　対人行動が2次元上に円環状に配列される証拠として夫婦関係に関する研究を挙げることがで

きる。お互いのパートナーから自分の行動がどのようにみられていると思うかを回答してもらい，その結果を因子分析したところ（Schaefer & Edgerton, 1979），自律対支配，関与対敵対的分離という2つの主要な因子が抽出された（Schaefer & Burnett, 1987）。別のサンプルに対して，この2次元空間の異なる領域を測定する簡易尺度への回答を求め，因子分析を行うと，肯定的尺度では関与，受容，自律が順番に並び，否定的尺度では敵対的分離から敵対的支配，支配へという並びが明らかとなった。

自律性・関係性尺度（Autonomy and Relatedness Inventory）（Schaefer, Edgerton, & Burnett, 1992）の増補版を因子分析すると2次元の円環構造が見出された。その軸は，(a) 自己開示，愛情，関与対敵対的分離，非関与，(b) 自律性，プライバシーへの配慮対支配，敵対的支配であった。話を聴くと受容はともに自律性対支配，関与対敵対的分離と分散を共有していた。

自分に対する母親の行動を女性に記述してもらった内容からも円環状配列が見出された。大人同士の関係の場合，受容は自律性と関与の両方と関連を持っていた。これは，対人間で愛情を持った関わり合いを求めると同時に個人としての自立を求める性向を反映している。愛情を持った関わり合いを求める乳幼児期と自律性を求める思春期とでは，欲求が異なるのである。乳児期には受容を伴う密接な親子関係が望ましいが，子どもが成長するにつれて親子ともに自律性を重視するに至る。愛情に満ちた受容と敵対的拒絶とは人生を通じた主要な対人関係次元である。

子どもの行動を表す円環モデル

母性行動が2次元の円環モデルで表現されたことに刺激を受けて，子どもの社会的行動や情動行動を円環モデルで表現しようとする動きが現れた。13歳の生徒を教師が評定した結果（McDonough, 1929）と保育園に通う園児を評定した結果（Richards & Simons, 1941）を用いて，Schaefer（1961）は2次元からなる円環モデルを構成した。いずれにおいても1つ目の次元として親切―思いやりが，2つ目の次元として群居性―社会性対自意識過剰―社会的懸念が見出された。他の特性は上記の2次元と分散を共有していた。この結果を利用して社会的行動と情動行動を表現した円環モデルが作成された（図6-2）。

パーソナリティ概念を表現した2次元モデルには Allport（1937）の4気質モデルや Leary（1957）の対人円環モデル，Osgood, Suci と Tannenbaum（1957）の人を記述する際の主要2次元モデルなどがあるが，上記のモデルはこれらと似た構造をしている。このことから Schaefer（1961）は，社会的行動や情動行動はどのような方法や概念的枠組みを用いても類似した円環構造で表現されると考えた。Becker と Krug（1964）が子どもの行動に関する数多くの実験をもとに体系化したモデルも円環を構成している。

Schaefer と Leo Droppelman（1962）は，子どもの社会的行動および情動行動を教師が評定するクラス内行動チェックリスト（Classroom Behavior Checklist）を開発した。17の下位尺度からなり，それぞれの下位尺度は5つから9つの行動で構成されている。内的整合性は男子で平均0.86，女子で平均0.77であった。因子負荷量をもとに2次元上にプロットすると円環状の配列が得られた。2つの次元は思いやり対残酷―憤慨と，おしゃべり―群居性対引っ込み思案―自意識を表

第 1 部　パーソナリティとの関連からみた円環

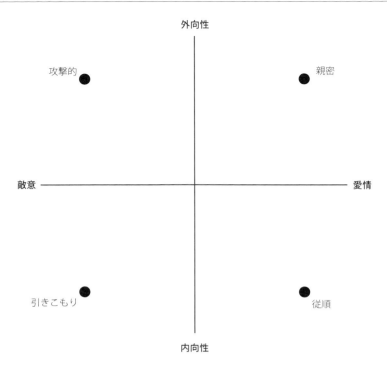

図 6−2　社会的行動と情動行動の円環モデル

"Converging conceptual models for maternal behavior and child behavior," Earl S. Schaefer, 1961. In John C. Glidwell (Ed.), *Parental Attitudes and Child Behavior*, 137. Copyright by Charles C. Thomas, Springfield, IL, 1961. 許可を得て転載

しており，多くの先行研究でみられた円環の枠組みが再確認された。

診断に関わる概念の円環モデル

　Robert Plutchik の提案で，我々は診断に使われる概念と感情および特性との関係を体系的に共同研究することになった。バークレー発達研究（Schaefer & Bayley, 1963）で子どもの行動データを統合する際に特性用語を円環上に整理していたのだが，それらを用いて取り上げる特性概念を決定した。Plutchik（1962）が自身の研究から感情用語を選び出し，診断に関わる用語は共同で選び出した。経験豊富な臨床医複数名に依頼して，選び出した特性と感情が各診断概念の中に含まれる程度を評定してもらった。別々の臨床医のグループから得た回答をもとに，特性と感情ごとの診断概念間の相関，および診断概念ごとの特性と感情の相関を計算して因子分析を行った。すると特性と感情，および診断概念においても 2 次元からなる円環配列が得られた。特性と感情を同時に組み込んだ円環配列は，社会的行動や情動行動を表現した初期の円環モデルを再確認させるものであった。特性との関連をもとに診断概念を 2 次元上に配列したものを図 6−3 に示す。この結果は「感情，特性，診断上の徴候は概念的には明確に区別されるものの，相互に関連する特徴によってより抽象的なレベルで統合されたシステムを形作っているとする仮説」（Schaefer & Plutchik, 1966, p. 409）を支持するものであった。

第6章　家族関係と子どもの行動を表現した球体モデルと因子モデルの統合

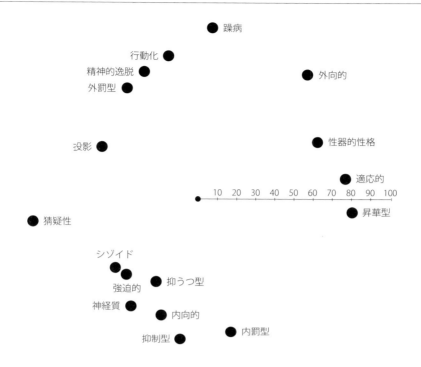

図6-3　診断に関する概念の円環様構造

"Interrelationships of emotions, traits, and diagnostic constructs," Earl S. Schaefer and Robert Plutchik, 1966. *Psychological Reports*, 18, 408. Copyright 1966 by C. H. Ammons and R. B. Ammons, Eds., Pubs. 許可を得て転載

子どもの適応行動の多因子分析

　Schaefer, Droppelman と Kalverboer（1965）はオランダで使用できるようにクラス内行動チェックリストを改訂してクラス内行動尺度（Classroom Behavior Inventory）を開発した。多動や注意散漫を測定できるように尺度が追加された。29の尺度はそれぞれ特徴的な行動を表す5から11の項目で構成された。内的整合性の中央値は0.81、範囲は0.68から0.94であった。得点をもとに因子分析を行って回転を施した結果、敵意と外向性の因子が確認された他に、第Ⅲ因子として過活動性―注意散漫対誠実性が抽出された。直交する3因子空間に尺度を配置したところ球状の配置が得られ、不適応を表す領域では敵意と過活動とが明確に区別された。

　Schaefer, Aaronson と Burgoon（1967）はクラス内行動をより詳細に分析できるように、概念の枠組みを拡張した。それぞれ5項目で構成された64尺度の内的整合性の中央値は0.86、範囲は0.73から0.96であった。153人の生徒から得た回答をもとに因子分析を行ったところ、外向性対内向性、思いやり対敵意、課題集中対注意散漫の3つの主要因子が再び抽出された。外向性因子に含まれる尺度にはおしゃべり、群居性、先生との距離の近さ、陽気さが、内向性因子には抑うつ、社会的引きこもり、従順さ、自意識過剰などが含まれていた。課題集中因子には根気強さや誠実性、注意深さ、集中、几帳面さ、学問への真剣さ、成果志向の尺度が含まれ、注意散漫因子には注意散漫、過活動性、不適切なおしゃべりの尺度が含まれた。敵意因子を特徴づける尺

117

第1部　パーソナリティとの関連からみた円環

度には残酷さ，憤慨，喧嘩っ早さ，苛立ち，敵対的支配性，内心の敵意，猜疑的，議論好きがあり，思いやり因子と対極をなしていた。適応行動よりも不適応行動が強調された結果になったのは，研究の焦点を社会的適応からの病的逸脱に当てたからである。各因子を代表する12の尺度を選んで行ったその後の研究でも，繰り返し外向性，課題集中，敵意の3因子が抽出された。社会的行動と情動行動領域に課題集中対注意散漫で表される行動領域を加えて行った分析の結果によれば，クラス内行動は2次元よりも3次元での表現がふさわしいと考えられた。

　創造性の研究を進めた際には，Marianna Edgertonと共同で好奇心と創造性を測定する尺度の開発を行った。外向性対内向性，思いやり対敵意，課題集中対注意散漫の因子に含まれた項目に加え，好奇心と創造性を測定するための項目を付け加えて因子分析を行ったところ，前述の因子に加え，好奇心―創造性を表す第Ⅳ因子が得られた。知的行動を測定するための概念と項目を探った際には，一般的知能の検査が可能なのであれば，それは観察可能で評定可能であろうという仮説に力を得て研究を行った。研究の目的は知性の構成要素を詳細に測定するための尺度開発ではなく，知性を測定するための簡易的尺度の開発にあった。前述した因子のマーカーとなる項目を含む70項目への回答を分析すると，言語関連の知性を表す因子が得られた。この因子が含む特徴的な項目には語彙や情報，理解，一般化，アイデアの融合などが含まれていた。言語関連知性因子は課題集中因子や好奇心―創造性因子とは明確に区別された。

　これまで述べた外向性対内向性，好奇心―創造性，言語関連知性，課題集中対注意散漫，思いやり対敵意の因子に含まれる項目をまとめて因子分析にかけると，項目はそれぞれ，もともと含まれる因子に対して最大の負荷量を示した。各因子に含まれる尺度ごとに項目負荷量の平均を算出したところ，外向性因子と思いやり因子に含まれる項目は他の因子に対して負荷量をみせなかった。好奇心―創造性から言語関連知性，課題集中へと並ぶ因子同士の近接関係が示され，好奇心―創造性因子に含まれる項目は外向性因子，思いやり因子に対して非常に小さな因子負荷量しか示さなかった。言語関連知性因子に含まれる項目は外向性因子に対しても負荷量があり，課題集中因子に含まれる項目は思いやり因子に対しても負荷量をみせた。項目の相関からは5つの因子の存在が示されたが，因子負荷量の分析からは3次元内での配列が可能なように思われる。

　因子分析の結果をもとに構成した，一般的な適応行動の階層モデルを図6-4に示した。適応行動は，パーソナリティと考えてもよいかもしれないが，社会的適応と学問的能力の2つの領域で構成される。この2つの領域はさらに複数の因子に分かれ，それぞれ因子特異的な行動項目で構成される。つまりパーソナリティや適応行動の包括的モデルを構成するためには，社会心理学や異常心理学の主要な研究対象になっている社会的行動や情動行動だけでなく，別の概念をも含めて研究を行う必要がある（Schaefer, 1981）。

子どもの適応行動を表す球体モデル

　クラス内行動尺度得点をもとに因子分析した結果，思いやり対敵意，外向性対内向性，学問的能力の3因子と他の尺度との近接関係が明らかとなった。学問的能力因子には言語関連知性が含まれるが，この言語関連知性は課題集中因子と好奇心―創造性因子にも負荷していた。課題集中因子と注意散漫因子は思いやり因子とも分散を共有し，好奇心―創造性因子は外向性因子と分散

第6章　家族関係と子どもの行動を表現した球体モデルと因子モデルの統合

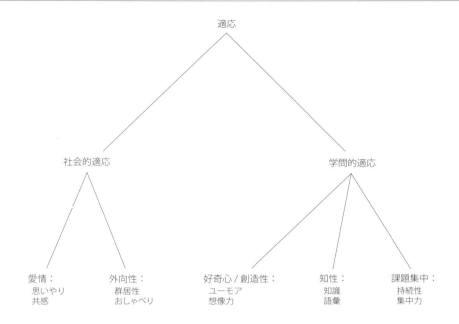

図6-4　適応行動の階層モデル

"Development of adaptive behavior: Conceptual models and family correlates," Earl S. Schaefer, 1981. In N. J. Begab, H. C. Haywood, and H. L. Garber (Eds.), *Psychological influences on retarded development: Volume I. Issues and theories in development* (p.163). Copyright by University Park Press, Baltimore, 1981.

を共有していた。これらの結果をもとに構成した適応行動の球体モデルが図6-5である。外向性，思いやり，知性の尺度が互いに直交する3つの軸を構成し，好奇心―創造性，課題集中尺度が3つの軸と分散を共有している。

　クラス内行動尺度に含まれる尺度同士が持つ近接関係は，幼稚園児を対象とした別のデータを因子分析した結果からも裏づけられた。尺度間相関を多次元尺度構成法で分析することで，3次元空間内の配置を2次元上にプロットすることができる。Young, TakaneとLewyckyj（1980）のプログラムを用いて上記の操作を行った。Forest Young（1980年7月私信）によれば，負の相関を持つ尺度を逆転させることで3次元空間内の配置を2次元上にプロットすることができる。こうして敵意を逆転すると思いやりと正の相関を持ち，同じ区間にプロットできることが分かった。クラス内行動尺度を，多次元尺度構成法を用いてプロットすることで，敵意の低さ，思いやり，注意散漫の低さ，課題集中，手段的自立，好奇心―創造性，低い内向性，外向性の間の近接関係が明らかとなった。

　クラス内行動尺度と両極性特性尺度改訂増補版（Bipolar Trait Ratings）（Becker & Krug, 1964），およびGoyette, ConnersとUlrich（1978）が改訂したConners（1969）の教師評定尺度（Teacher Rating Scales）をともに分析した結果からも同様の知見が得られている。ちなみに教師評定尺度は行為障害，多動，抑うつ，不安，アパシー―受動性を測定する尺度や，コンピテンスと適応性を測定する一般尺度を含んでいる。これらの20の尺度を因子分析すると，思いやり，知性，外向性の3因子がやはり見出された。負の相関を持つ尺度を逆転したのち，これらの尺度を多次元

第1部　パーソナリティとの関連からみた円環

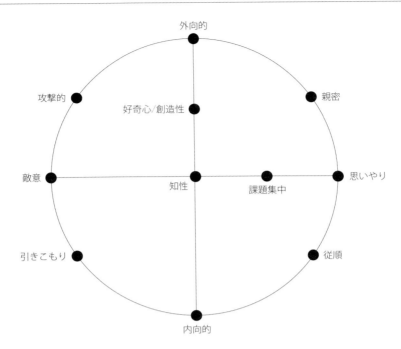

図6-5　子どもの適応行動を表す球体モデル

Earl S. Schaefer & Mananna Edgerton, 1982, "Circumplex and spherical models for child school adjustment and competence." アメリカ心理学会年次総会配布資料より

　尺度構成法で解析すると，同じ概念を測定するさまざまな尺度や，同じ概念の対極を測定する尺度同士が近接関係にあることが明確となった（図6-6）。思いやりと協調性，敵意の低さ，行為障害の低さが近接関係にあることから肯定的尺度と否定的尺度とが対極をなすことが分かる。学問能力の区域には課題集中から独立性，知性，好奇心―創造性と並ぶ近接関係がみられる。一般的なコンピテンスは学問能力に実質的に負荷している。しかし一般的な適応は3つの主要因子と分散を共有しており，その中でも特に思いやりと協力的との関連が強い。

　クラス内行動尺度と児童適応行動尺度（Child Adaptive Behavior Inventory）（Schaefer, Edgerton, & Hunter, 1983）を一緒に分析した結果からも3次元の球体モデルが見出された。児童適応行動尺度は愛他主義や反社会的行動，多動，学問能力，アパシー，非社交的行動，抑うつ尺度から構成されている。因子分析をすると思いやり対敵意の次元が見出され，これに対しては愛他主義や反社会的行動が大きな負荷をみせた（表6-1）。学問能力を表す因子に対しては言語関連知性や学問能力の負荷が大きい。外向性対内向性因子にはアパシーや非社交的行動，抑うつが大きな負荷をみせている。

　各尺度得点と3つの独立した主要因子の得点をもとに多次元尺度構成法で分析した結果を図6-7に示す。敵意の低さや反社会的行動の低さ，思いやりや愛他主義が固まる区域は，多動性の低さ，注意散漫の低さ，課題集中，独立が集まる区域と近接関係にある。言語関連知性，好奇心―創造性，学問能力が集まる区域には学問能力因子が含まれている。アパシーの低さ，外向性，非社交的行動の低さ，抑うつの低さは外向性因子の近くに固まっている。

第6章　家族関係と子どもの行動を表現した球体モデルと因子モデルの統合

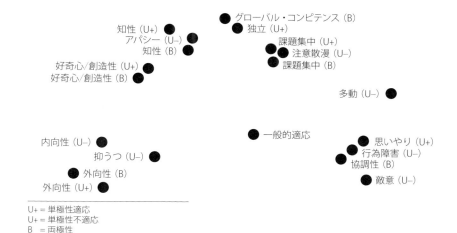

U+ ＝単極性適応
U+ ＝単極性不適応
B　＝両極性

図6-6　多方法評定による子どもの行動の多次元尺度解析プロット

"A unified conceptual model for academic ompetence, social adjustment and psychopathology," Earl S. Schaefer, Marianna Edgerton, and Wanda M. Hunter, 1983. アメリカ心理学会年次総会配布資料より

表6-1　クラス内行動尺度と児童適応行動尺度の因子構造

尺度	方法	因子 I	II	III
敵意	CBI	-81	00	-13
反社会的行動	CABI	-86	-06	-22
思いやり	CBI	86	23	13
愛他主義	CABI	86	27	21
多動	CABI	-89	-34	04
注意散漫	CBI	-77	-47	06
課題集中	CBI	69	61	16
独立	CBI	55	65	15
学問的能力	CABI	28	81	45
言語関連知性	CBI	21	84	29
好奇心―創造性	CBI	11	78	46
アパシー	CABI	-37	-43	-70
非社交的行動	CABI	-36	-24	-79
外向性―内向性	CABI	06	29	85
抑うつ	CABI	-10	-14	-80

注：" Spherical model integrating academic competence with social adjustment and psychopathology," by Earl S. Schaefer, Marianna Edgerton, and Wanda M. Hunter, 1985. カナダのトロントで行われた子ども発達学会（Society for Research in Child Development）学術大会配布資料より。第 I 因子＝思いやり対敵意，第 II 因子＝学問的能力，第 III 因子＝外向性対内向性，CBI＝クラス内行動尺度，CABI＝児童適応行動

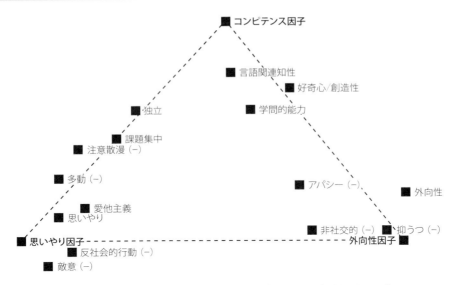

図6-7 児童適応行動尺度および因子の多次元尺度解析によるプロット

"Spherical model integrating academic competence with social adjustment and psychopathology," Earl S. Schaefer, Marianna Edgerton, and Wanda M. Hunter, 1985. カナダのトロントで行われた子ども発達学会（Society for Research in Child Development）学術大会配布資料より

表6-2 球体モデルの主要な領域間の違いと，各領域に相当する児童行動概念

領域	適応的行動		不適応行動	DSM-III 診断名	Quay (1979)	Baumrind (1982)
感情 I	思いやり	対	敵意	行為障害	行為障害	社会的責任
	愛他主義	対	反社会的行動			
意欲 I	課題集中	対	多動	注意欠陥多動性障害	過活動	
	独立―根気強さ	対	注意散漫		注意困難―非成熟	
認知	学問的能力	対	学問的能力の低さ	精神遅滞		認知的能力
	言語関連知性	対	言語関連知性の低さ			
意欲	創造性―好奇心	対	アパシー	多動を伴わない注意欠陥障害	注意困難―非成熟	
感情 II	外向性	対	内向性	不安障害	不安―引きこもり	自己主張
	群居性	対	非社交的行動			
	快活	対	抑うつ			

注："Spherical model integrating academic competence with social adjustment and psychopathology," Earl S. Schaefer, Marianna Edgerton, and Wanda M. Hunter, 1985. カナダのトロントで行われた子ども発達学会（Society for Research in Child Development）学術大会配布資料より

　表6-2は，上記のモデルに含まれる異なる区域同士の区別を記して，子どもの行動を表す上で意味的に等価な概念同士をまとめたものである。モデルを構成する尺度間の近接関係に従って上から概念を並べている。認識と感情の組合せの違いによって，生じる意欲や動機に違いが生じることが示されている。関連する概念同士は行ごとにまとめてある。適応行動や不適応行動，DSM-III の診断（American Psychiatric Association, 1980），Quay（1979）の分類タイプ，Baumrind（1982）の因子の中の互いに関連する概念同士は球体モデルに統合して表現できるのかもしれない。

第6章　家族関係と子どもの行動を表現した球体モデルと因子モデルの統合

ディスカッション

親子関係モデルと夫婦関係モデル

　親子関係を表す円環モデルや球体モデルによれば，愛と受容が子ども時代一般の主要次元である。思春期に入ると寛容対厳格な支配は心理的支配や過度の干渉とは明確に区別される。幼児期にみられる関与への欲求は，成長するにつれて個人として受容されることへの欲求や自律性への欲求に取って代わられる。夫婦関係の分析からも，受容と関与，および受容と自律性の尊重の関連が明らかとなっている。個人として成長する過程で，また関係が成熟する過程で，愛情を持った関係性や関わり合いに対する当初の欲求は，個人としての受容や自律性への欲求に取って代わられる。家族関係研究で明らかとなったこれらの概念や次元は，教師―生徒，セラピスト―患者，雇用者―被雇用者間の関係性を表すモデルの構成や，尺度開発の際にも参考となろう。

　社会的行動や情動行動研究で明らかとなった愛他主義と思いやりの次元は，家族関係研究で見出された愛情―受容の次元と非常に似ている。母親に対する子どもの行動に関する母親の認知と，子どもの社会的行動と情動行動に関する母親の認知との間には，非常に高い相関がみられる (Schaefer, Sayers, St. Clair, & Burnett, 1987)。このように他者のパーソナリティに関する認知と，その他者との関係性に関する認知との間には，非常に強い関連がある。母親が子ども1人ひとりと異なる関係性を築いているという観察は，相手が異なれば築く関係性も異なるという事実と関連している。将来的には，関係性とパーソナリティの違いを明確にする研究と，両者を結びつける研究との両方が必要であろう。

適応行動の球体モデルと5因子モデルの統合

　生徒のクラス内行動を教師が評定したデータを分析した Digman (1989) は，5つの次元が繰り返し見出されたと報告している。その5つとは外向性対内向性，親密さ対敵意，誠実性，神経症傾向対情緒安定性，知性である。外向性対内向性と親密さ対敵意の次元は，対人円環 (Leary, 1957) の2次元や，社会的行動と情動行動の円環モデルの2次元 (Schaefer, 1961) と対応している。Digman (1989) が見出した不安・神経症傾向因子を構成するのは恐怖や緊張，心配などの尺度であり，個人間要因というよりも個人内要因のように思われる。5因子モデルの誠実性と知性は課題集中因子と知性因子に似ている。筆者の研究では好奇心―創造性が知性とは別因子に分かれたが，5因子研究の中でも知性の定義に違いがあるので，定義の違いのせいかもしれない (Digman, 1990)。このように，多次元尺度構成法で解析した球体モデルにはパーソナリティ5因子モデルのうちの4因子が組み込まれている (Digman, 1990; Goldberg, 1993)。他のパーソナリティ研究についても多次元尺度構成法で分析を行い，球体モデルによって因子を統一的に表現することが可能なのか，今後検証する必要があろう。Digman (1990) は観察の結果から，大人と子どもとで同一の因子が見出されると考えている。このことを踏まえれば，大人のパーソナリティ構造にも子どもの適応行動で見出された球体モデルが確認できると考えられる。

対人行動と適応行動の肯定的側面の概念化

　これまで，球体モデルを構成する過程やパーソナリティの主要5次元に関する研究において，適応・不適応行動を構成する概念および測定する尺度をみてきた。これらの内容からパーソナリティ概念を肯定的に定義できる可能性が示されたといえる。Boneau（1990）は心理学の異なる領域で扱われる主要な概念で同一のものを指している概念同士をまとめているが，それによれば異常心理学とパーソナリティ心理学が扱う概念は主に病的行動に関するものである。社会心理学や発達心理学が扱う概念にも好ましくない行動に着目したものが多いが，好ましい行動を扱う概念も多い。行動変容研究によれば，両親や教師が子どもの好ましい行動に対して反応することで子どもの好ましい行動を増やし，好ましくない行動を減らすことができる。異常ではなくウェルネスやコンピテンスなどの概念に着目することで，人々のメンタルヘルスやコンピテンスの向上に寄与することができるであろう。Boneau（1990）がまとめたリストによれば，異常心理学や社会心理学は社会的行動や情動行動に着目する傾向があるのに対して，発達心理学とパーソナリティ心理学は社会的行動や情動行動，学問能力を一緒に扱う傾向がある。心理学者や教師，親や政策立案者が対人行動やコンピテンスについて好ましい概念を強調することは今後有用だと思われる。

パーソナリティ研究の将来的な統合可能性

　観察可能な特性特異的な行動を詳細に記すことで，多くの抽象的概念を信頼性のある尺度で測定することが可能となった。今後もさまざまな尺度が開発されるであろう。パーソナリティの新たな次元を探る上で，現在同定されている次元の特性を補完し得る多くの特性を概念化し，測定し，統合することが今後必要である。多次元尺度構成法を用いて主要な概念を測定するための信頼性のある尺度同士を統合することで，さまざまなパーソナリティ研究を統合的に理解することができる。パーソナリティの5因子モデルは多くの研究で繰り返し確認され，対人関係や適応行動では円環モデル・球体モデルが構成されている。今後は対人行動，適応行動，パーソナリティ，精神病理学を統一的に説明するモデルの開発につながると期待される。

文　献

Allport, G. W. (1937). *Personality: A psychological interpretation*. New York: Holt.

American Psychiatric Association. (1980). *Diagnostic and statistical manual of mental disorders* (3rd ed.). Washington, DC: Author.

Baumrind, D. (1982). Are androgynous individuals more effective persons and parents? *Child Development, 53*, 44-75.

Bayley, N. (1933). Mental growth during the first three years: A developmental study of 61 children by repeated tests. *Genetic Psychology Monographs, 14*, 1-92.

Becker, W. C. (1964). Consequences of different kinds of parental discipline. In M. L. Hoffman & L. W. Hoffman (Eds.), *Review of Child Development Research* (pp. 169-208). New York: Russell Sage Foundation.

Becker, W. C., & Krug, R. S. (1964). A circumplex model for social behavior in children. *Child Development. 35*, 371-396.

第6章　家族関係と子どもの行動を表現した球体モデルと因子モデルの統合

Boneau, C. A. (1990). Psychological literacy: A first approximation. *American Psychologist, 45,* 891-900.

Conners, C. K. (1969). A teacher rating scale for use in drug studies with children. *American Journal of Psychiatry, 126,* 152-156.

Digman, J. M. (1989). Five robust trait dimensions: Development, stability and utility. *Journal of Personality, 75,* 195-214.

Digman, J. M. (1990). Personality structure in emergence of the Five-Factor Model. *Annual Review of Psychology, 41,* 417-440.

Furfey, P. H. (1926). An improved rating scale technology. *Journal of Educational Psychology, 17,* 45-48.

Goldberg, L. R. (1993). The structure of phenotypic personality traits. *American Psychologist, 48,* 26-34.

Goyette, C. H., Conners, C. K., & Ulrich, R. F. (1978). Normative data on revised Conners' parent and teacher rating scales. *Journal of Abnormal Child Psychology, 6,* 221-236.

Guttman, L. (1954). A new approach to factor analysis: The radex. In P. F. Lazarsfeld (Ed.), *Mathematical thinking in the social sciences* (pp. 258-348). Glencoe, IL: Free Press.

Kruskal, J. B., & Wish, M. (1977). *Multidimensional scaling.* Sage University Paper series on quantitative applications in the social sciences, Series no. 07-011. Beverly Hills and London: Sage.

Leary, T. F. (1957). *Interpersonal diagnoses of personality: A functional theory and methodology for personality evaluation.* New York: Ronald Press.

McDonough, M. R. (1929). *The empirical study of character: Part II. Studies in psychology and psychiatry.* Washington, DC: Catholic University Press.

Osgood, C. E., Suci, G. J., & Tannenbaum, P. H. (1957). *The measurement of meaning.* Urbana: University of Illinois Press.

Plutchik, R. (1962). *The emotions: Facts, theories, and a new model.* New York: Random House.

Quay, H. C. (1979). Classification. In H. C. Quay & J. S. Werry (Eds.), *Psychopathological disorders of childhood* (pp. 3-42). New York: John Wiley

Richards, T. W., & Simons, M. P. (1941). The Fels Child Behavior Scales. *Genetic Psychology Monographs, 24,* 259-309.

Schaefer, E. S. (1959). A circumplex model for maternal behavior. *Journal of Abnormal and Social Psychology, 59,* 226-235.

Schaefer, E. S. (1961). Converging conceptual models for maternal behavior and for child behavior. In J. C. Glidwell (Ed.), *Parental attitudes and child behavior* (pp. 124-146). Springfield, IL: Charles C. Thomas.

Schaefer, E. S. (1965a). Children's reports of parental behavior: An inventory. *Child Development, 36,* 413-424.

Schaefer, E. S. (1965b). A configurational analysis of children's reports of parental behavior. *Journal of Consulting Psychology, 29,* 552-557.

Schaefer, E. S. (1981). Development of adaptive behavior: Conceptual models and family correlates. In M. J. Begab, H. C. Heywood, & H. L. Garber (Eds.), *Psychosocial influences on retarded development Vol. 1 Issues and theories in development* (pp. 155-178). Baltimore: University Park Press.

Schaefer, E. S., Aaronson, M. R., & Burgoon, B. (1967). *Classroom Behavior Inventory.* Unpublished form.

Schaefer, E. S., & Bayley, N. (1963). Maternal behavior, child behavior and their intercorrelations from infancy through adolescence. *Monographs of the Society for Research in Child Development, 28* (3 Whole no. 87).

Schaefer, E. S., & Bell, R. Q. (1958). Development of a parental attitude research instrument. *Child Development, 29,* 339-361.

Schaefer, E. S., Bell, R. Q., & Bayley, N. (1959). Development of a maternal behavior research instrument. *Journal of Genetic Psychology, 95,* 83-104.

Schaefer, E. S., & Burnett, C. K. (1987). Stability and predictability of women's marital relationships and demoralization. *Journal of Personality and Social Psychology, 53,* 1129-1 136.

Schaefer, E. S., & Droppelman. L. (1962). *Classroom Behavior Checklist.* Unpublished form.

Schaefer, E. S., Droppelman, L. F., & Kalverboer, A. F. (1965). Development of a classroom behavior checklist and factor analyses of children's school behavior in the United States and the Netherlands. Paper presented at the meeting of the

125

第1部　パーソナリティとの関連からみた円環

Society for Research in Child Development, Minneapolis, MN.

Schaefer, E. S., & Edgerton, M. (1979). *Marital Autonomy and Relatedness Inventory.* Unpublished form.

Schaefer, E. S., & Edgerton, M. (1982, August). *Circumplex and spherical models for child school adjustment and competence.* Paper presented at the annual meeting of the American Psychological Association, Washington, DC.

Schaefer, E. S., Edgerton, M., & Burnett, C. K. (1992). *Revised Marital Autonomy and Relatedness Inventory.* Unpublished form.

Schaefer, E. S., Edgerton, M., & Hunter, W. M. (1983, August). *Unified model for academic competence, social adjustment, and psychopathology.* Paper presented at the annual meeting of the American Psychological Association, Anaheim, CA.

Schaefer, E. S., & Plutchik, R. (1966). Interrelationships of emotions, traits, and diagnostic constructs. *Psychological Reports, 18*, 399-410.

Schaefer, E. S., Sayers, S. L., St. Clair, K. L., & Burnett, C. K. (1987, August). *Mothers' reports of child relationship with mother and of child adaptive behavior.* Paper presented at annual meeting of the American Psychological Association, New York.

Shepard, R. N., Romney, A. K., & Nerlove, S. B. (1972). *Multidimensional scaling Theory and applications in behavior sciences* (2 vols.). New York: Seminar Press.

Thurstone, L. L. (1947). *Multiple factor analysis.* Chicago: University of Chicago Press.

Young, F. W., Takane, Y., & Lewyckyj, R. (1980). ALSCAL: A multidimensional scaling package with several individual differences options. *American Statistician, 34*, 117-118.

第7章

人間関係のオクタゴンモデル

John Birtchnell

　円環モデルに関心を抱いたきっかけは，抑うつの症状と心理的依存の関係に関心を持ったことであった（Birtchnell, 1984; Birtchnell, Deahl, & Falkowski, 1991）。それ以来，依存とは何かについて考察を巡らしてきた（Birtchnell, 1988, 1991a, 1991b）。その結果，次のように考えるに至った。(a) 正常な依存と病的な依存とを分けて考える必要がある。(b) 依存は2つの要素に分けられる。1つの要素は親密さへの希求と関連し，もう1つは必要に駆られた関わり合いと関連する。1つ目の要素が持つ意味については後の章を参照されたい。本章では2つ目の要素が持つ意味を解説する。これら2つの要素は2つの次元の極を構成しているように思われる（Birtchnell, 1987）。1つ目の次元は愛着対分離を表していると考えられたが，これは Bowlby（1969）の愛着理論を参考にしている。2つ目の次元（指示的対受容的）の命名に際しては以下の2つを参考にした。1つは Ray（1976）の指示性に関する概念で「自分の意志を他者に押しつけたいという欲求もしくは押しつける傾向」（p. 314）というもの，もう1つは Fromm（1947）が記した，欲するものを「外部資源から」（p. 67）獲得しようとする受容的傾向に関する概念である。

　かつての同僚が，筆者の考えが Lorr と Youniss（1973）の対人スタイル目録（Interpersonal Style Inventory）に近いことを教えてくれた。1987年の論文を Lorr に送ったところ「あなたの考えたシステムは Leary や Wiggins の対人サークルに似ているように思えるが，いかがだろうか」（1987年5月の私信）との返事をもらった。当時はまだ対人サークルのことを知らなかったが，Leary（1957）を読んですぐに似ていることに気づいた。Wiggins に手紙を送ったところ，「こんなにも多くの研究者がまったくの個別に類似したシステムを考えついたことには驚かされるばかりだ」（1987年11月の私信）と書いてよこした。イギリスにおける対人行動研究の権威である Argyle（1972）は愛情対敵意，支配対依存の次元を提案した。筆者は彼に論文を送り，対人サークルについてどう思うか尋ねた。彼の返事は「社会心理学分野で Leary の本を読んだ研究者がいるとは思えないが，対人サークルの2次元そのものは社会心理学の分野では数多くの因子分析の結果見出され，多くの賛同を得ている次元である」（1987年5月の私信）というものであった。さらにイギリスにおける子ども関係論の権威である Rutter にも聞いてみた。彼によれば，1960年代に Schaefer がこれに似た次元を提案したことがあったが，もはや使っている研究者はいないとのことであった。犯罪心理学者の Blackburn（1988）は対人サークルを熱心に研究している唯一のイギリス人研究者のようであった。彼は対人サークルの循環性を利用してパーソナリティ障害同士の重なり合いを表現できるのではないかと考えていた。

対人サークルに代わるオクタゴンモデル

　筆者はあまり一般的とはいえない出発点から始めて対人サークルに似たモデルへとたどり着いたが，そのことによる恩恵もあった。筆者のモデルと対人サークルの間にはいくつかの共通した特徴があったが，対人サークルを円たらしめている原則のすべてを受け入れる必要はないことも認識していた。愛―憎しみや愛情―敵意の次元よりは，愛着―分離の次元の方が既存の理論への当てはまりがよいと思われた。しかしBowlby（1977）による愛着の定義「自分よりも強く，知恵があるとみなされた，自分といまだ分離されていない，好ましい対象者への接近を遂げ，もしくは接近した状態を保つこと」（p. 203）を参考にすれば，愛着―分離の次元は独立の中の２つの要素と考えてもよいように思われた。そのため愛着―分離の次元を新たに近さ―遠さと名づけた。とても興味深いことに親和的な次元は常にx軸で表される。人との距離を縮めたり広げたりする行為は水平的な動きであるため，非常に適切であろう。２つ目の次元は常にy軸で表される。垂直方向の意味合いを持つ名前をつける必要があると考え，上から下への関わり合いを表す言葉として上位を，下から上への関わり合いを表す言葉として下位を選んだ（Birtchnell, 1990）。２つの軸には空間的意味合いも含まれるため，自分の理論を空間理論と呼ぶことにした。次元ではなく軸という用語を使っているのは，（これからみていくが）ある面において軸が次元にはない作用を持っているからである。

　人と人の間にみられる関係性は他の動物にみられる関係性のあり方から進化し，引き継いだものと考えることは妥当であろう。また，近さと遠さや上位と下位などの人同士の関わり合いと類似した関わり合いを動物の中に見出すことができるとも考えられる（Birtchnell, 1994, 1996）。それゆえ，軸の名称に使う用語はさまざまな動物で観察される関係性を含み得るほどに汎用的でなければならず，またそれらの関係性の中でみられるあらゆる行動を含むだけの幅を持った用語である必要があった。そう考えると対人サークルで用いられている用語には改善の余地がある。愛と敵意はすべての動物には一般化できず，近さと遠さで表される関係性の中の１つの側面にすぎない。支配と服従は人間の行動よりも動物の行動を表すのにふさわしく，上位と下位の関わり合いの中の一側面にすぎない。我々がさまざまな関わり合いをみせるのは何らかの利点があるからである。それゆえ，近さ―遠さ，上位―下位で表現される４つの関わり合い行動にもそれぞれ利点があると考えられる。近い関係性を持つことと遠い関係性を持つことは，どちらがよいというものではない。上位であることと下位であることもまた同様である。

　大きく４つに分けられる関わり合いのそれぞれが動物にとってどのような利点があるかについては以前に論じたことがある（Birtchnell, 1994, 1996）。簡単にまとめると，動物は行動をともにすることで効率的に狩りを行い，敵から身を守ることができる。一方，単独で行動することで新しい環境を探索し，自分のテリトリーにすることができる。上位にいる動物はライバルや獲物を殺したり脅したりするだけでなく，若い仲間を守らなくてはならない。下位にいる動物は脅しに対しては服従の姿勢をみせなくてはいけないが，親に対しては保護と食料を期待することができる。人は脅威にさらされると反撃，防御，降参などさまざまな行動をみせるが，上位および下位

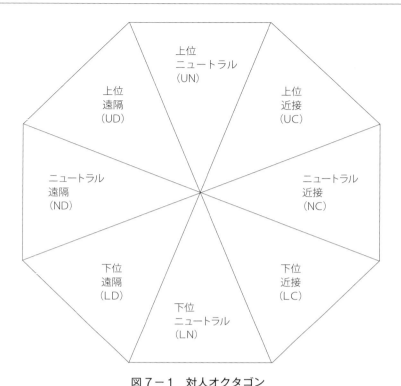

図 7－1　対人オクタゴン

How Humans Relate: A New Interpersonal Theory (p. 59) by J. Birtchnell, 1996,
Hove, England: Psychology Press より許可を得て転載

にいるときにみせる行動のほとんどは動物の子育てにみられる親と子どもの行動が進化したものと考えることが可能である。これらについては次節でみていく。

　筆者のシステムにも対人サークルと同様に中間型を導入した方が有用であることが分かったが，対人サークルに比べると主たる4つの関わり合いをより重視している。対人サークルの中間型はそれを挟む両隣の要素が混じり合って構成され，要素の名称にもそのことが反映されている。4つの関わり合いと4つの中間型を配置している点は対人サークルに似ているが，空間理論と対人理論には多くの違いがある。そこで筆者のシステムを対人オクタゴンと呼ぶこととする（図7－1）。

　対人サークルの次元についてもいえることだが，対人オクタゴンの2軸には興味深い性質の違いがある。遠さと近さの概念は対極的であるが，下位と上位は相補的なのである。2人の関係が近いもしくは遠い場合，2人の関わり方は近さ―遠さの軸の同じ極を占める。つまり2人とも近いか2人とも遠いかのどちらかである。しかし上位と下位の関係性の場合，2人の関わり方は上位―下位の軸の異なる極を占める。つまり一方が上位で他方が下位となる。近さは相手に近づく動きを，遠さは相手から遠ざかる動きを思わせるが，2人の空間的距離が近いか遠いかを明確に判別できる境界があるわけではない。しかし，上位と下位については程度の差こそあれ，区別は明確である。仮に一方の地位が下がれば，他方との関係において彼の地位は上位から下位へと変化する。

第1部　パーソナリティとの関連からみた円環

　各オクタントには2語からなる名前がつけられており，頭文字で略して記される。1語目は縦軸，2語目は横軸に関連している。4つの主要な関わり合いでは縦軸か横軸のどちらかが0になるので，その場合はニュートラルと記している。横軸の場合，縦軸のことを考慮に入れずに，比較的容易にニュートラルな近さとニュートラルな遠さを定義することができる。しかし縦軸の場合はそうはいかない。ニュートラルな上位とニュートラルな下位を明確に定義するには，その両隣にある中間型との線引きをはっきりさせなければならない。上位近接から上位ニュートラル，上位遠隔への変化は段階的で，下位近接，下位ニュートラル，下位遠隔もまた段階的に移り変わる。それゆえそれらの区別は恣意的にならざるを得ない。しかし下位近接，下位ニュートラル，下位遠隔はそれぞれ上位近接，上位ニュートラル，上位遠隔と相補的関係を形成する。このような縦軸と横軸の違いは，近さと遠さの違いが漸進的である一方で，上位と下位の区別が明確なことに起因する。

　空間理論と古典的対人関係理論の違いの1つは動機づけに関係している。Leary（1957）によれば，人の社会的行動や情動行動，対人行動はすべて不安を避け，自尊心を高め，自尊心を維持するために行われる。この考えはFreud, Horney（1937），Sullivan（1953）の流れの中に位置づけられる。一方，空間理論では対人行動の動機を何かからの消極的な逃避ではなく，何かへと向かう積極的な動きと考える。4つの主要な関わり合いは対人的な目的といってもよい。対人的な目的は空腹感と同様に人に欲求を感じさせ，人はその欲求を満たすために行動する。行動の結果得られるものを関係性の状態（state of relatedness）と呼ぶ。空腹とは異なり，対人的な目的を満たすことができるのは他者との関わり合いだけである。その他者もまた自身の対人的欲求の充足を求めている。それゆえ，得られた関係性の状態が望ましいか否かは，関わり合いを持つ当事者同士が互いの欲求をどの程度満たすことができるかによって決まる。

適応的関わり合いと不適応な関わり合いの違い

　人は生まれつき4つの関わり方すべてに対応し得る傾向性を持つが，心理的発達の過程で4つの関わり方を経験し，そのいずれかを好むようになる。そのうち自分の好む関わり方ができるようになり，自信を抱くようになる。どのような関わり方もできる人は柔軟な人である。柔軟な人は状況に応じて近い関わり方も遠い関わり方も，また上位，下位としての関わり方もすることができる。自信を持って人と関わることのできる人は積極的（適応的）な人である。積極的な関わり方をする人は他者の欲求にも関心を持ち敬意を払う。一方，自分が望む関わり合いを持てない人，もしくは自分が望む関わり合いを持つ自信がない人には多くの特徴がある。彼らは，自分が好む関わり合いとは反対の状態に置かれることを恐れ，避けようとする（例えば，近い関係性を恐れる人は相手との距離を保とうとする）。特定の状況に置かれると彼らは自分の安全が脅かされているように感じ，自分の好む関わり方に執着しようとする（例えば，近い関係性を好む人が不安にさらされると，親しい人に対して神経質なほどの執着をみせる）。時には自分の好む状態を作り出そうと必死になり，なりふりかまわぬ手段をとることもある（例えば，近い関係性を好む人が不安にさらされた場合，誰かのところに押しかけ，相手が距離をとろうとしてもそれを許そうとしない）。自分の好む関わ

り方ができない人や，そのような関わり方をする自信が持てない人は消極的（不適応的）な人である（本章冒頭の段落で述べた，正常と心理学的依存の違いは積極的な関わり方と消極的な関わり方の違いといってよい）。重要なことは，関わり合いの本質は相互作用なので，一方の関わり方が他方の消極的もしくは不適応な関わり方を招き得るということである。一方が離れようとすれば近い関係性を好む他方は不安に陥るだろうし，頼りに思う相手が信頼できなければ下位としての関わり方を好む人は安心できないだろう。

　一方，古典的対人関係理論では適応的関わり方と不適応な関わり方の違いについてまったく異なる捉え方をしている。Sullivan（1953）に影響を受けた Leary（1957）の考えが現在広まっているが，それは正常な対人行動と病的な対人行動とをひとつながりのものとする考え方である。Sullivan の考える適応的行動と不適応な行動の違いは 1 つの軸の両極のようなものであった。Leary は一貫した中庸なるものを対人サークルの中央に配置し，その外周に病的極端さを配置した。円の中央から外周に向かう勾配は強度とされた。対人サークルで表現した対人行動を測定する目的で構成された対人チェックリスト（LaForge & Suczek, 1955）は 16 区画に分かれ，そのそれぞれの区画が 4 つの強度に分けられている。最も弱い強度と最も強い強度を表す部分には項目が 1 つずつ配置され，真ん中の 2 つの強度を表す部分には項目が 3 つずつ配置された。強度を測定する尺度を円環に組み込んだモデルは Guttman（1954）が radex としたモデルそのものであった。

　空間理論と対人関係理論の違いは，前者が適応的（積極的）関わり方と不適応（消極的）な関わり方とを質的にも量的にも異なるものとして捉えている点である。適応的であることが中庸だとしたら，人生は何と退屈なことだろうか。恋人同士がどれだけ互いに距離を縮めようと，2 人の行動は不適応にはなり得ない。生命維持装置につながれた人は完全に依存状態にあるが，それを不適応とは呼ばない。各オクタントにはそれぞれ積極的なあり方と消極的なあり方があるはずである。それらは程度も含め，個別の尺度で測定されるべきものである。

オクタゴンと感情

　個人の欲求の充足を図る過程で感情が果たす役割は非常に重要である。空腹感を覚えるように，人は特定の関わり方への欲求を感じ，自分が欲する関係性が得られるような対人行動を起こす。求める関係性を得ることができそうだとなると期待で胸が膨らみ，得ることができた際には満足感，幸福感にひたる。至福という感情は自分が望む関係性にひたっているときの感情そのものであろう。この至福の感情は関係性が異なればそれぞれ特徴な現れ方をする。求める関係性を得ることができないとき，もしくは関係性を失ってしまいそうなとき，人は不安になる。関係性の消失は抑うつの引き金になる可能性がある。関係性が消失の危機にさらされても守り抜く自信があったり，実際に消失してしまったとしても再び取り戻す自信がある場合は，人は怒りを感じる。怒りを感じやすいのは主として上位近接，上位ニュートラル，上位遠隔の関わり方を求める人である。彼らは関係性を守ったり回復するだけの力を持っている。一方，関係性が脅かされたり，消失してしまった際に，それを守り，取り戻すことのできる見込みが薄い場合，生じる感情

は憎しみである。抑うつや怒り，憎しみは人が望まない状態を強いられたときに湧き起こる感情である。感情には関係性を獲得できたか否かを印象に残す働きがある。そして怒りは例外である可能性があるものの，特定のオクタントとのみ関連する感情は存在しない。この考え方は感情を進化的枠組みで捉えた Nesse（1990）の考えとも合致している。

　さらに，特定の環境では気分の移り変わりが他者と関わる際の態度や行動に影響することにも言及しておかなければならない。Birtchnell, Falkowski と Steffert（1992）の研究によれば，抑うつを主症状とする患者は他の人に比べて近接，遠隔，下位の得点が有意に高かった。しかし症状が回復するとこれらの得点も一般的な水準に下がったという。依存の研究（Hirschfeld et al., 1989）でも同様の報告があるため，パーソナリティ障害一般にいえることかもしれない。

　抑うつの症状が特に顕著な例を Blatt と Shichman（1983）は病的うつ病（introjective depression）と呼び，しばしば下位との関連がみられると指摘した。病的うつ病は罪悪感や自責の念と強い関連を持つ。抑うつ気分とそれに伴う自尊心の低さは人を自己批判に導きやすい。一方，多幸症の著明な例は躁病を伴うことが多く，上位であることを好む傾向がある。躁病の症状の多くは，上位としての関わり方の好ましくない側面の表れと解釈することができる。特定の抑うつと躁病を発症する傾向を左右する遺伝的な要因があることは広く知られている（McGuffin & Katz, 1986）。遺伝的要因によって抑うつや躁が発症した人は，それ特有の態度や行動様式をとることによって，あたかも自分の症状の正当化を図っているかのようにみえる。

オクタゴンは円環といえるか

　円環は直交する 2 軸の周りに複数の特性を円周状に等間隔で並べたモデルである。相関の最も高い特性同士が隣接して配置される。離れて配列された特性との相関は，時計回りもしくは反時計回りに距離が離れるに従い単調に減少していく。特性が円環を構成する場合，最も高い相関は相関行列の主対角線に沿ってみられる。行列のどの行，どの列をみても，相関の絶対値は特性同士が円周に沿って離れるに従い小さくなり，90 度移動した時点で 0 になる。さらに，対極に向かって移動すると負の相関が次第に大きくなる。

　理論的に考えればオクタゴンは完全な円環といえる。理由は以下の通りである。まず近接，遠隔，上位，下位という概念が単純で，定義も簡潔，また抽象的で包括的概念であること，近接・遠隔の概念は上位・下位という概念とは独立しているように思われること，それゆえオクタゴンの中間型はこの独立した概念同士の組み合わせで定義することができること，そしてオクタゴンの 8 つのオクタントは円環状に等間隔で配置されていることなどである。しかしオクタゴンには円環と異なる点がある。

　オクタゴンに最も近いモデルとして Olson の円環（例えば Olson, Sprengle, & Russell, 1979）が挙げられる。他の円環モデルと違い，Olson の円環は中間型よりも 4 つの主要な特性に力点を置いている。4 つの概念は近接，遠隔，上位，下位と簡潔に記されてはいるものの広範な関連特性を含んでいる（Birtchnell, 1996）ことを忘れてはならない。円環性の検証はたいてい質問紙を使って行われる。つまり関連する特性同士を評価し，似た特性同士を区別する参加者の能力に依存して

いるわけだが，これは多くの参加者にとって容易なことではない。また，円環の切り分け方を
さらに細かくすることで参加者がより正確に評価できるようになると考えることも間違ってい
る。複数の研究によれば，参加者は8つ以上に切り分けられた特性間の区別をうまくつけるこ
とができない（Paddock & Nowicki, 1986）。正確な評価を行うためには細かく切り分けずに，まず
4つの主要な特性を取り上げて，そこに含まれるさまざまなバリエーションに言及すべきである
（Birtchnell, 1996 参照）。4つの特性は広範な特性を含むため，中間型の特性が含まれていたとして
も，質問紙の限られた質問項目でそれぞれの特性を表現することには明らかに限界がある。質問
紙アプローチにできることはせいぜい4つの特性を代表する態度や行動に焦点を当てることであ
る。

　円環モデルの場合，どのような切り分け方をするにせよ，対極に位置する特性同士が概念的に
も対極的でなければならない。先述したように横軸の概念同士は確かに対極的だが，縦軸の概念
同士はむしろ相補的であり，対極性を満たすとは言い難い。このことが対極性の問題を複雑にし
ている。また，オクタゴンを構成する2つの軸の極同士が，ある側面においては対極的な概念を
含んでいたとしても，対極に位置する中間型同士（つまり上位近接と下位遠隔，上位遠隔と下位近接）
もまた概念的に相対すると考えることに有用性や意味があるとは思えない。対人サークルに対極
性の原則を課したために，Lorr と McNair（1963），Wiggins（1979），Kiesler（1983）など多くの
研究者が作り上げたモデルはもともとの構造から外れたものとなってしまった。例えば，円の右
上の概念は厳密には教授や供与，支援などの概念（つまり支配と愛情のブレンド）を表していたが，
社会性と関連する概念に置き換わってしまっている。

　さらに，オクタゴンと多くの円環モデルの最も重要な違いは，肯定的関わり方と否定的関わり
方の区別の仕方にある。多くの円環モデルでは円の中心に適応的関わり方を，円周付近に不適応
な関わり方を配置し，両者は（強度によって）連続的に変化すると捉える。一方，オクタゴンで
は両者を質的に異なるものと捉えている。それゆえ正確には両者は別々のオクタゴンで表現され
るべきである（Birtchnell, 1994 参照）。仮に肯定的関わり方を測定する尺度があって，完全に適応
的な人が回答したならば，すべてのオクタントで最高得点を獲得するであろう。そして近接で高
い得点を取ったことが遠隔で高い得点を取ることの妨げになることはないだろう。そう考えると
対極性とはいったい何であろうか。それぞれの関わり方にはそれぞれの強みがある。一方の関わ
り方をしないことが他方の関わり方を意味するわけではない。近い関わり合い（他者と一緒にいる
ことに満足を覚える）を求めないからといって，関わり合いを遠ざけている（1人でいることに安心
感を覚える）わけではない。同様に，よい意味での上位の立場（他者を助けることのできる立場）を
失うことが下位の立場（他者の行動から恩恵を受けることのできる立場）に変わることを意味するわ
けでもない。

　他者との不適応な関わり方を測定する尺度であれば実際に存在する（Birtchnell et al., 1992 参照）。
他者との関わり方質問票（Person's Relating to Others Questionnaire: PROQ）である。PROQ は96
項目で構成され，各オクタントに10項目の不適応な項目と2項目の適応的な項目が割り振られ
ている。適応的な項目が入っている理由は質問票に好ましくない項目ばかりが並ぶのを避けるた
めであり，得点化の際は通常除外される。400人の参加者から得た回答をもとに相関行列を作成

第1部　パーソナリティとの関連からみた円環

すると，隣接するオクタント間に高い正の相関がみられ，オクタント間の距離が離れるに従い相関係数も徐々に小さくなる傾向がみられた。しかし，ほとんどの場合，対極に位置するオクタントとの相関は負にならなかった。これは，不適応な関わり方は他の不適応な関わり方とも関連するという一般原則を裏づけている。統計的に高度な有意差がみられたのは，適応的な女性とパーソナリティ障害をもつ女性のニュートラル遠隔から下位近接にかけてのオクタント得点であった。

　適応的な関わり方と不適応な関わり方を測定するそれぞれの質問票で対極性が満たされていないために，オクタゴンを円環状配列とみなすことができないという議論があるかもしれない。概念的にはまさにその通りである。対極性を満たす場合，軸の一方の極の得点が高ければ対極側の得点は低くならなければならない。混乱の原因は関わり方と関わり合う能力（パーソナリティと言い換えてもよい）との区別をつけなかったことにある。親密な関わり方とよそよそしい関わり方とは同時には起き得ない。また，上位としてのふるまいと下位としてのふるまいも両立しない。しかし，適応的な人とは近接と遠隔，上位と下位のどのような関わり方もできる人で，不適応な人はどのような関わり方もできないことが多い。

　以前にも指摘したことだが（Birtchnell, 1994），古典的対人サークルの構造が対極性についての誤った印象を作り出したと考えられる。横軸の愛を主に適応的関わり方とし，敵意を不適応な関わり方とする考えは好ましくない。このような考え方の始まりは Freedman, Leary, Ossorio と Coffey（1951）が考案した対人サークルまで遡るが，結果的に円の左半分（自慢，拒否，罰，嫌う，不満を言う，疑う，自己非難）は否定的（より不適応）で，円の右半分（教える，与える，支援する，愛する，協力する，信用する，称賛する）は適応的だとする考えを生むに至った。つまり対人サークルの横軸にみられる対極性を生み出している原因としては，愛と敵意の対立だけでなく適応と不適応との対立が大きいのである。

概念的枠組みとしてオクタゴンは有用か

　関わり方（どのように他者に接し，どのような関わり方を相手から引き出すか）は，行動に関わる他の構成概念（例えば，パーソナリティ）を構成する要素である。それゆえ関わり方それ自体を研究する必要がある。オクタゴンの概念的枠組みは関わり合いが生じる状況ならどのような状況にも適用し得る。一時的な関わり合いから生涯にわたる傾向性まで適用可能である。相手が異なれば関わり方は変わるものだし，相手が同じでも変わることもある。それゆえ状況に応じた使い分けができるように，いくつかの尺度があると望ましい。

　人の多岐にわたる関わり方を単純な2軸の概念的枠組みで表現すると，どうしても2軸の特徴に目が向く。2つの軸の極には多くの特徴が含まれており，それらは共通するテーマで結びついている。例えば，親密な関わり方にはさまざまな形態があるが，そのすべてがいわゆる親密さとされる状態を獲得する手段なのである。大事な原則は，軸の一方の極に利点があるのと同様に対極にもまた利点があること，一方の極に過度にさらされた場合，特にそれが押しつけに近い場合，反対極への欲求が増大するということである。

関わり方について理解すると関係性の理解が容易になる。一方の極の関わり方を恐れる人は，それを避けようとして自分の生き方を縛ることになる。そして結果的に関わり合いを持つ相手を妨げている。横軸の一方の関わり方を恐れ，避ける態度は，同じ関わり方をする経験を相手から奪うことになる。例えば，近い関係性を恐れ，避ける人は，相手からも近い関係性を築く機会を奪っている。縦軸の場合，一方の関わり方を恐れ，避ける態度は，反対の関わり方をする経験を相手から奪うことになる。下位としての関わり方を恐れ，避ける人は，上位でいたがり，結果的に他者に常に下位の立場を強いることで，上位としての関わり方をする経験を相手から奪っている。

特定の関わり方に駆り立てる動因や，特定の関わり方ができたか否かを感受する精神的メカニズム，そして関わり合いの成否に伴う感情はいずれも自動的かつ無意識に生起する。自分で気がつくのは，常に起こってしまった後である。それゆえ我々は自分のふるまいの理由を合理化することに多くの時間をかけることになる。

オクタントの適応的側面と不適応な側面

初めに断わっておくと，本節で述べる各区画の特徴（適応的であれ不適応であれ）は概念的なものにすぎない。他の理論も含めた，より詳細な解説は拙著（Birtchnell, 1996）を参照されたい。不適応な関わり方について考察する前に，まずは4つの主要な関わり方が持つ適応的側面に簡単な説明を加える。

4つの主要な関わり方

近接とは，肉体的にも感情的にも個人や集団と関わり合いを持っている状態を指す。近接は人との間に築いた障壁を和らげ，自我の境界を弱めることとつながっている。親密さが増して打ち解けると，コミュニケーションの自由度が増す。親密な人同士の場合，互いのイメージが心の中で具体化され，相手に愛情を抱いたり，相手を必要に感じたりする。お互い自律的な人間として，共通の目的に向かって協力し，関心や意見，認識を共有することができる。親切や気遣い，涙もろさなどの優しい感情を示す。親密な人には相手への同情を示し，相手に感情移入し，相手の気持ちになる能力があり，必要とあらば相手の代わりに自分を犠牲にすることができる。互いに相手に関心を抱き，自分のことを相手に打ち明けることを躊躇しない。身体的な魅力や身体接触への欲求，性的興奮が介在する場合もある。

遠隔とは，一般にはお互いが離れている状態もしくは離れることを指すが，一方が他方から距離をおく場合もある。危険やストレスから逃れること，また新しい経験に向かうことも遠隔に含まれる。距離をとることで両親や家族，慣れ親しんだ環境から飛び出し，1人で過ごすことができる。周りの環境を探索して，新たな出会いに遭遇し得るなじみのない場所に入り込むことができるようになる。そのような過程を通じて，人はアイデンティティを確立し，自分の意見を持つに至る。自分なりの価値観や基準が明確になり，自己承認に至る。遠隔を好む人は自分だけの内的世界を持ち，自我の境界を確立し，パーソナルスペースを大切にし，それらを侵すものから身

第1部　パーソナリティとの関連からみた円環

を守ろうとする。自律を好み，人の世話になることを好まない。冷静で，独立心が強く，客観性があり，創造的で自分自身の考えを持つ傾向がある。

　上位とは，他者よりも強いこと，年長なこと，より有能であること，影響力が強いことを指す。この概念は相対的で，他の特性とは異なり他者との比較の中で生じる。相手からの承認や敬意，感謝の念などが裏づけになることがある。上位となるためには競争に勝たなくてはならない。また，人の役に立つ知識を蓄え，技術を磨くことで上位になることもできる。責任をとること，模範を示すこと，導き，指示し，判断を下すこと，称賛し，励まし，支え，手助けし，守ることなどはすべて望ましい上位のあり方である。これらのあり方は金銭的な対価や所有権の獲得につながり，それらの獲得を通して人は上位であることを確認し，周囲に誇示する。

　下位とは，他者よりも弱いこと，年少なこと，能力的に劣り，影響力が小さいことを指す。それでは下位であることのどこに有利な点があるのだろうか。上位が上位でいるためには下位から求められ，依存される必要がある。しかしそれはあくまで下位が上位との関係性の中で何らかのメリットを感じている間だけの話である。下位は，自分よりも賢明で能力があり影響力を持った他者がいて，自分を守ってくれたり，責任を負ってくれたり，養ってくれる状況に安心感を覚える。下位は上位に対して助けや導き，指示，助言，気遣いを求める。上位に敬意を払い，敬愛し，崇拝しさえする。宗教の魅力は，下位としての経験を与えてくれることにある。下位は上位の手に自らを委ねる。下位であるためには上位への信頼が不可欠である。上位が決定し，指示をし，下位はそれに従う。下位はその決定が公平で正しいと信頼する。社会が複雑になった現代では，すべてのことに熟達することはできない。誰もが多くの面で下位となる必要があるし，下位でいることで恩恵を受けることができる。

中間型の特徴

　上位近接は他者に関心を示し，手助けをし，親切にする。上位近接の特徴は人を守ること，支えること，何かを与えること，養うこと，癒すこと，なだめること，救いの手を差し伸べること，相手を認めること，元気づけること，励ますこと，安心させること，慰めることなどである。

　下位近接は上位近接が与えてくれるであろうものを求め，享受し，そのことに感謝の念を示す。具体的には頼みを聞いてもらおうとお願いし，相手の関心を引こうとし，安全に保護されているという感覚を得，気遣いを受けるようとする。そして相手を承認し，感謝の念を示し，崇拝し，畏敬の念を抱き，祈りさえする。

　上位遠隔には他者を制約し，指示する特徴がある。責任を引き受けること，決定を下す役割を担うこと，主導権を握ること，秩序を維持すること，命令を下すこと，判決を下すこと，規律を課すこと，必要が生じれば罰することも彼らの特徴に含まれる。

　下位遠隔は上位遠隔から課せられる制約や支配の対象であり，それを受け入れる特徴がある。具体的には上位遠隔の権威や命令，判断，彼らが課す規律，罰を受け入れ，彼らに忠誠と敬意を払い，従順で忠実である。

第7章　人間関係のオクタゴンモデル

オクタントの不適応な側面

ここでは4つの主要な関わり方，および4つの中間型の不適応（否定的）な側面を簡単にみていく。ニュートラル近接から始めて時計回りに進めていく。その前に重要なことを述べておく。不適応な関わり方は，対極的な関わり方をする能力の欠如もしくは対極的な関わり方への恐れが原因であることが多いということである。例えば，望ましくない近接のあり方を示す人の場合，距離をおいた関係性を築くことへの恐れや能力の欠如が原因と考えられる。

ニュートラル近接

不適切な近接関係を求める人は1人でいることへの恐れや見捨てられるのではないかという不安を抱いている。そのため常に他者の注意を引こうとしたり，自分への関心を持続させようとする。また，他者の注意が自分より魅力的で興味深い第三者に向かうことに恐れを抱いている。分離不安（Bowlby, 1960）を抱き，自分を見捨てないよう他者を説得しようとする。他者が自分から去ってしまった場合，自分のところに戻ってくることを待ち焦がれる。1人でいると不安で落ち着かないため，忙しくして気を紛らそうとする。不安が高じるとパニックに陥ることがある。そして電話や別の手段を使って誰かと接触をとろうとする。常に相手に注意を向け，相手が距離をおきたいと望んでも無視し，相手が自分に対して秘密を持つことを許さず，相手の私生活に常に目を向ける。首を突っ込みたがり，詮索好きである。実際の人の代わりに人形やペット，空想上の友人や恋人を身近な対象にしている場合もある。また，自我の形成不全が原因で不適切な近接関係を求めることもある。そうした場合，共生（Taylor, 1975）と呼ばれる心理的プロセスを経て相手と一体化（Bower, 1978）することで自我の形成不全を代償しようとすることがある。

下位近接

Laing（1965）によれば，存在論的依存の状態とは，ニュートラル近接の一体化とは異なり，下位が上位を崇拝して偶像化した結果，相手のために，もしくは相手を通して自分の生を生きることを指す。不適応な下位近接の関わり方をする人は自分が頼りにする人が自分を守ってくれなくなったり，気遣ってくれなくなったり，愛情をかけてくれなくなることに対する恐れを抱いている。彼らが示すのはBowlby（1973）がいうところの不安型の愛着である。彼らは自分が承認され見捨てられることはないとの確証を繰り返し得たがる。相手なしでは生きていけない（たぶんその通りであろう）と訴えて，自分を見捨てないように泣いて嘆願しさえする。自分の病気や能力のなさ，抱える困難をこれみよがしに大袈裟に訴え，他者の良心に訴えかけようとする。あまりに執拗に相手にすがりつき，相手の忍耐を試すような真似をするため，結果的に自分が最も恐れる，相手からの拒絶を招く恐れがある。Fast（1967）によれば，抑うつには「力を持った他者からの拒絶」によって引き起こされるものがあり，抑うつ状態にある人は「人に受け入れられ，人から愛される自分を取り戻し，幸福で意味のある人生を再び生きるために，他者にどうしようもなく依存してしまっている」（p. 262）。

137

下位ニュートラル

　不適応な近接関係を求める人が相手と距離をおくこと（例えば，1人でいること）を恐れるように，下位の不適応なあり方は上位となること（例えば，権力を持ったり責任を負うこと）を恐れることである。自分はそのような地位には値しないと考えており，そのような地位を勧められても固辞しようとする。誰かに見守っていてほしいと思っており，人の助言や指示を仰ぐ。彼らはSeligman（1975）のいう学習性無力感を示す。彼らが恐れるのは上位が信頼できない場合や，権力を乱用して彼らを利用したり間違った方向へ導くことであるが，相手を信頼する以外の選択肢は彼らにはない。このような複雑な精神構造をみせるのは，上位に対する接し方を条件づけた過去の人物のイメージが彼らの中に生き続けているせいである。彼らは自分のことを能力がなく，不器用で役立たずだと捉えるように条件づけられているのである。

下位遠隔

　不適応な下位遠隔の人は自らが力を持つことや他者と近い関係を築くことを恐れる。それゆえ何事においても中心となることを好まず，目立たないように心がけ，誰からも気づかれない方がよいと思っている。臆病かつ内気ですぐに怖気づいてしまう。権威をたやすく受け入れる。過度に腰が低く，自分が表に出ることを避ける。人にすぐに頭を下げ，批判や非難を甘んじて受け入れてしまう。自律性や自発性がなく，行動を起こすのは指示されたときに限られる。侮辱されても攻撃されても，それに対して仕返しをすることはない。拒絶されることを恐れるあまり人に近づきたがらない。内面のことを話すと何らかの報復を受けるのではないかと恐れている。彼らは内面に自分自身に対する攻撃性と自罰感情を抱え込んでいる。そのため心身症を患いやすい。

ニュートラル遠隔

　不適応なニュートラル遠隔の人は他者と親しい関係性を築く能力に劣り，強い物理的障壁（高い壁や厳重な鍵，自分を覆い隠す服）を築いたり，内的な壁を作り上げる（秘密やプライバシーの保持に没頭し，厚い自我の境界を形成する）。他者と安全な距離を保ち，相手が近づこうものなら不安になる。長い時間1人で過ごすことを好み，人を避ける分離傾向を持つ。援助の申し出も好まず，援助なしに自分でできる範囲のことしかしない。援助を申し出る他者には裏心や危害を加える意図があるのではないかと思っている。人づきあいが苦手であまり話さず，形式的な会話にとどまる。自分のプライベートを知られることを好まず，他者に話されることも好まない。自分本位で自分のこと以外念頭になく，他者の意見に注意を払わない。現実離れした空想の世界に住んでいる。本を読んだりテレビをみるのは他者から逃避するためでもあり，他者を近づけないためでもある。物や抽象的な考えに引かれるが，人に対する関心はない。

上位遠隔

　不適応な上位遠隔の人は自分の立場を利用して無理やり他者との間に距離をとり続けようとする。よく使うのは追放と拒絶である。彼らは自己中心的で，自分なりの流儀が貫けるように他者に対して主導権を握る。頭にあるのは自分自身の重要性を確認することだけで，自惚れが強く，

傲慢，横柄で，得意げにふるまう。他者が保護者面することは許せない。他者の自主性を押さえつけ，何をどのようにすべきかすべて指示する。他者をあたかも物であるかのように扱い，利用する。他者の権威に敬意を払わず，自分への尊敬と服従を要求する。要求に従わない者には激しい怒りと憤りをみせ，罰を与えて相手に思い知らせずにはおかない。残酷，無慈悲な無法者で，暴力をふるったり，脅しをかけることを躊躇しない。その結果，他者がどれほど苦しもうが気にしないし，後悔することもない。むしろ他者に屈辱を与え，彼らが苦しむのをみて満足を覚える。自分が上位であることを確認できるからである。ライバルや敵から身を守るために内通者やボディガードを配することもある。

上位ニュートラル

　不適応な上位ニュートラルの人は，他者の助言に従ったり，他者に助言を求める習慣がなく，自分のことを他者に委ねることができない。それゆえ常に主導的であろうとし，自ら決断を下す。権力に引かれ，野心的な計画を夢見ては，より高い地位を獲得するために奮闘する。虚勢を張る傾向があり，自分が全能で偉大であるかのような空想や妄想を抱く。彼らにとっては自分が常に正しくなければならず，決して謝らない。問題の答えを知らない場合でも，あたかも知っているかのようなふりをする。他者のミスや欠点を暴くことを好み，他者を嘲笑，侮辱し，あざける傾向がある。他者の弱点を探して暴き，自信を喪失させる。そして人が笑いものになるのをみて喜びを感じる。

上位近接

　不適応な上位近接の人は自分の立場を利用して近しい関係を獲得し，維持しようとする。自分に注目するよう他者に求め，近しい関係を強要する。結果的に異性に対する性的乱暴や虐待につながることがある。自分の知らない友人や趣味を他者が持つことを好まず，妨害しようとする。このタイプの夫は妻に対してどこに行ったか，誰と一緒にいたかをきちんと報告するよう求める。妻が魅力的な装いをすることを嫌がり，暴行を加えて装いを台無しにすることさえある。妻が家を空けないように物理的な細工を加え，出ようとする妻に暴力をふるうこともある。相手の気持ちに関係なく無理に手助けに入ったり，お節介なまでに面倒を見ようとするのもこのタイプである。他者が困難に陥ったり，他者から助けを求められると生き生きとする。他者が弱く，助けを必要とする状態でいてくれることが彼らにとっては好ましい。他者の自律を妨げるように世話を焼き続けることもある。また，他者から敬愛され，崇拝されることを求めるタイプもある。不安定型の上位近接の人は自分を愛してくれる人のみを愛し，自分を誇張してみせることで自分への関心をつなぎ止めようとする。俳優が自分自身を途方もなく大きくみせようとするのはファンの関心が他に移るのを恐れるためである。

DSM-Ⅳ パーソナリティ障害とオクタゴンの関係

　パーソナリティを構成しているのは個人内の構成要素と個人間の構成要素の2つであるが，本

第1部　パーソナリティとの関連からみた円環

章では後者のみを扱う。個人間の構成要素は個人内の構成要素に比べ非常に重要である。個人間の構成要素は状況と時を超えて一定の方法で人と関わろうとする持続的な傾向と定義される。空間理論によれば4つの主要な関わり方にはそれぞれ利点があり，それらすべての関わり方や，関わり合いを維持できる能力を獲得することが重要である。適応的な関わり方とはパーソナリティの特徴というよりも，むしろ関係を築き，維持する一般的な過程の一部を構成するような類の行動のことである。4つの関わり方すべてに利点があるのであれば，適応的な人はあらゆる関わり方をする能力を身につけていなくてはいけないし，状況に応じて必要な関わり方ができなくてはならない。となると，何か特定のパーソナリティ特性がそうした人にあると考えるのは難しいであろう。もちろん人によっては4つの関わり方の中でも特定の関わり方をする傾向があり，そのような傾向性をその人のパーソナリティ特性と考えることもできるかもしれない。さらに，我々がパーソナリティと考えているものには，理想的な関わり合いのできない部分，特定の関わり方を避け，望ましくない不適応な関わり方をしてしまう点なども含まれているように思われる。つまりパーソナリティ障害である。

　パーソナリティ障害は，DSM-IV（American Psychiatric Association, 1994）では行動の特徴に基づき各クラスターに分類されている。分類のもととなる行動の特徴は，同時にみられることはあっても，それらを統一的に捉える概念は存在しないと一般的には考えられている。パーソナリティ障害同士の関係を包括的に捉える理論的枠組みはないのである。それに対して8つのオクタントは空間理論に基づくと仮定されている。ここからは，DSM-IV で分類された 10 のパーソナリティ障害のほとんどが8つのオクタントの不適応な側面と関連させて記述できることを示す。これによって対人的側面がいかに重要かが改めて確認できるだろう。不適応な側面を表現したオクタントは，内的整合性が担保される限り，対人関係に関わるパーソナリティ障害を DSM 分類よりも合理的かつ正確に分類できると考えられる。

　図7−2には各パーソナリティ障害のオクタゴン内への配置を記した。各パーソナリティ障害に関する次節の記述とともに適宜参照されたい。残念ながら3点ほど事前に断わっておくことがある。（a）まず 10 のパーソナリティ障害のうちの6つは複数のオクタントにまたがって配置されている。（b）またパーソナリティ障害がオクタゴンに均等に分布しているわけではない。（c）そしてパーソナリティ障害とオクタント間には1対1対応がほとんどみられない。例えば，複数のパーソナリティ障害が同じオクタントに配置されている例がある。これは，（a）ここでは考慮されていない対人的要因の効果のためであり，（b）各パーソナリティ障害がオクタントに含まれるさまざまな側面と個別に関連を持つためである。特に3つのオクタントに複数のパーソナリティ障害が集中して配置されているが，詳しくは拙著（Birtchnell, 1995）を参照されたい。

　DSM-IV のパーソナリティ障害をオクタゴンに当てはめる際には，まず DSM-IV ガイドラインの記述を読み，各パーソナリティ障害の不適応な関わり方に着目して分類した。DSM-IV ガイドラインの記述をそのまま参考にした例もあれば，ガイドラインの記述まとめを参考にした例もある。ガイドラインの記述は各パーソナリティ障害について複数ページにまたがっており，まとめたものにはその代表的な特徴だけが抜き出されている。また適切と思われたものに限り，ガイドライン以外の記述を参考にした部分もある。

第7章　人間関係のオクタゴンモデル

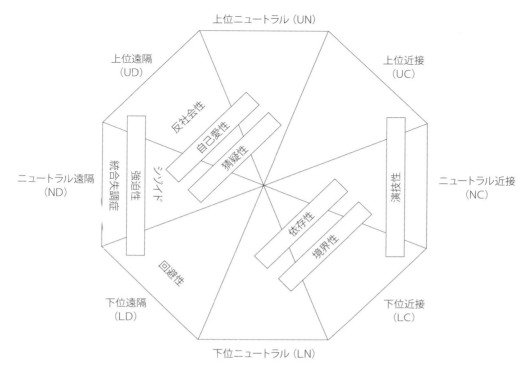

図7-2　DSM-Ⅳパーソナリティ障害の対人オクタゴン内の配置

A 群

A群に分類されるパーソナリティ障害をもつ人は「奇妙で風変わり」（p. 629）な特徴を持つ。彼らは十分に社会の中に統合されていない。A群に分類されるパーソナリティ障害は3つあり、いずれも人と距離をおく傾向があるが、同じ傾向はB群やC群にもみられる。

妄想性

主に人との関わり方で距離をとるパーソナリティ障害である。初期の特徴は「乏しい友人関係、孤立、対人不安」（*DSM-Ⅳ*, p. 636）である。彼らは「人をあまり信頼せず、他者と親しくなることを好まない」（p. 634）。「友人や仲間が誠実かどうか、信頼できるかどうか不当な疑念を抱いている」（p. 634）。「他者を信用できない」ために「自律傾向が強く」「自分のことは自分でしたいという過度の欲求」を抱く（p. 635）。人と距離をおくのは傷つけられることを恐れるためである。「過度に用心深く」、常に自分の身の安全に気を配っており、攻撃されると思えば先手を打って攻撃することも厭わない。他者と関わることもあるが、そのようなときには怒りっぽく攻撃的になる。自分では他者を批判非難するが、自分自身が批判の対象になるのは我慢がならない。これは上位の特徴である。「彼らの関心は権力や地位にある。彼らの言動の背後には非現実的な誇大妄想が透けてみえる」（p. 635）。上位としての最も顕著な特徴は周りの人をコントロールし続けたいという欲求である。この欲求を満たそうとするとき、彼らが築く関係性は上位近接

141

第1部　パーソナリティとの関連からみた円環

領域寄りとなる。彼らは「親密な関係におけるイニシアチブを握り続け，相手がどこにいて何をしていたかを問いただし，相手の不貞を責める」欲求に駆られる。

シゾイド

　妄想性の人とは異なり，シゾイドの人は純粋に人から離れた関係性を築く。Millon（1981）によれば，人とコミュニケーションをとりたいという欲求に欠けている。「彼らは他者と関わることに関心を持たない。むしろ1人でいることを好む」「親兄弟以外に仲のよい友人や親友を持たない」（p. 638）。他者と距離をとろうとする傾向は，Claridge（1987）が精神病患者について述べた表現を借りれば，おそらく刺激に対する閾値の低さが原因である。そのため Baron と Byrne（1991）がいうところの過重刺激に対して非常に敏感に反応する。妄想性の人とは異なり，シゾイドの人は「他者からの批判に無頓着で，他者にどのように思われようと一向にかまわないようにみえる」（p. 638）。冷静，冷淡で強い情動を感じることができないかのようである。「彼らは刺激に対して表情を変えることはほとんどない」（p. 638）。長いこと1人でいても建設的かつ創造的に仕事をこなすことができる彼らは，社会への貢献を果たし得る。ただ住んでいる世界が空想と白昼夢の世界だというだけである。

統合失調型

　統合失調型の人はシゾイドの人よりもやや距離をおいた関係性を築く。彼らは「親密な関係に対して強い不安を示す。親密な関係を築く能力にも劣っている」（p. 641）。社会に貢献するには内向的すぎる点でシゾイドの人と異なる。Millon（1981）によれば，彼らは無意味な行動をとり，怠惰で，能力に乏しく，意味のないことを次々と繰り返す。Millon の観察によれば，「自分を取り巻く社会から距離をとるに従い，彼らは現実のしきたりとも乖離し，社会と関わっていれば分かるであろう不合理な考えや行動をおかしいと思わなくなる」（p. 400）。常軌を逸したところがあり，話しぶりには風変わりな言い回しや論理構成がみられる。シゾイドの場合は空想や白昼夢であるが，統合失調型では錯覚や関係念慮（Millon, 1981），魔術的思考（Eckbald & Chapman, 1983），超常現象への熱中（Williams & Irwin, 1991）となって現れる。

B　群

　B群のパーソナリティ障害をもつ人たちの共通点は「芝居がかっており，感情的で，移り気」なことである。いずれも対人的特徴ではないため，B群の4つのパーソナリティ障害がオクタゴンの別々の場所に配置されても不思議ではない。

反社会的

　反社会的パーソナリティ障害のすべての特徴をオクタゴン内で表現できるわけではない。オクタゴンに含まれないものとしては，攻撃性（Harpur, Hare, & Hakistan, 1989 によってオクタゴンの要因とは明確に区別されることが示された），衝動性（Blackburn, 1993 によれば外向性に含まれると考えられる），刺激への欲求やすぐに退屈してしまう傾向などがある。残りの特徴は遠隔と上位に分かれ

て分布している。遠隔の特徴には2種類ある。1つ目はKantor（1993）がコミットメント恐怖症と名づけた概念に含まれ，2つ目は他者の感情への無関心と関係している。1つ目についていえば，反社会的な人は親しい関係を築くことはできる（結婚することも稀ではない）。しかし結婚生活を長続きさせることはできない。退屈してしまう傾向があるからである。結婚生活において彼らは性的満足や自己満足を得ることを優先して，相手に対する愛情や関心は二の次となりがちである。2つ目に関していえば，彼らは冷淡にも，非情にも，残忍にもなることができる。上位の特徴は主として上位遠隔のオクタントと関連する。周りからひどい扱いを受けていると信じており，その報復や社会に対する無差別な攻撃に関心を向けている。自分への攻撃の責任が社会にあると信じているのである。社会規範に従わず，法律を軽視し，「自責の念に欠ける。それは他者への無関心や傷害，虐待，窃盗の合理化などの形をとって現れる」（p. 650）。

境界性

　境界性パーソナリティ障害の人が示す特徴のいくつかはオクタゴンでは表現されていない。例えば，衝動性や刺激への欲求，すぐに退屈してしまう傾向などであり，これらは反社会的な人にもみられる特徴である。しかし，反社会的な人に比べ，境界性の人は主にオクタゴンの近接と下位寄りに配置される。彼らの近接の特徴は1人でいることに耐えられないことであり，他者を自分の近くに置いておきたいという欲求であり，見捨てられるのではないかという強い恐れである。分離や拒絶の危機の予感は彼らの心情とセルフイメージに深刻な変化をもたらす。親しい関係の構築に成功したか失敗したかで彼らの気分は大きく移り変わる。彼らが親しい関係に一番に求めているのは世話をしてもらうことである。それゆえ近接よりは下位近接に配置される。他者を理想化していても，十分に世話をしてくれないと思えば一気に相手の価値をおとしめる。相手が怠慢だと感じれば強い怒りを表す。しかしすぐにそのことを恥じ，罪の意識を抱き，ひどいことをしてしまったと感じる（これは下位の特徴の1つである）。自分が悪く，よこしまであるという罪の意識は「自傷行為や自殺未遂を繰り返す」（p. 654）原因となる。

演技性

　演技性パーソナリティ障害の人の特徴の中にもオクタゴンでは表現されていないものが含まれる。例えば，新奇性や刺激，興奮への欲求や満足の即時の充足欲求などである。境界性の人に似て，演技性の人も主に近接と下位に配置される。しかし両者のとる行動はまったく異なる。演技性の人にとって近い関係とは「皆の関心の中心でいること」（p. 658）である。人と群れたがるが，一緒にいる相手はさまざまである。表向き愛想がよいが，あくまで表面的で，純粋なものではない。「彼らの情動の移り変わりは深く感じ取ることができないほど早い」（p. 655）。自分の身なりに大変な気を遣い，人前では飾り立てた格好をする。彼らの栄養は人から受ける感嘆である（ここには上位の要素も含まれている）。魅力があり，人に対して過剰とも思える親しみをみせる。これは相手からの反応を引き出したいがためである。彼らにとって親しい関係は主に一方通行，つまり他者から自分に向けられるものを意味する。親密な関係の中で彼らが役割を演じているようにみえることがよくある。演技性の人の中の下位の要素は，彼らが暗示にかかりやすく他者から容

易に影響を受けやすいという形で現れる。「彼らは特に強い権威を持った人に対して過度の信頼を寄せる。自分の抱える問題をまるで魔法のように解決してくれると思っている」（p. 655）。

自己愛性

　自己愛性パーソナリティ障害のほとんどは上位と関連している。自己愛性の人は「自己の重要性に関する誇大な感覚」（p. 658）を示す。彼らは自分が優れており，特別もしくは唯一無二の存在だと信じており，他者にもそう思うよう求める。また果てしないほどの成功と権力への空想を抱く。自分が欲するもの，必要とするものは何でも手に入れる資格があると感じており，また与えられるものと期待している。特別扱いされるべきという，根拠のない期待を示す。しかし実は「彼らの自尊心はほとんど常に脆弱な状態にある」（p. 658）。自信に満ちて自惚れが強く，批判を受け入れることができない。周囲は自分に追従する者で囲まれている。自分の優先順位が非常に高く，他者にもその優先順位に従うよう期待している。ナルシシズムの人は自己愛性の人とは異なり，完全に自己中心的であり，自分の関心事だけを不適切なほどに長々と詳細に論じたて，他者にも感情や欲求があることが分からない。ナルシシズムの人には「感情的な冷淡さと相互関心の欠如」（p. 659）がみられる。そして自分の目的を達成するために他者を利用する。BlattとShichman（1983）によれば，ナルシシズムの人は自分が小さく取るに足らない存在であるという無意識の恐れから自分自身を守っている。

C 群

　C群に分類されるパーソナリティ障害の人は「不安と恐れ」（p. 630）を共通して抱いている。これもまた対人的特徴とはいえないので，C群に分類される3つのパーソナリティ障害がオクタゴン内の異なる場所に配置されても不思議ではない。

回避性

　回避性パーソナリティ障害の人は下位遠隔に配置される。親しい関係を求める気持ちは持ちつつも，失ったときの痛みを恐れるあまりに親しい関係になることを恐れる。Millon（1981）によれば「愛情を求める気持ちは強いが，その気持ちを自己防衛的に否定している」（p. 303）。回避性の人が「引っ込みがちで静か，自己抑制的で『影が薄い』のは，傷つけられ，拒絶されることを恐れているからである」（p. 662）。自分のことを「社会的に不適切で，人間として長所がない，または他の人より劣っている」（p. 662）と思っている。このことを他者に知られたくないがために人との関わり合いを恐れる。彼らは常に接近と回避の葛藤状態に置かれている。社会活動に積極的に参加したいと思っているにもかかわらず，自分の幸福を他者の手に委ねることを恐れている。感覚的には敏感で，潜在的な脅威がないか油断なく目を配っている。拒絶や屈辱，辱めには非常に敏感で，相手のちょっとした非難の印にもショックを受け，相手の何でもないしぐさにも自分が笑いものにされ屈辱を受けたと思い込んでしまう傾向がある。彼らの特徴は猜疑性の人にみられる下位の特徴によく似ている。

依存性

依存性パーソナリティに含まれる特徴を考えると，その配置はニュートラル近位から下位ニュートラルまで広範囲にわたり得るが，下位近接が最も正確といえる。彼らも回避性の人と同様の葛藤を経験するが，より人との距離を縮める危険を冒す傾向がある。極端に近い関係を求める場合，1人にされることを恐れて，自分を委ねると決めた相手のそばを離れないようにする。下位の特徴が強く表れるとどんな簡単な決断をも恐れ，信頼する上位の人からの指示を期待する。自分が受け入れられているという安心感を常に求めている。相手に異を唱えると相手から拒絶されるのではないかと恐れている。Pilkonis（1988）によれば評定者に依頼して依存性に関する項目をクラスターに分類したところ，2つの高次クラスター（真の依存性と境界的特徴）が得られたという。境界性の人もまた下位近接に配置されることを考えると非常に興味深い。

強迫性

強迫性パーソナリティ障害の人の配置は間違いなく遠隔である。「彼らは優しい感情を表現するのが困難で，非常に抑制された堅苦しい仕方で愛情表現をする」（p. 671）。「彼らは情動表現の豊かな人と一緒にいると非常に落ち着かない」（p. 671）。「自分の見方に凝り固まっており，他者の視点に立って物事をみることができない」（p. 670）。「自分の言うことが決して間違っていないことが確信できるまでは本心を注意深く隠しておく」（p. 671）。「日常的には形式的で堅苦しい関係を築く」（p. 671）。彼らの行動はオクタゴンの遠隔全体に広く分布する。何事も自分のやり方で行うよう強情に，そして分別なく言い張る点では上位遠隔に当てはまる。さらにその方法まで詳細に指示する特徴がある。一方，「権威に対しては堅苦しいほどの慇懃さを示し」（p. 670），上位の者が定めた決まりや法には全体的に従う傾向がある。彼らの内面には厳格な上位者がいて，その内在化された他者が「失敗に対する無慈悲な自己批判」（p. 670）を迫るのである。決まりや手続き化された方法で正しい答えが出ない場合，決断には時間がかかり，時に苦痛を伴う。

パーソナリティ特性およびパーソナリティ障害の円環への配置

空間理論と古典的対人理論によってパーソナリティ特性がそれぞれどのように配置されるのかを詳細に比較したものに関心のある読者は拙著（Birtchnell, 1994, 1996）を参考にされたい。ここでは簡単に述べておくにとどめる。対人理論家が適応的関わり方と不適応な関わり方の区別を十分につけることができなかったために，多くの比較はうまくいかなかった。本節ではオクタゴンの8つのオクタントを頭文字で省略して記す（略記の意味は図7-1，および図7-2の注を参考のこと）。初めに8つのオクタントに区分したLeary（1957）の配置と比べてみると，NC, LC, LN, UD, UN, UC に関してはほぼ一致する。しかし Leary が LD と ND の位置に配置している内容は，空間理論ではむしろ ND や UD に相当する。LD と ND の配置の変更は Wiggins と Broughton（1985）にも引き継がれたが，彼らは LD と ND をさらに3つずらしている。彼らが UC, NC, LC の位置に配置した内容はオクタゴンの NC, UC, LD に相当する。Kiesler（1983）は Wiggins と Broughton の変更を踏襲したが，Strong ら（1988）は近接—遠隔の軸と意味的に

第1部　パーソナリティとの関連からみた円環

近いつながり—分離の軸を用いることで，Leary や空間理論に近い配置を採用している。

　パーソナリティ障害を円環システムに当てはめようとした場合の問題としては，DSM-IV 分類の各障害を異なるカテゴリーに重ならないように区分できないことが挙げられる。Livesley, West と Tanney（1985）は同じ群に分類された障害同士の違いは特定の症状の有無ではなく，あくまで程度の違いであるとしている。彼らの観察ではほとんどの患者に複数の障害がみられ，症状として現れるのは患者が持つパーソナリティ障害の症状の一部であり，すべての症状が現れるわけではない。これまでに研究対象となった患者の数と使われてきた研究手法に基づいて計算した結果，1人の患者が併発しているパーソナリティ障害の数は平均5.6にのぼるとする研究者もいる（Hyler, Skodol, Kellman, Oldham, & Rosnick, 1990）。Dolan, Evans と Norton（1994）は複数の診断名がつくのは例外ではなくむしろよくあることであり，それゆえ共存症ではなく精神病理が持つ幅という用語の使用を提案している。これらの観察内容は人とうまく関わる能力の低さ（不適応な関わり方）があらゆる関わり方に影響を及ぼすとする考えを裏づけている。それゆえ対極性は概念レベルの話であって，実際にはそう明確にはみられない。現在進行中の計画では，パーソナリティ障害の診断が確定した患者グループを対象に PROQ（p. 133 参照）のオクタント得点と Personality Diagnostic Questionnaire（PDQ-IV）（Hyler et al., 1990）の DSM-IV パーソナリティ障害得点間の相関の程度を検討している。いずれの尺度でも，Dolan ら（1994）が観察したパーソナリティ障害の幅がみられつつも，オクタゴン上への得点分布では類似した傾向を示すと予想される。

　DSM-III 分類のパーソナリティ障害を円環システムに当てはめた際（DSM-IV を対象とした研究はいまだ行われていない），古典的対人理論家たちにとって問題となったのは適応的関わり方と不適応な関わり方の区別の曖昧さであった（図7-2 に示した配置はすべて不適応な関わり方を対象としている）。統計的手法を用いて適応的関わり方と不適応な関わり方の区別を試みた研究をレビューした Dyce（1994）によれば，研究結果の違いは統計的手法の違いによると考えられる。Wiggins（1982）は強迫性が UN に，演技性は NC に，依存性は LC に，シゾイドは LD に，妄想性は ND に，自己愛性は UD にそれぞれ配置されるとした。後年の研究で Wiggins と Pincus（1989）は依存性を LC に，回避性とシゾイドを LD に，自己愛性と反社会性を UD に，演技性を UC に配置している。この場合，各パーソナリティ障害はそれぞれ1つのオクタントに配置されているため，図7-2 で示した配置と厳密に比較するのは難しいが，概ねの傾向は一致しているように思われる。

結　論

　筆者の円環モデルへの関心は心理学的依存の本態に関する思索から生まれた。心理学的依存を構成すると考えられる2つの要素をもとに，対人理論に似た，2軸で構成された関係性理論を構築した。本理論（空間理論）の軸は近接—遠隔と上位—下位を表している。空間理論では動物同士の関係性と人間同士の関係性の間に連続性があることを重視している。4つの主要な関わり方とその中間型は対人オクタゴンと総称される。空間理論の考えでは，(a) 4つの主要な関わり方

は対人的な目的を表す。（b）人はこれらの目的を達成するための能力を発達させる必要がある，（c）これらの目的を達成できたか否かの反応が情動である。不適応な，もしくは好ましくない関わり方をするのは適切な関わり方ができないからであり，オクタゴンのある区画に関わる不適切な関わり方をするのはその反対の関わり方ができないからである。対人理論にみられる対極性は適応的な関わり方と不適応な関わり方の区別が明確にできていないことによる。オクタゴンでは不適応な関わり方だけを対象としており，対極性は明確ではない。DSM-IV 分類の 10 のパーソナリティ障害をオクタントが表す不適応な関わり方との関連で定義するとすれば，（a）6 つのパーソナリティ障害は複数のオクタントにまたがり，（b）それらはオクタゴン内で偏った分布をみせ，（c）パーソナリティ障害とオクタントが 1 対 1 対応するケースはほとんどみられない。

文 献

American Psychiatric Association. (1994). *Diagnostic and statistical manual of mental disorders* (4th ed.). Washington, DC: American Psychiatric Association.

Argyle, M. (1972). *The psychology of interpersonal behaviour*. Harmondsworth, England: Penguin Books.

Baron, R. A., & Byrne, D. (1991). *Social psychology*. London: Allyn & Bacon.

Birtchnell, J. (1984). Dependence and its relationship to depression. *British Journal of Medical Psychology, 57*, 215-225.

Birtchnell, J. (1987). Attachment-detachment, directiveness-receptiveness: A system for classifying interpersonal attitudes and behaviour. *British Journal of Medical Psychology, 60*, 17-27.

Birtchnell, J. (1988). Defining dependence. *British Journal of Medical Psychology, 61*, 111-123.

Birtchnell, J. (1990). Interpersonal theory: Criticism, modification and elaboration. *Human Relations, 43*, 1183-1201.

Birtchnell, J. (1991a). Redefining dependence: A reply to Cadbury's critique. *British Journal of Medical Psychology, 64*, 253-261.

Birtchnell, J. (1991b). The measurement of dependence by questionnaire. *Journal of Personality Disorders, 5*, 281-295.

Birtchnell, J. (1994). The interpersonal octagon: An alternative to the interpersonal circle. *Human Relations, 47*, 511-527.

Birtchnell, J. (1995). Detachment. In G. C. Costello (Ed.), *Personality characteristics of the personality disordered*. New York: Wiley.

Birtchnell, J. (1996). *How humans relate A new interpersonal theory*. Hove, England: Psychology Press.

Birtchnell, J., Deahl, M., & Falkowski, J. (1991). Further exploration of the relationship between depression and dependence. *Journal of Affective Disorders, 22*, 221-233.

Birtchnell, J., Falkowski, J., & Steffert, B. (1992). The negative relating of depressed patients: A new approach. *Journal of Affective Disorders, 24*, 165-176.

Blackburn, R. (1988). On moral judgements and personality disorders: The myth of psychopathic personality revisited. *British Journal of Psychiatry, 153*, 505-512.

Blackburn, R. (1993). *The psychology of criminal conduct*. Chichester, England: Wiley.

Blatt, S. J., & Shichman, S. (1983) Two primary configurations of psychopathology. *Psychoanalysis and Contemporary Thought, 6*, 187-249.

Bowen, M. (1978). *Family therapy in clinical practice*. New York: Jason Aronson.

Bowlby, J. (1960). Separation anxiety. *International Journal of Psycho-Analysis, 41*, 89-113.

Bowlby, J. (1969). *Attachment and loss: Vol. 1. Attachment*. London: Hogarth Press/Institute of Psychoanalysis.

Bowlby, J. (1973). *Attachment and loss: Vol. 2. Separation, anxiety and anger*. London: Hogarth Press/Institute of

Psychoanalysis.

Bowlby, J. (1977). The making and breaking of affectional bonds: I. Aetiology and psychopathology in the light of attachment theory. *Bntish Journal of Psychiatry, 130*, 201-210.

Claridge, G. (1987). "The schizophrenias as nervous types" revisited. *British Journal of Psychiatry, 151*, 735-743.

Dolan, B., Evans, C., & Norton, K. (1994). Multiple Axis-II diagnoses of personality disorder. *British Journal of Psychiatry, 166*, 107-112.

Dyce, J. A. (1994). Personality disorders: Alternatives to the official diagnostic system. *Journal of Personality Disorders, 8*, 77-88.

Eckbald, M., & Chapman, L. J. (1983). Magical ideation as an indicator of schizotypy. *Journal of Clinical and Consulting Psychology, 52*, 215-225.

Fast, I. (1967). Some relationships of infantile self-boundary development to depression. *International Journal of Psycho-Analysis, 48*, 259-266.

Freedman, M. B., Leary, T., Ossorio, A. G., & Coffey, H. S. (1951). The interpersonal dimension of personality. *Journal of Personality, 20*, 143-161.

Fromm, E. (1947). *Man for himself.* New York: Rinehart.

Guttman, L. A. (1954). A new approach to factor analysis: The radex. In P. R. Lazarsfeld (Ed.), *Mathematical thinking in the social sciences* (pp. 258-348). Glencoe, IL: Free Press.

Harpur, T. J, Hare, R. D., & Hakistan, A. R. (1989). Two-factor conceptualization of psychopathy: Construct validity and assessment implications. *Psychological Assessment: A Journal of Consulting and Clinical Psychology, 1*, 6-17.

Hirschfeld, R. M. A., Klerman, G. L., Lavori, P., Keller, M. B., Griffith, P., & Coryell, W. (1989). Premorbid personality assessment of first onset major depression. *Archives of General Psychiatry, 46*, 345-350.

Homey, K. (1937). *The neurotic personality of our time.* New York: Norton.

Hyler, S. E., Skodol, A. E., Kellman, H. D., Oldham, J., & Rosnick, L. (1990). Validity of the Personality Diagnostic Questionnaire—Revised. Comparison with two structured interviews. *American Journal of Psychiatry, 147*, 1043-1048.

Kantor, M. (1993). *Distancing A guide to avoidance and avoidant personality disorder.* Westport, CT: Praeger.

Kiesler, D. J. (1983). The 1982 interpersonal circle: A taxonomy for complementarity in human transactions. *Psychological Review, 90*, 185-214.

LaForge, R., & Suczek, R. (1955). The interpersonal dimension of personality. III: An interpersonal checklist. *Journal of Personality, 24*, 94-112.

Leary, T. (1957). *The interpersonal diagnosis of personality A functional theory and methodology for personality.* New York: Ronald Press.

Livesley, W. J., West, M., & Tanney, A. (1985). Historical comment on DSM-III schizoid and avoidant personality disorders. *American Journal of Psychiatry, 142*, 1344-1347.

Lorr, M., & McNair, D. M. (1963). An interpersonal behavior circle. *Journal of Abnormal and Social Psychology, 67*, 68-75.

Lorr, M., & Youniss, R. P. (1973). An inventory of interpersonal style. *Journal of Personality Assessment, 37*, 165-173.

McGuffin, P., & Katz, R. (1986). Nature, nurture and affective disorder. In J. F. W. Deakin (Ed.), *The biology of depression* (pp. 26-52). London: Gaskell Psychiatry Series, Royal College of Psychiatrists.

Millon, T. (1981). *Disorders of personality DSM-III Axis II.* New York: Wiley.

Nesse, R. M. (1990). Evolutionary explanations of emotions. *Human Nature, 1*, 261-289.

Olson, D. H., Sprengle, D. H., & Russell, C. S. (1979). Circumplex model of marital and family systems: I. Cohesion and adaptability dimensions, family types, and clinical applications. *Family Process, 18,* 3-28.

Paddock, J. R., & Nowicki, S. (1986). An examination of the Leary circumplex through the Interpersonal Check List. *Journal of Research in Personality, 20*, 107-144.

Pilkonis, P. A. (1988). Personality prototypes among depressives: Themes of dependency and autonomy. *Journal of Personality*

Disorders, 2, 144-152.

Ray, J. J. (1976). Do authoritarians hold authoritarian attitudes? *Human Relations, 29*, 307-325.

Seligman, M. E. P. (1975). *Helplessness On depression, development and death*. San Francisco: Freeman.

Strong, S. R., Hills, H. I., Kilmartin, C. T., DeVries, H., Lanier, K., Nelson, B. N., Strickland, D., & Meyer, C. W., III. (1988). The dynamic relations among interpersonal behaviors: A test of complementarity and anticomplementarity. *Journal of Personality and Social Psychology, 54*, 798-810.

Sullivan, H. S. (1953). *The interpersonal theory of psychiatry*. New York: Norton.

Taylor, G. J. (1975). Separation-individuation in the psychotherapy of symbiotic states. *Canadian Psychiatric Association Journal, 20*, 521-526.

Wiggins, J. S. (1979). A psychological taxonomy of trait-descriptive terms: The interpersonal domain. *Journal of Personality and Social Psychology, 37*, 395-412.

Wiggins, J. S. (1982). Circumplex models of interpersonal behavior in clinical psychology. In P. S. Kendall & J. N. Butcher (Eds.), *Handbook of research methods in clinical psychology* (pp. 183-221). New York: Wiley.

Wiggins, J. S., & Broughton, R. (1985). The interpersonal circle: A structural model for the integration of personality research. In R. Hogan (Ed.), *Perspectives in personality* (Vol. 1, pp. 1-47). Greenwich, CT: JAI Press.

Wiggins, J. S., & Pincus, A. L. (1989). Conceptions of personality disorders and dimensions of personality. *Psychological Assessment: A Journal of Consulting and Clinical Psychology, 1*, 305-316.

Williams, L. M., & Irwin, H. J. (1991). A study of paranormal belief, magical ideation as an index of schizotypy and cognitive style. *Personality and Individual Differences, 12*, 1339-1348.

第8章

職業興味の円周構造

Terence J. G. Tracey & James B. Rounds

　職業興味研究の中心は，職業興味を構成する因子の数を探ることにあった（例えば Guilford, Christensen, Bond, & Sutton, 1954; Hansen, 1984; Jackson, Holden, Locklin, & Marks, 1984; Kuder, 1977; Rounds & Dawis, 1979）。1956 年に Roe が職業興味を表す円周モデルを発表したが，依然として因子の数を探る研究が職業心理学の大勢を占めていた。職業興味を表現した円周モデルに注目が集まったのは比較的最近のことであり，Holland（1973）が職業興味を 6 類型に分けて円周モデルで表現してからのことである。

　パーソナリティと職業環境は職業心理学において重要な因子と考えられている（Borgen, 1986; Brown & Brooks, 1990; Osipow, 1983）。Holland（1959, 1973, 1985a）はパーソナリティと環境を 6 つに分類したモデルを提案した（realistic：現実的興味＝R，investigative：研究的興味＝I，artistic：芸術的興味＝A，social：社会的興味＝S，enterprising：企業的興味＝E，conventional：慣習的興味＝C，以後は RIASEC と総称）。今では職業興味を測定する主要な尺度はほぼすべてこれら 6 類型の得点が算出できるようになっている。この 6 類型は職業を分類する際にも広く使われている（例えば Gottfredson & Holland, 1989）。6 つの類型（およびパーソナリティ，環境も）は類似度に合わせて六角形の各頂点に配置されている（図 8－1）。Holland（1973, 1985a）によれば，六角形モデル（6 つのタイプを等間隔で円周上に配置したモデル）を使って職業興味の安定性と予測性，および職業満足に関する仮説を立てることが可能である（職業と職業興味の類型の一致度が高いほど安定した職業興味と職歴を示し，職業興味と職場環境の一致度が高いほど満足度も高くなる）。Holland の RIASEC はそのシンプルさと完成度の高さゆえに職業心理学分野で強い影響力を持つに至っている。

　Holland のモデルを扱った研究の中には，このモデル自体の適合度を検証した研究や，異なる集団間の差異（つまり年齢差，性別差，文化差）に関する研究が含まれていた。しかし単一集団を対象にしても，職業興味の構造に関して明確な結論の出ない研究がほとんどであった。研究を概観した論文（例えば Gati, 1991; Hansen, 1984; Holland, 1985a; Prediger, 1982）でも，Holland の六角形モデルに対する評価は分かれている。我々は，職業興味の構造を検討するためには Holland のモデルを扱ったさまざまな研究を取り上げて量的に検討する必要があると考え，多くの文献を収集して研究を続けてきた。

Holland の円周構造の検討

Holland のモデルの研究をきっかけにして，職業興味の円周構造の検討を行った。本節では

パーソナリティを分類した Holland の RIASEC モデルの円周構造を検討した研究を，以下の5つの観点から簡単に振り返る。(a) 別の円周モデルの解説，(b) 円周モデルの利点，(c) 円周モデルで示された次元の特徴，(d) RIASEC で示された円周配列の一般化可能性，(e) RIASEC の類型および六角形構造と他のパーソナリティモデルの関連。

RIASEC 類型の円周配列

Holland の六角形モデルは6つの類型を並べた円環モデルそのものである。円環という言葉を使ったのは Guttman（1954）で，行列内の相関係数が主対角線から離れるに従っていったん小さくなり，再び大きくなるパターンを示す場合に変数が円周状に配列されることを指して円環と命名した。Browne（1992）が記しているが，何をもって円環とするかについては，Guttman のシンプレックス（simplex）構造からより制限の強いものまで，さまざまな定義づけと検討がなされてきた。我々はその中から円周構造に関する2つの異なる定義を取り上げ，検討を行ってきた。円周順序モデル（circular order model）と円環モデル（circumplex）の2つである。

円周順序モデルとは，各類型を円周上に配列し，類型間の距離によって類型同士の相対的な関連の強さを表現したモデルである。円環モデルの中でも制約が少ないモデルで，各類型が円状に配列することだけを条件とする。円周順序モデルでは隣接する類型同士の相関が，お互い離れた位置にある類型同士の相関よりも大きくなるように配置されなくてはならない（例えば，現実的―研究的＞現実的―芸術的，社会的―企業的＞研究的―社会的，芸術的―社会的＞芸術的―慣習的）。また，1つおきに配置された類型同士の相関は，対極に配置された類型同士の相関よりも大きくなければならない（例えば，現実的―芸術的＞芸術的―慣習的）。円周順序モデルが上記の条件を満たしているかどうかの検証には Hubert と Arabie（1987）のランダム化テスト（randomization test）が使われてきた。ランダム化テストでは標本相関行列の行と列の名称はランダムにつけられたものだとする帰無仮説を立て，特定のモデルが標本相関行列に適合する確率を求める（詳細な例は Rounds, Tracey, & Hubert, 1992 を参照のこと）。

Holland の六角形を円環モデルと呼ぶこともあるが，円環モデルの場合は円周順序モデルよりも制約がきつく，相関係数同士の間には等しい関係性が成り立つと仮定される（つまり隣接する類型同士の相関は1つおきで配置された類型間の相関よりも常に大きく，1つおきで配置された類型間の相関は対極に配置された類型間の相関よりも常に大きい）。ただし，すべての相関係数の大きさが等しいという制約までは入っていない。すなわち円環モデルでは隣接する類型同士の相関係数は等しく（つまり，現実的―研究的＝研究的―芸術的＝芸術的―社会的＝社会的―企業的＝企業的―慣習的＝慣習的―現実的），1つおきで配置された類型同士の相関係数もまた等しい（つまり，現実的―芸術的＝研究的―社会的＝芸術的―企業的＝社会的―慣習的＝企業的―現実的＝慣習的―研究的）。さらに，対極に配置された類型同士の相関係数も同様に等しいと仮定される（つまり，現実的―社会的＝研究的―企業的＝芸術的―慣習的）。本モデルでは，RIASEC の6つの類型間で計算される15の相関係数は3つの相関係数，つまり隣接する類型間の相関係数，1つおきに配置された類型間の相関係数，対極に配置された類型間の相関係数によって表現が可能である。円環モデルのデータへの適合度の検証には確認的因子分析が用いられる。

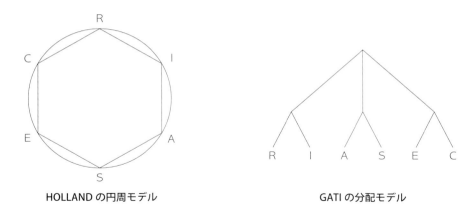

図8−1　パーソナリティタイプに関するHollandの円周モデルとGatiの分配モデル
R = 現実的興味；I = 研究的興味；A = 芸術的興味；S = 社会的興味；E = 企業的興味；C = 慣習的興味
"Evaluating Holland's and Gati's Vocational Interest Models: A Structural Meta-Analysis,"
T. J. G. Tracey and J. B. Rounds, 1993, *Psychologcal Bullebn, 113*, 229-246. アメリカ心理学会の許可を得て転載

　さらに制約の厳しい円環モデルは厳密な円環モデル（exact circumplex）と呼ばれる（Rounds & Tracey, 1993）。上述した円環モデルではRIASEC類型間の相関行列を3種類の相関係数を使って表現するが，厳密な円環では1種類の相関係数だけを使って表現する。RIASECの6類型間の距離が均等だと仮定すると，相関係数の大きさは類型間の距離に比例する。つまり隣接する類型間の相関係数は対極に位置する類型間の相関係数の3倍となり（例えば，現実的─研究的 = 3×現実的─社会的），1つおきに位置する類型間の相関係数は対極に位置する類型間の相関係数の2倍となる（例えば，現実的─芸術的 = 2×現実的─社会的）。こうしてRIASECの相関行列内の15の相関係数は1つの指標，つまり対極に位置する類型間の相関係数だけを用いて表現可能となる。明らかに制約の強いモデルであり，円周構造が持つ幾何学的特徴をすべて満たさなくてはならない。我々はRIASECのデータに対して3つの円周モデル（円周順序モデル，円環モデル，厳密な円環モデル）それぞれの適合度を検証した。本章で円周モデルという用語を使う際には一般的な円周構造のことを指すこととし，特定の円周モデルのことを述べる際には個別に記すこととする。

円周か，クラスターか

　Gati（1991）は職業興味の構造に関する論文を収集して検討を加え，Hollandの円周モデルよりもRIASECを枝分かれ上に配置した分配モデルの方が職業興味の構造としてふさわしいと考えた（図8−1）。Gatiの考えによれば職業興味には3つの異なるクラスターがあるだけであり，考えなければならないのはクラスター間の関係なのであった。しかしGatiは自身のモデルとHollandのモデルの違いを誤って表現しており，またモデルの適合度の測定法も適切ではなかった（Hubert & Arabie, 1987）。そこで2つのモデルをより適切な方法で比較するために，論文に記載されたRIASECの相関行列104例を集めて，さまざまな統計手法を用いて検討を加えた（Tracey & Rounds, 1993）。まず初めにHubertとArabie（1987）のランダム化テストを用いてHollandの円周モデルとGatiの分配モデルの適合度を調べると，両モデルとも一定の適合度を示

したが，Gati のモデルから予想される相関係数にはデータと適合しない部分があった。次に確認的因子分析を用いて両モデルを比較すると，Holland の円周モデルの方が適合度がよく，簡潔な説明が可能であった。さらに個人差クラスター分析による比較を行った。Gati のモデルは本質的にはクラスターモデルだからである。しかしクラスター分析の結果も Gati のモデルを支持しなかった。つまり Holland のモデルには欠陥があるとした Gati の考えは論理的にもデータの面からも誤っていたと考えられる。Holland の円周構造（円周配列と円環様式によって表現される構造）の方が Gati のモデルよりも適切なようである。

　さまざまな尺度で測定した 104 にのぼる RIASEC の相関行列の分析から，Holland の円周モデルは円周配列の面および円環の定義の面でも RIASEC データをうまく説明することが分かった（Tracey & Rounds, 1993）。また，アメリカ人サンプルを対象とした RIASEC の相関行列 77 個を集めてメタ分析した結果によれば，厳密な円環モデルの適合度も良好であった（Rounds & Tracey, 1993）。このことからユークリッド幾何学を利用した RIASEC データの分析が可能であると考えられる。類型間の相関の大きさはユークリッド幾何学の原則に従う（つまり類型間の距離の長さと相関の大きさが反比例する）からである。

どの方向に次元を設定するか

　Hogan（1983）によれば，パーソナリティ構造を明らかにするためには 2 つの方法がある。因子アプローチと円環アプローチである。因子アプローチは職業心理学やパーソナリティ心理学分野における主要な方法として使われている，項目同士の背後に潜在する次元を明らかにし，その命名を通して項目同士の関係の把握を目指す方法である。それゆえ潜在する次元もしくは因子そのものを把握し，正確に推測することを目的とする。一般的に因子アプローチでは 1 つの項目が 1 つの因子だけに負荷する単純構造を目指す。複数の因子に負荷する項目はきれいな因子構造や尺度構成につながらないとして，概念的にも統計手法上も問題とみなされ，たいていは削除される。あらゆるデータに共通して潜在する因子の数を追求し，なるべく少ない数の因子で構造を把握しようとする方法が因子アプローチである。

　円環アプローチが使えるのは 2 つの次元が見出されるときである。円環アプローチでは潜在する次元に対してよりも，円周構造そのものに焦点が当たることが多い。円周構造を分析することで，潜在次元の分析からは得られない，円周上の点と点の間の類似性に関する情報を引き出すことができる。例えば，2 つの次元に高い負荷をみせる項目は概念的な不明確さゆえに削除されるのではなく，円周上の特定の点を表すがゆえに意味があるとみなされる。このような項目群は独自の類型を構成し，1 つの次元だけに高い負荷をみせる類型とは異なるものと解釈される。つまり項目が構成する円周構造の分析を通して，因子アプローチでは見出すことのできない，概念的に異なる類型を見出すことができる。さらにこれらの類型を円周上に配置することで類型間の類似性を表現することが可能となる。円環アプローチが使えるのは 2 つの次元が見出されるときに限られ，2 つ以上の類型を生じさせるという意味では因子アプローチよりも非節約的である。しかし因子アプローチでは簡単に表現することのできない，類型同士の関係を明確に表現することが可能である。

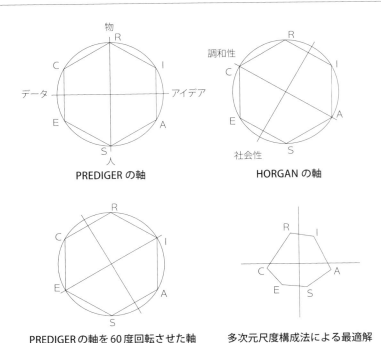

図8-2 Hollandの円環構造を規定する2次元に関して考え得る3つの軸の方向性，および3通りの多次元尺度構成法で構成した最適モデル

R=現実的興味；I=研究的興味；A=芸術的興味；S=社会的興味；E=企業的興味；C=慣習的興味
"Prediger's dimensional representation of Holland's RIASEC circumplex," J. B. Rounds and T. J. G. Tracey, 1993, *Journal of Applied Psychology, 78*, 875-890. アメリカ心理学会の許可を得て転載

RIASECの類型について因子アプローチで研究を行ったPrediger（1982; Prediger & Vansickle, 1992）は，さまざまなデータからRIASECの構造を分析し，人—物とデータ—アイデアという，対極する2つの次元を見出した（図8-2）。社会的興味と現実的興味は人—物次元の両極に配置され，この次元だけに高い負荷を示す。しかし他の4つの類型と2つの次元の関係はこれほど単純ではなく，4つの類型は両方の次元に負荷する。企業的興味，慣習的興味と芸術的興味，研究的興味はデータ—アイデア次元を挟んで対極に分けられる。6つの類型を2つの次元で表現する方法は構造が一目で捉えやすいという利点があるが，2つの次元が混じり合った類型同士を区別する上ではよい方法とはいえない。

PredigerとVansickle（1992）はRIASEC構造で重要なのは2つの次元そのものであり，類型が円周上に並ぶことではないと考えた。個人の関心のあり方や職場環境を2次元に沿って分類することの方が，どの類型に最も当てはまるかを考えることよりも有用だと考えたのである。しかし我々の考えでは，円環を規定する潜在的な次元も大事であるが，円周構造そのものの方が重要である（Rounds & Tracey, 1993）。類型が円周上に並ぶことを確認することによって，2つの次元そのものについて知ること以上の情報を得ることができる。データがきれいに円周上に並ぶ場合は，どのような軸を引いたとしてもデータの分散を等しく説明することができる。円周構造を規定する潜在次元はあくまで恣意的なものでしかない。それゆえ特定の次元を円周構造を規定する

基本的な次元とみなすことは，円周構造そのものの確認に比べ簡単ではない。

　それでは，先ほどのアメリカ人サンプルを対象とした RIASEC の 77 の相関行列を利用して，どの方向の次元がより基本的な次元なのかを検討してみよう（Rounds & Tracey, 1993）。考えられる次元の方向性は次の 3 種類である。1 つ目は Prediger の人―物とデータ―アイデアの次元，2 つ目は Hogan の調和（慣習的興味と芸術的興味を対極とする次元）と社会性（企業的興味・社会的興味を現実的興味・研究的興味の対極とする次元）の次元，3 つ目は Prediger の次元を時計回りに 60 度回転させたもので，研究的興味と企業的興味を対極とする次元と，慣習的興味・現実的興味を社会的興味・芸術的興味の対極とする次元である。すると 3 種類のいずれの軸によってもデータを同じ程度に説明可能（分散の 75％を説明）であった。つまりいずれの次元も円周構造を規定する次元として考えることが可能であった。「最適」の次元があるのかどうかを確認するために，多次元尺度構成法を用いて分析したところ，最適解として得られたのは Prediger と Hogan のモデルの中間に相当する次元であった（図 8-2）。しかし最適解と他のモデルの適合度の差はわずかであった（分散説明率は最適解が 79％，他のモデルは 75％）。つまり RIASEC の円周構造を規定する次元の設定は恣意的に決められたものにすぎないのである。

　Prediger の因子モデルでも Holland の円環モデルでも，RIASEC の 6 類型同士の関係を同じように説明することができる。2 つのモデルの違いは焦点を当てる対象の違い，つまり次元に焦点を当てるか円周構造に焦点を当てるかの違いである。潜在的な次元の設定が恣意的にすぎないことを考慮すれば，次元よりも円周構造そのものに焦点を当てるべきであろう。

Holland の円周構造は一般化可能か

　職業興味に関しては，さまざまなグループの RIASEC 得点を比較して性差や文化差，年齢差などを検討する研究が数多く行われてきた（Holland, 1985a）。グループ間で平均値を比較することは重要であるが，そのためには尺度の構造がグループ間で一致している必要がある。つまり得点が持つ意味と尺度の構造が同じでなければ，グループ間の尺度得点を比較することはできない。しかし興味尺度の構造が一致するかどうかを検討した研究は，平均値差を検討した研究に比べてずっと少ない。

　そこで RIASEC を用いたアメリカの研究から 77 サンプルを抽出して，性別，尺度，年齢の違いによる円周順序モデルの適合度の違いを検討したところ，性別による適合度の違いはみられなかった（Tracey & Rounds, 1993）。一方，ストロング職業興味検査（Strong Interest Inventory: SII）を用いて円周順序モデルの適合度の性差を検討した Hansen, Collins, Swanson と Fouad（1993）は，モデルの適合度に男女差があったと報告している。Hansen らの結果と我々の研究結果が異なるのは，Hansen らが 1 種類の尺度について検討したのに対して，我々はさまざまな尺度を含めて検討したからだと考えられた。そこで SII を用いた 6 つのサンプルだけを対象に適合度の性差を検討してみたが（Anderson, Tracey, & Rounds, 1997），性別による違いはみられなかった。

　年齢差に関しては，対象者を 14 歳から 18 歳のグループと，18 歳から 22 歳のグループ，そして 22 歳以上のグループに分けて比較したところ，円周順序モデルの構造に違いはみられなかった。また，職業興味の主要な 4 つの尺度（職業興味検査〈Vocational Preference Inventory: VPI〉，

第1部　パーソナリティとの関連からみた円環

自己診断テスト〈Self-Directed Search: SDS〉，大学入試検定〈American College Testing Program〉，ストロング職業興味検査）の適合度にも違いはみられなかった。厳密な円環モデルへの適合度にも年齢による違いはみられなかった。円周モデル（円周順序モデル，円環モデル，厳密な円環モデル）の違いにかかわらず，性別や年齢，尺度の違いを超えて RIASEC 構造は満たされるようである。

　職業興味の測定は高校生や大学生を対象に行われることが一般的であるため，ほとんどの研究はこの年代を研究対象に据えてきた。そのため，より若い年代がどのような職業興味を抱いているのかはほとんど分かっていない。そのような中，Mueller, Rounds と Tracey（1996）は小学生を対象に職業興味の構造を検討した。まず多くの活動を記した尺度を開発して試験的に大学生に回答してもらい，項目が RIASEC の 6 類型に分かれ，かつ円周順序モデルに従うことを確認した。次いで小学校 4 年生に対して調査を行ったところ，現実的興味と研究的興味が 1 つにまとまって他の 4 つと分かれるという 1 次元構造となり，類型間の円周構造を見出すことができなかった。見出された次元は男子―女子の次元を反映していると考えられ，項目と性別の関連を調べた別の調査結果からもこの考えは支持された。ステレオタイプ的に男子と結びつけられた項目と女子と結びつけられた項目とが 2 つに分かれたのであった。つまり小学 4 年生の段階では，子どもは自分の職業興味を性役割と結びつけて分類しているのである。それが高校生になるころには，職業興味を円周構造で表現することが可能になる。どのような時期にこの変化が生じ，何がこの変化をもたらすのかは，今後の興味ある研究課題である。

　構造の違いを研究していた際，アメリカ人サンプルとアメリカ人以外を対象としたサンプルとの間で，円周順序モデル，円環モデル，厳密な円環モデルへの適合度が異なることが分かった（Rounds & Tracey, 1993; Tracey & Rounds, 1993）。しかし，アメリカ人以外を対象とした研究の場合，国や文化の違いが大きく，一定の結論を出すことができなかった。そこでさらに詳しく調べるために，博士論文や海外のジャーナルにまで範囲を広げて論文を検索した。その結果，18 の国で行われた 76 の研究とアメリカのマイノリティを対象とした 20 の研究から合計 96 サンプルを収集することができた（Rounds & Tracey, 1996a）。アメリカ人を対象とした場合の適合度に比べ，アメリカ国外およびアメリカのマイノリティを対象とした場合には円周順序モデルの適合度はともに有意に低かった。RIASEC 構造は異文化の場合，円周順序モデルではうまく説明できなかったのである。そこで RIASEC 構造の違いが文化間の経済発展の度合いと関連する可能性を考え，国内総生産と円周順序モデルの適合度との関連を検討した。経済が発達しているほど職場環境も高度に分化していると考えられるため，個人の職業興味にも影響を与えていると推測したためであった。しかし両者の間に関連はみられず，推測は裏づけられなかった。

　円周順序モデルの適合度が低い理由として他に考えられるのは，測定に使われた尺度の違いである。アメリカで開発された尺度はアメリカの文化を反映しており，異なる文化で使われた際にはうまく機能しない可能性がある。収集した研究の中には尺度をそのまま使っている研究もあれば，項目を翻訳して使っている研究もあった。また，各文化に合わせて一部の項目を修正している研究もあれば，RIASEC を一から作り上げて使用している研究もあった。各文化に合った尺度（つまり各文化に合わせて作成したり，修正を加えた尺度）の方が円環構造に従うのではないかと考えているが，今のところ実証的な裏づけはない。循環モデルへの適合度は総じて低かった。文化

156

第8章　職業興味の円周構造

ごとの構造と，構造が異なる理由については，さらなる研究が必要である。

　驚くべきことにアメリカのマイノリティを対象とした研究でも円周構造は確認できなかった。円周順序モデルへの適合度は，アフリカ系アメリカ人，ラテン系アメリカ人，アジア系アメリカ人，先住アメリカ人らのサンプルではアメリカ人サンプルほど高くなかった（アメリカ人サンプルにはマイノリティが含まれてはいるサンプルもあるが，今回選んだのはアメリカ人の代表的サンプルであり，いずれもマイノリティが含まれないように選ばれているか，含まれていたとしてもごく少数のサンプルである）。マイノリティの人々が同じ文化集団を形成すること，および彼らがアメリカで置かれている経済状況を考えれば，円周順序モデルへの適合度が低いのは，マイノリティの人々には自分の職業興味に従って職を得る機会も，さまざまな職を知る機会も制限されているせいかもしれない。

　アメリカ人サンプルではRIASECの6類型の関係をHollandの円周モデルで表現することが可能であり，性別や年齢，尺度による違いはみられなかった。しかしあらゆる文化で円周構造による表現が可能なわけではなかった。アメリカ人以外のサンプルやアメリカのマイノリティのサンプルでは，円周順序モデルの適合度はアメリカ人サンプルに比べよくなかった。

頂点コードの構造

　職業興味や職場環境に関する研究のほとんどはRIASECの6類型同士の関連に焦点を当てて行われている。しかし互いの相関を調べる研究では各統計量，つまり平均値の違いは見落とされてきた。一般にRIASEC尺度得点を解釈する際は頂点コードとの関連で解釈を行う。解釈の対象は，最も高い得点を出した類型の数に合わせて1つの場合（例えば頂点コードが現実的興味だけの場合）もあれば，2つの場合（例えば，頂点コードが現実的—研究的，現実的—社会的などの場合），3つの場合（例えば，頂点コードが現実的—研究的—芸術的，現実的—社会的—芸術的などの場合）もある。回答者は自分のタイプが，例えば現実的—研究的タイプであると告げられ，同様のタイプの職業を探すようアドバイスを受ける。これらの頂点コードも慎重に扱えば円環構造を示すと思われる。我々は職業興味と職業の両方で頂点コードが円環構造を示すかどうかを検討するために対数線形分析を行った。結果的に頂点コードも円環構造を示すと示唆されたが，その前に回答者の基本情報による違いを考慮に入れなくてはならなかった（Tracey & Rounds, 1992）。高得点を示す類型の割合には基本情報による明確な違いがあったが，特に男女間で違いが大きかった。女性の方が男性よりも社会的の平均点が高く，第1位もしくは第2位にくることが多かった。女性が社会的に最高得点をつけるという一般的な傾向（社会的得点の平均値は男女で大きく異なる）を取り除くと，データは円環構造に当てはまった。他にも平均得点が男女で異なる類型があり（男性の場合，現実的や研究的の得点が高くなる傾向があるが，女性の場合は社会的が最も高くなる傾向がある），これらの違いを取り除くと，データの円環構造への当てはまりは良好となる。頂点コードにも円環構造を認めることができるのである。

パーソナリティ類型としてのRIASEC

　Hansen（1984）によれば，職業心理学では職業興味とパーソナリティに関連があると長年にわ

157

たり考えられてきた。Holland（1973, 1985a）は RIASEC で示された職業興味の類型はパーソナリティタイプそのものであると主張している。Hogan（1983）は RIASEC の基本的な 2 次元はビッグ・ファイブ・パーソナリティ特性の社会性と調和性に等しいと論じている。しかし RIASEC 尺度とパーソナリティ尺度の関連を探索的に調べた研究によれば，これらの主張を裏づける証拠は得られていない。企業的興味と社会的興味は外向性と，また芸術的興味は経験への開放性とそれぞれ中程度の相関がみられるものの（Bolton, 1985; Costa, McCrae, & Holland, 1984; Goh & Leong, 1993; Gottfredson, Jones, & Holland, 1993; Peraino & Willerman, 1993），その相関は全体的に小さい（Holland, 1985a）。

　RIASEC 尺度とパーソナリティ特性の関連を調べる際の問題点の 1 つは，RIASEC の円周構造が考慮されていない点にある。ほとんどの研究が単純に RIASEC 尺度と（例えば）ビッグ・ファイブ尺度の相関を求めているにすぎない。ビッグ・ファイブは因子アプローチが結実した見事な例で，各因子が比較的独立するように構成されている。一方，RIASEC は円環モデルで，尺度間には相関が仮定されている。円周構造を考慮に入れれば，個々のパーソナリティ変数と RIASEC の尺度 1 つひとつの相関を調べるのではなく，パーソナリティ特性が RIASEC の円そのものとどのような相関を持つのかを調べるべきであろう。そこで，我々は RIASEC 類型ごとのビッグ・ファイブの平均点（NEO Personality Inventory で測定）と RIASEC 尺度との相関を求めて，RIASEC 平面上でのビッグ・ファイブ尺度の配置を推定した（Rounds & Tracey, 1996b）。するとビッグ・ファイブのうち外向性だけが RIASEC の円周構造に有意に適合した。外向性は図 8-2 で示した Hogan の社会性次元と同じ場所に配置された。外向性の高さによって企業的タイプおよび社会的タイプと，現実的タイプおよび研究的タイプの判別が可能であった。経験への開放性は芸術的タイプとは高い相関を示したが，RIASEC の円環の特徴に沿った形で他の RIASEC の類型と相関を示すことはなかった（つまり，経験への開放性が円環の基本的な次元であればみられるであろう負の相関が，企業的タイプとの間にはみられなかった）。外向性を RIASEC の基本的な次元の 1 つと考えるにはさらなる検討が必要と思われる。

　RIASEC と共通する要素を持つと考えられる別のパーソナリティモデルとしては，対人円環モデル（Kiesler, 1983; Leary, 1957; Wiggins, 1979, 1982）が挙げられる。Foa と Foa（1974）は，対人円環モデルの類型が，情報処理の基礎となる認知のタイプを表していると考えた。この考えが正しいとするならば，職業興味が受ける情報処理まで考察を広げることは重要であろう。Schneider（1987a, 1987b）は職場環境や職業興味が本来対人的側面を持っているとし，さまざまな対人相互作用同士の特性や対人相互作用に対する個人の選好を表現できていることがすべての職業モデルにとって重要だと考えた。このような考えを受けて，Broughton, Trapnell と Boyes（1991）は自己診断テスト（SDS）（Holland, 1985b）と改訂版対人形容詞尺度（Revised Interpersonal Adjective Scale: IAS-R; Wiggins, Trapnell, & Phillips, 1988）の相関を調べた。彼らは SDS の項目を用いて，円周構造を持った 8 尺度からなる改訂尺度（Interpersonal Occupation Scales: IOS）（対人職業尺度）を再編成し，6 類型からなる典型的な RIASEC の代わりとした。この IOS と IAS-R の相関は高く，職業興味には対人的側面があることが示唆された。しかし IAS-R と SDS の間にはそれほどの相関はみられなかった。対人円環と職業興味のモデルには重なり合う点が多いものの，

IOS を構成する際に SDS 項目のいくつかを除外したため，職業興味の何らかの重要な側面が損なわれた可能性に否定できない。

　Schneider, Ryan, Tracey と Rounds（1996）は職業興味検査（VPI）（Holland, 1985c）と IAS-R の相関を調査した。多次元尺度構成法を用いて 2 つの尺度を同時に分析したところ，3 つの基本次元が抽出された。2 つの円に共通したのは愛情の次元であった。IAS-R が表す愛情の次元は VPI では人―物の次元として表現されていた。IAS-R は支配と愛情の 2 次元で，VPI はデータ―アイデアと愛情の 2 次元で表現可能であった。IAS-R にはデータ―アイデア次元に相当する次元はなく，VPI には支配次元に相当する次元がなかった。愛情の次元が IAS-R と VPI とに共通したことを考慮に入れて，VPI の人―物次元の意味を改めて解釈し直すとすれば，人―物次元が表しているのは興味の対象が人か物かということよりも，人と一緒にいることを好むか好まないか（避けるか）であろう。つまり，愛情次元の得点が低いこと（つまり現実的で多少慣習的・研究的傾向のあること）は技術系への選好を意味するのではなく，人と一緒に働くことを好まないことを意味すると考えられた。このように最近の研究によって，RIASEC 尺度とパーソナリティ尺度には重なり合う部分が予想以上に多いことが分かってきた（Holland, 1985a）。こうした，職業興味とパーソナリティデータとに重なり合う部分があることを支持する研究が増加した背景には，RIASEC 尺度の基盤に組み込まれた円環構造がある。

Holland の円周モデルの発展

　これまで Holland の RIASEC モデルに焦点を当てて，その詳細，妥当性，円を規定する次元，不変性，そしてパーソナリティ次元との重なり合いについてみてきた。最近，我々は Holland の RIASEC モデルを発展させることができるのではないかと考えている。その 1 つが Holland のモデルに職業威信の次元を加えて 3 次元の球体構造とすることで，もう 1 つが RIASEC の 6 類型を職業興味の円上に任意に設定された抽象概念と考えることである。

職業興味の球体モデルと同心円モデル

　職業威信は職業認知の研究において主要な属性の 1 つと考えられている（例えば Goldthorpe & Hope, 1972; Hodge, Siegel, & Rossi, 1964; Plata, 1975; Rounds & Zevon, 1983）。しかし職業興味研究ではこれまで職業威信をほとんど扱ってこなかった。職業興味のデータに職業威信を読み取ることができないのは方法的な問題のせいで，研究者の関心が項目ではなく尺度に向かっていたせいだと考えられる。ほとんどの尺度では職業威信の領域をカバーする項目を含んでいるが，項目得点を合計して尺度得点とする際に職業威信の分散が取り除かれてしまうのである。我々（Tracey & Rounds, 1996）は，職業名を項目として使用している場合には特に，職業興味データの中から職業威信の次元を見出すことができると考えた。そして職業威信の次元を職業興味の円と結びつけて職業興味を球体モデルで表現できると考えた。

　職業威信の次元を検討するために，職業威信がさまざまに異なる 229 の職種を挙げて大学生を対象に好きかどうかの調査を行ったところ，主成分分析によって一般的な応答変数と 3 つの主成

第1部　パーソナリティとの関連からみた円環

分が見出された。一般的な応答変数が職業興味の円環構造に与える効果が小さいことを考慮し（Rounds & Tracey, 1993），3つの主成分に絞って検討を行った。すると第1主成分と第2主成分はそれぞれPredigerの人―物の次元とデータ―アイデア次元，第3主成分は職業威信と解釈できそうであった。職業威信の主成分に負荷した項目と職業威信の指標的な項目との相関を確認すると高い相関を示したことから，第3主成分に負荷した項目を職業威信の指標としてよいと思われた。項目を3つの次元で表現できるということは，次元を2つずつ組み合わせることで3つの円が構成できると考えられる。そこで，それぞれの円をオクタントに分け，各オクタントを表す項目として10項目ずつを選び出し，その合計得点（オクタント得点）が円環構造に適合するかどうかを検討したところ，人―物次元とデータ―アイデア次元，人―物次元と職業威信次元，およびデータ―アイデア次元と職業威信次元で構成される3つの円環構造が構成された。これらの3つの円を1つに組み合わせて立体構造としたものが球体モデルである。職業興味の球体モデルを図8-3に示す。

　球体構造の妥当性検討のために，高校生サンプルと大学生サンプルを対象にランダム化テスト（Hubert & Arabie, 1987; Rounds et al., 1992）と多次元尺度構成法を用いて交差検証したところ，いずれのサンプルでも球体構造を支持する結果が得られた。この結果はRoe（1956）が考えた3次元モデルである円錐台モデルに対する反証といえる。我々の球体構造は，職業興味の重要な側面であるにもかかわらず，これまで扱われてこなかった職業威信を職業興味の円周構造に組み込んだ点に価値がある。人―物次元とデータ―アイデア次元が構成する円を地球の赤道に，職業威信次元を北極と南極をつなぐ地軸にたとえれば，赤道付近（中程度の職業威信）において人―物次元とデータ―アイデア次元の個人差が最大となり，職業威信の程度が高くなる（もしくは低くなる）につれて職業興味の類型が持つ重要性や類型間の違いは小さくなり，職業威信のみが重要な要素になると考えられる。

職業興味の同心円

　これまでの研究で，職業興味の円環を8類型に分類したモデルの適合度がもともとのRIASECの6類型モデルの適合度と変わらないことが分かった（Trapnell, 1989でも同様の結果が示されている）。そこで我々は，職業興味の円環を構成する類型の数は恣意的なものにすぎないのかどうか検討を行った（Tracey & Rounds, 1995）。職業興味の円環はいくつにでも分類可能なのだろうか。人―物次元とデータ―アイデア次元で構成された円環上の項目は均等に分布し，特定の項目が集まってクラスターを構成して職業興味の類型を表す様子はみられなかった。つまり職業興味の円環を6類型で表現する実証的裏づけはないと考えられる。類型の数は8つで表現可能であったし，4，10，16，32でも表現可能かもしれない。職業興味の円環を連続的なものと捉えることは，測定や面談の目的に合わせた尺度構成の可能性を示している。例えば，職業への興味について考え始めたばかりの人に対しては，職業興味を4つ（例えばPrediger, 1982の人，データ，物，アイデア）に分類して示した方がよいだろう。職業興味が明確になっていて特定の職業に関する情報を求めている人に対しては，円環全体の情報は必要ないだろう。さらに顕著な例では，16分割や32分割した細かな分類の方がよい場合もあるかもしれない。我々はRIASECの職業興味の円環

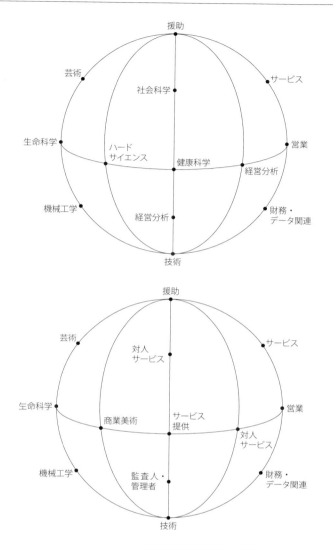

図 8-3 職業興味の球体モデル
上の図は球体の上半分，下の図は球体の下半分を表す
"The Spherical Representation of Vocational Interests," T. J. G. Tracey and J. B. Rounds, 1996,
Journal of Vocational Behavior 41, pp. 3-41. アメリカ心理学会の許可を得て転載

に代わる，分割数の異なる複数の同心円モデルを提案している。得点をどの程度細かく算出すべきかに合わせてモデルの選択が可能である。しかし複雑な職業興味領域をモデル化する我々の試みはまだ始まったばかりである。職業興味をさまざまなレベルで抽象化した際に，それらがどのような中身を持つのか，またそれらを1人ひとりに合わせて提示することの効用についてはまだまだ研究が必要である。個人のニーズに合わせて職業興味を提示する必要があると直感的には感じるが，今後の検証が求められる。

　職業適応検査がコンピューターで行われるようになったおかげで，球体モデルや同心円モデルを活用するめどが立った。これらの2つのモデルは職業興味の円環をベースに3つ目の次元を付

161

けれ加えたもので，円環を多様なレベルで解釈することが可能である。職業興味を円環で表現できるという考えに基づき過去半世紀にわたって職業興味研究が行われてきたが，職業興味の円環に関する概念をさらに精緻化することで新たなモデルが生まれてくるだろう。

文 献

Anderson, M. Z., Tracey, T. J., & Rounds, J. (1997). Examining the invariance of Holland's vocational interest model across gender. *Journal of Vocational Behavior*. Manuscript submitted for publication.

Bolton, B. (1985). Discriminant analysis of Holland's occupational types using the 16 Personality Factor Questionnaire. *Journal of Vocational Behavior, 27*, 210-217.

Borgen, F. H. (1986). New approaches to the assessment of interests. In W. B. Walsh & S. H. Osipow (Eds.), *Advances in vocational psychology Vol. 1 The assessment of interests* (pp. 31-54). Hillsdale, NJ: Lawrence Erlbaum.

Broughton, R., Trapnell, P. D., & Boyes, M. C. (1991). Classifying personality types with occupational prototypes. *Journal of Research in Personality, 25*, 302-321.

Brown, D., & Brooks, L. (1990). *Career choice and development* (2nd ed.). San Francisco: Jossey-Bass.

Browne, M. W. (1992). Circumplex models for correlation matrices. *Psychometrika, 57*, 469-497.

Costa, P. T., Jr., McCrae, R. R., & Holland, J. L. (1984). Personality and vocational interests in an adult sample. *Journal of Applied Psychology, 69*, 390-400.

Foa, U. G., & Foa, E. B. (1974). *Societal structures of the mind*. Springfield, IL: Charles C. Thomas.

Gati, I. (1991). The structure of vocational interests. *Psychological Bulletin, 109*, 309-324.

Goh, D. S., & Leong, F. T. L. (1993). The relationship between Holland's theory of vocational interests and Eysenck's model of personality. *Personality and Individual Differences, 15*, 555-562.

Goldthorpe, J. H., & Hope, K. (1972). Occupational grading and occupational prestige. In K. Hope (Ed.), *The analysis of social mobility Methods and approaches* (pp. 131-152). Oxford: Clarendon.

Gottfredson, G. D., & Holland, J. L. (1989). *Dictionary of Holland occupational codes*. Odessa, FL: Psychological Assessment Resources.

Gottfredson, G. D., Jones, E. M., & Holland, J. L. (1993). Personality and vocational interests: The relations of Holland's six interest dimensions to five robust dimensions of personality. *Journal of Counseling Psychology, 40*, 518-524.

Guilford, J. P., Christensen, R. R., Bond, N. A., & Sutton, M. A. (1954). A factor analytic study of human interests. *Psychological Monographs, 68* (4, Whole No. 375).

Guttman, L. (1954). A new approach to factor analysis: The radex. In P. R. Lazarsfeld (Ed.), *Mathematical thinking in the social sciences* (pp. 258-348). Glencoe, IL: Free Press.

Hansen, J. C. (1984). The measurement of vocational interests: Issues and future directions. In S. D. Brown & R. W. Lent (Eds.), *Handbook of counseling psychology* (pp. 99-136). New York: Wiley.

Hansen, J. C., Collins, R. C., Swanson, J. L., & Fouad, N. A. (1993). Gender differences in the structure of interests. *Journal of Vocational Behavior, 42*, 200-211.

Hodge, R. W., Siegel, P. M., &. Rossi, P. H. (1964) Occupational prestige in the United States, 1925-1963. *American Journal of Sociology, 70*, 286-302.

Hogan, R. (1983). A socioanalytic theory of personality. In M. M. Page (Ed.), *Nebraska symposium on motivation 1982 Personality Current theory and research* (pp. 55-89). Lincoln: University of Nebraska Press.

Holland, J. L. (1959). A theory of vocational choice. *Journal of Counseling Psychology, 6*, 35-45.

Holland, J. L. (1973). *Making vocational choices: A theory of careers*. Englewood Cliffs, NJ: Prentice-Hall.

Holland, J. L. (1985a). *Making vocational choices: A theory of vocational personalities and work environments* (2nd ed.). Englewood Cliffs, NJ: Prentice-Hall.

Holland, J. L. (1985b). *Self-Directed Search manual*. Odessa, FL: Psychological Assessment Resources.

Holland, J. L. (1985c) *Vocational Preference Inventory manual* (1985 ed.). Odessa, FL: Psychological Assessment Resources.

Hubert, L., & Arabie, P. (1987). Evaluating order hypotheses within proximity matrices. *Psychological Bulletin, 102*, 172-178.

Jackson, D. N., Holden, R. R., Locklin, R. H., & Marks, E. (1984). Taxonomy of vocational interests of academic major areas. *Journal of Educational Measurement, 21*, 261-275.

Kiesler, D. J. (1983). The 1982 interpersonal circle: A taxonomy for complementarity in human transactions. *Psychological Review, 90*, 185-214.

Kuder, F. (1977). *Activity, interests, and occupational choice*. Chicago: Science Research Associates.

Leary, T. (1957). *The interpersonal diagnosis of personality: A functional theory and methodology for personality evaluation*. New York: Ronald Press.

Mueller, D., Rounds, J. B., & Tracey, T. J. G. (1996). *Structure of vocational interests in elementary school children*. Manuscript in preparation.

Osipow, S. H. (1983). *Theories of career development* (3rd ed.). Englewood Cliffs, NJ: Prentice-Hall.

Peraino, J. M., & Willerman, L. (1983). Personality correlates of occupational status according to Holland types. *Journal of Vocational Behavior, 22*, 268-277.

Plata, M. (1975). Stability and change in prestige rankings of occupations over 49 years. *Journal of Vocational Behavior, 6*, 95-99.

Prediger, D. J. (1982). Dimensions underlying Holland's hexagon: Missing link between interests and occupations? *Journal of Vocational Behavior, 21*, 259-287.

Prediger, D. J., & Vansickle, T. R. (1992). Locating occupations on Holland's hexagon: Beyond RIASEC. *Journal of Vocational Behavior, 40*, 111-128.

Roe, A. (1956). *The psychology of occupations*. New York: Wiley.

Rounds, J. B., & Dawis, R. V. (1979). Factor analysis of Strong Vocational Interest Blank items. *Journal of Applied Psychology, 64*, 132-143.

Rounds, J. B., & Tracey, T. J. G. (1993). Prediger's dimensional representation of Holland's RIASEC circumplex. *Journal of Applied Psychology, 78*, 875-890.

Rounds, J. B., & Tracey, T. J. G. (1996a). Cross-cultural structural equivalence of RIASEC models and measures. *Journal of Counseling Psychology, 43*, 310-329.

Rounds, J. B., & Tracey, T. J. G. (1996b). *Examination of personality constructs in Holland's RIASEC circumplex*. Manuscript in preparation.

Rounds, J. B., Tracey, T. J. G., & Hubert, L. (1992). Methods for evaluating vocational interest structural hypotheses. *Journal of Vocational Behavior, 40*, 239-259.

Rounds, J. B., & Zevon, M. B. (1983). Multidimensional scaling research in vocational psychology. *Applied Psychological Measurement, 7*, 491-510.

Schneider, B. (1987a). E = f(P, B): The road to a radical approach to person-environment fit. *Journal of Vocational Behavior, 31*, 353-361.

Schneider, B. (1987b). The people make the place. *Personnel Psychology, 40*, 437-453.

Schneider, P. L., Ryan, J. M., Tracey, T. J. G., & Rounds, J. B. (1996). Examining the relationship between Holland's RIASEC types and the interpersonal circle. *Measurement and Evaluation in Guidance and Development*.

Tracey, T. J. G., & Rounds, J. B. (1992). Evaluating the RIASEC circumplex using high-point codes. *Journal of Vocational Behavior, 41*, 295-311.

Tracey, T. J. G., & Rounds, J. B. (1993). Evaluating Holland's and Gati's vocational interest models: A structural meta-analysis. *Psychological Bulletin, 113,* 229-246.

Tracey, T. J. G., & Rounds, J. B. (1995). The arbitrary nature of Holland's RIASEC types. *Journal of Counseling Psychology, 41,* 431-439.

Tracey, T. J. G., & Rounds, J. B. (1996). The spherical representation of vocational interests. *Journal of Vocational Behavior, 48,* 3-41.

Trapnell, P. D. (1989). *Structural validity in the measurement of Holland's vocational typology: A measure of Holland's types scaled to an explicit circumplex model.* Unpublished master's thesis, University of British Columbia.

Wiggins, J. S. (1979). A psychological taxonomy of trait-descriptive terms: The interpersonal domain. *Journal of Personality and Social Psychology, 37,* 395-412.

Wiggins, J. S. (1982). Circumplex models of interpersonal behavior in clinical psychology. In P. C. Butcher & J. N. Butcher (Eds.), *Handbook of research methods in clinical psychology* (pp. 183-221). New York: Wiley.

Wiggins, J. S., Trapnell, P., & Phillips, N. (1988). Psychometric and geometric characteristics of the revised Interpersonal Adjective Scales (IAS-R). *Multivariate Behavioral Research, 23,* 128-143.

第 2 部

感情と円環との関連

第 9 章

感情をどのように呼ぶべきか

James A. Russell

　我々が経験したり目の当たりにする感情を，人はどのように記述するのだろうか。さまざまな記述があまりに簡単に思いつくので（例えば，彼女は心配している，彼は怒っている，彼らは退屈そうにみえる，など），多くの研究者は自分がすでにその答えを知っているものと思い込んでいる。しかし，本当の答えは何だろうか。（すべての年齢の，すべての文化に所属する）人々は，怒り，恐れ，幸福，悲しみといった基本的な一連のカテゴリーを使用するのだろうか。あるいは，次元（どの程度嬉しいか，どの程度興奮するか）を使用するのか，もしくは感情をある構造内に位置づけているのだろうか。そして，もしある構造が使用されているのであれば，それは円環なのか，因子分析的単純構造なのか，階層構造をしているのか，あるいはこれらとまったく違う構造をしているのだろうか。

　感情の理解のためには，心理学の門外漢である人々がどのように自分自身や他者の感情を記述するかを理解する必要がある。記述は知識の基本であり，それは科学的記述も非科学的記述も変わらない。他の分野でもそうであるように，感情研究においても記述は知識の基本である。筆者がここで使った感情という言葉の意味はやや不正確で，感情的反応，ムード，情緒，総じて一時的な感情に彩られた状態を大まかに示している。もちろん，感情研究とは一般の人が記した記述を研究すること以上の広範な領域を含んでいる。それでも，専門家ではない一般人の記述なしにどのような感情研究も成り立たない。一般人の記述は，社会的認知や感情経験に心理学者が迫る上で欠かすことができない。実際，感情研究においては，直接あるいは間接に非専門家の記述に頼ることなしには，ほとんど何もできない状況にある。例えば，感情を測定するためには，高度に正式な方法であるか単純で即座的なものであるかにかかわらず，我々は誰かが記した（心理学者が記したものである場合もあるが）感情についての記述や，一般の人が記した感情に関する記述に対して，妥当性が検討された測定用具を信頼することになる。このように，感情研究においては，患者，クライアント，実験参加者たちに，彼らがどのように感じているのかを記述してもらうことになる。または，事前にそうした報告との関連が示されている生理学的な指標を用いることもできるだろう。表情を通した感情研究では，図9-1に示された女性がどのように感じているのかを観察者に尋ねる方法がある。

　そのような問題を検討する前に，もう1つ尋ねさせてほしい。あなたはこの章を読みながら，何に座っているだろうか。あなたが机に向かっており，「椅子」と答えると想像してみよう。その「椅子」という答えは，ダイニングルームの椅子に座っているのか，ビーンバッグチェアなのか，2人掛けのソファーなのか，車のシートなのか，歯科医の椅子なのか，裁判官の椅子なのか，

第9章　感情をどのように呼ぶべきか

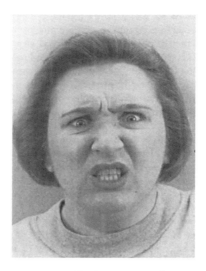

図9-1　女性が抱いている感情は？

玉座であるのか，ビーチで脚のない持ち運び椅子に座っているのか，その他の椅子であるのかを区別することはできない。椅子は，異質な内容からなるカテゴリーである。あなたは「私の古い事務椅子」「ダークブラウンのオーク製の椅子」あるいは「19世紀にデザインされたダークブラウンで回転式のオーク製の事務椅子」と答えることもできた。実際には，記述の中に含んだ情報量に明確な制限はないのである。また，「家具」「製造された品物」「人工物」あるいは単に「もの」と言うこともできる。仮に1つの単語で「椅子」と答えた場合，あなたには記述する力が枯渇しているとこちらが受け取るようなことがあれば，それは誤解というものだろう。

　Brown（1958）が観察したように，話者が選択するのは1つの単語（あるいはごく少数の語）で，その背後には質問された対象物に対するさまざまな記述があり得る。その話者がどの単語を選択するかは，会話の文脈に依存する。話者は聞き手が望まないと考える細かい点（例えば色など）を述べないものである。また，聞き手がすでに知っていると想定する知識（椅子は物体である，など）も述べないものである。したがって，記述の大部分は表に出てこないままとなる。

　では，図9-1の女性に戻ってみよう。彼女はどのように感じているだろうか。多くの読者は「怒っている」と言うことだろう。あなたは先ほどよりも多くを記述できたのではないだろうか。「彼女はまるで苛立っているかのようにこちらをみている。彼女は激怒しており，自分の意見を聞くように求めている」。特に，あなたが彼女について表情の写真以上の情報を持っている場合，無制限に多くの詳細な事柄を記述の中に含めることができる。あるいは，あなたは別の単語を選ぶこともできた。彼女は「激怒している」「欲求不満だ」「むきになっている」「気遣っている」「興奮している」「不幸だ」「目覚めている」「動揺している」「感情的だ」などである。「怒っている」というただ1語の回答は，それをその女性の感情に関する誰かの記述全体だとみなすのであれば，誤った理解へと導きかねない。同じことは，我々が患者，クライアント，実験参加者に自らの感情反応を尋ねる際にもいえる。

　感情の記述を求める際に心理学者が使用する道具は，概して1単語の回答と同じようなもので

ある。感情心理学の進展を主に妨げているのは，我々の記述が強度順に並べられた，あまりに単純なものである点にある。特に怒りのような感情の例を記述する際には，言いすぎること（怒りという概念はある特定の場合には，正しいとはいえないさまざまな様相を示唆する）と，言わなさすぎること（多くが詳細不明のままになっている）の双方が生じる。感情をどのように理解すべきかを余すことなく説明するためには，個人の感情の記述（その多くは省略されたり短い回答の中にほのめかされたりするだけなのだが）の全体像を明らかにする必要がある。本章のテーマは，どのように感情が記述されるかを完全に描き出すためには以下に述べる6つの性質すべてが必要だという点にある。誰かが特定の感情（すなわち，あるとき，ある場所における，ある特定の人物の感情）を記述する際にも，以下の6つの観点すべてが持ち出される。これら6つの性質はいずれもそれ単独で考えることは全体像の一部分だけを取り出すことになり，真実の一部だけを伝える発言と同様，誤った理解へと導きかねない。

1．ある特定の感情は，それこそ数多いカテゴリーの中の1つのカテゴリーに含まれる。
2．それぞれの感情カテゴリーに含まれるかどうかは程度の問題であり，全か無かの問題ではない。
3．感情カテゴリーは互いに関連し，円環で示される。
4．感情はある特定の連続体，すなわち快や不快（快楽価値）の強さや程度，覚醒度合いのどこかに位置づけられる。
5．感情カテゴリーは，スクリプトの観点から理解される。スクリプトは因果的なつながりと時間的順序関係を持つ構成要素の連続体である。
6．感情カテゴリーは不鮮明な階層構造の中に位置づけられる。

これらの性質（他にもあるだろうが）は感情を記述する方法として考えられてきた。そしてカテゴリー対次元，クラスター分析対多次元尺度構成法，曖昧なカテゴリー対円環モデルといった議論の対立を生んできた。気分を測定するための尺度や感情についての自己報告は，これらの部分的な真実の1つだけに基づいていることがしばしばあり，感情を余すことなく記述することはできない。ここから順にそれぞれの性質を検討し，互いにどのように関連するのかを考えてみよう。

感情のカテゴリー

我々は以前に遭遇した水分子に二度と遭遇することはないので，同じ川に2回入ることはできないといえる。それは確かにそうなのだが，通常はそれぞれの水分子の独自性は無視されており，すべての水分子は同じカテゴリーに含まれるものとして扱われている。幸いなことに，脳は我々についてもこのような分類を行う。そして長期にわたる哲学的内省によってのみ，出会うものすべてがまったく新しいものであることに気がつく。おそらく人が物事や出来事に対して行っていることの中でも最も重要なことは，それらを分類することである。人間の大脳皮質の多くは，世界が提供するものを分類することに専念しているようにみえる（Marr, 1970）。そして，そ

れは人間だけの特徴ではない。ウサギはそれぞれの出来事や対象物を何か独自で新奇なものとして扱うわけではなく，あるカテゴリー（例えばニンジン）の１つの例としてそれに反応する。ピーターラビットは，いくらヘラクレイトスにとっては唯一無二の存在だとしても，キツネにとっては単なるウサギというカテゴリーの一員にすぎない。ウサギというカテゴリーに含まれると知っているがゆえに，キツネはこのウサギが，初めてみたウサギであるにもかかわらず，どのように逃げていくのかを，そして追いかける価値があるおいしい獲物であることを予測するのである。

　まったく同じ感情には二度と直面することも経験することもない。しかし，それぞれの感情の例を分類することでそれと似た例を一緒にまとめ，理解可能なものにする。幸福感，怒り，恐れ，ねたみ……英語という言語には 500 から 2000 の感情のカテゴリーがある。感情のカテゴリーは，感情の記述の中で最も明らかとなっている部分である。しかし次の２つの事柄についてはこれほど明らかとはいえない。

　第１に，幸福感，怒り，恐れ，ねたみ，そして他の感情のカテゴリーはあまりに自然で明白であるため，我々は全人類が同じように感情を分類していると信じる傾向にある。実際に，Ekman（1972）や Izard（1977）は，感情の表情理解においては，全人類が同じように普遍的で生来の分類法に従うと仮定した。しかし，言語学者や人類学者によって反例が報告されている。他の言語や文化でみつかる感情のカテゴリーには，インド＝ヨーロッパ語族ではみられるカテゴリーに似たものも多いが，異なっているものもまた多い（Russell, 1991b; Wierzbicka, 1992）。

　第２に，ある同じ感情状態が，異なるカテゴリーの一員に分類される。詳細については Russell（1989）を参照してもらいたい。

曖昧な構成要素

　カテゴリーへの所属は，二者択一的な問題というよりも程度の問題である。日常会話では，コップに 90％の液体が入っているだけのときでもコップがいっぱいだと言う。我々は端数を切り捨てて，図 9-1 の女性が怒っている（100％へと判断を丸めている）と言い，他のカテゴリーを無視する（0％へと判断を丸めている）。それでも尋ねられれば，誰もがすぐにカテゴリーに所属する程度を推測することができる。また，容易にカテゴリーに分類できない例も数多く存在する。感情カテゴリーの境界は曖昧である。

　カテゴリーに属する構成要素の所属の程度はさまざまで，カテゴリー自体が曖昧な境界を持つという考えが，多様な分野にとって実は最も刺激的かつ実用的で，重要な考えの１つになることが分かってきた。ファジー理論は従来型の二値的な（正誤の）理論を補うものである。主要な用途はコンピューター技術とエンジニアリングであった。しかしその影響力は言語学（Lakoff, 1987）から心理学（Neisser, 1979; Ogden, 1977; Rosch, 1975）まで広範囲にわたっている。

　例えば，曖昧なカテゴリーは椅子のカテゴリーと椅子以外のカテゴリーの間に任意の線を引くように強制するのではなく，椅子らしさの程度に気づかせてくれる。他にも，鳥らしさの程度（コマドリからフクロウ，エミュー，ペンギン，プテロダクティルス〔訳注：翼竜の一種〕，コウモリまで），

第2部　感情と円環との関連

人間らしさの程度（成人の人間から新生児，ネアンデルタール人の新生児まで），感情の程度（怒りから誇り，退屈さ，落ち着きまで），あるいは愛情の程度（母の愛や恋愛から読書に夢中になることまで）であっても同様である。感情のカテゴリーが曖昧であることは今では多くの研究者の間で認められている（Averill, 1980; Fehr & Russell, 1984; Fehr, Russell, & Ward, 1982; Russell, 1991a）。

感情の円環

　2つ以上のカテゴリーがあれば，それら複数のカテゴリーが互いにどのような関連を示すのかという疑問が生じる。それぞれの言語で表現される感情カテゴリーにも，アルファベット順以上の情報をもたらす何らかの順序が認められなければならない。

　いくつかの測定用具（例えば，観察者が短いリストから1つの感情を選ぶといった，よく使用される強制選択式のフォーマット）では，2つのカテゴリーラベルはすべて類義語か互いに排他的であるかのいずれかだと仮定される。他の測定用具（自己報告式の気分尺度のようなもの）では典型的に，2つのラベルが類義語であるか，あるいは互いに独立であると仮定される（例えば，因子分析を通じて作成される典型的な自己報告式の測定尺度は，類義語とされる独立した集合を仮定する）。こうして我々は再び現実がプロクルス的な強制的二者択一の型へとはめ込まれるのを目の当たりにする。これらの伝統的なアプローチでは許されないものの明らかにあり得そうな可能性は，異なるカテゴリーラベル同士が互いに異なる仕方で関連するという考えである。つまり，類義語があれば，互いに排他的な語もあり，いくつかは独立で，しかし大部分はこれらのうちのどれかに完全に含まれるというわけでもない。実際に測定された感情カテゴリー間の相関関係は，程度の差はあってもそれらが互いに関連を持つと示唆している。

　現実の連続的な分散を捉えることができるがゆえに広く受け入れられている感情構造（すなわち，カテゴリー間の関連）が，円環モデルである。図9−2は感情，情動，気分，そしてそれらに関連する状態が，2次元空間の円周上にどのように連続的に配置されるかという円環構造を示ている。隣接したカテゴリー同士は，より類似していることを，そして180度離れたカテゴリー同士は正反対であることを意味する。空間の中心は，中点あるいは適応レベルを表現する。中点からある感情までの最短距離は，その感情の強さを表現する。

　感情の円環構造は，より頻繁に見出されるようになってきた。筆者の知る限り，Schlosberg（1941）による感情の円環配列が最初の研究である。それは，Plutchik（1958, 1962）の研究よりも17年早く，Russell（1980）の研究はそこからさらに22年も要している。その後，わずか3年でDaly, Lanceeと Polivy（1983）の研究が，その2年後にWatsonと Tellegen（1985）の研究とFisher, Heise, Bohrnstedtと Lucke（1985）の研究が続いた。その後も数多くの研究が立て続けに発表されており，順番を正しく推定することもできないくらいである。

　それぞれの研究者は円環構造を開発する過程で互いに異なるデータ，異なる質問を用いてきた。どの研究知見も研究の参加者サンプル，分析テクニック，正確な領域の選択，感情同士の関係を測定する方法などに依存する。しかし，多様な情報をもとに得られた結果のまとまりは印象的である。図9−2にはこれらの研究結果を要約している。

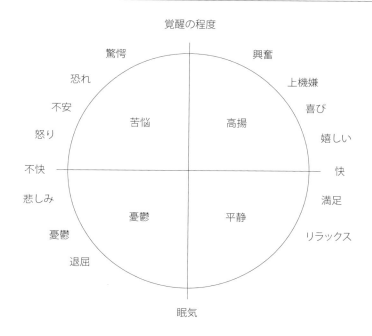

図9−2　感情の円環構造

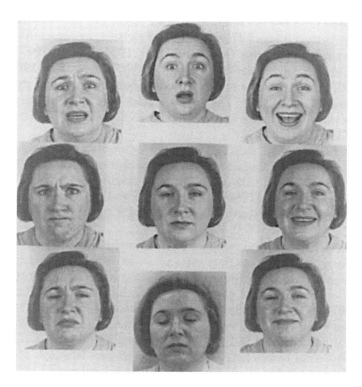

図9−3　図9−2の感情を表出した表情の円環構造

第2部　感情と円環との関連

　ある領域内での結果の収束を示す例として，表情を介した感情の記述について考えてみたい。
図9-3は，表情の円環構造を示したものである。

　Schlosberg（1941）の研究知見は，ギリシャのTriandisとLambert（1958）やスウェーデンの
Osgood（1966）によって再現されている。AbelsonとSermat（1962）は異なる多次元尺度構成
法の分析手法を用いてSchlosbergの研究結果を再現した。Russellは子どもたちや，いくつかの
異なる文化で結果を再現した。表情をみて2歳児が下した判断でさえ，円環構造を示している。
さらに，表情の円環構造は広範囲な脳損傷を伴う患者においても見出された（Adolphs, Tranel,
Damasio, & Damasio, 1994）。唯一の例外は扁桃体の両側の損傷を伴う患者であった。

　円環構造はまた，自己報告された感情の適切な構造でもある。気分を記述する一連の形容詞
や文章を示された際に人がみせる反応を構造化すると，円環から予測されるような構造をとる。
円環構造はこの領域では最も成功したモデルである。最初に因子分析による単純構造（適度な数
の独立した単極次元）が現れた際には非常に優れたモデルだと考えられたが（Borgatta, 1961; Izard,
1972; McNair & Lorr, 1964; Nowlis & Nowlis, 1956），のちに円環モデルに取って代わられた。単極性
尺度というものを円環の次元が持つ機能の1つ，および方法因子として表現した場合，信頼でき
る分散のほとんどが説明可能である（Russell & Mehrabian, 1977）。しかし円環構造の最も明確な成
果は，単極性ではなく両極性を予測していることである。LorrとThayerは当初単極因子との
関連から結果を解釈してきたが（McNair & Lorr, 1964; Thayer, 1967），のちに似たような調査で両
極性因子を見出した（Lorr, 1989; Thayer, 1978, 1986）。Russell（1979）は，方法上のアーチファクト
をさらに取り除くことができれば，両極性の証拠がより明確になることを示した。最後の一撃
は，Green, GoldmanとSalovey（1993）による確認的因子分析を用いた研究であった。

　Plutchikは，感情を表す表現がさまざまな用語で記述され得ることを見出した。すなわち，感
情，行動，機能，防衛機制，パーソナリティ特性などである。これらはいずれも意味のある円周
的配列をなす（Plutchik, 1980）。同様に，Thayer（1986）は感情と関連した，知覚された生理的興
奮を研究し，円環モデルに似た構造を提案している。

　円環構造を確認するために用いられてきた分析手法についても，どのようなものがあるか考え
てみよう。探索的因子分析，確認的因子分析，重回帰分析，あるいは前述した多次元尺度構成法
などがある。感情判断における実験的パラダイムでは，RussellとFehr（1987）は円環構造から
推論される仮説を検証した。こうした分析手法の大部分は言語データを頼りにしているため，円
環構造が言語に依存しているのではないかという重大な疑問が生じてくる。類似の結果が複数の
言語で見出されてきたことを考えれば，特定の言語だけに円環構造がみられるのではない。表情
を観察して類似度を評定した結果として円環構造が導かれるのならば，言語ラベルは結果に対し
て明白な役割を演じることはないといえる（背後で何らかの役割を演じることはあったとしても）。就
学前の児童を対象とした研究結果は，おそらく最も示唆に富んだものである。2歳児は円環構造
に従った表情の判断をするが，（怒りや恐れといった）表情に付与される言語ラベルの知識を持っ
ているという兆候を示すことはない。

　ここでいったん立ち止まって考えてみよう。本書の他の章で示されているように，円環配列は
さまざまな領域で見出されてきた。円環構造は心理学領域の至るところに広がっている。これら

すべての領域で円環構造がみられるのは経験的知見である。同じ構造が得られるとする論理的あるいは数学的な強制力があるわけではない。しかし，同じ2つの円環が得られた際には，それを証明する分析手法を開発せねばならない。例えば，他の領域が感情に関連するがゆえに円環構造をとるという可能性は，一考の価値がある。

感情の次元

図9-2は，次元としても解釈可能である。実のところ，当初から円環構造は複数の次元の存在を示唆している。例えばSchlosberg（1941）の円環配列からは2つの基本的次元が明らかとなった。快―不快と注意―拒否である。快―不快の次元に対しては複数の研究者が同様の解釈をしているが，もう1つの次元はそうではない。Schlosberg自身はのちに第3の次元として活性化（Schlosberg, 1954）の次元を加えたが，注意―拒否の次元とほとんど重なることが明らかとなり（Abelson & Sermat, 1962），結果的に1つの次元に2つの解釈を残した。他にも没入の程度を表すとする解釈もある（Watson & Tellegen, 1985）。この場合，空間の中心は中点あるいは適応レベルと考えられ，中心からの距離が強さを表す。

人間の感情を，基盤となる連続体に沿って分散するものとして捉えるアイデアは，感情に関する記述が行われ始めたころにまで遡ることができる。ギリシャの哲学者は，人生における喜びと不満の重要な役割について述べている。DarwinとSpencerは，活性化の次元について論じ，Wundtの内省は3つの次元（快―不快，興奮―リラックス，緊張―落胆）を見出した。感情の完全な次元構造はいまだ解明されていない。しかし，概要は十分に明らかである。

スクリプト

怒りや恐れ，当惑のようなカテゴリーラベルが意味しているのは何だろうか。さまざまな理論が提唱されてきたが，うまく説明できた古典的な理論はこれまでになかった。すなわち，怒り，恐れ，当惑のすべてに共通する特徴，また個別のケースの特徴を述べることは誰もできなかった。James, Wittgenstein, Averill, Roschなどに続き，FehrとRussell（1984）は古典的手法に代わるものとして感情の単語を定義する新たな方法を探求すべきであると提案した。具体的には，感情用語がスクリプトとして理解されると提案したのである。

怒りという単語の意味を知ることは，怒りが表出される際の典型的な一連の流れを知ることである。怒りに先立つ原因，感情，生理学的変化，表現，行動，そして結果は，因果関係的に時間でつながりながら展開する。これらの特徴のどれもが必要十分であるわけではない。人は特定のケースの特徴を完全で典型的な一連の流れと比較する。その類似度が大きいほど，そのケースが怒りカテゴリーに所属する度合いが大きくなる（そしてそれゆえに，ある感情に所属する程度は段階的であり，境界は曖昧となる）。結果として，例えば現実場面で怒りのケースが2つあったとして，それぞれが典型例と類似点を持つかもしれないが，類似の仕方が異なっていて共通点がほとんどないこともあり得る。

第2部　感情と円環との関連

　普段我々は 何かの出来事が起きて，誰かが目にみえる反応をしたときに，それをみた人がその人の感情を推測するという言い方をすることがある。スクリプト仮説においては，この言い方はいくらか誤解を招く。感情とは完全なスクリプトそのものである。感情はスクリプトの構成要素に付随するものでもなければ，スクリプトの順序，因果関係のつながりに伴うものでもない。もちろん，観察者はしばしば何かしらの構成要素，特にもう1人の感情を推測する。スクリプトの特徴について何らかの情報が与えられ，そしてそれに反する情報がなければ，観察者はしばしばスクリプトの他の部分についても推論を働かせる（表情をみただけで，あるいは声のイントネーションを聞いただけで，観察者はその人が怒っているとラベル付けするだろう。例えば侮辱された場面のような，先行する出来事を観察すれば，観察者はその後の一連の出来事の流れを同じように推測するだろう）。スクリプトに関して知っている情報が多ければ多いほど，観察者は自分自身の推論に対して自信を深める。

　観察者と情報の表出者が同じ人物である場合には，同じような話が成立する。自己観察の場合には，観察者はよりよい情報を持つという強みがあり，以前に起きた出来事や感情のような個人的な情報にもアクセスすることができる。それでもなお，自己観察は絶対に確実なものとはいえない。自分が嫉妬深いことや妬みを抱いていることを心から否定できたとしても，それでもやはり嫉妬や妬みが自分の状態を最も客観的に記述する言葉であるかもしれない。

　スクリプト理論は怒り（や他の感情）の素人概念にとっての肝であるが，研究者たちも本質的には同じパターンに沿って怒りの概念を発展させてきた。さまざまな理論家たちがさまざまな怒りの様相を取り上げてきたが，総合すれば，心理学の概念は素人理論と同じ方向に向かっている。例えばIzard（1971, 1977）は，感情，生理学的変化や表出された行動を個人の感情の構成要素と捉えた。Frijda（1986）は，先立つ出来事の認知処理とそれに引き続く活動を感情の構成要素と考えた。そしてPlutchik（1994）やScherer（1992）は，感情を一連の段階的変化と捉えた。

　スクリプトの概念で捉えると，感情に関する記述の曖昧さが明らかとなる。観察者が特定の出来事を怒りとラベル付けした場面を想像してみてほしい。そのラベルからでは，怒りのスクリプトのどのような特徴をみて観察者が怒りだと考えたのか，また怒りの程度はどのくらいなのか，正確には分からない。もしその出来事が怒りとラベル付けされた場合，図9-1の女性の例でいえば，観察者は彼女がイライラする何かに反応してはいるが攻撃的な行動はとりそうにないと推測しているかもしれない。あるいは，引き金となる出来事については分からなくとも，攻撃する直前の表情だと確信しているかもしれない。怒りのスクリプトの特徴が何ひとつ必要とされないがゆえに，観察者は上記のどちらの場合でも怒りという単語を使うことができるのである。

曖昧さの階層

　誰もが，苛立ちは怒りの一種（あるいはサブタイプ）であると知っている。怒りは腹を立てることの一種であり，腹を立てることは感情の一種であり，感情は一時的な状態の一種であることも知っている。このような関係性はクラス包含階層や階層的クラスター分析との親和性を示唆する。そして何人かの研究者はこの考え方に従って分析を行ってきた。しかし，上記のカテゴリー

は包含関係の厳密な例ではなく，階層構造の原理に反している（Russell & Fehr, 1994）。怒りではない苛立ち，腹を立てることには含まれない苛立ち，一時的ではない感情なども存在する。概して自然言語の階層構造が厳密なクラス包含階層となっているわけではないので，これは特に驚くべきことではない（例えば，カーシートは椅子であり，椅子は家具であるが，カーシートは家具ではない）。

　そういうわけで，我々はパラドックスに直面する。感情カテゴリーは階層を作るようにみえるが，そこにはクラス包含という重要な特徴が欠けている。このパラドックスを解決しようという試みの1つがファジー階層の概念である。ファジー階層の概念は，感情カテゴリーの2つの特性が組み合わさって，どのようにクラス包含階層を擬似的に作り出すかを示すことでパラドックスの解消を目指している。第1に，異なるカテゴリー同士には重なり合いが存在し（同じ特定の出来事は感情，嫉妬，そして怒りのカテゴリーに含まれる），第2にカテゴリー同士の幅はそれぞれ異なる（怒りとみなされる出来事は感情とみなされる出来事よりも少なく，嫉妬とみなされる出来事はさらに少ない）。多くの（しかしすべてではない）嫉妬はまた怒りに含まれ，多くの（しかしすべてではない）怒りは感情に含まれる。このように，多くの（しかしすべてではない）例は階層をなす。しかしその関係性は厳密なクラス包含ではない。

6つの特性の関係性

　どのような感情状態についてであれ，人が理解していることを完全に記述するためには，少なくとも筆者が概説した6つの特性を必要とする。6つの特性は相対立するものではまったくなく，互いに関連を持っている。

　感情についての最も明白な事実は，我々が感情を分類しているという点にある。これができるのは我々の言語が（固有名詞は除外されるが）固有のものよりも一般的なカテゴリーと関連しているからである。残りの特性は，（スクリプトによって定義され，その特徴は次元的であり，程度によって所属が認められる）カテゴリーの性質や，カテゴリー間の関係性（円環構造やファジー階層で特徴づけられる関係）に関するものである。

　カテゴリーと次元の間の伝統的な議論を考えてほしい。単語の意味は総じてカテゴリカルでも次元的でもない。暖かさは温度という基礎的な次元に沿った（曖昧な）幅で特徴づけられるカテゴリーである。身長を低い・高いと分けるように，本質的に次元的な何かを取り扱っていることが分かっているときでさえ，我々はカテゴリーに分類する。同じように，幸福や悲しみといった言葉を使用する場合，（すべてではないが）多くは1つの両極的次元に沿った領域を指している。

　実際の感情は，複数のカテゴリーに含まれる。確かに，カテゴリーを構成する要素が0%から100%までの連続体と考えられるのであれば，特定の例がどのカテゴリーに含まれるのかを考える必要はなくなる。しかし実際にはどのような例であれ，すべてのカテゴリーに含まれる要素で記述される。したがって，どのような感情カテゴリーを取り上げてみても，カテゴリーに含まれる要素は段階別に分けられ，カテゴリー同士は組織的な形で互いに関連し，それゆえに円環構造やファジー階層構造をとるという認識を持つことは重要である。

第2部　感情と円環との関連

　円環構造の支持者たちはファジー理論を見越して，感情を個別のカテゴリーに分けるのではな
く，感情同士のさまざまな重なり合いの度合いを描いた。特に円環構造はファジー・カテゴリー
に分類される要素から直接導き出すことができる。観察者は表情（あるいは，そのときの気分といっ
た，他の感情刺激）の評定を，カテゴリーに所属する程度に応じて行うことができる。もし表情や
感情単語をいくつか適切に取り上げて評定を行えば，円環構造を導き出すことができるだろう
（Russell & Bullock, 1986）（Schlosberg の知見は同じ結果を示している。もっとも，Schlosberg は伝統的な
二者択一のカテゴリーの考えをとっており，それゆえ，なかには正しいとした結果もあれば誤りと考えたも
のもあった。円環構造が示されたのは「誤り」のせいであったが，その組織的構造は誤りからはほど遠いこ
とを示している）。

　この話題を終える前に円環構造と次元を結びつける最近の興味深い考え方を紹介する。
Feldman（1995a, 1995b）は，円環構造における個人差を見出した。彼女の理論によれば自分の感
情状態の快と覚醒の構成要素を内省する程度には個人差がある。結果として円環構造は個人個人
で異なる。完全な円環構造は集団を代表する。しかし，各個人の円環構造は水平方向もしくは垂
直方向の次元に沿って伸ばされた楕円形となる。

結　論

　映画館に座っている男性がホラー映画に夢中になっている場面を想像してほしい。彼は恐れを
感じているだろうか。彼は興奮を感じている。しかし，逃げ出すことはない。彼はこの感情を味
わうために自分自身でお金を支払った。映画に心を奪われてはいるが，表情は冷静である。恐れ
は通常は不快である。しかしこの男性はこの映画を完全に楽しんでいると言う。彼は実際に危険
な状態にいるわけではなく，そのことを知ってもいる。では，恐れを経験しているのだろうか。
読者の中にはイエスと言う人も，ノーと言う人もいるだろう。しかし，最も多くの読者はその質
問は答えるのが難しく，心理学はこの質問に答えるための方法に関して一致した見解を持ってい
ないと認めるだろう。

　この種の質問は，感情の心理学を悩ませる。この種の質問は，恐れの感情を抱いたときの表情
や随伴する生理学的事象を測定するために映画によって感情を誘導する研究では常に生じてく
る。恐れであれ，他の感情であれ，どこまでをその感情とみなすのかという問題に研究者や理論
家が答えようとするときにはいつも，同じような疑問が概念レベルで生じてくる。

　これまでの分析から示唆される答えは，「月面ではいま何時か」といった独創的な質問に対す
る妥当な回答はないというものである。すでに説明されたように，その問題は従来型の真偽二価
値の論理を前提とする。映画を観ている人の抱く感情は怖い（1点）か怖くない（0点）かではな
い。ファジー理論でいえば，その男性の状態はおおよそ中程度——例えば 0.6 程度——の恐れの
カテゴリーに入るものである。円環構造で考えれば，彼は複数のカテゴリーにまたがる感情を経
験していることになる。次元分析の考えでいえば，覚醒の度合いが高く快の状態にある。スクリ
プト仮説に立てば，彼の状態は怒りのいくつかの特徴（心は危険で満たされ，生理学的には覚醒して
おり，精神的には動揺している）を示すが，それ以上ではない（実際の危険ではなく，逃げることはな

第9章　感情をどのように呼ぶべきか

く，激しい苦痛を感じているわけでもない）。

　この男性の感情状態を完全に記述するには，筆者がリスト化した6つの特性のいずれか1つだけを捉えても十分ではない。しかし，一部の記述であれば可能だということでもある。映画館での恐れの例は，我々の感情の実態の複雑さをよく表している。我々の説明がその複雑さを明らかにすることがあっても，隠すことになってはならない。

文　献

Abelson, R. P., & Sermat, V. (1962). Multidimensional scaling of facial expressions. *Journal of Experimental Psychology, 63,* 546-554.

Adolphs, R., Tranel, D., Damasio, H., & Damasio, A. (1994). Impaired recognition of emotion in facial expressions following bilateral damage to the human amygdala. *Nature, 372,* 669-672.

Averill, J. R. (1980). A constructivist view of emotion. In R. Plutchik & H. Kellerman (Eds.), *Theories of emotion* (Vol. 1, pp. 305-340). New York: Academic Press.

Borgatta, E. I. (1961). Mood, personality, and interaction. *Journal of General Psychology, 64,* 105-137.

Brown, R. (1958). How shall a thing be called? *Psychological Review, 65,* 14-21.

Daly, E. M., Lancee, W. J., & Polivy, J. (1983). A conical model for the taxonomy of emotional experience. *Journal of Personality and Social Psychology, 45,* 443-457.

Ekman, P. (1972). Universals and cultural differences in facial expressions of emotion. In J. K. Cole (Ed.), *Nebraska Symposium on Motivation, 1971.* Lincoln: University of Nebraska Press.

Fehr, B., & Russell, J. A. (1984). Concept of emotion viewed from a prototype perspective. *Journal of Experimental Psychology. General, 113,* 464-486.

Fehr, B., Russell, J. A., & Ward, L. M. (1982). Prototypicality of emotions: A reaction time study. *Bulletin of the Psychonomic Society, 20,* 253-254.

Feldman, L. A. (1995a). Valence-focus and arousal-focus: Individual differences in the structure of affective experience. *Journal of Personality and Social Psychology, 69,* 153-166.

Feldman, L. A. (1995b). Variations in the circumplex structure of emotion. *Personality and Social Psychology Bulletin, 21,* 806-817.

Fisher, G. A., Heise, D. R., Bohrnstedt, G. W., & Lucke, J. F. (1985). Evidence for extending the circumplex model of personality trial language to self-reported moods. *Journal of Personality and Social Psychology, 49,* 233-242.

Frijda, N. H. (1986). *The emotions.* Cambridge: Cambridge University Press.

Green, D. P., Goldman, S. L., & Salovey, P. (1993). Measurement error masks bipolarity of affect ratings. *Journal of Personality and Social Psychology, 64,* 1029-1041.

Izard, C. E. (1971). *The face of emotion.* New York: Appleton-Century-Crofts.

Izard, C. E. (1972). *Patterns of emotions.* New York: Academic Press.

Izard, C. E. (1977). *Human emotions.* New York: Plenum Press.

Lakoff, G. (1987). *Women, fire, and dangerous things: What categories reveal about the mind.* Chicago: University of Chicago Press.

Lorr, M. (1989). Models and methods for measurement of mood. In R. Plutchik & H. Kellerman (Eds.), *Emotion: Theory, research, and experience* (Vol. 4, pp. 37-53). San Diego, CA: Academic Press.

Marr, D. (1970). A theory for cerebral neocortex. *Proceedings of the Royal Society of London* (Series B), 176, 161.

McNair, D. M., & Lorr, M. (1964). An analysis of mood in neurotics. *Journal of Abnormal and Social Psychology, 69*, 620-627.

Neisser, U. (1979). The concept of intelligence. *Intelligence, 3*, 217-227.

Nowlis, V., & Nowlis, H. H. (1956). The description and analysis of mood. *Annals of the New York Academy of Sciences, 65*, 345-355.

Ogden, G. (1977). Fuzziness in semantic memory: Choosing exemplars of subjective categories. *Memory and Cognition, 5*, 198-204.

Osgood, C. E. (1966). Dimensionality of the semantic space for communication via facial expressions. *Scandinavian Journal of Psychology, 7*, 1-30.

Plutchik, R. (1958). Outlines of a new theory of emotion. *Transactions of the New York Academy of Sciences, 20*, 394-403.

Plutchik, R. (1962). *The emotions Fact, theories, and a new model.* New York: Random House.

Plutchik, R. (1980). *Emotion: A psychoevolutionary synthesis.* New York: Harper & Row.

Plutchik, R. (1994). *The psychology and biology of emotion.* New York: Harper Collins.

Rosch, E. (1975). Cognitive representations of semantic categories. *Journal of Experimental Psychology General, 104*, 192-233.

Russell, J. A. (1979). Affective space is bipolar. *Journal of Personality and Social Psychology, 37*, 345-356.

Russell, J. A. (1980). A circumplex model of affect. *Journal of Personality and Social Psychology, 39,* 1161-1178.

Russell, J. A. (1989). Culture, scripts, and children's understanding of emotion. In C. Saarni & P. Harris (Eds.), *Children's understanding of emotion* (pp. 293-318). Cambridge: Cambridge University Press.

Russell, J. A. (1991a). In defense of a prototype approach to emotion concepts. *Journal of Personality and Social Psychology, 60*, 37-47.

Russell, J. A. (1991b). Culture and the categorization of emotion. *Psychological Bulletin, 110*, 426-450.

Russell, J. A., & Bullock, M. (1986). Fuzzy concepts and the perception of emotion in facial expressions. *Social Cognition, 4*, 309-341.

Russell, J. A., & Fehr, B. (1987). Relativity in the perception of emotion in facial expressions. *Journal of Experimental Psychology General, 116*, 223-237.

Russell, J. A., & Fehr, B. (1994). Fuzzy concepts in a fuzzy hierarchy: Varieties of anger. *Journal of Personality and Social Psychology, 67*, 186-205.

Russell, J. A., & Mehrabian, A. (1977). Evidence for a three-factor theory of emotions. *Journal of Research in Personality, 11*, 273-294.

Scherer, K. (1992). What does a facial expression express? In K. Strongman (Ed.), *International review of studies on emotion* (pp. 139-165). New York: Wiley.

Schlosberg, H. (1941). A scale for judgment of facial expressions. *Journal of Experimental Psychology, 29*, 497-510.

Schlosberg, H. (1954). Three dimensions of emotion. *Psychological Review, 61*, 81-88.

Thayer, R. E. (1967). Measurement of activation through self-report. *Psychological Reports, 20*, 663-678.

Thayer, R. E. (1978). Toward a psychological theory of multidimensional activation (arousal). *Motivation and Emotion, 2*, 1-34.

Thayer, R. E. (1986). Activation-deactivation adjective checklist: Current overview and structural analysis. *Psychological Reports, 58*, 607-614.

Triandis, H. C., & Lambert, W. W. (1958). A restatement and test of Schlosberg's theory of emotion with two kinds of subjects from Greece. *Journal of Abnormal and Social Psychology, 56*, 321-328.

Watson, D., & Tellegen, A. (1985). Toward a consensual structure of mood. *Psychological Bulletin, 98*, 219-235.

Wierzbicka, A. (1992). *Semantics, culture and cognition.* New York: Oxford University Press.

第10章

インパクトメッセージの円環尺度：感情と対人行動の操作的結びつき

Donald J. Kiesler, James A. Schmidt, & Christopher C. Wagner

　本章では円環インパクトメッセージ・インベントリー（Impact Message Inventory: IMI）（Kiesler, 1987a; Kiesler, Anchin, et al., 1976, 1985; Kiesler & Schmidt, 1993; Perkins et al., 1979）の作成について記す。円環インパクトメッセージ・インベントリーは人と人の相互作用場面で，お互いの中に生じる典型的な潜在行動を測定する尺度である。

　本章ではまず IMI の作成手順をまとめ，次いで IMI の円環構造を示すために用いた分析手法を詳述する。最後に，IMI が測定対象とする相手との潜在的な関わり方は，顕在的な反応を引き起こすための媒介となるが，特に対人行動そのものに必要不可欠な相互作用的な感情プロセスの要素として概念化可能だとする議論を展開する。本章の結論は次の2つである。(a)感情現象の重要な領域には本来，相互作用的・対人的領域があり，(b)感情は循環的対人相互作用プロセスの本質的要素である。

プロローグ：必要とされる対人コミュニケーション理論

　IMI が開発された当初の目的は，心理療法を受ける患者の言語的・非言語的行動に反応した医師が，密かに発する命令や関係性に関するメッセージを測定することであった。IMI は Kiesler が展開しているパーソナリティ，精神病理学，精神療法の対人関係コミュニケーションの概念化と密につながっている（Kiesler, 1979, 1982a, 1982b, 1983, 1986a, 1986b, 1988; Kiesler, Bernstein, & Anchin, 1976）。測定の焦点は，フロイト派が転移—逆転移（transference-countertransference）と呼び，Sullivan がパラタクシス的歪み（parataxic distortion）とした精神療法上の現象であった。

　IMI の中心命題によれば，人間関係は主に，2者間で言語化されることなくやりとりされる相補的な命令メッセージ（Ruesch & Bateson, 1951）の瞬間的・累積的な結果である（Kiesler, 1979）。2者関係の半分はエンコーダーからデコーダーに向けられた（ED）喚起メッセージ（Beier, 1966）で構成され，喚起メッセージによってエンコーダーはデコーダーに感情的，認知的，心象上の関与を生じさせる。ED 喚起メッセージの結果として，デコーダーははっきりと自覚することなしに，対立的なコミュニケーションやエンコーダーが望む反応の方向に「引っ張られる」。

　関係性の残り半分を構成しているのはデコーダーからエンコーダーに向けた（DE）メッセージで，ED 喚起メッセージに反応したデコーダーの内面に生じる。デコーダーの内面に生じるこれらの感情的・認知的・行動的・心象的反応は DE インパクトメッセージと呼ばれる（Kiesler, 1979, 1982b, 1988; Kiesler, Bernstein, & Anchin, 1976）。デコーダーの内面に生じる相互反応はコミュ

第2部　感情と円環との関連

ニケーションの受け手側に特有の反応である。こうした反応の中には，エンコーダーの喚起メッセージによって生じたさまざまなインパクトや引き出され反応が含まれる。

インパクトメッセージの特徴

インパクトメッセージは次のいくつかの種類に分けられる（Kiesler, 1982b, 1988）。（a）直接的な気分：個人Bが個人Aと相互作用しているとき，AはBの中にはっきりとしたさまざまな感覚を喚起し，Bから特定の感情を引き出す（例えば，うんざりした，怒った，疑わしい，対抗意識のある，注意深いなど）。（b）活動傾向：個人Aと相互作用を交わしている個人Bはまた，何かをしようとか，しないでおこうといった明確な衝動や誘引力を経験する（例えば，私は彼の邪魔をすることを避けるべきだ，私は彼女を1人にするべきではない，私は自分自身を守るべきだ，私は彼女に優しくあるべきだ，私は答えをすぐに探すべきだ，など）。（c）知覚された喚起メッセージ：個人Aといるとき，個人Bの頭の中にはAが相互作用者であるBに何をしようとしているのか，あるいは何をしてほしいと思っているのか，Bについて何を感じ，どう考えているのかといったさまざまな思考が生じる（例えば，彼は私に自分を台の上に乗せてほしいと思っている，彼女は私を信用できないと考えている，彼は1人にしておいてもらいたいと思っている，彼女は私を支配すると決意している，彼は注目の的でありたい，など）。（d）空想：個人Aと一緒にいるとき，個人BはAとの具体的な相互作用の中で自分自身に関する鮮明なイメージを大なり小なり思い浮かべることがある（例えば，海に浮かぶ救命ボートに乗っているAとB，ロッキングチェアーで膝の上に乗るAを抱くB，ともにサングラスをかけてポーカーをするAとB，白い砂浜で愛し合うAとB，など）。

現代の人間関係理論（Anchin & Kiesler, 1982; Carson, 1969; Kiesler, 1982a, 1983, 1991; Leary, 1957; Wiggins, 1982）の中で，ED喚起メッセージは対人反射（Leary, 1957）や対人活動と同じように捉えることができる。ある対人活動は何らかの条件や命令を相手に課し，結果として個人Aと相互作用する相手はAが送った合図に沿った行動をとりやすくなる。ほとんど自動的なレベルで，人は対人行動を通して自己認識と自己表現を確認させてくれるような反応を他者から引き出すか，もしくはそのような反応を他者に強いる。そして再び自分の好む（類似した）仕方で行動をとりがちとなる。対人行動には他者との間に特徴的な関係性を築く機能がある。つまり，心配とは無縁の快適な関係性であり，その関係性を通じて人は個としての自己を確立する。この相互交渉の主要な効果は，相手がこちらの望むような明示的反応を返しやすくなるように，相手の内面の経験に制限をかけ始めることにある。ED喚起メッセージは対人行動として関係性メッセージもしくは表象的主張を表し，対人サークルとして示される支配と親密の2因子平面上に配置される。

対人関係上の補完性

対人関係理論においては，DEインパクトメッセージもまた，相互補完的な反応の最初の段階と同じ意味を持つ（Carson, 1969; Kiesler, 1983; Orford, 1986）。広義の相補性や相互補完性の概念の意味は，我々が相互作用をする他者，特に重要な他者から一定の限られた反応を誘い出し，時に強い力で，時に弱い力で引き出し，誘導し，そそのかし，喚起するように対人関係上の活動がデ

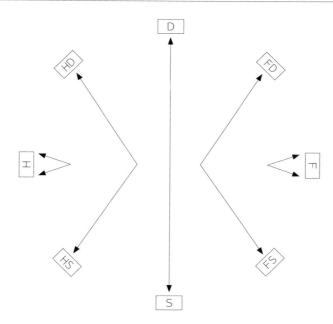

図10−1 対人サークルのオクタントの相互補完関係
D＝支配的；HD＝敵対的―支配的；H＝敵対的；HS＝敵対的―従順；
S＝従順；FS＝友好的―従順；F＝友好的；FD＝友好的―支配的

ザインされているというものである。これらの働きかけに対する他者の反応は不規則でもなければ，あり得べきあらゆる反応が返ってくるわけでもない。むしろ比較的狭い範囲の反応に限られる傾向がある。

相互補完性は特に対人行動に関して定義された概念で，2次元の対人円環モデルによって操作的に定義される（Carson, 1969; Kiesler, 1983）。相互補完性を支えるのは次の2つの基本概念，つまり，(a)支配次元に関連する相補関係（支配が服従を引き出し，服従が支配を引き出す），(b)友好次元に関連する対応関係（友好が友好を引き出し，敵意が敵意を引き出す）である。言い換えると，相互作用における相互補完性は，BがAに反応する際，支配に対しては相補的で，友好に対しては同じ友好的反応を返した場合に見出される。相互補完的な反応を通じてBが行っていることの本質は，Aが支配と友好の次元上で提示した自己表現の努力に対する承認である。図10−1は対人サークルのオクタント間にみられる相互補完関係を表している。8つのオクタントはD (dominant；支配的)，HD (hostile-dominant；敵対的―支配的)，H (hostile；敵対的)，HS (hostile-submissive；敵対的―従順)，S (submissive；従順)，FS (friendly-submissive；友好的―従順)，F (friendly；友好的)，FD (friendly-dominant；友好的―支配的) である。相互補完的な反応は常に円環の縦方向で生じ，かつ円環の右半分もしくは左半分で生じることを表している。

相互交渉において相互補完的な反応がうまく生じた場合，Bの中で2段階の出来事が立て続けに瞬時に生じる。それは，(a)DEインパクトメッセージと呼ばれる潜在的な反応，(b)それに引き続いて顕在化する相互補完的な反応である（Kiesler, 1983, pp. 205-206）。例えばBがAと相互作用を始めたとする。対人サークルで測定したAの対人行動は敵対的―従順である（図10−1参

照）。2人の相互作用が進行するに従い，Bは徐々に相互補完の第1段階である潜在的反応を経験する。それはAからのインパクトによって引き出された，Aの対人サークルオクタントと相互補完的関係にある反応である。例えば，「彼よりも優れている」「彼が彼の立場を主張しようとしないので不満だ」といった直接的な感情であったり，あるいは「私は彼にとても寛大であるべきだ」「私は彼に何でも言うことができ，彼は同意するだろう」といった行動傾向であったり，また「彼は自分のことを能力に欠けると思っている」「彼は私が何を言っても受け入れるだろう」といった喚起メッセージの知覚であったりする。これらの潜在的な反応を経験し続けるうちに，Bの行動（相互補完的な第2段階の反応）はAのそれとは相互補完的な敵対的―支配的オクタントを反映したものに次第に変わっていく。

インパクトメッセージの展開

このようにインパクトメッセージは，Aと相互作用しているBが経験する，主にAによって生じ，引き出されたすべての内的な出来事を指す。この内的な出来事は直接的な感情，行動傾向，知覚された喚起メッセージ，暗喩や空想も含むが，すべてAと相互作用している間の，Bの潜在的な主たる関与のあり方を象徴している。インパクトメッセージは，対人サークル上での相互補完的反応を得ようとするAの試みを直接記録したものである。そして，これらの内的なイベントが実質的な媒介となり，Aに対するBの顕示的反応が喚起される。もっとも，Bの反応はAが引き出したかった相互補完的な反応に必ずしも一致するとは限らない。

インパクトメッセージ・インベントリー（IMI）（Kiesler, 1987a; Kiesler, Anchin, et al., 1976, 1985; Kiesler & Schmidt, 1993; Perkins et al., 1979）は，対象となる個人に特徴的な対人行動パターンを測定するために作られた，対人サークルに基づく対人交流の測定尺度である。IMIは，Aの対人スタイルあるいはAが相手に喚起するメッセージが，Aと相互作用をしている，あるいはAを観察しているBの中で生じる潜在的な反応やインパクトメッセージを評価することで定義・測定できるという前提で構成されている。

IMIは，相互作用する一方もしくは両方の人物から得た，一般化されたインパクトに対する回答から個人に特有の対人行動パターンを測定するよう設計されていた。相互作用している者の多くは相手に対する反応の中に潜む内的関与のあり方やインパクトを明確に自覚しているわけではないが，注意を向けさえすれば自覚可能で，報告することも可能である。IMIの項目に回答するには自分の内面で生じている出来事に目を向けなくてはならない。こうした出来事が通常は経験上の「土台」となって他者とのさまざまな相互交流が生じる。このようにIMIは，人が他者に対して抱く自動的で比較的意識にのぼることの少ない情動や他の隠れた反応を取り出す，自己報告式の相互交流の尺度である。

IMIの基本的な測定手続きは以下の通りである。回答者Bは，相互作用がちょうど完了した直後または以前に相互作用していたときに，特定のターゲット個人（A）がBの中に生じさせたインパクトをIMIの各項目がどれくらい正確に表現しているのかを評価する。項目は標準化サンプルから得られた回答をもとに調節されており，対人行動サークルのいずれかのカテゴリーの

特徴を備えた人物の対人行動により特異的に誘発される，あるいは引き出される潜在的な反応を表している。Bが特定の項目に高得点をつけた場合，それに対応するターゲットAの対人サークルカテゴリーには高い得点がつけられる。項目得点を合計したIMIの尺度得点は，対人関係の中でBが経験した対人行動に対応した対人サークルカテゴリーの相対的な強さを示す。各サークル尺度は，直接的な感情，行動傾向，知覚された喚起メッセージを測定する3つの下位尺度で構成されている（今のところ，前述したインパクトメッセージの第4のカテゴリーである空想はまだ測定できるようにはなっていない）。

　例えば，（支配的な対人行動パターンを強く示す）Aとの相互作用の後，Aに対してBの内面に生じた反応を具体的に記述していると想定した上で，「私は彼から命令されているように感じる」「彼には甚だしく思慮に欠ける面があるといわなければならないと感じる」「私は彼から尊敬するように求められているように感じる」などの，経験的に調整された支配尺度項目に回答する（表10-1参照）。そして，支配性尺度を構成する各項目へのBの回答の合計得点が，Aの支配尺度得点となる。他の対人サークル尺度得点の算出方法も同様である。

　このようにIMIの尺度構成の手続き（Kiesler, 1987a; Perkins et al., 1979）では，特徴的な内面のインパクトを対人サークル行動の純粋なカテゴリーに経験的に当てはめる方法をとっている。我々が踏んだ手続きは以下の通りであった。

1. それぞれの純粋な対人サークルカテゴリー（例えば，支配，競争，不信，敵意，孤立など）に典型的な顕示的対人行動を描写した記述は，Lorr と McNair（1967）の対人行動目録（Interpersonal Behavioral Inventory: IBI）の項目に基づいて作成された。

2. 各カテゴリーに属する典型的な対人行動を表現した文章は，内面に隠された率直な反応（直接的な感情，行動傾向，知覚された喚起メッセージ）を引き出すための標準的な対人刺激として用いられた。相互作用者として選ばれた回答者は純粋な対人サークルの各カテゴリーを具体化した人物を1人想定して，その人物と相互作用していると仮定した上でこれらの文章に回答するよう求められた。

3. 回答者から得られた多様な内面の率直な反応は心理測定の手続きに従って尺度項目としてまとめられ，それらの反応を特異的に喚起した対人サークルカテゴリーと対応するように配列された。

4. 構成された標準化尺度では，Aとの相互作用を経験した回答者Bに，相互作用中に生じた内面の反応を思い出して回答してもらうことで，Aのどのような対人行動でも組織的に測定することが可能である。

インパクトメッセージ・インベントリー（IMI）の円環特性と分析

　IMIを最初に開発して以来，感情とパーソナリティを表現した円環モデルの有用性と正確さが明らかになると同時に，IMI尺度の円環性を裏づけるための新たな方法も開発されてきた。オリジナルのIMIを構成していた15尺度同士の関係はいくつかの理由から円状になると推定され

第2部　感情と円環との関連

表10-1　インパクトメッセージ・インベントリーの項目例

オクタント	項目例： 「彼女（彼）と一緒にいると，私は…」
支配的（D）	「威張り散らされているように感じる」
敵対的―支配的（HD）	「彼女が私になど構っていられないと考えているように感じる」
敵対的（H）	「彼女から距離をおかれているように感じる」
敵対的―従順（HS）	「彼女を安心させるために何かすべきだと感じる」
従順（S）	「彼女に自分自身の意見をはっきりと表明するよう伝えるべきだと感じる」
友好的―従順（FS）	「彼女が私を信頼していると感じる」
友好的（F）	「彼女が私といることを喜んでいると感じる」
友好的―支配的（FD）	「彼女が愛想よくふるまっていると感じる」

たにすぎなかった。オリジナルの IMI の項目や尺度は，Lorr と McNair（1967）による IBI を指標に構成されていた。残念ながら IBI はその後の研究で，実証的にも理論的にもやや円環性に欠けることが示されている（Kiesler, 1983）。結果として，オリジナルの 15 尺度版 IMI（Kiesler, Anchin, et al., 1976, 1985）も理想的な円を描かず，円環としての特徴も備えていなかった（Kiesler, 1983, 1987a; Perkins et al., 1979; Wiggins, 1982）。

　それに対して IMI のオクタント尺度（オリジナルの 90 項目のうち 56 項目を使用した尺度）は，十分な内的整合性と優れた円環構造を示すように開発された（Kiesler & Schmidt, 1993; Schmidt, Wagner, & Kiesler, 1994）。本節では，IMI オクタント尺度の構造を検討するために使われた分析方法を概観し，各方法の理論的根拠と有用性について簡単にコメントする。IMI のオクタントは円の一定領域ごとに割り振られ，その領域が与えるインパクトを測定する（表10-1参照）。オクタントは円の最上部から反時計回りに，支配的（D），敵対的―支配的（HD），敵対的（H），敵対的―従順（HS），従順（S），友好的―従順（FS），友好的（F），友好的―支配的（FD）である。

　円環尺度の構造の評価法の1つとしてよく使われてきたのは主成分分析である。主成分分析は，対人形容詞尺度（Interpersonal Adjective Scales: IAS）（Wiggins, 1979; Wiggins, Phillips & Trapnell, 1989; Wiggins, Trapnell, & Phillips, 1988）や対人問題インベントリー（Inventory of Interpersonal Problems; IIP）（Alden, Wiggins, & Pincus, 1990）の円環構造を確認する上で重要な役割を果たしてきた。主成分分析は複数の尺度で構成される質問紙の構造特性を検討する上で特に有用である。というのも，データが対人次元によってどれくらい説明できるのかを総合的に評価でき，各尺度と対人因子の関係性に重みづけをして，視覚的に把握しやすい散布図を描くことができるからである。実際の尺度の角位置と予測された角位置との間の最小2乗差を求めるプロクラステス法（Schonemann, 1987）を用いて因子解を回転すれば，円環性の程度に関するさらに詳しい情報を得ることができる。

　主成分分析を行う際には通常，分析に先立って尺度がイプサティブ化される点に留意が必要である。イプサティブ化（ipsatization）（Cronbach, 1949）することで個人のオクタント得点は各自のオクタント全体の平均値からの逸脱の程度として表現されるが，この手続きはすべての変数（この場合はオクタント尺度）が正の負荷量を示す第1因子の存在を統制するために用いられる（Alden et al., 1990; Gurtman, 1992, 1994）。この第1因子の解釈は用いた質問紙によって異なる。例えば，

第10章　インパクトメッセージの円環尺度：感情と対人行動の操作的結びつき

対人問題インベントリー（Horowitz, Rosenberg, Baer, Ureño, & Villaseñor, 1988）を構成する尺度を主成分分析にかけて第1因子が得られた場合，この因子は回答者が感じている全般的な対人問題の程度や不快感を表す一般因子であると考えられる（Alden et al., 1990; Horowitz et al., 1988）。IMIのオクタント尺度であれば，一般因子はターゲットである個人が対人関係において人に与えるインパクトの強さや明確さを反映すると考えられる。

　いずれにしても，一般因子は個人間の対人行動の違いと関連するようには思われない。むしろ，Wiggins, SteigerとGaelick（1981）が示唆するように，リッカート尺度への回答における個人内の差異を反映するようである。主成分分析に先立つイプサティブ化によって，この対人関係とは無関係な一般因子の効果が取り除かれ，尺度と対人次元の関連が，より明確で純粋な形で現れる（Alden et al., 1990; Gurtman, 1994）。例えば，759人の回答者から得られたIMIオクタントを主成分分析にかけたところ（Schmidt et al., 1994），（固有値が1.0以上という基準を用いて）3因子解が得られたが，そのうち1つは一般因子だと解釈された。同じデータをイプサティブ化した上で主成分分析を行うと2因子解が得られ，きれいな円環構造が見出されている。

　Schmidtら（1994）の研究結果は，IMIのオクタントが円環構造をとることを支持している。次節では，彼らのデータにIMIを用いた未発表のデータをいくつか加えて，IMIオクタント尺度の円環としての性質をさらに詳しく検討する。分析の対象となった回答者の数は1109人で，大学生，精神科の外来患者，手術患者が含まれている。

プロクラステス回転を伴う主成分分析

　オクタント得点をイプサティブ化した後で，プロクラステス回転を伴う主成分分析を行った結果，固有値1以上の条件のもとで2因子解が得られた。それぞれの因子は全分散の40％と28％を説明していた。すでに述べたように，プロクラステス法は円環尺度を評価する上で特に有用である。なぜならプロクラステス法はあらかじめ仮定された構造（円環の幾何学的特性によって定められる。表10-2の最初の2列を参照）に因子マトリックスをできるだけ近づけるよう回転させるものであり，そこで得られた係数を用いてオクタント尺度間の関係を記述できるからである。得られる係数には仮定された円環の軸と実際の軸との間の角度のずれや参照構造負荷量などがある。

　対人円環の主要な軸である支配と友好は，互いに直交していると予想される。したがって2次元平面では，これらの軸は90度の角度で配置されなければならない。予測された角度と観察された角度とを比較することで，尺度の円環性に関する部分的な証拠を得ることができる。このサンプルでのIMI軸間の角度の実際の差は89.7度であり，これは対人次元の主要な軸がある程度直交していることを示している。比較のためにいうと，この角度は相関係数では0.006に相当する。

　尺度の構造の評価を可能にするプロクラステス法のもう1つの係数は参照構造負荷量である。この係数は尺度と軸の間の相関を補正した上で両者の関係性を示す。軸同士の相関が低くなれば，参照構造との一致度が高くなり，因子負荷も参照構造の値に近くなる。しかし参照構造係数を用いることが問題となる場合もある。例えば，オクタント尺度と基本的な経験的因子との間の関係が興味の対象となる場合である。尺度が配置された角度を計算するための三角方程式は平面

185

第2部　感情と円環との関連

を構成する軸同士の直交を想定しているため，斜交回転した因子負荷量を用いてオクタント尺度が配置された角度を計算することには疑問がある。したがって，1組の尺度の円環性を評価する場合には，因子負荷量や参照構造係数と同時に因子軸間の相関係数も報告するのが望ましい。

　IMIオクタントの参照構造負荷量も表10−2に示されているので，因子負荷量と比較されたい。参照構造係数からはオクタント尺度と軸の間の円環パターンを明確に見て取ることができる。最大の負荷量は各次元の正の極を示すオクタントにみられる（支配の軸に対してはDのオクタントが，友好の軸に対してはFのオクタントが最大の負荷量を示している）。負荷量の大きさは徐々に小さくなって，特定の場所（各軸の負の極）に至って最小となり，正の極に近づくにつれて再び増加に転じる。

角位置とベクトル長の指標

　参照構造係数はIMI尺度の構造を評価する上で有用だが，他の2つの円環指標は特に役立つ。2次元空間における尺度の角位置とベクトル長は，尺度の位置と予測された位置の直接的な比較に使えるからである[1]。円環の周りに均等な間隔で分布した8つの尺度の角位置（友好軸の正の極が0）を表10−2に記した。IMIオクタント尺度の実際の角位置と予測された位置からの差（角度）もまた示されている。みて分かるように，予測された位置とオクタントの角位置の差は平均9度以下である。各オクタントが表す円環上の領域は45度なので，予測された位置から22.5度以上ずれた尺度は，測定しようとする円環の範囲から外れることになる。従順（S）と友好的―従順（FS）の2つが理想的な位置よりもずれているが，いずれも円環のそれぞれの領域内にとどまっている。

　ベクトル長あるいは円環の原点から変数までの距離（0から1までの得点で示される）は，2つの対人因子に対して尺度が負荷する程度，あるいは尺度が2つの対人因子で代表される程度を反映する（Gurtman, 1993; LaForge, 1977; Wiggins et al., 1989）。表10−2からは，IMIのベクトル長が0.78から0.88の範囲にあり，平均が0.83であると分かる。これらの数値から，全体的にみてIMI尺度が，ほとんど例外なく2つの対人因子と強い関係を示すことが分かる。イプサティブ化されたオクタントを2次元平面上で図示したものが図10−2である。

Fisherの一致指数の割合

　Fisher（Fisher, 1983; Fisher, Heise, Bohrnstedt, & Lucke, 1985；本書第11章参照）は，一連の尺度の角位置と予測された位置との間の一致率を計算するための手法を考案するために，三角関数を用

1　尺度の各位置とベクトル長は参照構造係数から容易に算出することができる。各位置を導く公式は下記の通りである。

$$\text{Angle} = \arctan\left(\frac{\text{DOM}}{\text{LOV}}\right)$$

　ベクトル長は下記の公式で導かれる。

$$VL = (\text{DOM}^2 + \text{LOV}^2)^{1/2}$$

DOMは尺度と支配軸との相関係数を，LOVは尺度と友好軸との相関係数を表している。

第10章　インパクトメッセージの円環尺度：感情と対人行動の操作的結びつき

表 10-2　改訂版インパクトメッセージ・インベントリーオクタント尺度の特徴

オクタント	ターゲット負荷量：支配軸	ターゲット負荷量：友好軸	参照構造負荷量：支配軸	参照構造負荷量：友好軸	角位置（度）	期待される位置	期待される位置との差	ベクトル長
D	1.000	0.000	0.81785	−0.14554	100°	90°	10°	.83
HD	0.707	−0.707	0.49809	−0.69952	144°	135°	9°	.86
H	0.000	−1.000	0.00873	−0.77694	180°	180°	0°	.78
HS	−0.707	−0.707	−0.57182	−0.62569	223°	225°	−2°	.85
S	−1.000	0.000	−0.77947	−0.22589	254°	270°	−16°	.81
FS	−0.707	0.707	−0.41426	0.70913	329°	315°	14°	.82
F	0.000	1.000	−0.10923	0.86982	353°	0°	−7°	.88
FD	0.707	0.707	0.49123	0.64675	37°	45°	−8°	.81

要約統計量
理論的配置からの平均的なズレ = 8.58°
平均ベクトル長 = .83
ズレの平均コサイン（A*）　985
A* のカイ 2 乗テスト　3.88*
一致率　.952

注：* = p ＜ .05　D = 支配的；HD = 敵対的―支配的；H = 敵対的；HS = 敵対的―従順；S = 従順；FS = 友好的―従順；F = 有効的；FD = 友好的―支配的

いた円環の裏づけに焦点を当てて研究を行ってきた。彼の方法は，予測された角位置と実際の角位置との差の平均コサインを計算し，その数字を一致率の指標として活用するものである。図 10-2 の IMI 尺度の場合には，実際の角位置と予測された角位置との差の平均コサインは 0.985 である。この値を比率に変換すると 0.952 であり，IMI 尺度の実際の角位置が予測される角位置と 95.2% 一致することを表している。カイ 2 乗の独立性検定（Fisher, 1983）では，2 つの角位置が無関連であることを帰無仮説として設定するが，この場合のカイ 2 乗値は 3.88 であり，5% 水準で有意である。したがって，図 10-2 に示される IMI オクタント尺度の角位置は予測された位置とは独立ではないと結論してもよいだろう。

既存の IMI オクタント尺度（Kiesler & Schmidt, 1993）は十分な円環の特性を備えているが，先ほどの分析でちょうど明らかになったように，改善の余地がないわけでもない。もう 1 つの難点は，3 つのインパクト下位尺度（直接的な感情，行動傾向，知覚された生起メッセージ）では項目数がバランスよく作られているのに対して，オクタントバージョンでは尺度を構成する項目数が十分ではないという点である。

Kiesler と Schmidt（Schmidt, 1994）が現在開発中なのが IMI の改良版（IMI-2）で，対人関係上インパクトメッセージの最も特徴的な 2 つの領域——直接的な感情と行動傾向——を同じ項目数で測定する下位尺度で構成されたオクタント尺度である。従来はターゲットである個人 A の顕在化された対人行動パターンに対応した名前を尺度につけることが多かったが，この方法は概念上の混乱をもたらすことが多かった。IMI-2 ではその代わりに，相互作用者 B の隠れた反応のそれぞれの種類に特徴的なラベル名をつけるように得点化の方法が変更される予定である。得点化の方法を変更することで，B の内面に生じる相補的な反応を円環で描写することができる。円環で描写することで，内面の反応に引き続き生起する顕在的な反応を測定する円環尺度と，概念上も実証研究上も比較が可能となるし，他にもさまざまな活用の可能性が考えられる。

187

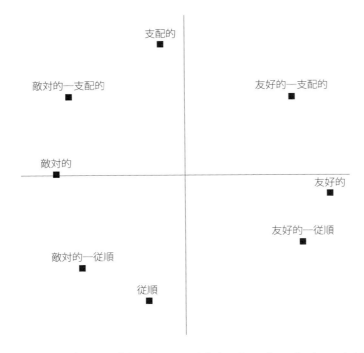

図 10−2 イプサティブ化した IMI のオクタントのプロット (n = 1,109)

インパクトメッセージと交流感情

　この最後の節では，人間の感情に関する最近の概念化の中に DE インパクトメッセージ（内面的な相互補完的対人反応の最初の段階）を位置づけることを試みる。まず初めに，IMI が，近年概念化された複雑な感情反応の隠された構成要素の中でも中心的な要素を測定していることを示す。次に，IMI がどのようにして特定の対人関係上の文脈内で生じる重要な内面の出来事を測定するかを示す。我々の結論は次の通りである。IMI は感情と対人行動との間を操作的につなぐことで，パーソナリティ，精神病理学，精神療法のそれぞれの概念をこれまで以上に統合するための橋渡しとなり得る。

複雑な内的反応，周囲の物事・出来事に対する評価としての感情

　感情が環境上の出来事や重要な対象（すなわち望ましいか望ましくないか，価値があるか有害であるか）に対する個人の主観的評価によって引き起こされる複雑な一連の内面の反応であるとする定義は，最近，多くの感情理論家たちの賛同を得ている（Arnold, 1960a, 1960b; Averill, 1980; Frijda, 1986; Kemper, 1978; Lazarus & Averill, 1972; Lazarus & Folkman, 1984; Lazarus, Kanner, & Folkman, 1980; Plutchik, 1962, 1980, 1991）。この主観的評価は引き続いて，複雑で特徴的な一連の潜在的な行動を引き起こす。潜在的な行動には，(a) 主観的な感情反応，(b) 行動への衝動（行動衝動，行動傾向），(c) 生理学的・身体的反応，(d) 表情反応から生じる身体運動的フィードバックなどが含まれる。

さらに，この一連の特徴的な内面の反応が媒介となって，実際の顕示的反応が引き起こされる。最後に，それぞれの感情プロセスの構成要素（認知評価，主観的感情，行動への衝動，生理的反応，表情フィードバック，隠された反応）は抑制と調節のプロセスを受けて，異常な範囲から正常な範囲に及ぶ，自己システムを保護する防衛機制の役割を果たす。

例えば Lazarus ら（1980）は感情を次のように定義している。「複雑で，組織化された状態は（中略）認知的評価，行動衝動，そしてパターン化された進退反応などで構成される。それぞれの感情の質（例えば，怒り，不安，喜び）は構成要素の違いで識別される」（p. 198）。同じように，Plutchik（1980）は次のように述べている。

　　感情は何らかの刺激によって今まさに引き起こされている一連の出来事に対する推測である。その一連の出来事を構成する要素には，推測された認知（例えば危険），主観的感覚（例えば恐れ），身体的覚醒（例えば急速な鼓動），運動衝動（例えば走り出すこと），そして行動（走り続けること）がある。（p. 333）

何人かの理論家は，先に示した 4 つの内的反応の複合体に加え，空想プロセス（Singer, 1973, 1974）やさらなる認知的構成要素（Kemper, 1978; Lazarus et al., 1980）を内的な出来事に挙げている。Singer（1973, 1974）は，空想プロセス，夢，イメージが認知と感情の間をつなぐ鍵になると考えた。彼は豊富な例を示しつつ，ポジティブな感情イメージとネガティブな感情イメージが心理療法の文脈の中でいかに他者を衰えさせ，抑制するために使用され得るかを記した。Lazarus ら（1980）は内的感情複合体を構成する要素として，周囲で起きた出来事もしくは周りの物事に対する評価に含まれる一次的な認知的評価に加えて，二次的な認知的評価（ストレスフルな出来事に際して利用できるかもしれない対処資源や選択肢の評価）や再評価（個人の反応で生じた環境の結果からのフィードバックプロセス）があると考えた。Kemper（1978）は，周りの環境に対する初めての評価に含まれる認知的構成要素以外にも，「例えば『私は怒りを感じる』『私は幸せだろうか』『私は恋をしている』といった感情を確認するラベル」（p. 47）が認知的構成要素に含まれ得ると述べた。「例えば『手に汗をかいているので，私は不安を感じているに違いない』というように，その認知はまた，ある個人の身体状態に関する明示的評価からも生じ得る」（Schachter & Singer, 1962, pp. 47-48 参照）。

このように簡単に分析してみても，4 種類のインパクトメッセージ（直接的な感情，行動傾向，知覚された生起メッセージ，空想）が最近の感情理論で詳細に論じられている潜在的な感情プロセスの主要な構成要素と，かなりの程度重なることが明らかである。さらに，IMI-2 を再構成するにあたり，直接的な感情と行動傾向を表す項目を残したことは，いくつかの理由から妥当だったと思われる。第 1 に，IMI-2 の研究により，感情研究（例えば Conte & Plutchik, 1981; Russell, 1979, 1980; Watson & Tellegen, 1985）の分析結果と同様に，直接的な感情の領域（例えば，恐れ，怒り，退屈など）も 2 次元の軸で表される円環構造をとることが明らかとなった。例えば，Russell は，あらゆる感情は喜びと覚醒度合いの組み合わせで表現され，次のような感情の 2 次元円環平面で表現するのが最も適切だと結論づけている。それは，喜び（pleasure; 0 度），興奮（excitement; 45 度），

覚醒（arousal; 90 度），苦悩（distress; 135 度），不快（displeasure; 180 度），抑うつ（depression; 225 度），眠気（sleepiness; 270 度），くつろぎ（relaxation; 315 度）である。Russell のモデルや他の主観的感情反応の円環モデルは，潜在的な直接感情領域と顕示的な対人行動領域とを一緒に配列できる可能性を示唆している（そしてそれは明確な円環構造を示し，支配と提携の両極性の 2 軸の周囲に配置されるであろう）。

　第 2 に，複雑な一連の潜在的感情反応の構成要素である行動傾向を，感情プロセスの基準と考える研究者もいる。Arnold（1960a）は感情を感覚された行動傾向であるとし，次のように述べている。「周りの状況に対する直感的な評価がある行動傾向を引き起こし，それが感情として感覚される。感情はさまざまな身体的変化として表現され，最終的に顕示的な行動へとつながる場合もある」（p. 177）。感情とは，

> 直感的に良い（有益）と評価されたあらゆるものの方向へ，また悪い（有害）と直感的に評価されたあらゆるものから遠ざかる方向へ向かう感覚傾向である。2 つの方向性はある種の生理学的変化を伴い，接近や回避に向けて組織化される。そのパターンは感情ごとに異なっている。（Arnold, 1960a, p. 182）

　Frijda（1986）によると，行動傾向とは「特定の行動を実行するための準備ができている状態」（p. 70）であり，意図を同じくするある種の行動を実行するための準備が完了している状態である。

> ある行動傾向は，攻撃，唾かけ，侮辱，無視，中傷する準備が整っている状況を指す。場面によってはいずれの行動も可能であり，また適切である。また別の行動傾向として接近と抱擁，愛撫，夢中でみつめること，甘いささやきに対する準備ができている状態を指すこともあるが，適切かどうかはやはりそのときの状況次第である。（pp. 70-71）

　総じて，行動の準備状態の変化は感情の決定的な特徴である。「感情経験を構成するのは主に行動の準備状態あるいは準備ができていない状態の感覚である。つまり逃走や闘争，抱擁への衝動，もしくは衝動の欠如，無関心，無気力などから構成される」（Frijda, 1986, p. 469）。

　Lazarus ら（1980）は，感情が「認知的評価，行動の衝動性，そして身体反応で構成される（中略）複雑な，組織化された状態」（p. 198）であると主張した。彼らの行動衝動性の概念によると，「行為に（精神生理学的に）内包された行動は，実行されたり目にみえる必要はない。それは時に抑制されたり，否認されたり，変容し得るものである」（p. 198）。

　Plutchik（1980）は，「感情はいくつもの出来事が複雑に連なり合ったものであり，行動への衝動性がその重要な部分を占めている」（p. 360）と述べた。彼が分析を行った際に部分的に参考とした Bull（1951, 1952）の感情の態度理論では，感情を次のように捉えている。

> 神経と筋の一連の活動であり，初めに姿勢の調節もしくは運動筋の事前の構えが起きる。この事前の構えは，無意識かつ本能的であるが，結果的に微弱で不確かな動きを引き起こし，

個人に新たな方向づけを与える。しかし，即座に行動の完了段階へと進むわけではない。（Bull, 1952, Plutchik, 1980, p. 355 から引用）

　Bull ら（Bull & Gidro-Frank, 1950; Pasquarelli & Bull, 1951）はいくつかの研究の中で被験者に催眠術をかけ，2つの重要な結論を導き出した。つまり，（a）内臓の活動だけでなく骨格筋の活動も感情と関係しており，（b）感情と関連する姿勢や行動への衝動性は感情ごとに異なる，というものである。Plutchik は独自の実証研究によって，8種類の行動への衝動性を8つの主要な感情の分類に合わせて配列した（例えば，撤退や回避の衝動としての恐れ，攻撃や傷つける衝動としての怒り，抱擁や接近の衝動としての喜び）。Pultchik は次のように注意を促している。

　　恐れと怒りの感情はしばしば逃走もしくは闘争と関連するが，必ずしもそのような行動につながるわけではない。感情を行動として表出することを妨げる状況があるかもしれないからである。しかしながら，逃走への衝動もしくは闘争への衝動が消え去ったわけではない。それは依然として残っているのである。（Plutchik, 1980, p. 353）

　これらの考え方とも一致するが，我々が IMI-2 を再構成する際に知覚された喚起メッセージの項目を削除する決断をした理由の一部は，次に述べる Wiggins の観察に基づく。

　　一連の対人関係における行動―反応の関連をより正確に理解するためには，（3つの）領域ごとに分かれた，より大きな項目プールを開発する必要がある。例えば，知覚された喚起メッセージの領域は，知覚された他者の対人行動を測定する測度（他の対人行動尺度）と，重複さえなければ密接に関連するだろう。（Wiggins, 1982, p. 200）

　空想が認知と感情とを結びつける中心的な役割を果たすという Singer（1973, 1974）の分析に基づけば，我々が考える第4のインパクトメッセージ，すなわち空想と比喩を測定する項目を構成し追加することで，いつか多くの成果をあげることができると期待される。特に，精神療法の文脈では，医師が行う対人的フィードバックの中でも最も安全で患者への脅威が最も少ない方法が空想もしくは比喩の形をとったフィードバックであり，直接的な感情，行動傾向，あるいは知覚された喚起メッセージの形でのフィードバックではない（Kiesler, 1988）ことを考えればなおさらである。

対人交流関係：感情が喚起されている間に評価される最も重要な周囲の物事もしくは出来事

　近年の感情理論家たちの間で共有されつつあるもう1つの一致した意見によれば，人間の一連の感情を喚起させる物事や出来事の中心は，至るところにあるわけでないとすれば，社会的，対人関係的，相互作用的なものである。

　例えば，Averill（1980）は，感情経験を構成するそれまでの対人的な文脈やその帰結を理解する重要性について詳しく述べている。Averill によれば，感情は対人的状況から生じ（例えば，怒り

第2部　感情と円環との関連

は他者が自分の目標を妨害することに起因する），対人的機能を果たす（例えば，怒りの表現が，相手が今後目標を妨害することを抑止するかもしれない）。また Averill（1980）は次のようにも強調している。

　　物理的状況も感情行動に重要な影響を与え得るが，対人的環境は通常さらに重要である。感情によっては，怒りや愛情などのように，一般的に相手側に何らかの反応を迫るものがある。しかし，対人的きっかけの重要性は，複数人以上での相互交流から生じる感情だけに限らない。感情の多くは独演者のようなものである。たった1人しかいないにもかかわらず，聴衆のために，聴衆に向かって反応を演じる。例えば，笑い声は人前の方が温かみがある。きまり悪さや恥ずかしさは，1人のときには生じない。そして親であれば誰でも，小さな子どもが，同情的な聴衆が到着するのを待って涙を流す場面をみたことがあるだろう。(p. 323)

　Berscheid（1983）が提案したモデルでは，感情的な相互依存が親密な対人関係に不可欠だとされる。感情は，普段からやり慣れて組織化された一連の行動が中断されたことで自動的に喚起された興奮と，それに対する認知的評価とが結びついたものと定義される。親密な人間関係が築かれている場合，メンバーの一連の行動は互いに密接に結びついている。長期にわたる，頻繁で強く多様なインパクトが互いの間で絶えず交わされている。それゆえ，各自のやり慣れた一連の行動を妨げ，興奮と感情とを引き出すこともできるのである。

　Lazarus ら（Lazarus et al., 1980; Lazarus & Launier, 1978）は，感情の相互交流や関係性の原則を示した。彼らによれば，「感情は進行中の関係性や相互交流から生じる（中略）。人は周りの環境，特に対人的環境に影響を及ぼし，そこから影響を受ける（中略）。何らかの感情的エピソードを伴う対人場面を理解するためには，やりとりが進むにつれて変化していく，個人と環境の間の関係性に注意を向けるべきである」（Lazarus et al., 1980, p. 195）。

　相互交流に関する最も説得力ある議論は，Kemper（1978）による感情の社会的相互作用理論に由来するものであり，人間の感情のほとんどが対人関係の相互作用から生じるという主張に基づいている。Kemper の基本的な主張によれば「対人場面における出来事が感情を喚起する。最も重要な出来事はその場で交わされている，もしくは変化していく演者間の対人関係のパターンである」（Kemper, 1978, p. 26）。しかし，「すべての感情がこの（対人的）特徴を持つといっているわけではないし，あらゆる感情を生じさせるのは対人関係のみであるといっているわけでもない」（p. 347）。Kemper の一般的な仮説は，以下のようなものである。

　　感情の大多数は，現実の，あるいは想像上の，もしくは予想される対人関係の結果から生じる。対人的産物である感情のことを知るためには，現実の，想像上の，また予想される関係から生じる結果全般を特定できねばならない。(Kemper, 1978, p. 43)

　Kemper は対人関係から生じる結果を2つの基本的な対人次元上に配置したモデルについて詳細に記している。その2つの次元はパワー（支配，脅威，強制，統制のような，強制的な他者行動の

192

コントロール）と地位（友情，支援，愛着，温かさなどにみられる，他者への自発的な従順さと献身）と命名されている。「関係性が平衡状態にあるかないかにかかわらず，相互作用する者同士は，パワーと地位の次元上における自分と相手の位置づけに，いくらかの満足もしくは不満足を感じると考えられる」（Kemper, 1978, p. 49）。具体的にいえば，（a）適度なパワーが自分にあると感じる場合，A は安心感を得る。パワーを過剰に持ちすぎていると感じる場合，A は罪悪感を抱いたり，心配になる。パワーが不十分だと感じれば，A は恐れを抱く。一方，B のパワーを適度だと評価した場合，A は安心を感じる。過剰だと評価した場合には，恐れを感じる。B のパワーが不十分だと評価した場合には，A は罪悪感を抱く。（b）A が自分の地位を適切だと評価すれば，A は幸福を感じる。地位を過剰だと評価した場合には，A は恥を感じる。不十分だと評価したならば，A は落胆を感じる。しかし，B の地位を適当だと評価した場合には，A は幸福を感じる。B の立場を過剰だと評価したならば，A は怒り，軽蔑，恥を感じる。B の立場を不十分だと評価した場合には，A は罪悪感と不安を抱く。

　これらの簡単な分析から，（特定の交流エピソードや長期にわたるやりとりの中で生じる）他者の対人行動が，一連の感情を生起させる周囲の出来事や物事の中でも，主要かつ最も重要な要因であると考えることができる。他者の対人行動の中には社会的役割や社会的慣習から行っているもの（Averill, 1980）や，より永続的な対人的特質および自己表現として表出するもの（例えば Carson, 1969; Kiesler, 1982a, 1983, 1988; Leary, 1957）の双方が含まれる。さらに，数多くの研究で示されているように，（環境上の主たる刺激要因である）対人行動は，支配と友好という両極性の 2 軸を中心としたさまざまな対人円環領域上で表現される（Kiesler, 1983; Wiggins, 1982）。円環モデルには，（1982 年に発表された円環でいえば，反時計回りに）支配，競争，不信，冷淡さ，敵意，孤立，抑制，不安定，服従，敬意，信頼，温かさ，友好，社交，自己顕示，毅然などの行動領域が含まれる。

結 論

　本章の分析から，インパクトメッセージ・インベントリーの最新版（Kiesler と Schmidt による IMI-2）が，近年の感情理論家が感情の潜在的構成要素として定義している要素のすべてではないものの，鍵となる重要な要素（主観的な感情反応，行動傾向，衝動）を測定することが明らかになった。さらに，特定の相互交流でみられる特徴的対人行動に対する反応から，潜在的な感情行動を測定することが可能である。言い換えれば，IMI の考えでは，働きかけを受けた B が何らかの評価を下し，一連の潜在的感情反応を生じるきっかけとなる環境上の出来事や物事は，働きかけた側である A の顕在的な対人行動である。評価を下した結果 B の中に喚起される感情の中には，研究者（例えば Russell, 1979, 1980）が 2 次元上の円環に循環配列されるとした感情反応領域（だけに限られないかもしれないが）が含まれる。さらに，B の潜在的感情反応には，少なくとも次の 2 種類の特徴的な行動傾向，つまり，（a）個人 A の対人パターンと相補的な顕示的対人反応をみせる自動的な傾向，（b）相手が引き出そうとする顕示的な相補的反応を示すことを妨げる，（評価，感覚，行動傾向，明白な反応など，あらゆる感情プロセスの段階で生じる）抑制行動もしくは防衛行動をみせる自動的な傾向，が伴う。A からの働きかけに反応して B がとった対人行動が相補的

第2部　感情と円環との関連

であるか非相補的であるかは，2種類の潜在的行動傾向の相対的強さに依存する。

　このような考えに基づけば，対人的相補性の実証研究結果（例えば Orford, 1986）は慎重に解釈する必要がある（Kiesler, 1987b, 1991; Schmidt, 1994）。例えば Orford（1986）が相補性の原則に関して否定的な結論を下した研究では，対人交流サイクル内の重要なつながりを研究したものは1つとしてなかった。

　対人交流サイクル（Carson, 1969; Kiesler, 1986a; Safran, 1984）は，以下の4つのつながりで構成される。

　　1．個人 A の潜在的行動による刺激
　　　　　　↓
　　2．個人 A の顕示的行動の喚起
　　　　　　↓
　　3．個人 B の潜在的反応による刺激
　　　　　　↓
　　4．個人 B の顕示的反応

　Orford（1986）が概観した対人相補性研究は，そのほとんどすべてが上記の2と4の関連（A と B の顕示的行動間の関係）だけを測定していた。しかし，対人相補性の理論を厳密に検証するためには，2と3の関連，つまり A の顕示的行動と B の潜在的反応との関連を測定して，その結果を比較する必要がある（Kiesler, 1987b, 1991; Schmidt, 1994）。

　上記の枠組みでインパクトメッセージの概念を捉え直すことで，以下の点が明確になる。相手が引き出そうとする相補的反応を反映した対人感情と行動傾向が顕在化するかどうかは，顕在化に対して競合的に働く抑制―防衛プロセスの存在や，その強さに依存する。このような抑制―防衛プロセスが発動されるのは，個人 B の自己定義の仕方や自己提示の仕方と以下の行動の間に離齬が生じたときである。つまり，(a) 相手から引き出された相補的反応から生じ得る行動や，(b) 物理的状況や社会的―対人的変数（すなわち Orford, 1986 がいうところの役割期待――立場，性別――や他の相互作用者の要因）といった環境要因の統制下で生じ得る行動との間に離齬が生じたときに，抑制―防衛プロセスが発動される。

　このように，対人相補性の原則（Carson, 1969; Kiesler, 1983; Orford, 1986）を正確に検証するには，2人の相互作用者の顕示的行動パターンだけを比較していては絶対にいけないのである。顕示的行動パターンの検証は対人交流サイクルの中の一部を取り出して調べているにすぎず，おおよその傾向が確認できるだけである。正確な検証を行うためには，むしろ顕在的行動パターンと潜在的行動パターンとの比較を行わなくてはならない。対人交流サイクルの2と3のつながり，つまり A の顕在的行動と B の潜在的反応とのつながりを測定するのが IMI であり，IMI が対人相補性の測定や対人理論から導かれる他の理論の検証に適しているのはこの性質のためである。

　感情研究者にとっては，さまざまな感情の交流場面で生じる内面の出来事の中でも重要な要素を測定する IMI の使用は，多くの知見をもたらすだろう。さらに，IMI との関連が実証されて

いる顕在的対人行動の円環モデル（例えばKiesler, 1983）は，一連の感情を喚起する出来事や物事を特徴づけ得る対人行動の種類を包括的に表すだけでなく，感情プロセスを構成する潜在的反応を媒介して生じる相補的な顕示的反応をも包括するモデルなのである。

文　献

Alden, L. E., Wiggins, J. S., & Pincus, A. L. (1990). Construction of circumplex scales for the Inventory of Interpersonal Problems. *Journal of Personality Assessment, 55*, 521-536.

Anchin, J. C., & Kiesler. D. J. (Eds.). (1982). *Handbook of interpersonal psychotherapy*. Elmsford, NY: Pergamon Press.

Arnold, M. B. (1960a). *Emotion and personality: Vol. 1. Psychological aspects*. New York: Columbia University Press.

Arnold, M. B. (1960b). *Emotion and personality: Vol. 2. Neurological and physiological aspects*. New York: Columbia University Press.

Averill, J. R. (1980). A contructivist view of emotion. In R. Plutchik & H. Kellerman (Eds.), *Emotion: Theory, research, and experience* (Vol. 1: *Theories of emotion*, pp. 309-339). New York: Academic Press.

Beier, E. G. (1966). *The silent language of psychotherapy: Social reinforcement of unconscious processes*. Chicago: Aldine.

Berscheid, E. (1983). Emotion. In H. H. Kelley, E. Berscheid, A. Christensen, J. H. Harvey, T. L. Huston, G. Levinger, E. McClintock, L. A. Peplau, & D. R. Peterson (Eds.), *Close relationships* (pp. 110-168). New York: Freeman.

Bull, N. (1951). *The attitude theory of emotion. Nervous and Mental Disease Monograph* (No. 81).

Bull, N. (1952). The attitude theory of emotion. *International Record of Medicine, 165*, 216-220.

Bull, N., & Gidro-Frank, L. (1950). Emotions induced and studied in hypnotic subjects. II. *Journal of Nervous and Mental Disease, 112*, 97-120.

Carson, R. C. (1969). *Interaction concepts of personality*. Chicago: Aldine.

Conte, H. R., & Plutchik. R. (1981). A circumplex model for interpersonal personality traits. *Journal of Personality and Social Psychology, 40*, 701-711.

Cronbach, L. H. (1949). Statistical methods applied to Rorschach scores: A review. *Psychological Bulletin, 46*, 393-429.

Fisher, G. A. (1983, September). *Coefficients of agreement for circular data*. Paper presented at the meeting of the American Sociological Association, Section on Methodology, Detroit, MI.

Fisher, G. A., Heise, D. R. Bohrnstedt, G. W., & Lucke, J. F. (1985). Evidence for extending the circumplex model of personality trait language to self-reported moods. *Journal of Personality and Social Psychology, 49*, 233-242

Frijda, N. H. (1986). *The emotions*. New York: Cambridge University Press.

Gurtman, M. B. (1992). Construct validity of interpersonal measures: The interpersonal circumplex as a nomological net. *Journal of Personality and Social Psychology, 63*, 105-118.

Gurtman, M. B. (1993). Constructing personality tests to meet a structural criterion: Application of the interpersonal circumplex. *Journal of Personality, 61*, 237-263.

Gurtman, M. B. (1994). The circumplex as a tool for studying normal and abnormal personality: A methodological primer. In S. Strack & M. Lorr (Eds.), *Differentiating normal and abnormal personality* (pp. 243-263). New York: Springer.

Horowitz, L. M., Rosenberg, S. E., Baer, B. A., Ureño, G., & Villaseñor, V. S. (1988). The Inventory of Interpersonal Problems: Psychometric properties and clinical applications. *Journal of Consulting and Clinical Psychology, 56*, 885-892.

Kemper, T. D. (1978). *A social interactional theory of emotions*. Melbourne, FL: Krieger.

Kiesler, D. J. (1979). An interpersonal communication analysis of relationship in psychotherapy. *Psychiatry, 42*, 299-311.

Kiesler, D. J. (1982a) Interpersonal theory for personality and psychotherapy. In J. C. Anchin & D. J. Kiesler (Eds.), *Handbook of interpersonal psychotherapy* (pp. 274-295). Elmsford, NY: Pergamon Press.

第 2 部　感情と円環との関連

Kiesler, D. J. (1982b). Confronting the client-therapist relationship in psychotherapy. In J. C. Anchin & D. J. Kiesler (Eds.), *Handbook of interpersonal psychotherapy* (pp. 274-295). Elmsford, NY: Pergamon Press.

Kiesler, D. J. (1983). The 1982 Interpersonal Circle: A taxonomy for complementarity in human transactions. *Psychological Review, 90*, 185-214.

Kiesler, D. J. (1986a). Interpersonal methods of diagnosis and treatment. In J. O. Cavenar, Jr. (Ed.), *Psychiatry* (Vol. 1, pp. 1-23). Philadelphia: Lippincott.

Kiesler, D. J. (1986b). The 1982 Interpersonal Circle: An analysis of DSM-III personality disorders. In T. Millon & G. L. Klerman (Eds.), *Contemporary directions in psychopathology Towards the DSM-IV* (pp. 57-59). New York: Guilford Press.

Kiesler, D. J. (1987a). *Research manual for the Impact Message Inventory.* Palo Alto, CA: Consulting Psychologists Press.

Kiesler, D. J. (1987b, October). Complementarity: Between whom and under what conditions? *Clinician's Research Digest Supplemental Bulletin, 5*(20).

Kiesler, D. J. (1988). *Therapeutic metacommunication Therapist impact disclosure as feedback in psychotherapy.* Palo Alto, CA: Consulting Psychologists Press.

Kiesler, D. J. (1991). Interpersonal methods of assessment and diagnosis. In C. R. Snyder & D. R. Forsyth (Eds.), *Handbook of social and clinical psychology: The health perspective* (pp. 438-468). Elmsford, NY: Pergamon Press.

Kiesler, D. J., Anchin, J. C., Perkins, M. J., Chirico, B. M., Kyle, E. M., & Federman, E. J. (1976). *The Impact Message Inventory: Form IIA*. Richmond: Virginia Commonwealth University.

Kiesler, D. J., Anchin, J. C., Perkins, M. I., Chirico, B. M., Kyle, E. M., & Federman, E. J. (1985). *The Impact Message Inventory: Form IIA*. Palo Alto, CA: Consulting Psychologists Press.

Kiesler, D. J., Bernstein, A. B., & Anchin, J. C. (1976). *Interpersonal communication, relationship, and the behavior therapies.* Richmond: Virginia Commonwealth University.

Kiesler, D. J., & Schmidt, J. A. (1993). *The Impact Message Inventory: Form IIA Octant Scale Version.* Palo Alto, CA: Mind Garden (Consulting Psychologists Press).

LaForge, R. (1977). *Using the ICL: 1976.* Unpublished manuscript.

Lazarus, R. S., & Averill, J. R. (1972). Emotion and cognition: With special reference to anxiety. In C. D. Spielberger (Ed.), *Anxiety: Contemporary theory and research* (pp. 241-283). New York: Academic Press.

Lazarus, R. S., & Folkman, S. (1984). *Stress, appraisal and coping.* New York: Springer.

Lazarus, R. S., Kanner, A. D., & Folkman, S. (1980). Emotions: A cognitive-phenomenological analysis. In R. Plutchik & H. Kellerman (Eds.), *Emotion: Theory, research, and experience* (pp. 189-217). New York: Academic Press.

Lazarus, R. S., & Launier, R. (1978). Stress-related transactions between person and environment. In L. A. Pervin & M. Lewis (Eds.), *Perspectives in interactional psychology.* New York: Plenum Press.

Leary, T. (1957). *Interpersonal diagnosis of personality: A functional theory and methodology for personality evaluation.* New York: Ronald Press.

Lorr, M., & McNair, D. M. (1967). *The Interpersonal Behavior Inventory, Form 4.* Washington, DC: Catholic University of America Press.

Orford, J. (1986). The rules of interpersonal complementarity: Does hostility beget hostility and dominance, submission? *Psychological Review, 93*, 365-377.

Pasquarelli, B., & Bull, N. (1951). Experimental investigation of the mind-body continuum in affective states. *Journal of Nervous and Mental Disease, 113*, 512-521.

Perkins, M. J., Kiesler, D. J., Anchin, J. C., Chirico, B. M., Kyle, E. M., & Federman, E. J. (1979). The Impact Message Inventory: A new measure of relationship in counseling/psychotherapy and other dyads. *Journal of Counseling Psychology, 26*, 363-367.

Plutchik, R. (1962). *The emotions: Facts, theories, and a new model.* New York: Random House.

Plutchik, R. (1980). *Emotion A psychoevolutionary synthesis.* New York: Harper & Row.

Plutchik, R. (1991). *The emotions* (Rev ed.). Lanham, MD: University Press of America.

Ruesch, J., & Bateson, G. (1951). *Communication: The social matrix of psychiatry*. New York: Norton.

Russell, J. A. (1979). Affective space is bipolar. *Journal of Personality and Social Psychology, 37*, 345-356.

Russell, J. A. (1980). A circumplex model of affect. *Journal of Personality and Social Psychology, 39*, 1161-1178.

Safran, J. D. (1984). Assessing the cognitive interpersonal cycle. *Cognitive Therapy and Research, 8,* 333-348.

Schachter, S., & Singer, J. E. (1962). Cognitive, social, and physiological determinants of emotional states. *Psychological Review, 69*, 379-399.

Schmidt, J. A. (1994). *Revision of the Impact Message Inventory Reconstruction to a circumplex criterion*. Unpublished doctoral dissertation, Virginia Commonwealth University, Richmond, VA.

Schmidt, J. A., Wagner, C. C., & Kiesler, D. J. (1994). *The Impact Message Inventory Octant Scales: Initial evaluation of structural and psychometric characteristics*. Unpublished manuscript.

Schonemann, P. H. (1987). A generalized solution of the orthogonal Procrustes problem. *Psychometrika, 31*, 1-16.

Singer, J. L. (1973). *The child's world of make-believe Experimental studies of imaginative play*. New York: Academic Press.

Singer, J. L. (1974). *Imagery and daydream methods of psychotherapy and behavior modification*. New York: Academic Press.

Watson, D., & Tellegen, A. (1985). Toward a consensual structure of mood. *Psychological Bulletin, 98*, 219-235.

Wiggins, J. S. (1979). A psychological taxonomy of trait-descriptive terms: The interpersonal domain. *Journal of Personality and Social Psychology, 37*, 395-412.

Wiggins, J. S. (1982). Circumplex models of interpersonal behavior in clinical psychology. In P. C. Kendall & J. N. Butcher (Eds.), *Handbook of research methods in clinical psychology* (pp. 183-221). New York: Wiley.

Wiggins, J. S., Phillips, N., & Trapnell, P. (1989). Circular reasoning about interpersonal behavior: Evidence concerning some untested assumptions underlying diagnostic classification. *Journal of Personality and Social Psychology, 56*, 296-305.

Wiggins, J. S., Steiger, J. H., & Gaelick, L. (1981). Evaluating circumplexity in personality data. *Multivariate Behavioral Research, 16*, 263-289.

Wiggins, J. S., Trapnell, P., & Phillips, N. (1988). Psychometric and geometric characteristics of the revised Interpersonal Adjective Scales (IAS-R) *Multivariate Behavioral Research, 23*, 517-530.

第11章

パーソナリティ特性と感情の円環モデルの理論的・方法論的精緻化

Gene A. Fisher

　筆者はムードの研究を行う中で，パーソナリティ特性の円環モデルに興味を抱いた。インディアナ大学の筆者の同僚は，141人の学生が15日間にわたって起床直後と就寝前の毎日2回，自身の感情を評定したデータを収集した。評定対象となった33のムードの構造を明らかにするために，我々は意味の差異，評価，可能性，活性化の次元（Osgood, May, & Miron, 1975）や，Plutchikらが構成した2次元円環モデル（Conte & Plutchik, 1981; Plutchik & Platman, 1977; Schaefer & Plutchik, 1966）を検討した。その結果，ムードやムードを生じさせるパーソナリティ特性に関しては，円環モデルを使ってデータを最も適切に説明できると分かった。この研究結果はFisher, Heise, Bohrnstedt, とLucke（1985）に報告されている。

　本章ではムード研究について詳述する。初めに，ムードを介した感情とパーソナリティの関係性を検討する。そして，円環モデルが感情とパーソナリティ特性の双方に等しく適用されるべき理由を明確にする。また，円環モデルが感情やパーソナリティの言語には適用されても，感情状態やパーソナリティ特性を生み出すであろう有機体の構造や脳の神経回路には適用されない理由も明らかにする。第2節では，ムード研究を例に，円環の測定，モデリング，比較で生じるいくつかの方法上の問題を示す。我々は，知覚されたムードを表す言語の構造と，ムードを表す単語同士の意味の類似と相違を評価する言語の構造とが，密接に関連することを見出した（Fisher et al., 1985）。知覚されたムードと言葉の意味のいずれを評定しても意味構造が円環になるという仮説は非常に限定的であり，その確認にはいくつかの基準が満たされる必要がある。最後に，第3節では，円環モデルが生じて他のモデルが生じない理由について説明を試みる。円環構造を形成するのが感情やパーソナリティ特性の言語であることから，意味論的な相違を援用し，評価や活性化が感情を分類する際の基準となる次元であることを示唆する。しかし，感情がそのベースにあるような言語領域において，2つの次元は直角でも互いに独立でもない関係にある。むしろ，高いレベルの活性化や不活性化は評価を排除し，活性化や不活性化が妨げられるときに評価は最も高くなる。

感情とパーソナリティ特性の結びつき

　ムードは感情とパーソナリティ特性との間の橋渡しをすると考えられる。ムードは感情の感覚と感情的な反応に向かう性質の両方を含む，進行中の感情状態を表す。臨床の文献ではしばしば，「感情に対するムードは，気候に対する天候のようなものである」といわれる。特定の出

来事は個人を立腹や陽気といった特定のムードにさせる。ムードは一度誘発されるとその後の行動に幅広い影響を及ぼすが，その多くは引き金となった出来事とは無関係である。反対に，かすかにしか覚えていない記憶や，ほとんど詳しく説明することもできないような状況に関する印象以外に明白なムードを引き起こす出来事がないにもかかわらず，特定のムード——陽気や落ち込み——になることも少なくない。どのような形で生じたにせよ，ムードは，直接とはいえなくとも，我々の多くの行動に影響を与えるものであり，行動の内的因果関係の源に相当する。

　我々の研究では，学生に起床直後と就寝直前に自分のムードを評定するように依頼した（それゆえ実際の評定時間は学生によって異なる）。学生は33単語を5段階——0が自分のムードをまったく表していない，4が最も自分のムードを表している——で評定するように求められた。つまり，陽気な気分で気力に満ちて起床するのか，沈んだ気分で憂鬱に朝を迎えるのか，夜寝るときには心安らかなのか，あるいはイライラした気持ちを抱えたまま眠りにつくのかを尋ねたのであった。この研究では，ムードの起源を探る試みは行わなかった。しかし，のちの研究（Bohrnstedt & Fisher, 1986）で我々は，ムードの中でも自尊感情（すなわち自信）と落ち込みの2つが他とは異なる起源を持つことを見出した。自信は自分の役割を十分に遂行できているという現在の満足を反映するようである。一方で，落ち込みに影響するのは児童期や青年期における両親との葛藤に満ちた関係性である。（最近の喪失やストレスフルなライフイベントのような）落ち込みの他の起源は，この研究では測定されていない。

　要するに，最近のことであれ昔のことであれ，外部の出来事がムードを決定づける。しかしムードの決定に影響を与えるのは，なかでも個人がその発生を防ごうとしたり，変えようと試みたり，あるいはそれに耐えるなどの何らかの役割を演じた出来事である。個人の反応の仕方は，個人が経験する類似の出来事にも影響を与える。したがって報告されたムードは，社会的環境に反応し適応するという，個人内で進行しているプロセスの指標となる。もしも反応を生じさせる出来事が頻繁に生じなかったり，反応が他の類似した出来事に対して一般化されないのであれば，これらの反応は束の間で一時的なものに終わるかもしれない。引き金となる出来事が何度も生じるか，反応そのものが似た種類の出来事に対して一般化されている場合，反応が頻繁に繰り返されることもあるだろう。このように，多くのムードを表す言葉は状態と特性の両方を表すのに用いられる。特定の出来事に対する反応を指している場合，ムードは心の中の状態を指す。ムードが繰り返し，特に異なる出来事に対する反応として生じると，それはパーソナリティ特性となる。

　ムードを介した感情とパーソナリティ特性間のつながりを説明するためには，感情の理論から話を始める必要がある。最も基本的なことをいえば，Panksepp（1982, 1986）が述べているように，感情は「脳の回路」と捉えるべきである。Pankseppによれば基本的な感情反応には4つある。期待，怒り，恐れ，苦悩である。これらの回路を明らかにしたのは人間を対象とした脳刺激研究で，脳の特定部位に電気刺激を与えて感情・行動反応を生じさせるというものである（例えば，怒りを生じさせる刺激に反応して歯を嚙みしめる）。しかし，これらの回路では人間の行動において感情が果たす役割を十分に説明することはできない。脳が感情反応を処理して記憶し，認知し，意識化できるようにしている，ということも合わせて考える必要がある。感情を指して気持

ちと表現する場合，それは脳からの感情の読み出しを指している。Leventhal と Mosbach（1983）による感情の知覚運動理論は，感情機能の「時々刻々と移り変わる生体の状態を反映または測定する」（p. 356）側面を重視している。感情を読み出しと定義するならば，以下の概念も感情の中に含めることができる。

> 感情という概念には典型的で主要な感情（恐れ，怒り，嫌悪，喜び，落ち込みなど）だけでなく，疲労や苦痛なども含まれる。すべての感情は，特定の瞬間における生体の状態を教えてくれる。つまり周りの環境で生じた問題と格闘しているときの生体の状態を教えてくれるのである。（Leventhal & Mosbach, 1983, p. 381）

　感情は生体が発する何らかの運動または行動を意味する。その運動は，微笑むとか眉をひそめるといった，表情として相手に伝わるものかもしれないし，怒りに任せて他者を叩くとか，喜んで他者を抱きしめるような明白な行動であるかもしれない。Leventhal と Mosbach は，互いに独立した別個の，階層的に組織化された3つの運動システムを見出した。一番下位は表出運動レベルと呼ばれる指示的回路で，驚愕反射や自然発生的な表情表出もこの回路の働きに含まれる。人はこの回路が生み出す表情を表出できるようになるのだが，表情を作り出す筋肉の働きは生得的なものである。次のレベルはスキーマレベルと呼ばれる。運動を生み出すのはスキーマ構造で，これは記憶や知覚に由来する。記憶や知覚にあるイメージからは感情や行動が頻繁に生起される。最も高いレベルは概念レベルと呼ばれるが，このレベルでは言葉や判断をもとに表出的運動レベルやスキーマレベルの運動が導かれ，その方向性が定められる。

　多くの行動では，これら3つの運動システムのすべてが活性化している。例えば，ディーラーで車をみてそれを買うことを申し出，握手をしながらセールスマンに微笑み，取引を終える場合がそうである。しかし，意図された行動が表出運動システムまたはスキーマ運動システムから生じる信号と合致しない場合や，随意的な行動システムによって意図が形成されるのに先立って，これらのシステムが運動を促進する場合も多い。こうした例では，感情は，表出運動システムやスキーマ運動システムによって生起されつつも無視された（したがって遠い）刺激への気づきとして経験される。つまり，「（表出またはスキーマシステムからの）自動的な運動の衝動は，それが予期されたものや意図的でないときには，運動としてよりも感情として感じられる」のである（Leventhal & Mosbach, 1983, p. 377）。

　まったく乖離が生じないとき，言い換えると意図した行動がより下位のシステムで生じるものと合致するとき，たとえその行動が感情を表しているようにみえたり，その行動が感情によって生じたとしても，我々は感情を経験しない。その行動は単純に，意図された運動として経験される。そのような場合にも感情を経験しているのだという主張もあるだろうが，これは自己参照的な感情である。我々は自分自身が満足して心穏やかであるとか，積極的であるとか，攻撃的であると感じる。筆者の提案は，感情の自己モニタリング機能を広く捉えて，意図的な行動と感情的な衝動とが一致する程度を自覚するところまでを感情の自己モニタリング機能に含めることである。

LeventhalとMosbachの感情のモデルは，スキーマ運動システムまたは表出運動システムから生じる衝動の認知処理に重要な役割を与える。感情の認知的な気づきによって感情やそこから生じる行動を効果的に抑制することができ，たとえ内心では感じていなくとも社会的基準に照らして必要とされる感情を表すこともできる。Hochschild（1983）は，酔っ払いや態度の悪い乗客に対しても快活で親しみやすい感情が持てるように客室乗務員が教え込まれる認識上の工夫を詳細に論じている。それは厄介な乗客をリビングルームで癇癪を起こしている小さな少年であるかのように想像する方法であった。このイメージによって乗客への優しさや同情といった母性的な感情が呼び起こされ，乗客の粗野な行動に対する不快感が消失した。一度感情面での課題が達成されると，客室乗務員は乗客に快活で親しみやすく接することができるようになった。（そうした乗客をもてなすという）自発的・計画的行動は，感情的な抵抗なしに達成されたのである。LeventhalとMosbachは認知的システムが多くの方略を用いて下位の運動システムを利用し，管理し，あざむき，乗り越えていることを明らかにした。これらの方略の数々は，感情が認知的運動システムへのメッセージとして働くことで，認知的運動システムが人間の行動に最終的で統合的な秩序を与える手助けをしている，という考えを裏づけている。

認知システムが果たす感情の表出・抑制機能と行動の最終的な形成者としての役割は，感情の習慣的な取り扱い方が，うまく扱えているにせよ，そうでないにせよ，人間のパーソナリティの安定的な要素であると示唆している。すなわち，快活さや怒りっぽさといった特定の感情スタイルを繰り返し表出する個人は，さまざまな出来事や社会的相互作用に反応する特定の方法，特徴的な感情の読出しを伴うやり方を身につけているのである。人々の中には協調的な態度で，他者が望み，必要とし，期待するものに合わせて相互作用する者もいれば，苛立ちや怒りによって他者の要求をはねつけようとする者もいる。要するに，パーソナリティには感情的特徴を持つ多くの側面が存在するのである。加えて，各自が作り上げた各個人特有の行動スタイルとしてのパーソナリティ特性は，感情によって必然的に特徴づけられると考えてもよいだろう。なぜなら感情の読出しはすべての行動に伴い，行動の方向性を定めるからである。

これまで論じてきた感情とパーソナリティの捉え方においては，感情経験の認知的同一化が特に重要である。感情は表出運動レベルで生じるにもかかわらず，その命名や分類，理解，評価は概念レベルでなされるからである。円環モデルは，感情やパーソナリティ特性を表す言語の構造として詳細に定義されてきた。言い換えると，円環モデルは我々がどのように感情やパーソナリティ特性を名づけ，分類し，理解するかを示している。ConteとPlutchik（1981）は，パーソナリティ特性語の意味（明示的意味）の類似と相違を円環上での互いの位置関係（近いか遠いか）で示した。Wiggins（1979）は，学生が自己評定したパーソナリティ特性の類似と相違を分析し，理論的に導かれる円環構造とおおよそ類似した構造を見出した。我々の研究（Fisher et al., 1985）でも，学生が自己評定した日中のムードが円環構造を作ることが示された。このように，同時に生じる傾向のある感情は円環上で互いに近い位置をとり，絶対に同時には生起しない感情は円環の対極に位置する。パーソナリティ特性の評価法にはまったく異なる3つの方法——単語の分類，パーソナリティの自己評定，感情の同定——があるが，これらはすべて感情の概念的処理を伴う。円環モデルの焦点は，感情の概念化の仕方にある。

第2部　感情と円環との関連

　一方で，円環モデルに限って感情とパーソナリティ特性を表す言語をみていては感情構造の全体を語ったことにはならない。感情構造の1つの側面だけに焦点を当てることになるからである。感情は，その本質において互いに分離しつつも連結し，独立した部分も併せ持った脳の電気化学的回路である。Panksepp（1982，1986）が報告したように脳ではたった4つのメカニズムが働いているだけなのかもしれないし，いくつかの（脳刺激研究によってまだ同定されていない）感情の中心が存在するのかもしれない。後者の考えを支持する研究には，表情表出が感情において果たしている重要な役割に関する研究（Ekman, Friesen, & Ellsworth, 1972; Tomkins, 1980）や，主要な感情に対応する表情を同定した研究（Izard, 1977, Plutchik, 1980）がある。感情の処理過程の全体像を記述するためには，概念レベル，スキーマレベル，表出運動システムを相互に関連づける複雑なシステムモデルが必要である（Leventhal & Mosbach, 1983）。

　他方で，円環モデルは感情—運動システムの重要な構成要素，すなわち生体組織の状態（や特性）について感情が与えてくれる情報の読み出しに焦点を当てる。円環モデルは読み出した情報の理解の仕方を表現するのである。のちほど円環モデルの意味を解釈する際に，感情をメッセージと捉える我々の考え方がいかに感情そのものの構造を反映しているのか考察する。

方法上の問題

　ムードの研究（Fisher et al., 1985）で示したかったのは，パーソナリティ特性言語の円環モデルを自己報告されたムードに援用できること，また自己報告されたムードの円環構造が，Conte と Plutchik（1981）が報告した特性語の意味の円環構造と実質的に同じということであった。この課題を達成する上で，いくつかの方法上の問題に直面した。まず，パーソナリティ特性や感情状態と同じように，自己報告してもらったムードを測定する適切な尺度を開発する必要があった。そして，円環構造を定義づける基準を作り，適用する必要もあった。最後に，採用した円環構造が Conte と Plutchik（1981）によるパーソナリティ特性語の意味に基づく構造と等しいことを示さなければならなかった。

特性の測定

　第1の問題は，今ここで経験している感情から特性を測定する尺度を構成することができるのかどうかを見極めることであった。今まさに感じているムードは，生体組織の状態を反映する。ある特定の時間に特定の感情状態にあるからといって，それがパーソナリティ特性と呼ばれ得る安定した性質を示すとは限らない。確かにムードは資質的な特徴を持ち，感情的な反応や経験よりも長く続く。しかし，パーソナリティ特性に必要なほどの安定性や永続性を持っているわけではない。

　研究に参加した回答者は33のあらかじめ定められたムードに対して評定を行ったが，そのうちの17個だけが Conte と Plutchuk が注意深く作成した171のパーソナリティ特性のリストから引用されたものであった。このことは，ムードの多くが一般的にはパーソナリティそのものとは考えられていないことを示唆している。円環構造全体を満遍なく表現できるように，円環から

は21度間隔で1つずつ項目が選ばれた。17項目の内容は愛情深い，感じのよい，攻撃的な，穏やかな，快活な，自信がある，落ち込んだ，気楽な，熱心な，不機嫌な，無力な，衝動的な，苛立った，緊張した，平穏な，喧嘩っ早い，控え目な，であった。これらの項目は明らかにパーソナリティ特性と関連する。しかし，誰もが一度は陥る状態をも表している。選択されなかった項目には，怒っている，恐れている，無感動な，退屈した，疲れきった，失望した，欲情した，心細い，孤独な，楽観的な，考え込んだ，拒絶された，乱暴な，ぼーっとした，崇高な，心配した，などがあった。これらの項目は状態というよりは感情反応を表していると考えられるが，なかには楽観的な，崇高な，心配した，などのようにパーソナリティ特性を表すために用いられる項目も混じっていた。残った17項目は，ムードの自己評定から円環構造を再現する目的でConteとPlutchikの円環の中から選択された。

　我々は，特性測定上の問題を解決するために研究期間中に30回以上にわたってムードを評定してもらい，その平均を計算した。Zuckerman（1983, p. 1084）によれば，状態を測定した平均値は特性の測定値に近似する。これは，人が特定のムードを頻繁に経験すればするほど，そのムードを引き起こす特性をより多く持つ傾向があることを意味している。しかしそのような測定は完璧からはほど遠い。なぜなら，そうしたムードが繰り返し起きるのが回答者の安定的な特性のためなのか，あるいは回答者の置かれた環境によるのか，明確な判断が下せないからである。例えば，ルームメイトが非常に気難しいせいで，本来であればのんびりした回答者が，苛立ちや不機嫌さを頻繁に報告しているのかもしれない。第2のより深刻な問題は，測定が組織的なバイアスの影響を受けやすいことである。回答者の中には社会的望ましさから苛立ちや不機嫌さの感情を過少報告し，快活さや自信のような感情を過剰報告する者がいるかもしれない。2週間にわたる研究が進むにつれて，我々は回答者が測定と測定の間の期間に社会的に望ましいとされるムードを経験したと一貫して回答する傾向を見出した。このように，30回の測定の平均値は，回答者の社会的に望ましい特性を誇張し，社会的にあまり望ましくない特性を過小評価している可能性があった。

　測定誤差による悪影響は，パーソナリティ特性の円環モデルをおよそ満足できないものにしてしまう。社会的望ましさが高い項目もしくは低い項目の平均値は，社会的望ましさの影響をあまり受けない項目よりも，互いに高く関連する傾向があり，結果的に社会的に望ましい（望ましくない）項目は円環モデルの中でお互いに固まりやすくなる。我々の研究（Fisher et al., 1985）は，社会的望ましさのバイアスがこの原因たり得ることを示している。

　ムードを状態として測定するという問題は未解決のまま取り残されていた。手元には十分な観察記録があった。141人の学生がそれぞれのムードを30回ずつ回答したデータである。しかし，それぞれの回答には回答者のそのときの状態と同時に，ムードに影響を及ぼしたであろうあらゆる特性が反映されていた。加えて，社会的望ましさバイアスのような系統誤差が存在していそうであった。特性の影響と系統誤差は，反応間の自己相関を導く。そしてこの自己相関によって分散のおよそ50％も説明されるような項目もみられた。

　そこで，データ内で特性と状態の構成要素を分離し系統誤差の影響を弱める目的で，最初の4時点における33のムード項目すべての評定値から算出した20主成分を利用して，5回目から30

回目の 33 のムードの評定値それぞれを回帰推定した。これらの回帰分析の残差は，各評定の連続的な独立した変動に近似する効果残差得点（effect residualized scores）（cf. Bohrnstedt, 1969）となる。そして，5 回目から 30 回目までの各時点における残差得点の共分散行列を計算した。こうして算出した 26 の共分散行列を平均化して，2020 のほぼ独立した観察を表す時点内の共同共分散行列を作成した。この共同共分散行列を相関行列の代わりに用いて分析を行い，ムードの項目の構造を検討した。

円環構造の構成

　一般的に，因子分析は測度の数によって定義づけられる特性空間を，少ない数の基本次元で構成された小空間に区分するために用いられる。分析の焦点は，ほとんどの心理測定では，分割された，あるいは本質的な特性空間を定義する次元に当てられる。各次元が表しているのは潜在的な変数であり，直接には観察されないが，特性空間における測度の位置を決定し，互いの関連を説明する。因子分析の焦点は，第 1 に分割した特性空間における次元の数を決定し，第 2 にこれらの次元の意味を決定することにある。しかしこれは空間を構成する次元の決定が恣意的であることをも意味している。因子分析は本来，より小さな空間（すなわち，測度の数よりも少ない次元）での点（変数）の配置を定めるものである。どのように軸を配置しようとも，たいていの場合その軸を利用して空間内の点の位置を定めることが可能である。初期の因子分析解は，最初の軸に最も大きな変動（広がり）を与える軸を選択し，次に大きな変動を 2 番目に，という具合に続いていく。この解は実質的に意味のある軸を提供しないかもしれない。回転はしばしば，より解釈可能な，また理論的に予測された軸を見出すために用いられる。しかし，そうしたところで空間における測度の配置の特徴が見渡せるわけではない。ほとんどの場合，回転の目的は単純構造を得ること，言い換えれば配置された点の集まりがある軸に対しては高い位置を，そして別の軸に対しては相対的に低い位置もしくはゼロに近い位置を示すようないくつかの軸を得ることである。

　円環モデルが描いているのは，測度がひと塊になったり，一緒のクラスターにはならないような，分割された特性空間である。その空間の次元数は使われている測度の数にかかわらず 2 つだけであり，測度は，必ずしも一様にというわけではないものの，円周に沿って配置される。研究者の中には円環を位置づけるために用いられる次元が完全に研究者の主観に拠っており（Conte & Plutchik, 1981, p. 70），実質的な意味に欠けると主張する者もいる。しかし，円環に配置する意味は，測度同士の相対的な位置関係を示すことにある。感情やパーソナリティ特性の中には非常に類似したものがあり，それらは 2 次元空間上では互いに近い位置に配置される。それに対し，まったく類似していない特性は，円環の対極に配置される。筆者は，円環モデルの次元が恣意的であるとは考えていない。円環モデルの特徴はその配列——円環に沿って配置される点——にあり，意味のある基本次元の欠如にあるわけではない。これについては円環の意義を論じる際に，十分に解釈可能で曲線関係にある，理論的にも意味のある 2 つの基本次元に触れることとする。

　因子分析は，円環上の点の配置を推定するために用いられる。理想的な状況では，最尤法による因子分析を用いる。なぜなら項目（すなわち感情状態やパーソナリティ特性の評定）は，たいてい測定誤差による未知の影響を受けているからである。主成分分析が使われる方が多いが，それは

第11章　パーソナリティ特性と感情の円環モデルの理論的・方法論的精緻化

表11-1　状態マトリックスの主成分

項目	1	2	3	4
衝動的	.37	.58	-.05	.19
自信がある	.66	.41	.10	-.09
熱心な	.65	.48	.06	.00
愛情深い	.56	.17	.28	.24
快活な	.77	.30	.07	-.01
気楽な	.69	-.14	.32	.04
感じのよい	.69	.06	.16	.08
平穏な	.55	-.39	.46	-.08
穏やかな	.48	-.48	.45	-.12
控え目な	-.17	-.46	.29	.13
落ち込んだ	-.60	.07	.32	.29
無力な	-.47	-.03	.32	.51
緊張した	-.26	.28	.01	.61
苛立った	-.69	.27	.35	-.23
不機嫌な	-.68	.31	.36	-.27
喧嘩っ早い	-.56	.40	.38	-.24
攻撃的な	.04	.64	.14	-.11
固有値	5.34	2.31	1.33	1.07
分散説明率（％）	31.4	13.6	7.8	6.3
累積説明率（％）	31.4	45.0	52.8	59.1

注："Evidence for Extending the Circumplex Model of Personality Trait Language to Self-Reported Moods," by G. A. Fisher, D. R. Heise, G. W. Bohrnstedt, and J. F. Lucke, 1985, *Journal of Personahfy and Social Psychology, 49*(1), p. 238. Copyright 1985 by the American Psychological Association. 許可を得て改編して転載

計算が単純だからである。主成分分析の結果は，通常は最尤法による因子分析結果とよく似たものになる。最尤法の因子分析には分割された空間（すなわち得られる因子数）の次元に関する統計的検定を提供するという利点がある。しかしこの利点は測度が非常に歪んだ分布を持つときにはあまり役に立たない。最尤法の因子分析モデルは正規分布を前提とする。変数の得点が歪んでいるときにその得点を圧いて因子分析を行うと，現実よりも多くの次元が抽出される傾向がある。因子の抽出法として固有値1以上を基準とする主成分分析は，得点が歪んでいるときにも最尤法と同じ数の因子を抽出する傾向がある。ここでは，一般的に推奨される主成分分析を用いた分析結果を報告する（Wiggins, 1979参照）。主成分分析を用いた手法には限界もあるが，ムードデータの円環構造をかなり正確に推定することができることを示すつもりである。

　円環構造を示すためには，感情やパーソナリティ特性の主成分分析によって，測度が円の円周上またはその近くに位置することを示す必要がある。円は必ず2つの次元を伴うが，Wiggins（1979）が示唆しているように，分割された特性次元が必ずしも2つの次元だけを示すわけではない。感情の固有空間を表すためには3つの次元が必要かもしれないし，あるいは4つの次元が必要かもしれない。しかし，空間内の点の配置は追加された次元に合わせてさまざまな方向に傾いた円の形に投影されるであろう。我々は状態マトリックス，すなわち残差因子得点のマトリックスの主成分分析を行ったときに，まさにこの配置を見出した。表11-1は分析の結果で，最

第2部　感情と円環との関連

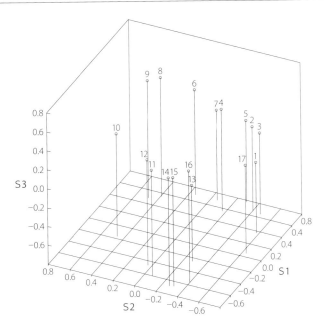

図 11 − 1　状態マトリックス 3 主成分（S1, S2, S3）をもとにしたプロット図

1 = 衝動的，2 = 自信がある，3 = 熱心な，4 = 愛情深い，5 = 快活な，6 = 気楽な，7 = 感じのよい，8 = 平穏な，9 = 穏やかな，10 = 控え目な，11 = 落ち込んだ，12 = 無力な，13 = 緊張した，14 = 苛立った，15 = 不機嫌な，16 = 喧嘩っ早い，17 = 攻撃的な

　初の3主成分による配置を図11−1に示した。点の配置は，ごく少数が円周上から少し逸脱しているだけで，明らかに円形に近い。しかし3次元空間の中では傾いており，第1・第2次元上（静かな，落ち着いた）の主成分が大きくなるほど，第3次元では上向いている。静かな―落ち着いた，の次元を円環に沿ってどちらの側から移動しても，角度は次第に緩やかになり，円環の反対側（緊張―攻撃的―衝動的）で最も低くなる。

　特性空間を反映する次元が3つ見出されたのは測度の歪みのせいかもしれない。第1主成分はポジティブ対ネガティブの相互作用を反映する。すなわち，自信がある，熱心な，快活な，気楽な，感じのよい，と，落ち込んだ，苛立った，不機嫌な，とが対比されている。第2と第3の主成分は活動対非活動の軸上での対比を表しているが，対比の仕方がやや異なる。第2主成分は衝動的，攻撃的対落ち着いた，控え目な，という対立軸を構成する。第3主成分は衝動的，緊張対静かな，落ち着いた，という軸を表す。衝動的と落ち着きの対立は両方の成分に現れる（第2主成分に対する負荷量はそれぞれ0.58と−0.48，第3主成分に対する負荷量同じく0.05と0.45）。しかし，いずれの主成分にも他の主成分にはみられない対立要素が含まれている（第2の主成分では攻撃的と控え目がそれぞれ0.64と−0.46の負荷量があり，第3の主成分では緊張と静かな，がそれぞれ0.01と0.46の負荷量をみせている）。すなわち，第3主成分は尺度の得点の歪みから生じた方法上のアーチファクトとして退けることができる。

　第4の主成分を利用することによって，（第1と第2の主成分で構成される）円環上でみるよりも，無力なと緊張したを，苛立った，不機嫌な，喧嘩っ早い，からもう少し明確に分離することができるかもしれない。あるいは第4の主成分も実質的な意味を持っておらず，得点分布の歪みを反

第11章　パーソナリティ特性と感情の円環モデルの理論的・方法論的精緻化

表11-2　特性マトリックスの主成分

項目	1	2	3	平均評定値
衝動的	.67	.07	−.57	.94
自信がある	.90	−.19	−.11	1.67
熱心な	.91	−.20	−.16	1.34
愛情深い	.83	−.18	−.05	1.48
快活な	.91	−.32	−.03	1.59
気楽な	.88	−.28	.19	1.68
感じのよい	.88	−.22	.11	1.44
平穏な	.87	−.28	.25	1.56
穏やかな	.87	−.22	.31	1.64
控え目な	.56	.32	.37	.93
落ち込んだ	.21	.81	.21	.51
無力な	.28	.77	.16	.43
緊張した	.24	.69	.02	.53
苛立った	.26	.83	.03	.51
不機嫌な	.23	.85	−.01	.41
喧嘩っ早い	.33	.82	−.10	.31
攻撃的な	.62	.34	−.51	.74
固有値	7.76	4.52	1.05	
分散説率（%）	45.7	26.6	6.2	
累積説明率（%）	45.7	72.2	78.4	

映しているだけかもしれない。要するに，さまざまな種類の測定用具を用いることで，感情と特性の相関マトリックスを2次元よりも多くの因子にまとめることができると予想する向きもあろうが，2つを超える次元はおそらく，感情や特性のさらなる構造であるというよりも，測定上のアーチファクトを反映したものと考えられる。

　表11-2は平均化された評定のマトリックス（我々はこれを特性マトリックスと呼ぶ）の主成分を示したものである。3つの主成分は1以上の固有値を持ち，特性空間を表現するためには2次元以上が必要であることを示している。すべての負荷量が正の値をとるので，最初の主成分は一般因子を表すようである。しかし，その負荷量は高いもので0.91（熱心な，快活な）から低いもので0.21（落ち込んだ）まで明確な差がある。その主成分は明らかに，ポジティブかネガティブに価値づけられた特性の対比を表している。この主成分は，平均的な評定の強さに基づいている。表11-2の最後の列は，17のムード項目の15日間の平均値である。無力な，不機嫌な，喧嘩っ早い，の平均値（それぞれ0.43，0.41，0.31）に比べて，いくつかのムード項目（自信がある，快活な，気楽な）は一貫して高い平均値（それぞれ1.67，1.59，1.68）を示している。自信がある，のような（サンプル全体で）高い平均値をとる特定の項目で高い値をつけた回答者は，快活な，のような（サンプル全体で）高い平均値をとる他の項目でも平均値が高い傾向があった。このように，高い平均値をとる項目は，そうではない項目よりも互いに高い関連を示していた。すなわち，特性マトリックスの最初の主成分はサンプルにおける特性全体のレベルを反映していた。評定の平均は，特性マトリックスの最初の主成分の負荷量と0.956の相関係数を示した。

第2部 感情と円環との関連

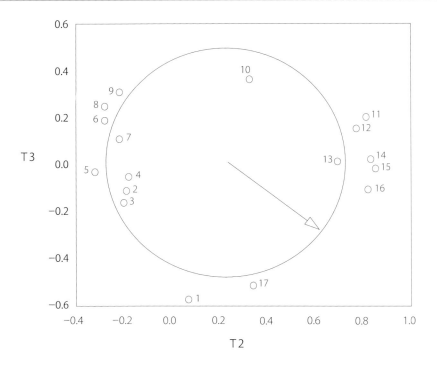

図11－2　特性マトリックスの第2（T2），第3（T3）主成分負荷量のプロット図
1＝衝動的，2＝自信がある，3＝熱心な，4＝愛情深い，5＝快活な，6＝気楽な，7＝感じのよい，8＝平穏な，9＝穏やかな，10＝控え目な，11＝落ち込んだ，12＝無力な，13＝緊張した，14＝苛立った，15＝不機嫌な，16＝喧嘩っ早い，17＝攻撃的な

　読者によっては，特性マトリックスの第1主成分が各回答者内のムードの異なる平均レベルを反映すると考えるかもしれない。つまり，我々が使用した（5件法による）測定用具を使った場合，ある特性で他の特性よりも高い値をとる回答者がいるということである。しかし，この結果は測定プロセスにおけるアーチファクトであり，パーソナリティ特性の指標としてのムードの構造を表すものではない。マトリックスの中には3つの主成分が存在するが，第2主成分と第3主成分だけが円環モデルと関連するのである。
　図11－2は特性マトリックスの第2主成分と第3主成分を示したものである。点は円環の円周におおよそ配置される。図の南の極あたりに，衝動的と攻撃的がお互い近くに置かれている。北の極の近くには控え目な，が位置している。その両隣には，穏やかな，と落ち込んだ，がある。落ち込んだ，無力な，苛立った，緊張した，不機嫌な，喧嘩っ早い，などのネガティブな感情は右側に固まり気味に配置されている。その一方で，穏やかな，平穏な，気楽な，感じのよい，快活な，愛情深い，熱心な，自信がある，といったポジティブな感情は左側に広がっている。その配置は円形に近い。しかし，この円の中心は第2主成分のいくぶん右側に寄っているようにみえる。問題は，ネガティブな感情が第2主成分に対して比較的小さな負荷量しか示していない点にある。平均評定の相対的な大きさは，第1主成分と同じように第2主成分の負荷量の大きさに影響しているようにみえる。しかし，それでもなお筆者は，配列そのものの方が，軸に沿って項目を配置した場合よりも構造をよく表現していると信じている。主成分の軸を読み替

えさえすれば（すなわち定数を加えれば），原点が円環の中心にくるような座標を得ることができる。

円形からの出発

円環構造が存在するかどうかを決める際には，構造内の点が円周からどの程度逸脱しているのかを推定する必要がある。仮にすべての項目が円周上に位置するならば，原点から各点への距離は同じになる。円は一定の半径で構成されるからである。中心からのベクトルの長さは，2つの主成分への負荷量を座標とみなすことで容易に求められる。さらにベクトル長の平均と標準偏差も計算することができる。平均の長さは円環の半径の推定値となる。ベクトルの標準偏差は，円周の不均一や円周からの逸脱を意味する。標準偏差が半径に比べて相対的に大きくなるほど，形状は円環から遠ざかっていく。

状態マトリックスの場合，平均ベクトル長（半径）は 0.659，標準偏差は 0.121 であった。変動係数（平均値に対する標準偏差の割合）は 0.184 であった。円環を構成する点の位置は，半径の 20％（各側面に 9％ずつ）以内にある。特性マトリックスの半径を測定するために，第 2 主成分と第 3 主成分の負荷量を，第 2 主成分の平均である −0.21 と第 1 主成分の平均 0.01 で中心化し，円の中心からそれぞれの座標までの距離を推定した。推定された半径は 0.524 であり，標準偏差は 0.086，変動係数は 0.164 であった。

図 11−3 は，状態マトリックスの最初の 2 主成分の負荷量を図示したものである。描かれているのは原点が 0，半径が 0.66 の円で，項目の配置が予想される円環とどれくらい近いかを表すために 0 も表示されている。大部分の項目は円周の近くにあるが，項目 10，12，13（控え目な，無力な，緊張した）は円周から 1 標準偏差以上円の中に入りすぎており，項目 3 と 5（熱心な，快活な）は離れすぎている（すなわち標準偏差の値が 1 を超えている）。17 項目のうちおおよそ 3 分の 1 がターゲットを外しているが，残りの項目のパターンからは全体的な構造が円環を描くと十分に予想される。ではなぜ 3 項目は原点からの距離が短すぎ，2 項目は遠すぎるのだろうか。可能性として考えられるのは測定誤差である。表 11−1 からは，最初の 2 主成分では説明しきれない，落ち込んだ，と無力な，の分散を第 4 主成分が拾い上げている様子が見て取れる。この分散は測定誤差と関連する可能性がある。回答者は，無力感や自分の緊張を自覚するのが難しかったのかもしれない。控え目な，という感情もまた，確認が難しかったのかもしれない。回答者には，控え目であることがムードだと考えること自体が難しかった可能性もある。控え目であることは特定の相互作用の中で現れることがあっても，回答時（すなわち起床時と就寝時）には表出することのないパーソナリティ特性とみなしていたのかもしれない。

Conte と Plutchik（1981）の円環と比較すると，状態円環モデルでは第 2 主成分に対する快活な，と熱心な，の負荷量が高すぎることが分かる。第 2 主成分への負荷量が小さくなれば，各点の位置はより円環に近づく可能性がある。Conte と Plutchik の円環で表現されている意味的な評価から考えられる以上に，強い活性化が，ムードとして報告されたこれらの感情と結びついている。それゆえ回答者は楽しみの感情の強さを誇張したのかもしれない。

図 11−2 に描かれた円は，特性マトリックスの第 2 主成分と第 3 主成分に対する負荷量をプ

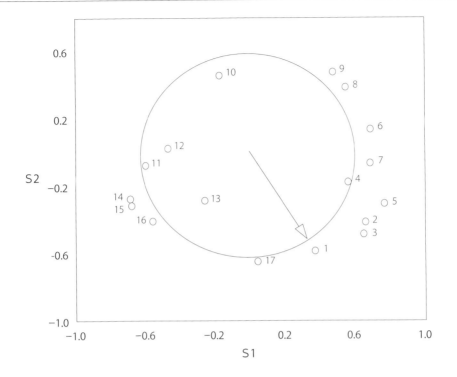

図11−3 状態マトリックスの第1（S1），第2（S2）主成分負荷量のプロット図

1＝衝動的，2＝自信がある，3＝熱心な，4＝愛情深い，5＝快活な，6＝気楽な，7＝感じのよい，8＝平穏な，9＝穏やかな，10＝控え目な，11＝落ち込んだ，12＝無力な，13＝緊張した，14＝苛立った，15＝不機嫌な，16＝喧嘩っ早い，17＝攻撃的な

ロットしたもので，項目の円環状の並びを視覚的に示している。ここでは，項目11，14，15，16（落ち込んだ，苛立った，不機嫌な，喧嘩っ早い）の4項目が円の外側に位置しており，項目2，4，10（自信がある，愛情深い，控え目な）は円周よりも1標準偏差分ほど内側にある。状態マトリックスよりも特性マトリックスの方に円環から逸脱した項目がいくらかみられるが，全体としてみればその程度は大きいとはいえない。4つのネガティブなムード（落ち込んだ，苛立った，不機嫌な，喧嘩っ早い）は予想された円形に並んでいるようにみえるが，少しだけ外側に位置している。特性項目の配置はいくらか変形した円のようにみえる。日中に評定された平均を用いて特性を推定した測定プロセスが歪みの原因かもしれないが，どのように歪んでいるのかは分からない。

このように主成分を使って円環の存在を確認することができるが，測定誤差や測定によるアーチファクトは得られた円環の形状を歪ませ，2つ以上の主成分が抽出される原因となる。感情とパーソナリティ特性を測定する尺度を複数用いることで，円環モデルの証拠が強化される。しかし，異なる尺度を用いたモデルの再現は，円環の理想的な推定から遠ざける原因にもなり得る。

円環同士の比較

主成分分析の結果から項目の配置がおおよそ円環となること（すなわち，配置の歪みが測定上のアーチファクトであり測定誤差に起因するにすぎないということ）を受け入れるとするならば，次に，

第11章　パーソナリティ特性と感情の円環モデルの理論的・方法論的精緻化

他の研究でみられる円環と我々が見出した円環が合致するかどうかを検討する必要がある。例え
ば Wiggins（1979）が開発した8つのパーソナリティ評定尺度は，理論上45度間隔で円環上に配
置される。筆者が円環データとの合致度を測度するための測度を開発した研究（Fisher, 1983）で
は，Wiggins のデータと理論的な基準から生み出される円環との間に非常に高い合致が認めら
れた。8つの尺度は理論的に予想される場所から5.34度以上は離れていなかった。ムードの研
究（Fisher et al., 1985）でも，抽出した円環とすでに確立された標準的な円環，すなわち Conte と
Plutchik（1981）が報告したパーソナリティの円環との比較を報告した。円環構造を比較する方
法は以下の通りである。ここでは図11-2と図11-3で示された円環を例に用いる。

　図11-4と図11-5は，状態マトリックスと特性マトリックスの円環を，理想とされる Conte
と Plutchik の円環とともに示した図である。各円環を構成していた点の配置は，必要に応じて
ベクトル長を延長もしくは短縮して，円の円周上に投影されるように改変してある。これは，
我々の関心が円上の項目の位置にあると同時に，報告されたムードデータのそれぞれの感情や特
性が正の方向（すなわち0度）からずれている程度が，Conte と Plutchik（1981）の円環でそれぞ
れ対応する特性がずれている程度と比較して同じ程度なのかどうか，という点にあるからであ
る。図11-4と図11-5のように示すことで，視覚的に比較が可能となる。ムードデータはそ
れぞれの図の内側の円で示され，比較対象のデータは外側の円に示されている。2つの円環の項
目のペア（内部の円の項目1と外部の円の項目1など）を比較することで，対応する項目がどれくら
い近くに，また遠くにあるのかを容易に見て取ることができる。

　円環上の項目位置の一致度を表す指標を開発するためには項目を共通の円上に投影する必要が
ある。すなわち，ムードの円環と Conte と Plutchik（1981）の円環から対応する項目のペアを作
り，両者の隔たりの角度を測定するのである。最も簡単なのは各ペアの角度差の2分の1のコサ
インを計算する方法である。もし同じ円上にある2つの項目 A と A' が20度離れていれば，角
度の半分は10度であり，そのコサインは0.985となる。このようにすべての項目ペアに対して
コサインを計算する。それからすべてのペアの平均コサインを角度に再変換する。この2倍の角
度は，項目間の平均の角度差を表す。2倍した角度のコサインが2つの円環の一致指数 A* であ
る。コサインを用いたのは，それが-1から1までの範囲をとるからである。0度のコサインは
1.0であり，180度のコサインは-1となる。円上の2点は180度以上離れることはない。コサイ
ンが指標として使いやすいのは，一致度の指標としてよく用いられる相関係数もまた角度差のコ
サインだからである。相関係数は，観測変数と同じ数の次元を持つ空間にベクトルとして投影さ
れた2つの変数間の距離を表現している。

　2つ（またはそれ以上）の円環同士の一致指数を計算することに加え，それぞれの配置に対する
0度の方向も示さなければならない。図11-4と図11-5の項目は Conte と Plutchik（1981）の
円環で示された順番に沿って並べられている。番号は便宜上1番とつけた衝動的に始まり，（こ
れまた便宜上であるが）時計回りに自信がある，熱心な，などが続く。状態マトリックスでも同じ
（時計回りの）順番になるように，第1主成分の負荷量を逆転した（図11-3参照）。すべての円環
の配置は概ね正しそうだが，それぞれの円環で0度（正の方向）がどちらを向いているかは明確
ではない。円環の中には，例えば Conte と Plutchik（1981）の円環のように，どこに出発点をと

211

第 2 部　感情と円環との関連

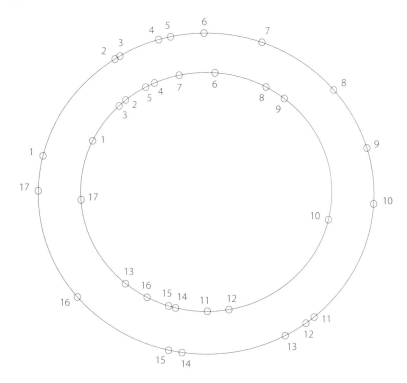

図 11 − 4　Conte-Plutchik の円環（外側）上の配置と
状態マトリックスの第 1・第 2 主成分から構成した円環（内側）上の配置

項目配置は各負荷量を円周上に投影したもの。1 ＝ 衝動的，2 ＝ 自信がある，3 ＝ 熱心な，4 ＝ 愛情深い，
5 ＝ 快活な，6 ＝ 気楽な，7 ＝ 感じのよい，8 ＝ 平穏な，9 ＝ 穏やかな，10 ＝ 控え目な，11 ＝ 落ち込んだ，
12 ＝ 無力な，13 ＝ 緊張した，14 ＝ 苛立った，15 ＝ 不機嫌な，16 ＝ 喧嘩っ早い，17 ＝ 攻撃的な

るかは任意のものもある。仮に項目 1（衝動的）を正の方向にとってみたとしても，ムードデータの円環にとっては項目 1 を正の方向にとるのは適切でないかもしれない。つまりムードデータの円環とは異なる方向を正の方向にとることで，円環同士が高い一致度を示す可能性もある。正の方向を変えるとは，円環の軸を回転させることである。

　Fisher（1983）において筆者は，2 つの円環の一致度を最大限に高めるための回転角度を算出する式を提示した。図 11 − 4 に示した状態マトリックスの場合，6.5 度という小さな回転が施されている。この回転により一致係数は 0.903 から 0.909 へ上昇し，平均角度差は 25.4 度から 24.6 度に減少した。特性マトリックスの場合，最適な回転角度が 3 分の 1 度以下（−0.32 度）であったため，回転は行われなかった。特性マトリックスの一致係数は 0.942 で，平均の角度差は 19.7 度であった。

　状態マトリックスと特性マトリックスの双方で得られた一致係数は，Conte と Plutchik の円環との一致度が全体的に高いことを示している。状態マトリックスの平均角度差 24.6 度は最大限分離した場合（180 度）のわずか 14％ である。特性マトリックスの平均角度差はさらに小さい 11％ であった。小さな差が偶然生じるかどうかを統計的に検定したところ，2 つの円環の項目配置が独立したプロセスで生じたという仮説は棄却された。Mardia（1972）が考案した統計手法は，

第11章 パーソナリティ特性と感情の円環モデルの理論的・方法論的精緻化

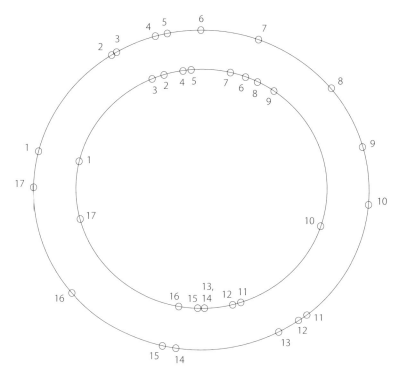

図 11-5 Conte-Plutchik の円環（外側）上の配置と
特性マトリックスの第2・第3主成分から構成した円環（内側）上の配置

項目配置は各負荷量を円周上に投影したもの。1＝衝動的，2＝自信がある，3＝熱心な，4＝愛情深い，5＝快活な，6＝気楽な，7＝感じのよい，8＝平穏な，9＝穏やかな，10＝控え目な，11＝落ち込んだ，12＝無力な，13＝緊張した，14＝苛立った，15＝不機嫌な，16＝喧嘩っ早い，17＝攻撃的な

比較する項目数の2倍の平方根を平均角度差の2分の1コサインに掛けるというものである。この統計値は，自由度1のカイ2乗分布に従う。この値は状態マトリックスで5.57，特性マトリックスで5.66であった。これらの値は両方とも，統計的臨界値である3.84（$p=0.05$）をはるかに上回る。

　円環同士の一致度は高いが，まだいくつかの食い違いについて検討する必要がある。2つの円環にはいくつかの側面で違いがある。その食い違いが測定誤差のせいなのか，あるいは感情状態やパーソナリティ特性に対する我々の認知構造が若干異なっていることを示唆するのかを確かめる必要がある。図11-4の状態の円環には，大きなずれが2つみられる。Conteと Plutchik（1981）の円環に比べ，落ち込んだ，と緊張した，の項目の位置が時計回り方向にかなり（25度以上）移動している。意味上では（すなわち Conte と Pluchik の円環においては），落ち込んだ，無力な，緊張した，の項目は互いに近い位置にあり，苛立った，と不機嫌な，の項目からはやや離れており，喧嘩っ早い，からはさらに離れている。状態円環では，これらの感情はすべてかなり近い位置にくる。意味上はかなり異なるが，ムードとしては同時に生じているようである。あるいは，もしかすると回答者にとっては，自分の感じているムードを振り返ったときにこれらの感情を区別するのが難しかったのかもしれない。図11-4にはもう1つ，これほど大きなずれではない

213

が，気楽な，感じのよい，平穏な，穏やかな，がより近くに固まり合う傾向が見て取れる。

図11-5で目立つのは3つの大きなずれ（角度差が25度以上）である。穏やかな，と喧嘩っ早い，は反時計回りの方向に，ほぼ同じ角度（39度と40度）だけずれている。緊張した，は時計回りの方向にずれているが，その角度はやや小さい（26度）。状態マトリックスと同じように，穏やかなは，平穏な，や気楽な，と非常に近い位置にあり，喧嘩っ早い，は苛立った，や不機嫌な，と非常に近い位置にある。また，状態マトリックスに比べ，落ち込んだ，無力な，緊張した，苛立った，不機嫌な，喧嘩っ早い，が近くに固まり合っている。全体として感情の評価と生起との食い違いは，意味論的マトリックスに比べムードマトリックスの方が小さいといえる。

円環の解釈

2つの円環セットにみられる相違を説明するためには，円環とは何かを説明する理論が必要である。なぜ感情とパーソナリティの認知は円環構造を示すのだろうか。また，自分自身について考えているとき，自分の感情について考えているとき，あるいは感情やパーソナリティの意味について考えているときのように，文脈が変われば円環構造もまた変化し得るのだろうか。

LeventhalとMosbach（1983）の理論に従えば，感情が生まれるのは行動が予定されていないとき，もしくは意図されていないときである。意図通りの行動がとられているときには，感情を感じることはほとんど，あるいはまったくない。感情を感じるのは，課題の遂行が一時的に中止されたときや，新しい行動にとりかかる際の後押しとしてかもしれない。いずれの場合も，感情は行動を意図，修正する概念上の運動処理システムにメッセージとして伝達される。この概念上の運動システムはメッセージを評価し，感情から発せられる信号に従うか抑制するかを決定しなければならない。感情のメッセージを同定する（すなわち認識し解釈する）際，運動システムは，その感情が現在のあるいは意図された一連の行動が遂行されるべきではないことを示しているのか，あるいは現在の行動の方向性がうまくいっている，もしくはうまくいきそうであり，利益をもたらしそうなのでさらに進めるべきだと示しているのかを判断する。言い換えれば，感情が伝えているのは，今していることをやめて何か違うことを行うべきか，あるいは今していることをさらに続けるべきか，というメッセージなのである。感情メッセージはまた，どれくらい強く活動や不活動を引き起こす力があるかによっても特徴づけられる。感情はより下位の運動システムが行動に従事することを望んでいないことを示すかもしれないし，すでに進行中の行動を単に追認するかもしれない。こうした感情メッセージの2つの特性は，SD法でいうところの評価と活動性の次元（Osgood et al., 1975）に容易に読み替えることができる。一般に，すべての言語の感情は評価，潜勢力，活動性の3次元を内包している。この理論によれば，感情に内包される次元そのものは，このうちの2つの次元（評価と活動性）に相当する。

しかし評価と活動性の2次元は独立ではない。行動がまさに進行中のものであればあるほど，そしてその行動が意図的なものであれば特に，その行動を抑制したり促進したりする感情的な信号は少なくなる。ConteとPlutchik（1981）の円環でいえば，攻撃的，あるいは穏やかな，また控え目な，の周辺のような，活性化や沈静化のピークにいるときには，行動を抑制したり促進し

たりする感情の動きは現れず，それゆえ評価も下されない。筆者の考えでは，穏やかであること
や攻撃的であることは，自己がその目的を達成したことを確認する感覚以外の感情を感じていな
い状態である。快活さを一方の極とし，緊張と苛立ちとの境をもう一方の極とする評価の両極
は，活動を起こしたりやめたりする資質と全体的に関連する。このことは，特定の行動だけが行
われたり妨げられるということを意味しない。快活な者はすべてを好む傾向を持ち，苛立つ者は
すべてに反対する準備ができているのである。

　評価の両極から活動もしくは非活動の極を移るにつれて，円環上の感情は活動をそのまま進行
すべきか，あるいは妨げるべきかに言及し始める。愛情深い感情は他者に向けて愛情を示す準備
ができていることを意味し，仲間意識や連帯感と関連する行動を生じさせる。熱心さはより活動
的であり，特定のプロジェクトが始まったり，何らかの決心がなされるや，それを後押しする。
信頼は熱心さと似たレベルの活動を要求する。信頼もまた行動計画を実行する初期段階に現れ
る。一方，衝動性は進行中の行動に関連し，躊躇のない，あるいは慎重さに欠けた計画の実行に
関与する。攻撃性は強度と活力を増大させる感情エネルギーであり，一連の行動の遂行を後押し
する。

　これまで，行動を促進する感情から完全に妨害する感情までをみてきたが，気楽さは対人相互
作用場面で生じるちょっとした苛立たしいことに対する反応を抑制する。気楽な人物は寛容で，
何事も決めつけない。何かに反対しても，強くは反対しないのが普通である。感じのよさは気楽
さをさらに少し推し進めた感情である。感じのよいとき，自分自身の希望や欲求をいくらか犠牲
にしても，他者をもてなし，他者の望みを受け入れる。平穏さがあるとき，対立はほぼ解消され
る。行動を要求する形での反対や自己防衛を必要とする批判は克服される。落ち着きがあると，
秩序が取り戻され，混乱に陥りにくい。

　否定的評価の極には，定義されていない感情がある。おそらくそれは，人が決して経験するこ
とのない感情であろう。苛立ちや不機嫌さを伴うとき，我々は周囲の忌むべき何事かに対して抵
抗を始める。そういったことをこれ以上受け入れたくないと思ったり，これ以上苦しめられたく
ないと思うのである。イライラさせる刺激物に向き合い，それを取り除こうとし始めると怒りを
感じる。それに攻撃性が伴えば，イライラさせるものとの戦いが行われる。攻撃性は目的を達成
する活力や，対立を克服する強さでもある。抵抗の受動的な側面は緊張から落ち込み・無力感ま
での範囲でみられる。緊張は望ましくない出来事の予感や，それを防ぎたいとする漠然とした欲
求を含む。落ち込みと無力感は直面中の困難と関連する。努力をしても実を結ばないように思え
るからである。次に，Conte と Plutchik（1981）の円環の 17 項目には含まれていないが，本研究
では考慮されている感情に落胆と失望がある。こうした感情のもとでは立ち向かう力が徐々に失
われていき，できることは何もないというメッセージばかりが繰り返される。控え目な，は望ま
しくない出来事から距離をおくための手段であり（もしできる場合は，ということであるが），それ
が効果的に働くがゆえに，円環では穏やかさの近く，不活性の極付近に布置される。

　17 の感情とムード研究で得られた特性の解釈を検討すれば，感情を同定し，分類する際，ど
のように活性化の概念を適用すればよいのかが明らかとなる。また，感情の活性（または不活性）
が高くなるほど，評価の次元では強さが減少することも分かる。なぜなら，円環の活性—不活性

の軸に沿って感情の活性が高まるほど，評価軸上の値は減少するからである。評価は何らかの対象へと向かう運動，あるいはそこから離れる運動を促す。結果的に，意図的な行動と，表出的でスキーマ的な運動システムが駆り立てる行動との乖離が小さくなり，感情メッセージの強度も小さくなる。例えば，快活な人が歌を口ずさんだり幸せなそうな様子をみせるのは，一般的には他者との相互作用に関わっていないときや，自尊心の問題で内心苦しんでいないときである。まったく見知らぬ他者や敵を前にしても快活であり得るかもしれないが，そうした場合には快活さを表すいかなる行動もとってはいない。しかし，自信がある人の場合，行動と自信を持って期待している結果とはある程度一致するだろう。衝動的な人は，じっくりと考えるプロセスを飛び越したい衝動に駆られ，その衝動に身を任せることが多いため，感情としての衝動と衝動に基づく実際の行動との区別が難しくなる。

　同じような論理の道筋は，円環の他の感情にも適用できる。活性が上がる（下がる）につれ，読み出された感情と実際の活動のずれは大きくなる。しかし，活性には2つの極——することとしないこと——があり，評価にも2つの極——対象に向かう，あるいは対象から離れる行動を駆り立てる——がある。つまり，活性化の様式が2つ，そして評価の様式も2つあることになる。このことを活性（不活性）の程度の高まりに伴い評価の程度が減弱する傾向と合わせて考えると，活性と評価の2つの変数同士の関係は，2つの変数の和（様式の効果を取り除くために平方和を用いる）が常に一定となる曲線によって表現可能である。円を表す公式は，ご存知のように $x^2+y^2=r^2$ である。円環では x は評価を，つまりポジティブかネガティブかを表し，y は活性化のポジティブ・ネガティブを表す。しかし x が高い値をとれば，y の値は，x と y の平方和が r^2 になることから分かるように，それに応じて小さくなる。活性と評価の関係が負の関係にあることは，$y^2=r^2-x^2$（もしくは $x^2=r^2-y^2$）の式から明らかである。

結　論

　円環の解釈は Leventhal と Mosbach（1983）による感情の知覚運動理論の2つの原則から直に導かれる。まず経験としての感情は，生体の状態に関する情報の中でも特に動機上の優先傾向に関する情報がスキーマ的・表出的な運動システムから読み出されて，概念上の運動レベルに伝えられたものとされる。そして Leventhal と Mosbach の理論による解釈では，感情は意図された行動とスキーマ的・表出的システムの優先傾向との間のずれの程度を表す。意図された行動が十分に遂行されているときに感情が比較的知覚されにくい理由がこれである。行動がとられている限り，ずれは必然的に小さくなる。

　Conte と Plutchik は基本的な次元では円環を説明できないと主張した。なぜなら「どのような軸も恣意的であり，他の軸よりもより基本的な軸というものは存在しない」（1981, p. 70）からである。確かに，円環上に複数の点がいったん配置されてしまえば，どのような座標を用いてそれらの配置を決めたにせよ，点同士の相対的な位置関係は変わらない。点の配置を決めるために用いられる基準は，確かに任意である。しかし点の位置を決めている2つの軸の間の機能的な関係性を示すことができない限り，円環上の点の意味を説明することはできない。どのような軸が

選択されたとしても，また，たとえそれが任意であっても，円環における x と y の関係性は常に $x^2+y^2=r^2$ である。大事なのは，その関係性に意味のある x と y を決定することである。筆者の考えでは，x を活性化，y を評価とすると，$x^2+y^2=r^2$ の関係性をうまく満たすことができる。活性化と評価は，感情状態を同定，分類する際に考慮すべき特性であり，感情経験の構造をうまく表現している。

文 献

Bohrnstedt, G. W. (1969). Observations on the measurement of change. In E. F. Borgatta & G. W. Bohrnstedt (Eds.), *Sociological methodology, 1969* (pp. 113-133). San Francisco: Jossey-Bass.

Bohrnstedt, G. W., & Fisher, G. A. (1986). The effects of recalled childhood and adolescent relationships compared to current role performance in young adults' affective functioning. *Social Psychology Quarterly, 49*, 19-32.

Conte, H. R., & Plutchik, R. (1981). A circumplex model for interpersonal personality traits. *Journal of Personality and Social Psychology, 40*, 701-711.

Ekman, P., Friesen, W. V., & Ellsworth, P. C. (1972). *Emotion in the human face*. Elmsford, NY: Pergamon Press.

Fisher, G. A. (1983, August). *Coefficients of agreement for circular data with applications to circumplex models and rotation of factors*. Paper presented at the annual meeting of the American Sociological Association, Detroit, MI.

Fisher, G. A., Heise, D. R., Bohrnstedt, G. W., & Lucke, J. F. (1985). Evidence for extending the circumplex model of personality trait language to self-reported moods. *Journal of Personality and Social Psychology, 49*, 233-242.

Hochschild, A. R. (1983). *The managed heart Commercialization of human feeling*. Berkeley: University of California Press.

Izard, C. E. (1977). *Human emotions*. New York: Plenum Press.

Leventhal, H., & Mosbach, P. A. (1983). The perceptual-motor theory of emotion. In J. T. Cacioppo & R. E. Petty (Eds.), *Social psychophysiology A sourcebook* (pp. 353-388). New York: Guilford Press.

Mardia, K. V. (1972). *Statistics of directional data*. New York: Academic Press.

Osgood, C. E., May, W. H., & Miron, M. S. (1975). *Cross-cultural universals of affective meaning*. Urbana: University of Illinois Press.

Panksepp, J. (1982). Toward a general psychobiological theory of emotions. *Behavioral and Brain Sciences, 5*, 407-467.

Panksepp, J. (1986). The anatomy of emotions. In R. Plutchik & H. Kellerman (Eds.), *Emotion: Theory, research, and experience* (pp. 91-124). New York: Academic Press.

Plutchik, R. (1980). *Emotion: A psychoevolutionary synthesis*. New York: Harper & Row.

Plutchik, R., & Platman, S. R. (1977). Personality connotations of psychiatric diagnoses: Implications for a similarity model. *Journal of Nervous and Mental Disease, 165*, 418-422.

Schaefer, E. S., & Plutchik, R. (1966). Interrelationships of emotions, traits, and diagnostic constructs. *Psychological Reports, 18*, 399-410.

Tomkins, S. S. (1980). Affect as amplification: Some modifications in theory. In R. Plutchik & H. Kellerman (Eds.), *Emotion: Theory, research, and experience*. New York: Academic Press.

Wiggins, J. S. (1979). A psychological taxonomy of trait descriptive terms: The interpersonal domain. *Journal of Personality and Social Psychology, 37*, 395-412.

Zuckerman, M. (1983). The distinction between trait and state scales is not arbitrary: Comment on Allen and Potkay's "On the arbitrary distinction between traits and states." *Journal of Personality and Social Psychology, 44*, 1083-1086.

第 12 章

対人サークルと社交性の底流にある潜在的感情

Rauni Myllyniemi

　対人特性の円環モデルに興味を抱いたのは，Leary（1957）の『パーソナリティの対人診断』（未邦訳）を 1970 年代初めに読んだことがきっかけであった。当時，筆者は学位論文のテーマの裏づけとなる理論を探していた。学位論文のテーマは Rosenzweig（1945）の絵画欲求不満テスト（PF スタディ）を模した投影法検査に対する対人的反応に関するものであった。筆者は本の中身の濃さと明晰さに魅了され，そして今も魅了され続けている。Leary はパーソナリティの社会的側面を驚くほど精緻に描き出していた。同時にそうした側面がいかに少数の基本概念と原則とで描き出すことができるかを示していた。それ以来，筆者は Leary のパーソナリティシステム（一般には対人サークルと呼ばれる）がパーソナリティの特徴だけでなく，人間の社会性の基盤についても重要な考えを表現していると確信している。

　1950 年代以降，対人サークルは Leary らが構成した中身と構造（Freedman, Leary, Ossorio, & Coffey, 1951; Leary, 1957）をほぼそのままに使われてきたが，現在では多少手を加えたモデルもいくつか作られている（Kiesler, 1983; Strong et al., 1988; Wiggins, 1979, 1982）。対人サークルは多くの実証研究により洗練の度を増し，円環モデルによく合致することが示されている（Guttman, 1954; Wiggins, 1980）。対人的変数を因子分析や多次元尺度構成法で分析してプロットした際に観察される円環状の配置からも，円環モデルへの適合が視覚的に支持された。このように理論が洗練され，実証的にも円環が見出されてきたが，しかし円周パターンを生み出す対人行動の本質が何であるのか，そこに注意を向けることで新たな知見が見出されるのか，さらに一歩進んで考えるべきであろう。

　本章では，対人サークルを感情の側面から解釈する。あらかじめ簡潔に述べると，対人サークルを 4 分割する際には，それぞれ友好―従順，友好―支配，敵意―従順，敵意―支配と命名された 4 つに分割されるが（Carson, 1969; Kiesler, 1983; Orford, 1986），それは感情を同じくする領域に分割されているのである。その四分円はそれぞれ，信頼，愛育，恐怖，攻撃と呼ばれることもある。本章では，まずこの解釈を Leary の対人サークルの八分円（オクタント）に当てはめて検討する。これら 4 つの感情志向性は統制プロセスと考えることが可能で，その中で感情が重要な制御機能を果たす。オクタントの組み合わせを変えて別の四分円を構成すると，対人的に同質なもの同士をまとめた 4 つの領域に分割することもできる。それらの領域は友好，敵意，支配，従順

　本研究はフィンランド財団社会科学研究会の助成を受けた。写真のモデルになってくれた Ahti Jokinen と，表情の絵を描いてくれた Raija Sassi，テクニカルアシスタントの Seppo Roponen に心より感謝する。

と呼ばれる。本章ではまず両極性を持つ感情の構造から話を始め，新たな方法で対人サークルを組織的に分割する。新しいデータも用いて主張の裏づけも試みる。

対人円環の感情的解釈

図12-1はLeary（1957）の対人オクタントのカテゴリーの内容，およびオクタントと4つの主要な感情，つまり信頼，愛育，攻撃，恐怖とのつながりを示している。ここではLearyのシステムが表す対人的特性の中でも一般的な，中庸の傾向だけを示している。強度に関する評価は示されていない。病理的に極端な行動様式を表す言葉はオクタントのラベル名に残っているだけである。また，規範的すぎる言葉（厳しいが公平な，のような）や好ましい反応を表す言葉（他者に助けられた）も削除されている。したがって図12-1は，Learyが各オクタントにどのような特性や行動スタイルを含め，互いに関連するオクタント同士をどのように並べて円環を形成したかを簡潔に示している。

図中では信頼対攻撃，愛育対恐怖と解釈可能な次元が主要な軸として描かれているが，実際のところ，対人データの多変量解析によって，これらの次元が抽出されたわけでも，また意味的に

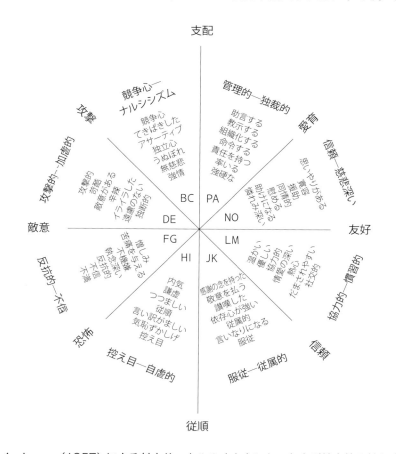

図12-1 Leary（1957）による対人サークルのオクタント，および社会性の軸と感情の軸

219

第2部　感情と円環との関連

対義語と捉えるのが自然なペアが2組見出されたわけでもない。図12-1にまとめられたLeary
らのオクタントや各オクタントが表す広範な心理的特性を考えれば，上記の解釈も可能だという
ことである。感情の軸にも注意を向けることで，対人的に重要な意味を持つ軸（友好対敵意，支配
対従順）に対する理解を深めることが可能になるであろう。

感情志向性の性質

　信頼，愛育，攻撃，恐怖の心理的実体とはいったい何だろうか。それはすでに記したように感
情志向性である。感情志向性はフィードバックシステムで表される。フィードバックシステムと
は，例えばBowlby（1969）がアタッチメント行動の記述に用い，Plutchik（1983）が悲しみや恐
れの感情の表現に用いたものである。志向性はプロセスを表し，この志向性によって人は，周り
の環境や現在起きている出来事との関わり方と，自分にとってより望ましい関わり方との不一致
を認識する。この認識がフィードバックされて特定の行動が促される。促された行動によって望
ましい関わり方が得られれば上記のプロセスは終了する。望ましい関わり方が得られない場合，
不一致の情報は再びフィードバックシステムに取り込まれ，不一致を解消すべく行動が続けられ
る。感情の理論家たちの中でも少なくともPlutchik（1980），MacLean（1980），Izard（1991）ら
は，基本的な感情を体系化する上で感情の機能に着目していた。4つの志向性は同じように知覚
されるが，何か1つの感情や気持ちと結びついているわけではなく，複数の感情パターン，感情
の変化として表現される。つまり最終的な状態に落ち着いていくと同時に，不快感情が快感情へ
と変化するプロセスとして表されるのである（Kemper, 1978; Lazarus, 1991参照）。

　おそらく，感情プロセスの最も際立った特徴は，それが自動的に生じ，その際に特別な役割を
主観的体験，つまり感情が果たしているという点にある。まったく意見を異にする感情理論同士
でさえもが，感情が意思に基づくコントロールに抵抗するという点では同意している。感情コン
トロールのプロセスは，重要な段階ごとに自動的に進行していると考えることができる。コント
ロールプロセスの発動は無意識に生じる。生体の中にはある下地があって，周囲の環境にみられ
る特定の特徴を認識し，そこに特別な意味を投影する。Fridja（1986）がいったように，感情が
生じるのは特別な状況的意味構造に反応したときである。感情特異的な意味を知覚することで無
意識に行動準備が整えられ，行動として表出される。こうした無意識の発動に欠かせないものに
感情特異的な意識——気持ち——の芽生えがある。気持ちを形作るのは周りの環境から知覚した
さまざまな意味であり，本当はこう行動したいといった自分の願望であり，通常は快・不快とし
て感知される感覚である。Arnold（1960）が書いているように，無意識のプロセスは，知覚と認
知を気持ちの中に符号化して埋め込む役割を果たしていることから，直感的評価と呼ぶことが可
能である。

　もちろん，感情に対する何らかのコントロールも可能である。感情の表出ルールや表情コント
ロールは文化的慣例（Ekman, 1980）で規定されている。人は社会的望ましさのルールに従い，適
切な感情（Hochschild, 1978）を呼び起こそうとしさえする。感覚を変えることは，表情を変える
ことよりも難しい。例えば，当惑を隠すためにあえて笑みを浮かべることの方が，当惑を追い
やるよりも容易である。感覚が感情プロセスで果たす機能の重要性は表情以上である。感覚は2

220

つの機能を果たす。感覚は情報であると同時に動機でもある（Frijda, Kuipers, & ter Schure, 1989; Schwarz, 1990）。感覚が果たす情報としての機能はさまざまに表現される。Fridja（1986）は感覚を関連シグナルと呼び，Buck（1984）は経過報告になぞらえた。Zajonc と Markus（1984）は柔らかな表現と言い表し，von Cranach, Mächler と Steiner（1985）はより単純に表現とした。では，感覚は何を合図し，伝え，表現するのだろうか。感覚を分類するならば快か不快かで分けるのが簡単なので，ここで考慮するのは快楽の質だけにしよう。多くの研究者の結論によれば，当然のことながら，恐れや失望などの不快感が教えてくれるのは何らかの失敗や切迫した危害についての情報であり，一方で，満足や喜びのような快感覚が伝えてくれるのは成功や利益である。感覚は経過報告の役割を果たし，物事が悪い方向に進んでいるか，あるいは良い方向に進んでいるかを教えてくれる。つまり感覚は害と利益を表す。感情の有機体たる人はトラブルや脅威を除去しようと動機づけられているだけでなく，感情的な害（つまりトラブルや危険の徴候である不快感）も避けるように動機づけられている。さらに，物質的な利益だけでなく，感情的な利益（つまり成功を意味する快感情）を得ることもまた人を行動へと駆り立てる動機となっている。

　それゆえ感情志向性はコントロールプロセスと表現可能であり，進行中の出来事にある種の危険な変化が生じた際には，それに気づくための備えの役割を果たしている。有害な出来事は，不快感，感情的な害へと直感的に符号化される。動機づけが生じて，その害を避けようとする。プロセス特有の表現が無意識に活性化され，特定の行動が望ましく感じられる。適切な行動がとられるか，あるいは別の原因によって出来事が望ましく有利な状態になれば，不快感は消えてなくなる。出来事が望ましい方向に進んだという認知は，快感情つまり感情的利益へと直感的に符号化される。

４つの感情的防衛志向性

　信頼と愛育の感情プロセスを合わせて，２つの愛着志向性と呼ぶこともできる。これらの志向性は接触探索のタイプを表すと考えられる。接触探索のタイプを決めるのは行動の準備状態と乳児期に母との愛着関係で感じた気持の質である。もちろん，他にも興味や好奇心，性的魅力のような感情を引き起こす源が存在し，愛着志向性と同時に湧き起こることが多い。性的魅力は常にとまではいかないまでも，しばしば感情的愛着と結びつく。Eibl-Eibesfeldt（1971）が論じたように，人間関係における優しさの由来は愛育システムにあるのであって，性衝動にあるわけではないのかもしれない。

　信頼志向性とは，行動や感じ方に子どもっぽいパターンがみられる接触探索のタイプの１つである。こうしたパターンの起源は，養育者に対する幼児の愛着まで遡ることができる。Bowlby（1969）は乳児期の愛着行動をコントロールシステムと考え，その作用は乳児を母親の近くから離れないようにさせ，母親の注意を引きつけておけるようにすることだと述べている。愛着が機能した結果もたらされるのは主として保護であるが，Sroufe と Waters（1977）が指摘しているように，幼児にとって愛着によって得られる究極的なものは自分自身が安全だという感覚である。成人にとっての信頼志向性は，孤独，落胆，もしくは苦悩の感覚に始まるプロセスとして概念化することができる。この場合，人を動かすのは他者との接触を求める気持ちであり，他者か

第2部　感情と円環との関連

ら保護や快適さ，あるいは援助を引き出したいという気持ちである。親しみやすく，自信があって，慈愛に満ちた雰囲気を持った人が接触の相手として好まれる。このプロセスが終わるのは安心感が生まれたときであり，もしかしたら涙を流すこともあるかもしれないが，それはプロセス発動の原因となった心痛がよほどひどかったときである。気持ちが快活になったり，再びつながりを得た喜びを感じたり，喜びと涙が入り混じった気持ちになってもプロセスは終了するかもしれない。こうして信頼志向性の高い人は孤独と苦痛という危険な感情状態を脱し，安心と喜びという感情的利益を手にする。

　愛育志向性とは母性的もしくは親らしい形式をとった愛着である。親の子育て行動の生物学的機能は子どもたちの利益に寄与することである。愛育という言葉はそれに比べると広い意味で使われていて育児という意味合いが薄いが，やはり他者に利するという意味合いを持っている。他の感情志向性とは異なり，愛育は利他的な志向性である。この志向性を持つ人が他者との接触を求めるのは，相手を保護し，癒やし，支援するためである。それでも，接触を求める動機が自分の気持ちにあるという意味では，愛育を利己的なプロセスと表現することも可能であり，愛育によって感情的利益を求めているとも考えられる。愛育という形での接触探索を引き起こすのは他者に対して魅力を感じるという快感情であるが，心配や同情，哀れみなどのひどい心痛の場合もある。利他的な行動はそうした感情を和らげ，優しさや喜び，そして周りの人に親切にしたという自己満足をもたらしてくれるかもしれない。

　人間にはおそらく，ある生物学的傾向があって，2種類の愛着志向性を発達させたのであろう。2種類の愛着志向性は人が共通して持っている社会性の一部であり，あらゆる文化に普遍的に見出される。さらに他の動物，少なくとも他の霊長類と比較することも可能である。霊長類学者の報告には，サルの母親と赤ん坊の相互作用にみられる典型的な行動様式（キス，抱擁，毛づくろい，近くで抱きしめるなど）が，大きくなったサル同士の相互作用に持ち込まれる様子が記されている。母親と赤ん坊のようにふるまい，相互に愛着を示し合うことで，大人のサル同士が落ち着いて近くに居続けることができるのである（Goodall, 1986; Reynolds, 1981）。Eibl-Eibesfeldt（1971）が詳細に示したように，これに似た結論を人間の社交性についても見出すことができる。

　残りの2つの感情志向性である恐怖と攻撃は，防衛志向性とも呼ばれる。社会的文脈で防衛志向性が引き起こされるのは闘争に対する反応としてであり，自分の正当な利益や獲得物，場合によっては健康や生活を守るために，自分の競争力を弱めようと試みる他者に対して発動される。闘争は避けることができない人生の一部であり，人間にも他の動物と同様に何らかの内的傾向性があって，闘争に対処するさまざまな方法を発達させているのに違いない。これまでの感情研究によって，まったく異なる文化に属する人々の間でも，同じような表情が恐れや怒りを伝える表情として認識されていること（Ekman, 1973; Izard, 1971），表情に先立って生じる身体の動きや行動，生理学的徴候があらゆる文化で共通し，恐れや怒りの感情と結びついている（Wallbott & Scherer, 1986）ことが分かっている。しかし，防衛志向性もまた，何らかの単一の感情を示すというよりはプロセスとして表現可能であり，不利益の感覚から利益の感覚に向かうプロセスとして表現することができる。

　恐怖志向性が機能した結果もたらされるのは危険の回避である。感情的な出来事として捉えれ

ば，恐怖志向性は本質的には人の恐れや不安感情を取り除くプロセスであるが，知覚される際には愉快な感情状態を探求して恐れに取って代えようという試みとして知覚され得る。恐怖が伝えるメッセージは危険であり，競争相手との遭遇場面においては，相手に勝つ可能性が少ないことを示唆する。そして相手から逃げたい，隠れたい，競争を避けたいといった気持ちが生じる。そうした手立てをとることで危険を逃れることができれば，緊張を解くことができる。緊張の緩和は安心感として自覚され，時に強い快感情を引き起こす。

　攻撃志向性が機能した結果もたらされるものは，さらに多岐にわたる。危険を避けること，利益を確保すること，障害物を打ち破ること，競争に勝つこと，不正をただすことなどである。自分の方が相手より弱い場合でも，窮地に追い込まれれば極度の怒りを感じ必死に戦うこともあり得るが，通常，人が攻撃性を駆り立てられ攻撃志向性を持ち続けられるのは，自分の方が優れているか自分の方が十分な能力を持っていると直感的に感じる場合である。このプロセスが始まるときに抱いている気持ちが半信半疑，時には恐れのこともあるかもしれないが，競争相手の優位が初めから極めて明らかな場合には，苛立ちや怒りの感情を抱くことになる。攻撃志向性は必ずしも相手を傷つける方向へと進むわけではない。動物でさえ，ほとんどの戦いは威嚇動作のみせ合いに終始する。重要なのは相手よりも優れた能力を持っていることを示すことであり，相手を諦めさせることである。それに伴い，さまざまな快感情，例えば自信を深めた喜びや意気揚々たる自己満足が湧き起こる。接戦をものにしたのであれば，安堵感も入り混じるであろう。

　これら４つの志向性は感情防衛の志向性としてひとくくりに捉えることが可能である。しかし，これら４つで人のことを語り尽くせるものではない。人は社会的につながり合った感情の生き物なのである。人の社会性の大きな部分を支えているのは競争的感情性とも呼ぶべきもので，感情的な傷害や利得が探索や達成，熟達，遊びと結びついたものである（Buck, 1984; White, 1959 参照）。また，人間が社会生活を送る上で同じくらい重要なことは規範的な社会的感情である。ここでは感情的な傷害や利得が，調和や逸脱，名誉，正義と結びついている。もっとも，恥や義憤のような規範的感情もまた防衛に関わるものとして捉えることができるかもしれないが，それらは人特有の適応形態であり，進化上は最近に起きた出来事であって，感情的な愛着や防衛志向性よりも起源は新しい。本章で提案するのは，対人円環をさまざまな社会性様式の配列と捉える見方である。それらの社会性が持つ方向性と意味は，先述した４つの感情防衛の志向性に由来する。

対人円環の対立軸および社会的志向性の基盤にある感情の対立軸

　図12-2が表しているのは対人サークルにおける感情の対立軸と社会性の対立軸である。感情の対立軸（図中の太線）には次の３つが含まれる。つまり，愛着と防衛の間の全体的な対立，愛着志向性の中の信頼と愛育の対立，そして防衛志向性の中の恐怖と攻撃の対立である。愛着と防衛の間の全体的な対立構造にも２種類あり，より能力があって支配的な当事者にとっての愛育と攻撃の対立と，能力が少なく従順な当事者にとっての信頼と恐怖との対立がみられる。

第2部　感情と円環との関連

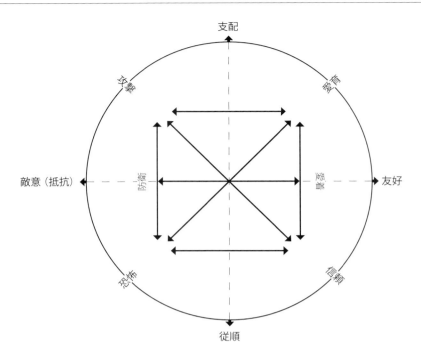

図12-2　対人サークルの軸の提案

　このように，円を構成する4つの社会的領域は，相対立した関係にある2組4つの感情タイプとして定義される。対極に位置する感情タイプ同士の対立が表しているのは，社会性の対立軸，つまり支配対従順，友好対敵意の対立である（友好対敵意の社会的軸と一致しているのは基本的感情軸の愛着対防衛の軸である）。

　敵意は，（Learyのシステムが示唆するように）攻撃と恐怖が同時に生起することを考えれば，抑制された反抗または抵抗と考えるべきかもしれない。図12-2では，この抵抗という言葉を加えて，敵意の下に括弧で記している。しかし，これ以降の図では，敵意を括弧書きにして，その代わりに抵抗という言葉を記している。今後は，軸の極は抵抗を表すと解釈されたい。

　対人サークルの社会性の軸，つまり友好対敵意・抵抗，および支配対従順の軸が表しているのは，明確な対をなす心理的傾向であり，意味的にも対義語として受け取るのが自然である。しかし，提示された感情の軸，つまり信頼対攻撃の軸と愛育対恐怖の軸は，そうはいえない。社会生活において人を慈しむか恐れるか，もしくは信頼するか攻撃するかの二者択一の状況に置かれることは，自然な状況ではそうあることではない。それゆえ，これら2組の言葉は意味のある対義語をなしていないようにみえる。逆説的なのは，意味的には対義語になりそうにないこれら2組の言葉が対人サークルの基本的な極性として表現されていることである。

対人円環のカテゴリー

　図12-3の円の各領域につけられた名前は，対人サークルの現在の解釈に従っている。それ

224

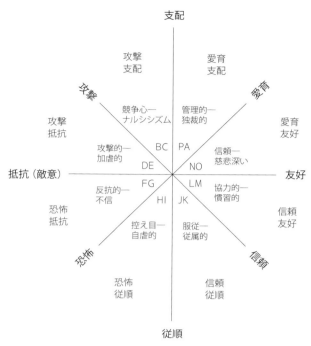

図12-3 対人サークルのカテゴリーの提案

ぞれのオクタントにつけられた名前は社会的な意味と感情的な意味を表しており，その基盤となる2つの感情志向性をよく表している。より一般的な名称（友好，支配，信頼，愛育など）の使い方にも2通りある。1つ目はそうした名前を使って四分円を表現する方法である。円を4等分する方法も2つあって，感情的に等質と思われる4領域に分ける方法と，社会的に等質と思われる4領域に分ける方法がある。しかし，四分円を表すのではなく，より一般的な名称がカテゴリーの間に挟まれた特定の範囲を表していると解釈することも可能である。この場合，例えば従順が指し示すのは信頼—従順と恐怖—従順に挟まれた範囲となり，信頼とも恐怖とも定め難い従順志向性の場合もあれば，純然たる服従行動（例えば儀式的に服従を示すこと）の場合もある。恐怖であれば，恐怖—従順と恐怖—抵抗に挟まれた部分となり，純粋に恐怖の志向性を表す。従順的意味合いや抵抗的意味合いは一切含まれない。

対人形容語の構造

対人領域で円環構造が見出されたとする実証研究の大部分は，自記式尺度や自己報告に頼ったデータをもとにしている。JacksonとHelmes（1979）が示唆したのは，データの性質上，2つの軸が反映しているのは被験者の反応であり，真の特性ではないという可能性である。一見したところ，自己提示的な要素がまったく含まれない手続き，つまり，対人形容語の意味の研究といった方法をとることで，Jacksonらのいう可能性を検証できるように思われる。実際，対人形容語の意味の類似性を検討した数々の研究で，きれいな円環が見出されている。しかし，このことは

第2部　感情と円環との関連

かえって，より厳しい批判を対人サークルにもたらすこととなる。Shweder と D'Andrade（1979）
が十分な根拠があるとして示したのは，対人サークルが反映しているのは対人行動の何らかの正
確な実体ではなく，単なる認知カテゴリーの構造にすぎない，ということであった。さらにもう
1 つの自明な問題として，いったいなぜ対人カテゴリーは円環構造を示すのか，という疑問があ
る。この疑問ももっともである。というのも，対人カテゴリーが円環構造で表現されるとする一
貫した証拠が，さまざまな文化を背景とした研究で見出されているからである。認知カテゴリー
を反映したものであろうと，心理的傾向性の実体を反映したものであろうと，対人サークル自体
は全世界共通であるに違いない。

　以下に示す多くの分析で明らかになったのは，異なる文化の対人形容語も Leary の対人サー
クルにうまく当てはまり，2 次元モデルで表現できるということである。つまり Shweder（1972;
Shweder & Bourne, 1984）によるオリヤー語（インドのオリッサ州）のパーソナリティ表現用語 81
語の分析，White（1980）が行った 37 語のアーラ語（ソロモン諸島）のパーソナリティ表現用語の
分析，Conte と Plutchik（1981）が行った英語（アメリカ英語）の対人形容語 40 語の分析，Lutz
（1986）によるイファルカ語（ミクロネシアのイファルク）の感情語 31 語の分析などであり，対象と
なった言葉のほとんどは対人的意味合いを持つ言葉であった。

　いずれの研究においても，あらかじめ決められたカテゴリーシステムを表す代表的な言葉が分
析対象として選ばれたわけではない。前もって決められた領域の調査が行われただけである。本
章で示す対人カテゴリーのシステムに限っていえば，これらのカテゴリーに属する言葉の中から
抽出した言葉は対人サークルの特徴を示すはずである。また 2 次元空間上にも理論通りの順番で
配列されると思われる。以下に示す研究はこの疑問を検討するために行われた研究である。

方　法

　72 のフィンランド語の形容詞を選んで図 12-3 に示される 16 カテゴリーの代表語とした。16
とは 8 つのオクタントカテゴリーとそれぞれの中間に位置する 8 つのカテゴリーである。信頼，
愛育，恐怖，攻撃のカテゴリーを表す言葉はそれぞれ 3 つ，その他のカテゴリーを表す言葉はそ
れぞれ 5 つである。これらの言葉は表 12-1 に示してある。言葉の割り振りは対人理論に精通
した 2 人の判定者が行い，意見を一致させた上で決定した。その上で単語の評定を 20 人に依頼
した。いずれも社会心理学コースの 1 年生で，対人理論に関する知識のない学生であった。評定
対象となった言葉は 1 つずつカードに書かれ，研究協力者は言葉の類似度に従ってカードを 8 つ
の山に分けるように指示された。また均等に分ける必要がないことも伝えられた。そして山と山
の類似度を，4 件法を用いて評価するように求められた。

　分類後，同じ山にまとめられた言葉同士の類似度は 5 とされた。異なる山に分類された言葉同
士の類似度にはそれぞれの山同士の類似度があてられ，1 から 4 の数字が割り振られた。こうし
てそれぞれの言葉に関し，他の言葉と類似度を 5 段階で大まかに推定した。そして平均的な類似
度を参加者全体の評定値から計算した。最終的に行列を作成して，平均類似度を並べた 72×72
の相関行列とし，対角成分は 5 とした。そしてこの相関行列をもとに主成分分析を行った。

第12章　対人サークルと社交性の底流にある潜在的感情

表12−1　対人サークルの16カテゴリーから抜き出したフィンランド語における代表的な対人形容語72語
（図12−4中に配置された形容語の一覧）

従順	友好	支配	抵抗
従属的	友好的	断固とした	ぶっきらぼうな
従順	群居的	頑固な	喧嘩腰の
無力な	優しい	支配的な	反抗的な
言うことをよく聞く	社交的	冒険的な	拒絶的
服従的	温かい	独立独行の	辛辣
信頼−従順	愛育−友好	攻撃−支配	恐怖−抵抗
感じのよい	善意の	威圧的	憎しみ
言いなりになる	丁重な	厳しい	いやいやながらの
感謝の念を持った	助けになる	独立心	苦痛を与える
謙虚	援助	遠慮のない	不機嫌
敬意を払う	同情的	ずるい	執念深い
信頼	愛育	攻撃	恐怖
人の心を動かすような	愛育	攻撃的	回避的
依存心の強い	保護	冷酷	恐怖
信頼	憐れみ深い	脅迫的	疑い深い
信頼−友好	愛育−支配	攻撃−抵抗	恐怖−従順
友好的	懐柔的	苦痛を与える	気さくに応じる
率直	話し合いをする	苛酷	無口な
協力的	指導的	うぬぼれた	遠慮がちな
だまされやすい	責任を持つ	無慈悲	控え目
忠実な	献身的	勝ち誇った	卑屈

結　果

　図12−4は，回転前の第1・第2因子に対する負荷量のプロットを示している。第2因子まで
で全分散の92%が説明されている。みて分かるように，プロットされた言葉は確かに円環状
になっている。もともとこれらの言葉は理論に基づいて並べられた16のカテゴリーのいずれ
かに割り振られていたので，理論的な配列（2人の評定者が理論に基づいて並べたもの）と実証的な
配列（理論を知らない20人の評価者の平均をとって並べたもの）が関連するかどうかが検討可能であ
る。相関係数の場合，2つの配列の始まりをどこにとるかによって得られる数値が異なるため，
Spearmanの順位相関係数を4通り計算した。比較は従順のカテゴリーから始めることとし，理
論的な配列の従順を順位1とした。隣接したカテゴリーである信頼−従順と恐怖−従順を順位2
とし，同様の手順で順位をつけ，支配を順位9とした。実証的な配列をカテゴリーに分ける際に
は，従順・な・という言葉を従順を表す代表語と捉え，そこを始まりとした。従順なという語とその
語に最も近い4つの言葉を順位1とし，その両隣に位置する各5つの語を順位2，その隣に位置
する3つの言葉（3つの言葉で構成された信頼や恐怖のカテゴリーに対応）を順位3とし，それ以降も
同様に順位を割り振った。なかには特別措置として，上記の規定からは外れた順位を割り当てた
言葉もあったが，それらはスタート地点とした従順のカテゴリーからみて「誤った」側にプロッ

第2部　感情と円環との関連

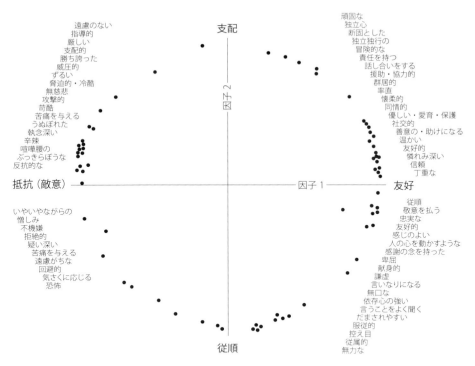

図12－4　フィンランド語の対人形容語72語の配置
類似度による分類課題から作成した相関行列をもとに主成分分析を実施。
各象限に記した対人形容語は配置順に並んでいる。配置が重なる語は横並びで記した

トされた言葉であった。例えば，卑屈という言葉は，理論的な配列では恐怖─従順に属すると予想されたにもかかわらず，従順からみて信頼の側に配置されていた。理論的な配列と実証的な配列の2つの順位相関係数は，0.80であった。2つの配列の比較を友好，支配，抵抗から始め，友好的，支配的，反抗的という言葉をそれぞれの代表語とみなした場合には，それぞれ0.85，0.71，0.91という順位相関係数が得られた。これらの順位相関係数はすべて0.1％水準で有意であった。

　しかし，順位相関係数の数値の高さを過信してはならない。これらの言葉を詳細に検討すれば，ただ1つのカテゴリーに収まる言葉が1つとしてないことは明らかである。言葉は多義的な意味を持ち，その意味範囲も言葉ごとに異なる。誰か他の評定者が理論に従って分類した場合には，間違いなく今回の評定者とは異なる分類の仕方をするであろう。対人カテゴリーには曖昧さがつきまとい，どれだけ理論的に分類したとしてもその曖昧さが消えることはない。しかし次のように結論することはできるであろう。つまり2つの曖昧な配列の間には非常に高い対応関係がみられるのである。

　これらのことを鑑みれば，対人形容語に関する多くの研究は対人領域でみられる円環パターンの普遍性を支持しているといえる。それではなぜ同じようなパターンが，かくもさまざまな言語で見出されるのだろうか。一般的に言及されることが多いのは，言葉の意味を評価する次元の普遍性と有効性である。確かに，第3の意味次元である活動性が欠落していることは，研究者によっては驚くべきことかもしれないが，円環が単に意味の良し悪しや強弱だけを表しているので

あれば，何の面白みもなくなってしまう。より本質的な何かが，円環パターンに正確に反映されているはずである。筆者の考えでは，そこに反映されているのは普遍的に存在する感情傾向の共起パターンである。

対人志向性の非言語的コミュニケーション

Leary（1957）が強調したのは，対人反応に備わる無意識的な反射のような性質である。表出した行動が持つ対人的な意味合いを相手に伝えるのは「部分的にはコミュニケーションに使われた言葉の内容，しかし大部分は声の調子やしぐさ，姿勢，表情」（pp. 96-97）である。対人サークルのカテゴリーの意味に対応した非言語的行動を表現した円環モデルがあれば，サークルの実体についてもう少しはっきりしたことがいえるであろう。

Gifford と O'Connor（1987; Gifford, 1991）の報告によれば，特定の非言語的行動は Wiggins（1979）の対人形容詞尺度で測定された対人特性と関連がみられる。観察対象となった行動の中には，しぐさ，微笑み，頭の方向，うなずき，手の動きだけでなく，対人距離なども含まれていたが，それらは円状に配置することが可能で，それぞれの相関は単調増加の後に減少に転じるパターンを示した。さらに，多くの非言語コミュニケーション研究では，対人サークルが引き合いに出されることはないが，非言語的行動が両極的性質を持つことが示されている（例えば Ellyson & Dovidio, 1985; Kalma, 1991）。

本章でみてきたように，対人サークルを感情の側面から分析する場合の仮説は極めて明確である。信頼，愛育，恐怖，攻撃の感情志向性というものが，友好，支配，抵抗，従順という社会的志向性の特定の組み合わせと一致するならば，また感情志向性というものが何らかの典型的な表現要素によって相手に伝えられるのであれば，そうした要素の特定の組み合わせは社会的志向性を相手に伝えるであろうし，それを適切に分析しさえすれば，見出されるのは典型的な構造，つまり円環構造と考えられる。

方　法

筆者はかつて，この仮説を顔の略図（Myllyniemi, 1982）を用いて検討したことがある。この研究を今度は実際の顔写真を用いて繰り返した。

刺激材料

さまざまな表情をプロの役者につくってもらい，その写真を刺激材料として用いた。表情をつくってもらうに際しては，調査者が指示を出した。いずれの表情も，唯一の感情志向性もしくは2つの感情志向性の組み合わせを表現するように，という指示である。感情を表現した表情を構成するさまざまな要素を選ぶ際に参考にしたのは，Ekman（1973）と Izard（1971）による怒り，恐れ，悲しみの表情に関する記述や，Grant（1969），Brannigan と Humphries（1972）による人間の非言語行動の分類，および Eibl-Eibesfeldt（1980）の知見の一部であった。

次に示す表情構成要素，つまり，(a) 目の周りと視線の向き，(b) 口，(c) 顔と肩の位置を用い

第 2 部　感情と円環との関連

て 4 つの志向性を表現した。

　信頼（T）を表す要素：(a) 鋭い視線と緊張した目（「明るい」目）を伴う強い凝視。目は開いているが，恐怖ほどには開いておらず，眉は上がっていない。あるいは眉が中央に寄せられて持ち上げられている（「悲しい」目）。(b) 笑みを浮かべ，唇が開いて上の歯がみえている（「アッパースマイル」）（Grant, 1969）。(c) 顔は視線の方向へ軽く突き出している。

　おそらくここで挙げた要素のどれか 1 つだけを表現しても信頼を伝えることはできない。常に特定の組み合わせで表現される必要があると考えられる。例えば，「鋭い視線」だけであれば，相手に伝わるのはおそらく興味関心だけであろう。しかし，信頼を表す他のいくつかの要素と結びつくことで，相手に信頼を伝える表情となるのである。

　愛育（N）を表す要素：(a) リラックスした眼球とまぶた，目は開いているか半分閉じている。眉は上がっている（歓迎の要素）（Eibl-Eibesfeldt, 1980 参照）。(b) 横に引き伸ばされた「平坦な」微笑みで，唇は閉じている。(c) 顔はどちらかに傾いている（Eibl-Eibesfeldt, 1980 参照）。

　しかし，いずれの愛着表現にも仮説の域を出ない部分がある。

　攻撃（A）を表す要素：(a) 眉は寄せられ，下げられている。(b) 唇は閉じられ，口角はまっすぐか下がっている。(c) 肩と背中がピンと伸びている。首が伸びて顔が後ろに引かれている。

　恐怖（F）を表す要素：(a) 広く見開かれた目で直視するか，もしくは目をそむける。(b) 口をあんぐりと開く。唇は大きく開いて後ろに引かれている。(c) 顔は下を向いている（「あごを引く」）（Grant, 1969 参照），あるいは後ろにのけぞっている。

　これらの防衛的表現の方が仮説的要素が少ない。恐怖と怒りの表情に関する Ekman（1973）の記述は，(a) と (b) の要素で再現することができたからである。しかし顔と肩の位置は問題であった。まっすぐに伸びた身体と上げられた顎は，強さや自信の表現である。しかし，十分にあり得ることだが，そうした表現に社会儀礼が含まれている可能性がある。つまり，そうした表現が表しているのは支配性のサインであり，純粋な攻撃ではない，という可能性である。同じことは，恐怖のサインとしての目をそらすというしぐさについてもいうことができる。おそらく，目をそらすというしぐさは社会的文脈においてのみ，服従の表現として用いられるのだろう。現実の危険に直面している場合には脅威の対象から注意をそらすという危険を冒すわけにはいかないからである。

　図 12 - 5 の図は写真をもとに描いたものである。表情に付けられたラベルは個別に評定した 2 人の判断が一致したものである。例えば，ラベル A（攻撃）であれば，その表情に含まれる要素が攻撃的な表現要素だけであることを，AF（攻撃─恐怖）のラベルであれば，その表情には攻撃と恐怖の 2 つの要素が含まれていることを示している。

　研究に用いられた表情セットに含まれているのは，信頼（T）を表す表情が 1 つ，信頼─愛育（TN）が 2 つ，愛育（N）が 1 つ，愛育─攻撃（NA）が 2 つ，攻撃（A）が 3 つ，攻撃─恐怖（AF）が 3 つ，恐怖（F）が 1 つ，恐怖─信頼（FT）の表情が 3 つである。単一感情を表した表情を 1 つずつ，2 つの感情が入り混じった表情を 3 つずつ表情セットに含めたかったからであったが，愛育─攻撃と信頼─愛育については表情の数が足りなかったため，攻撃の表情を 2 つ追加した。攻撃の表情を追加したのは，多くの先行研究で示されているように，空白になりがちなのが支配領

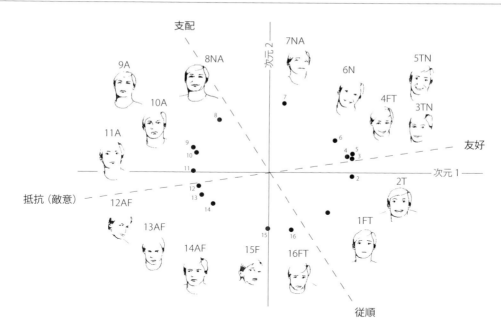

図12−5 写真の表情16個の2次元上の配置
尺度を用いた類似度評定課題から作成した相関行列をもとに多次元尺度構成法を実施。
尺度の変数を表す軸を追加した。刺激表情の意味は以下の通り。T＝信頼，N＝愛育，F＝恐怖，
A＝攻撃，TN＝信頼―愛育，FT＝恐怖―信頼，AF＝攻撃―恐怖，NA＝愛育―攻撃

域の攻撃付近だったからである。

参加者と手続き

　一連の顔写真を使って2種類の評定と分析を行った。評定者はいずれも社会心理学専攻の大学1年生で，自主的に研究参加を希望した学生である。1つ目の研究（図12−5）では，22人の参加者が18項目で構成された5件法の尺度で写真を評価した。尺度の項目は，図12−2で示した対人円環に含まれる2種類の社会的両極性（支配対服従，友好対抵抗）を表す言葉と，4種類の感情的両極性（信頼対愛育，愛育対攻撃，攻撃対恐怖，恐怖対信頼）を表す言葉で構成された。各表情に対して，全参加者の18尺度の平均評定値を計算した。そしてそれらの相関係数を求めた。

　2つ目の研究（図12−6）では顔写真を分類したが，その際の基準は互いの類似度であり，20人の参加者が作業を行った。各参加者にはランダムに並べた16枚の写真を与え，最低4つ，最大8つの山に分類するように依頼した。分類基準は写真の表情から伝わる対人的意味合いの類似度であった。そして言葉の意味研究のときと同様，分類した山と山の類似度を4件法で評定するように依頼した。同じ山に分類された表情の類似度は5で，異なる山に分類された表情の類似度には，山同士の類似度の数値（1から4）をあてた。この手続きによって表情の類似度を5段階で推定した。全参加者の推定値から平均値を計算し，16×16の相関行列を構成した。

第2部　感情と円環との関連

結　果

　16の表情の相関行列をもとに多次元尺度構成法による分析を行った。用いたプログラムはKruskal, YoungとSeery（1973）のKYST-2であった。図12-5は，18尺度の平均評定値から計算した表情の配列を示している。図12-6は，類似度だけに従って並べた際の配列である。いずれも明らかな2次元構造である。ストレス指標は，評定尺度を用いた研究では0.009，分類課題では0.029と低く，これ以上ないくらいの適合度を示している。表情4はどちらの分析でも同じように位置がずれている。事前の想定では恐怖—信頼の表情であったが，実際は友好的な表情の間に位置している。しかし，この配置のずれと，図12-6で愛育の表情と信頼—愛育の表情の1つとがほぼ同じ位置に配置されたことを除けば，8つの表情カテゴリーの順序は理論的順序と一致していた。

　ChangとCarroll（1972）が開発した重回帰分析の手法はPROFITと呼ばれ，この手法を用いることで，別の解釈可能な軸を多次元尺度構成法で描いた図に描き入れることができる。尺度評定研究で用いられた18尺度の中の3つの尺度を用いて友好対抵抗の社会的両極性の軸に沿った表情の識別を行い，別の3つの尺度を使って支配対従順の軸に沿った表情の区別を行った。3つの尺度得点を合計して合成変数とし，KYST-2で描いた図の中に描き込んだ。この2つの軸は図12-5に示されている。追加した軸が示しているのは，研究の参加者がさまざまな表情の中からどのように対人的意味合いを捉えているのかという点である。予想通り，参加者はさまざまな表情の中から，4タイプの感情的意味とその組み合わせを読み取っていた。この研究では，多次元尺度構成法で見出された次元1と次元2が表しているのが感情的な軸であると思われるのに

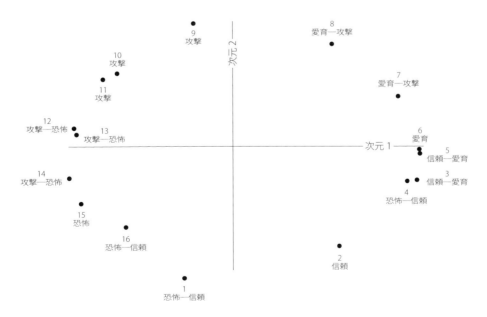

図12-6　写真の表情の2次元上の配置（図12-5と同じ写真）
類似度による分類課題から作成した相関行列をもとに多次元尺度構成法を実施

第 12 章　対人サークルと社交性の底流にある潜在的感情

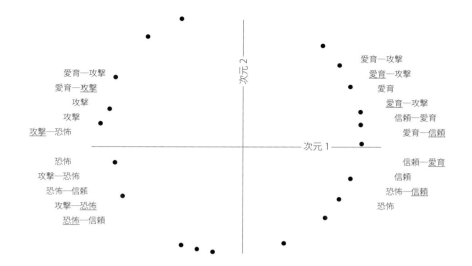

図 12−7　絵で描いた表情 20 個の 2 次元上の配置
尺度を用いた類似度評定課題から作成した相関行列をもとに多次元尺度構成法を実施。
各刺激表情の意味を並び順に各象限に記載。下線はより強い要素を示す。
Myllyniemi, 1982, Figure 13 をもとに作成

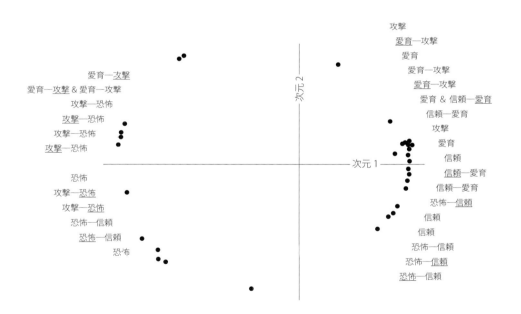

図 12−8　絵で描いた表情 32 個の 2 次元上の配置
類似度による分類課題から作成した相関行列をもとに多次元尺度構成法を実施。
各刺激表情の意味を並び順に各象限に記載。下線はより強い要素を示す。
Myllyniemi, 1982, Figure 15 をもとに作成

対し，追加した軸が表しているのは社会的軸であるように思われ，理論的予測ともおおよそ一致している。

図12-7と図12-8に示したのは先行研究における各表情のプロットであり，刺激としては絵で描いた表情を用いている（Myllyniemi, 1982）。評価と分析の手法は，すでに示した2つの研究と同様である。また，図12-7は評定尺度研究の結果に，図12-8は分類課題にそれぞれ基づいている。絵の場合は表情を構成する複数の要素を容易に組み合わせることができるため，対人サークルの16のカテゴリー（本章の図12-3参照）それぞれを代表していると思われる表情の一覧を作成することができた。例えば，信頼─恐怖を組み合わせた3つのタイプの表情には，信頼と恐怖の要素を同じ量だけ組み合わせた表情（従順カテゴリー）や，恐怖の要素よりも信頼の要素を多く含んだ表情（信頼─従順カテゴリー），そして信頼の要素よりも恐怖の要素を多く含んだ表情（恐怖─従順カテゴリー）が含まれている。

いずれの図もきれいな円環構造をなしている。2次元で示した場合のストレス指標は評定尺度（図12-7）で0.018，分類課題（図12-8）で0.043であった。細かくみれば両方の円で配置の異なる部分がみられるが，いずれも4つの感情領域に分割できることが見て取れる。

結　論

本章のタイトルには，潜在的感情という言葉が含まれている。本章では支配，従順，友好，敵意（抵抗）と呼ばれる社会的志向性のタイプが，時に弱く，時に強く，感情志向性によって活性化され，方向づけられるとする考えを述べた。そうした感情志向性──信頼，愛育，恐怖，攻撃──もまた，他者との関わり方を表している。対人サークルは前述した社会的志向性と特に関連のあるモデルであるが，我々は当初その感情志向性の側面に関心を向けていた。しかし，対人サークルはまた，潜在的な感情が表出する際には複数の感情が入り混じった状態で表出される傾向があることも示している。

対人サークルの構造は仮説にとどまっていたため，検証のために2種類の刺激を用意した。対人形容語と表情である。対人形容語の分析では，対人サークルの16カテゴリーを代表する言葉から対人形容語を選定した。詳細は本章で述べた通りである。分析の結果きれいな円環構造が得られ，対人形容語の配列もおおよそ想定通りであった。この小規模な研究から分かることは，根本的な理由が何であるかは別として，対人形容語が円環状に配列されるのはフィンランド語でも同じだということである。それゆえ，今回の研究によって，対人円環が見出された言語の数はさらに増えたことになる。

表情研究の目的は，対人サークルの感情志向性を表していると思われる表情を配列すると本当に円環になるのかどうかを検討することであった。さまざまな表情の写真や顔の絵を評定対象とし，初めは円の2軸に沿った測定尺度を用い，次いで類似度による分類課題を用いて評定を行った。その結果，どちらの刺激材料を使っても，またどちらの評定方法でも，明確な円環が得られ，そして両者は概ね類似していた。しかしながら，信頼と愛育を表す表情は十分には区別されなかった。もしかすると愛着を表す表情を構成する真の要素が備わっていなかったのかもしれな

いし，また愛着の志向性は瞬間的な表情によっては十分に相手に伝わらないのかもしれない。あるいは信頼と愛育の志向性は，実際のところ，2つの防衛タイプに比べ，より近接した位置に配置されるのかもしれない。最後の考察はMasters（1979）の行動のトライアングルという考え方とも対応する。これは対人関係を一般的なレベルで行動生物学的観点から分析し，逃走，攻撃，結合を結んだ三角形で表したものである。我々は結合の要素を2つに切り離そうと試みたが，信頼と愛育は完全には分けることができないのであろう。

　本章の結論として次の2つの質問に簡単に答えることにする。なぜ表情は対人円環と同じ基本的構造を示すのだろうか。またなぜ敵意を抵抗にラベル替えしなければならなかったのだろうか。

　発達の順番を考えてみることは，心理学的解釈を行う際には考慮すべき価値のある原則である。対人サークルの場合，個体発生の観点よりも長期にわたる進化的観点が望ましい。恐怖，攻撃，信頼，愛育などの感情形式は，進化的にも古くに遡ることができると考えられる，哺乳類に共通する行動レパートリーの一部だからである。もし対人サークルが表現する対人的性質の本質の一部に，これらの感情形式に由来する部分が含まれるとするならば，このことを考慮に入れたモデルこそが根本的なモデルだと考えることができる。この観点に立てば，外向性対内向性（Kiesler, 1983; Strong et al., 1988）を両極とする軸や達成動機の強弱を表す軸（Wiggins, 1980）を含む円の形態は，基本的感情構造の軸と関連するという特徴を持つことで，モデルを表現力豊かなものにしている。

　社会的特性としてみた場合，恐怖—攻撃の志向性は何らかの点で自分よりも強い相手に対する反抗や，挑戦，抵抗を表すにすぎない可能性がある。筆者は最後の抵抗という言葉を一般的なラベル名にして，相手を恐れつつも，競争し打ち負かしたいという特性パターンを表現するのがよいと考える。対人サークルが表す社会的志向性を抵抗，従順，支配，友好とした場合に，それが支配的階層関係の構築に始まる社会的つながりを確立する上で必要な社会的行動の種類を要約的に示していることが明らかだからである。階層的な組織化の現象もまた進化的に古い起源を持つ。階層構造は他の霊長類でも広く観察される組織化の形態であり，特に顕著なのが我々に最も近い仲間であるチンパンジーである（de Waal, 1987; Goodall, 1986; Vehrencamp, 1983）。これらの動物の集団生活に関する記述を読むと，個体同士が遭遇した際にとる行動を簡潔に記すためには前述した4つの言葉で事足りると思われる（Myllyniemi, 1993）。それゆえ，もし対人サークルが人の社会性の何らかの基本構造を表現しているのであれば，それが階層的組織を構成する上で重要な社会的志向性の類型を並べたものだとしても何ら驚くべきことではないのである。

文　献

Arnold, M. B. (1960). *Emotion and personality, 2* vols. New York: Columbia University Press.

Bowlby, J. (1969). *Attachment and loss: Volume 1. Attachment.* New York: Basic Books.

Brannigan, C. R., & Humphries, D. A. (1972). Human non-verbal behaviour as means of communication. In N. G. Burton Jones (Ed.), *Ethological studies of child behaviour* (pp. 37-64). Cambridge: Cambridge University Press.

Buck, R. (1984). *The communication of emotion.* New York: Guilford Press.

Carson, R. C. (1969). *Interaction concepts of personality*. Chicago: Aldine.

Chang, J. J., & Carroll, J. D. (1972). *How to use PROFIT, a computer program for property fitting by optimizing nonlinear or linear correlation*. Murray Hill, NJ: Bell Laboratories.

Conte, H. R., & Plutchik, R. (1981). A circumplex model for interpersonal personality traits. *Journal of Personality and Social Psychology, 40*, 701-711.

Cranach, M., von, Mächler, E., & Steiner, V. (1985). The organization of goal-directed action: A research report. In G. P. Ginsburg, M. Brenner, & M. von Cranach (Eds.), *Discovery strategies in the psychology of action* (pp. 19-61). London: Academic Press.

de Waal, F. (1987). Dynamics of social relationships. In B. B. Smuts, D. L. Cheney, R. M. Seyfarth, R. W. Wrangham, & T. T. Struhsaker (Eds.), *Primate societies* (pp. 421-429). Chicago: Chicago University Press.

Eibl-Eibesfeldt, I. (1971). *Love and hate: The natural history of behavior patterns*. New York: Holt, Rinehart & Winston.

Eibl-Eibesfeldt, I. (1980). Strategies in social interaction. In R. Plutchik & H. Kellerman (Eds.), *Emotion: Theory, research, and experience 1 Themes of emotion*. New York: Academic Press.

Ekman, P. (1973). Cross-cultural studies of facial expressions. In P. Ekman (Ed.), *Darwin and facial expression: A century of research in review* (pp. 169-222). New York: Academic Press.

Ekman, P. (1980). Biological and cultural contributions to body and facial movements in the expression of emotions. In A. O. Rorty (Ed.), *Explaining emotions* (pp. 73-101). Berkeley: University of California Press.

Ellyson, S. L., & Dovidio, J. F. (Eds.). (1985). *Power, dominance, and nonverbal behavior*. New York: Springer.

Freedman, M. B., Leary, T. F., Ossorio, A. G., & Coffey, H. S. (1951). The interpersonal dimension of personality. *Journal of Personality, 20*, 143-161.

Frijda, N. H. (1986). *The emotions*. Cambridge: Cambridge University Press.

Frijda, N. H., Kuipers, P., & ter Schure, E. (1989). Relations among emotion, appraisal, and emotional action readiness. *Journal of Personality and Social Psychology, 57*, 212-228.

Gifford, R. (1991). Mapping nonverbal behavior on the interpersonal circle. *Journal of Personality and Social Psychology, 61*, 279-288.

Gifford, R., & O'Connor, B. (1987). The interpersonal circumplex as a behavior map. *Journal of Personality and Social Psychology, 52*, 1019-1026.

Goodall, J. (1986). *Chimpanzees of Gombe. Patterns of behavior*. Cambridge, MA: Belknap Press, Harvard University Press.

Grant, E. C. (1969). Human facial expression. *Man, 4*, 525-536.

Guttman, L. (1954). A new approach to factor analysis: The radex. In P. F. Lazarsfelt (Ed.), *Mathematical thinking in the social sciences* (pp. 258-348). Glencoe, IL: Free Press.

Hochschild, A. R. (1978). Emotion work, feeling rules, and social structure. *American Journal of Sociology, 85*, 551-575.

Izard, C. E. (1971). *The face of emotion*. New York: Appleton-Century-Crofts.

Izard, C. E. (1991). *The psychology of emotions*. New York: Plenum Press.

Jackson, D. N., & Helmes, E. (1979). Personality structure and the circumplex. *Journal of Personality and Social Psychology, 37*, 2278-2285.

Kalma, A. (1991). Hierarchisation and dominance assessment at first glance. *European Journal of Social Psychology, 21*, 165-181.

Kemper, T. D. (1978). *A social interactional theory of emotions*. New York: Wiley.

Kiesler, D. J. (1983). The 1982 Interpersonal Circle: A taxonomy of complementarity in human transactions. *Psychological Review, 90*, 185-214.

Kruskal, J. B., Young, F. W., & Seery, J. B. (1973). *How to use KYST-2, A very flexible program to do multidimensional scaling and unfolding*. Murray Hill, NJ: Bell Laboratories.

Lazarus, R. S. (1991). *Emotion and adaptation*. New York: Oxford University Press.

Leary, T. (1957). *Interpersonal diagnosis of personality: A functional theory and methodology for personality evaluation*. New York: Ronald Press.

Lutz, C. (1986). The domain of emotion words on Ifaluk. In R. Harré (Ed.), *The social construction of emotions* (pp. 266-288). Oxford: Basil Blackwell.

MacLean, P. D. (1980). Sensory and perspective factors in emotional functions of the triune brain. In A. O. Rorty (Ed.), *Explaining emotions* (pp. 9-36). Berkeley: University of California Press.

Masters, R. D. (1979). Beyond reductionism: Five basic concepts in human ethology. In M. von Cranach, K. Foppa, W. Lepenies, & D. Ploog (Eds.), *Human ethology. Claims and limits of a new discipline* (pp. 265-284). Cambridge: Cambridge University Press.

Myllyniemi, R. (1982). Nonverbal communication of elemental social orientations—Studies with face diagrams. *Research Reports. Department of Social Psychology. University of Helsinki*, 1.

Myllyniemi, R. (1993, September). *Systemness of social interaction*. Paper presented at the Tenth General Meeting of the European Association of Experimental Social Psychology, Lisbon, Portugal. September 15-20.

Orford, J. (1986). The rules of interpersonal complementarity: Does hostility beget hostility and dominance, submission? *Psychological Review, 93*, 365-377.

Plutchik, R. (1980). *Emotion: A psychoeuolutionary synthesis*. New York: Harper & Row.

Plutchik, R. (1983). Emotions in early development: A psychoevolutionary approach. In R. Plutchik & H. Kellerman (Eds.), *Emotion: Theory, research, and experience Vol. 2. Emotions in early development* (pp. 221-257). New York: Academic Press.

Reynolds, P. (1981). *On the evolution of human behavior: The argument from animals to man*. Berkeley: University of California Press.

Rosenzweig, S. (1945). The picture-association method and its application in a study of reactions to frustration. *Journal of Personality, 14*, 3-23.

Schwarz, N. (1990). Feelings as information. Informational and motivational functions of affective states. In E. T. Higgins & R. M. Sarrentino (Eds.), *Handbook of motivation and cognition* (Vol. 2, pp. 527-561). New York: Guilford Press.

Shweder, R. A. (1972). *Semantic structures and personality assessment*. Doctoral dissertation, Harvard University. (University Microfilms No. 72-29: 584)

Shweder, R. A., & Bourne, E. J. (1984). Does the concept of the person vary cross-culturally? In R. A. Shweder & R. A. Levine (Eds.), *Culture theory Essays on mind, self, and emotion* (pp. 159-199). Cambridge: Cambridge University Press.

Shweder, R. A., & D'Andrade, R. G. (1979). Accurate reflection or systematic distortion? A reply to Block, Weiss, and Thorne. *Journal of Personality and Social Psychology, 37*, 1075-1084.

Sroufe, L. A., & Waters, E. (1977). Attachment as an organizational construct. *Child Development, 48*, 1185-1199.

Strong, S. R., Hills, H. I., Kilmartin, C. T., DeVries, H., Lanier, K., Nelson, B. N., Strickland, D., & Meyer, C. W. III (1988). The dynamic relations among interpersonal behaviors: A test of complementarity and anticomplementarity. *Journal of Personality and Social Psychology, 54*, 798-810.

Vehrencamp, S. (1983). A model for the evolution of despotic versus egalitarian societies. *Animal Behaviour, 31*, 667-682.

Wallbott, H. G., & Scherer, K. R. (1986). How universal and specific is emotional experience? Evidence from 27 countries on five continents. *Social Science Information, 25*, 763-795.

White, R. W. (1959). Motivation reconsidered: The concept of competence. *Psychological Review, 65*, 297-333.

White, J. S. (1980). Conceptual universals in interpersonal language. *American Anthropologist, 82*, 759-781.

Wiggins, J. S. (1979). A psychological taxonomy of trait-descriptive terms: The interpersonal domain. *Journal of Personality and Social Psychology, 37*, 395-412.

Wiggins, J. S. (1980). Circumplex models in interpersonal behavior. In C. Wheeler (Ed.), *Review of personality and social psychology* (Vol. 1, pp. 265-293). Beverly Hills, CA: Sage.

Wiggins, J. S. (1982). Circumplex models of interpersonal behavior in clinical psychology. In P. C. Kendall & J. N. Butcher

(Eds.), *Handbook of research methods in clinical psychology* (pp. 183-221). New York: Wiley Interscience.

Zajonc, R. B., & Markus, H. (1984). Affect and cognition: The hard interface. In C. E. Izard, J. Kagan, & R. B. Zajonc (Eds.), *Emotions, cognitions and behavior* (pp. 73- 102). Cambridge: Cambridge University Press.

第3部
臨床問題への円環モデルの応用

第 13 章

パーソナリティ障害と対人円環

Thomas A. Widiger & Steven Hagemoser

　対人円環モデルは臨床研究（Benjamin, 1993），理論研究（Kiesler, 1983; Leary, 1957），実証研究（Wiggins, 1982）に基づいている。他者との関わり方という視点はパーソナリティの理解と記述に欠かすことができない（Wiggins, 1982）。どのようなパーソナリティモデルを構成しようと対人関係に関わる項目を外すことはできないであろう。そして「パーソナリティ特性が柔軟性に欠け，不適応的で著明な機能障害や苦悩を引き起こす場合（中略）パーソナリティ障害と呼ばれる」（American Psychiatric Association, 1994, p. 630）。それゆえアメリカ精神医学会編集の『精神障害の診断と統計マニュアル（DSM）』で分類されているパーソナリティ障害に関する記述の中には，他者への不適応な関わり方が（少なくとも部分的には）表現されていると考えられる（Widiger & Kelso, 1983）。

　実際パーソナリティ障害は，そのすべてがというわけではないにせよ，本質的には他者との関わり方の障害であると考えられてきた（Benjamin, 1993; Kiesler, 1986）。DSM-IV では複数の章を割いて不安や気分，性，睡眠，その他の行動傾向の障害を記述している。パーソナリティ障害患者は対人関係上の障害を示すことが多い。パーソナリティの本質が他者との関わり方にある（Leary, 1957; Wiggins, 1982）ことを考えれば，パーソナリティ障害は対人関係障害といえる。

　しかしパーソナリティは他者との関わり方以上のものを含んでいる。DSM-IV ではパーソナリティ特性は「さまざまな社会的，対人的場面でみられる，環境や自己に対する認知，関わり方，考え方の持続的形式」（American Psychiatric Association, 1994, p. 630）と定義されている。他者との関わり方はパーソナリティの重要な要素ではあるがすべてではない。本章では DSM のパーソナリティ障害がどの程度対人円環によって記述可能なのかを検討し，対人円環と他のパーソナリティモデルとの比較を行う。最後にパーソナリティ障害の治療について考察する。

対人円環で捉えた DSM パーソナリティ障害

　対人円環とパーソナリティ障害の関係については多くの研究が行われてきた。本章では取り上げるのは DSM パーソナリティ障害のほとんどすべてを扱った研究だけである。パーソナリティ障害の一部だけを扱った研究（例えば Blackburn & Maybury, 1985; Bradlee & Emmons, 1992）や，DSM 分類以外のパーソナリティ障害を扱った研究（例えば Millon, 1987; Strack, Lorr, & Campbell,

---

Paul Costa, Jerry Wiggins, Dan Ozer に感謝する。

1990）には触れていない。

DSM-I

　対人円環に関する論文を初めて発表したのは Freedman, Leary, Ossorio と Coffey（1951）とされている。Freedman らは，各対人特性には適応的なものから不適応的なものまで幅があると示唆した。続いて Leary と Coffey（1955）は 6 つのパーソナリティ障害を円環を用いて表現した。彼らは 302 人の精神科外来患者にミネソタ多面人格目録（Minnesota Multiphasic Personality Inventory: MMPI）と対人円環形容詞チェックリスト（interpersonal circumplex adjective checklist）への回答を依頼した。302 人の患者のうち 102 人の回答は解釈し難いものであったが，得点化方法の改善で解決できる問題だとしている。研究の結果，MMPI の 6 つの診断名が円環上に配置可能なことが分かった。精神病質，分裂病質，強迫神経症，恐怖症，ヒステリー，心身症の 6 つである（表 13-1）。彼らは対人円環と精神疾患の関連について以下のように述べている。

　　攻撃的で，一般的なタイプに収まらない不適応患者は精神病質と診断されることが多かった。疑い深く，受動的抵抗をみせる患者は分裂病質，服従的で自己処罰的な患者は強迫神経症，従順で依存的な患者は恐怖症，感情を表に出さず，単純で，人の言いなりになりやすい患者はヒステリー，責任能力があって極めて普通にみえる患者は MMPI の心身症と診断される傾向があった。（全体的にみると）適応—不適応を表す 8 つの対人分類のうち，6 つが精神疾患の分類と関連していた。しかし独裁的—支配的と競争的—自己愛的の 2 つの領域に分類される精神疾患はなかった。（Leary & Coffey, 1955, p. 118）

　Leary と Coffey（1955）は，2 つの領域に分類される精神疾患がなかった理由は精神疾患の用語体系が不十分なためと考えた。「2 つの領域に分類される精神疾患患者が治療のために来院することがないために，診断上の注意が払われてこなかった」（p. 118）と考えたのである。彼らは独裁的で権力志向的な対人傾向を持つ人が診断を受けたとすれば強迫神経症と診断されると考えたが，のちの研究でこの考えが正しいことが確かめられた（例えば Wiggins, 1982）。競争的—自己愛的領域に空いていた隙間には DSM 第 3 版（American Psychiatric Association, 1980）から追加さ

表 13-1　Leary と Coffey（1955）の対人円環とパーソナリティ障害の関連

対人円環オクタント	パーソナリティ障害
管理的，独裁的	—
責任感，外在化	心身症
協力的，追従的	ヒステリー
信頼，依存	恐怖症
謙虚，自罰的	強迫神経症
懐疑的，疑い深い	分裂病質*
批判的，攻撃的	精神病質
競争的，搾取的	—

〔訳注：＊は，1955 年という時期を考え，あえて分裂病質と訳出した。現在ではシゾイドと表記〕

第3部　臨床問題への円環モデルの応用

れた自己愛性パーソナリティ障害が分類された。

　しかし，Leary と Coffey（1955）の試みには修正すべき点がいくつかある。まず彼らが分類したパーソナリティ障害の中にはパーソナリティ障害としての概念が明確でないものが含まれている（例えば心身症）。また，円環上の配置を理論的に説明できないものもある（例えば，疑い深く，受動的抵抗をみせる患者は分裂病質よりもむしろ受動攻撃や猜疑性パーソナリティと診断されるであろう）。さらに，彼らはその当時使われていた DSM-I パーソナリティ障害の多くを考慮していない。例えば情緒不安定，受動攻撃，気分循環性，不全人格（American Psychiatric Association, 1952）などである。気分循環性と不全人格を分類対象から外した選択は賢明であった。定義の妥当性が疑われており，その後，分類から外されたからである。DSM-I の情緒不安定はのちの境界性パーソナリティ障害に相当する。

　Lorr, Bishop と McNair（1965）も DSM-I パーソナリティ障害を対人円環上に分類しようと試みた。Lorr らは医師に依頼して，心理療法に訪れた患者 525 人を対人円環を用いて評定してもらった。その結果，「約 48% は精神神経症，37% はパーソナリティ障害，16% はその他の疾患に分類された」（Lorr et al., 1965, pp. 468-469）。Lorr らは対人円環を 4 つのタイプに等分した。(a) タイプ I は内気，従順，卑下を，(b) タイプ II は協調，親密，優しさ，社交性を，(c) タイプ III は敵意，不信，分離を，(d) タイプ IV は自己顕示，支配，競争，敵対を示す。タイプ II に分類されたパーソナリティ障害はほとんどなかった。Lorr らはその理由を「精神神経症と診断されるか，診断されないままになっている」（1965, p. 471）からと考えた。残りの 3 タイプの区別も明確ではなかったが，各パーソナリティ障害同士の区別がきちんとされなかったせいだと考えられた。この点について Lorr らは次のように記している。「タイプ IV の患者（支配的，競争的，自己顕示的）はパーソナリティ障害があると診断を受ける傾向が高かったが，診断内容は受動攻撃的，攻撃的もしくは強迫的などであった」（p. 471）。

DSM-II

　Plutchik と Platman（1977）は DSM-II（American Psychiatric Association, 1968）を利用してパーソナリティ障害の研究を行った。20 人の精神科医に依頼して，DSM-II に記載された 10 のパーソナリティ障害のうち 7 つと適応的カテゴリーを合わせた 8 つを対象に，12 の性格表現用語を組み合わせて作成した 66 対の評価軸に沿って評価した。対象間の相関係数をもとに因子分析を行うと，2 つの因子で分散の 91% が説明され，2 因子で構成する平面上に 8 つが円環状に配置された。面白いことに円環には大きな切れ目があったが，これは適応的カテゴリーを加えたことによる統計的影響と考えられた（つまり切れ目が別の対人スタイルと関連しているわけではないと考えられた）。Plutchik と Platman は DSM-II パーソナリティ障害のうちの 3 つを研究に含めなかったが，これらは後にパーソナリティ障害の分類から外されている（すなわち爆発型，無力型，不全人格の 3 つである）。

DSM-III

　Wiggins（1982）は DSM-III のパーソナリティ障害を対人円環の観点から解釈しようと試みた。

第13章　パーソナリティ障害と対人円環

表 13-2　Wiggins（1982）による対人円環と DSM-Ⅲ パーソナリティ障害の関連

対人円環オクタント	DSM-Ⅲ パーソナリティ障害
野心的─支配的	強迫性
群居的─外向的	―
温和─友好的	演技性
謙虚─率直	依存性
怠惰─服従的	受動攻撃性
孤独─内向的	分裂病質*
冷淡─敵対的	妄想性
傲慢─打算的	自己愛性

〔訳注：*は，DSM-Ⅲなので，あえて分裂病質と訳出。現在ではシゾイドと表記〕

「パーソナリティ障害の分類のうち少なくとも7つでは対人行動上の問題が強調されている。（中略）そして，これらの分類では対人円環のオクタントに似た特徴が記されている」（Wiggins, 1982, p. 211）。Wiggins によるパーソナリティ障害の対人円環オクタントへの配置を表13-2に記した。Wiggins の努力の跡は対人円環上に配置されたパーソナリティ障害だけでなく，配置されなかったパーソナリティ障害（境界性，回避性，反社会性，分裂病型パーソナリティ障害）にも見て取れる。またしても円環の右上（群居的─外向的）のオクタントに空白があるが（表13-2参照），Wiggins はそこに新たに提案された軽躁病を配置している。

　Morey（1985）の研究は，対人円環と DSM-Ⅲ のパーソナリティ障害の関連をデータに基づいて検討した初めての研究である。彼は66人の精神疾患入院患者を対象に対人チェックリスト（Interpersonal Checklist: ICL）（LaForge & Suczek, 1955）とミロン臨床多軸目録（Millon Clinical Multiaxial Inventory: MCMI-I）（Millon, 1982）を使った調査を行った。対人円環による MCMI-I パーソナリティ障害尺度の分散の説明率は47%であった。ICL の2軸と MCMI-I パーソナリティ障害尺度との相関を利用して，各パーソナリティ障害を円環内に配置した。注目すべきは，左下（反抗的─疑い深い）に配置されたパーソナリティ障害がなかったことと，右上（責任─極めて普通）に1つだけ（妄想性）が配置されたことであった。この結果から Morey（1985）は次のように結論している。「パーソナリティ障害同士の違いは主に支配性の次元の違いであり，親密性の次元ではあまり違いがない」（p. 362）。意外な結果ではあるが，対象者が偏っていた可能性がある。対象者の約3分の1は精神分裂病，18%は双極性気分障害と診断されており，平均年齢は19.8歳（SD = 5.8）であった。つまり対象者の多くはパーソナリティ診断を下すべき最低年齢に達しておらず，また対象者の少なくとも半分は第Ⅰ軸のパーソナリティ障害に分類されていた。さまざまなパーソナリティ障害患者もしくは対人円環の分類に当てはまる対象者を満遍なく集めないと円環構造は見出せないと考えられる。

　Plutchik と Conte（1985）は DSM-Ⅲ を使って二度の研究を行い，Plutchik と Platman（1977）の手続きを繰り返した。一度目は10人の精神科医が11の DSM-Ⅲ パーソナリティ障害と適応的カテゴリー1つを対象に，3つのパーソナリティ障害（強迫性，反社会性，演技性）との類似度評価を行った。二度目の研究では12人の精神科医が11の DSM-Ⅲ のパーソナリティ障害と適応的カテゴリー1つを対象に，20の形容詞を用いた評価を行った。12のカテゴリー間相関から

243

表13−3 Kiesler (1986) による対人円環を用いた DSM-Ⅲ パーソナリティ障害の表現

	DSM-Ⅲ パーソナリティ障害										
	妄想性	分裂病質	分裂病型	反社会性	境界性	演技性	自己愛性	回避性	依存性	強迫性	受動攻撃性
支配的―自信過剰							×				
自己顕示的―社交的						×	×				
友好的―温和					×						
信じやすい―控え目					×						
服従的―不安定								×	×	×	
抑圧―分離		×	×				×	×		×	×
敵意―冷淡	×			×	×						×
疑い深い―競争的	×		×		×						

見出された2因子解は円周構造によく適合し，円周上に配置された12のカテゴリーのベクトル角は2つの研究間で0.91の相関があった。2つの研究の平均を求めたところ，「境界性，自己愛性，反社会性は依存性の対極に，演技性は強迫性の対極に，分裂病質，分裂病型，回避性（そして受動攻撃性）は適応的の対極に配置された」(p. 10)。Plutchik と Conte はこれらの知見から「パーソナリティ障害もまた円環構造を示す強い証拠」(p. 11) が得られたと結論している。確かに2人は DSM-Ⅲ のパーソナリティ障害すべてを円周構造内に配置することに成功している。しかし多くのパーソナリティ障害同士の区別が明確でないと指摘せざるを得ない（例えば，分裂病質，分裂病型，回避性，受動攻撃性のパーソナリティ障害は円環上ではほとんど同じ位置に配置されている。境界性，自己愛性，反社会性もまた同様である）。また，対人円環を代表するような形容語や用語とパーソナリティ障害との関連を評価するという方法をとった場合，円環構造が現れやすくなるのではなかろうか（対人円環から代表的な形容語を抜き出して，それらの形容語との類似度を動物や野菜，果物について測定しても，やはり円環構造が得られるに違いない）。

　Kiesler (1986) は，パーソナリティ障害と対人円環の関連を，特に Leary (1957; Leary & Coffey, 1955) や Wiggins (1982) の対人円環との関連を調べた研究に着目して概観している（表13−1，表13−2参照）。Kiesler の結論は以下の通りである。これまでの研究では「(a) 11 のすべてのパーソナリティ障害を対人円環上に配置することには成功していない，(b) 研究間で配置がほぼ等しいのは 11 のパーソナリティ障害のうちのせいぜい4つ，(c) 悪ければ1つにすぎない」(Kiesler, 1986, p. 578)。問題点の1つとして Kiesler が示唆しているのは，パーソナリティ障害の中には特定のオクタントや象限の特徴だけなく，複雑な対人特性プロフィールを示す障害があることを見逃していた点である（同様の懸念は Wiggins, 1982 にも表明されている）。そこで彼は DSM-Ⅲ の各パーソナリティ障害を円環内に配置するのではなく，各パーソナリティ障害の特徴を円環を用いて表現しようと試みた（表13−3）。例えば，境界性パーソナリティ障害（境界性）の特徴である不適切な怒りは敵意―冷淡（もしくは恨み―サディスティック）区分で表現されるが，理想化という特徴は友好的―温和の反対（もしくは献身的―寛大の反対）の区分に含まれる。Kiesler の考えによれば，境界性パーソナリティ障害は8つの対人特性オクタントのうちの4つと関連があり，その中には互いに対極に位置するオクタントも含まれている。パーソナリティ障害は対人円環内の特定の場所に配置できるものではなく，少なくとも境界性パーソナリティ障害の一部と他のパー

ソナリティ障害は対人円環全体との関連で表現されるべきものなのである。個々のパーソナリティ障害の表現自体はWigginsと比べると複雑であるが（表13-2参照），こちらの方がより現実的で正確だと考えられる。

しかし，Wiggins（1982）とKiesler（1986）の配置は，DSM-Ⅲパーソナリティ分類のうちの2つ（分裂病質と妄想性）しか一致していない。例えば，Wigginsは依存性パーソナリティ障害を謙虚—率直のオクタントに配置しているが，Kieslerによれば同じ意味のオクタント（信じやすい—控え目）には依存性パーソナリティ障害の特徴は見出されない。WigginsはDSM-Ⅲの強迫性パーソナリティ障害を野心的—支配的のオクタントに配置しているが，Kieslerは服従的—不安定のオクタントと抑圧—分離のオクタントの双方で表現できると考えている（表13-2，表13-3参照）。さらに注意すべきことに，Kieslerは多くのパーソナリティ障害の特徴を分類しきれていない。例えば，境界性パーソナリティ障害には8つの特徴があるが，そのうちの5つ（衝動性，情緒不安定性，同一性障害，見捨てられ不安，自傷行為）は対人円環では表現できていない。

Kiesler, Van Denburg, Sikes-Nova, LarusとGoldston（1990）は，大学生240人と大学院生22人に対して，DSM-Ⅲに基づいてパーソナリティ障害と診断された8人の患者の面接場面をビデオで視聴した上で対人円環を用いて評定するよう依頼した。8人の診断名はDSM-Ⅲで分類された11のパーソナリティ障害のうちの7つを含んでいた（境界性，回避性，依存性，妄想性は方法論的問題から除外された）。面接時間が短かったにもかかわらず（各5分から10分程度），対人円環を用いた評定によって7つのパーソナリティ障害を明確に区別することが可能であった。このことからKieslerらは「表出する対人行動傾向は患者のパーソナリティ障害によって異なる」（p. 449）と結論している。しかしその違いは事前の想定とは異なるものであった。「Kiesler（1986）の対人円環的解釈のうち，確認されたのはせいぜい3つ（分裂病質，自己愛性，強迫性）であった。他の5つに関しては部分的な一致にとどまるか，もしくはまったく一致していなかった」（Kiesler et al., 1990, p. 450）。

DeJong, van den Brink, JansenとSchippers（1989）はMorey（1985）の手続きに倣って分析を行った。対象は治療センターに入院している51人のアルコール依存症患者（77％が男性）で，対人チェックリスト（LaForge & Suczek, 1955）とDSM-Ⅲパーソナリティ障害のための半構造化面接（Pfohl, 1983）が行われた。その結果パーソナリティ障害の症状の分散の41％が対人円環で説明可能であった。すべてのパーソナリティ障害を対人円環内に配置することはできたものの，境界性，演技性，反社会性パーソナリティ障害を予測することはできなかった。さらに重要な問題は結果が円環に適合しなかったことであった。すべてのパーソナリティ障害は左上もしくは左下に固まり，円環の右側（親密さを表す側）に配置されたパーソナリティ障害は1つもなかった。パーソナリティ障害同士の違いは主に支配性（支配対従属）の次元上の違いに限られていた。これらのことからDeJongらは次のように述べている。「対人円環とDSMによるパーソナリティの分類は理論的に予想されるほどには一致しない。またDSM-Ⅲ分類のパーソナリティ障害同士は仮説から予想されるほどには親密性の次元で区別できない」（DeJong et al., 1989, p. 145）。しかしMoreyの方法を踏襲したDeJongらの努力によって方法論的な限界が明らかになったこともまた重要である。アルコール依存症で入院する51人の患者の分散はパーソナリティ障害や対

第3部 臨床問題への円環モデルの応用

人円環の観点からは小さく，そのため円環構造が十分に再現されなかったと考えられる。

Wiggins と Pincus（1989）は大学生 581 人に対して DSM-Ⅲ MMPI パーソナリティ尺度（Morey, Waugh, & Blashfield, 1985）と対人形容詞チェックリスト（Personality Adjective Check List）（Strack, 1987）を用いた調査を行った。対人形容詞チェックリストは DSM-Ⅲ とは異なる，Millon（1981）が分類したパーソナリティ障害を測定するための尺度である。対人円環の測定には改訂版対人形容詞尺度（Revised Interpersonal Adjective Scale: IAS-R）（Wiggins, 1979; Wiggins & Broughton, 1991）が使われた。その結果によれば「研究対象となったパーソナリティ障害のうち，対人円環上の配置が解釈可能と考えられたのは半分をわずかに超える程度であった」（p. 308）。解釈可能であったのは演技性，依存性，分裂病質，反社会性，自己愛性パーソナリティ障害であった。境界性，回避性，分裂病型，強迫性パーソナリティ障害の配置に解釈上意味があるとは考えにくかった。

Romney と Bynner（1989）は DSM-Ⅲ パーソナリティ障害の症状を因子分析した過去の研究を 3 つ取り上げて（Hyler & Lyons, 1988; Kass, Skodol, Charles, Spitzer, & Williams, 1985; Livesley & Jackson, 1986），対人円環への適合度を構造方程式モデリングを使って検討した。対人円環による表現が可能であったのはパーソナリティ障害の中でも一部（依存性，演技性，自己愛性，分裂病質，妄想性）であった。このことから Romney と Bynner は次のように記している。「当初 Wiggins（1982）が仮定した 7 つの DSM-Ⅲ パーソナリティ障害の円環上への配置の妥当性は，臨床群でも対照群でも確認できなかった」（p. 533）。そして，境界性や強迫性，分裂病型，受動攻撃性などのパーソナリティ障害の表現にはパーソナリティに関わる別の次元が必要であると示唆している。

Sim と Romney（1990）はパーソナリティ障害の診断を受けた 54 人の入院患者を対象に DSM-Ⅲ と対人円環の関連を調査した。対人円環の測定には対人チェックリスト（LaForge & Suczek, 1955）を用い，患者と看護師に回答を求めた。ICL の軸の得点を算出して，MCMI-I パーソナリティ障害尺度（Millon, 1982）および MCMI-I 軽躁病尺度との相関を求め，相関をもとに ICL 上にパーソナリティ障害を配置した。看護師からの回答をもとに計算した場合，4 つのパーソナリティ障害（境界性，受動攻撃性，回避性，そして分裂病質までもが）の配置に意味があるとは思えなかった。患者の自己評定得点を使用した場合，1 つを除いてすべてのパーソナリティ障害が円環内にきれいに配置された。唯一の例外は境界性で，重みづけしない MCMI-I 得点を使用したときにだけ従順─依存的オクタント内ぎりぎりに配置された。

Pincus と Wiggins（1990）は大学生 321 人に対して MMPI パーソナリティ障害尺度とパーソナリティ形容詞尺度，および対人問題インベントリー（Inventory of Interpersonal Problems: IIP）（Horowitz, Rosenberg, Baer, Ureño, & Villaseñor, 1988）を用いた調査を行った。その報告によると「対人問題チェックリストの各象限には最低 1 組以上のパーソナリティ障害尺度が配置された」（p. 349）。しかしすべてのパーソナリティ障害が表現できたわけではなかった。演技性，自己愛性，反社会性，分裂病質，回避性，依存性パーソナリティ障害に関しては説得力のある結果が得られたものの，境界性，強迫性，受動攻撃性，分裂病型パーソナリティ障害の配置に意味があるとは考えにくかった。その理由について Pincus らは次のように考察している。「強迫性，受動攻撃性，境界性，分裂病型パーソナリティ障害患者が抱える中心的な問題は，対人行動よりもむしろ認知あるいは感情的プロセスとの関連が強いのかもしれない」（p. 350）。

246

DSM-Ⅲ-R

Kiesler (1986) や Wiggins (1982) 以降，パーソナリティ障害分類の改訂版である DSM-Ⅲ-R（American Psychiatric Association, 1987）のパーソナリティ障害の円環上への配置を検討した研究者はいなかった。そんな中，Soldz, Budman, Demby と Merry (1993) は，集団心理療法の研究にも関わっていた精神疾患患者 102 人を対象に，DSM-Ⅲ-R を用いて Wiggins と Pincus (1989) の結果を再検討した。DSM-Ⅲ-R パーソナリティ障害の測定には MCMI-Ⅱ（Millon, 1987）と人格障害検査（Loranger, 1988）が，対人円環の測定には対人問題インベントリー（Horowitz et al., 1988）が用いられた。その結果「ほとんどのパーソナリティ障害は容易に解釈可能な場所に配置された」（Soldz et al., 1993, p. 45）。しかし，多くのパーソナリティ障害の配置は円の中心に近く，各障害の特徴が十分に表現されていないとして，次のようにも述べている。「境界性パーソナリティの尺度はいずれも円の中心付近に配置された。境界性パーソナリティ障害の特徴の中には，感情的不安定性や同一性障害のように，対人円環では表現できない概念が含まれているからだと考えられる」（p. 46）。同様の可能性は分裂病型と強迫性パーソナリティ障害についても指摘することができる。また Soldz らは，円環上ではパーソナリティ障害同士の違いを十分に区別できないものもあったとして，特に次のように述べている。「回避性と分裂病質パーソナリティ障害は円環平面上では明確に区別されなかった」（1993, p. 45）。

DSM-Ⅳ

Benjamin (1993) は DSM-Ⅳ（American Psychiatric Association, 1994）のパーソナリティ障害を対人円環を用いて表現した。Benjamin の対人円環には 2 つの特徴がある。従来の対人円環では「正常と異常の違いは程度の違いである」（Leary, 1957, p. 17; McLemore & Brokaw, 1987; Pincus, 1994 なども参照のこと）と考えているが，この考えに対して異を唱えている点が 1 つ目の特徴である。Benjamin (1994) は自身の社会的行動の構造分析（Structural Analysis of Social Behavior: SASB）を次元モデルとした上で，パーソナリティ障害の概念は対人円環とは独立した個別の概念として捉えるべきであり，正常な対人機能とも区別されるという考えを強調して，次のように述べている。「正常は病理の中庸状態ではない。正常と病理とは質的に異なるものである」（Benjamin, 1994, p. 286）。

2 つ目の特徴は，SASB モデルには自己に焦点を当てたモデル，他者に焦点を当てたモデル，自分に対する他者の接し方の取り込みに焦点を当てたモデルの 3 つがあることである。SASB モデルは Leary (1957) と Schaefer (1965) の対人円環モデルのような異なるモデル同士を統合したものと考えられる。また対人円環モデルと力動的対象関係理論を統合したものと捉えることも可能である。Benjamin (1993) は SASB モデルについて次のように述べている。「SASB モデルの複雑な次元によって DSM に分類されているすべてのパーソナリティ障害を十分に表現することができる」（p. 24）。

表 13-4 は DSM-Ⅳ のパーソナリティ障害を SASB モデルで表現したものである。Kiesler (1986) と同様に Benjamin もまた，パーソナリティ障害を対人円環のどこか特定の場所にだけ配

表13－4　Benjamin（1993）による対人円環とDSM-Ⅳパーソナリティ障害の関連

	DSM-Ⅳパーソナリティ障害									
	妄想性	分裂病質	分裂病型	反社会性	境界性	演技性	自己愛性	回避性	依存性	強迫性
自己に焦点										
分離	×		×				×			
開示										
受け身の愛						○				
信頼					×	○			×	
服従			○						×	○
不機嫌								×	×	
反発	×		×					×		
遮断	×	×	○	○			○	×		○
他者に焦点										
解放			○							
肯定				○	×					
積極的な愛										
保護	×		○	○	×	○	×			○
支配										
非難	×			×	×		×			×
攻撃	×			○	×		×			
無視		×		×			×			○
取り込み										
自己解放										
自己肯定										
積極的自己愛							○			
自己防衛				○	×					
自己支配	×		×					×		○
自己非難							×	×	×	×
自己攻撃					×	○				
セルフネグレクト		×	×	○	×		○			○

注：同じ列の〇はお互い複雑に交じり合うと考えられるファセット，×は共起しないと考えられるファセット

置することはできないと考えていた。各パーソナリティ障害は3つのモデルにまたがり，複数の
ファセットの組み合わせとして表現されている。表から分かるようにパーソナリティ障害の中に
は複雑な組み合わせを持つものもある（例えば，自己愛性の積極的自己愛はセルフネグレクトを共起す
るが，自己非難とは共起しない）。それゆえ，表に示されたパーソナリティ障害の特徴が，DSM-Ⅳ
分類のパーソナリティ障害は正常なパーソナリティとは質的に区別され得るとの主張を裏づけて
いるのかどうかは，にわかには理解し難い。
　さらに注意すべきはSASBモデルを使ったパーソナリティ障害の表現が実証研究による裏づ
けを経ていないということである。唯一公表されている研究は，境界性パーソナリティ障害の診
断を受けた16人の患者を，妄想型精神分裂病患者（10人）や双極性躁病患者（7人），分裂情動
性障害患者（6人），その他の第Ⅰ軸のパーソナリティ障害に分類された患者と比較検討した研究
である（Benjamin, 1994）。この研究では，境界性パーソナリティ障害は対人円環を用いて表現す
ることができなかった。しかし，研究の関心が母親や父親，親類に対する患者の記憶や印象の違

いをグループ間で比較することに限られていたことも付記しておく。

Klein ら（1993）は，DSM-Ⅲ-R のパーソナリティ障害を測定するための自己報告式尺度を
SASB モデルに基づいて作成したところ，MCMI-I（Millon, 1982）や DSM-Ⅲ パーソナリティ
診断質問紙（Hyler et al., 1988）などとそれぞれ有意な相関がみられたと報告している。しかし
有意な相関がみられたからといって SASB モデルの妥当性が証明されたと考えるべきではな
い。Klein らは「各パーソナリティ障害にみられる力動的対人関係や対人的な病因に関する
Benjamin のモデルを用いて項目構成を行った」（1993, p. 287）としているが，実際の項目はパー
ソナリティ障害の診断基準をそのまま表現しているからである。例えば，(a)「広告メディア（テ
レビ，ラジオ，ニュース）が特に自分に向けたメッセージを発信していることがよくある）」（分裂
病型尺度），(b)「親しい人に対する気持ちが強い愛情と強い嫌悪の間で揺れ動く」（境界性尺度），
(c)「計画したことは細かいことまで完璧にしないと気が済まないので最後まで終わらない」（強
迫性尺度）（Klein et al., 1993, p. 288）といった具合である。Klein らの尺度は DSM パーソナリティ
障害を測定する尺度であり，SASB 対人円環モデルを測定する尺度とはいえない。

これまでの研究で，対人円環と多くのパーソナリティ障害との間に密接かつ重要な関連がある
ことが示されてきた。パーソナリティ障害の中には対人関係における不適応が主たる病態のも
のがあり，そこにみられる不適応な関わり方を理解する上では対人円環は活用可能であろう。し
かし対人円環ですべてのパーソナリティ障害を理解することができるというわけでもなさそうで
ある。「パーソナリティ障害の病態には対人的な障害以上のものが含まれるという意味では，円
環モデルはモデルとして十分とはいえない」（Widiger & Kelso, 1983, p. 499）のである。Conte と
Plutchik も同様の注意を喚起している。「パーソナリティ障害の能力や興味，知性などの側面を
含めて分析を行ったならば，次元が増えすぎてデータから円環を構成することはとてもできない
だろう」（1981, p. 707）。

対人円環モデルと 5 因子モデル

DSM のパーソナリティ障害を対人円環が説明しきれないことは，パーソナリティの重要な次
元すべてを説明していないというモデルの限界を反映しているのかもしれない。パーソナリティ
を構成する重要な次元は何かという問題については，多くの理論家や哲学者の間で意見が分か
れたままである（今後も決して一致することはないだろう）。この問題に対する実証的研究方法の
1 つは特性語の出現頻度や使われる範囲を評価することである（Goldberg, 1993）。重要だと考えら
れる特性ほど，微妙な差異や程度を表す用語があり，さまざまな表現方法があると考えられる。
パーソナリティを構成する基本的な次元を推測するためには，言語においてどのような符号化が
なされ，どのような表現があるのかを調べなくてはならない。自己と他者を表現する上で最も重
要な特性を探る試みは言語から始めるほかないのである（Saucier & Goldberg, 1996）。

辞書アプローチを用いた研究ではパーソナリティを構成する次元として 5 次元が繰り返し見
出されてきた（Goldberg, 1993; McCrae & Costa, 1990; Wiggins & Pincus, 1992）。これが 5 因子モデル
である。McCrae と Costa は 5 因子モデルと対人円環の関連について研究を行っている。彼らは

第3部　臨床問題への円環モデルの応用

173人の成人被検者にNEO PI 人格検査（NEO Personality Inventory）（Costa & McCrae, 1985）と IAS-R（Wiggins, 1979）への回答を求めた。すべての項目を対象に同時に因子分析を行ったところ，5因子が抽出された。IAS-Rの8ファセットはすべて5因子モデルの外向性および協調性に対して高い因子負荷量をみせた。5因子モデルの外向性と協調性は対人円環モデルの愛情と力という2つの次元を約45度回転させたものと考えられる。IAS-Rの8ファセットのうち，5因子モデルの他の次元（神経症傾向，開放性，誠実性）に対して高い因子負荷量をみせたファセットはなかった。この結果からMcCraeとCosta（1989）は次のように結論している。「対人円環モデルと5因子モデルはパーソナリティの相補的なモデルと考えられる。5因子モデルはより包括的なモデルで，対人円環モデルはその中に位置づけられ，解釈される。対人円環モデルは5因子の中の外向性と協調性の次元，およびこの2次元を組み合わせた側面を詳細に記述したモデルである」（p. 593）。

Wiggins と Pincus（1989）や Soldz ら（1993）の研究ですでに指摘されているように，DSMのパーソナリティ障害の記述に際して神経症傾向，誠実性，開放性の次元を加えることで，より妥当性の高い記述が可能となる。彼らの研究によれば，パーソナリティ障害は対人円環モデルでは十分に表現することはできないが，「"ビッグ・ファイブ"因子の枠内では容易に解釈が可能」（Wiggins & Pincus, 1989, p. 314）である。Soldz らも「（研究結果から）ビッグ・ファイブでパーソナリティ障害同士の違いを十分に表現できるとする強い裏づけが得られた」（1993, p. 51）と述べている。そこで，これからはパーソナリティ障害を表現する上で神経症傾向，誠実性，開放性が果たす役割をみていくことにしよう。

神経症傾向

パーソナリティ障害の病態を表現し，理解する上で神経症傾向は特に重要な次元である（Clark, Vorhies, & McEwen, 1994; Trull, 1992）。ほとんどのパーソナリティ障害には過度の神経症傾向という側面がある（Widiger, Trull, Clarkin, Sanderson, & Costa, 1994）。神経症傾向は不安や抑うつ，怒りなどのネガティブな感情を抱きやすい特性を表す。Watson と Clark（1984）はこの次元をネガティブな感情状態と名づけているほどである。また情緒不安定性と命名している研究者（Goldberg, 1993; Wiggins & Pincus, 1992）もいる。この次元が自意識や脆弱性，衝動性などの情動面における個人の適応・不適応の程度を表しているからである（McCrae & Costa, 1990）。

境界性パーソナリティ障害はDSMパーソナリティ障害の中でも古くから分類され，対人円環を用いたほとんどの研究では表現することのできなかった障害だが，極端な神経症傾向を持つと考えられる（Widiger, Trull, et al., 1994）。境界性パーソナリティ障害と神経症傾向の関連は多くの研究で示されている（Widiger & Costa, 1994）。強いネガティブ感情や衝動，怒りを伴う敵意を抱く人は境界性パーソナリティ障害の診断を受ける傾向がある（例えばBruehl, 1994）。境界性パーソナリティ障害と5因子モデルの関係に焦点を当てて研究を行った研究者にClarkin, Hull, Cantor と Sanderson（1993）がいる。彼らはニューヨーク・コーネル医療センターで境界性パーソナリティ障害の診断を受けた62人の女性患者に対してNEO-PI 人格検査を実施した。その結果，境界性パーソナリティ障害は5因子モデルを使って表現可能であり，特に神経症傾向の寄与

が大きいとして次のように述べている。

> （境界性パーソナリティ障害）患者にみられる特徴は，強く苦しいほどの特性不安，敵意，抑うつの感情である。自意識に悩まされ，他者との関わりによって傷つきやすく，衝動をうまくコントロールできない。自意識の強さと傷つきやすさは，対人場面では他者への敵意や他者を疑いながらの接近（低い協調性）となって現れる。親密さやポジティブな情動（ともに外向性の下位尺度）はみられない。目標に向かい，それを達成しようとする頑張りに欠ける（低い誠実性）。(Clarkin et al., 1993, p. 475)

　神経症傾向は境界性パーソナリティ障害だけでなく，依存性パーソナリティ障害や分裂病型パーソナリティ障害，回避性パーソナリティ障害など他の多くのパーソナリティ障害を理解する上でも重要である（Trull, 1992）。神経症傾向を考慮せずに回避性パーソナリティ障害と分裂病質パーソナリティ障害とを十分に区別することはできない。この2つは対人円環の同じオクタント内に配置されるが（孤独―内向的），分裂病質の患者がほぼ純粋に内向性の特徴（低い親密性，低い群居性，低い情動性）だけを示すのに対して，回避性の患者は内向性の特徴に加え，神経症傾向の特徴（低い誠実性，衝動性，不安）も示す。

誠実性

　DSM の強迫性パーソナリティ障害もまた対人円環を用いた研究では十分に表現できなかった障害である（例えば Romney & Bynner, 1989; Soldz et al., 1993; Wiggins & Pincus, 1989）。強迫性パーソナリティ障害は誠実性の一面が不適応な形で表出したものと考えられる。誠実性は，目標を達成するために行動を秩序立て，持続し，やる気を持って行動できる特性を含む（Costa & McCrae, 1992）。誠実性の高い人はきちんとしており，信頼でき，仕事熱心で，自分を律することができ，時間を守る。一方で，誠実性が極端に高すぎる場合，仕事に過度に打ち込むあまり人間関係に深刻な影響を及ぼしたり，完璧を期するあまり仕事が終わらなかったり，組織やルール，細部にとらわれすぎてしまうことがある。これらはまさに強迫性パーソナリティ障害の中心的特徴である（American Psychiatric Association, 1994）。

　誠実性が極端に低い例は反社会性パーソナリティ障害患者や受動攻撃性パーソナリティ障害患者などにみることができる（Widiger, Trull, et al., 1994）。反社会性パーソナリティ障害患者は他者に対して搾取的で攻撃的（敵対的）だが，同時に快楽主義的で無責任でもある（誠実性が低い）。受動攻撃性傾向がある患者は反抗的（敵対的）だが，だらしなく怠慢で無責任な面がある（誠実性が低い）。

開放性

　DSM パーソナリティ障害と5因子モデルの開放性の関係には不明な点が多い（Widiger & Costa, 1994）。開放性の定義に関してもさまざまな意見がある（Goldberg, 1993; Wiggins & Pincus, 1992; Wiggins & Trapnell, 1996）。Costa と McCrae（1992）は，開放性には新たな体験を積極的に求

め楽しむ特性が含まれると指摘している。つまり開放性の高さは柔軟な思考や自己成長，自己実現と関連すると考えられる。一方，Tellegen（Tellegen & Waller, 1997）は開放性の概念には態度や信念，行動や知覚における慣例尊重の程度が含まれるとの考えを示している。慣例にまったく縛られない人には，Costa と McCrae（1992）が記したように開放的，創造的で思慮深いという特徴がある。同時に分裂病型パーソナリティ障害と診断を受けるような奇妙で，風変わりで，独特の，常軌を逸した人にもなり得る。

　開放性が非常に低い人（あるいは閉鎖的な人）の特徴は諸説さまざまで，いまだに意見の一致をみていない。開放性が非常に低い人は独断的，厳正で，閉鎖的な傾向がある。これは，DSM-IVの診断基準では妄想性パーソナリティ障害や強迫性パーソナリティ障害の特徴である（American Psychiatric Association, 1994）。また DSM-IV の一分類として提案された（しかし却下された）レイシズム，セクシズムの中心的な特徴でもある（Widiger & Chat, 1994）。

対人円環のファセットと 5 因子モデル

　前述したように，5 因子モデルの外向性と協調性の次元は対人円環モデルの愛情と力の次元を約 45 度回転させたものと考えられている（McCrae & Costa, 1989; Wiggins & Broughton, 1991）。しかし Costa と McCrae（1992）が記した外向性と協調性の特徴を並べてみても円環構造にはならない。表 13−5 に示したのは Costa と McCrae（1995）が記した外向性と協調性のファセット構造である。McCrae と Costa（1989）が行った調査によれば，外向性の 6 つのファセットは対人円環の野心的—支配的，群居的—外向的，温和—友好的オクタント内に配置される。また協調性の 6 つのファセットは温和—友好的，謙虚—率直，怠惰—服従的オクタント内に配置される。すべてのファセットが対人円環の愛情側に配置されていることに注意されたい（つまり，いずれも対人円環の右側であり，パーソナリティ障害が同じ右側に配置されることはほとんどない；DeJong et al., 1989; Morey, 1985）。しかし，外向性と協調性は両極性の次元であるため，内向性と敵対は円環の反対側に配置されると考えられる。例えば，敵対のファセットである搾取的（対愛他），反対主義（対従順），傲慢（対謙遜），欺瞞（対率直），頑固（対謙遜），猜疑（対信頼）などは，対人円環では傲慢—打算的，冷淡—敵対的オクタントに配置されると予想される。

　5 因子モデルの外向性と協調性のファセットは，外向性因子と協調性因子に主に負荷した項目で成り立っている（つまり単純構造をなしている；Costa & McCrae, 1995）。一方，対人円環のファ

表 13−5　Costa と McCrae（1995）による外向性と協調性のファセット

外向性	協調性
活動性	愛他
アサーティブ	従順
興奮	謙遜
群居性	率直
前向き	優しさ
温かさ	信用

セットは円環上に均等に配置されるように選ばれている（例えば Wiggins, 1979）。このことが外向性と協調性の 12 のファセットが対人円環の 8 つのオクタントに対して不均等に分布する理由と考えられる。これらのファセットは円環を，それぞれ異なる角度で切り分けているのである。さらに，対人特性を円環で表現した際のユニークな特徴は，外向性や協調性のファセットのような単純構造には容易に現れない。円環構造から生じる仮説の生成と検証は対人円環のファセットによって可能となる（例えば Kiesler, 1983; Orford, 1986）。Benjamin（1993）や Kiesler（1983），Leary（1957），Wiggins（1979）らが重視した等間隔のファセットの配置から，相補性や対称性，対極性に関わる仮説や予測が生まれた（Orford, 1986）。これらの仮説や予測は Costa と McCrae（1995）の 5 因子モデルのファセットからは生じ難かったものである。

　しかし，McCrae と Costa（1989）の考えによれば，単純構造に基づく 5 因子モデルの方が病因（および病理）の背後にある要因を特定する上では適している。「単純構造を持つ因子ではさまざまな特性が比較的密に固まったクラスターを構成するため，その分散の背後には共通の原因があると考えられる」（McCrae & Costa, 1989, p. 592）。内向性や内向性のファセットに特有の病因があると仮定すれば，この考えは正しいであろう。しかし，広範かつ持続的にみられる人の行動パターンのほとんどを引き起こしている病因は，何か特定の病因というよりも，むしろ多面的で複雑な病因だと考えられる。単純構造の方が適しているということはないのである。

　また McCrae と Costa（1989）は，対人円環モデルよりも 5 因子モデルの方が望ましい理由として，前者が対人的関わり合いに特化している点を挙げて次のように述べている。「対人行動は外向性と協調性によって規定されるが，外向性と協調性には対人的な次元以上のものが含まれる」（McCrae & Costa, 1989, p. 592）。対人円環で 5 因子モデルが表現しきれないのは，Benjamin（1993）や Kiesler（1983），Leary（1957），Wiggins（1979）らの対人円環に感情や態度の次元が含まれていないからだと考えられる。例えば Watson と Clark（1984）は外向性次元に含まれるポジティブな感情の重要性について記している。確かに，ポジティブな感情を考慮することなしに DSM-IV のパーソナリティ障害を十分に表現することは難しいであろう。演技性パーソナリティ障害を理解する上で欠かすことのできない情動性（American Psychiatric Association, 1994）は対人円環では表現できないが，5 因子モデルならば外向性の一側面として表現することが可能である。同様に分裂病質パーソナリティ障害の特徴である無感覚症は対人円環では表現できないが，5 因子モデルではポジティブな情動性の極端な低さとして表現することができる（Widiger et al., 1994）。

　しかし，対人円環の中に感情を表す要素が含まれていないのはファセットを恣意的に選んだせいかもしれない。パーソナリティの感情側面もまた円環構造を構成し，対人円環と密接な関わりを持つことが分かっているからである（Plutchik, 1980; Schaefer & Plutchik, 1966; Watson & Tellegen, 1985）。DSM-II のパーソナリティ障害について，初めて対人円環を利用して研究を行った Plutchik と Platman（1977）は，情動を表す特性語を使用している。対人円環はパーソナリティ障害の対人的側面だけでなく感情的側面にまで範囲を広げて適用することもできるのであろう。

　Saucier（1992）は 5 因子モデルの 3 因子を組み合わせた円環の存在を示唆した。つまり，神経

症傾向（もしくはネガティブな感情）と外向性（もしくはポジティブな感情）の組み合わせ，外向性と協調性の組み合わせ（対人円環），そして神経症傾向と協調性の組み合わせである。円環構造がみられるのは対人機能に限らない。円環構造は単に，ある連続体上に存在し，単純構造では捉えられないパーソナリティ次元があることを表しているにすぎないのかもしれない。「完全な円環構造の場合，軸付近に配置される変数の数と同じ程度の数の変数が軸と軸の間に配置される」(Saucier, 1992, p. 1027)。このようなことがパーソナリティ研究ではしばしば経験される。つまりさまざまな円環が構成可能だと考えられる。その際，基本次元（例えば，外向性―内向性と支配性―従順）をどこに置くかはまったくの任意である。

　とはいえ，どの次元を基本次元とするかは概念的にも理論的にも重要である。例えば，5因子モデルとファセットが円周状に並んだ対人円環のどちらを採用するかは，臨床医や理論家，研究者が何を求めているかによるであろう。対人円環の愛情（親密性）と地位（力）の次元に関してMcCraeとCosta (1989) は次のように述べている。「（これらの次元は）本質的には個人と個人の関係を表す相互作用的な概念である。（それゆえ）社会心理学者が研究に際してこれらの次元を活用することはもっともなことである」(p. 591)。あるいはまた臨床心理学者が理論づけの際に対人円環を用いることも妥当だといえる（例えばBenjamin, 1993）。前述したように対人円環は相補性や対極性，その他の対人関係に関わるさまざまな概念を生み出したが，5因子モデルのファセットからはそうした概念がそう簡単には生まれなかったからである。

対人円環の臨床場面での活用

　本節では，対人円環を用いた相補性の原理が従来いわれてきたほどではないにせよ，臨床の場で有効であることを示す。我々の研究によれば，相補性の原理はさまざまなパーソナリティ障害をもつ患者の反応を予想し，理解する上で（また障害の進行と度合いを理解する上で）非常に役に立つ。しかしBenjamin (1993) やMcLemoreとBrokaw (1987)，その他の研究者がいうほど，パーソナリティ障害患者の行動を変容させる効果があるとは考えていない。

　相補性の原理は，例えば力に対しては相互作用的反応を生じさせ，愛情に対しては似た反応を引き起こす。つまり敵意は敵意を生み出し，温かさは温かさを生み出すが，支配は従順を，従順は支配をそれぞれ生み出す (Carson, 1969)。しかし実証研究では一貫した結果は得られていない。愛情が愛情を生み出すことに関しては実験による裏づけが得られているが，支配に関しては今のところ証拠がない (Orford, 1986)。原因の1つとして考えられるのは個人差を十分に考慮できていないことである (Bluhm, Widiger, & Miele, 1990)。対人円環は，これまで状況要因が行動に及ぼす影響を予測するために使われてきたのと同時に，人が状況に与える影響を明らかにするためにも使われてきた。行動を対人的圧力がもたらす結果と捉えると，他者との関わり方に状況を超えて現れる一貫した特徴があるとはいいにくい。一方，行動を決定するのはパーソナリティ特性だと考えると，対人的文脈は行動に影響を及ぼさないということになる。

　もしかすると，パーソナリティ障害患者の行動の大部分は患者のパーソナリティによって決められており，状況要因によって決まる部分は少ないと考える向きがあるかもしれない。パーソナ

リティ障害患者は状況に応じて臨機応変に対応することができず，そのためにパーソナリティ障害を疑われているという側面がある。パーソナリティ障害患者とは自分が置かれた対人場面に適した反応ができない人のことである。それゆえパーソナリティ障害をもつ人たちの間では相補性の原理を明瞭には観察できないのかもしれない。

　我々の臨床経験では，支配的な人に対して従順あるいは受け身の姿勢をとったからといって必ずしも相手が主張的・支配的態度に出るとは限らない。その場合，イニシアチブをとってくれる人を求めている依存性パーソナリティ障害の患者は心配や不安を感じてしまう。また，強迫性パーソナリティ障害のある人に対して強気に出ても，相手から協力を引き出すことはできない。強迫性パーソナリティ障害のある人には競争心があり，物事が自分の思い通りになると感じていたいという欲求があるからである。

　同様に，反社会性パーソナリティ障害のある，攻撃的で敵対的な人に対して温かく接したからといって，必ずしも温かい反応が返ってくるわけではない。反社会性パーソナリティ障害のある人は人間的温かさを感傷的なもの，あてにならないもの，世間知らずで人間的弱さの証拠と考えることがある。その背景には彼らが置かれてきた敵意に満ちた環境があるのかもしれない。彼らの反応傾向は温かく親密な環境に長い時間身を置くことで変化する可能性もあるが（Benjamin, 1993; McLemore & Brokaw, 1987），現実的にはそのような環境を実現することは難しい。医師や心理療法グループとの間に温かく親しみのある関係が築かれても，そのような関係性は時間的にも空間的にも限られており，多くの場合効果的な影響を及ぼし得ない。

　しかし，対人円環は，パーソナリティ障害がある人に対する人々（我々も含む）の反応を予想し理解する上で非常に有用である。我々の経験では，心理療法内の人間関係でも対人円環で想定される相補的関係を築こうとするパーソナリティ障害患者がいる。例えば依存性（従順）パーソナリティ障害患者の多くは支配的傾向のある医師を好む。DSM-IV の診断基準にも示されているように，自分に代わって決断を下し，自分の生命に対して責任を持ってくれる人を好む傾向があるのである（American Psychiatric Association, 1994）。相手から反応を引き出す対人関係上の作用は，パーソナリティ発達の精神力動モデルで示されているように，過去の重要な他者に対する反応の転移であることが多い（Stone, 1993）。こちらから支配的傾向を引き出そうとする相手の働きかけを受け入れることは，場合によっては有用であるし，必要なことさえある。患者に対する支持的な態度が患者のパーソナリティの変容をもたらさない場合でも，支配的な関わり合いをすることでうまくいくことがしばしばあるからである（Choca, Shanley, & Van Denburg, 1992; Stone, 1993）。しかし患者との接し方にはまだ十分に計画されていない部分やコントロールされていない部分も多い。特に若い医師の場合，相補的な関係に入り込んでしまい，患者のパーソナリティ障害を強化する結果に陥ってしまう場合が少なくない。

　同様に，強迫性（支配的）パーソナリティ障害患者は控え目な態度の医師を好む傾向がある。彼らには自分に主導権があると感じていたいという欲求がある。彼らは他者が自分に対して従順な関係でいることを望む傾向があり，このことは DSM-IV の診断基準にも記されている（例えば「自分のやり方でやってくれるのでなければ，他者に仕事を任せたがらない，もしくは一緒に働きたがらない」American Psychiatric Association, 1994, p. 673）。提案や助言，洞察を受け入れないことが多いの

第3部　臨床問題への円環モデルの応用

は，一部には自分の支配権や権威を保持するためである。支配的傾向がある医師の中には，強迫性パーソナリティ患者のことを扱いにくく，反抗的ですぐに喧嘩をふっかけると考える者も多いが，支配性がそれほど強くない医師や経験の浅い医師の場合，いつの間にか患者に対して受動的で従順な態度をとってしまうことがある。

　演技性（親和）パーソナリティ障害患者の相補性を対人円環で捉えた場合，DSM-IV の診断基準に一致した捉え方をすることが可能である。「（演技性パーソナリティ障害患者の）対人行動には不適切な性的誘惑や性的刺激などの特徴がみられる」（American Psychiatric Association, 1994, p. 657）。そのため彼らと接する際に感じる温かさや友愛，親密さや愛情に対しては敏感でなくてはならない。医師の中には受け持ちの演技性パーソナリティ患者と個人的な関係に陥ってしまう者もいるからである（Stone, 1993）。患者がみせる行動は一見些細で，見方によっては無邪気な発言やしぐさといった形をとることが多い。患者に対して友好的にふるまい，きちんと反応を返すことは礼儀にかなうことであるが，職業的な態度を超えて個人的な態度をとることは治療上よくない結果をもたらすことが多い。

　最後に，反社会性パーソナリティ障害の患者は相手の心に敵意を引き起こすことがある。医師が強い憎悪や憤り，苛立ちや侮蔑の念を反社会性パーソナリティ患者に対して抱くことは珍しいことではない。また，患者に対して温和な気持ちや（無条件の）肯定的評価を持ち続けることが難しいこともある。しかし敵意は敵意を生む。反社会的行動に対しては素早く，積極的に，力強く対応することが治療上有効かつ必要であるが，患者の敵意に単純に立ち向かおうとすると往々にして治療とは逆の効果を招く。

結　論

　パーソナリティやパーソナリティ障害を表現する上では5因子モデルの方が優れているが，対人円環は5因子のうちの外向性と協調性の次元を簡潔明快に，かつ彩り豊かに表現することができる。対人円環によって対人的な関わり方を細かく表現することが可能となるが，限界もある。例えば，ほとんどの対人円環には外向性を構成する感情要素が含まれていないが，この感情要素は外向性の側面に関わるパーソナリティ障害の中心的要素である。Benjamin（1993）や Kiesler（1983），Leary（1957），Wiggins（1979）らの対人円環では演技性パーソナリティ障害の群居性や温和を表現することはできるが，興奮を求める傾向や情動性は重要な要素であるにもかかわらず表現することはできない。さらに対人円環の概念には，境界性パーソナリティ障害を含む多くのパーソナリティ障害の中心的要素であるパーソナリティの他の次元（例えば神経症傾向）も含まれていない。

　5因子モデルの次元を組み合わせて円環を構成することは可能かもしれない。外向性と協調性の組み合わせが円環を構成することは分かっているが，Watson と Tellegen（1985）が指摘しているように外向性（もしくはポジティブな感情）と神経症傾向（もしくはネガティブな感情）を組み合わせて円環を構成することも可能であろう。また Saucier（1992）が言うように神経症傾向と協調性を組み合わせた円環も考えられる。さまざまな円環が考え得るが，一般的なパーソナリティ

特性の不適応型としての DSM-IV パーソナリティ障害を表現し，理解する上で，外向性や協調性，神経症傾向の次元が重要であるという見方ではいずれも一致している。対人円環と5因子モデルが明らかにしてきたパーソナリティ領域とその機能は，互いに一致し，補い合う関係にある。対人円環の循環変数と5因子モデルのファセットの違いは，特に何に焦点を当てるかという観点の違いである。

　パーソナリティを表現する対人円環と5因子モデルは，互いに相容れない矛盾するモデルではない。むしろ両者は相補う関係にある。対人円環を使うことで，理論的にも重要で臨床との関わりも深い外向性と協調性の2つの次元の相互作用を明らかにすることができる。また，対人円環を5因子モデルに包含されるモデルと捉えることで，対人円環が他の重要なパーソナリティ次元の中に占める位置づけや，それらとの関係性について理解を深めることができる。

文　献

American Psychiatric Association. (1952). *Diagnostic and statistical manual. Mental disorders*. Washington, DC: Author.

American Psychiatric Association. (1968). *Diagnostic and statistical manual of mental disorders* (2nd ed.). Washington, DC: Author.

American Psychiatric Association. (1980). *Diagnostic and statistical manual of mental disorders* (3rd ed.). Washington, DC: Author.

American Psychiatric Association. (1987). *Diagnostic and statistical manual of mental disorders* (3rd ed., rev.). Washington, DC: Author.

American Psychiatric Association. (1994). *Diagnostic and statistical manual of mental disorders* (4th ed.). Washington, DC: Author.

Benjamin, L. S. (1993). *Interpersonal diagnosis and treatment of personality disorders*. New York: Guilford Press.

Benjamin, L. S. (1994). SASB: A bridge between personality theory and clinical psychology. *Psychological Inquiry, 5*, 273-316.

Blackburn, R., & Maybury, C. (1985). Identifying the psychopath: The relation of Cleckley's criteria to the interpersonal domain. *Personality and Individual Differences, 6*, 375-386.

Bluhm, C., Widiger, T. A., & Miele, G. M. (1990). Interpersonal complementarity and individual differences. *Journal of Personality and Social Psychology, 58*, 464-471.

Bradlee, P. M., & Emmons, R. A. (1992). Locating narcissism within the interpersonal circumplex and the Five-Factor Model. *Personality and Individual Differences, 13*, 821-830.

Bruehl, S. (1994). A case of borderline personality disorder. In P. T. Costa & T. A. Widiger (Eds.), *Personality disorders and the Five-Factor Model of personality* (pp. 189-197). Washington, DC: American Psychological Association.

Carson, R. C. (1969). *Interaction concepts of personality*. Chicago: Aldine.

Choca, J. P., Shanley, L. A., & Van Denburg, E. (1992). *Interpretive guide to the Millon Clinical Multiaxial Inventory*. Washington, DC: American Psychological Association.

Clark, L. A., Vorhies, L., & McEwen, J. L. (1994). Personality disorder symptomatology from the Five-Factor perspective. In P. T. Costa & T. A. Widiger (Eds.), *Personality disorders and the Five-Factor Model of personality* (pp. 95-115). Washington, DC: American Psychological Association.

Clarkin, J. F., Hull, J. W., Cantor, J., & Sanderson, C. J. (1993). Borderline personality disorder and personality traits: A comparison of SCID-II BPD and NEO-PI. *Psychological Assessment, 5*, 472-476.

Conte, H., & Plutchik, R. (1981). A circumplex model for interpersonal personality traits. *Journal of Personality and Social Psychology, 40*, 701-711.

Costa, P. T., & McCrae, R. R. (1985). *The NEO Personality Inventory manual*. Odessa, FL: Psychological Assessment Resources.

Costa, P. T., & McCrae, R. R. (1992). *Revised NEO Personality Inventory (NEO-PI-R) and NEO Five-Factor Inventory (NEO-FFI) professional manual*. Odessa, FL: Psychological Assessment Resources.

Costa, P. T., & McCrae, R. R. (1995). Domains and facets: Hierarchical personality assessment using the Revised NEO Personality Inventory. *Journal of Personality Assessment, 64*, 21-50.

DeJong, C. A. J., van den Brink, W., Jansen, J. A. M., & Schippers, G. M. (1989). Interpersonal aspects of DSM-III Axis II: Theoretical hypotheses and empirical findings. *Journal of Personality Disorders, 3*, 135-146.

Freedman, M. B., Leary, T. F., Ossorio, A. G., & Coffey, H. S. (1951). The interpersonal dimension of personality. *Journal of Personality, 20*, 143-161.

Goldberg, L. R. (1993). The structure of phenotypic personality traits. *American Psychologist, 48*, 26-34.

Horowitz, L. M., Rosenberg, S. E., Baer, B. A., Ureño, G., & Villaseñor, V. S. (1988). Inventory of Interpersonal Problems: Psychometric properties and clinical applications. *Journal of Consulting and Clinical Psychology, 56*, 885-892.

Hyler, S. E., & Lyons, M. (1988). Factor analysis of the *DSM-III* personality disorder clusters: A replication. *Comprehensive Psychiatry, 29*, 304-308.

Hyler, S. E., Reider, R. O., Williams, J. B. W., Spitzer, R. L., Hendler, J., & Lyons, M. (1988). The Personality Diagnostic Questionnaire: Development and preliminary results. *Journal of Personality Disorders, 2*, 229-237.

Kass, F., Skodol, A. E., Charles, E., Spitzer, R. L., & Williams, J. B. W. (1985). Scaled ratings of *DSM-III* personality disorders. *American Journal of Psychiatry, 142*, 627-630.

Kiesler, D. J. (1983). The 1982 interpersonal circle: A taxonomy for complementarity in human transactions. *Psychological Review, 90*, 185-214.

Kiesler, D. J. (1986). The 1982 interpersonal circle: An analysis of DSM-III personality disorders. In T. Millon & G. Klerman (Eds.), *Contemporary directions in psychopathology Toward DSM-IV* (pp. 571-597). New York: Guilford Press.

Kiesler, D. J., Van Denburg, T. F., Sikes-Nova, V. E., Larus, J. P., & Goldston, C. S. (1990). Interpersonal behavior profiles of eight cases of *DSM-III* personality disorders. *Journal of Clinical Psychology, 46*, 440-453.

Klein, M. H., Benjamin, L. S., Rosenfeld, R., Treece, C., Justed, J., & Greist, J. H. (1993). The Wisconsin Personality Disorders Inventory: Development, reliability, and validity. *Journal of Personality Disorders, 7*, 285-303.

LaForge, R., & Suczek, R. F. (1955). The interpersonal dimensions of personality: III. An interpersonal check list. *Journal of Personality, 24*, 94-112.

Leary, T. (1957). *Interpersonal diagnosis of personality A functional theory and methodology for personality evaluation*. New York: Ronald Press.

Leary, T., & Coffey, H. S. (1955). Interpersonal diagnosis: Some problems of methodology and validation. *Journal of Abnormal and Social Psychology, 50*, 110-124.

Livesley, W. J., & Jackson, D. N. (1986). The internal consistency and factorial structure of behaviors judged to be associated with DSM-III personality disorders. *American Journal of Psychiatry, 143*, 1473-1474.

Loranger, A. W. (1988). *Personality Disorder Examination (PDE) manual*. Yonkers, NY: D.V. Communications.

Lorr, M., Bishop, P. F., & McNair, D. M. (1965). Interpersonal types among psychiatric patients. *Journal of Abnormal Psychology, 70*, 468-472.

McCrae, R. R., & Costa, P. T. (1989). The structure of interpersonal traits: Wiggins's circumplex and the Five-Factor Model. *Journal of Personality and Social Psychology, 56*, 586-595.

McCrae, R. R., & Costa, P. T. (1990). *Personality in adulthood*. New York: Guilford.

McLemore, C. W., & Brokaw, D. W. (1987). Personality disorders as dysfunctional interpersonal behavior. *Journal of Personality Disorders, 1*, 270-285.

Millon, T. (1981). *Disorders of personality. DSM-III: Axis II*. New York: Wiley.

Millon, T. (1982). *Millon Clinical Multiaxial Inventory manual* (2nd ed.). Minneapolis, MN: National Computer Systems.

Millon, T. (1987). *Manual for the Millon Clinical Multiaxial Inventory-II (MCMI-II)*. Minneapolis, MN: National Computer Systems.

Morey, L. C. (1985). An empirical comparison of interpersonal and *DSM-III* approaches to classification of personality disorders. *Psychiatry, 48*, 358-364.

Morey, L. C., Waugh, M. H., & Blashfield, R. K. (1985). MMPI scales for *DSM-III* personality disorders: Their derivation and correlates. *Journal of Personality Assessment, 49*, 245-251.

Orford, J. (1986). The rules of interpersonal complementarity: Does hostility beget hostility and dominance, submission? *Psychological Review, 93*, 365-377.

Pfohl, B. (1983). *Structured interview for DSM-III personality disorders (SIDP)*. Iowa City: University of Iowa Medical Center.

Pincus, A. L. (1994). The interpersonal circumplex and the interpersonal theory: Perspectives on personality and its pathology. In S. Strack & M. Lorr (Eds.), *Differentiating normal and abnormal Personality* (pp. 114-136). New York: Springer.

Pincus, A. L., & Wiggins, J. S. (1990). Interpersonal problems and conceptions of personality disorders. *Journal of Personality Disorders, 4*, 342-352.

Plutchik, R. (1980). A general psychoevolutionary theory of emotion. In R. Plutchik & H. Kellerman (Eds.), *Emotion: Theory, Research, and Experience: Vol. 1. Theories of Emotion* (pp. 3-33). New York: Academic Press.

Plutchik, R., & Conte, H. R. (1985). Quantitative assessment of personality disorders. In R. Michels (Ed.), *Psychiatry* (Vol. 1, chap. 15, pp. 1-13). Philadelphia: J. B. Lippincott.

Plutchik, R., & Platman, S. (1977). Personality connotations of psychiatric diagnoses. *Journal of Nervous and Mental Disease, 165*, 418-422.

Romney, D. M., & Bynner, J. M. (1989). Evaluation of a circumplex model of DSM-III personality disorders. *Journal of Research in Personality, 23*, 525-538.

Saucier, G. (1992). Benchmarks: Integrating affective and interpersonal circles with the Big-Five personality factors. *Journal of Personality and Social Psychology, 62*, 1025-1035.

Saucier, G., & Goldberg, L. R. (1996). The language of personality: Lexical perspectives on the Five-Factor Model. In J. S. Wiggins (Ed.), *Theoretical perspectives for the Five-Factor Model* (pp. 21-50). New York: Guilford Press.

Schaefer, E. S. (1965). Configurational analysis of children's reports of parent behavior. *Journal of Consulting Psychology, 29*, 552-557.

Schaefer, E. S., & Plutchik, R. (1966). Interrelationships of emotions, traits, and diagnostic constructs. *Psychological Reports, 18*, 399-410.

Sim, J. P., & Romney, D. M. (1990). The relationship between a circumplex model of interpersonal behaviors and personality disorders. *Journal of Personality Disorders, 4*, 329-341.

Soldz, S., Budman, S., Demby, A., & Merry, J. (1993). Representation of personality disorders in circumplex and Five-Factor space: Explorations with a clinical sample. *Psychological Assessment, 5*, 41-52.

Stone, M. (1993). *Abnormalities of personality. Within and beyond the realm of treatment*. New York: W. W. Norton.

Strack, S. (1987). Development and validation of an adjective checklist to assess the Millon personality types in a normal population. *Journal of Personality Assessment, 51*, 572-587.

Strack, S., Lorr, M., & Campbell, L. (1990). An evaluation of Millon's circular model of personality disorders. *Journal of Personality Disorders, 4*, 353-361.

Tellegen, A., & Waller, N. G. (1997). Exploring personality through test construction: Development of the Multidimensional

第3部　臨床問題への円環モデルの応用

Personality Questionnaire. In S. R.Briggs, J. M.Cheek, & E. M.Donohue (Eds.), *Handbook of adult personality inventories*. New York: Plenum.

Trull, T. J. (1992). DSM-III-R personality disorders and the Five-Factor Model of personality: An empirical comparison. *Journal of Abnormal Psychology, 101*, 553-560.

Watson, D., & Clark, L. A. (1984). Negative affectivity: The disposition to experience aversive emotional states. *Psychological Bulletin, 96*, 465-490.

Watson, D., & Tellegen, A. (1985). Toward a consensual structure of mood. *Psychological Bulletin, 98*, 219-235.

Widiger, T. A., & Chat, L. (1994). The *DSM-IV* personality disorders: Changes from *DSM-III-R*. In R. Michels (Ed.), *Psychiatry* (chap. 14.2, pp. 1-13). Philadelphia: J. B. Lippincott.

Widiger, T. A., & Costa, P. T. (1994). Personality and personality disorders. *Journal of Abnormal Psychology, 103*, 78-91.

Widiger, T. A., & Kelso, K. (1983). Psychodiagnosis of Axis II. *Clinical Psychology Review, 3*, 491-510.

Widiger, T. A., Trull, T. J., Clarkin, J. F., Sanderson, C. J., & Costa, P. T. (1994). A description of the *DSM-III-R* and *DSM-IV* personality disorders with the Five-Factor Model of personality. In P. T. Costa & T. A. Widiger (Eds.), *Personality disorders and the Five-Factor Model of personality* (pp. 41-56). Washington, DC: American Psychological Association.

Wiggins, J. S. (1979). A psychological taxonomy of trait-descriptive terms: The interpersonal domain. *Journal of Personality and Social Psychology, 37*, 395-412.

Wiggins, J. S. (1982). Circumplex models of interpersonal behavior in clinical psychology. In P. Kendall & J. Butcher (Eds.), *Handbook of research methods in clinical psychology* (pp. 183-221). New York: Wiley.

Wiggins, J. S., & Broughton, R. (1991). A geometric taxonomy of personality scales. *European Journal of Personality, 5*, 343-365.

Wiggins, J. S., & Pincus, A. L. (1989). Conceptions of personality disorders and dimensions of personality. *Psychological Assessment, 1*, 305-316.

Wiggins, J. S., & Pincus, A. L. (1992). Personality: Structure and assessment. *Annual Review of Psychology, 43*, 473-504.

Wiggins, J. S., & Trapnell, P. D. (1996). A dyadic-interactional perspective on the Five-Factor Model. In J. S. Wiggins (Ed.), *The Five-Factor Model of personality: Theoretical perspectives* (pp. 88-162). New York: Guilford Press.

第14章

構造方程式モデリングによる対人円環の評価

David M. Romney & John M. Bynner

　我々が円環モデルに関心を抱いたきっかけは，理論面への関心もあったが，より大きかったのは方法論への関心であった。20年以上にわたり個人特性データの分析を行ってきたが，その動機の背後には階層モデルに対する不満があった。階層モデルは計量心理学分野で活躍する心理学者の多くが好んで採用しているモデルである。しかし，Guttman は個人の能力データの分析に radex モデルを用い（Guttman, 1954），Jöreskog は確認的因子分析，構造方程式モデリングという一連の手法を用いた分析（Jöreskog, 1974）を行っている。これらの研究は心理学者に階層モデル以外にも多くのモデルがあることを気づかせてくれた。今では確固とした地位を築いているパーソナリティ特性の階層理論（例えば Eysenck, 1970）も，その当時の統計学的方法論，つまり探索的因子分析の影響を強く受けて誕生したものである。

探索的因子分析と確認的因子分析

　確認的因子分析の目的は，一連の変数の共分散を十分に説明し得る最小限の因子数を決定することである。仮に，抽出された因子間の相関が大きい場合，今度は因子そのものを対象に確認的因子分析を行い，より少ない数の2次因子を抽出することができる。さらに，2次因子間にも相関がみられる場合，同様の手続きを繰り返すことで因子の階層構造が抽出可能である。その階層構造では最も抽象度の高い因子を頂点として，抽象度の低い具体的な因子が底辺に並ぶ。しかし，確認的因子分析は，その名の通り，あらかじめ設定された因子数や因子構造で所与の相関行列が説明できるとする事前仮説の確認に使われる。確認的因子分析で分かるのは構造方程式モデリングの測定成分に関することだけで，構造に関する成分（すなわち因子間をつなぐパス）のことは分からない。構造方程式モデリングを大まかに説明するならば，因子分析とパス分析が組み合わされたものといえる。

　Galton に始まり，Pearson, Spearman, Thompson, Thurstone, Burt に至るまで，パーソナリティ特性の研究は質問紙項目や検査項目への回答から得られたデータ相関をもとに行われてきた。そのようなデータに対して探索的因子分析を行う場合，データを特定の構造に無理やり当てはめることになりやすい。つまり潜在因子の中でも理論上想定される因子の1つに当てはめることになりやすいのである。それゆえ探索的因子分析では因子数を確定できないという問題が生じる。因子の数は決め方によってさまざまであり，因子間に想定される相関もそれに合わせて変わるからである。例えば，因子解が Thurstone の斜交単純構造に従う場合（すなわち因子間に相関が

仮定される場合），因子分析によって因子に内在する2次因子を抽出することができる。さらに因子分析の手続きを3次因子，4次因子に対して繰り返すことで，最終的に1つから3つ程度の基本因子が抽出される。主要な理論的構成概念を構成しているのはこうして最終的に抽出された因子である。つまり，Eysenck が見出した外向性（E）や神経症傾向（N），Spearman の一般知能（G）などがこれであり，著明な理論体系はこれらの概念をもとに構築されている。このことは，神経症傾向や外向性，知性のような潜在特性が人の行動を説明する上で重要な役割を果たしていることを裏づける実証研究の結果を否定するものではない。むしろ，このことが意味するのは，重要なテスト項目間の相関に対して探索的因子分析を何度も行ってきた結果，最終的に外向性や神経症傾向，一般知能に似た因子が抽出されてきたということである。最近では，例えば，探索的因子分析によってパーソナリティの5因子モデルが見出され，広く受け入れられている（Digman, 1990）。

　探索的因子分析と異なり，構造方程式モデリングの魅力はより自由な理論構築が可能な点にある。構造方程式モデリングを使うことで，ある因子の値が変化したときに他の因子に与える影響を捉えることができる。さらに複数のモデルを使って，観察されたデータに対する適合度を比較することができる。構造方程式モデリングを行うことのできるソフトウェアには LISREL や EQS（Bentler, 1985; Jöreskog & Sörbom, 1984; McDonald, 1980）などがある。探索的因子分析によって見出された伝統的階層因子モデルとは異なるモデルを構成して，これらのソフトウェアを使って分析したところ，階層的因子モデル以上にデータへの当てはまりがよいばかりでなく，理論的にも筋が通っており，治療的な介入という観点からも有望なモデルを見出すことができた。

　因子を考えずに変数間の相関関係をモデル化する方法はたくさんある。モデルに含まれる変数同士の機能的関係に反映されているのは，例えば，ある変数が別の変数に依存し，その影響を受けると思われる状態である。このような関係は，パス図にみられるような一方向的（帰納的）な形をとることもあれば，相互作用的（非帰納的）に変数同士がお互いに影響を与え合う形をとることもある。絶えず変動する変数同士の関係を動的に捉えるモデルは因子モデル同様，妥当性があるように思われるが，探索的因子分析ではそうしたモデルを評価することは決してできない。構造方程式モデリングの大きな魅力は，そのようなモデルの評価を因子モデルの評価と同時に，もしくは特殊な場合かもしれないがそれ単独で，直接行うことができる点にある。例えば，構造方程式モデリングを使った初期の研究に自己イメージを問う質問紙の分析があるが，筆者の1人が LISREL で分析した結果，データを要約的に示すには5つの斜交1次因子が必要だと考えられたことがあった。その際，確認的因子分析を用いて2次因子モデルの当てはまりを検討したが，適合度は低かった。その一方で同時に検討した因果モデルは，ある因子が他の因子から影響を受けると想定したモデルであったが，データへの適合がよかっただけでなく，新たな発見をもたらしたことがあった（Bynner, 1981）。

　我々は『パーソナリティ特性の構造』（Romney & Bynner, 1992b）（未邦訳）の中で，認知能力やパーソナリティ障害，社会的態度などに関する研究を引用しつつ，構造方程式モデリングを使ったパーソナリティ特性データの分析によって，理論的にも実践的にも新たな可能性の地平が開かれることを示した。これらは探索的因子分析を用いた単純な因子モデルでは考えられないもので

第14章　構造方程式モデリングによる対人円環の評価

あった。探索的因子分析が果たす役割は主として，複数の項目をまとめることで，個別で測定するよりも高い信頼性を伴った尺度を構成し，使用できるようにすることにある（Bynner, 1988）。一方，理論の正しさを確かめるためには構造方程式モデリングのような統計手法が必要で，構造方程式モデリングを使うことで，階層モデルだけでなく変数同士が発展的でダイナミックな関係にあるようなモデルの構成が可能となる。

シンプレックスと円環

　認知能力と自己への態度を研究した際，シンプレックスモデル（確率変数が直線上に並んだモデル）の方が従来の因子モデルよりもデータをうまく説明することができ，理論的にも実践的にも示唆に富む結果を得ることができた。シンプレックスモデルによって，変数や因子同士がどのような一連の流れの中に配置されるのか（そしてどのように他の変数や因子に影響を与えるのか），変数の値が変動することでその変数からつながる他の変数がどのように変動するのかを説明することができた。このようにシンプレックスモデルは能力や態度を説明する上では適しているが，パーソナリティ特性を同じように説明できるかといえばそれは難しい。パーソナリティ特性の場合，従来の階層構造に代わるモデル候補として最も有力だと考えられているのは円環モデルである。一般に円環モデルといわれるモデルを最初に提案したのはGuttman（1954）で，円周配列になる変数であればどのような変数であれ円環モデルで説明できると考えた。そして Leary（1957）が初めて円環モデルを使ってパーソナリティ特性をモデル化した。

　パーソナリティ障害のある患者の場合，パーソナリティ特性の表出が極端で，状況に合わせて自分の行動を変えることができない。そのため社会や職場になじむことができず，自分の力を発揮できなかったり，ストレスをため込んでしまう。円環モデルにはパーソナリティ障害を表したモデルがあるが，これにパーソナリティ障害を特定のパーソナリティ特性が強く，柔軟性のない形で表出した状態と捉えた上で，円周上に並べたモデルである。互いに特徴が似た障害同士は近くに，違いの大きい障害同士は遠くに配置される。つまり，円周上に配置されたパーソナリティ障害同士の距離は類似度に比例し，最も類似度の高い障害同士が隣接して配置され，最も類似度の低い障害同士が円の対極に配置される。例えば，猜疑性パーソナリティ障害は冷淡さと怒りっぽさの特徴を併せ持つが，円周上では尊大で打算的な特徴を持つ自己愛性パーソナリティ障害の隣に配置される。また，猜疑性パーソナリティ障害の対極には演技性パーソナリティが配置され，温和で愛想がよいという特徴を持っている。注意すべきはパーソナリティ（あるいはパーソナリティ障害）を表す円環が対人円環と考えられている点である。これは必ずしもすべてのパーソナリティ特性やパーソナリティ障害が円周上に配置されるわけではないことを示唆している。

円環構造の確認

　複数の変数を配列して円を構成する場合，近くに配置された変数間の相関は離れて配置された変数間の相関よりも高くなる。相関行列は円環特有のパターンを示し，主対角線から離れるに従

263

第3部　臨床問題への円環モデルの応用

い相関係数がいったん小さくなり，再び大きくなるという変動を示す。変数が7つある場合，相関パターンは表14-1のようになる。

　しかし，このパターンが変数の配列に依存することに注意されたい。変数の配列を任意に変更するとこのパターンは崩れてしまう。また，ギリシャ語の ρ で示された相関係数が母相関を表しており，標本誤差を含まないことにも注意が必要である。円環上の変数の配置は等間隔のため，変数間の相関もまた等しくなる（表中の同じ下付き文字は相関係数が等しいことを示している）。

　Jöreskog（1974）は相関行列がどの程度円環パターンに当てはまるかを分析する方法を記している。Jöreskog の考えでは円環上の変数にはそれぞれに対応する潜在因子が存在する。7つの変数があれば7つの潜在因子が想定されるが，それらの因子は原型ともいうべきもので，測定される特徴の純粋な形もしくは典型的な形を表す（Cantor, Smith, French, & Mezzich, 1980 参照）。これらの因子は互いに直交する（無相関）と仮定されている。そのためパーソナリティ特性を測定する際にみられる特性の曖昧さや特性同士の重なり合いは因子間では想定されていない。それゆえ，変数そのものは2次元で表現されてはいるが，変数の背後にある潜在因子は7次元を占めている。こうしたことから，因子行列のことは円環因子行列とは呼ばずに（円を生じさせる）巡回（circulant）因子行列と呼ばれる。

　Jöreskog は，変数が偶数個ある場合にはその半数が，変数が奇数個ある場合には半数 +1 個の変数が常に同じ因子に負荷すると考えた。例えば変数が7個ある場合，各因子は4つの──そして4つだけの──変数と相関を持つ。つまり変数1は因子Ⅰ，Ⅱ，Ⅲ，Ⅳに負荷し，同様に変数2は因子Ⅱ，Ⅲ，Ⅳ，Ⅴに，変数3は因子Ⅲ，Ⅳ，Ⅴ，Ⅵに負荷するといった具合である。この場合，各変数が負荷する因子は隣接する変数と重なっていることに注意されたい。表に示すと表14-2のような因子行列となる。因子負荷量（λ）の違いは下付き文字の違いで示されている。同じ下付き文字で示された因子負荷量には等値制約がかかっている（それゆえ λ_1 はすべて等値である。λ_2, λ_3 なども同様）。

　しかし，Jöreskog が示した上記の考えを適用できるのは，すべての相関が0か正の値をとる行列に限られている。例えば，反対の性質を持つパーソナリティ特性間にみられるような負の相関がある場合には Jöreskog のモデルは適用できない。それに対して Cudeck（1986）は負の相関を含む行列にも適用できる初のモデルを提案した（表14-3）。同じ下付き文字で示された因子負荷量はすべて等値である。

　統計手法の観点からは，構造方程式モデリングには探索的因子分析よりも優れた部分がある。探索的因子分析は円環を規定する主要な軸を特定するために使われることが多く，パーソナリティ特性とパーソナリティ障害は特定された軸の周りに配置されるが，その分布が円環を構成するかどうかは視覚的に確認するしかない。しかし，構造方程式モデリングを活用すれば，円環構造への当てはまりの程度を適合度を使って定量的に確認することができる。あるモデルを使ってデータを上手に説明できる場合，データから得られる相関行列や共分散行列はモデルから仮定される相関行列や共分散行列にうまく当てはまると考えられる。両者の差異が無視できないほど大きい場合，そのモデルではデータをうまく説明できないことが分かる。その定量的指標が適合度である。適合度の指標は数多く考案されており，本章の後半でもいくつか紹介する。

第14章　構造方程式モデリングによる対人円環の評価

表 14 - 1　円環をなす変数の相関行列パターン

変数	V1	V2	V3	V4	V5	V6	V7
変数 1	1						
変数 2	p_1	1					
変数 3	p_2	p_1	1				
変数 4	p_3	p_2	p_1	1			
変数 5	p_4	p_3	p_2	p_1	1		
変数 6	p_3	p_4	p_3	p_2	p_1	1	
変数 7	p_2	p_3	p_4	p_3	p_2	p_1	1

注：$p_1 > p_2 > p_3 > p_4$

表 14 - 2　因子行列の巡回構造（すべての変数間相関が正の場合）

変数	I	II	III	IV	V	VI	VII
変数 1	λ_1	λ_1	λ_1	λ_1	0	0	0
変数 2	0	λ_2	λ_2	λ_2	λ_2	0	0
変数 3	0	0	λ_3	λ_3	λ_3	λ_3	0
変数 4	0	0	0	λ_4	λ_4	λ_4	λ_4
変数 5	λ_3	0	0	0	λ_3	λ_3	λ_3
変数 6	λ_2	λ_2	0	0	0	λ_2	λ_2
変数 7	λ_1	λ_1	λ_1	0	0	0	λ_1

注：λは因子負荷量

表 14 - 3　因子行列の巡回構造（負の変数間相関を含む場合）

変数	I	II	III	IV	V	VI	VII
変数 1	λ_1	λ_2	λ_3	λ_4	0	0	0
変数 2	0	λ_1	λ_2	λ_3	λ_4	0	0
変数 3	0	0	λ_1	λ_2	λ_3	λ_4	0
変数 4	0	0	0	λ_1	λ_2	λ_3	λ_4
変数 5	λ_4	0	0	0	λ_1	λ_2	λ_3
変数 6	λ_3	λ_4	0	0	0	λ_1	λ_2
変数 7	λ_2	λ_3	λ_4	0	0	0	λ_1

注：λは因子負荷量

提案されたモデル

　本書の他の章でみてきたように，パーソナリティの円環構造を研究している研究者たちの考えによれば，パーソナリティ特性とパーソナリティ障害とは連続性を持ったひと続きのものであり，パーソナリティ障害はパーソナリティ特性が極端な形で表出したものである。この仮説を検証したのが Sim と Romney（1990）である。彼らはパーソナリティ障害の診断を受けた 90 人の患者群と大学生 97 人からなるコントロール群に対して対人チェックリスト（Interpersonal Check List）（LaForge, 1977）への回答を求めた。すると患者群の回答の方がコントロール群に比べて得点が高く（より強い特性を示し），得点も偏っていた（柔軟性に欠ける）。これに似た結果は Wiggins,

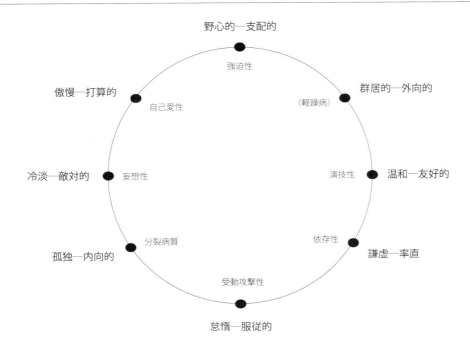

図14-1 Wiggins（1982）の対人特性（円の外側）とパーソナリティ障害（円の内側）

"Structural Approaches to Classification," by R. K. Blashfield, 1986, in T. Millon and G. L. Klerman (Eds.), *Contemporary directions psychopathology Toward the DSM-IV* (p. 389) New York Guilford Press Copyright 1986 the Guilford Press. 許可を得て転載
〔訳注：軽躁病は，DSM-III ではパーソナリティ障害に分類されていない〕

PhillipsとTrapnell（1989）による一般人を対象とした研究でも報告されている。患者ではなく一般人を研究の対象とした理由についてWigginsらは次のように述べている。

> パーソナリティ障害患者にみられる不適応なパーソナリティ特性は一般的な人の中にも観察可能である（中略）。精神障害を測定する項目に対する大学生の回答から，計量心理学的には十分な幅の得点変動が得られるし，特性同士の相関に関しても患者群を対象にした場合と同じような相関を得ることができる。(p. 306)

Wiggins（1982）は，理論化を試みていたその初期のころ，円環モデルでDSM-IIIパーソナリティ障害を表現することができるかどうか模索していた。WigginsはDSM-IIIからパーソナリティ障害7つを選び，軽躁病（DSM-IIの診断名であったが，DSM-IIIでは分類から除外された）を加えて円環上の隙間を埋め，それぞれの障害が持つパーソナリティ特性に合わせて8つの障害を円状に配列した（図14-1）。DSM-IIIからは除外されてしまった軽躁病については「行きすぎた群居的─外向的行動がみられる（中略）円環上への配置場所としては適当だと思われる」(p. 213)と述べている。

パーソナリティを円環で表現したモデルは数多く考案されてきたが（例えばKiesler, 1983），パーソナリティ障害との関連でいえばWigginsのモデルが最も妥当性が高いように思われる。とい

うのも Wiggins は，すべてパーソナリティ障害を円環上に配置しようとはしなかったからである。パーソナリティ特性すべてを網羅するためには少なくとも5次元（ビッグ・ファイブ）が必要だと思われるが，円環で表現できるのは2次元だけ，つまり支配性と親密性だけである。そのため，その本質が対人的要素とは無関係のパーソナリティ障害に関しては円環上に配置すべきでないと Wiggins は考えたのである。しかし，Wiggins のモデルにも問題点がある。それは軽躁病をパーソナリティ障害として円環上に配置したことである。軽躁病は現在，パーソナリティ障害とは認められておらず，一時的な気分（軽躁状態）を指すと考えられている。それゆえ，今後パーソナリティ障害を研究する場合は，そうした一時的な気分は含めるべきではなかろう。つまり，円環上にパーソナリティ障害が満遍なく配置されるとする仮説を支持するデータは今のところ存在せず，軽躁病が占めていた隙間は埋められずに残っていることになる。

データ・ソース

　共分散構造分析を行うにあたり2つの研究からデータを借用した。1つ目のデータは Kass, Skodol, Charles, Spitzer と Williams（1985）のものであり，2つ目のデータは別のサンプルを使って Kass らの追試を行った Hyler と Lyons（1988）のデータである。Kass らの研究には主に外来で通院する609人の低所得層患者が参加し，DSM-Ⅲ に沿った診断を下すための訓練を受けた35人の精神科研修医がそれぞれの患者の評定を行った。研修医は各患者の特徴が11のパーソナリティ障害の特徴にどの程度当てはまるかを，(a) まったく当てはまらない，あるいはほとんど当てはまらない，(b) 少し当てはまる，(c) ほとんど当てはまる，(d) 完全に当てはまる，の4件法で評定した。Hyler と Lyons の研究は Kass らの手続きを踏襲しているが，こちらは287人の精神科医が参加した全国規模の研究で，主に中所得層に属する358人の患者を対象としている。

方　法

　2つの研究の成果は DSM-Ⅲ パーソナリティ障害同士の相関行列とともに報告されている。そこから Wiggins が円環モデルで分類した7つのパーソナリティ障害に関するデータだけを抽出した（Romney & Bynner, 1989）。EQS（Bentler, 1985）を用い，2つのモデルを立ててその適合度を調べた。1つ目のモデルは Wiggins のモデルそのままで測定誤差を含まないモデル（モデル1a），もう1つは測定誤差を含むモデル（モデル1b，準円環モデル）である。LISREL でなく EQS を利用した理由は，LISREL がガットマンの円環モデルをもとにしたアルゴリズムを組んでおり，パーソナリティ特性間にみられる負の相関を扱うことができなかったためである。

　EQS ではデータへのモデルの適合度を示す指標を複数計算することができる。χ^2 値は有名な適合度指標の1つであり，データから得られた行列とモデルから想定される行列の差異の程度を示す。あいにく χ^2 値はサンプルサイズに左右されるため，サンプル数が大きいと2つの行列の差異が小さくても統計学的に有意な違いがあると判定されてしまう。また χ^2 値は自由度に

267

も左右される。自由度が多いモデルほど（すなわち節約的なモデルほど）χ² 値は大きくなる。それゆえモデルの制約を単に緩めるだけで適合度が上がってしまう。こうした性質があることから，Wheaton, Muthén, Alwin と Summers（1977）は，（入れ子になっている）モデル比較の際には χ² 値を単独では使わずに，χ² 値を自由度で割った値を使うことを提案している。他にも NFI（Normed Fit Index）という適合度指標があり，これはデータ相関行列の分散や共分散がモデルによって説明される割合を表している。NFI は 1 から 0 の値をとり，1 の場合はすべての分散がモデルによって説明されることを表し，0 の場合はまったく説明されないことを表す。NNFI（Non-Normed Fit Index）は自由度を計算に組み込むことで NFI を修正した指標である。また，データ行列からモデル行列を減じて算出する AASR（average absolute standardized residual）という指標もある。AASR の場合，0 に近いほど適合度が高くなる（CFI のような新しく考案された適合度については Bentler, 1989 を参照のこと。我々が研究を行った時点では CFI は EQS で算出できなかった。確認的因子分析の際に利用できる適合度に関する概説としては Marsh, Balla, & McDonald, 1988 がある）。

最終モデル

Kass らのデータを用いて Wiggins のモデルの適合度を調べたが，適合語は高くなかった（表14-4）。表中のモデル 1a がそれである。誤差分散を制約しなかったモデル 1b の場合は計算が収束せず，適合度はさらに低いと考えられた。

強迫性パーソナリティ障害を対人サークル上に配置することの妥当性に関しては Frances と Widiger（1986）が疑問を投げかけている。強迫性パーソナリティ障害の重要な要素は認知的要素だとする考えからである。また，強迫性パーソナリティ障害が他の因子に負荷するという探索的因子分析の結果もある（Blashfield, Sprock, Pinkston, & Hodgin, 1985）。そこで強迫性パーソナリティ障害を外して相関行列を作成し，再分析を試みた。しかしこれらのモデル（モデル 2a と 2b）は不適解となった。モデル 2a はプログラムによっていくつかの因子が 0 に（自動的に）制約されてしまい，モデル 2b は計算が収束しなかった。

そこで因子が影響を及ぼす変数の数を 4 つから 3 つに変えたモデルを構成し，適合度を検討した（モデル 3a と 3b）。モデル 3a の適合度はモデル 1a に比べると若干高かったが，モデル 3b の適合度は非常に低かった。相関行列を改めてよく検討してみると，受動攻撃性パーソナリティ障害の相関パターンが円環のパターンに当てはまっていないことが分かった。受動攻撃性パーソナリティ障害は，分析から除外した強迫性パーソナリティ障害の対極に配置されたパーソナリティ障害であった。そこで受動攻撃性パーソナリティ障害も除外したモデルを作成し，その適合度を調べてみた（つまり，モデルを構成するパーソナリティ障害の数は，7 つから 5 つに減ったことになる）。こうして構成したモデル 4a は高い適合度を示し，モデル 4b はさらに高い適合度を示した（表14-4）。

Kass らのデータを使って適合度の高いモデルが構成できたので，次いで Hyler と Lyons のデータを用いて同じ手続きを繰り返し，各モデルの適合度を調べた。その結果を示したのが表14-4 の下半分である。表から明らかなように最終モデル 4b の適合度は他のモデルと比べては

表14-4 円環モデルの適合度

1985データ

モデル	χ^2	df	NNFI	AASR
1a	130.62	18	.958	.089
1b	—	—	—	—
4a	37.60	8	.983	.055
4b	7.59	3	.993	.021

1988データ

モデル	χ^2	df	NNFI	AASR
1a	113.62	18	.955	.096
1b	72.01	1	.953	.086
4a	46.06	8	.971	.100
4b	6.74	3	.992	.029

注:NNFI = Non-normed Fit Index, AASR = Average Absolute Square Residual

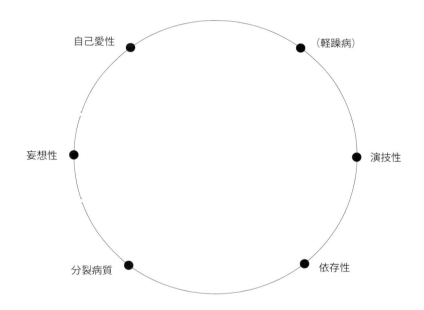

図14-2 パーソナリティ障害の円環モデル

"Evaluation of a Circumplex Model of *DSM-III* Personality Disorders," by D. M. Romney and J. M. Bynner, 1989, *Journal of Research in Personality, 23*, p. 534. Copyright 1989 by Academic Press より許可を得て転載

るかに高い。

　図14-2には5つのパーソナリティ障害——演技性,依存性,分裂病質,妄想性,自己愛性——が円状に並ぶ様子を示した。自己愛性と演技性の間には,仮説的ではあるが軽躁病を配置し配列の対称性を維持しているが,Wigginsのモデルで垂直軸を構成していた強迫性と受動攻撃性パーソナリティ障害は除外してある。すでに述べたように,強迫性パーソナリティ障害のような認知障害が主たる病態であるパーソナリティ障害は,対人円環上には適切に配置されないと考えられるからである。しかし,受動攻撃性パーソナリティ障害の場合,対人サークル上

に配置されない理論的根拠は，これが強迫性パーソナリティ障害の対極に位置すること以外には明確とはいえない。とはいえ，興味深いことに，Wiggins も対人サークルの改訂版からは強迫性パーソナリティ障害と受動攻撃性パーソナリティ障害を除外している（Wiggins & Pincus, 1989）。

軽躁病をパーソナリティ障害として図中の場所に配置することを裏づける強い証拠はないが，軽躁病が分裂病質パーソナリティ障害の対極に配置されること，そして分裂病質パーソナリティ障害と対照的な特徴を示すことを考え合わせると，この場所への配置は妥当なように思われる。もっとも，軽躁病の反対は分裂病質ではなく，むしろ気分変調症や抑うつ性パーソナリティ障害と捉える向きもあるかもしれない。

最後に指摘しておきたいのだが，パーソナリティ障害を円状に並べた際の配置が DSM-Ⅲ の群分け（American Psychiatric Association, 1987, p. 337）と一致していることに注意されたい。DSM-Ⅲ-R では各障害が持つ代表的な特徴からパーソナリティ障害を3群（A群，B群，C群）に分類している。妄想性パーソナリティ障害と分裂病質パーソナリティ障害は対人サークル上では隣同士だが，DSM-Ⅲ-R ではともに A 群に分類されている。自己愛性パーソナリティ障害と演技性パーソナリティ障害も隣接して配置されているが，DSM-Ⅲ-R ではともに B 群に分類されている。依存性パーソナリティ障害は DSM-Ⅲ-R の C 群である。対人サークル上の配置と DSM-Ⅲ-R 分類が一致していることは，我々の円環モデルの妥当性を示すものといえよう。

他のパーソナリティ障害

これまで述べてきたように，構造方程式モデリングを使うことによって，11ある DSM-Ⅲ 分類のパーソナリティ障害のうちの5つを円環上に配置できることが明らかとなった。これら5つのパーソナリティ障害が抱える主たる問題は，いずれも対人的要素である。それでは，円環上に配置できない他のパーソナリティ障害の場合，障害となるのはどのような問題だろうか。強迫性パーソナリティ障害の場合，円環上に適切に配置されなかった理由は主として障害が認知的側面に関わると考えられたためであった。他のパーソナリティ障害もまた認知的側面の障害が強く，そのために対人円環上に適切に配置されないのだろうか。

Bynner と Romney（1986）は認知能力の研究を行っていたが，認知に関わる種々の能力は順番に配列することができ，ある能力が別の能力を導くという性質を持っていることを見出した。それゆえ円環上に配置されないパーソナリティ障害がいずれも認知的要素を持っていると仮定すると，それらは直線上に配置される可能性がある（すなわちシンプレックス構造をとる可能性がある）。シンプレックス構造となる変数同士の相関パターンは表14-5のようなパターンを示す。同一対角線上に並ぶ相関係数の大きさは互いに等しく，下三角の頂点から主対角線に向かうに従い相関係数は大きくなる。このシンプレックス構造は円環構造の特殊な例と考えることもできる。シンプレックスは円環の「パラメーターの1つが無制限に増加していく」（Browne, 1992, p. 471）ものと考えることができるからである。それゆえ，シンプレックスと円環の違いは，前者が閉じた構造をとらず，変数間相関は距離に応じて大きくなり上限が定まっていないことである。それに

第14章　構造方程式モデリングによる対人円環の評価

表 14 − 5　シンプレックスモデルの相関行列

変数	V1	V2	V3	V4	V5
変数 1	1				
変数 2	p_1	1			
変数 3	p_2	p_1	1		
変数 4	p_3	p_2	p_1	1	
変数 5	p_4	p_3	p_2	p_1	1

注：$p_1 > p_2 > p_3 > p_4$

対して後者の場合には，変数間相関が距離に応じて増加するものの一定の地点から減少に転じる。しかし，円環の場合がそうであったように，変数を任意に並び替えるとシンプレックス構造は成り立たなくなる。

　前段の仮説を検証するために Kass ら（1985）と Hyler と Lyons（1988）の論文に記載されていた反社会性，境界性，回避性，受動攻撃性，強迫性パーソナリティ障害同士の相関を利用した。分裂病型パーソナリティ障害は分析対象から除外した。分裂病型パーソナリティ障害は分裂病質パーソナリティ障害と重なり合う部分が非常に大きく，そして後者はすでに円環上に配置できることが分かっていたからである。

　シンプレックスモデルへのデータの適合を調べるために，LISREL VI（Jöreskog & Sörbom, 1984）を用いて2つの相関行列の分析を行った（分析の詳細は Romney & Bynner, 1992a を参照）。LISREL で計算できる適合度指標には EQS と同じ x^2，EQS の NFI に相当する GFI，EQS の NNFI に相当する AGFI，EQS の AASR に似ているが残差平方を使う点が異なる RMSR などがある。円環の場合と同様，2つのモデルを立てて適合度の検証を行った。(a) パーソナリティ障害の測定に誤差がないとするモデル，(b) 測定誤差による相関の希薄化を修正した準シンプレックスモデル，の2つである。

　Kass らのデータはシンプレックスモデルによく適合したが，いくつかの調節を行っている。その1つが変数の希薄化の修正（回避性パーソナリティ障害のみ）である（円環モデルでは最も適合度の高いモデルを構成するためにすべての変数の希薄化を修正しており，その点に本モデルとの違いがある）。Hyler と Lyons らのデータでは同じ調節を行っても Kass らのデータほど高い適合度は得られなかったが，それでも変数の並びを変えた他のどのモデルよりも適合度は高かった。両方のデータに対して単因子モデルの適合度も調べてみたが適合度はよくなかった（表 14−6）。

　準シンプレックスモデルによる5つのパーソナリティ障害の並びは，反社会性パーソナリティ障害と強迫性パーソナリティ障害を両端とし，その間に境界性，回避性，受動攻撃性パーソナリティ障害が並ぶというものであった（図 14−3）。図中の四角は観測されるパーソナリティ特性もしくはパーソナリティ変数を表し，測定誤差を含む。図中の円は潜在変数を表し，測定誤差は含まない。

　このモデルで測定される次元は Cloninger（1987）が提案したパーソナリティ次元の1つに対応しているように思われる。つまり新奇性探究の次元である。

271

表14-6 シンプレックスモデルと因子モデルの適合度

1985 データ

モデル	χ^2	df	AGFI	RMSR
シンプレックス	11.54	5	.974	.036
因子モデル	37.90	5	.963	.077

1988 データ

| シンプレックス | 29.23 | 5 | .921 | .074 |
| 因子モデル | 43.51 | 5 | .927 | .101 |

注：AGFI = Adjusted Goodness of Fit index, RMSR = Root Mean Square Residual

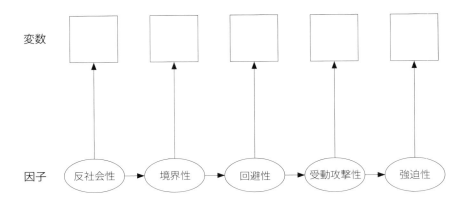

図14-3 パーソナリティ障害の準シンプレックスモデル

新規性探究の程度が一般より高い人には（中略）衝動的で，興奮しやすく，癇癪持ちで，突飛なところがあり，騒々しい特徴がある（中略）。細かなことが目に入らず，すぐに注意散漫になったり，退屈してしまうといわれている。それに対して，一般より新規性探究の程度が低い人は目先の細かなことで頭がいっぱいになり，決断を下す前に十分に考えを巡らす特徴がある。(p. 575)

このように，準シンプレックスモデルの一方の極には反社会的パーソナリティを持った人たちが配置され，すぐに退屈してしまう傾向や，興奮や気晴らしを求める傾向を示す。もう一方の極には強迫性パーソナリティ障害の人たちが配置され，常に同じことの繰り返しを求め，決まりきった習慣が邪魔されることに耐えられないという特徴を示す。境界性パーソナリティ障害，回避性パーソナリティ障害，受動攻撃性パーソナリティ障害の人たちは2つの極の間に位置し，新奇性探究の程度も2つのパーソナリティ障害の中間程度である。つまり境界性パーソナリティ障害が最も低く，次いで回避性パーソナリティ障害，受動攻撃性パーソナリティ障害の順に新奇性探究の程度が高くなると考えられる。

5因子モデルとの関係

　パーソナリティの5因子モデルについてはさまざまな論文が著され，心理学界に広範な影響を与えている。またパーソナリティ障害との関連を記した論文も多い（例えば Costa & Widiger, 1994）。それでは，5因子と円環モデル，あるいは5因子とシンプレックスモデルの関係はどのように考えられているのだろうか。

　5因子のうちの2つの次元——外向性と協調性——は対人的な次元であり，円環を規定する支配性と親密性の軸にそれぞれ対応すると考えられている。実証的な証拠もこの考えを裏づけている（例えば Soldz, Budman, Demby, & Merry, 1993）。一方，5因子の他の2つの次元——誠実性と神経症傾向——はシンプレックスモデルが表現している次元を反映していると考えられる。シンプレックスモデルが表現している次元は誠実性と神経症傾向が融合した次元と考えることが可能である。その次元に沿って左から右へ向かうにつれて誠実性と神経症傾向が強くなる。精神力学の用語でいえば，この次元はイドから超自我へと延びる次元と考えられる。この次元の左端に位置するのは，反社会性パーソナリティ障害をもった社会生活に適応できない人たちで，責任感に欠け，不安に苛まれることも少ないという特徴を持つ。それとは対照的に，右端に位置するのは強迫性パーソナリティ障害をもつ，社会の決まりに過度に敏感な人たちで，過剰なまでの誠実性を持ち，不安にしょっちゅう苛まれている。この次元に沿って左から右へと移るに従い誠実性と不安は徐々に強まっていくと考えられる。

　このように，パーソナリティの5因子のうちの4因子は円環もしくはシンプレックスモデルに対応すると考えられるが，残った経験への開放性はそのどちらとも関連しないようである。とはいえ Wiggins と Pincus（1989）の研究によれば，分裂病型パーソナリティ障害のみが経験への開放性に対して負荷量をみせている（つまり経験への開放性のみが独立した因子を構成している）。残念ながら分裂病型パーソナリティ障害は我々の分析の対象外であった。分裂病型パーソナリティ障害は分裂病質パーソナリティ障害と重なり合う部分が非常に多いと判断したからだが，結果的に経験への開放性について考察する機会がなかった。分裂病型パーソナリティ障害が DSM で分類された正式な診断名であることを考えれば，分析の対象から除外したことは反省すべき点かもしれない。

臨床的意義

　これまでみてきたようにパーソナリティ障害は2つのグループ——円環で表現されるものとシンプレックスモデルで表現されるもの——に分類可能であった。このことは，円環で表現されるパーソナリティ障害の主たる病態が対人関係に関わり，シンプレックスモデルで表現されるパーソナリティ障害の主たる病態が認知に関わるということを示唆している。しかし，主たる病態が認知に関わるものであれば，2次的には対人関係への不適応につながると考えられる。つまり，認知スタイルに異常があると，シンプレックスモデルで表現されるパーソナリティ障害をもつ人

たちは他者と人間関係を結び，相互に働きかけを行う上での困難を経験すると考えられる。例え
ば，強迫性パーソナリティ障害のある人は物事を捉える概念的な枠組みがあまりに厳格すぎて，
他者と妥協することができない。反社会性パーソナリティ障害の人の中には道徳心の欠如から衝
動的な行動や快楽主義的行動をとる人がいる。境界性パーソナリティ障害の人は他者を善悪のど
ちらかに区別する傾向があるが，絶えずその判断が変わり続けるために，混乱した感情との葛藤
を繰り返す。回避性パーソナリティ障害の人は他者を自分への脅威と捉え，自分を困惑させる潜
在的要因とみなす。受動攻撃性パーソナリティ障害の人は自分が他者にうまく利用されるのでは
ないかという不安から，相手に対してわざと拒否的な態度をみせる。

　もし仮にDSM-III-Rで分類されたパーソナリティ障害のうちの5つだけが（およびそれに加
えて軽躁病だけが）対人円環上に配置されるとすれば，治療法への応用やパーソナリティ障害の
分類，測定での活用が考えられる。パーソナリティ障害の分類という観点からいえば，軽躁病
はDSM-IIのように正式なパーソナリティ障害として扱うべきであろう。しかし我々の考えも
むなしく，DSM-IVでも軽躁病はパーソナリティ障害に分類されなかった（American Psychiatric
Association, 1994）。さらに，我々のシンプレックスモデルの鎖の一部であった受動攻撃性パーソ
ナリティ障害（今では拒絶性パーソナリティ障害という名称で知られている）までもがDSM-IVでは
付録に移されてしまった。その理由は「パーソナリティ障害に含めるべき十分な証拠がまだな
い」（p. 703）からであった。それゆえ，今後患者に対してこの診断名が下ることは想定できない。
我々の研究を追試して結果を確認することは今後さらに難しくなるであろう。

　今後，対人円環尺度を用いてパーソナリティ障害を測定する場合は，円環上に配置されること
が確認された6つのパーソナリティ障害に対象を限るべきであろう。シンプレックスモデルで表
現されるパーソナリティ障害を測定するための質問紙は別に考案しなくてはならない。その場
合，項目には各パーソナリティ障害が持つ認知的側面に合わせた重みづけをすべきであろう。分
裂病型パーソナリティ障害を測定するためには特別な尺度が必要だが，すでに発表されている尺
度が存在する（Claridge & Beech, 1995; Claridge & Broks, 1984参照）。

　治療を考えた場合には，対象となるパーソナリティ障害が円環上に配置された障害か，あるい
はシンプレックスモデルに配置された障害かによってアプローチの仕方は大きく異なる。治療の
対象が円環上に配置された障害の場合，主な病態は対人的側面に関わる問題である。それゆえ治
療法としては対人関係療法（Horowitz & Vitkus, 1986）のような治療法が適切であろう。例えば，
依存性パーソナリティ障害をもつ患者であれば，対人関係療法を通してより自律的になれるよう
に，自己主張できるように訓練すべきであろう。一方，シンプレックスモデルに配置されたパー
ソナリティ障害をもつ患者の場合，治療の焦点は対人的側面よりも認知的側面に当てなくてはな
らない。例えば，反社会性パーソナリティ障害の患者の場合であれば，治療の焦点は公共心を養
い，衝動をコントロールする術を学ばせることだと考えられる。

結　論

　本章の初めに統計学的方法論について述べた。最後もまた統計の話で締めくくるとしよう。統

計分析手法の発展は，構造方程式モデリングの例をみても分かるように，パーソナリティ障害を眺める新たな視点を切り開いた。今後さらに多くの発見があるだろう。統計手法の発展がもたらした成果の1つはビッグ・ファイブの2因子——外向性と協調性——が円環で，そしてもう2つの因子——誠実性と神経症傾向——がシンプレックスモデルで表現できることを示したことであった。このことは，一見相容れない（対人か認知か）ようにも思われるパーソナリティ障害の概念同士を整理することに貢献し，各パーソナリティ障害に対する適切な治療を選ぶ上での手助けとなるばかりでなく，パーソナリティ障害の理論と実践の発展に対して新たな可能性を開くものといえる。

　統計分析の発展の陰にLISRELやEQSなどの統計プログラムの進化があったことは言を俟たない。これらのおかげで科学の本質ともいうべき2つの問いに対して同時に回答を得ることが可能となった。つまり，研究において主要な変数から導いた概念は実証的に裏づけられるのか，そして変数間の関連に対して実証的裏づけが得られるのか，という問いに答えることができるようになったのである。立てたモデルの適合度が悪く，その理論ではデータをうまく説明することができない場合，理論とモデルを初めから見直さなくてはならない。

　さまざまなデータを扱った経験からいうのだが，こうした分析プロセスは非常にやりがいがある。パーソナリティ障害のデータを扱った際には，円環を構成しない変数同士の関係を説明するためにシンプレックスモデルを使うことができるとは思ってもみなかった。シンプレックスモデルにたどり着いたのは他のモデルではデータをうまく説明できないことが分かったからであり，さらに認知的能力に関する別の研究からシンプレックスモデルの意義をすでに理解していたからであった。

　統計モデルを構成してデータを分析する場合，いつでもそうであるが，モデルの解釈は注意深く行う必要性がある。特に因果関係を推論する場合にはなお一層の注意が必要である。Cliff(1983)も指摘しているように，因果関係は実験的な統制を加えることなしには決して明確にできないからである。一方，HoyleとSmith（1994）は因果関係の推測について次のように述べている。「横断研究で得られたデータを用いて方向性を推測することは可能である。横断研究によっても理論的もしくは実証的に，明確で論理的な因果関係の流れを推測することができる」(p. 439)。我々もこの考えに賛成である。それゆえ，Cliffの指摘があったからといって，実験的な統制が因果関係を明らかにするまでパーソナリティ障害の診断を保留し，治療に向けた行動を控える必要はないであろう。むしろ，構造方程式モデリングを使って新たなモデルを構築し，あらゆる実証研究によってその妥当性を検証すべきである。パーソナリティ障害の治療法についても，モデルから考え得る新たな治療戦略を可能な限り幅広い臨床の現場に取り入れてみるべきであろう。

　これまでみてきたように，構造方程式モデリングを活用したからといって，現在広く受け入れられている理論や治療法の代替案がただちに出てくるわけではない。構造方程式モデリングは新たな考え方を見出すきっかけを提供する。理論の発展，治療法の改善はそうした新しい考え方から生まれるのである。

文 献

American Psychiatric Association. (1987). *Diagnostic and statistical manual of mental disorders* (3rd ed., rev.). Washington, DC: Author.

American Psychiatric Association. (1994). *Diagnostic and statistical manual of mental disorders* (4th ed.). Washington, DC: Author.

Bentler, P. M. (1985). *Theory and implementation of EQS: A structural equation program.* Los Angeles: University of California Press.

Bentler, P. M. (1989). *EQS structural equations program manual.* Los Angeles: BMDP Statistical Software.

Blashfield, R., Sprock, J., Pinkston, K., & Hodgin, J. (1985). Exemplar prototypes of personality disorder diagnoses. *Comprehensive Psychiatry, 26,* 11-21.

Browne, M. W. (1992). Circumplex models for correlation matrices. *Psychometrika, 57,* 469-497.

Bynner, J. M. (1981). Use of LISREL in the solution to a higher order factor problem in a study of adolescent self-image. *Quality and Quantity, 15,* 523-540.

Bynner, J. M. (1988). Factor analysis and the construct indicator relationship. *Human Relations, 41,* 389-405.

Bynner, J. M., & Romney, D. M. (1986). Intelligence, fact or artefact: Alternative structures for cognitive abilities. *British Journal of Educational Psychology, 56,* 12-23.

Cantor, N., Smith, E. E., French, R. D., & Mezzich, J. (1980). Psychiatric diagnosis as prototype categorization. *Journal of Abnormal Psychology, 89,* 181-193.

Claridge, G., & Beech, A. R. (1995). Fully and quasi-dimensional constructions of schizotypy. In A. Raine, T. Lencz, & S. A. Mednick (Eds.), *Schizotypal Personality* (pp. 192-216). Cambridge: Cambridge University Press.

Claridge, G., & Broks, P. (1984). Schizotypy and hemisphere functions: I. Theoretical considerations and the measurement of schizotypy. *Personality and Individual Differences, 8,* 633-648.

Cliff, N. (1983). Some cautions regarding the applications of causal-modeling methods. *Multivariate Behavioral Methods, 18,* 115-126.

Cloninger, R. (1987). A systematic method for clinical description and classification of personality variants: A proposal. *Archives of General Psychiatry, 44,* 573-588.

Costa, P. T., Jr., & Widiger, T. A. (1994). *Personality disorders and the Five-Factor Model of personality.* Washington, DC: American Psychological Association.

Cudeck, R. (1986). A note on structural models for the circumplex. *Psychometrika, 15,* 143-147.

Digman, J. M. (1990). Personality structure: Emergence of the Five-Factor Model. *Annual Review of Psychology, 50,* 116-123.

Eysenck, H. J. (1970). *The structure of human personality* (3rd ed.). London: Methuen.

Frances, A., & Widiger, T. A. (1986). Methodological issues in personality disorder diagnosis. In T. Millon & G. L. Klerman (Eds.), *Contemporary directions in psychopathology: Towards the DSM-IV* (pp. 381-400). New York: Guilford Press.

Guttman, L. A. (1954). A new approach to factor analysis: The radex. In P. F. Lazarsfeld (Ed.), *Mathematical thinking in the social sciences* (pp. 258-348). Glencoe, IL: Free Press.

Horowitz, L. M., & Vitkus, J. (1986). The interpersonal basis of psychiatric symptoms. *Clinical Psychology Review, 6,* 443-469.

Hoyle, R. H., & Smith, G. T. (1994). Formulating clinical research hypotheses as structural equation models: A conceptual overview. *Journal of Clinical and Consulting Psychology, 62,* 429-440.

Hyler, S. E., & Lyons, M. (1988). Factor analysis of the DSM-III personality disorder clusters: A replication. *Comprehensive Psychiatric, 29,* 304-308.

Jöreskog, K. G. (1974). Analyzing psychological data by structural analysis of covariance matrices. In D. H. Krantz, R. C.

Atkinson, R. D. Luce, & P. Suppes (Eds.), *Contemporary developments in mathematical psychology* (Vol. 2, pp. 1-56). San Francisco: Freeman.

Jöreskog, K. G., & Sörbom, D. (1979). *Advancing in factor analysis and structural equation models*. Cambridge, MA: Abt Associates.

Jöreskog, K. G., & Sörbom. D. (1984). *LISREL VI: Analysis of linear structural relationships by maximum likelihood, instrumental variables, and least squares methods* (3rd ed.). Mooresville, IN: Scientific Software.

Jöreskog, K. G., & Sörbom, D. (1989). *LISREL 7: A guide to the program and applications* (2nd ed.). Chicago: SPSS.

Kass, F., Skodol, A. E., Charles, E., Spitzer, R. L., & Williams, J. B. W. (1985). Scaled ratings of DSM-III personality disorders. *American Journal of Psychiatry, 142,* 627-630.

Kiesler, D. J. (1983). The 1932 interpersonal circle: A taxonomy for complementarity in human transactions. *Psychological Review, 90,* 185-214.

LaForge, R. (1977). The Interpersonal Check List. In J. E. Jones & J. W. Pfeiffer (Eds.), *The 1977 handbook for group facilitators* (pp. 89-96). La Jolla, CA: University Associates.

Leary, T. F. (1957). *Interpersonal diagnosis of personality: A functional theory and methodology for personality evaluation*. New York: Ronald Press.

Marsh, H. W., Balla, J. R., & McDonald, R. P. (1988). Goodness of fit indices in confirmatory factor analysis. *Psychological Bulletin, 103,* 391-411.

McDonald, R. P. (1980). A simple comprehensive model for the analysis of covariate structures. *British Journal of Mathematical and Statistical Psychology, 33,* 161-183.

Romney, D. M., & Bynner, J. M. (1989). Evaluation of a circumplex model of DSM-III personality disorders. *Journal of Research in Personality, 23,* 525-538.

Romney, D. M., & Bynner, J. M. (1992a). *The structure of personal characteristics*. New York: Praeger.

Romney, D. M., & Bynner, J. M. (1992b). A simplex model of five DSM-III personality disorders. *Journal of Personality Disorders, 6,* 34-39.

Sim, J. P., & Romney, D. M. (1990). The relationship between a circumplex model of interpersonal behaviors and personality disorders. *Journal of Personality Disorders, 4,* 329-341.

Soldz, S., Budman, S., Demby. A., & Merry, J. (1993). Representation of personality disorders in circumplex and Five-Factor space: Explorations with a clinical sample. *Psychological Assessment, 5,* 41-52.

Wheaton, B., Muthén, B., Alwin, D. E., & Summers, G. F. (1977). Assessing reliability and stability in panel models. In D. Heise (Ed.), *Sociological methodology 1977* (pp. 84-136). San Francisco: Jossey-Bass.

Wiggins, J. S. (1982). Circumplex models of interpersonal behavior in clinical psychology. In P. C. Kendall & J. N. Butcher (Eds)., *Handbook of research methods in clinical psychology* (pp. 183-221). New York: Wiley.

Wiggins, J. S., Phillips, N., & Trapnell, P. (1989). Circular reasoning about interpersonal behavior: Evidence concerning some untested assumptions underlying diagnostic classification. *Journal of Personality and Social Psychology, 56,* 296-305.

Wiggins, J. S., & Pincus, A. L. (1989). Conceptions of personality disorders and dimensions of personality. *Psychological Assessment: Journal of Consulting and Counseling Psychology, 1,* 305-316.

第15章

対人問題の円環構造

Leonard M. Horowitz, D. Christopher Dryer, & Elena N. Krasnoperova

　本章では対人問題の本質およびその構造に関する考察を簡単に紹介する。対人問題は対人行動と同様に2次元の円環で表現することが可能である。では，なぜ対人問題を円環で表現することができるのだろうか。また，対人問題が生じる背景には何があるのだろうか。これらの疑問に答える理論を紹介する。我々の考えによれば，あらゆる対人行動は相手から特定の行動（相補的行動）を引き出す。そして，それら2つの行動の関係も2次元の円環で表現することが可能である。本章ではまず，どのような種類の対人問題が多いのか解説する。次いで，それらの対人問題が2次元の円環で表現できるとしたこれまでの研究結果を紹介し，患者を対象にして対人問題を測定した研究について記す。最後に我々の考える理論を紹介し，今後の応用可能性を示す。

対人問題のモデル化

　精神療法を始める患者はたいてい，自分が体験した対人的な問題を話題にする。カウンセリングで自分が経験した（抑うつのような）不快な感情について語っていても，同時に多くの対人問題に言及する患者がほとんどである。例えば，他者と親密な関係を築くことができない，自分の言いたいことを言えない，他者に対して敵対的な態度をとってしまうなど。これらの対人問題にはどのような種類があるかを検討するため，Horowitz（1979）やHorowitz, WecklerとDoren（1983）は初回の医療面接記録を集め，患者が語った対人問題を数多く収集した。そうして集めた対人問題をもとにHorowitz, Rosenberg, Baer, UreñoとVillaseñor（1988）は対人問題インベントリー（Inventory of Interpersonal Problems: IIP）を作成した。

対人問題インベントリー

　対人問題インベントリーは127項目で構成される（図15-1には質問紙の一部を示した）。項目は次の2つの形式で書かれている。「私は以下のことをするのが苦手だ」という形式と「私は以下のことをやりすぎてしまう」という形式である。被験者は各項目に記された対人問題に対しどの程度悩んでいるのかを，0から4までの選択肢の中から1つ選んで回答する。Horowitzらは対人問題のモデルを検討する目的で，外来診療所に通院する200人の患者に対して対人問題インベントリーを使った調査を行い（Horowitz et al., 1988），因子分析を用いて項目間の関係を検討した。すると見出された2つの因子は2つの対人次元を表していると解釈することができた。1つの次元は親密さや愛情，交流を表現する次元で，他者に対する友好的で温かなふるまいから敵対的も

第15章　対人問題の円環構造

対人問題インベントリー

下記のリストには人が他者と関わる際に感じるさまざまな問題が挙げられています。リストの内容を読んで，各項目に記された内容が，あなたにとって重要な他者と関わる際にどの程度問題になってきたかを振り返ってください。各項目でどの程度悩んだことがあるのか，最も当てはまる番号を1つ選んで，○で囲んでください。

例
下記の問題であなたはどの程度悩んだことがありますか。

私には〜することが難しい

	まったくない	あまりない	どちらともいえない	少しある	非常にある
00. 知り合いと仲良くやっていくこと	0	1	2	3	4

パート1　苦手だと感じることについてお尋ねします。

私には〜することが難しい

	まったくない	あまりない	どちらともいえない	少しある	非常にある
1. 他者を信頼すること	0	1	2	3	4
2. 人に「No」と言うこと	0	1	2	3	4
3. グループに加わること	0	1	2	3	4
4. プライベートを他者に知られないようにすること	0	1	2	3	4
5. 自分の要求を他者に知らせること	0	1	2	3	4
6. 自分をわずらわせるのをやめてほしいと，他者に伝えること	0	1	2	3	4

〔訳注：訳は鈴木・藤山（2011）による〕

図15−1　対人問題インベントリーの一部

しくは冷たいふるまいなどを包含していた。もう1つの次元は統制や支配，影響力を表す次元で，他者を支配，コントロールしようとする行動から他者への服従，コントロールの放棄などが含まれていた。これらの2因子に対する各項目の負荷量を座標とみなすことで，各項目を平面上に配置することができる（図15−2）。図をみると各項目が異なる場所に配置されていることが分かる。項目は満遍なく配置され，大きく間隔のあいた場所はなかった。

　この平面を8つに分けて，各区域に分類された対人問題について検討することも可能である。平面上に配置された項目が円環を構成するとした場合，各区域には対人問題のいくつかずつが分類されることになる。それゆえ，あらゆる対人問題は2つの潜在次元の組み合わせで表現可能である。対人問題が患者の極端な親密性の高さ（あるいは極端な敵意の高さ）を反映している場合もあるし，極端な支配性の高さ（あるいは極端な服従傾向の強さ）を反映している場合もある。また極端な親密─支配的傾向を反映している場合もあれば，親密─服従傾向を反映している場合もある。重要なのはすべての区域が何らかの対人問題を表しているということである。

　また，配置が近い項目同士は正の相関を持つ。それぞれの項目が2つの潜在次元を同じ程度に反映しているためである。一方，中心を境にしてほぼ対極に配置された項目同士は，一般的に負の相関を持つ。これは2つの潜在次元を反映する仕方がそれぞれ反対だからである。また，中心からの方向が90度ずれている項目同士（例えば，極端な親密性に起因する問題と極端な支配性に起因

279

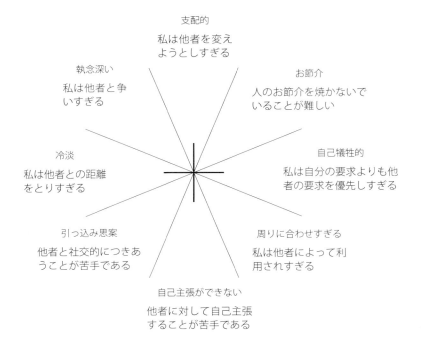

図 15-2 対人問題インベントリーの各下位尺度の実例
〔訳注：訳は鈴木・藤山 (2011) による〕

する問題）には無相関（直交）が想定される。一方の問題は水平軸の因子によって，もう一方の問題は垂直軸の因子によって規定されるからである。

　Alden, Wiggins と Pincus (1990) は図 15-2 に記された図を 8 つのオクタントに分け，各オクタントの内容を最もよく表す項目を 8 つずつ選び出した。8 つの下位尺度はこうして選ばれた 8 項目で構成された。各下位尺度にはそれぞれのオクタントに含まれる対人問題の中身を反映した名前がつけられている。つまり（過度な）支配，報復，冷淡，回避，服従，過度な従順，献身，介入的である。

　項目だけでなく，これらの下位尺度もまた Guttman (1954) が示した円環の定義を満たしていた。つまり隣接する下位尺度同士は正の相関を，中心を挟んで対極に位置する下位尺度同士は負の相関をみせた。また，中心からみて直交する位置にある下位尺度同士は無相関であった。下位尺度同士が作る角度が小さいほど強い相関がみられた。例えば，患者にとって最も深刻な対人問題が特定のオクタントにみられた場合，その患者は隣接するオクタントが表す対人問題もまた抱えていると考えられる。一方，対極にあるオクタントが表す対人問題をも抱えていると考えること自体は可能かもしれないが，円環が持つ性質からみて，まずあり得ないであろう。例えば，自分の考えを主張できないことに悩む患者が，過度な支配性に起因する対人問題を訴えることはまずないと考えられるからである。対人問題を表す円環の幾何学的性質については後でみることとする。

対人問題インベントリーの活用

　8つの下位尺度得点を平面上にプロットすることで患者が抱える対人問題の傾向を図で表現することができる。図15-3は患者の回答をもとにその患者の対人問題の傾向を表したものである。この患者を仮にAさんとしよう。Aさんは30代後半の独身女性で，結婚につながるような親密な関係を男性と築くことができないという悩みを抱えていた。Aさんは非常に知性的で，魅力があり，経済的にも安定していたが，男性とのつきあいが半年以上続いたことがなかった。40歳にさしかかろうという年齢になり，結婚して子どもを持ちたいと思っていたが，なかば諦め，淋しさを感じ希望を失っていた。図15-3に示したように，Aさんが抱える対人関係上の問題は主に冷淡，執念深い，支配的，お節介なオクタントに属していた。

　対人問題インベントリーは心理療法の経過をみる際にも使われてきたが，Horowitzら（1988）は心理療法の場で語られる対人問題にはどのような問題が多いのか，そして最も解消しにくい対人問題はどのような問題なのかを調べるための研究を行っている。対象は心理療法を受けている50人の患者で，20セッションからなる力動的心理療法を受けている最中であった。患者が口にする対人問題のほとんどは親密―従順の領域に関わる問題で，例えば過度なまでに相手に対して従順になってしまうといった内容であった。それに比べると，過度な支配性や競争的な傾向，あまりに冷淡な傾向がもたらす対人関係上の問題が話題にのぼることは少なかった。また，親密―従順の領域に関わる問題は改善する割合が高く，敵意―支配の領域に関わる問題は改善率が低い

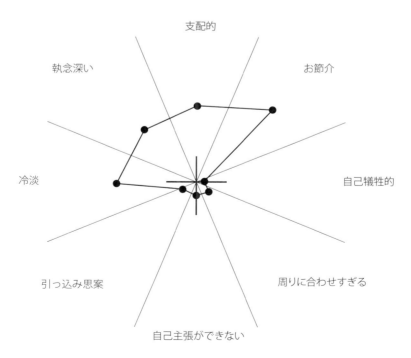

図15-3　Aさんの対人問題インベントリープロフィール

ことが分かった。先ほどの A さんの場合は男性と親密な関係を築くことができないという問題を抱えていたが，その多くは改善の難しい，敵意—支配の領域に属していた。実際 A さんの場合は，残念なことに治療を受けてもあまり改善がみられなかった。

このように，対人問題インベントリーを使うことで人の特徴を示したり，人が抱える対人問題を表すことができるが，それ以外にもさまざまな尺度を比較したり，尺度が測定している概念の特徴を明らかにすることにも利用することができる。例えば，人の依存性（もしくは自己主張の程度でも人への不信でも何でもよいが）を測定するとされる尺度があった場合，その尺度が測定している概念を対人問題インベントリーの対人空間内に配置するといった利用法が可能である。その場合，測定している概念と最もよく似た円環下位尺度との相関が最も高くなり，他の下位尺度との相関はそれよりも低くなる。例えば，Gurtman（1991, 1992a, 1992b）は対人問題インベントリーを利用して，さまざまな尺度が測定する概念を対人空間上に配置している。その中には信頼と依存を測定する尺度がそれぞれ 2 つずつあったが，対人空間上に配置してみると円環内のそれぞれ異なる場所に配置された。つまり信頼と依存を測定する 2 つの尺度同士は，実際にはそれぞれ異なる概念を測定していることになる。

心理療法の仕事は，そのほとんどが患者の対人問題への対処といえる。しかし，治療の対象について理解を深めるためにはまず対人問題の本質を理解する必要がある。対人問題を抱えている人にはそれぞれ，自分が望む対人相互作用のあり方（つまり，目標とする対人関係上のあり方やこうありたいという願望）があるものの，その目標を達成できないでいる。それゆえ，患者が抱える対人問題を理解するためには，患者がとる対人行動ばかりでなく患者が目標とする対人関係上のあり方も理解しておく必要がある。また，目標とする対人関係上のあり方がどのように（またなぜ）達成されていないのかを理解することで適切な治療法を工夫することができる。こうした問題を扱った我々の理論を次節で解説する。

対人関係モデル

対人関係モデルが現れたのは 1940 年代から 1950 年代にかけてのことで，当時広まっていた古典的な精神分析学や学習の行動理論（例えば Horney, 1945; Leary, 1957; Sullivan, 1953）に対する反動の表れであった。例えば，行動理論は対人間で起きる出来事を刺激と反応とに分離する。それはあたかも 1 人の人間の行動が刺激となって相手の反応を機械的に引き起こすと考えているかのようである。しかし Leary は，対人場面で人は単に反応を示すだけではないと強調している。例えば，他者に対して自らを誇るような態度をとる人は「他者に対して何事かを伝えている」（1957, p. 91）のである。自らを誇る態度そのものは相手にさまざまなメッセージを伝える。自分が優れていることを相手に分からせる，というのもそうしたメッセージの 1 つである。対人関係の原理についてはさまざまな研究者が紹介しているのでそちらを参照されたい（例えば Benjamin, 1974, 1986; Horowitz & Vitkus, 1986; Kiesler, 1983; Orford, 1986; Wiggins, 1982）。我々のモデルは 4 つの仮説を前提としている。次節以降でこれらの仮説を説明し，実際の対人問題に対してどのように応用できるかみていこう。

仮説1：対人行動は2次元で表現可能である

対人行動は，対人問題と同様，2つの基本次元で表現することが可能である。1つは親密さや愛情，共同性の次元で，敵対的な行動から友好的な行動までを含んでいる。もう1つは統制や支配，影響力の次元で，服従的行動から支配的行動までを含む。例を図15-4に示した。助言は友好的―支配的行動を表す象限に位置している。叱責は敵対的―支配的行動を表す象限に，敬意は友好的―服従的行動を表す象限に，僻みは敵対的―服従的行動を表す象限にそれぞれ位置している。

研究による裏づけ

対人領域に含まれる概念を整理した文献には Berzins（1977），Bierman（1969），Carson（1969），DeVoge と Beck（1978），Wiggins（1982）などがある。対人関係のモデルを最初に発表したのは LaForge と Suczek（1955），および Leary（1957）であるが，それ以来多くの研究者が因子分析や他の統計手法を用いて対人関係を規定する2つの主要な次元を確認しようと努力してきた。この2つの対人次元は，時に人の根源的な2つの欲求と関連づけられてきた。つまり，(a) 他者像を維持したいという欲求と，(b) 自己像を維持したいという欲求である。これら2つの欲求は，もとは同じ1つの欲求であるが，のちに別々の欲求として分かれるに至る。前者は満足感を持った他者との関わり合いを可能にし，後者は自立的な行動を可能にする。言い換えれば，人は発達とともに2つの課題に直面すると考えられる。1つは対人関係上の課題（関係構築），もう1つは自己確立の課題（個別化）である。これに似た区別は他の研究者の提案の中にも見て取ることがで

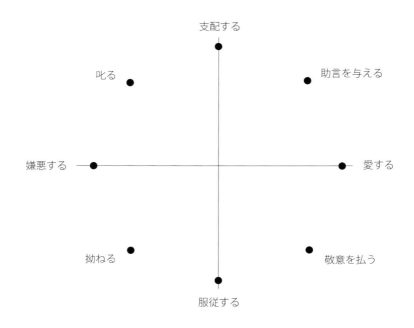

図15-4　対人行動の2次元配置

きる。例えば，同一性対親密性（Erikson, 1963），作動性対共同性（Bakan, 1966），自律性（autonomy）対従属（homonomy）（Angyal, 1941）がそれである。対人関係上の困難はこれらの課題への対処に伴って生じると考えられる。

Blatt（1990）によれば，パーソナリティの形成は2つの方向性を持った発達傾向の相互作用として生じる。つまり，安定し，現実的で，本質的にポジティブな自我同一性の形成を目指す発達傾向と，満ち足りた，親密な対人関係の構築を目指す発達傾向の2つが互いに影響を与え合い，この2つの方向性に沿ってパーソナリティが形成される。例えば，自己概念の形成過程では，一般に充実した対人経験の積み重ねが必要であり，そうした対人経験を維持していくためには自己概念を受け入れている必要がある。たいていの精神病理は，このどちらかに何らかの問題があって，その問題が表面化したものである。BlattとSchichman（1983）は精神病理学が2つの主要な要素から構成されると仮定し，それぞれの要素が2つの発達傾向と関係すると考えた。Blattらが依存性と呼ぶ精神病理——例えば演技性パーソナリティ障害——は満足すべき対人経験を得ようとして，また取り入れとした精神病理——例えば強迫性パーソナリティ障害——は自己概念を受容しようとして，それぞれ歪んだ，過剰ともいえる行動をとる。前者は（自己概念を対価とした）他者との接近，親密さ，愛への執着を反映し，後者は（満足すべき対人関係を対価とした）自己概念，自己制御，自尊心への執着を反映している。

アタッチメントスタイルにみられる2次元構造

愛情と支配に相当する2つの次元が対人関係を規定する理由は何だろうか。Bowlby（1973）やBartholomew（1990; Bartholomew & Horowitz, 1991）によれば，人は心の中に2つの重要な表象を抱いており，それが対人行動に影響を与えるという。その1つは他者に対する一般化されたイメージであり，もう1つは自己に対する一般的なイメージである。他者に対してネガティブなイメージを抱いている場合，他者を信頼せず，親密な関係も避けると考えられる。一方，自己に対してネガティブなイメージを抱いている場合は，自己効力感が低く（Bandura, 1977, 1978, 1982），率先して何かを自主的に行うことはないと考えられる。

Bartholomew（1990; Bartholomew & Horowitz, 1991）は自己に対するイメージと他者に対するイメージを2×2の格子状に並べて，アタッチメントスタイルの4つの基本型を表現した（図15-5）。第1区画は安定型で，自尊心を持ち，友好的な他者イメージを抱いている。とらわれ型（第2区画）はネガティブな自己イメージを抱き，他者に対してはポジティブなイメージを抱いている。拒絶型（第4区画）はとらわれ型とは逆に，自己に対してはポジティブなイメージを抱いているものの他者イメージはネガティブである。第3区画は恐れ型で，自己イメージも他者イメージもともにネガティブである。つまりとらわれ型の人は他者に対して親密な態度をとるが，自律性や支配性が十分でないために自己主張が思うようにできない（もしくは防衛的な気持ちから過度の支配性を行使してしまう）と考えられる。拒絶型の人は対人関係において敵対もしくは冷淡さと関連した問題に直面するであろう。しかし多くの場合，人は複数の愛着対象者との間でさまざまな経験をするため，一般的にはこれら4つの基本的なアタッチメントスタイルが混じり合って存在していると考えられる。それゆえ，それぞれのアタッチメントスタイルを持つ程度で個人個人

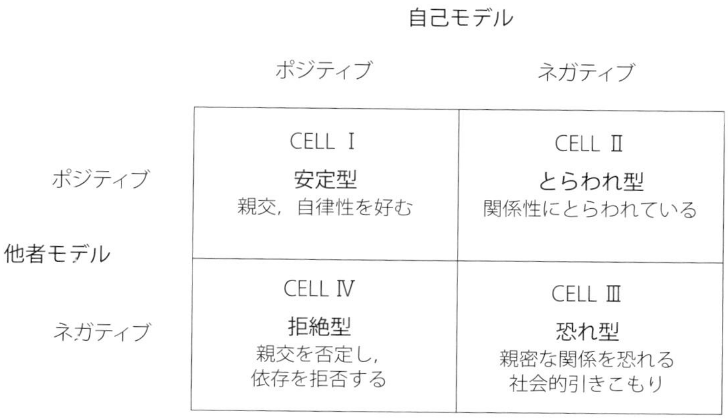

自己モデル

	ポジティブ	ネガティブ
ポジティブ	CELL Ⅰ 安定型 親交，自律性を好む	CELL Ⅱ とらわれ型 関係性にとらわれている
ネガティブ	CELL Ⅳ 拒絶型 親交を否定し， 依存を拒否する	CELL Ⅲ 恐れ型 親密な関係を恐れる 社会的引きこもり

他者モデル

図 15-5　アタッチメントスタイルの 4 つの表現型

を表現することが可能である。

　Bartholomew（1990）は研究参加者に対して半構造化面接を行い，親しい人との関係性を尋ねた。その回答をもとに，参加者 1 人ひとりが 4 つのアタッチメントスタイルをそれぞれどの程度持っているかを評定した。また，参加者に対してさまざまな質問紙調査も実施した。その中には対人問題インベントリーも含まれており，対人問題とアタッチメントスタイルとの関連が検討された。さらに，参加者が抱える対人関係上の問題に関して対人問題インベントリーを使った友人による他者評定も行われた。図 15-6 は参加者が抱える典型的な対人関係上の問題をアタッチメントスタイルごとに示したものである。参加者自身による自己評定と参加者の友人による他者評定の回答は異なる線で表現されている。安定型アタッチメントスタイルの人たちが抱える対人関係上の問題は均等に分布しており，このグループを特徴づけるような突出した対人関係上の問題は見当たらない。しかし他のグループをみてみるとそれぞれ特徴的な対人関係上の問題を抱えていることが分かる。とらわれ型の人（他者に対してはポジティブなイメージを，自分に対してはネガティブなイメージを抱いている人）が抱える対人関係上の問題は，過度な支配欲求を持つ他者に対してみせる友好的な態度を反映している。拒絶型の人が抱える対人関係上の問題は主にその敵対的態度を反映しており，恐れ型の人が抱える対人関係上の問題は彼らの友好的とはいえない服従傾向を反映している。

仮説 2：ある対人行動は相手の相補的反応を引き出す

　2 つ目の仮説は対人行動が相手から特定の反応を引き出すというものである（Carson, 1969; Leary, 1957）。ある行動が相手から特定の反応を引き出すとき，その 2 者間では暗黙の意味のやりとりが行われている。つまり，メッセージの送り手は自らの希望を相手に伝えているのである（受け手はその希望に沿うこともあれば，沿わないことを選択することもある）。例えば，人物 1 が人物 2 に対して自慢する場面を想像してみよう。この場合，人物 1 は自分の功績をただ相手の前で数え上げているわけではない。人物 2 に対して「私を尊敬せよ。私に敬意を示せ。私が羨ましいだろう」というメッセージを伝えているのである。メッセージがはっきりしたものであれば，送り手

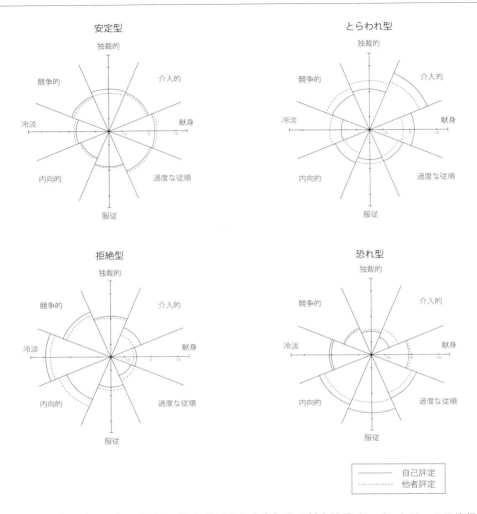

図15-6 アタッチメントスタイルごとに分けられた参加者の対人問題インベントリーの平均得点
（自己評定と他者評定）

も受け手もメッセージの意味を認識しており，たとえ受け手が送り手の希望に沿わないことを選択した場合であっても意味は伝わっているのである。大事なのは，人物1の行動が人物2から特定の反応を引き出すということ，求められた反応が返ってくることもあれば返ってこないこともあるということである。

ある行動とそれに伴う反応とは相補的な関係にあると考えられている。であるならば相補的な関係にある行動同士の関係は円環で表現することができる。相補的な行動とは，円環でいえば親密さの面では類似した行動を，支配性の面では対極的な行動をそれぞれ表すと考えられている。例えば，人物1が人物2を叱りつけた場合（敵対的支配），人物2の中では敵対的従順な反応が促される。人物1が個人的な問題を打ちひしがれた様子で人物2に打ち明けた場合（親密的従順），人物2には温かな助言（親密的支配）が求められている。人物2が相手の行動によって誘発される相補的な反応を返さないという選択をした場合であっても，2人の間ではお互いのやりとりの

第15章　対人問題の円環構造

意味が分かっているのである。

相補性に関する実証研究

　相補性の原理に関する研究は数多い。これまでに行われてきた研究の概要については Bluhm, Widiger と Miele（1990），Horowitz と Vitkus（1986），Kiesler（1983），Orford（1986）らを参照されたい。なかには相補性の原理を厳密に行動の面から検証しようとした研究もあり，そこではある行動が相手から特定の決まった行動パターンを（機械的かつ自動的に）引き出すと想定されている。しかし多くの研究はこの考えを明確に否定している。例えば，グループディスカッションの場面では，誰かが敵対的支配的態度をとったからといって，それに対して他のメンバーが敵対的従順な態度を必ずしもとるわけではないし，また自動的にとってしまうわけでもない。むしろ多くの場合，従順さを引き出そうとする相手の意図を拒否し，代わりに反撃を行う。つまり批判や非難，叱責をしてくる相手に対しては，同じように批判や非難で応え，叱り返す方が多く，悔しさに歯ぎしりしたり，自分を正当化したり，あるいは拗ねてしまうことの方が少ない。しかし，こうした研究があるからといって相補性の原理が成り立たないとするのは早計である。ある行動が相補的な行動を必ず引き起こすとは限らないからである（非相補的行動が人に及ぼす影響については後述する）。

　Strong ら（1988）の研究によれば相補性の原理を機械的に行動の面から解釈することは誤っている。Strong らの実験では 80 人の女子大学生（研究参加者）が女性の研究協力者（同じく大学生）とペアで課題に取り組んだ。研究協力者は 8 つに分類された対人行動のうちの特定の役割に沿ってふるまうよう事前に訓練を受けていた。研究参加者と研究協力者に与えられた課題は絵画統覚検査（Thematic Apperception Test: TAT）の図版から物語を共同で作り上げることであった。研究協力者は課題に取り組む間，事前に割り振られた役割に沿ってふるまった。2 人のやりとりは録画され，発語は逐語的に記録された。

　これらをもとに，研究協力者がとった 8 種類のふるまい方に対する研究参加者の反応が比較検討された。例として，主導的な役割（親密的支配）を果たした研究協力者に対して研究参加者がみせた典型的な反応について考えてみよう。Strong と Hills（1986）の理論によれば，親密的支配に対する相補的反応は従順である（主導的ふるまいは相手から従順なふるまいを引き出す）。このことから，研究参加者は非常に高い頻度で従順な反応をみせるものと予想された。実際，最も多くみられた反応は従順なカテゴリーに含まれる反応であり（全体の 31.2％），次いで多かったのは親密的従順に分類されるふるまいであった。このように，研究協力者の主導的な役割に対して研究参加者は相手が期待していることを受け取り，相補的反応を返していた。そして同じことは他のいくつかのカテゴリーに関しても観察された。研究協力者が期待していることを受け取らない研究参加者も多かったものの，ほとんどの研究参加者は相手が期待していることを受け取った上で，親密的従順なふるまいで応えたのである。

　しかし研究協力者のふるまいによっては，研究参加者の反応を予測できないものもあった。特に研究協力者が対人円環で敵対的とされるふるまいをした場合には，研究参加者の反応に相補性は観察されなかった。例えば，研究協力者が自己高揚的な行動（例えば自慢）をした際には，研

究参加者は相補的行動（控え目な行動）をみせると予想されたが，そのような行動は実際にはほとんど観察されなかった。むしろ多く観察されたのは，研究参加者のふるまいに寄り添おうとする行動であり，それはまるで2人のやりとりをより親密なものに近づけようとしているかのようであった。自己高揚的なふるまいをする研究協力者は，研究参加者が引け目を感じ，控え目な行動をみせることを期待する。しかし実験ではそのような行動は観察されず，研究参加者は期待とは異なるふるまいをみせた。ここで重要なのは，ある対人行動は相手から特定のふるまいを誘発しようとするが，必ずしも期待された反応が返ってくるわけではないということである。

対人関係における相補性が問題となる場合：抑うつの持続

　日々の対人的な相互作用場面では非相補的ふるまいが行われることも多い。期待された反応を返すことを拒否するのである。しかし，相手のあからさまな期待に応えざるを得ない場合もある。そのような場合に生じる相補的な行動は，当初は自然で心地よく満足すべき行動に思えるが，時間を追うに従い双方とも気詰まりになり，相手に不満を抱くようになる。そうした例は抑うつ傾向がある人との相互作用にみられる。抑うつ傾向がある人との間で生じる相互作用は4つの段階をたどると考えられる。

　初めの段階では，抑うつ傾向がある人の多くが自分のことを無能力，無力で，頼りない存在だと感じる。彼らには何事にも受け身な態度や自己主張のなさ，無力感，自分に対する否定的な決めつけ（自分は無能だという感覚や自己肯定感の欠如）など，抑うつに関連した多くの兆候がみられる。

　次いで，彼らが表現する無力感や無能感，彼らの自己主張のなさが相手の主導権を誘発する。Coyne, Aldwin と Lazarus（1981）は，抑うつ傾向がある人とない人に対して4週間隔で7回にわたり，ストレスへの対処法に関するインタビューを行った。参加者は過去1か月間でストレスに感じた出来事とその際の対処法を尋ねられた。ストレスに感じた出来事の数では抑うつ傾向がある人もない人も概ね変わらなかったが，その際の対処法では抑うつ傾向がある人の方が他者に助言や情報を求めた割合が高かった。

　そして，いったん主導権を引き受けた相手は，今度は抑うつ傾向がある人に対して従順な反応を求める。こうして，抑うつ傾向がある人は自分が受け身で能力がなく，無力であるという自己イメージを強化することになる。その結果，自分自身の価値を損なうような考え方をするようになり，何をやっても失敗するだろうと考え，気力を失い，努力をしなくなり，活力がなくなっていく。抑うつ傾向のある人がストレスに対処するために自己卑下することで他者の手助けを得ようとする様子を，これまで多くの研究者が観察している（Altman & Wittenborn, 1980; Beck, 1967; Blumberg & Hokanson, 1983; Cofer & Wittenborn, 1980; Gotlib & Robinson, 1982; Hokanson, Sacco, Blumberg, & Landrum, 1980 など）。彼らは自己卑下を口にするたびに，自身の無力感や能力のなさ，主張性のなさを相手に伝えているのである。

　Horowitz ら（1991）はこの自己卑下に関する研究を行っている。研究参加者はそれぞれ参加者を装った同性の研究協力者とペアになって共同ワークを行った。各ペアは複数のテーマ（例えば「私が話しやすい／話しにくい人」）が載ったリストを渡され，その中から8つのテーマを選んで

話をするよう求められた。各ペアは交互に話をした。初めに研究協力者，次いで参加者，そしてまた研究協力者といった具合である。研究協力者が話すテーマはあらかじめ決められており，話の内容は実験条件によって3つに分かれていた。自己卑下条件，他者見下し条件，自己卑下を伴わない自己開示条件の3つである。参加者は各条件にランダムに割り振られた。参加者は各テーマについてお互いが話し終えるごとに，そのセッションに対する満足度を評価するよう依頼された。すると，自己卑下条件の研究協力者とペアになった参加者の満足度は，ワークが進むにつれて徐々に低下する傾向がみられた。さらに，他の条件の研究協力者とペアになった参加者に比べ，自己卑下条件の研究協力者とペアになった参加者の方が自己を卑下する話題を選ぶ傾向がみられた。

　最終的には，抑うつ傾向のある人が自己を卑下した言い方をすると，それを聞いた多くの人は彼らを変えようとしたり，制御しようとしたり，あるいは何らかの作用を及ぼそうとするようになる。Horowitz らの実験では，実験参加者は，研究協力者が話している間，研究協力者に対して働きかける機会があった。彼らの働きかけは録画され，複数のカテゴリーに分類された。例えば，(a) 考え方や感じ方，行動を変えるように伝える，(b) 相手の考えをただ受け入れる，といったカテゴリーである。予想通り，自己卑下条件においては，(a) の反応が有意に多く観察され，(b) の反応は有意に少なかった。録画された映像をみた評定者も，研究協力者が何と言っているかを分からないままに映像だけをみて評定したにもかかわらず，自己卑下条件の参加者の方が非自己卑下条件の参加者よりも支配的であると評価した。

　多くの研究者が報告していることだが，抑うつ傾向がある人と話をする人は当初，心から関心を寄せ，手を差し伸べたいと考える（Coates & Wortman, 1980; Lowenstein, 1984）。Coyne（1976a, 1976b）や Hinchcliffe, Hooper と Roberts（1978）は，抑うつ傾向のある人が抱える苦痛を和らげてあげようと一生懸命に働きかける人の様子を記している。例えば，彼らが落ち込んでしまうような話題を避けようとしたり，気をそらせようとしたり，あるいは助言や励ましの言葉を口にする，などである（Blumberg & Hokanson, 1983; Coyne, 1976a, 1976b; Grinker, 1964）。

　Krasnoperova と Horowitz（1995）は学生に，これまでの失敗や失恋，友人関係でうまくいかなかった経験を記述するように求めた。収集した記述を別の学生に逐語的に読み聞かせ，自分であればどのように相手に接するかを尋ねた。そして集めた接し方を分類し，支配性という観点からそれぞれの分類を評価した。ここでは，話し手の行動に影響を与えようという接し方や，話し手の経験の捉え方を変えようとする接し方は支配的反応と定義され，そうした意図を持たない接し方が非支配的反応と定義された。評価は「まったく支配的でない」を0点，「非常に支配的である」を4点として行われ，複数人が個別に評価した。上記の手続きで明らかとなった接し方の例は下記のようなものであった。括弧内の数値は支配性得点の平均値である。

1．落ち込んでいてはいけないと叱る（3.44）
2．助言を与える（3.06）
3．状況に関する受け取り方を変えるように伝える，動揺しないように伝える（3.06）
4．自分だったらどうするかを伝える（2.94）

5．気晴らしに行って元気を出すように勧める（2.81）

6．自分の気持ちを振り返り，言葉に出して表現するように励ます（2.63）

7．差しさわりのない話題を持ち出す（2.56）

8．相手の気がまぎれることを言ったり，相手を元気づける（2.50）

9．状況についての考え方を変えるように伝える。そう悪くはないと説得する（2.19）

10．相手の味方をする。相手がとった行動をもっともだと認める。他の人が悪いと言う（1.69）

11．誰が悪いのかを言う（1.69）

12．当事者のふるまいとその理由を理解しようとする。当時の状況を検討し説明しようとする（1.56）

13．これからもっといいことがあると言って相手を安心させる（1.44）

14．そんなことがあっても相手の価値が損なわれたわけではないと言って安心させる（1.25）

15．自分が経験した似たような状況について話して聞かせる（0.81）

16．そうした経験をした人やそうした状況に関する一般的な意見を述べる（0.63）

17．あなたは人の気持ちが分かる人ですね，と伝える（0.56）

18．相手のそばにいて，相手の話に耳を傾け，相手を慰め，相手のことを好きで気にかけていることを態度で表す（0.50）

19．相手を気の毒に思い，同情していることを伝える（0.44）

20．共感と同情の念を示す（0.38）

Bagdanoff（1995）は女子学生を対象に抑うつ傾向がある人との相互作用について研究を行った。女子学生がやりとりするパートナーは役者で，台本に沿って抑うつ傾向がある女子学生を演じた。参加者の女子学生は，パートナーとなる学生が何か悩みを抱えていて，彼女の「いい話し相手になってほしい」と依頼された。2人のやりとりは15分間続き，やりとりは録画された。参加者の女子学生が発した言葉はすべて文字起こしされ，上記で挙げたリストのいずれかに分類された。上記リストの1から9が支配的反応（最も多くみられたのは2，3，5，9であった），12から20が非支配的反応（最も多くみられたのは12，15，16，19）とされた。全体的には，非支配的反応は支配的反応の2倍の頻度でみられたが，2人のやりとりが進むにつれて支配的反応の頻度が高くなっていった。15分間を5分ごとに分けて分析したところ，参加者がみせた支配的反応の回数はそれぞれ平均0.6回，1.7回，2.6回となった。一方，非支配的反応はそれぞれ平均3.5回，3.8回，3.4回であった。次いで，参加者はその支配的反応の多寡によって，支配的な群と非支配的な群とに分けられた。支配的な群がみせた支配的反応の回数は平均1.3回，3.9回，4.3回で，非支配的反応の回数は平均3.6回，3.5回，3.2回であった。これに対して非支配的な群がみせた支配的反応の回数は平均0.2回，0.2回，1.5回で，非支配的反応の回数は平均3.4回，4.0回，3.6回であった。このようにすべての参加者で，やりとりが進むにつれて支配的反応が増える傾向がみられたが，この傾向は特に支配的な参加者に顕著であった。

　他にも何人かの研究者が，抑うつ傾向がある人と接する人に観察される支配的性質について記述している。例えば，Coates と Wortman（1980）によれば「抑うつ傾向がある人は他者の親切

を親切とは感じていないようである。むしろ（中略）他者が自分をよくみせようと演じていると感じるようだ」（p. 172）。また Watzlawick, Weakland と Fisch（1974）は，うつ病の人を元気づけようとすることは結局「彼らに特定の感情（例えば喜びや楽観）だけを抱くよう求め，他の感情（例えば，悲しみや悲観）を抱かないよう要求する」（p. 34）ことになると述べている。

　こうして，抑うつ傾向がある人は主張しないことによって相手に主導権をとるよう促し，実際相手が主導権をとることが多くなる。相手が支配性を発揮することでさらに無能感や無力感を感じ続け，それがまた相手の主導権を持続させることになる。こうした悪循環によって両者ともに2人で作り上げた行動様式に縛られてしまい，抜け出せなくなるのである。抑うつ傾向がある人は，苦悩をさらすことで，意図しないまま相手に主導権を握らせてしまう。一方，抑うつ傾向がある人とやりとりをする人は相手を励まし，支え，変えようとすることで，あるいは相手の気をまぎらしたり，何とか抑うつ状態から抜け出させようとすることで，かえって相手を受け身な態度にさせてしまい，結果的に相手を抑うつ状態に留めおくことになってしまう。それゆえ，抑うつ傾向のある人が抑うつを乗り越えるためには，主導権をとろうとしない相手を探すか，相手の主導権を促すような自分のコミュニケーションスタイルを変える必要がある。

苦悩の語りと奉仕との邂逅

　社会言語学者の Jefferson と Lee（1992）は，うつ状態にある人が感じる苦悩との関連から2種類の対人相互作用を区別している。職場で自然に交わされる2者間の会話を録音して分類したところ，会話のいくつかは苦悩の語りと奉仕との邂逅としてまとめることが可能であった。苦悩の語りとは，うつ状態の人が自分が抱える問題について相手に話して聞かせるもので，ただ相手に自分の話を聞いて共感してほしいと思っている様子が明らかであった。この場合，話し手の中には相手に助言を求める気持ちや何かしてほしいという気持ちは存在しない。一方，奉仕との邂逅とは，問題解決を手助けしてくれる聞き手を求めて，自分が抱える問題を話して聞かせるものである。この場合，うつ状態にある人は明らかに受け身の姿勢で，相手にそれとなく手助けや助言を求めていた。

　しかし，話し手と聞き手の理解に齟齬が生じるとさまざまな問題が発生する。例えば，話し手が苦悩の語りのつもりでも，聞き手がそれを奉仕との邂逅と受け取ってしまうことがある。この場合，話し手は聞き手の反応に不満を抱くであろう。そうした不満は，例えば「確かにそうだが……」といった，相手の助言を拒否する言い回しで表明される。Jefferson と Lee（1992）はこうした誤った意思の疎通を示す例を複数挙げている。そうした例をみると，うつ状態にある人は自分の望まない助言を受けたときにそれを拒否するのが非常に苦手で，拒否する代わりに唯々諾々と相手の言うことに従ってしまい，さらにうつ状態を悪化させることが多い。

　話し手が苦悩の語りのつもりで話をしている場合，聞き手に求めているのは温かな態度で，円環の縦軸でいえばお互い対等な立場でいることを意味する。話し手は問題解決の専門家としての適性を相手に期待しているわけではないのである。しかし，話し手が奉仕との邂逅を求めて話をしている場合，ただ話を聞いて共感してくれるだけの聞き手には満足できないであろう。話し手は相手を自分よりも権威があると捉え，相手の言うことに喜んで従う。相手が自分の問題を解決

第3部　臨床問題への円環モデルの応用

してくれるだけの専門知識を持っていると思っている（期待している）のである。つまり大事なことは話し手が何を希望しているのか（話し手の目標）を明確にすることである。そしてこの目標もまた円環で表現することが可能である。次節ではこの対人的目標についてみていこう。

非相補的関係が生み出す2者間の緊張

　2者の相互作用場面において一方の反応が非相補的である場合，2人の間には緊張が高まる。仮にAという人物が何らかの行動を起こし，人物Bに対してある反応を期待したとする。そしてBがその期待に沿わず，Aが期待した反応を返さなかった場面を考えてみよう。Aは再び（そして何度でも）自分が望む反応を相手から得ようと試みるかもしれない。しかし，そのたびに意図がくじかれるならば，2人はともに不満を抱えたままその場を去るしかないであろう。あるいはAがBに対して「イライラする人だな」と叱りつける（敵対的支配）かもしれない。するとBはAが期待するような相補的反応（「申し訳ありません」）の代わりに「おまえこそ！」と敵対的・支配的言葉を返すであろう。第三者の視点からは，こうしたやりとりは完結していないようにみえる。双方が一区切りついたと感じるまでやりとりが続くものと思うからである。緊張が高まった状態ではやりとりを心地よく終えることはできない。2人の間でやりとりが一区切りついたと思えるためにはさらにやりとりを続ける必要がある。

非相補性とは

　脚本家はこうした緊張を意図的に作り出し，我々の興味を引きつける。Tennessee Williams（テネシー・ウィリアムズ）の劇『欲望という名の電車』にも，登場人物間の緊張の高まりから戦い（議論）に発展し，最終的な解決を経て緊張が緩むという場面が数多くみられる。劇の登場人物はステラとスタンレーという若い夫婦と，この夫婦のもとに身を寄せるステラの姉のブランチである。スタンレーとブランチは折り合いが悪く，出会ってすぐに衝突を起こす。スタンレーはがっしりした体格の，男らしい性格をしたトラックの運転手で，義理の姉に何か言われることに我慢がならない。一方，ブランチは陽気で浮ついたところのある，どことなく人目を引く南部美人で，女性としての魅力でさりげなくスタンレーを自分の思うように操ろうとする。2人は互いの支配権をめぐって何度も争いを繰り広げることになる。

　資料1のやりとりは第2場で，スタンレーとブランチがぶつかる場面である。我々はこの場面を学生にみせて（学生は対人理論をこの段階ではまだ習っていない），スタンレーとブランチのセリフを支配性と親密性の2次元で評定してもらった。まず初めにスタンレーもしくはブランチの性格を，親密性の次元に沿って「敵対的」を −1 点，「友好的」を +1 点，「敵対的でも友好的でもない」を 0 点として評価してもらい，次に支配性の次元に沿って「従順」を −1 点，「支配的」を +1 点，「従順でも支配的でもない」を 0 点として評価してもらった。そしてセリフごとの平均得点を算出した。場面冒頭での2人のセリフは相補的とはいえないものであった。ブランチのセリフは平均得点からみると親密的で支配的（0.4, 0.6）と評価された。例えば，ブランチがスタンレーに向かって「ちょっと待っててね，わたし，あなたにお願いしたいことがあるの」と話しかけると，スタンレーはいつもの敵意を込めた調子で，次のように返事をしている。「どんな

資料 1：『欲望という名の電車』第 2 場

ブランチ　ちょっと待っててね，わたし，あなたにお願いしたいことがあるの。

スタンリー　どんなことかねえ？

ブランチ　背中のボタン！　入っていいわよ！

　　［スタンレーは怒りの鬱積した顔つきで，幕の間から入って行く。］

　　どう，わたし？

スタンリー　結構，綺麗だよ。

ブランチ　どうもありがとう。さ，ボタンを，お願い！

スタンリー　僕じゃどうにもならんね，そいつは。

ブランチ　あなた方，男の人ったら，大きな不器用な指をしてるのねえ。あなたのその煙草，
　　一口吸わせてくれない？

スタンリー　あんたも，自分で一本，火をつけたらいいだろう。

ブランチ　アラ，ありがとう。わたしのトランク，破裂したらしいわねえ。

スタンリー　ステラと二人で，荷造りを解く手伝いをしたげてたんだよ。

ブランチ　なるほど，早速，徹底的にやってくれたわねえ！

スタンリー　まるで，これはパリのどこかしゃれた店から，根こそぎかっ攫って来たみたい
　　だね。

ブランチ　ホホホ！　そうなの——わたし，着る物には目がないのよ！

スタンリー　ああいう毛皮の長いやつは，どれぐらいするもんかね？

ブランチ　アラ，あれは，私のことを好きだって言ってた人から貰った贈り物よ！

スタンリー　その男は，よっぽど持ってたに違いないね——好きだって気持ちをさ！

ブランチ　アラ，これでも，若い頃は，好きだと言ってくれる人が，かなりあったのよ。で
　　も，今はご覧の通り！［あでやかに微笑みかける。］こんな，わたしのような女でも，昔
　　は一人を引きつけるだけの美しさがあったなんて，本当にできる？

スタンレー　今だって，満更すてたもんじゃないよ。

ブランチ　わたし，もうすこしお世辞，言ってもらえるかと思ってたわ，スタンレー。

スタンリー　大体，そういうことは，やらんことにしてるんだ，僕は。

ブランチ　なあに——そういうことって？

スタンレー　きれいだの，どうだのって，女にお世辞を言うことさ。自分がきれいか，きれ
　　いでないか，ひとに言われてみなきゃあ，分からないような女には，出会ったことがな

いね，僕は。

　もっとも，中にゃあ，実際以上に自分を買いかぶってるやつもいるもんだがね。僕は，前に一度，女を連れて，遊びに出かけたことがあるんだよ。その女は，僕に，「私は近代的な魅力型よ，わたしは近代的な魅力型よ！」って言うのさ。で，僕は，言ってやったよ。「だから，どうなんだ？」ってね。

ブランチ　そしたら，そのひと，何て言った？

スタンレー　何とも言わなかったねえ。よっぽど利いたと見えて，蛤みたいに口をしめてしまったよ。

ブランチ　それで，ロマンスは，おしまい？

スタンレー　おしゃべりが，おしまいだよ——それだけさ。こういうハリウッド式近代的魅力ってやつには，迷わされる男もいるが，迷わされない男もいるんだから。

ブランチ　きっと，あなたは，迷わされない方の部類だわねえ。

スタンレー　そうだよ。

ブランチ　あなたを迷わすなんて，どんな魔法使いみたいな女だって，出来やしないわねえ。

スタンレー　そりゃあーそうだよ。

ブランチ　あなたって人は，ねえ，単純で，率直で，正直で，どちらかっていえば，すこうし，原始的な方じゃないかと思うわ。あなたのような人の気を引くには，女の方では，どうしたってー

〔言い方が分からぬといった身振りで言葉を切る。〕

スタンレー　〔ゆっくりと〕あっさり，投げ出すんだよ……持ち札をね，テーブルの上へさ。

ブランチ　〔微笑して〕ま，わたしも，薄っぺらな人は，もともと好きじゃないわ。だからねえ，ゆうべ，ここへ，あなたがはいって来た時，わたし，自分でこう言ったの，「わたしの妹が選んだ相手は，本当の男だわ！」ってね——勿論，それ以上は，分かる筈ないんですけど。

スタンレー　〔声をはり上げて〕え，ふざけた話は，それぐらいにしといてもらおう！

ブランチ　〔両手で耳を押えて〕マアア！

〔訳注：『欲望という名の電車』田島博・山下修訳，1971 年，新潮社〕

ことかねえ？」（−0.3, 0）。このやりとりにみられる非相補性は緊張を劇的に高める効果を持つ。これに続く2人のやりとりは非相補的な状態で推移し，やりとりの最後において遂に，2人の闘争ははっきりとした形をとる。2人とも敵対的で支配的な態度——ブランチが（−0.3, 0.7），スタンレーが（−0.2, 0.7）——をとるに至るのである。スタンレーは声を荒げて敵対的で支配的なセリフを吐き（−1.0, −1.0），それに対してブランチは敵対的であるが服従的な相補的セリフ（−0.3, −0.9）を発する。スタンレーの支配性に対してブランチがみせた相補的な服従によって2人の間の緊張が緩み，一時的な安堵感が漂い，会話が一区切りする。2人の会話はこのような緊張と緩和を繰り返しつつ，クライマックスに向けて緊張が高まっていく。そしてスタンレーはブランチを無理やり犯し（敵対的支配），ブランチは「神経的に憔悴」（敵対的服従）してしまう。力で押さえつけられ，気持ちが折れ，それ以上闘争を続けることができなくなるのである。ハッピーエンドではないが，2人の非相補性がもたらす緊張は解消され，観客は終幕感を得る。

非相補性が問題となる場合：貧しい夫婦間に生じる緊張

　非相補性から生じる緊張感は，一般的には話し合いによる相補性の形成や，関係性そのものの解消を通して緩和される。しかし時には緊張感がいつまでも緩和されないケースもみられる。互いに新しい相手を求めることをせず，そのときの関係性を維持し，緊張に耐え続けるのである。

　この種の非相補性は貧しい夫婦間でよく観察される。経済状況に余裕がある夫婦と余裕のない夫婦を対象に研究を行った Gottman（1979）は，実験室内での夫婦のやりとりを分析した。夫婦は結婚生活の中でこれまでに生じたさまざまな問題を挙げるよう依頼された。実験では，その中でも最も気がかりな問題について話し合いがなされた。2人の様子は録画され，発言は逐語的に文字起こしされた。このデータをもとにコーディングが行われたが，コーディング項目の1つとして2人が相手の言うことに同意した回数が記録された。経済状況に余裕のある夫婦では，妻が夫の言うことに同意した割合は平均 0.76（同意する回数の方が同意しない回数よりも多かった）で，経済状況に余裕のない夫婦では平均 0.39 であった。同じく夫が妻の言うことに同意した割合は経済状況に余裕のある夫婦では 0.66 であったが，経済状況に余裕のない夫婦では 0.46 であった。一般に，夫婦のどちらかの発言に対して相手が同意しないということは，発言に対する反論を意味する。つまり一方の主張に対して他方が別の主張をするという非相補的反応がなされたことになる。その主張が友好的でないと受け取られた場合，その反応は親密性の面でも支配性の面でも非相補的ということができる。Gottman の研究によれば経済状況に余裕のない夫婦には次のような特徴がみられるという。つまり，(a) 全体的に敵対的行動をとることが多く，(b) 親密な行動に対して敵対的な反応を返すことが多い。同じような報告は Birchler, Weiss と Vincent（1975）や Gottman（1980），Margolin と Wampold（1981）にもみられる。

仮説3：人は他者とのやりとり全体を学習するのであり，特定の刺激に対する独立した反応を学習するのではない

　人生の早い時期から，我々はさまざまなパターンの相補的対人相互作用場面に参加し，打ち解けた相補的やりとりにおける双方の役割をみたり，練習したりしている。やりとりを交わす双

第3部　臨床問題への円環モデルの応用

方がそれぞれの役割――相補的役割であれば親密性の点で類似し，支配性の点では相反する役割
――を果たし，そのやりとり全体が社会に出た後の台本ともなっているのである。この仮説が正
しいとすれば，普段の相補的なやりとりにおいてどちらかの役割だけを果たしているとしても
（例えば，支配性―従順という関係性の中で常に支配的役割を演じている人でも），もう一方の役割もまた
果たすことができることになる。例えば，ある子ども（人物B）がいて，この子どもは何かする
たびに常に母親（人物A）に叱られているとしよう。しょっちゅう叱られている子どもは，普段
は相補的な反応（ふくれっ面をする）をするが，支配的な反応はしないだろう。しかし我々の考え
では，その子どもは叱られる側の役割だけでなく，叱る側の役割もまた学習しているのである。
潜在的に両方の役割を学んでいるのであれば，新たな状況に直面した際には，学習内容を応用す
ることでどちらの役割でも演じることができると考えられる。

　例えば，パラダイム1として，これまでA―B（叱る人―叱られる人）という社会的役回りにお
いてBの役割を演じてきた子どもが，自分を叱ってくれる別の人物をみつけて，それまでと同
じ関係性を新たに築く状況が考えられる。仮にこの新たな人物をA*とすると，当初の「AがB
を叱る」という関係が「A*がBを叱る」という関係に変わることになる。母親（A）に叱られ
てばかりいた女性（B）が，夫や友人，上司（A*）との間でも叱られる側にいる，というのがこ
の例である。

　パラダイム2としては，これまでA―B（叱る人―叱られる人）という社会的役回りにおいてB
の役割を演じてきた子どもが，B*という新たな叱られ役をみつけて今度は叱る側に回るという
状況があり得る。つまり，当初は「AがBを叱る」という関係であったものが「BがB*を叱る」
という関係に変容するのである。我々の考えでは，人はどちらか一方の役割を演じていたとして
も潜在的には両方の役割の演じ方を学習しているため，受け身になって相手の行動に反応を返す
だけでなく，自ら能動的に働きかけてやりとりを始めることもできる。この例は行動主義者が考
えるモデルに一見似ているが，1つのやりとりを作り上げる際に2人が演じる役割の結びつきの
重要性を仮定している点に特徴がある。この仮説に従えば，言葉による虐待や身体的虐待，ある
いは性的虐待を受けて育った子どもは，虐待を受ける側の役割だけでなく虐待を加える側の役割
も学習することになる。虐待を受けた経験が多ければ多いほど，虐待を加える側の役割について
も学習が強化されると考えられるのである。虐待を受けてきた人が虐待を加える側に回るのは，
攻撃的な役割を演じても安全な場合（例えば人形を相手にする場合）に限られるのが一般的で，仕
返しを受ける恐れがまったくなくなった場合には，虐待を加える側に容易に回るようになる。

　2つのパラダイムで示したAとBの行動の間にみられる相補的関係は円環で表現することがで
きる。一般に多くの人はどちらか片方の役割しか演じようとしない。例えば，人物Bであれ
ば叱られる役割ばかりで，叱る側の役割は演じようとしないことが多い（1つ目に挙げた例）。し
かし，人物Bが学習した内容が特定の刺激に対する反応ではなく一連の社会的やりとりであれ
ば，演じた役割が叱られる側であったとしても，円環でいうところの相補的な能力である叱る側
の能力もまた獲得しているに違いない。それが表に出ないのは，たぶん何らかの抑制や妨害が働
いているせいかもしれない。こうした抑制が取り除かれれば，相補的な行動をとるだけの潜在的
な能力が表に現れると考えられる。

296

この仮説は次のように表現することができる。仮に1人の人物を想定してみよう。この人物は毎日のやりとりの中で決まった役割ばかりを演じていて，そのことで対人的な問題を抱え，何らかの不満を抱いているとする。例えば，自分を主張するのが苦手で，言いたいことを言うことのできる自分を想像したり，ペットや子どもに対しては言いたいことを言えても，人に対しては日ごろ言いたいことも言えないでいるとする。こうした場合，この人物の問題は，(a)自分を主張する適切な方法を知らない（自分を主張する能力や技能に欠ける）ことにあるのだろうか。あるいは，(b)自分を主張する技能はあっても，それを行動として表すことを抑制し干渉する何らかの内的過程にあるのだろうか。

技能がないということはどうすればよいか分からないということである。つまり必要な運動パターンの作り方が分からないのである。それは料理の仕方や泳ぎ方を知らなかったり，スワヒリ語が話せなかったりするのと同じである。つまり社会的技能の欠如は，その社会的技能を習う機会がなかったことを意味する。この場合，社会的に無能とみられてしまうのは学習機会がなかったせいなので，適切な社会的行動がとれるように順を追って学習していく必要がある。あるいは，社会的技能の欠如は次のようにも説明できるかもしれない。社会的技能そのものは持っているが（つまり社会的やりとりの場面をすでに学習はしているが），その技能を発揮することを妨げる何らかの内的過程が存在するという説明である（例えば，極端な恥ずかしがり屋で技能を発揮できない場合がこれにあたる）。この場合，今は技能を発揮できていなくても潜在的には発揮する能力があることになる。

孤独な人は社会的関わり合いが苦手だという報告はこれまで多くの研究者によってなされている（Brennan, 1982; Chelune, Sultan, & Williams, 1980; French, 1981; Gerson & Perlman, 1979; Hansson & Jones, 1981; Horowitz & French, 1979; Horowitz, French, & Anderson, 1982; Jones, Freeman, & Goswick, 1981; Jones, Hobbs, & Hockenbury, 1982; Solano, Batten, & Parish, 1982）。研究者の多くは，孤独な人とそうでない人の行動の違いは技能の有無にあると考えている。Bellack と Morrison（1982）は行動変容に関する文献をレビューした結果，次のように結論している。「対人場面での行動は，それまで学習してきた人との関わり技能が複数組み合わさった結果であり」，社会的技能の欠如の原因は「限られた経験しかしてこなかったことや十分な経験が得られなかったことによる，不十分な学習履歴」（p. 719）にある，と。

仮に孤独な人には社会的技能が欠けているという考えが正しいとするならば，訓練を積むことなしに適切な社会的反応をすることはできないことになる。基本的な技能を身につけるために必要不可欠な経験が彼らにはないからである。しかし，技能の発揮に対する抑制もしくは干渉がある場合，社会的場面でそれまでによく学習してきた相補的な役割を演じることを妨げる何らかの内定過程が存在することになる。例えば，孤独な人が他者とあまり関わりたくないという期待を抱いている場合，その期待は活動レベルを下げ，それまで学習した反応の中でも関わる意欲に乏しい反応に倣ってみせるかもしれない。そうするとその後のやりとりでも，あまり関わり合おうとしない状態が続くであろう。

Vitkus と Horowitz（1987）は，孤独な人の中には受動的な役割をあえて演じて相手から相補的な反応を引き出す（そして受動的役割を演じ続ける）人がいるという仮説を立てた。もしこの仮

第3部　臨床問題への円環モデルの応用

説が正しければ，主体的に動くことを妨げている役割意識を取り除く状況を設定することで，その人に潜在する主体的に関わり合う能力が表に現れると考えられる。例えば，孤独な人に対して有能で活動的な役割を割り振った場合，役割の付与が普段は使っていない能力の発揮を促し，社会的やりとりの能力を高めることにつながるのではないだろうか。そして，受動的な役割を割り振った場合には，これまで多くの研究で報告されてきたようにあまり関わり合おうとしない様子が観察されると考えられる。

Vitkus と Horowitz（1987）の研究では，参加者はもう1人の学生と一般的で日常的な問題について話をするよう指示された（参加者が話し合う相手は実験協力者ではあるが，実験仮説については説明を受けていない）。参加者と実験協力者が実験室に入ると，2人に対して次の教示が行われた。それは，なるべく現実場面に近づけるように2人に別々の役割を割り振るが，2人は共同で問題に取り組み，実際の解決法を考えなくてはならない，というものであった。

参加者は UCLA 孤独感尺度（University of California, Los Angeles Loneliness Scale）の得点によって孤独群と非孤独群に分けられ，ランダムに2つの実験条件のどちらかに割り振られた。1つの実験条件では，参加者は聞き役あるいは助言役を演じて，相手が話す問題に耳を傾けるよう求められた。もう1つの実験条件では，参加者は問題を抱えた人物の役割を演じるように求められた。この場合，参加者は自分が抱える問題を思い浮かべて，それを相手に説明するよう求められた。聞き役というと受け身で活動性に乏しい役割のように思われるかもしれないが，（この実験では）思慮分別に富むカウンセラー，助言者，あるいは何でも打ち明けられる相談相手といった意味合いを持っていた。それに対して問題を抱えた人物というのは，自分が抱える問題をどう解決してよいか分からずに悩んでいる人を意味していた。

2人のやりとりは録画され，参加者がとった行動の数が記録された。例えば，参加者が考え出した解決方法の数や解決とは関係のない発言の数（例えば質問や意見の数），相手個人に関する質問の数などが記録された。2人のやりとりが続いた全体の時間もまた記録された。実験の結果，参加者の行動には割り振られた役割によって大きな違いがあることが分かった。聞き手条件のときには，相手が話した問題に対して参加者が考え出した解決策の数はずっと多く，また相手個人に関する質問や問題とは直接関係のない発言の数も多かった。参加者と交わしたやりとりの時間も長かった。そして孤独群か非孤独群かにかかわらず，聞き手条件のときには，問題を抱えた人の役割を割り振られたときに比べ，全般的に活動的な（そして相互作用的な）様子が観察された。

この結果はこれまで報告されてきた研究結果からもうなずけるものである。Schwartz と Gottman（1976）によれば，自分を主張しない人にもこれまでいわれている以上に自分のことを主張する能力は備わっているという。Schwartz らは参加者を非自己主張群，中程度の自己主張群，強い自己主張群に分け，3つの実験条件を設定して参加者に自己主張する能力がどの程度備わっているかを観察した。いずれの条件でも参加者に対して理不尽な要求が行われ，それに対する参加者の反応の仕方が回答として求められた。1つ目の条件（最も負担の少ない条件）では，参加者は要求を断る際の反応をただ紙に書き出すように求められた。回答はあくまで一般的な回答でよく，すべての回答は紙に書き出しておしまいであった。2つ目の条件では，友人が理不尽な要求を突きつけられたという想定で，その友人の代わりに口頭で要求を断るように求められた。

298

第15章　対人問題の円環構造

3つ目の条件（最も負担の大きい条件）では，参加者自身が実際に理不尽な要求を突きつけられたという想定で，その要求を断るように求められた。実験の結果は以下の通りであった。すなわち，初めの2つの条件（負担の少ない条件）では非自己主張群も自己主張群と同じ程度に反応を返すことが可能であった。しかし3つ目の最も負担の大きい条件では，非自己主張群は自己主張群に比べ有意に少ない反応しか返すことができなかった。これらの実験結果からSchwartzらが出した結論は，初めの2つの条件で参加者がみせた反応は非自己主張群にも社会的やりとりを行う能力があることを示しているが，3つ目の条件ではストレスによって能力の発揮が妨げられた，というものであった。Arkowitzら（例えばArkowitz, Lichtenstein, McGovern, & Hines, 1975; Glasgow & Arkowitz, 1975）は，女性とデートする回数が多い男性群と少ない男性群とを比較した実験から，同様の結果を報告している。異性とデートする回数が少ない男性群も，相手の女性が親しみやすく，控え目で，自分にとって脅威になりにくい場合には，デートする回数が多い男性群と同じように行動することができたのである。

　これらの結果は，社会的やりとりが少ないからといって必ずしも社会的技能に欠けているわけではないことを示している。研究室で行う実験条件のもとでは，彼らも普段やり慣れた受け身の役割とは相補的関係にある主導的役割に沿ってふるまうことができる。それゆえ，対人問題を測定する際には，その人の内面に十分な能力の発揮を妨げる何かがあるために，不慣れではあっても心の底ではこうしたいと思っているようなふるまいができないという可能性を考慮する必要がある。

対人問題の本質

　対人問題インベントリーは，対人関係において抱きがちな不満を列挙して内容ごとにまとめ，円環の形に整えた質問紙である。しかし，対人問題で苦痛を感じる状態とは，一体どのような状態をいうのだろうか。1つの可能性として，人物Aと人物Bの行動の間に常に何らかの衝突がみられる状況が考えられる。例えば，日ごろからBがAに対して支配力を行使していて，Aがそれに従わざるを得ないと感じている状況を想定してみると，Aはその相補的な行動パターンにどうにも耐え難い息苦しさを感じるかもしれない。あるいは，これ以上相補的な反応をすることに耐えられないと感じ，非相補的な反応を返してしまうことがあるかもしれない――例えば，Bが繰り返し支配力を行使しようとするのに対して，Aが反発して反撃する，といったことが考えられる。結果的にAはBの非相補反応が生み出す緊張状態を常に味わうことになり，そのことで苦痛を感じる可能性がある。

　しかしお互いの行動がどのような関係にあるかによって対人問題が定義できるともいいきれない。相補的な行動パターンが一方には苦痛の種となっても，他方にとってはそれが心地よいこともあり，それらはお互いが何を望んでいるかによって決まるからである。人によっては相手に主導権を発揮してほしいと思っている人も，そうでない人もいる。それゆえ，対人問題の原因を解明するためには，その人が対人関係において何を求め，どのような目標を立てているのかを考える必要がある。

対人的目標

Dryer（1993; Dryer & Horowitz, 1997）の考えによれば，対人問題が生じる源は不一致である。ここでいう不一致とは，人物 A が人物 B と社会的場面で接する際にこうありたいと希望する役割と実際に果たしてしまう役割の不一致を指す。例えば，親しく接してもらいたいと思っているのに，繰り返し冷たく当たられてしまう人は対人問題を抱えていると考えてよいであろう。ある2者間の相互作用1つをとってみても，一方からは問題があるようにみえても他方からは何の問題もないようにみえることがあるのは，対人関係に求めるものが双方で異なるからである。

社会的場面で自分が思うような役割を演じることができない理由については別の考え方もある。前述したように，1つの可能性として考えられるのは役割を演じる能力がないか，あるいは演じ方を知らないということである。つまり，どのようにふるまえば他者から自分が望む行動を引き出せるかが分からないという可能性である。例えば，知らず知らずのうちにシグナルを出して，自分の意図とは異なる行動をとるよう絶えず相手に働きかけている場合がある。この場合，自分の希望を絶えず誤って相手に伝えていることになる。例えば，自分では友好的なつもりでも，相手からは敵意があると受け取られてしまうような場合がそれである。もう1つ考えられる可能性としては内面の葛藤がある。つまり自分が望むようにふるまう能力はあるものの（そして想像の中ではやすやすとふるまうことができるものの），いざ日常生活の中では不安に襲われてしまって自分が望むようには行動できないという可能性である。さらに3つ目としては，習慣の力によって社会的場面では常に演じ慣れた役割ばかりを演じてしまい，いつもと変わらない（そして望んではいない）結果を招き続けるという可能性が考えられる。

対人問題の背後にある理由が何であれ，対人問題を抱えている人の対人的目標や希望と実際に彼らが演じている社会的役割との間には不一致があるように思われる。つまり対人問題を理解するためには，人がどのような対人的目標や希望を抱いているのかをまずは測定した上で，相互作用する相手がとる行動によって，この目標が果たされているのかどうかを知らなくてはならない。

対人目標インベントリー

前述の理由から我々は対人目標インベントリー（Inventory of Interpersonal Goals）を開発した。これは対人的目標を測定するための尺度である。尺度開発の際には対人領域全般から項目例が集められ，対人領域を測定する他の尺度を参考に作業が進められた（Horowitz et al., 1988; Kiesler, 1983; Strong & Hills, 1986）。これらの項目を集めた試作版を多くの人に回答してもらった結果，内容的にふさわしく，「特定の主要な対人的目標を明らかに表現している」（Ford & Nichols, 1991, p. 72）と思われた項目だけが採用された。最終的に51項目が採用され，「他の人と一緒に重要な課題に取り組んでいる場面を想像してください」という教示文とともに質問紙の形にまとめられた。質問紙の冒頭には「次の事柄は私にとって重要なことである」という文が記され，その文に続いて項目が列挙された。回答者は各項目への同意の程度を0から4までの当てはまる数字に丸をつけて回答するよう求められた。0は「まったく重要ではない」，2は「どちらともいえない，場合による」，4は「非常に重要である」を意味している。質問紙の形式や項目の言葉遣いは

第15章　対人問題の円環構造

表 15－1　対人目標インベントリーの下位尺度

誰か別の人と課題に取り組むとき，私にとって重要なことは：

（PA）支配的目標	自分に自信を持つことだ
	しかるべきときには断固たる姿勢をとることだ
	言うべきときにはきちんと反対の意を表明することだ
	必要ならば口論も辞さないことだ
（BC）敵対的—支配的目標	相手をあまり喜ばせすぎないようにすることだ
	だまされないように用心することだ
	自分の主張をはっきり伝えることだ
	相手の感情を傷つけることも恐れずに口論に臨むことだ
（DE）敵対的目標	相手をあまり信頼しすぎないことだ
	あまり寛大に相手の手助けをしすぎないことだ
	相手の要求を優先しないことだ
	自分の利益が確保されるように取り組むことだ
（FG）敵対的—服従的目標	相手の注意を引き付けすぎないようにすることだ
	物事によっては相手に秘密にしておくことだ
	打ち解けて心を許しすぎないことだ
	個人的なことを話しすぎないことだ
（HI）服従的目標	相手とあまり衝突しすぎないことだ
	相手とあまり口論しないことだ
	自分の考えを主張しすぎないことだ
	相手に主導権を与えることだ
（JK）友好的—服従的目標	相手の要求を優先することだ
	自分の考えにこだわりすぎないことだ
	相手のことをあまり疑いすぎないことだ
	相手の利益を守ったり，相手の利益を侵さないようにすることだ
（LM）友好的目標	自分の考えや思いつきを相手に伝え，共有することだ
	相手との心理的距離が遠くなりすぎないようにすることだ
	相手の目標に対して協力的であることだ
	冷淡になりすぎないことだ
（NO）友好的—支配的目標	怒りを感じたときはきちんと相手に伝えることだ
	相手に問題に取り組んでもらうことだ
	自分の感じていることをそのまま相手に伝えることだ
	私がどうしたいのか，相手に知ってもらうことだ

対人目標アセスメント（Assessment of Personal Goals: APG）（Ford & Nichols, 1991）を参考に整えられた。作成した質問紙はテストバッテリの一部に組み込まれ，スタンフォード大学の学部生205人がこれに回答した。他の研究者が行った手続き（例えば Alden et al., 1990）を参考に，円環の基準を満たすよう考慮しつつ，4項目ずつからなる8つの下位尺度を構成した。参加者の回答はイプサティブ変数に変換された上で標準化され，項目間相関をもとに主成分分析にかけられた。その結果抽出された第1主成分は支配的目標，第2主成分は愛情的目標と解釈可能であった。次いで，第1主成分，第2主成分への負荷量をもとに51項目の散布図が描かれた。散布図は45度ごとに8つのオクタントに分割され，それぞれのオクタントの中で共通性の高い項目4つずつが選ばれて下位尺度としてまとめられた。8つの下位尺度に含まれる項目リストは表15-1に記した通りである。4項目の合計得点がそれぞれの下位尺度の得点となる。

　さらに回答者ごとに支配的目標得点が算出された。支配的目標得点は，各下位尺度得点に支配性の軸に沿った重みづけを行った上でそれらを足し合わせることによって算出することができ

第 3 部　臨床問題への円環モデルの応用

る。従来使われてきた方法（例えば Gurtman, 1991）に従い，下記の式で支配的目標得点（dominance goals score: DGS）が算出された。各下位尺度には対人円環上での座標から計算されるコサインによる重みづけがなされている。

$$支配的目標得点（DGS）= PA + 0.7BC - 0.7FG - HI - 0.7JK + 0.7NO$$

　支配的目標得点の α 係数は 0.80 で，再検査信頼性（2 週から 5 週間隔）は 0.79 であった。支配的目標得点が高い回答者は他者との相互作用において主導権を握ることが重要だと考えていることを意味し，支配的目標得点が低い回答者は相手に主導権を与えることが重要だと考えていることを意味する。この尺度によれば，明確に主導権を握ることを求めている人もいれば，相手に主導権をとってほしいと思っている人もおり，その程度はさまざまである。

　Dryer（1993）はこの支配的目標得点が高い女性と低い女性を参加者として選び出し，無作為にペアを作って実験を行った。参加者はペアになって実験室で共同課題に取り組んだ。共同課題には砂漠のサバイバルゲーム（Lafferty & Eady, 1974）が用いられた。この課題では参加者の乗った飛行機が砂漠の真ん中で墜落した場面を想定し，燃えてしまう前に飛行機からいくつかの備品（例えば鏡や地図，雨具など）を持ち出すことができると教示された。参加者は生き残るために最も重要だと思う備品から順番に 1，2，3……と番号を振るよう求められた。初めは 1 人で考えて番号を振り，次いで 2 人で話し合って番号を振るように求められた。参加者にはこの課題には最適とされる解答があり，正解したペアには 100 ドルが授与されると伝えられた（結果的にはどのペアも正解しなかった）。

　ペアが協議している最中，事前に録音した音声で定期的に指示が出され，そのたびに参加者は話し合いに対する自分の満足度を評価するよう求められた。満足度の評価は 2 人の目の前の机に埋め込まれたボタンを押すことでなされた。このボタンは相手からはみえないようにそれぞれ設置されていた。協議できる時間は 16 分間で，協議の初めに音声による最初の指示があり，その後 4 分ごとに満足度の測定が行われた。残り時間の告知にも音声テープが利用された。

　実験には 3 人の助手も参加した。3 人には実験の仮説も各参加者が自己評定した支配的目標得点も知らされていなかった。3 人は協議の様子を録画したビデオをみながら，各参加者の行動を支配性の観点から評定した。評定に際しては，特定の行動（助言をする，批判する，自分の考えにこだわる，自信があることを表明する）がみられた際には支配性として，別の行動（自分の考えを批判する，相手に譲歩する，相手の考えに合わせる，自信がないと言う）がみられた際には従順さとして評価するよう伝えられた。

　参加者は各自の対人的目標（支配か従順か）とペアの相手がみせた行動（支配的か従順か）の 2 要因を組み合わせた 2×2 の枠組みで分類された。その結果，満足度に有意な違いがみられたのは次の組み合わせであった。つまり，支配的な対人的目標を持った参加者が従順なふるまいの相手とペアを組んだ場合と，従順な対人的目標を持った参加者が支配的なふるまいの相手とペアを組んだ場合に参加者の満足度が高く，他の条件のときには満足度は高くなかった。

　この結果は，自分の対人的目標と相手の実際の行動が合致することが参加者の満足度を左右す

ることを示している。この２つがうまく合致したときには，２人は共同作業に対して高い満足度を示した。しかし対人的目標と行動の相補性以外からも満足度が予測できる可能性が残っている。つまりお互いの行動や対人的目標の相補性が満足度を高めている可能性である。この考えを検証するために，まず参加者の対人的目標の相補性についての検討が行われた。先ほどと同じように２×２の枠を用意し，お互いの対人的目標（支配か従順か）の組み合わせごとに参加者を分類した。それぞれのマスに分類された参加者の満足度を比較すると有意な違いはみられなかった。次いで，参加者の行動の相補性が満足度に影響を与えた可能性について検討が行われた。お互いの行動（支配的か従順か）の組み合わせによって参加者を２×２の枠のいずれかに分類した。お互いの行動が相補的な場合に満足度は有意に高かったが，統計的には有意水準をぎりぎり満たす程度であった。これらのことから，参加者の満足度を最も明確に予測するのは一方の対人的目標と他方の行動の合致の程度であることが明らかとなった。参加したペアの中には，ともに満足度が高いにもかかわらず，お互いが相手に主導権をとってほしいと回答し，そして双方が主導的に課題に取り組んだペアがあった。このペアの場合，相手に求めることが（そして実際の行動も）互いに衝突してしまっているようにみえるが，双方ともに共同作業に対して高い満足度を示し，楽しかったと語った。つまり重要なのは自分が望んでいることと相手の行動が合致するかどうかなのである。

不調和の例：抑うつ傾向がある他者に対する拒絶

　抑うつ傾向がある他者と相互作用をしていると，人は徐々に神経が高ぶり冷静さを失うことがある。Gotlib と Robinson（1982）の研究では，実験参加者に抑うつ傾向がある人，もしくはない人と会話をしてもらい，その様子を観察した。すると，抑うつ傾向がある人と会話した参加者は抑うつ傾向がない人と会話した参加者よりも会話が始まって３分以内に笑顔が少なくなり，そわそわした様子をみせ始めた。会話が単調になり，会話の内容もネガティブな内容が多くなった。我々の考えでは，参加者の様子が変わっていった原因は，抑うつ傾向がある人とない人が相互作用する場合にみられる，一方の対人的目標と他方の行動との間の不一致である。対人的目標が相手の行動によって満たされない場合，不調和が生じ，対人的目標が達成されなかった方は不満を感じる。Jefferson と Lee（1992）の言葉を用いるならば，苦悩の語りのつもりで相手と関わっているにもかかわらず（円環の縦軸でいえば同じレベルでの関わり合いを求めているにもかかわらず），相手が手助けの提供をしてきた場合に（円環の縦軸でいえば対極的な関わり合いをしてきた場合に），我々は不満を感じるのである（そして手助けを提供した側もまた，相手の不満げな様子や手助けを喜んで受け入れようとしない様子をみて不満を感じるようになる）。

　抑うつ傾向がある人と接することが人に与える影響は，これまで多くの研究対象となってきた。例えば Notarius と Herrick（1988）が行った実験では，女性の参加者が女性の実験協力者と会話を交わした。参加者には，相手の女性が落ち込んでいて元気がないので，よく話を聞いてやってほしいと伝えられた。会話の間，実験協力者は自分がボーイフレンドにひどいことを言われて，いかに不幸せな状態かを切々と訴えた。15分間の会話の後，参加者は自分の感情や反応を振り返って評価するように求められた。また，参加者が会話の間にみせた反応の１つひとつが

コーディングされた。その結果，参加者がみせる反応は次の５つのタイプに分類された。つまり，(a) 助言（例えば「ボーイフレンドに電話してみたら気持ちが落ち着くんじゃない」），(b) 気をそらそうとする（話題を変えたり，冗談を言ったり，ボーイフレンドの話とは関係のないおしゃべりをする），(c) 支持的な聞き方（例えば「それはつらいわね」），(d) 共感的な同情（例えば「私にもそんな経験があるわ」），(e) 相手の意気消沈した気持ちやものの見方に対する内省的なコメント（例えば「ボーイフレンドと仲たがいしたときは，誰でも落ち込むものよ」）の５つであった。これら５つの反応がみられた割合はそれぞれ 0.43，0.13，0.10，0.13，0.20 であった。

　最も顕著であった反応をもとに各参加者をタイプ分けし，２つのグループに分類した。反応 (a) (b) のタイプに分類された参加者は１つのグループにまとめられ，支配的反応群とされた。反応 (c) (d) (e) のタイプに分類された参加者は非支配的反応群として１つのグループにまとめられた。すると，支配的反応群の方が非支配的反応群よりも負の感情を味わったと報告し，それ以上会話を続けたくないと回答した割合が高かった。

　我々の考えでは，抑うつ傾向がある相手に助言しようという人（親密的―支配的な人）は手助けを提供するつもりでおり，そのことが相手から親密で従順な反応を引き出すと期待している。それゆえ相手が思ったような反応をみせない場合には，その目的が達成されなかったことになるのである。だからこそ支配的な傾向の人は抑うつ傾向がある人との相互作用を嫌がり，何かを一緒にする相手として選びたがらないのであろう（Coyne, 1976a, 1976b; Gotlib & Beatty, 1985; Hammen & Peters, 1978; Hinchcliffe et al., 1978; Howes & Hokanson, 1979; Lowenstein, 1984; Robbins, Strack, & Coyne, 1979; Salzman, 1975; Strack & Coyne, 1983; Winer, Bonner, Blaney, & Murray, 1981）。

　抑うつ傾向がない人の対人的目標は，相手に抑うつ傾向がある場合はどうも達成されないようである。しかし，抑うつ傾向がある人の場合，その対人的目標は相手に抑うつ傾向があっても達成されることがある。例えば，Locke と Horowitz（1990）は実験参加者を同性同士で組み合わせて，(a) ２人とも不快気分傾向を持つ，(b) どちらも不快気分傾向を持たない，(c) 片方だけが不快気分傾向を持つ，という２人組を作って実験を行った。参加者にはテーマを記した一覧表が渡された。一覧表にはポジティブなテーマ（例えば「母親の好きなところ」）とネガティブなテーマ（例えば「一番いやなこと」）が半分ずつ載っていた。参加者はそれぞれテーマを選んで 90 秒ずつ交互に話をし，２人が話し終えるたびにそのセッションに対する満足度を評価するよう求められた。また，すべての会話はビデオで録画された。その結果，２人の傾向が似ている場合の方が（つまり２人とも不快気分傾向があるか，もしくは２人とも不快気分傾向がない場合の方が）そうでない場合に比べて満足度がはるかに高く，片方だけが不快気分傾向を持つ２人組の場合は満足度が低いことが分かった。また前者の場合，参加者はお互いを温かな人とも評価していた。さらに，セッションが進むにつれ，(c) の不快気分傾向がある参加者はネガティブなテーマを選ぶ傾向が強くなった（例えば「気持ちが落ち込んで気分が悪くなることがどれだけあるか。何に対してそう感じるか」）。不快気分傾向がある人の対人的目標（例えば人に支配されたくない）は，相手にも同じような傾向がある場合の方がそうでない場合よりも満たされることが多いようである。

　これらの研究成果をみると，抑うつ傾向がある人を支えるためにかける言葉がいかに微妙なニュアンスを要するかが分かる。Goldsmith（1994）は社会的支援としてのコミュニケーション

を，Brown と Levinson（1987）が提唱した丁寧さに関する理論と結びつけて解釈した。Brown らの理論では相互作用する 2 者がお互いに対して望んでいることは次の 2 点だとされる。つまり，(a) 自分が投影したいと思っている自己像を相手に受け取ってもらうこと，(b) 自由にふるまい，かつ相手から不当な要求を受けずにいること，の 2 点であり，親密性と支配性という 2 つの対人次元と関連すると考えられる。それゆえ，例えば一方が相手に対して何らかの要望を伝えれば，言われた側は無理強いされたように感じてしまう。同様に，一方が相手を非難すれば，非難された側は自分が受け入れられなかったばかりでなく，変わることを強いられたように感じてしまう。相手に助言を与えたならば，助言を受けた側は自分が相手に受け入れられず，変化するよう不当な要求を突きつけられたように感じてしまう。これが慣習的な会話形式が存在する理由である。慣習的会話形式では相手に対して尊敬を払うこと（親密性）や相手に影響を及ぼそうという気持ちを持たないことが重視され，相手は体面を保つことができる。相手に対する助言であっても「あからさまな物言い」（Brown & Levinson, 1987）をすることは，相手の体面に対する配慮を欠くことになる。例えば，試験に落第した人に対して「試験の担当教官のところに話にいったら」（以降メッセージ M とする）と助言を与えるとする。この助言は明確，直接的で，効果的な内容であるが，実は相手に対して変わるべきだと伝え，行動するよう指示を与えているのである。しかし，同じ助言（M）でも使われる文脈次第で相手の体面に配慮した言い方にもなり得る。例えば，次のような言い方ならば相手の体面も保たれるであろう。「あなたはもっとできるのだし，こんな結果はおかしいわ。だから（M してみたら）」「うまくいくかどうか分からないけれど，（M してみても）いいかもしれないわね」「別の子も落第したけれど，（M して）何とかなったって聞いたわよ」。

　Goldsmith（1994）の論文には，文脈の違いと相手が体面を保たれたと感じる程度の関連を測定するための実験手続きが記載されている。実験によれば，文脈の違いはメッセージを受け取る相手の受け取り方に対して明確な影響を与えていた。Goldsmith の実験手続きでは，メッセージ（M）を埋め込む文脈だけでなく，メッセージ（M）自体もランダムに変化させていたが，我々はメッセージ（M）自体は変化させずに，周りの文脈だけを変化させてみるつもりである。メッセージの受け取り方を親密性と支配性の 2 つの対人次元で評定し，対人円環上に表現することで，文脈が果たす役割を明らかにすることができると考えている。これが我々の将来的な目標である。

結　論

　対人問題の理解には，その人が抱いている対人的希望（目標）と実際の対人行動との比較が不可欠である。これら 3 つの概念——対人問題，対人的目標，対人行動——はいずれも 2 次元の円環を用いて簡潔に表現することができる。これら 3 つの関連を明らかにするために，本章では 4 つの仮説を提示した。1 つ目の仮説は，いずれの円環も 2 つの次元で規定されるというものであった。つまり，(a) 親密さや愛情，共同性の次元と，(b) 支配，統制，影響力の次元の 2 つである。2 つ目の仮説は，対人行動はそれぞれ特定の反応（相補的反応）を相手から引き出し，対人

行動とそれに対する相補的反応の関係もまた円環で表現することが可能だというものであった。ここでいう相補的反応とは親密さの次元では類似し，支配性の次元では補完的な行動を指す。3つ目の仮説は，相互作用する2人の行動が非相補的である場合，2人の間には明らかな緊張が生じるというものであった。

　普段のやりとりが対人問題の原因となっているかどうかを知るためには，その人が抱く対人的目標を知る必要がある。もし対人的目標が達成されているのであれば，相互作用からは（たとえそれが相補的であろうとなかろうと）何の問題も生じない。対人的目標が満たされない理由としては一般に2つの理由が考えられる。1つは相手の求めに応じて安易に相補的反応を返してしまうことである（例えば，非相補的関係が生み出す緊張を避けたいのかもしれない）。この場合，自分の抱く対人的目標との離齬が不満を生じさせることになる。もう1つの理由はとっさに非相補的反応を返してしまうことで，2人の間の緊張が高まることになる（貧しい夫婦の例）。

　対人的目標が達成できない理由にもさまざまな理由が考えられる。考え得る理由の1つは社会的技能の欠如やふるまい方を知らないというものである。確かに特定の社会的技能の欠如が対人問題を生じさせている場合もあるが，一般的には持っている技能の発揮が何らかの理由で妨げられている場合の方が多い。例えば，普段のやりとりの中で演じ慣れた役割とは異なる役割を演じることに居心地の悪さを感じるのかもしれない。我々が立てた4つ目の仮説に従えば，普段のやりとりの中で特定の役割ばかりを演じている人でも，もう一方の役割を演じるための技能もまた習得していると考えられる。しかし演じ慣れない役割を演じた場合の結果を恐れて技能を発揮せずにいるのである。そのような人にとって必要なのは，社会的技能の欠如を補う手助けではなく，技能の発揮を抑制しているものを乗り越える手助けなのである。我々の仮説に沿って考えることで対人問題の意味が明らかとなり，将来的には系統立てた治療や，患者のニーズに沿った治療の提供につながると期待される。

文　献

Alden, L. E., Wiggins, J. S., & Pincus, A. L. (1990). Construction of circumplex scales for the Inventory of Interpersonal Problems. *Journal of Personality Assessment, 55*, 521-536.

Altman, J. H., & Wittenborn, J. R. (1980). Depression-prone personality in women. *Journal of Abnormal Psychology, 89*, 303-308.

Angyal, A. (1941). *Foundations for a science of personality.* New York: Commonwealth Fund and Harvard University Press.

Arkowitz, H., Lichtenstein, E., McGovern, K., & Hines, P. (1975). The behavioral assessment of social competence in males. *Behavior Therapy, 6*, 3-13.

Bagdanoff, J. (1995). *Listener response style and affect in interactions with a depressed other.* Senior Honor's Thesis, Stanford University, Stanford, CA.

Bakan, D. (1966). *The duality of human existence.* Boston: Beacon Press.

Bandura, A. (1977). Self-efficacy: Toward a unifying theory of behavioral change. *Psychological Review, 84*, 191-215.

Bandura, A. (1978). The self system in reciprocal determinism. *American Psychologist, 33*, 344-358.

Bandura, A. (1982). Self-efficacy mechanism in human agency. *American Psychologist, 37*, 122-147.

Bartholomew, K. (1990). Avoidance of intimacy: An attachment perspective. *Journal of Social and Personal Relationships, 7*, 147-178.

Bartholomew, K., & Horowitz, L. M. (1991). Attachment styles among young adults: A test of a model. *Journal of Personality and Social Psychology, 61*, 226-244.

Beck, A. T. (1967). *Depression: Clinical, experimental, and theoretical aspects*. New York: Hoeber.

Bellack, A. S., & Morrison, R. L. (1982). Interpersonal dysfunction. In A. S. Bellack, M. Hersen, & A. E. Kazdin (Eds.), *International handbook of behavior modification and therapy* (pp. 717-747). New York: Plenum Press.

Benjamin, L. S. (1974). Structural analysis of social behavior. *Psychological Review, 81*, 392-425.

Benjamin, L. S. (1986). Adding social and intrapsychic descriptors to Axis I of DSM-III. In T. Millon & G. Klerman (Eds.), *Contemporary issues in psychopathology* (pp. 599-638). New York: Guilford Press.

Berzins, J. I. (1977). Therapist-patient matching. In A. S. Gurman & A. M. Razin (Eds.), *Effective psychotherapy* (pp. 221-251). New York: Pergamon Press.

Bierman, R. (1969). Dimensions of interpersonal facilitation in psychotherapy and child development. *Psychological Bulletin, 72*, 338-352.

Birchler, G., Weiss, R., & Vincent, J. (1975). Multimethod analysis of social reinforcement exchange between maritally distressed and nondistressed spouse and stranger dyads. *Journal of Personality and Social Psychology, 31*, 349-360.

Blatt, S. J. (1990). Interpersonal relatedness and self-definition: Two personality configurations and their implications for psychopathology and psychotherapy. In J. L. Singer (Ed.), *Repression and dissociation*. Chicago: University of Chicago Press.

Blatt, S. J., & Schichman, S. (1983). Two primary configurations of psychopathology. *Psychoanalysis and Contemporary Thought, 6*, 187-254.

Bluhm, C., Widiger, T. A., & Miele, G. M. (1990). Interpersonal complementarity and individual differences. *Journal of Personality and Social Psychology, 58*, 464-471.

Blumberg, S. R., & Hokanson, J. E. (1983). The effects of another person's response style on interpersonal behavior in depression. *Journal of Abnormal Psychology, 92*, 196-209.

Bowlby, J. (1973). *Attachment and loss, Vol 2: Separation*. New York: Basic Books.

Brennan, T. (1982). Loneliness at adolescence. In L. A. Peplau & D. Perlman (Eds.), *Loneliness. A sourcebook of current theory, research and therapy*. New York: Wiley.

Brown, P., & Levinson, S. (1987). *Politeness Some universals in language usage*. New York: Cambridge University Press.

Carson, R. C. (1969). *Interaction concepts of personality*. Chicago: Aldine.

Chelune, G. J., Sultan, F. E., & Williams, C. L. (1980). Loneliness, self-disclosure, and interpersonal effectiveness. *Journal of Counseling Psychology, 27*, 462-468.

Coates, D., & Wortman, C. B. (1980). Depression maintenance and interpersonal control. In A. Baum & J. E. Singer (Eds.), *Advances in environmental psychology* (pp. 149-182). Hillsdale, NJ: Lawrence Erlbaum.

Cofer, D. H., & Wittenborn, J. R. (1980). Personality characteristics of formerly depressed women. *Journal of Abnormal Psychology, 89*, 309-314.

Coyne, J. (1976a). Depression and the response of others. *Journal of Abnormal Psychology, 85,* 186-193.

Coyne, J. (1976b). Toward an interactional description of depression. *Psychiatry, 39*, 28-39.

Coyne, J. C., Aldwin, C., & Lazarus, R. S. (1981). Depression and coping in stressful episodes. *Journal of Abnormal Psychology, 90*, 439-447.

DeVoge, J., & Beck, S. (1978). The therapist-client relationship in behavior therapy. In M. Hersen, R. M. Eisler, & P. M. Miller (Eds.), *Progress in behavior modification* (Vol. 6, pp. 204-248). New York: Academic Press.

Dryer, D. C. (1993). *Interpersonal goals and satisfaction with interactions*. Unpublished doctoral dissertation, Stanford University, Stanford, CA.

第3部　臨床問題への円環モデルの応用

Dryer, D. C., & Horowitz, L. M. (1997). When do opposites attract? Interpersonal complementarity versus similarity. *Journal of Personality and Social Psychology, 72*(3), 593-603.

Erikson, E. H. (1963). *Childhood and Society* (2nd ed.). New York: W. W. Norton.

Ford, M. E., & Nichols, C. W. (1991). Using goal assessments to identify motivational patterns and facilitate behavioral regulation and achievement. *Advances in Motivation and Achievement, 7*, 51-85.

French, R. deS. (1981). *Interpersonal problem-solving skill in lonely people.* Unpublished doctoral dissertation, Stanford University, Stanford, CA.

Gerson, A. C., & Perlman, D. (1979). Loneliness and expressive communication. *Journal of Abnormal Psychology, 88*, 258-261.

Glasgow, R. E., & Arkowitz, H. (1975). The behavioral assessment of male and female social competence in dyadic heterosexual interactions. *Behavior Therapy, 6*, 488-498.

Goldsmith, D. J. (1994). The role of facework in supportive communication. In B. R. Burleson, T. L. Albrecht, & I. G. Sarason (Eds.), *Communication of social support* (pp. 29-49). Thousand Oaks, CA: Sage.

Gotlib, I. H., & Beatty, M. (1985). Negative responses to depression: The role of attributional style. *Cognitive Therapy and Research, 9*, 91-103.

Gotlib, I. H., & Robinson, L. A. (1982). Responses to depressed individuals: Discrepancies between self-report and observer-rated behavior. *Journal of Abnormal Psychology, 91*, 231-240.

Gottman, J. M. (1979). *Marital interaction: Experimental investigations.* New York: Academic Press.

Gottman, J. M. (1980). Consistency of nonverbal affect and affect reciprocity in marital interaction. *Journal of Consulting and Clinical Psychology, 48*, 711-717.

Grinker, R. R. (1964). Communications by patients in depressive states. *Archives of General Psychiatry, 10*, 576-580.

Gurtman, M. B. (1991). Evaluating the interpersonalness of personality scales. *Personality and Social Psychology Bulletin, 17*, 670-677.

Gurtman, M. B. (1992a). Construct validity of interpersonal personality measures: The interpersonal circumplex as a nomological net. *Journal of Personality and Social Psychology, 63*, 105-118.

Gurtman, M. B. (1992b). Trust, distrust, and interpersonal problems: A circumplex analysis. *Journal of Personality and Social Psychology, 62*, 989-1002.

Guttman, L. (1954). A new approach to factor analysis: The radex. In P. R. Lazarsfeld, *Mathematical thinking in the social sciences* (pp. 258-348). Glencoe, IL: Free Press.

Hammen, C., & Peters, S. D. (1978). Interpersonal consequences of depression: Responses to men and women enacting a depressed role. *Journal of Abnormal Psychology, 87*, 322-332.

Hansson, R. O., & Jones, W. H. (1981). Loneliness, cooperation, and conformity among American undergraduates. *Journal of Social Psychology, 115*, 103-108.

Hinchcliffe, M. K., Hooper, D., & Roberts, J. F. (1978). *The melancholy marriage: Depression in marriage and psychosocial approaches to therapy.* New York: Wiley.

Hokanson, J. E., Sacco, W. P., Blumberg, S. R., & Landrum, G. C. (1980). Interpersonal behavior of depressive individuals in a mixed-motive game. *Journal of Abnormal Psychology, 89*, 320-332.

Horney, K. (1945). *Our inner conflicts.* New York: Norton.

Horowitz, L. M. (1979). On the cognitive structure of interpersonal problems treated in psychotherapy. *Journal of Consulting and Clinical Psychology, 47*, 1, 5-15.

Horowitz, L. M., & French, R. deS. (1979). Interpersonal problems of people who describe themselves as lonely. *Journal of Consulting and Clinical Psychology, 57*, 762-764.

Horowitz, L. M., French, R. deS., & Anderson, C. A. (1982). The prototype of a lonely person. In L. Peplau & D. Perlman (Eds.), *Loneliness A sourcebook of current theory, research, and therapy* (pp. 183-205). New York: Wiley Interscience.

Horowitz, L. M., Locke, K. D., Morse, M. B., Waikar, S. V., Dryer, D. C., Tarnow, E., & Ghannam, J. (1991). Self-derogations and the interpersonal theory. *Journal of Personality and Social Psychology, 61,* 68-79.

Horowitz, L. M., Rosenberg, S. E., Baer, B. A., Ureño, G., & Villaseñor, V. S. (1988). Inventory of interpersonal problems: Psychometric properties and clinical applications. *Journal of Consulting and Clinical Psychology, 56,* 885-892.

Horowitz, L. M., & Vitkus, J. (1986). The interpersonal basis of psychiatric symptoms. *Clinical Psychology Review, 6,* 443-469.

Horowitz, L. M., Weckler, D. A., & Doren, R. (1983). Interpersonal problems and symptoms: A cognitive approach. In P. Kendall (Ed.), *Advances in cognitive-behavioral research and therapy* (pp. 81-125). London: Academic Press.

Howes, M. J., & Hokanson, J. E. (1979). Conversational and social responses to depressive interpersonal behavior. *Journal of Abnormal Psychology, 88,* 625-634.

Jefferson, G., & Lee, J. R. E. (1992). The rejection of advice: Managing the problematic convergence of a "troubles-telling" and a "service encounter." In P. Drew & J. Heritage (Eds.), *Talk at work* (pp. 521-571). Cambridge: Cambridge University Press.

Jones, W. H., Freeman, J. W., & Goswick, R. A. (1981). The persistence of loneliness: Self and other determinants. *Journal of Personality, 49,* 27-48.

Jones, W. H., Hobbs, S. A., & Hockenbury, D. (1982). Loneliness and social skill deficits. *Journal of Personality and Social Psychology, 42,* 682-689.

Kiesler, D. J. (1983). The 1982 interpersonal circle: A taxonomy for complementarity in human transactions. *Psychological Review, 90,* 185-214.

Krasnoperova, E. N., & Horowitz, L. M. (1995). *Responses to men's and women's troubles-telling: Effects of type of trouble and the gender of the recipient.* Stanford-Berkeley Talks, Berkeley, CA.

Lafferty, J., & Eady, P. (1974). *The desert survival problem.* Plymouth, MI: Experimental Learning Methods.

LaForge, R., & Suczek, R. F. (1955). The interpersonal domain of personality: 3. An interpersonal check list. *Journal of Personality, 24,* 94-112.

Leary, T. F. (1957). *Interpersonal diagnosis of personality: A functional theory and methodology for personality evaluation.* New York: Ronald Press.

Locke, K. D., & Horowitz, L. M. (1990). Satisfaction in interpersonal interactions as a function of similarity in level of dysphoria. *Journal of Personality and Social Psychology, 58,* 823-831.

Lowenstein, E. (1984). *Social perceptions of the depressed person: The effects of perceived responsibility and response to advice.* Unpublished doctoral dissertation, Stanford University, Stanford, CA.

Margolin, G., & Wampold, B. E. (1981). Sequential analysis of conflict and accord in distressed and nondistressed marital partners. *Journal of Consulting and Clinical Psychology, 47,* 554-567.

Notarius, C. I., & Herrick, L. R. (1988). Listener response strategies to a distressed other. *Journal of Social and Personal Relationships, 5,* 97-108.

Orford, J. (1986). The rules of interpersonal complementarity: Does hostility beget hostility and dominance, submission? *Psychological Review, 93,* 365-377.

Robbins, B., Strack, S., & Coyne, J. (1979). Willingness to provide feedback to depressed persons. *Social Behavior and Personality, 7,* 199-203.

Salzman, L. (1975). Interpersonal factors in depression. In F. F. Flack & S. C. Draghi (Eds.), *The nature and treatment of depression* (pp. 43-56). New York: Wiley.

Schwartz, R. M., & Gottman, J. M. (1976). Toward a task analysis of assertive behavior. *Journal of Consulting and Clinical Psychology, 44,* 910-920.

Solano, C. H., Batten, P. G., & Parish, E. A. (1982). Loneliness and patterns of self-disclosure. *Journal of Personality and Social Psychology, 43,* 524-531.

Strack, S., & Coyne, J. C. (1983). Social confirmation of dysphoria: Shared and private reactions to depression. *Journal of Personality and Social Psychology, 44*, 798-806.

Strong, S. R., & Hills, H. I. (1986). *Interpersonal Communication Rating Scale*. Richmond: Virginia Commonwealth University.

Strong, S. R., Hills, H. I., Kilmartin, C. T., DeVries, H., Lanier, K., Nelson, B. N., Strickland, D., III, & Meyer, C. W. (1988). The dynamic relations among interpersonal behaviors: A test of complementarity and anticomplementarity. *Journal of Personality and Social Psychology, 54*, 798-810.

Sullivan, H. S. (1953). *The interpersonal theory of psychiatry*. New York: Norton.

Vitkus, J., & Horowitz, L. M. (1987). Poor social performance of lonely people: Lacking a skill or adopting a role? *Journal of Personality and Social Psychology, 52*, 1266-1273.

Watzlawick, P., Weakland, J., & Fisch, R. (1974). *Change: Principles of problem formation and problem resolution*. New York: Norton.

Wiggins, J. S. (1982). Circumplex models of interpersonal behavior in clinical psychology. In P. C. Kendall & J. N. Butcher (Eds.), *Handbook of research methods in clinical psychology* (pp. 183-221). New York: Wiley.

Winer, D. L., Bonner, T. O., Blaney, P. H., & Murray, E. J. (1981). Depression and social attraction. *Motivation and Emotion, 5*, 153-166.

〔訳注文献〕

鈴木菜実子・藤山直樹．（2011）．IIP-64（対人関係診断目録）日本語版における信頼性と妥当性の検討．上智大学心理学年報，*35*, 61-69.

第 16 章

円環を活用した精神療法研究

William P. Henry

　筆者が円環モデルを知ったのは，1982年にヴァンダービルト大学の Hans Strupp 博士の精神療法研究チームに加わって臨床心理学の博士論文に取り組んでいるときであった。当時，博士のチームは巨額の助成金を使ったプロジェクトに取り組んでいる最中で，のちにヴァンダービルト II プロジェクト（Henry, Strupp, Butler, Schacht, & Binder, 1993; Henry, Schacht, Strupp, Butler, & Binder, 1993; Strupp, 1993）として知られるようになるこのプロジェクトは，時間制限力動精神療法（time-limited dynamic psychotherapy: TLDP）（Strupp & Binder, 1984）をマニュアル通りに行った際の経過と結果の検討を目的としていた。プロジェクトの計画を立てながら，我々は精神力動研究の現状や改善点について話し合いを重ねた。その中で繰り返し議題に上がったテーマが2つあった。1つは精神力動研究が抱える問題についてで，当時は多くの研究グループがそれぞれ独自に尺度を開発して精神療法の重要概念の測定に用いていた（例えば治療同盟，精神力動技法など）。お互い似ているとはいえ，測定する概念の中身を測定する手続きにも違いがあり，そのためそれぞれの研究知見をまとめて1つにすることが難しい状態であった。もう1つは，精神療法の分野が理論の奥行きと一貫性とを重視してきたという歴史的経緯にもかかわらず（例えばフロイトに関していえば，理論の一貫性を保つために自分の理論を何度も更新していた），精神力動療法の研究そのものには同様の一貫性が欠けているように思われることであった。例えば，患者の症状に対しては DSM 診断基準に沿って診断を下し，精神療法の経過の評価は明確な介入（例えば転移の解釈）が行われた回数をもって行い，精神療法の結果はミネソタ多面的人格目録の得点の変化で測定するといった具合であった。測定している変数も，測定している概念の抽象度も，測定に使う道具も，その拠り所にしている理論も異なっている状態で，どうしてこれらの結果を秩序立てて関連づけることができるだろうか。

　こうしたことから我々は，徐々に問題―治療―結果の一貫性（Strupp, Schacht, & Henry, 1988）というものが研究を進めていく際の原則として必要であると考えるようになった。患者が抱える問題と治療経過，そして臨床的な結果がすべて共通の，理論に裏打ちされた方法で測定されるべきという比較的シンプルな考えは，行動研究（および認知研究の一部）ではすでに自明なこととされていた。しかし精神力動の分野では，より抽象的で精神内部に関わる変数を扱っていることが問題―治療―結果の一貫性の実現を難しくしていた。そこで我々はこの問題に取り組むことを決め，Benjamin（1974）が開発した社会的行動の構造分析（Structural Analysis of Social Behavior: SASB）を軸に据えて，問題―治療―結果の各段階を測定しようと考えた。SASB は3つの円環で構成されており，他者への対人的な働きかけと他者への自動的な反応，および取り込み行動

（自分に対する自分自身の行動）をそれぞれ測定できるように作られている。SASB は以下の 2 点から我々の研究にとって好ましいと考えられた。それは，(a) 対人関係に関わる理論的枠組みであり，対人関係に焦点を当てる精神療法との一貫性が保てること，(b) 他者評定でも自己評定でも，正確で具体的な操作的定義に基づく測定が可能なことの 2 点である。さらに SASB は問題―治療―結果を一貫して測定し得る可能性を秘めていた。SASB を使うことで，共通かつ統一された測定基準に従って患者の循環的不適応パターン（cyclic maladaptive patterns: CMP）や治療過程における 2 者の相互作用（これは時間制限力動精神療法トレーニングの焦点である），治療の結果生じた患者の対人行動の変容と精神内の変容（精神力動療法では症状の軽減だけでなく，この変容を主たる目的としている）の概念化や記述，測定を行うことができると考えられたのである。さらに重要なことは，SASB とその土台となる円環の伝統的考え方をもとに，患者の過去の経験を患者が抱える対人問題や心的働きに理論的に結びつける仮説の設定が可能となったことである。つまりSASB 円環システムにはこれまで探し求めていた操作的な厳密さと理論的一貫性とが備わっていたのである。

　本章では筆者が円環モデル――ここでは SASB であるが――を使って行ってきた研究のいくつかを簡単に振り返り，円環モデルの特徴を示すこととする。円環モデルには，(a) 問題―治療―結果を一貫して測定する共通の尺度となる，(b) 長期にわたる研究成果の蓄積をより意味のあるものにできる，(c) 精神病理と精神療法に関する理論モデルの構成を可能にし，(d) それらの理論を検証し改良する新たな測定尺度開発の土台となる，という特徴がある。しかし筆者が円環モデルを支持する最大の理由は別にある。それは記述・説明・予測の問題と関連している。パーソナリティや精神療法に関する実証研究では（少なくとも暗黙のうちには）しばしば混乱がみられるが，記述，説明，予測は本来それぞれ異なるものである。統計的観点からは，ひとまとまりになったいくつかの概念を別の 1 つの概念で記述すること自体は難しいことではない。特にその1 つの概念が十分な広がりを持っている場合（例えば神経症傾向のような場合）にはなおさらである。例えば，ビッグ・ファイブの神経症傾向因子と臨床診断上の神経症傾向との間に中程度の相関があることを示す研究は数多く存在する（例えば Trull, 1992）。しかし筆者の考えでは，円環モデル（特に SASB モデル）は記述だけではなく，説明や予測にも使用可能である。まずは筆者の研究を支えた SASB モデルについて以下の節で簡単に説明する。

社会行動の構造分析

　SASB は対人円環システムの一種であり，Leary（1957）の対人円環をもとに，それを発展させたものである。伝統的な対人円環は 2 つの直交する軸を含んでいる。左端の憎しみから右端の愛情へと変化する親和性を表す横軸と，支配から従順へと変化する支配性を表す縦軸である。この支配―従順の軸は対人行動にみられる支配や相互依存のあらゆる概念（例えば絡み合い）の中の1 つの形態を表しているにすぎないと Benjamin（1974）は考えた。対人行動を網羅的に表現するためには，絡み合いだけでなく分化（自律性の尊重と自律性の獲得）に関わる対人行動をも考慮に入れなくてはならない。言い換えれば，自律性は支配性と従順の単なる中間に位置する概念では

第16章　円環を活用した精神療法研究

なく，まったく別の次元であると考えたのである。絡み合いと分化という相互依存する2つの次元をモデルに組み込むためには，対人円環を別に2つ構成する必要があった。SASBでは，第1円環（焦点は他者）はある人物から他の人物に対する働きかけを表し，第2円環（焦点は自己）は個人の自発的行動や反応行動を表現している。2つの円環はいずれもLearyのモデルと同様に親和性の軸を横軸とし，左端が敵意を，右端が友好的な親密さを表現している。他者への働きかけに焦点を当てたモデルでは縦軸は相互依存の次元で，上端が自律性の尊重を，下端が支配的行動を表している。自己に焦点を当てたモデルでは縦軸の相互依存性は上端が自律性の獲得もしくは分離を，下端が従順を表している。Benjaminはさらに第3の円環を構成して取り込みを表現した。取り込みとは，理論的には幼少期に体験した重要な他者からの働きかけ（第1円環で表現される）が変容して，自分に対して同じように働きかけることを意味する（例えば，自己受容，自己批判，自己統制など）。これら3つの円環を図16-1に示した。

　3つの円環モデルによって対人行動や心の動きを正確に説明し予測することが可能となるばかりでなく，過去や現在の対人相互作用と患者の自己概念や症状とを理論的に結びつけることができる。対人理論からは説明と予測の原理として取り込みや相補性，対照性などの概念が導かれる。取り込みとはSullivan（1953）が基本的な原理とした概念のことで，他者への評価が自己に反映されるとする概念のことである。つまり，人が抱く自己概念や自分自身の扱い方は，成長の過程で重要な他者から受けてきた扱い方を反映しているとする。この考えによれば生育の過程で叱責を受け続けることは取り込みにより自己非難につながる。取り込みは比較的早期に形成されると考えられているが，一度形成されたら変わらないというものではない。しかし，対人関係における相補性の原理により長期にわたり比較的堅固に保たれ得る。相補性の原理とは，ある対人行動が円環の2軸に照らしてそれと似た反応を相手から引き出すとする原理である。SASBの場合，友好的な行動は友好的な反応を，敵対的な行動は敵対的な反応を，支配は従順を，自律性の尊重は自律性の獲得を引き出すと考える。幼少期に批判を受けながら育った人は，成長してからも批判を受けるものと考えて，かえって他者からの批判を引き出す行動をとり，自己達成的予言によって自らの取り込みをより堅固で変わりにくいものにしてしまう。取り込みと相補性の原理を結びつけて考えることで，幼少期の経験が成人の行動パターンに変容するさま（それが適応的なものであれ不適応なものであれ）を理論的に解釈し，将来の行動を予測することが可能となる。行動の対照性は相補性とは逆の概念で，円環上では相補的行動と正反対の位置（180度異なる位置）で表現される。つまり対照的な行動とは，ある対人行動と親和性の次元でも相互依存の次元でも反対の次元に位置する行動のことである。Benjaminのモデルによれば，ある対人行動や対人反応に対して対照的な行動を返すことは，相手から行動の変容を最大限に引き出すことにつながる。

　SASBモデルはさまざまな方法で使用可能であり，また測定対象の特異性に合わせた使用が可能である。SASBモデルは2者間の対人プロセスや3者以上の対人プロセス，対人間の発話をコーディングする際にも使うことができる。また自己報告式のIntrex質問紙（Intrex Questionnaire）（Benjamin, 1983）も開発されており，あらゆる人間関係を評定することができる（例えば，現在の自分にとって重要な他者や子ども時代の母親，取り込みの対象となった人物などの自分に対

313

第3部　臨床問題への円環モデルの応用

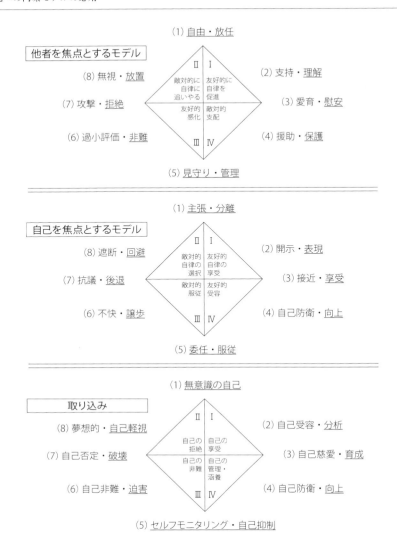

図16−1　SASBの3つの円環

Adapted from "An Interpersonal Approach," by L. Benjamin, 1987, *Journal of Personality Disorders*, Vol. 1, No. 4, p. 335
Copyright 1987 by the Guilford Press より許可を得て掲載

するふるまいを評定することができる）。さらに，関係性が最も良かったときと悪かったときの2回に分けて評定することが可能である。SASBモデル自体は，使用法にかかわらず，対象の特異性に合わせて使用することができる。完全版では各円環の表面に36の点が配置されているが，クラスターモデルでは36の点を8つのクラスターにまとめている（一般的に使われるのはこちらのモデルである）。最も単純なモデルでは各円環は4象限に分けられている。このようにSASBモデルは測定対象の面でも，評定を行う観点の面でも，また得点化の面でも非常に柔軟性に富んだモデルといえる。

314

円環モデルを用いた治療過程の測定

　筆者は当初 SASB をただ記述のためのシステムとして使用し，治療同盟（therapeutic alliance）のより正確な検証に取り組んでいた（Henry, Schacht, & Strupp, 1986）。当時は治療同盟や関係性に関わる要因が治療成果の主たる予測因子であると広く考えられていた。しかし，そのころの研究手続きでは「医師の温かさ」のような定義が明確とはいえない変数で大まかに評価するのが主で，それも長い時間（15分，20分からセッション全体）をまとめて評価していたのであった。こうした方法でも治療同盟が総体として重要であることを示す上では十分であったが，多くの欠点もあった。つまり，(a) 厳密な理論基盤を欠くことが多い，(b) 患者と医師の行動が個別に評定され，相互作用が行われるその時々の文脈から切り離されて評価されることが多い，(c) 評定の対象が大まかで，かつ包括的な評価しか行われないため，評定の際に推量が入り込む余地が大きく，特徴を十分に捉えられない，(d) 十分な治療同盟を構築できない原因になっているかもしれない医師の行動や発言を特定することができない，などであった。

　SASB であればこれらの欠点を克服することが可能であった。SASB の測定項目は簡潔なために——1文か，それよりも短い場合もある——，推論を働かせて要約的に評定する必要がなく，また患者の行動の特徴を十分に捉えることができたからである。医師の特定の発言を取り上げて検討を加えることも同様に可能であった。さらに特定の対人行動を取り上げて相互作用する他者との関わり合いという文脈の中で評定することができた。そして対人関係理論をその拠り所としているがゆえに，例えば対人関係の相補性に基づく仮説，つまり一方の対人行動が相手から相補的反応を引き出すとする仮説を立てることが可能であった（親和性の次元では同質の反応を——敵意であれば相手からも敵意を——，相互依存の次元では補完的な反応を——支配は従順を，そして自律性の尊重は自律性の獲得を——それぞれ引き出すとする）。

　Henry ら（1986）が検証したのは根本的かつ単純な疑問であった。治療効果が上がるときと上がらないときとでは，同じような治療技術を使っている場合でも，患者に対する医師の行動に果たして違いがあるのだろうか。この疑問に答えるため，4人の医師がそれぞれ担当した患者の中から，治療結果が明らかに良かった患者と明らかに悪かった患者の症例を1つずつ取り上げ，検討を加えた（各症例は比較的類似した患者層から選ばれ，いずれも大学生相当の年齢の男性，そして MMPI 得点が 2-7-0［抑うつ＝神経衰弱＝社会的内向性］の患者であった）。検討対象として取り上げた2者相互作用場面は比較的短時間であったにもかかわらず（およそ25回行われるセッションの3回目の冒頭15分間），医師のとった対人行動には大きな違いがみられ，統計学的にもその差は有意であった。この研究結果は，たとえよく訓練され，セッションにも慣れた，博士号まで持った精神力動療法の医師であっても，治療成果が上がらない症例では，患者を潜在的に傷つけてしまうような相互作用を驚くほどとりやすいことを示している。その一方で，治療結果がよかった症例ではそうした相互作用はみられなかった。治療成果の上がらなかった症例では，医師の敵対的支配行動（SASB のクラスター6：なじる・軽んじる）が有意に多く，友好的かつ患者の自律性を尊重する行動（SASB のクラスター2：支持・理解）や友好的支配行動（SASB のクラスター4：援助・保護）が少なかった。また，治療を受けても効果の上がらなかった患者では医師に対する敵対的自律行

第3部　臨床問題への円環モデルの応用

動（SASBのクラスター8：遮断・回避）が有意に多く観察された。

　前述の研究結果は治療結果の違いが対人行動の違いと関連することを裏づけている。しかし，既存のデータに依存している限り，治療結果の測定（例えばMMPI得点の変化）を対人相互作用のプロセスと理論的に結びつけて表現することは不可能であった。そこでHenry, SchachtとStrupp（1990）は対人関係理論に基づく厳密な測定を行う目的で，治療結果をSASB Intrex質問紙の取り込みの変化と定義した。仮説の土台としたのは自己を構成するものには他者の反映的評価も含まれるとするSullivan（1953）の考えであった。つまり人は，幼少期の重要な他者が自分に対してふるまったように，自分自身に対してふるまう（それは取り込みの作用による）とする考えである。例えば，幼いころに責められた経験は取り込みによって自己非難となる。理論上では取り込みは影響を受けやすく，日ごろ行われる対人相互作用を受けて絶えず改変を繰り返す。しかし実際には取り込まれたものは変わりにくく，長期にわたって作用しやすい。幼少期の経験が他者の行動に関する強い予測を形成し，こうした予測が知覚の歪みを生み（転移反応），対人関係における相補性の原理によって自己達成的予言を成就させるからである。言い換えれば，人は他者が特定の行動をとるように仕向けることで自らが恐れる予測を強化し，融通のきかない不適応な取り込み構造を頑なに守っているのである。理論上は医師との対人相互作用プロセスの取り込みが患者の取り込み構造を補強してしまう可能性もあれば改善に向かわせる可能性もある。この枠組みを円環で操作的に定義することで，治療後の変化をもたらす直接的な仕組みとしての医師と患者の関係性（対人相互作用プロセスの一部の観察に基づくSASBの符号化で定義される）の重要性を理論的に根拠づけることができると考えられた。

　Henryら（1990）は治療成果のあがった7つの症例（治療成果は取り込み得点の変化量と変化の方向性で判断）と治療成果のあがらなかった7つの症例（取り込み得点に変化がみられなかった症例，もしくは実際の症状の悪化がみられた症例）を取り上げて検討を加えた。結果はやはり同様であった。治療成果のあがらなかった症例では医師の対人相互作用プロセスは患者のネガティブで自己敵対的な取り込みを強化してしまう傾向があり，治療成果のあがった症例ではそのようなプロセスはみられなかったのである（むしろ患者の取り込みを改善させるプロセスがほとんどであった）。これらのデータは直接的な因果関係を示すものではないが，対人関係理論に基づく治療同盟についての仮説とよく一致する。興味深いのは，医師自身の取り込みが医師の対人プロセスの予測因子となっていたことであった。自己批判的な医師は患者に対しても批判的な傾向があり，それに対して患者も自己批判的傾向の強い反応を示すという，理論上想定された通りの循環サイクルを形成していた。

　いずれの研究でも，続いて行われた分析で対人関係の相補性の原理が支持され，医師と患者が相補的な反応をお互いみせ合う傾向が確認された。これは理論的観点以外からも非常に注目すべきことである。というのも医師は（特に力動的精神療法の医師は），患者からの刺激に反応して同じような刺激を返さないことが重要であると伝統的に教育を受けているからである。しかしデータをみる限り，医師は患者からの刺激に対して刺激で応え，そればかりか医師自身の方から多くのネガティブな相互作用を始めさえしていたのである。そして，治療成果のあがらなかった症例では非常に複雑なコミュニケーションが行われていた。複雑なコミュニケーションとは表面上のメッセージと同時にそれとは異なる（そして相矛盾する）対人メッセージを相手に伝えるコミュニ

316

ケーションのことである。医師にみられる複雑なコミュニケーションの最も典型的な例は非難的説明とでもいうべきもので，表面上は友好的支配（SASBのクラスター4：援助・保護）にみえながら，そこに患者を非難する気持ちや批判する気持ちが透けてみえるようなコミュニケーションを指す。症状が最も悪化してしまった症例では，医師の言説の実に50％以上がこの複雑なコミュニケーションの形態をとっていた。こうした複雑なコミュニケーションも正確に測定できる点が，他の方法論と比べた際のSASBの非常に優れた点である。SASBを使えば医師と患者の対人メッセージを個別に円環上にプロットできるが，従来の方法ではただ親和軸だけに沿った評価をせざるを得ない。結局そのときに行われていた相互作用特有の本質を情報として十分にすくいきれないのである。

　このように治療過程の研究にSASBを使ったことで，(a)治療効果を減じかねない医師の言説の種類が特定でき，(b)医師と患者の関係性が直接もしくは主要な要因となって治療効果を上げる機序に対する理論的根拠，もしくはその機序を支持する証拠が示され，(c)患者に対してよい治療を施すつもりでいるときでさえ，ネガティブな相補的対人関係プロセスが行われることが多々あることが示された。測定に対人円環を用いることで記述，説明，予測が可能となったのである。関心を持たれた読者はHenryとStrupp（1994）を参照されたい。精神療法のプロセスと結果に関する共通因子モデルが詳細に述べられており，治療同盟を対人プロセスと捉えた上で，治療同盟が治療結果に与える直接的・間接的影響に関する議論が展開されている。

治療成果を測定する道具としての円環

　従来の対人円環はLearyの円環をもとに発展し，単独の円環で構成されているが，パーソナリティ特性の類型論のような，どちらかというと静的な使い方が主であった。各個人は円環平面上に配置され，その座標が中心的パーソナリティ特性を表していると考えるのである。原点から座標までの距離（ベクトル長）は，本人の特性が正常の範囲から極端な病的範囲までのどこに相当するかを評価する材料とされる。SASBは対人行動，反応，取り込みを個別に円環で表現しているため，治療プロセスに焦点を当てた使い方が可能で，特性論的色合いが少ないのが特徴である[1]。さらに，SASBの中でもIntrex質問紙（Benjamin, 1983）が標準的自記式質問紙となるが，このIntrex質問紙は参加者の取り込み（最も良い状態および悪い状態を想定して回答する），現在の重要な他者との関係（同様に良い状態と悪い状態とを想定して2回測定），参加者が5歳から10歳のときの両親との関係，そして両親同士の関係が測定できるように構成されている。さらに各関係性の測定（取り込みは除く）は4セットの項目を使って行われる。親に対する他者の行動，親に対する他者の反応，他者に対する親の行動，他者に対する親の反応の4セットである。参加者の回答傾向や回答パターンはいずれの質問紙セットにも如実に表れてくるが，この測定方法は各対人プロセスにみられる固有の変化を測定する理想的な方法であり，そうした変化を円環構造や円環

1　明らかに，どのようなプロセスであれ十分な頻度で規則的に生じるのであれば，それを表現する特性語を確実に見出すことができる。Eysenck（1990）の定義によれば，特性とは互いに強く関連し合う習慣のことであり，これらの習慣自体はSASBが測定する対人相互作用と関連を持つ。

第3部　臨床問題への円環モデルの応用

理論特有の簡潔さで測定することができる。これは臨床の場で活用する上では重要な特徴で，というのも医師がどのような理論に基づいて治療をしていたとしても，患者の変化を表す重要な指標は常に患者自身の行動だからである。日々の対人場面で変化する患者の行動や反応こそが患者の変化を表す重要な指標なのである。

　一般的な対人関係理論（Horowitz & Vitkus, 1986）の見方では，患者の症状は何度も繰り返される，自律的で不適応な対人行動パターンの中に現れる。対人的な問題行動を引き起こす原因には，(a)幼少期の患者を病的な形で受容してくれた重要な他者を喜ばせ，その他者の愛情をつなぎとめたいという，無意識のうちに繰り返される願望，(b)現在は歪んでしまっているものの，成長段階のいずれかの時点では正しかったであろう，他者に対する認知や他者への期待がある。これらが原因となって，患者は自ら恐れを抱いている予測を強化してしまうような行動や反応をとってしまうのである。例えば，他者のことを非常に批判的な存在だと予測してかかる患者は（実際には批判を受けていないにもかかわらず）批判を受けたと認知し，敵対的服従反応（SASBのクラスター2-6：不機嫌な譲歩）をみせるであろう。相補性の原理によれば，こうした患者の傾向が続けば今度は他者から実際に批判を引き出すこととなり（SASBのクラスター1-6：非難），その批判が患者の中に取り込まれて自己批判的な取り込み構造（SASBのクラスター3-6：自己非難・自己告発）を強化してしまう。このような自己告発的な患者の姿勢は抑うつの病理的所見として，DSM-Ⅳ（American Psychiatric Association, 1994）の気分変調症の診断基準の中でも，対人理論を扱った多くの書籍（Beck, 1983; Blatt, 1991）でも触れられている。

　SASBはこうした対人関係理論と矛盾のない形で患者の自己継続的な問題傾向を捉えることができ，それゆえ循環構造の中の特定の要素の変化を正確に測定することができる。SchachtとHenry（1995）が提案した方法は，SASB Intrex質問紙を用いて患者の不適応を生み出す中心的な循環構造（Cyclic Maladaptive Pattern: SASB-CMP）や，その変化を測定するというものであった。この方法では，インタビューや観察で得られた患者自身の回答によらないデータの分析も可能である（表16-1参照）。こうしたデータの中身は対人行動，取り込み行動，予測の3つにグループ化される。分析手法によってはこれらのグループにナラティブなラベル（例えば，受容への願望，失敗への恐れ，見捨てられ予測など）を付けることも多いが，SASB-CMPの場合，すべてのラベルはSASBの符号に読み替えることが可能である。例えば，見捨てられるのではないかという恐れであれば「1-8の恐れ」と表現することができるし，失敗への恐れであれば「1-6の恐れ」，力のある他者を頼りたいという願望であれば「2-4の願望」といった具合である。ほとんどの場合，ナラティブな方法でのラベリングとSASBの符号システムとが表現している潜在的事象は（前者のラベリングが仮に一般化されたものであったとしても）同じものである。しかし，問題の循環構造を構成するすべての要素を同じ形の円環で表現することで，問題の構造がより明らかになるのではないだろうか。さらに，先にも述べたように，SASBを使うことで，対人問題の循環構造を正確に記述するだけでなく，相補性や取り込みなどの原理によって循環の動態を説明し，予測することも可能となる。SASB-CMPの臨床的な最終目標は以下の3点である。つまり，(a)構造化され，SASBで符号化されたデータを用いて，対人問題が自己継続される動態を仮説によって説明すること，(b)変化を促すべき特定の対人行動や対人反応を明確に示すこと，

318

第16章 円環を活用した精神療法研究

表 16 - 1 SASB-CMP のカテゴリー

対人行動	取り込み行動	期待：予測，願望，恐れ
親の行動 　他者への行動 　　良いとき 　　悪いとき 　他者への反応 　　良いとき 　　悪いとき	親の行動 　良いとき 　悪いとき	患者の抱く空想 　他者に対する患者の行動と反応 患者に対する他者の行動と反応 患者と他者の間の取り込み作用
他者の行動 　親への行動 　　良いとき 　　悪いとき 　親への反応 　　良いとき 　　悪いとき	他者の行動	

(c) CMP の変化を治療の結果として捉えられるようにすることである。

新たな円環モデル

　対人円環は一般に，特に SASB の場合，ある種の逆説を表現している。円環モデルは理論に基づき構成されたモデルで，因子分析によって導かれた計量モデルとは異なる。円環モデルは人間のさまざまな行動の背後に 2 つの次元もしくは軸が存在すると仮定し[2]，対人行動や対人行動の内在化としての自己構造を説明し予測する。その一方で SASB を，行動を記述するだけで特定の理論に与しない，あるいは他の理論に組み入れることも可能なモデルであるとみる向きもあるし，そのように使われていることもある。SASB-CMP によって共通の方法でデータを計測することが可能となり，対人的・内面的システムが互いに関連し変化する動態を説明することができる。さらに，SASB-CMP は変化を測定する方法として洗練されているばかりでなく，臨床的にも非常に有用である。しかし SASB-CMP はパーソナリティ病理を包括的に説明し得る理論にはまだなり得ていない。理論的基盤に欠ける DSM 第 II 軸の代わりになり得るような，理論に基づく分類を提供するにはまだ至っていないのである。

　筆者の SASB の使用法に関していえば，測定の道具や臨床的な問題を明らかにするための枠組みに始まり，その後，異常なパーソナリティに関する，より包括的な一般理論モデルを構成するための土台の 1 つとして利用するに至った（Henry, 1994）[3]。この一般理論モデルはアタッチメ

2　これら 2 つの次元の重要性を明らかにするために因子分析の手法が用いられてはきたが，2 つの次元そのものはもともと理論的考察から導かれたものであり，霊長類研究を含む数多くの研究成果をもとにしている（Harlow, 1958）。

3　SASB を広く応用することを思いついたのは SASB の開発者である Lorna Benjamin のおかげであり，また DSM 第 II 軸のパーソナリティ障害を SASB で表現し，対人仮説によって各障害の病因を説明しようとした彼女の革新的な仕事のおかげである。

ント理論から派生した基本的動機づけに関する仮説とSASBによる対人理論とが結びついてできたものである。こうして出来上がったモデルはパーソナリティ病理学を円環に基づいて定義した従来のモデルとはまったく異なるものであった。従来の定義ではパーソナリティの病理を，特定の特性が表出する程度という量的な観点で捉えていた。しかしこれから述べるモデルでは，異常なパーソナリティと正常なパーソナリティとを質的に区別している。

　Bowlby（1977, 1988）は，動物を用いた初期の研究（Harlow, 1958; Lorenz, 1955）を引き合いに出して，人間の乳児にも2種類の重要かつ一般的な行動があると考えた。アタッチメント探究と探索である。これら2つが主要な動機となって乳児を行動に駆り立てるとみなすことはそれまでの伝統的な見方を大きく変えるものであった。なぜなら，1次的動因の減少による速やかな強化が行われていないにもかかわらず，これらの行動を生得的なものとみなしていたからである。乳児と養育者との結びつきが精神的に健全な場合，求めに応じて乳児はアタッチメントを得ることができ（Bowlbyはそれを安全基地と呼んだ），その結果，自由に環境の探索に向かうことができる。概してアタッチメント探究と探索行動はバランスよく交互に現れる。アタッチメント行動と探索行動をSASBで表現するならば友好的な絡み合い（親の愛情に満ちた保護的支配と乳児の愛情に満ちた信頼と服従）と友好的な分化（自律性の尊重と自律性の獲得）に相当する。乳児の正常な発達にとっては，親が乳児とのつながりやアタッチメントを緊密に保ち，乳児の欲求を十分理解してそれに応じると同時に，乳児の分離と自律をある程度まで許容，促すような柔軟性を持っていることが必要である。

　パーソナリティは，対人関係の側面からは「相互作用する自己と他者の内的表象に関する精神の働きで，対人行動の中に現れ出るもの」（Henry, 1994, p. 324; Benjamin, 1994も参照）と定義される。乳幼児期における重要な他者との相互作用は，アタッチメントと分化という2つの動因を中心として行われ，内在化された自己と他者の表象を形成し，これがパーソナリティの基礎となる[4]。乳幼児期の相互作用から心的表象やスキーマが形成され個人のパーソナリティとして行動面に表出するまでには，3つの基本的な過程を経ると考えられている。それは，(a) 重要な他者の行動をそのまま模倣する同一化と呼ばれる過程，(b) 類似した対人サイクルの繰り返しが他者に関する抽象的な表象を形成し，他者についての予測を生み出す内在化と呼ばれる過程，(c) 他者が自分を扱ったように自分のことをも扱うようになる取り込みと呼ばれる過程の3つである。パーソナリティとその形成過程をこのように定義する見方もまた円環モデルの妥当性を示しているように思われる。というのも，円環を規定する2つの次元が霊長類研究や乳児研究で得られた知見と矛盾しないばかりでなく，心理測定によっても繰り返し妥当性が確認されており（Wiggins, 1982），SASBの3つの円環のそれぞれが上述したパーソナリティ発達の3つの基本的な過程に対応しているからである。

　親の他者に対する行動の中でも，子ども（もしくは成人した子ども）が学習，模倣する対人行動

4　これらは明らかにパーソナリティの生物学的もしくは気質的な決定因であり，対人行動を形成すると同時に，対人行動によっても形作られる（生物学の考えでいえば獲得質に相当する）。しかし本章の目的から，ここではもっぱら社会的学習により形成されるパーソナリティの側面に焦点を当てる。こうしたパーソナリティの側面は対人行動の内在化および外在化として定義される。

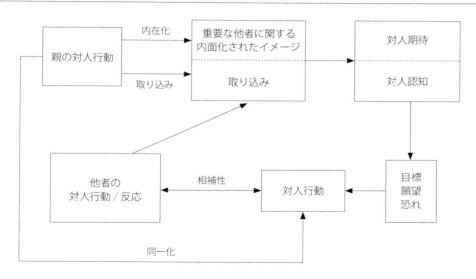

図 16−2　精神病理の循環構造に関する対人モデル

Reprinted from *Differentiating Normal and Abnormal Personality* (p. 330) edited by S. Strack and M. Lorr, 1994, New York: Springer Publishing Co., Inc. より許可を得て転載

はSASBの第1円環で表現することができる。重要な他者に関する内在化された表象からはさまざまな予測が生じ，他者への認知が形成され，その結果，個人特有の対人的反応が生じるが，こうした反応はSASBの第2円環で測定可能である。第1円環で表現された重要な他者による子どもへの行動が，子ども自身（もしくは大人になってからの自分自身）に向けた行動の中に取り込まれ，模倣されたものは第3円環で表現される。これら3つの過程が堅固な自己概念を維持し，類似した循環的対人パターンが繰り返される様子を図16−2に示した。

　アタッチメントや分化に対する基本的動因や，乳幼児期の対人経験からパーソナリティと呼ばれるものの基礎が形成されていく過程は，誰にでも共通の過程だと考えられる。正常なパーソナリティと異常なパーソナリティとを質的に区別することは，どのようなタイプの養育行動が経験的基盤となって同一化や内在化，取り込みが起こるかという問題にかかっている。「正常な」パーソナリティの発達がみられるのは，乳幼児期の経験的基盤がクラスター2（支持），クラスター3（自発的な愛），クラスター4（こまやかな保護）にある場合だと考えられる。これらクラスター2-3-4を経験的基盤とするグループ（アタッチメントグループとも呼ばれる：Benjamin, 1994; Henry, 1994参照）を正常とする考えは定義としてはうなずけるものである。というのも，これらのクラスターはアタッチメント理論の基本的欲求もしくは基本的動因が十分に満たされた状態に相当するからである。アタッチメントグループの基盤にあるのは，適度で友好的な絡み合い（結びつきを許容）と適度で友好的な自律もしくは分化（探索を許容）とがほどよく混じり合った状態である。これに対して異常なパーソナリティを持つ人の場合，分裂したアタッチメントグループ（SASBのクラスター6：非難，クラスター7：攻撃，クラスター8：放棄）に含まれる対人行動を受けた経験があり，自分でもそのように行動することが多い。つまり異常なパーソナリティを質的に定義するならば，強い服従（過度の絡み合い）や距離の隔たり（過度の分化），強い敵意（過度の攻撃

性）などの対人相互作用パターンとして定義することができる。面白いことに，異常なパーソナリティに一般的にみられるこれらの３つの傾向は，Horney（1945）がいうところの初期の不健全な環境に対する乳幼児の基本的な対人コーピングスタイル３つとそっくり対応するように思われる。つまり，近づく，離れる，反抗するの３つである。対人的な不均衡を表すこれら３つのスタイルは，異常なパーソナリティを定義づけるだけでなく，さまざまな養育スタイルを表現するために使われてきた従来の多くの分類システムとも結びつけて解釈することが可能である（例えば，権威主義的であれば過度の絡み合いと関連し，放棄であれば過度の隔たりと関連するなど。詳しくは Tyber，1989 を参照のこと）。

　しかしこのモデルには矛盾が存在する。基本的発達過程は同じでありながら，正常なパーソナリティにも異常なパーソナリティにも発達し得るという点である。これは，動因や模倣の過程が共通しているばかりでなく，我々の現在の行動を作り上げている一般的な願望や恐れをすべての個人が共通して抱いているからである。人は誰でもアタッチメントグループに属する対人関係（支持，愛，保護）を望み，分裂したアタッチメントグループの関係（非難，攻撃，放棄）からくる行動に対しては不安を抱く。つまり繰り返すようだが，正常なパーソナリティと異常なパーソナリティの質的な区別というものは初期の対人的な学習に拠っているのである。望ましくない環境で育った人は，乳幼児期に受けた養育態度の過剰もしくは不足に応じて特定の願望や恐れを固着するに至る。その中でも主たる固着（例えば，受容されたいという願望や放棄されることへの恐れ）は限定的で柔軟さを欠いた強い動因となって，バランスに欠ける不健全な対人行動を引き起こす。そうした固着は人を過度の絡み合い，過度の分化，過度の攻撃へと駆り立てるからである。生まれつき持っている動因や願望，恐れそのものに必ずしも病的なものがなくとも，乳幼児期の特定の経験が柔軟性を欠いた固着とネガティブな内在化を生み出し，不適応なアタッチメント探究行動を引き起こす。こうして引き起こされた行動を我々は異常とみなすのである。

　こうした考えを理論化し，測定できるように操作的に定義する上で，円環は重要な役割を果たし得る。根源的・本質的動因や乳幼児期の経験，養育スタイル，重要な願望と恐れ（そして両者の葛藤），潜在的な精神内部の構造（取り込み），顕在的な対人行動と対人問題のパターンなどを共通原理の尺度で測定し表現することが可能である。そのため問題―治療―結果の一貫性を保つことができ，ヒトとしての動因やパーソナリティ病理，乳幼児期の経験や成人期の障害に関する一般的定義や理論と，治療が患者の変化をもたらすメカニズムや結果の測定とを直接結びつける検証可能な（つまり反証可能な）仮説の生成に寄与することができる。Harlow のサルを用いた研究や Bowlby のアタッチメント理論，Horney の対人コーピングスタイルの分類，対人的な取り込みをパーソナリティとみなす Sullivan の理論，近年の精神療法研究で報告されている治療同盟の重要性に関する主要な知見などを，病理と治療とを結びつけた新たな統一モデルの中に組み込むことができるのは偶然ではない。これを可能にしているのは一般的な円環モデルが持つ強みでありSASB の強みでもある，記述，説明，予測ができるという点である。

円環を用いた新たな尺度の開発

　SASBであれば問題—治療—結果を真の意味で一貫的に記述すると同時に，それらを理論的に統合することができるため，互いを密接に関連づける新たな尺度開発の土台としてももってこいである。例えば，乳幼児期の対人関係歴や重要な他者との現在の関係，対人関係に対する一般的期待や他者に対する自己効力感，対人的願望や恐れなどは，いずれも共通の土台である親和と相互依存の次元を介して互いに関連づけることが可能である。本節ではSASBに基づいて開発したいくつかの尺度を簡単に紹介する。これらの尺度は，(a) パーソナリティ障害の病因論を支える理論の検証，(b) 臨床での測定および症例の公式化，(c) 治療による症状変化の正確な把握のために開発したものである。これらの尺度は目下予備調査の最中である。

初期発達段階における対人関係史

　Benjamin（1993）はパーソナリティ障害の診断と治療について述べた著書の中で，成人Ⅱ軸パーソナリティ障害の原因に関する仮説の概要を簡潔にまとめている。その際，患者が初期発達段階に経験した対人関係の著明な側面（SASBの親和と相互依存の軸で測定が可能）と，成人期の障害もしくは問題となっている対人的側面とを対応させた記述を行っている。これは従来の病因学とはまったく異なる方法で，円環を用いることで初めて可能となった方法である。従来の方法ではカテゴリーごとに定義された出来事（例えば虐待や放棄など）をもとに，どのようなカテゴリーの症状が成人期に現れるか（抑うつや境界性パーソナリティ障害など）を予測してきた。残念ながらそのような試み（症状特異性仮説と呼ばれる）では，成人期の障害と強く結びついている初期発達段階の出来事を明らかにすることはできない。一方，円環に基づいたSASBの理論では，発達段階で生じた出来事の中に同じようなカテゴリーに分類されるような出来事があったとしても，対人プロセスやその文脈という面でまったく異なる出来事として捉え得る。例えば，虐待であれば絶え間ない非難（SASBのクラスター1-6）や身体的暴行（SASBのクラスター1-7），不適切な育児放棄（SASBのクラスター1-8）などの形をとり得る。さらに複雑なものでは近親相姦の一形態ともいうべきものがあり，虐待者が被虐待者に対して愛していると言いながら攻撃を繰り返すものもある（SASBのクラスター1-3と1-7）。SASBは3つの円環を活用することで，これまでは包括的な分類の中で語られることの多かった初期発達段階の出来事を，より具体的かつ個別的に表現することができる。

　しかし，BenjaminのSASBに基づく，パーソナリティ障害の病理に関する仮説を検証するためには，さらに尺度を改良して既存のIntrex質問紙以上に乳幼児期の特異な経験を測定できるようにしなくてはならない。例えば，患者の中には子ども時代に両親から養育を放棄されたと感じ，虐待を受けたと感じたことのある者が多いのは間違いないが，養育放棄を受けたときの状況や放棄の種類は，その人がどのようなパーソナリティ障害をもっているかによって異なると考えられている。SASB Intrex質問紙を使えば患者が過去に放棄を受けた（SASBのクラスター1-8）

ということ自体は分かっても，それ以上の詳しい状況は読み取ることができない。初期経験に関する質問紙（Early Experiences Questionnaire: EEQ）（Henty, 1995a）はこの溝を埋めるべく作られたもので，さまざまな第Ⅱ軸のパーソナリティ障害の発症と病理学的に関連すると仮定される幼少期の体験とを測定する質問紙である。さらに，EEQ は両親との間の初期経験に関する患者の知覚を，両親それぞれについて測定することができるため，例えば一方が愛情に富んでいるがもう一方は批判的な場合でも測定結果に反映させることができる。

Benjamin（1993）は例として回避性パーソナリティ障害患者と境界性パーソナリティ障害患者を挙げ，いずれもその対人関係史の中で繰り返し養育放棄を受けた経験があったと仮定している。しかし Benjamin の考えによれば両者の経験した放棄の性質はまったく異なる。例えば回避性パーソナリティ障害患者に放棄経験を尋ねる EEQ の項目は次のようなものである。「両親が私に腹を立てたとき，もしくは何かのことで私に愛想が尽きたとき，私のことを放っておいて残りの家族全員で何かをしていることが多かった」。同じような放棄経験を尋ねる項目でも境界性パーソナリティ障害患者に尋ねる項目では次のようになる。「子どもの時はいつも一人ぼっちだと感じていた。誰がいつ私のところに面倒を見に戻ってきてくれるのか分からなかった」。EEQ は両親それぞれに対して抱いている主たる願望や恐れも測定することができる。例えば SASB のクラスター 1-5（監視・管理）に関する恐れを測定する項目は「母／父が私の行動や考えを過度にコントロールしようとするのではないか心配だった」というものであり，願望を測定する項目としては「母／父が私のことをもっと自由に，もっと私の好きなようにさせてくれればいいのにと思っていた」という項目がある。幼少期に患者が抱いていた願望や恐れを理解することは重要である。というのも成人期における融通のきかない不適応な行動パターンは（たとえそれがどれだけ不適応な行動で成功の望みがないにしても），幼少期の願望を満たし，恐れを回避しようとする試みを表しているように思われるからである。方法論の見地から重要なことは，これらの願望や恐れを円環構造の中に布置して表現することが可能であり，その円環は幼少期の対人的出来事や現在の重要な他者との関係，臨床症状を捉えるための SASB-CMP と同じ構造で表されるということである。

対人支配の測定

SASB-CMP は，精神力動的公式化の枠組みの例に漏れず，患者が抱える中心的な対人問題傾向をプロセスの観点（すなわちどのような要素があり，それらの因果関係的なつながりはどのようになっているか）から表現する。しかし，医師としての経験や多くの患者に治療前後に研究目的でインタビューした経験から，CMP で測定できること以外に考慮すべき重要な要因があることに気づいた。似た症状を呈する患者が複数いたとしても，患者が自分の対人問題傾向を統制できると感じている程度は，患者によってまったく異なるということである。治療が進むにつれて患者は相変わらず同じ問題を抱え続けてはいるものの，以前に比べると問題をコントロールできている感覚があると報告するようになる（このことは治療によって自己効力感が高まったことを示唆する）。これまで統制の所在（Locus of Control）という概念を使って多くの研究成果があげられてきたが（Lefcourt, 1991），対人統制に関わる認知を特異的に測定する，理論に基づいた尺度はなかった。

24項目からなるSASB対人ローカス・オブ・コントロール尺度（SASB-Interpersonal Locus of Control Scale: SASB-ILCS）（Henry & Cheuvront, 1995）[5]は，Levensonによる統制の所在の3つの因子（内的統制，力を持つ他者による外的統制，運や偶然による外的統制；Levenson, 1973）とSASBの8つのクラスターとが組み合わされて構成されている。この尺度では，個人の違いは他者からの働きかけに対して抱いている統制感覚の程度の違いとして捉えられる。この統制感覚の違いは対人病理を定義する際の主要な要因であり，個人個人の無力感・自己効力感と直接関連があると考えられている。8つのクラスター得点を合計すれば3次元で表される統制感覚の指標にすることができ，3つの次元得点を合計すればSASBのクラスターに対する統制感覚の指標とすることが可能である。個々の項目はさまざまな統制信念を個別に測定できるように作られている。測定できる統制信念には，自分が放棄されるかどうかは力のある他者によって決められる（SASBのクラスター1-8）とする信念や，自分が愛されるかどうかは運で決まる（SASBのクラスター1-3）とする信念などがある。

SASB-ILCS（Henry & Cheuvront, 1995）を使った予備調査によれば，一般成人と成人患者のサンプルとでは対人統制感の程度に限局的ではあるものの大きな違いがあることが示唆された。全体的にみれば予想通りであるが，患者群の回答は一般群に比べて対人統制感が有意に低かった。しかし，面白いことに内的統制感自体は両群でほとんど差がなかった。両群の違いを大まかにいえば，患者群の方が力のある他者や偶然が対人関係を統制すると考える傾向が強かった。つまり患者と患者でない者の違いは内的統制感の違いにはなく，前者の方が自分の統制が及ばない外的な力を対人関係のあり方を既定する強力な決定要因だとみなしている点にあった。こう考えれば自己効力感が両群でほとんど変わらない理由も説明がつく。この傾向が最も顕著だったのは，友好的な分化や支持，受容（SASBのクラスター1-2）などの対人相互作用に対する統制感が小さい患者であった。また第II軸のパーソナリティ障害同士には統制願望や統制感の欠如の面で大きな違いがあることも示唆された。

対人的な願望，恐れ，支配方略の測定

重要な関係への態度尺度（Attitudes about Significant Relationships: ASR）（Henry, 1995b）もSASBをもとに構成された尺度である。ASRはSASB-CMPとSASB-ILCSとを補うもので，患者の変化を測定するだけでなく，患者の症状を対人力動的観点から公式化することで，治療計画を立てる役に立つように設計されている。EEQと同様にASRは対人的な願望や恐れを円環で表現するが，ASRの対象は現在親しい仲間や重要な人間関係である。ASRの一部はこれらの人間関係から得たいと思っているものを得るための，個人の対人統制方略や重要な他者に影響を及ぼす際に用いる方法を（円環によって）測定する。これらの対人方略はすべてSASBによって適応的なものから不適応なものまで符号化され，前述したパーソナリティ病理の理論と結びつけて解釈することができる。例えば，アタッチメントグループの適応的方略が，「言いたいことは根拠を

5　本尺度は当初ヴァンダービルト対人ローカス・オブ・コントロール尺度（Vanderbilt Interpersonal Locus of Control Scale）（Schacht & Henry, 1984）という名称であった。

持って，優しく論理的に話をする」（クラスター 2-2: 開示・表現）であるのに対して，分裂したア
タッチメントグループがとる不適応な方略は，「私の欲求を満たしてくれないからと相手を非難
する」（クラスター 1-6：非難）となる。また「他者に話しかけたり，他者のことを話題にあげるこ
とで彼／彼女を嫉妬させようとする」（クラスター 2-8 と 1-5：遮断，管理・支配）のような複雑な対
人方略を表現した項目もある。

　これら3つの尺度（Intrex, SASB-ILCS, ASR）を組み合わせることで，同じ円環の枠組みの中で
多次元にわたる情報を表現することができる。つまり，（a）対人相互作用のパターンとその結果
として起こる取り込み，（b）統制感を持っているクラスターと持てていないクラスター，および
その理由，（c）現在の人間関係に対する願望や恐れ，欲求を表現する方法や恐れる状態を回避す
る方法，などを共通の枠組みで表現することができるのである。すべて同じ SASB のクラスター
符号で表現することができるため，さまざまな臨床情報の統合と分類をより容易に，また理論的
裏づけをもって行うことができる。さらに，SASB-ILCS と ASR によって障害の背景に関する
情報を得ることができるため，円環の次元得点だけでは表しきれない患者個人個人の特徴を捉え
ることができる。そして，捉えた患者の特徴を，EEQ で測定した発達初期の諸々の経験と同じ
測定基準で直接比較検討することができる。これらのことによってパーソナリティ病理に関する
仮説の検証が可能となるのである。

円環と臨床上の問題や疑問との関連

　これまで述べてきたように，SASB は臨床に直接活用できるだけでなく，研究に一貫性を持た
せることもできる。第1に，SASB は問題発見的な枠組みとして対人問題サイクルの簡潔で正
確な記述を可能とし，繰り返し適用し得るように症例を組織立てて公式化する一助となる。第2
に，SASB は行動原理を説明し，対人サイクルを維持する仕組み（例えば相補性の原理）を解明す
るばかりでなく，対人相互作用が自己概念や取り込みに及ぼす影響をも明らかにすることができ
る。第3に，SASB によって対人相互作用サイクルを阻害する対人行動（つまり相補的行動とは対
照的な非相補的行動）が示唆される。第4に，SASB を使うことで患者の乳幼児期の出来事と現在
の症状とを，医師にとってはすでになじみのある方法で結びつけて理解することができる。個人
的な経験から言わせてもらえれば，これは患者にとっても非常に意味がある。第5に，特定の対
人行動に治療の焦点を絞って思考を進めることができる。これは，従来使われてきた抑圧された
怒りや満たされない依存欲求といった抽象的な概念が必ずしも具体的な治療につながらなかった
こととは対照的である。第6に，SASB は観察可能な対人行動パターンに焦点を当てているため，
特性名（例えば操作的，妄想性，強迫性）の使用にはあまりつながらない。特性名の使用は患者に
とっては無意味であるばかりか，医師の側に無意識に患者を非難する気持ちを引き起こしてしま
う（Henry et al., 1986 参照）。第7に，SASB によって問題—治療—結果の一貫性を保つことがで
きる。つまり，治療プロセスと治療の中身，患者の初期の対人関係史や現在抱える問題，そして
治療の結果を共通の尺度で測定することができるため，理論に基づく正確な思考と実証的な測定
につながる。第8に，これが最も重要な点であるが，こうした操作的定義と特異的測定とを基本

的な精神力動論や対象関係理論の枠組みの中で行うことができる。これまで蓄積した知見を捨て去ることなしに測定の際の具体的操作的定義を行うことができるのである。

　管理医療が行われ，セッションの時間も限られている現在，一度に複数のものを測定でき，さまざまな発見につながり得る測定手法は非常な価値を持つ。つまり，短い時間で測定可能で，患者を正確に分類して治療すべき対象を明確にし，患者にとっても意味があり（コンプライアンスと満足度を上げ），治療の結果をきちんと測定し得る尺度が求められているのである。Florsheim，Henry と Benjamin（1996）は，これまでに述べた SASB に基づく尺度に加えてアタッチメント理論と SASB を結びつける方法の概要を示し，個人中心主義的な従来の診断とは異なる対人関係論的な診断方法を提案している。この方法では，対人行動はアタッチメント理論によるアタッチメントスタイルの分類と SASB のクラスター符号により操作的に定義され，アタッチメントスタイルの相互作用によって生じる2者関係システムを構成する。

円環の有用性のまとめ

　これまで述べてきたように，円環には相矛盾するようにみえる2つの側面がある。円環は非常に理論的である一方で，詳細な記述にも向いており，まるで理論的色彩を帯びていないかのようにもみえる。治療に共通するさまざまな要因を1つにまとめ，数多く存在する理論同士を統合することは，近年ではますます重要な課題となっている（Prochaska & Norcross, 1994）。しかし，これまで統合が妨げられてきたのは，1つには包括的な理論的枠組みがなく，そのため理論的方向性を異にするさまざまな治療技術を，患者の治療変化プロセスに関する従来の理論と一貫性のとれた，より包括的な理論的見地から説明することができなかったからであった。筆者は，認知療法や行動療法，患者中心アプローチ，精神力動アプローチや他の精神療法が，方法論としては異なりつつも同じような効果をもたらす理由や機序を，病理と治療とを橋渡しする円環—対人理論によって明らかにすることができると考えている。円環が精神病理学と精神療法理論を統合する際の土台になり得ると考えるのは主に次の2つの理由による。つまり，(a) 行動や認知，感情[6]はいずれも対人問題を定義し，症状の変化を測定する際の材料であるが，どれも理論中立的な表現で解釈することが可能であり，各医師の拠って立つ理論的方向性を問わないこと，(b) 円環に付随する行動原理（取り込み，対極性，相補性など）はさまざまな治療法の効果を説明する上で有用であること，の2点である。

　例えば，医師が得意とする治療法がどのようなものであれ，患者の症状自体は患者の行動に基づいて SASB のパターンとして表現可能である。その際，患者の病理や医師の治療戦略を考慮に入れる必要はないのである。治療がうまくいった場合には，(a)（SASB の第1円環，第2円環で）観察可能な患者の行動の変化と，(b)（SASB の第3円環で測定される）自己認知もしくは自己概念の変化がみられる。対人理論の観点では，（自己と他者の）行動，反応，取り込みは循環するよう

6　感情体験の円環での表現に関しては本章では触れていないが，非常に重要な研究が行われている（例えば Plutchik, 1994 参照）。

第3部　臨床問題への円環モデルの応用

に互いに結びついており，このサイクルのいずれの部分に介入したとしても，時間とともに（患者の対人パターン以外の）別の部分にも変化が引き起こされる（同時に対人パターンに随伴する情動にも変化が生じる）。筆者の考えでは，医師の違いはどこに治療の重点を置くかの違いである。つまり，(a) 上記のサイクルのどこに焦点を当てるかの違いであり，(b) 上記のサイクルを維持するために重点を置く要素（例えば，表面的な行動，患者の認知，願望，恐れ，防衛機制，2次性疾病利得，強化など），もしくは治療過程の違いである。結局ほとんどの精神療法は互いに異なるというよりもむしろ似ているように思われる。用いる問題発見の手法や治療の手法はさまざまであっても，患者の認知と行動に潜在的変化をもたらし，問題となるサイクルを断ち切ろうとしている点では共通するからである[7]。

　効果を上げている精神療法はすべて下記に述べる一般的なプロセスの組み合わせからなっており，これらのプロセスは対人円環の枠組みで測定し理解することが可能である。

1．医師がみせる対人プロセスを患者に取り込ませることにより治療関係の改善を促す直接的働きかけ。
2．他者の行動や反応に対する期待を上手にコントロールすることによって引き起こされる患者の対人行動や対人反応の間接的変化。こうした変化は，精神力動療法による感情体験の矯正や認知療法による説明スタイルの歪みの矯正，その他さまざまな治療方法によっても引き起こすことができる。
3．患者がこれまでにない行動を新たにとることで相手から異なる反応を引き出すという，相補的な対人サイクルへの直接的な介入。他者の反応が変わることで一時的であった他者への期待や知覚の変化が患者の中で強化され，新しく，より適応的な対人スタイルの取り込みにつながる。普段とは異なる，とり慣れない行動を患者に促すメカニズムは数多い。例えば，内省，返ってくる反応の変化，医師への感情的結びつき，行動スキル訓練，協同的経験主義に基づく認知の再構築などが挙げられる。

　例えば，行動主義的医師にとっては治療関係をモデリングの機会と捉えて概念化する方が，取り込みといった心的な概念で捉えるよりもしっくりくるであろう。しかしここで重要なのは，円環という共通言語を介することで理論的枠組みを超えた統一的記述と説明が可能になるということである。

　円環を活用した統一的記述がもたらす理論的・臨床的メリットを検討するために，前述したSASBに基づく測定様式と，パーソナリティ異常を表現する際によく使われている別の方法——5因子モデル（McCrae & Costa, 1985）とを簡単に比較してみよう。ここでの問題はやはり，記述か説明かという問題，そして障害，原因，治療とに関わる概念同士をどの程度理論的に，またど

7　患者によっては，また患者が抱える問題のタイプによっては，効果のあがる治療技術が表面上異なる可能性は大いにあり得る。ほとんどの療法が潜在的には似ているとする考えはこの可能性を排除するものではない。

の程度容易に結びつけることができるかという問題に帰着する。筆者の考えでは，障害，原因，治療を結びつける一般理論を構築する上でSASBには以下の利点がある。これらは測定によって見出され，理論的裏づけを欠いた5因子モデルのような因子構造モデルにはみられない利点である。

1．SASBでは障害の原因や病理の型と関連するあらゆる現象を共通する2つの次元（親和と相互依存）の組み合わせとして表現する。5因子モデルの場合，5因子それぞれをその中に位置づけて概念化したり，理解できるような一般構造というものは存在しない。

2．5因子モデルを発達精神病理学の諸理論と（社会心理学的にも生物学的にも）何とか関連づけられたとしても，5因子モデル自体には仮説生成的な性格は備わっていない。5因子モデルは純粋に記述的性格を持ったモデルであり，障害の原因を説明し得る理論を持ち合わせていないからである。一方，SASBの場合は，霊長類研究で得られた知見を基盤に構築され（Benjamin, 1974），進化生物学的知見とも矛盾せず，乳児期のアタッチメント行動に関する研究成果との関連（Henry, 1994）も認められる。さらに重要な点は，SASBが初期体験と成人期の障害とを結びつける仮説を明確かつ検証可能な形で提示していることである（Benjamin, 1993参照）。

3．5因子モデルは本質的には特性モデルであるため，障害を概念化する際には各特性が相対的に高いか低いかといった個人のプロフィールとして表現することになる。5因子モデルが次元を土台としているにもかかわらず，個人を類型に分類する形になってしまうことで結局は静的な記述に終始し，各人の置かれた文脈を反映できないのは逆説的である。一方，SASBの場合，障害をそのプロセスから表現することになりやすい。プロセスには患者が障害をもつに至った背景やこれまでの相互作用が反映されているため，SASBは症例の公式化や治療計画の立案に使いやすいのである。

4．こうした特性から，5因子モデルが表現するのは個人に貼られた標識（高得点の因子名のこともあれば，低い得点の因子名のこともある）であり，個人は各自の特性から切り離され，抽象化される。さらに，こうした標識は特定の行動を示唆し得るが，行動とのつながりを直接示すものではない。一方，SASBは障害を特徴づけている特異な行動を直接かつ具体的に表現することができる。また問題となる行動の背後にある要因と理由の推察を可能にし，変化をもたらすためにとるべき行動原理を示唆してくれる。つまり，SASBは記述，予測，説明いずれも可能であるが，5因子モデルは記述に特化したモデルなのである。

結　論

第Ⅱ軸のパーソナリティ障害については現在活発な議論が行われており，取り組みがいのある課題である。理論家や研究者，医師のほとんどはDSM障害分類という素朴な民衆の知恵の有用性を認めてはいるものの（数多いDSMカテゴリーの記述に当てはまる患者は，程度の差こそあれ，実際多いのである），より包括的で，理論的裏づけを持ち，統一的解釈を可能とする次元構造を持った

モデルで，パーソナリティ障害を分類したいとする願いもまた幅広く存在する。換言すれば，科学的見地からは表面的な相関関係よりも核となる病理の解明が待たれているのであり，臨床的見地からは症例の公式化と，治療計画の立案に役立ち得るモデルが求められている。今では生物学的モデルから社会心理学的モデル，純粋な計量心理学的モデルから理論モデルまで，それこそ数多くの次元モデルが提唱され，統一理論としての地位を競っている。しかし，これらのモデルは互いに相補い，相互に関連したものであり，唯一の真実の座を競い合っていると考えるべきではない。最終的にはすべてのアプローチが精神病理というパズルを解く際の重要で欠かすことのできないピースとなり，パーソナリティ障害の原因や治療法の解明に貢献するものと考えられる。

　本章では円環アプローチ——特にSASB——のユニークな利点もしくは潜在的卓越性について筆者の考えを大まかに述べてきた。円環アプローチを使うことで臨床症状や治療のプロセス，治療の結果を同じ枠組みで理解することができる。対人円環のユニークな点は，現在使われている多くのモデルや個別の治療理論を必ずしも否定したり捨て去ることなく，精神療法を理論的に説明するための包括的基盤となり得る点である。精神療法研究の比較的短い歴史においては，特定のモデルや方法論がいくら長期にわたって使われてきたといってもあくまで相対的な問題にすぎない。対人円環がモデルとして有効であり，さまざまな理論の基盤としての性質も備えていることは，1950年代に対人円環が初めて提案されて以来指摘されてきたことであり，最近では広く認識されるようになってきた。円環によって体系づけられた対人原理の数々が対人領域という狭い領域を抜け出して，さまざまな理論をつなぐ共通言語として活用されるべきときがきている。この考えが正しければ，円環はまさに理論的基盤としての地位を築こうという最中であり，（ある理論を別の理論の言語に単に置き換えたものではない）新たな統合的理論の礎となるであろう。もしそのような理論が構築されれば，精神力動領域の研究者たちはこれまで達成することができなかった目標に手が届くかもしれない。つまり，複雑な概念の重要な本質を損なうことなしに厳格な操作的定義を行うことが可能になるかもしれない。

文　献

American Psychiatric Association. (1994). *Diagnostic and statistical manual of mental disorders* (4th ed.). Washington, DC: Author.

Beck, A. T. (1983). Cognitive therapy of depression: New perspectives. In P. J. Clayton & J. E. Barrett (Eds.), *Treatment of depression Old controversies and new approaches* (pp. 265-284). New York: Raven Press.

Benjamin, L. S. (1974). Structural Analysis of Social Behavior. *Psychological Review, 81*, 392-425.

Benjamin, L. S. (1983). *The Intrex user's manual Parts I and II*. Salt Lake City, UT Department of Psychology, University of Utah.

Benjamin, L. S. (1993). *Interpersonal diagnosis and treatment of personality disorders*. New York: Guilford Press.

Benjamin, L. S. (1994). Good defenses make good neighbors. In H. R. Conte & R. Plutchik (Eds.), *Ego defenses: Theory and measurement*. New York: Wiley.

Blatt, S. J. (1991). A cognitive morphology of psychopathology. *The Journal of Nervous and Mental Disease, 179*, 449-458.

Bowlby, J. (1977). The making and breaking of affectional bonds: 1. Aetiology and psychopathology in the light of attachment theory. *British Journal of Psychiatry, 130*, 201-210.

Bowlby, J. (1988). *A secure base. Parent-child attachment and healthy human development.* New York: Basic Books.

Eysenck, H. J. (1990). Biological dimensions of personality. In L. A. Pervin (Ed.), *Handbook of personality Theory and research.* New York: Guilford Press.

Florsheim, P., Henry, W. P., & Benjamin, L. S. (1996). Integrating individual and interpersonal approaches to diagnosis: The Structural Analysis of Social Behavior and attachment theory. In F. Kaslow (Ed.), *Handbook of Relational Diagnosis.* New York: Wiley.

Harlow, H. F. (1958). *The nature of love. American Journal of Psychology, 13*, 673-685.

Henry, W. P. (1994). Differentiating normal and abnormal personality: An interpersonal approach based on the Structural Analysis of Social Behavior. In S. Strack and M. Lorr (Eds.), *Differentiating normal and abnormal personality.* New York: Springer.

Henry, W. P. (1995a). *Early Experiences Questionnaire.* Unpublished manuscript, University of Utah, Salt Lake City, UT.

Henry, W. P. (1995b). *Attitudes about significant relationships.* Unpublished manuscript, University of Utah, Salt Lake City, UT.

Henry, W. P., & Cheuvront, C. (1995, June). *The measurement of interpersonal control.* Paper presented at the annual convention of the Society for Psychotherapy Research, Vancouver, Canada.

Henry, W. P., Schacht, T. E., & Strupp, H. H. (1986). Structural analysis of social behavior: Application to a study of interpersonal process in differential psychotherapeutic outcome. *Journal of Consulting and Clinical Psychology, 54*, 27-31. Reprinted in A. Kazdin (Ed.), (1992). *Methodological issues in clinical research.* Washington, DC: American Psychological Association.

Henry, W. P., Schacht, T. E., & Strupp, H. H. (1990). Patient and therapist introject, interpersonal process and differential psychotherapy outcome. *Journal of Consulting and Clinical Psychology, 58*, 768-774.

Henry, W. P., Schacht, T. E., Strupp, H. H., Butler, S. F., & Binder, J. L. (1993). The effects of training in time-limited dynamic psychotherapy: Mediators of therapist's response to training. *Journal of Consulting and Clinical Psychology, 61*, 441-447.

Henry, W. P., & Strupp, H. H. (1994). The therapeutic alliance as interpersonal process. In A. O. Horvath & L. S. Greenberg (Eds.), *The working alliance: Theory, research and practice.* New York: Wiley.

Henry, W. P., Strupp, H. H., Butler, S. F., Schacht, T. E., & Binder, J. L. (1993). The effects of training in time-limited dynamic psychotherapy: Changes in therapist behavior. *Journal of Consulting and Clinical Psychology, 61*, 434-440.

Horney, K. (1945). *Our inner conflicts.* New York: Norton.

Horowitz, L. M., &a Vitkus, J. (1986). The interpersonal basis of psychiatric symptoms. *Clinical Psychology Review, 6*(5), 443-469.

Leary, T. (1957). *Interpersonal diagnosis of personality A functional theory and methodology for personality evaluation.* New York: Ronald Press.

Lefcourt, H. M. (1991). Locus of control. In J. P. Robinson, P. R. Shaver, & L. S. Wrightsman (Eds.), *Measures of personality and social psychological attitudes* (pp. 412-499). San Diego, CA: Academic Press.

Levenson, H. (1973). Multidimensional locus of control in psychiatric patients. *Journal of Consulting and Clinical Psychology, 41*, 397-404.

Lorenz, K. (1955). Morphology and behavior patterns in closely allied species. In B. Schaffner (Ed.), *Group processes.* New York: Macy Foundation.

McCrae, R. R., & Costa, P. T (1985). Updating Norman's adequate taxonomy: Intelligence and personality dimensions in natural language and in questionnaires. *Journal of Personality and Social Psychology, 49*, 710-721.

Plutchik, R. (1994). *The psychology and biology of emotion.* New York: HarperCollins.

Prochaska, J. O., & Norcross, J. C. (1994). *Systems of psychotherapy.* Pacific Grove, CA: Brooks/Cole.

Schacht, T. E., & Henry, W. P. (1984). *Vanderbilt Interpersonal Locus of Control Scale*. Unpublished manuscript, Vanderbilt University, Nashville, TN.

Schacht, T. E., & Henry, W. P. (1995). Modeling recurrent relationship patterns with Structural Analysis of Social Behavior: The SASB-CMP. *Psychotherapy Research, 4*, 208-221.

Strupp, H. H. (1993). The Vanderbilt psychotherapy studies: Synopsis. *Journal of Consulting and Clinical Psychology, 61*, 431-433.

Strupp, H. H., & Binder, J. L. (1984). *Psychotherapy in a new key. A guide to time-limited dynamic psychotherapy*. New York: Basic Books.

Strupp, H. H., Schacht, T. E., & Henry, W. P. (1988). Problem-treatment-outcome congruence: A principle whose time has come. In H. Dahl & H. Kachele (Eds.), *Psychoanalytic Process Research Strategies* (pp. 1-19). New York: Springer.

Sullivan, H. S. (1953). *The interpersonal theory of psychiatry*. New York: Norton.

Trull, T. J. (1992). *DSM-III-R* personality disorders and the Five-Factor Model of personality: An empirical comparison. *Journal of Abnormal Psychology, 101*, 553-560.

Tyber, E. (1989). *Interpersonal process in psychotherapy: A guide for clinical training*. Pacific Grove, CA: Brooks/Cole.

Wiggins, J. S. (1982). Circumplex models of interpersonal behavior in clinical psychology. In P. C. Kendall & J. N. Butcher (Eds.), *Handbook of research methods in clinical psychology* (pp. 183-221). New York: Wiley.

第17章

臨床研究における構造モデルとしての対人円環：
集団精神療法，対人問題，パーソナリティ障害を例に

Stephen Soldz

　心理学の世界に足を踏み入れるまで，筆者は自然科学と数学の分野で経歴を積み重ねてきた。また何事もまず疑ってかかる性格であった。そうした学問的背景や性格のためか，同じ臨床症状を診察しても医師の間に見解の相違があることに気がつくようになった。カンファレンスになると検討対象として挙げられた症例をめぐり，患者が抱える問題の本質は何かという点について2人の専門医の間でまったく異なる意見が出されることが少なくなかったのである。そうした経験が重なり，治療の本質を明らかにする研究が必要であると考えるに至った。

　精神療法研究者としては新参者で精神分析者に近い性向を持っていたこともあり，精神療法を考える上での中心的なテーマとしてパーソナリティの変化を取り上げることにした。長期間に及ぶ精神療法が進むにつれて患者に生じる変化に興味を抱いたのである。数ある精神療法の眼目はいずれも，精神療法を受けることなしには生じ得ないであろう患者のパーソナリティの変化を引き起こすことができる点にあるようであった。パーソナリティの捉え方としては3つのモデルが数学者としての筆者の関心を引いた。Kelly（1955）のパーソナル・コンストラクト理論（personal construct psychology）はパーソナリティが現実を再構成する個人のプロセスであることを明らかにしたもので，パーソナリティの構造と変化に関する仮説としても明快で魅力的であった。Kelly の理論は心理学における対立（個性記述的か，法則定立的か）を超越するものであった。また，パーソナリティの対人円環モデル（Leary, 1957; Wiggins, 1982; Wiggins & Broughton, 1985）や5因子モデル（Digman, 1989; Goldberg, 1992; John, 1990; McCrae, 1992; McCrae & Costa, 1987, 1990）は Kelly の理論とはまったく異なる理論に基づいていたが，その構造が筆者の感性を引きつけた。

　Kelly（1955）によれば，人は現実に対してさまざまな意味づけをし，時に相矛盾する解釈を下している。筆者は Kelly の考えに基づき，パーソナリティの伝統的諸理論について研究を重ね，理論同士をつなぎ合わせる努力をしてきた。その中から，本章では対人円環の魅力の片鱗を簡潔に示し，対人円環を用いた筆者の研究の一端を紹介する[1]。

1　本書で筆者が円環という言葉を使うときは，常に対人円環を意味している。Benjamin の SASB（Benjamin, 1974）を使用したこともあるが，彼女の3つの円環を使った研究計画に最後まで従事した経験はない。しかし精神分析に関心を持つ筆者にとって SASB は魅力的である。Benjamin 自身の研究（1974, 1994）や，他の円環を用いた Henry, Schacht と Strupp（1986）の研究は非常に興味深い。

対人円環の魅力

　対人円環は対人間で働く機能をモデル化したもので，現在のところ，対人関係に関わる３つの側面を表している。それは対人行動（Kiesler, 1983; Tracey, 1994 など），対人気質（Wiggins, 1982; Wiggins & Broughton, 1985 など），対人問題（Alden, Wiggins & Pincus, 1990）の３つである。対人円環はこれらの領域を捉える共通した枠組みとなっている（Gurtman, 1992, 1993）。対人円環では対人領域の概念が支配性（DOM）と親密性（LOV）という２つの次元で効果的に表現できると仮定されており，人の行動や特性，対人問題などはこれら２つの次元を軸とする平面上に円環状に配列するとされている。対人円環は因子分析の伝統を利用しつつも，他のパーソナリティモデルに比べ軸上から外れた特性にも注意を払っており，これらの特性は２つの次元の組み合わせとして表現される。

　対人円環の魅力の１つは，測定に使う尺度や測定対象となる対人機能（行動，特性，問題），あるいは研究対象者が違ったとしても繰り返し見出される点にある（Alden et al., 1990）。さらに対人機能を測定するさまざまな尺度の中にも，たとえそれらが対人円環とは関係のない別の理論をもとに開発された尺度だとしても，対人円環構造を見出すことが可能である。例えば，Horowitz, Rosenberg, Baer, Ureño と Villaseñor（1988）が開発した対人問題インベントリー（Inventory of Interpersonal Problems: IIP）という尺度がある。これは精神療法を受ける患者が対人場面で抱える問題を測定するための尺度である。Horowitz（1979）は外来患者の抱える問題を系統的に検討する中で，ほとんどが対人関係の問題であることに気づいた。その主要な問題をもとに構成されたのが対人問題インベントリーである。その開発を報告した論文には対人問題の因子構造が示されているだけで，対人円環との関連については一切触れられていない。しかし，128項目ある対人問題インベントリーの中に円環の８つの下位尺度に相当する対人問題が含まれていたことから，Alden ら（1990）は下位尺度ごとに項目を８つずつ選び出して対人問題円環尺度（Inventory of Interpersonal Problems Circumplex Scales: IIP-C）を構成した。対人問題インベントリーが対人行動障害領域を体系的に網羅していたために，対人円環もその中に包含されていたのである。

　このような円環の頑健さが魅力の１つである。円環が「柔軟な」心理学領域における数少ない概念となり，知識を積み上げていくための土台となり得る可能性を秘めているのは，この頑強さゆえといえる。統計学者である de Leeuw（1994）がいっているように「これは社会科学分野に特有な現象の１つであるが，知識が蓄積されていくようには思えない。巨人がほとんどおらず，積み上げた知識の山も小人たちがせっせと崩している」（p. 13）。この悪しき伝統に対して対人円環，およびパーソナリティの構造モデルである５因子モデルは，知識を積み上げていくための基礎となり得る。

　筆者はこれまで円環の構造に焦点を当てて円環モデルの活用法を研究してきた。円環を用いた研究には，行動面における相補性（Tracey, 1994）といった，より動的な研究もあるが，それは筆者の守備範囲ではない。本章では次の５つの領域に焦点を当てて，構造モデルとしての円環の活

用法をみていく。（a）集団精神療法を受ける患者に生じる変化の分析，（b）パーソナリティ障害と円環との関連，（c）対人円環と5因子モデルの関係，（d）簡潔な対人問題円環尺度短縮版の作成，（e）自己評定，医師評定，他者評定に基づく，集団精神療法の場で表出するパーソナリティの研究，の5つである。

集団精神療法における円環の活用

　以前，集団精神療法の治療と治療結果との関係を検討する，長期にわたる研究プロジェクトが行われた。その一部であるハーバード・コミュニティ・ヘルスプランの精神健康研究計画の中で，集団精神療法に参加するメンバーの治療中の行動を測定するための尺度が開発された。集団メンバー対人プロセス尺度（Individual Group Member Interpersonal Process Scale: IGPIS-I）（Budman, Rothberg, & Davis, 1989）がそれである。IGIPS-I は42項目で構成され，集団精神療法に参加している患者の言動を38項目は個別に，4項目は集団精神療法の1区切りである30分間を通して総合的に測定する。前者には「他のメンバーに対して無反応である」「自己認識力を示す」「他のメンバーの体験を自己の経験と結びつける」「グループ内での行動とグループ外での行動を，類似点に焦点を当てて比較する」などの項目が含まれ，後者には「他のメンバーをも巻き込むような問題提起を行う」「感情を表に出す」などの項目が含まれている。この尺度は我々の努力の結晶であり，集団精神療法に参加する患者1人ひとりの治療過程の評価や（Soldz, Budman, & Demby, 1992; Soldz, Budman, Demby, & Feldstein, 1990），グループの集団としての評価（Budman, Soldz, Demby, Davis, & Merry, 1993; Budman, Soldz, Demby, Feldstein, & Springer, 1989）に用いることができる。

　IGIPS-I を使って集団精神療法における治療過程を研究するためにビデオを用意し，7つのグループのセッションを録画した。セッションは各グループで15回ずつ行われた。対象となった患者の数は合計52人であった。複数名の評定者には IGIPS-I の項目の意味を説明し，信頼性の確保に努めた。評定者には7つのグループの初めの4セッションのビデオをみてもらい，患者の行動を評定してもらった。患者が話し手のとき（他者が話し終えてから次に話し始めるまでの間）には IGIPS-I の38項目を用いて評定を行い（Soldz, Budman, Davis, & Demby, 1993），30分の区切りごとに4項目を用いて患者の行動を総合的に評価した。6時間にわたる集団精神療法（90分のセッションが4セッション）が終わってから，患者が話し手になるたびに評価した38項目の平均得点を算出した（総合評価項目の得点は30分ごとの評価を平均して算出した）。ほとんどの項目で得点分布に著しい偏りがみられたため（0が最も多く，高得点の項目は少なかった），理論的に関連する項目同士を組み合わせて，12の下位尺度を構成した。例えば，自尊心尺度の得点であれば「自己称賛的な言動をとる」という項目の合計得点から「自己を卑下する言動をとる」という項目の合計得点を引いて，それを患者が自分の抱える問題や気持ち，行動について話をした回数で割った数とした。

　次いで12の下位尺度を対象として主成分分析を行った。抽出された2成分は対人円環の2つの次元と明らかに対応し，それが5因子モデルの外向性と協調性と同じ方向にわずかに回転した

第3部　臨床問題への円環モデルの応用

もの（Mc-Crae & Costa, 1989; Soldz, Budman, Demby, & Merry, 1993a; Trapnell & Wiggins, 1990）と考えられた。また5つの主成分をみると5因子モデルとの類似が目立った。最も興味深かったのは5主成分を抽出したときの第1主成分と第2主成分の内容であった（2主成分を抽出したときの内容とほぼ同じ内容であった）。第1主成分は活動性と解釈可能であったが，この第1主成分の主成分負荷量が大きかった項目（＞0.50）には「患者が話をする頻度」「個人情報の開示」「感情の表現」などがあった。第2主成分は対人的敏感さを表すと考えられ，「グループのメンバーとつながりを持つ」「グループのメンバーに話しかけるときに気遣いをみせる」「前向きな感情」などの項目が大きな主成分負荷量をみせた（Soldz, Budman, Davis, & Demby, 1993）。第1主成分は5因子モデルの外向性に，また第2主成分は同じく協調性に相当すると考えられた。McCrae と Costa（1989），Soldz, Budman, Demby と Merry（1993a），そして Trapnell と Wiggins（1990）がすでに論じているように，外向性と協調性の2次元は円環を規定する2軸を約45度回転させたものに相当すると考えられている（詳細は後述）。このことから我々の研究結果は，円環の原理に基づいて設計された尺度を使わずに患者の行動を測定した場合でも，集団精神療法に参加する患者の対人行動が円環で表現できることを示したものといえる。

　残り3つの主成分──自己充足，自己重視傾向，内省傾向──はその本質が対人的側面とはあまり関係しないパーソナリティ次元を表していると考えた方がよさそうであった。つまり対人円環はパーソナリティの対人的側面を表現しており，対人的要素の少ない側面を表現するには十分ではないと考えられる。

　活動性と対人的敏感さという2つの次元と治療結果との関連を調べていると興味深いことが分かった。対人的敏感さが中程度の患者は，対人的敏感さが高い患者もしくは低い患者に比べて治療結果が思わしくなかったのである。対人的敏感さが極端に高い患者や低い患者は集団精神療法の場において働きかけの主たる対象となることが多い。一方，対人的敏感さが中程度の患者は「グループのメンバーに手を差し伸べたり，メンバーとつながりを持とうとすることもなく，かといってメンバーに対してあからさまな敵意をみせたり，望ましくない言動をして治療の働きかけの対象になることもない」（Soldz, Budman, Davis, & Demby, 1993, p. 561）ことがその理由であろう。最も治療結果がよかったのは対人的敏感さが低い患者であった。彼らが集団精神療法の場で他のメンバーに対して敵対的行動をとり，その結果として問題となる対人行動パターンが治療の対象として取り上げられることが多かったためだと考えられる。活動性の次元と治療結果との関連は見出せなかったが，自己充足と自己重視傾向という対人的要素の少ない2つの次元は，よい治療成績と中程度の正の相関を持っていた。

パーソナリティ障害と対人円環の関係

　ハーバード・コミュニティ・ヘルスプランの精神健康研究計画に従事する研究者たちが集団精神療法の研究を引き継ぐことになったので，我々はパーソナリティ障害の研究に移った。パーソナリティ障害研究の副産物として，医師によってパーソナリティ障害の診断を受けた患者の比較的規模の大きなデータセットを得ることができた（Budman, Demby, Soldz, & Merry, 1996）。こ

のデータセットには，構造化インタビューであるパーソナリティ障害検査（Personality Disorder Examination: PDE）（Loranger, 1988）の結果や，ミロン臨床多軸目録Ⅱ（Millon Clinical Multiaxial Inventory, version Ⅱ: MCMI-II）（Millon, 1980）によるパーソナリティ障害の診断が含まれていた。また，対人問題インベントリー（Inventory of Interpersonal Problems: IIP）（Horowitz et al., 1988）も含まれていたため，IIP-C の項目を抜き出して研究に使用した。興味深い発見の1つは「円環の下位尺度（オクタント）の理論上の配置と実際のデータによる配置とが驚くほど一致したこと」（Soldz, Budman, Demby, & Merry, 1993a, p. 44）であった。この発見は重要な意義を持っていた。IIP-C を構成した際の対象者は大学生だったからである。我々の研究は IIP-C の構造が患者を対象とした場合でも再現されることを示していた。つまりパーソナリティの構造は，パーソナリティ障害の有無にかかわらず似通っているとする考え（例えば Wiggins, 1994）を支持する1つの証拠を示したともいえる[2]。

　次にさまざまなパーソナリティ障害を IIP-C の円環平面上に配置した。PDE によって診断した DSM-Ⅲ-R（American Psychiatric Association, 1987）の基準への当てはまり具合や，MCMI-Ⅱパーソナリティ障害基準得点と円環の2次元（親密性と支配性）との相関を求めたのである。図17-1に明らかなように，パーソナリティ障害と円環モデルの関係は理論上妥当な関係を示し，対象者も使用した尺度も異なる先行研究の結果にも沿うものであった（DeJong, van den Brink, Jansen, & Schippers, 1989; Kiesler, Van Denburg, Sikes-Nove, Larus, & Goldston, 1990; Morey, 1985; Pincus & Wiggins, 1990; Sim & Romney, 1990; Wiggins & Pincus, 1989）。パーソナリティ障害の多くはお節介（NO）と内向的（FG）を結ぶ軸の近くに配置された。演技性パーソナリティ障害の患者は NO の円周付近に配置され，回避性パーソナリティ障害と分裂病質の患者は最も FG 寄りに配置された。MCMI-Ⅱで依存性と診断された患者は利用されやすい（JK）の円周近くにプロットされたが，PDE によって依存性と診断された患者の場合は方向としては似通っているものの，より円の中心近くに配置された。MCMI-Ⅱの下位尺度は，自己愛的，反社会的，加虐的を含め支配的（PA）付近に固まったものが多かったが，加虐的は予想通り報復的（BC）寄りに配置された。このようにパーソナリティ障害を円環上にプロットしてみると，その配置はパーソナリティ障害同士の概念上の違いを適切に表現していると考えられた。例えば，演技性パーソナリティ障害の患者であればお節介な特性を持っていると考えられるし，回避性パーソナリティ障害や分裂病質の患者であれば内向的な傾向があると想定できるからである。

　面白いことに，円環上に配置されたパーソナリティ障害の中には冷淡と愛情こまやかを結ぶ軸付近に配置されたものがほとんどなかった。DSM-Ⅲ-R のパーソナリティ障害の中には冷淡さや愛情のこまやかさだけを極端な形で表出した障害というものは分類されておらず，あらゆるパーソナリティ障害は支配性もしくは服従性のいずれかの要素を含んでいるようである。今回純

2　同様の結果は5因子モデルを用いた研究でも得られている。50対自己評定尺度（50-Bipolar Self-Rating Scales: 50-BSRS）（Goldberg, 1992）のデータに対して主成分分析をかけたところ，50項目中49項目が理論通りの次元に最も高い負荷量を示し，非協力的という項目だけが理論とは外れた次元に対して最も高い負荷量を示したが，それでもわずかに高い程度であった。こうした結果も，パーソナリティ障害をもつ人ともたない人とが質的に異なるのではなく連続的につながっているとする主張を裏づけている。

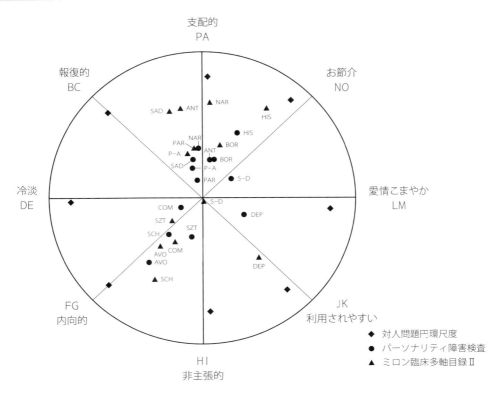

図 17－1　パーソナリティ障害検査とミロン臨床多軸目録Ⅱパーソナリティ障害尺度の対人問題円環上の位置
NAR＝自己愛性，HIS＝演技性，BOR＝境界性，ANT＝反社会性，P-A＝受動攻撃性，PAR＝妄想性，S-D＝自己破滅的，DEP＝依存性，SAD＝サディスティック，COM＝強迫性，SZT＝分裂病型，AVO＝回避性，SCH＝分裂病質
Soldz, Budman, Demby, & Merry（1993a）

粋な親密性に関するパーソナリティ障害がみられなかった理由がDSM-Ⅲ-Rの分類にないためなのか，あるいはパーソナリティ障害の病態としてそのような障害があり得ないためなのかは明確ではない。しかしサド‐マゾヒズムをパーソナリティ障害の病態として重視する研究者（例えばKernberg, 1975）からすれば，今回の結果は何ら驚くべきことでもない当然のことなのかもしれない。

　この分析結果を先行研究の結果（DeJong et al., 1989; Kiesler et al., 1990; Morey, 1985; Pincus & Wiggins, 1990; Sim & Romney, 1990; Wiggins & Pincus, 1989）と合わせて考えてみるに，円環モデルはパーソナリティ障害患者が対人場面でみせる言動を考える上で重要な側面を捉えることができるといえよう。しかし，MCMI-Ⅱで分類されたパーソナリティ障害に比べ，DSM-Ⅲ-Rに沿った診断の場合，円環はその特徴を十分に捉えきれていない。円環でその特徴を適切に表現し得たのは，PDEの下位尺度ではわずかに回避性パーソナリティ障害と演技性パーソナリティ障害のみであった。

　MCMI-ⅡとPDEの円環内の配置があまり一致しなかったこと（Soldz, Budman, Demby, & Merry, 1993b）から，MCMI-Ⅱのような自己報告式調査データに基づくパーソナリティ障害を分類し得たような強みを，円環モデルが常に発揮できるわけではないと考えられる。MCMI-Ⅱのパーソ

ナリティ障害が円環で表現できて，PDE のそれはうまく表現できなかった理由の1つは，データ収集法の違いにあると考えられる。MCMI-II と IIP-C はいずれも自己報告式質問紙を用いているのである。つまり，同じ自己報告データに拠っていたために MCMI-II は IIP-C の円環平面上でうまく表現されたが，PDE は構造化インタビューに基づいていたために IIP-C 上では十分に表現されなかったと考えられる。

　もう1つの問題は円環上に配置されたパーソナリティ障害同士の区別が明確につかないことである。例えば，境界性パーソナリティ障害，妄想性パーソナリティ障害，受動攻撃性パーソナリティ障害，反社会性パーソナリティ障害，自己愛性パーソナリティ障害は，いずれも円の中心から支配性（PA）寄り，お節介（NO）から報復的（BC）の範囲に固まって分布している。このように円環モデルは，少なくとも IIP-C の場合，それぞれのパーソナリティ障害同士を明確に区別できていない。理由としては，1人の患者に対して複数のパーソナリティ障害の診断名がついていたことが考えられる。これは構造化インタビューで診断を下す場合にはよくあることである（Perry, 1992; Soldz et al., 1993b）。それではこれらのパーソナリティ障害同士をより区別し得るパーソナリティモデルは他にないものだろうか。

5 因子モデルと円環モデル

　円環モデル以外のパーソナリティモデルとしては，5因子モデルもしくはビッグ・ファイブが最も有名である。5因子モデルはパーソナリティを5つの次元，つまり外向性，協調性，神経症傾向（もしくは情緒安定性），誠実性，経験への開放性で表現したモデルである。多くの研究によって，パーソナリティの多くの側面がこれら5次元の中に含まれることが示唆されている（Digman, 1989; Goldberg, 1992; John, 1990; McCrae, 1992; McCrae & Costa, 1987, 1990）。5因子モデルは，自己評定であろうと他者評定であろうと，また質問紙や課題の種類，さらに言語や文化が異なっていても再現されると考えられている。

　パーソナリティモデルとしての5因子モデルを支持する研究は数多いが，それでは5因子モデルと円環モデルの関係はどう考えればよいだろうか。先にも少し触れたように，この課題に取り組んだ研究者に McCrae と Costa（1989）や Trapnell と Wiggins（1990）がいる。彼らの研究によれば，円環の2つの対人次元は5因子モデルの外向性と協調性を約45度回転させた次元に相当する。つまり外向性は円環のお節介と内向的とを結ぶ軸に相当し，協調性は利用されやすいと報復的とを結ぶ軸に相当する。一般人を対象としたデータではこの仮説が正しいことが確認されている。

　そこで我々はパーソナリティ障害の患者でも同じことが確認されるのか確かめることにした。対人円環には IIP-C を使用し，5因子モデルとしては50対自己評定尺度（50-BSRS）（Goldberg, 1992）を使用した。外向性と IIP-C の親密性および支配性との相関を計算してみると，相関は非常に高く，また外向性を円環平面上に配置したところ，お節介（NO）の方向，つまり約43度の位置に配置された。これは一般人を対象とした先行研究とほぼ一致する結果であった。協調性の場合，支配性との相関よりは親密性との相関の方が若干高く，そのため先行研究とは異なり，利

第3部　臨床問題への円環モデルの応用

用されやすい（JK）の方向に約20度回転した位置にとどまった。しかしこの研究結果は，5因子モデルが対人円環の次元を包括する，より複雑なモデルであることを強く支持する結果といえる。

　本書のテーマは円環モデルであり5因子モデルではないので，5因子モデルとパーソナリティ障害との関連については深く立ち入らないこととする。我々の研究結果をごく簡単に紹介すれば，神経症傾向と誠実性，および開放性は対人円環の次元には含まれていないが，これらの次元もまたパーソナリティ障害を理解する上で重要な役割を果たしていると考えられる。例えば神経症傾向であれば，パーソナリティ障害を測定する尺度との相関が確認されている。最も相関が高いのは境界性パーソナリティ障害であり，この障害が神経症傾向の極端な病態であるとするWidiger（1993）の仮説を裏づけている。また，境界性パーソナリティ障害を対人円環上に配置した際の結果が研究間で一致しない（Soldz et al., 1993a）理由もうなずける。つまり境界性パーソナリティ障害患者はしばしば風変わりな対人行動をとるものの，障害の主たる要素は対人的なものではないからであろう。

　5因子モデルを介することで，対人円環を含め他の事象に新たな解釈の光を当てることができる。例えば，円環が最もきれいに得られるのは，各項目得点から参加者個人の平均得点を引いてイプサティブ変数を合成し，分析に使用した場合であるといわれている（Wiggins, Steiger, & Gaelick, 1981）。しかし，それはなぜだろうか。イプサティブ変数を合成する場合，それは参加者が持つ不満を訴えかける傾向性を取り除くために行われることが多い。Wiggins, Steiger とGaelick（1981）はその論理的道筋を以下のように述べている。

　　対人データを扱っているとしばしば見出される一般成分は，特定の測定方法に伴う「撹乱因子」とみなされることが多く，パーソナリティの側面を表しているとは考えられていない。それを「確認因子（checking factor）」と呼ぼうが，あるいは「黙従傾向因子（acquiescence factor）」や「強度因子（intensity factor）」と呼ぼうが，そうした要素は回答の仕方における1人ひとりの違いを反映しているのであって，自己もしくは他者に対する認知の違いを反映しているわけではないのである。(p. 283)

　この撹乱因子についてはまだよく分かっていない。しかし，対人円環と5因子モデルの関係を検討することで，この撹乱因子の正体に関するいくつかのヒントを得ることができた。IIP の平均値と5因子の相関を計算してみると，神経症傾向との相関が 0.55 で最も高かった（外向性との相関は −0.37，協調性との相関は −0.21）。このように IIP は本来，対人円環が表現している外向性と協調性の2因子だけでなく，神経症傾向も含めた3因子を測定しているのである。IIP を項目ごとに検討してもこの傾向は同じであった。いずれの項目も3つの因子と高い相関をみせたのである。イプサティブ変数を作成することは神経症傾向との相関を取り除くことであり，そのためIIP に含まれる円環としての性質がきれいに現れ出るのだと考えられる。つまり不満を訴えるという傾向の正体は，5因子モデルの神経症傾向とほぼ同様の概念だと考えられる。この知見を他の円環尺度にも援用すれば，なぜイプサティブ変数を作成することで円環としての特徴が現れ出

340

第17章　臨床研究における構造モデルとしての対人円環：集団精神療法，対人問題，パーソナリティ障害を例に

るのかを解明する手掛かりになると期待される。

対人問題円環尺度短縮版

　我々はさらに円環の研究に踏み込んで対人問題円環尺度短縮版（IIP-SC）（Soldz, Budman, Demby, & Merry, 1995b）を作成した。先にも触れたが，Alden, Wiggins と Pincus（1990）は128項目の IIP から64項目の短縮版である IIP-C を作成していた。この IIP-C は8つの対人円環オクタントを8項目ずつ使って測定する尺度である。信頼性と妥当性が検証されたこの尺度は現在広く使われている。IIP の項目数を半分に減らしているため，調査できる時間が限られているときや，大きな質問紙バッテリーの一部として使用する際にも使いやすいのが特徴である。しかし64項目ですら多い場合があるのもまた事実であった。例えば，ある研究の際，集団精神療法を受けているメンバー全員分の評定を IIP-C を使って行うように依頼したいと考えたことがあった。すると患者は同じ質問紙に対して5回から10回ほど繰り返し回答しなくてはならなくなる。このような場合，項目数が少なければ少ないほど最後まで回答してもらえる可能性が高まるであろう。別の研究では，集団精神療法が始まる5分前に，控室にいる患者を評定したことがあった。こうしたケースでもやはり質問紙の項目数が重要になることはいうまでもない。

　そこで，IIP-C よりもさらに項目数を減らした IIP-SC（Soldz, Budman, Demby, & Merry, 1995a）を作成するため，短期間の集団精神療法に参加した143人のデータで，IIP-C の8つのオクタント得点と最も相関の高かった項目を4つずつ選び出した。項目の内容は表17-1に記した通りである。次いで2つのサンプルを使って IIP-SC の尺度としての特性を検討した。1つのサンプルはパーソナリティ障害研究のために紹介を受けて集まった107人の患者で，もう1つのサンプルはハーバード・コミュニティ・ヘルスプランの外来で研修医が担当した105人の患者であった（105人の患者はいずれも研究への参加を承諾した患者であった）。

　IIP-SC は3つのサンプルのいずれに対しても優れた信頼性と妥当性を示した。円環上に配置した8つの下位尺度の位置はいずれもほぼ理論通りであった。理論上の位置からのずれは，集団精神療法のサンプルでは11.37度，パーソナリティ障害患者のサンプルでは6.90度，研修医が担当した患者のサンプルでは5.72度であった（図17-2参照）。8つの下位尺度の内的一貫性の目安となる α 信頼性係数は，短縮版尺度としては高い値（0.68から0.84）を示した。一方で再検査信頼性は，数か月間隔を空けた場合には許容範囲の最低限の数値しか得られないとも予測していた。治療によって患者に変化が生じると考えたからであった。予想通り集団精神療法のサンプルでは，4か月程度の間隔を開けて行われた調査での再検査信頼性は0.66であった。パーソナリティ障害患者のサンプルでは概ね3か月程度の間隔をおいて再調査が行われたが，再検査信頼性は0.83であり，研修医が担当した外来患者の場合は0.72であった。このように IIP-SC は高い内的一貫性と再検査信頼性を示した。

　さらに治療後の患者の変化を IIP-SC を使ってどの程度捉えることができるのかも検討した。すると，集団精神療法のサンプルとパーソナリティ障害患者のサンプルで，治療後想定された方向に得点が変化することが確認された。8つのオクタントの効果量 r の中央値を比較してみる

第3部　臨床問題への円環モデルの応用

表 17 － 1　対人問題円環尺度短縮版の 32 項目

項目	オクタント
他者のものの見方を理解することは苦手である	PA
人に対して攻撃的すぎる面がある	PA
思い通りに人を支配しようとしすぎる面がある	PA
人と言い争いになることが多い	PA
人が目標としていることに対して協力的になれない	BC
人の幸福を喜ぶことができない	BC
疑り深い方だ	BC
すぐに仕返ししたくなる方だ	BC
愛情表現するのが苦手である	DE
他者に対して愛情を持てない	DE
他者に対してあまり親近感を覚えない	DE
人と距離をおきすぎる方だ	DE
グループの中に入っていくのが苦手である	FG
初対面の人に自己紹介するのが苦手である	FG
人づきあいが苦手である	FG
仲良くしてほしいと自分からは言えない	FG
自分を困らせるようなことはやめてほしいと相手に伝えられない	HI
問題が起きても，その問題をめぐって人と争うことはできない	HI
言いたいことがあってもはっきりと言えない	HI
肝心なときでも毅然とした態度をとれない	HI
自分が怒っているときでも，怒っていることを相手に伝えられない	JK
何か主張するときには相手の感情を害してしまうのではないかと心配になる	JK
人からすぐに説得されてしまう	JK
周りの人に自分をいいように使わせてしまう	JK
困っている人がいると自分も幸せを実感しづらい	LM
人の喜ぶことをしようとしすぎる	LM
自分よりも相手の願望ばかりを優先させる	LM
人の不幸に強く心を動かされる	LM
自分のプライベートをすぐに人に話してしまう	NO
他者に対してすぐに心を開いてしまう	NO
人から注目されたいという気持ちが強すぎる	NO
個人的なことを人にしゃべりすぎてしまう	NO

注：PA＝支配的，BC＝報復的，DE＝冷淡，FG＝内向的，HI＝非主張的，JK＝利用されやすい，LM＝温かい，NO＝お節介
〔訳注：訳出にあたっては白砂・平井（2005）および訳者の研究室の同僚が白砂氏よりいただいた項目訳を参考にした〕

と，集団精神療法のサンプルでは IIP-C を使った研究で報告されている効果量に比べてわずか
に低い程度で，パーソナリティ障害のサンプルではわずかに高かった。このように短縮版である
IIP-SC は，項目数の多い IIP-C と比べても遜色がない程度に治療効果を得点として反映し得る
ことが分かった。IIP-SC の全体得点を全般的な対人問題傾向の目安と捉えた場合でも，128 項
目の IIP の平均得点が治療前後で変動するように，IIP-SC もまた治療による患者の変化を得点
の変化として映し出していた。

　IIP-SC は，円環尺度としては非常に簡便に対人問題の測定に使用することができる。時間の
制約があって項目数の多い尺度を使うことができない状況でも利用が可能である。被験者を対人

342

第17章　臨床研究における構造モデルとしての対人円環：集団精神療法，対人問題，パーソナリティ障害を例に

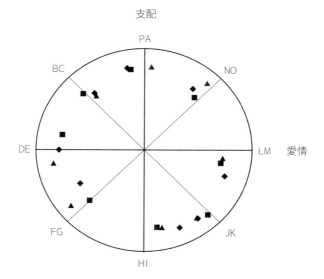

図17－2　対人問題円環尺度短縮版で測定した3つのサンプルのプロット
（Soldz, Budman, Demby, & Merry, 1995b. Reprinted by special permission of the publisher, Psychological Assessment Resources, Inc., Odessa, FL 33556, from *Assessment*, Volume 2, Number 1, Copyright 1995 by PAR, Inc.
なお PAR の許可なく転載することは禁じられている）

円環平面上にプロットして1人ひとりがどのような特徴を持っているかを把握するような場合には，うってつけの尺度といえよう。個々人の回答を検討してより細かな分析をしたい場合には，測定の簡便さと分析の複雑さとを慎重に天秤にかける必要がある。

評定者の違いと対人円環

対人円環や5因子モデルを使って測定する際には，測定結果が評定者の視点に左右されるという問題がつきまとう。これまでの研究で対人円環は，自己評定でも他者評定でも見出されることが分かっている。しかし，評定者の違いにかかわらず同じ円環構造が得られるからといって，評定対象者を円環平面上のどこに配置するかについて評定者間の同意が得られるとは限らない。この問題についてはいまだ分からない点が多いのである。5因子モデルでも事情は同じである。McCrae と Costa（1987）はパーソナリティ障害のない一般人サンプルを対象に5因子モデルの尺度を用いて研究を行い，自己評定と配偶者評定もしくは親しい第三者評定とがどの程度一致したかを示している。この研究のように，パーソナリティ特性の自己評定と他者評定との一致もしくは不一致を決める要因について論じた研究は数多い（Funder & West, 1993）。

それに比べてパーソナリティ障害患者を対象とした研究はほとんど行われていない。これまで見過ごされてきたのである。Van Denburg, Kiesler, Wagner と Schmidt（1994）が指摘している

第3部　臨床問題への円環モデルの応用

ように，パーソナリティ障害と5因子モデルとの関連を調べた研究はいずれも患者の自己評定に頼っており（例えばCosta & McCrae, 1990; Costa & Widiger, 1994; Soldz et al., 1995a; Wiggins & Pincus, 1989），対人円環とパーソナリティ障害との関連を調べた研究では，患者の対人行動を他者評定した小規模な研究がわずかに1つ（Kiesler et al., 1990）あるだけである。

　そこで我々は，集団精神療法に参加するパーソナリティ障害患者のパーソナリティに対する自己評定，医師からの評定，集団メンバーからの評定がどの程度一致するのか調べることにした（Soldz, Budman, Demby, & Merry, 1995b）。患者には50対自己評定尺度を用いて自分自身を評定してもらうのに加え，グループメンバーそれぞれについても評定してもらった。グループメンバーに対する他者評定同士の級内相関は0.59から0.90と中程度以上であった。円環平面の軸ともなる外向性と協調性の2つの次元の級内相関は，それぞれ0.86と0.72であった。グループメンバーの外向性に対する評定の方が協調性に対する評定よりも一致する傾向があったといえる。グループメンバーによる評定の平均と医師の評定を比較すると，外向性の相関は0.70，協調性の相関は0.65であった。対人領域に関わる患者のパーソナリティ評定では，医師による評定とグループメンバーによる評定とが概ね一致するようである（神経症傾向，誠実性，開放性の3つの非対人次元においても同様の傾向があった）。

　しかし，グループメンバーによる評定と医師による評定，そして患者の自己評定とを比較してみると，これまでとはまったく異なる結果が得られた。有意な相関がみられたのは外向性のみであった（自己評定とグループメンバー評定：r=0.66；自己評定—医師評定：r=0.65）。協調性においても，また他の3つの非対人次元においても，相関は極めて小さく，統計学的にも有意ではなかった。

　我々はまた，障害の程度が大きい患者ほど自己評定と他者評定間の違いが大きくなると予測した。パーソナリティ障害患者は他者とは異なる見方で物事を捉える傾向があり，特に自己の捉え方に違いがあることが分かっているからである。しかし，結果は予想とはまったくの正反対であった。患者が呈するDSM-III-R第II軸の症状が多ければ多いほど，患者自身が抱く自己のパーソナリティ像と，医師と他のメンバーによる評定は一致する傾向があったのである。つまり，障害の重い患者ほど，他者の目からみた彼ら自身の姿と同じようなイメージを自分自身に対して抱いていると考えられた。

　しかし上記の結果は研究の手続きによってたまたま生じた可能性もある。以前に行った2つの研究（Soldz et al., 1990; Soldz et al., 1992）では，特にパーソナリティ障害が重度な患者ほど集団精神療法の最中によくしゃべり，自分自身について多くの話をする傾向があった。つまり，他のメンバーにとっては，障害の程度が大きい患者のことほど，相手が自分自身のことをどのように捉えているのかを知る機会が多かったことになる。さらに，パーソナリティ障害研究に取り組むにあたり，構造化医療面接によって患者にパーソナリティ障害があるかどうかの検査を行っている。そのためパーソナリティ障害があっても自分で気がついていない人や，自分が抱えるパーソナリティの問題を人に知られたくないと思っている人は研究の対象には含まれていない。特に後者の被験者の偏りは自己評定に基づくパーソナリティ障害研究の結果を誤った方向に導きかねない問題である。

　ここで紹介した研究は，パーソナリティ障害患者を対象にパーソナリティの自己評定と他者評

344

定間の一致の程度をみたもので，サンプル数は少ないものの貴重な研究といえる。一般的に臨床研究者にはこの手の問題を考慮して研究を行っている人は少ないからである。医師のほとんどが暗黙的に了解しているように，パーソナリティ障害では自己と他者の捉え方に問題が生じるということがあれば，患者の自己評定と患者をよく知る第三者による他者評定の結果とは比較不可能になる。しかし，特定の視点からの評定が特に優れているというわけではないことは強調しておくべきであろう。研究が進んでさらに詳しいことが分かるまでは，重要な変数の測定は可能な限り多くの視点から行うべきである。

結　論

　これまで述べてきたように，臨床的な事象を捉える上で対人円環モデルは汎用性を持ったモデルである。対人円環は対人行動を対象とする多くの研究で活用することができる。ある領域の研究の際に円環との関連が明らかとなれば，その領域が本質的に対人的側面を含んでいると考える根拠の１つともなるだろう（Gurtman, 1992, 1993）。

　対人円環は対人領域の構造をモデル化したものである。対人領域は２つの次元で構成される。しかしながら，この２次元の軸を円環のどこに置くかという問題に関してはさまざまな議論があり，明確には定まっていない。対人円環と５因子モデルとでは軸の位置が45度ずれている。現在のところ，最適な軸の位置を決めるだけの客観的な基準は残念ながらみつかっていない。結局のところは一般的な常識に照らして，あるいは他の理論との整合性を考えるなどして，実用的観点から決めるほかないであろう。測定したデータが本当に円環構造を持つのであれば，単純構造を目指す因子分析の方法では軸となるべき次元を見出すことは不可能である。しかし，パーソナリティ障害を対人円環上にプロットした際に，その多くが群居的―外向性と孤独―内向的とを結んだ軸の付近に配置されたこと，およびその軸が５因子モデルの外向性に相当することを考え合わせれば，５因子モデルが想定する位置に軸を定めた方がパーソナリティ障害患者を研究対象とする場合には望ましいように思われる。

　もちろん対人円環や一般的な円環モデルには大きな強みがあり，２つの軸上で表現される対人行動のみならず，軸と軸との組み合わせで表現されるような対人行動も表現可能である。それゆえ対人円環を使うことで，個人の特徴をオクタントごとに捉えることができる。そうすれば，理論的にも臨床的にも興味深いさまざまな問題を検討することができるであろう。例えば，心理的な健康とはすべてのオクタントが満遍なく発達したものなのか，もしくは特定のオクタントが特に発達したものなのだろうか（Wiggins, Phillips, & Trapnell, 1989）。突出して発達した特性が円環上離れた場所に存在する場合，それは心理的葛藤の存在を示唆し得るだろうか。こうした疑問に答えることは筆者のこれまでの研究の範囲――モデルの構造の究明――を超えている。しかし，こうした疑問や対人相補性に関する問題（Orford, 1986; Tracey, 1994），パーソナリティの自己評定と他者評定との一致（不一致）の問題を考えるきっかけとなり得る点にこそ対人円環の面白さがあり，単なる構造モデルを超えた魅力があるのである。対人円環の構造モデルとしての頑健性が検証されれば，対人行動のダイナミックな側面を探求する上で心強い武器となるであろう。

第3部　臨床問題への円環モデルの応用

文　献

Alden, L. E., Wiggins J. S., & Pincus, A. L. (1990). Construction of circumplex scales for the Inventory of Interpersonal Problems. *Journal of Personality Assessment, 55*, 521-536.

American Psychiatric Association. (1987). *Diagnostic and statistical manual of mental disorders* (3rd rev. ed.). Washington, DC: Author.

Benjamin, L. S. (1974). Structural analysis of social behavior. *Psychological Review, 81*, 392-425.

Benjamin, L. S. (1994). SASB: A bridge between personality theory and clinical psychology. *Psychological Inquiry, 5*, 273-316.

Budman, S. H., Demby, A., Soldz, S., & Merry, J. (1996). Time-limited group psychotherapy for patients with personality disorders: Outcomes and dropouts. *International Journal of Group Psychotherapy, 46*(3), 357-377.

Budman, S. H., Rothberg, P., & Davis, M. (1989). *The Individual Group Member Interpersonal Process Scale (IGIPS)*. Boston: Harvard Community Health Plan, Mental Health Research Program.

Budman, S. H., Soldz, S., Demby, A. Davis, M., & Merry, J. (1993). What is cohesiveness? An empirical examination. *Small Group Behavior, 24*, 199-216.

Budman, S. H., Soldz, S., Demby, A., Feldstein, M., & Springer, T. (1989) Cohesion, alliance and outcome in group psychotherapy: An empirical examination. *Psychiatry, 52*, 339-350.

Costa, P. T., & McCrae, R. R. (1990). Personality disorders and the Five-Factor Model of personality. *Journal of Personality Disorders, 4*, 362-371.

Costa, P. T., & Widiger, T. A. (1994). *Personality disorders and the Five-Factor Model of personality*. Washington, DC: American Psychological Association.

DeJong, C. A. J., van den Brink, W., Jansen, J. A. M., & Schippers, G. M. (1989). Interpersonal aspects of DSM-III Axis-II: Theoretical hypotheses and empirical findings. *Journal of Personality Disorders, 3*, 135-146.

de Leeuw, J. (1994). *Statistics and the Sciences*. Unpublished manuscript.

Digman, J. M. (1989). Five robust trait dimensions: Development, stability, and utility. *Journal of Personality, 57*, 195-214.

Funder, D. C., & West, S. G. (Eds.). (1993). Viewpoints on personality: Consensus, self--other agreement, and accuracy in personality judgement (Special issue). *Journal of Personality, 61*(4).

Goldberg, L. R. (1992). The development of markers for the Big-Five Factor structure. *Psychological Assessment, 4*, 26-42.

Gurtman, M. B. (1992). Construct validity of interpersonal personality measures: The interpersonal circumplex as a nomological net. *Journal of Personality and Social Psychology, 63*, 105-118.

Gurtman, M. B. (1993). Constructing personality tests to meet a structural criterion: Application of the interpersonal circumplex. *Journal of Personality, 61*, 237-263.

Henry, W. P., Schacht, T. E., & Strupp, H. H. (1986). Structural analysis of social behavior: Application to a study of interpersonal process in differential psychotherapeutic outcome. *Journal of Consulting and Clinical Psychology, 54*, 27-31.

Horowitz, L. M. (1979). On the cognitive structure of interpersonal problems treated in psychotherapy. *Journal of Consulting and Clinical Psychology, 47*, 5-15.

Horowitz, L. M., Rosenberg, S. E., Baer, B. A., Ureño, G., & Villaseñor, V. S. (1988). Inventory of Interpersonal Problems: Psychometric properties and clinical applications. *Journal of Consulting and Clinical Psychology, 56*, 885-892.

John, O. P. (1990). The "Big Five" factor taxonomy: Dimensions of personality in the natural language and in questionnaires. In L. A. Pervin (Ed.), *Handbook of personality: Theory and research* (pp. 66-100). New York: Guilford Press.

Kelly, G. (1955). *The psychology of personal constructs: A theory of personality*. New York: Norton.

Kernberg, O. (1975). *Borderline conditions and pathological narcissism*. New York: Jason Aronson.

Kiesler, D. J. (1983). The 1982 interpersonal circle: A taxonomy for complementarity in human transactions. *Psychological*

第17章　臨床研究における構造モデルとしての対人円環：集団精神療法，対人問題，パーソナリティ障害を例に

Review, 90, 185-214.

Kiesler, D. J., Van Denburg, T. F., Sikes-Nova, V. E., Larus, J. P., & Goldston, C. S. (1990). Interpersonal behavior profiles of eight cases of DSM-III personality disorders. *Journal of Clinical Psychology, 46*, 440-453.

Leary, T. (1957). *Interpersonal diagnosis of personality: A functional theory and methodology for personality evaluation.* New York: Ronald Press.

Loranger, A. W. (1988). *Personality Disorder Examination (PDE) Manual.* Yonkers, NY: DV Communications.

McCrae, R. R. (Ed.). (1992). The Five-Factor Model: Issues and applications (Special issue). *Journal of Personality, 60*(2).

McCrae, R. R., & Costa, P. T. (1987). Validation of the Five-Factor Model of personality across instruments and observers. *Journal of Personality and Social Psychology, 52*, 81-90.

McCrae, R. R., & Costa, P. T. (1989) The structure of interpersonal traits: Wiggins' circumplex and the Five-Factor Model. *Journal of Personality and Social Psychology, 56*, 586-595.

McCrae, R. R., & Costa, P. T. (1990). *Personality in adulthood.* New York: Guilford Press.

Millon, T. (1980). *Manual for the Millon Clinical Multiaxial Inventory II (MCMI-II).* Minneapolis, MN: National Computer Systems.

Morey, L. C. (1985). An empirical comparison of interpersonal and DSM-III approaches to classification of personality disorders. *Psychiatry, 48*, 358-364.

Orford, J. (1986). The rules of interpersonal complementarity: Does hostility beget hostility and dominance, submission? *Psychological Review, 93*, 365-377.

Perry, J. C. (1992). Problems and considerations in the valid assessment of personality disorders. *American Journal of Psychiatry, 149*, 1645-1653.

Pincus, A. L., & Wiggins, J. S. (1990). Interpersonal problems and conceptions of personality disorders. *Journal of Personality Disorders, 4*, 342-352.

Sim, J. P., & Romney, D. M. (1990). The relationship between a circumplex model of interpersonal behaviors and personality disorders. *Journal of Personality Disorders, 4*, 329-341.

Soldz, S. (1990). The therapeutic interaction: Research perspectives. In R. A. Wells & V. J. Giannetti, (Eds.), *Handbook of the brief psychotherapies* (pp. 22-53). New York: Plenum Press.

Soldz, S., Budman, S. H., Davis, M., & Demby, A. (1993). Beyond the interpersonal circumplex in group psychotherapy: The structure and relationship to outcome of The Individual Group Member Interpersonal Process Scale. *Journal of Clinical Psychology, 49*, 551-563.

Soldz, S., Budman, S. H., & Demby, A. (1992). The relationship between Main Actor behaviors and treatment outcome in group psychotherapy. *Psychotherapy Research, 2*, 52-62.

Soldz, S., Budman, S. H., Demby, A., & Feldstein, M. (1990). Patient activity and outcome in group psychotherapy: New findings. *International Journal of Group Psychotherapy, 40*, 53-62.

Soldz, S., Budman, S. H., Demby, A., & Merry, J. (1993a). Representation of personality disorders in circumplex and Five-Factor space: Explorations with a clinical sample. *Psychological Assessment, 5*, 41-52.

Soldz, S., Budman, S. H., Demby, A., & Merry, J. (1993b). Diagnostic agreement between the Personality Disorder Examination and the MCMI-II. *Journal of Personality Assessment, 60*, 486-499.

Soldz, S., Budman, S. H., Demby, A., & Merry, J. (1995a). Personality traits as seen by patients, therapists and other group members: The Big Five in personality disorder groups. *Psychotherapy Theory, Research and Practice, 32*, 678-687.

Soldz, S., Budman, S. H., Demby, A., & Merry, J. (1995b). A short form of the Inventory of Interpersonal Problems Circumplex Scales. *Assessment, 2*, 53-63.

Tracey, T. J. (1994). An examination of the complementarity of interpersonal behavior. *Journal of Personality and Social Psychology, 67*, 864-878.

Trapnell, P. D., & Wiggins, J. S. (1990). Extension of the Interpersonal Adjective Scales to include the Big Five dimensions of personality. *Journal of Personality and Social Psychology, 59*, 781-790.

Van Denburg, T. F., Kiesler, D. J., Wagner, C. C., & Schmidt, J. A. (1994). Not a completed bridge, but several solid spans. *Psychological Inquiry, 5*, 326-329.

Widiger, T. A. (1993). The DSM-III-R categorical personality disorder diagnoses: A critique and an alternative. *Psychological Inquiry, 4*, 75-90.

Wiggins, J. S. (1982). Circumplex models of interpersonal behavior in clinical psychology. In P. C. Kendall & J. N. Butcher (Eds.), *Handbook of research methods in clinical psychology* (pp. 183-221). New York: Wiley.

Wiggins, J. S. (1994). Shoring up the SASB bridge between personality theory and clinical psychology. *Psychological Issues, 5*, 329-332.

Wiggins, J. S., & Broughton, R. (1985). The interpersonal circle: A structural model for the integration of personality research. In R. Hogan & W. H. Jones (Eds.), *Perspectives in personality* (Vol. 1. pp. 1-47). Greenwich, CT: JAI Press.

Wiggins, J. S., Phillips, N., & Trapnell, P. (1989). Circular reasoning about interpersonal behavior: Evidence concerning some untested assumptions underlying diagnostic classification. *Journal of Personality and Social Psychology, 56*, 296-305.

Wiggins, J. S., 61 Pincus, A. L. (1989). Conceptions of personality disorders and dimensions of personality. *Psychological Assessment, 1*, 305-316.

Wiggins, J. S., Steiger, J. H., & Gaelick, L. (1981). Evaluating circumplexity in personality data. *Multivariate Behavioral Research, 16*, 263-289.

〔訳注文献〕

白砂佐和子・平井洋子．（2005）．円環モデルによる対人関係上の問題の構造把握──対人問題インベントリー（IIP）を用いて──．パーソナリティ研究，*13*，252-263.

第 18 章

摂食障害患者の対人特性測定と治療：円環モデルの臨床応用

James K. Madison

　本章では摂食障害患者のパーソナリティ評価と治療に対する円環モデルの活用法について論じる。具体的には Leary（1957）に始まり Wiggins（1979）や Kiesler（1983）などが発展させた 2 次元円環モデルである。円環モデルを用いて摂食障害患者を評価した際の典型的パターンを明らかとし，その実証的裏づけを行う。そして得られた知見の臨床の場での活用法について述べる。

　拒食症と過食症に関する対人理論は，摂食障害治療の理論化という面では他の理論に大きな後れをとっている。摂食障害の概念や治療のほとんどは，精神力動療法や認知療法の理論に拠っている。摂食障害患者の治療における，患者が抱く身体イメージや食べ物の嗜好，体重などの重要性は医師にとってはすでに自明のことであるが，Bruch（1973）のような精神力動的志向性を持った理論家の中には患者の無力感や対人不信，完璧主義，成熟恐怖などの特徴を重視する者もいる。また患者の自己統制力の欠如を挙げる理論家もいる（Geist, 1985）。いくつかの概念は摂食障害インベントリー（Eating Disorder Inventory: EDI）（Garner, 1991）の測定対象となり，操作的定義が可能となったが，認知行動療法が生み出したような治療プロトコルがこれらの理論から生まれることはなかった。

　認知行動療法の捉え方では，摂食障害の患者は食べ物や体型，体重に関して，歪んで，うまく機能しない態度や行動，信念を持っている（Fairburn, 1985; Mizes, 1985）。その治療戦略は，他領域で活用されている認知行動療法を摂食障害に応用したもので，機能不全に陥っている患者の行動や信念を打ち崩し，患者の挑戦を後押しして新たな認知の枠組みを再構成することに焦点を当てている。実際，認知行動療法に基づいて拒食症や過食症の治療プロトコルが作成され，特に過食症に対して大きな成果をあげている。認知行動療法を受けた患者は体重や食べ物に関する考え方に変化が生じ，行動面でも変容がみられる（Fairburn, 1985; Garner & Bemis, 1982; Pyle, Mitchell, Eckert, Hatzukami, & Goff, 1984）。

　摂食障害の評価と治療に関する対人的戦略は，文献をみる限り対人理論から体系的に派生したわけではない。摂食障害に対して対人療法を実際に施した例としてはっきり遡ることができるのは，過食症患者に対して認知行動療法を行った際にコントロール群への治療法として行われた例で（Jones, Peveler, Hope, & Fairburn, 1993），Klerman, Weissman, Rounsaville と Chevron（1984）の抑うつに対する対人療法に倣って行われた。その後の研究によれば，対人療法を受けた患者の治療成績は認知行動療法を受けた患者の治療成績と遜色なく，どちらの治療を受けた患者も過食症の治療に成功している（Fairburn, Peveler, Jones, Hope, & Doll, 1993）。当時は対人療法が過食症の治療に効果があるとは思われていなかったため，その活用を促す明確な理論的裏づけは存在しな

かった。対人療法の効果を測定するための尺度も存在せず，認知行動療法や行動療法の効果を測定する尺度と同じ尺度を使って治療効果の測定が行われていた。複数の独立変数を使って治療効果をうまく測定してはいたが，測定に使われた変数の中には対人スタイルに関する理論と関係のある変数は含まれていなかった。

これまでのところ，摂食障害患者の評価に対人測定モデルを活用した研究例は2つだけである。それは Humphrey（1989, 1994）が過食症患者の家族を対象に行った研究で，3次元の円環モデルである社会的行動の構造分析（Structural Analysis of Social Behavior: SASB）（Benjamin, 1974）を用いて家族間の相互作用パターンが検討された。この研究によって，それまで仮説の域を出なかった患者家族の動的側面の一部に対して操作的定義が与えられ，研究対象として扱うことが可能となった。SASB の活用は，Benjamin（1994）自身が勧めるパーソナリティ障害患者に対する治療だけでなく，摂食障害患者に対する明確な治療戦略を作り上げることにもつながると考えられる。

実際の治療を対人理論と結びつけようとする試みの中では Wilfley（1994）の研究が際立っている。Wilfley は Horowitz の対人問題インベントリー（Inventory of Interpersonal Problems: IIP）（Horowitz, Rosenberg, Baer, Ureño, & Villaseñor, 1988）を用いて，過食症患者に対する集団療法の効果を対人的側面から検討している。本書の執筆時点では，円環モデルを用いた結果の分析や新たな介入方法の構築はまだなされていない。しかし近い将来，IIP で測定した円環得点を活用することで，円環を活用した分析の道が開かれると考えられる。

摂食障害患者の対人的側面

本章の目的の1つは，摂食障害患者について2次元の円環モデルと絡めた仮説を提示することである。研究の初めに拒食症や過食症に関する研究知見を収集した。摂食障害に関する記述や体重や食べ物に対する患者の認知の歪みについての記述は直接の参考にはならないが，患者に関する記述の中には患者を対人的側面から捉える上で直接役立つ記述も散見された。対人不信（Bruch, 1973），対人回避傾向，引きこもり傾向（Garfinkel & Garner, 1982）などは対人円環の下位尺度に読み替えることが可能であった。患者の家族や患者をよく知る人が，患者の普段の生活状況に基づいて自由記述した内容には，患者の対人的側面に関する記述が含まれていることが多い。さらに過食症患者の観察記録（Johnson & Connors, 1987）にも，拒食症患者の観察記録（Garfinkel & Garner, 1982）の中にも，患者がまったく自信を喪失し，無力感を抱いている様子が描かれている。ここに挙げた例がすべてではないが，これまでの研究で示されてきた摂食障害患者の対人的側面は概ねこのようなものであり，我々はここを出発点と定めて研究を行うこととした。

仮説の設定とその実証研究のために用いたモデルは Wiggins（1979）の円環モデルであった。Wiggins のモデルには研究を行うにあたって都合のよい点がいくつかあったからである。第1に，Wiggins の円環モデルは対人概念や対人理論に関する先行研究を踏まえて構成されていた。Kiesler（1983）や Leary（1957）のモデルのような他の2次元円環モデルとの関係も，概念上も方法論上も明確にされていた。第2に，Wiggins の円環モデルに基づいて作成された対人形容詞

第18章　摂食障害患者の対人特性測定と治療：円環モデルの臨床応用

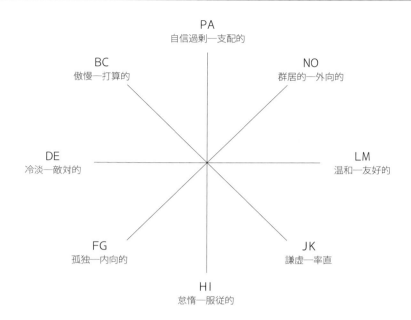

図 18-1　Wiggins (1979) の対人円環

尺度（Interpersonal Adjective Scales: IAS）は，変数が理論通り環状に配置されるなど，心理尺度として優れた性質を備えていた。第3に，対人理論と概念的つながりが明確なため，研究結果に基づいて治療予測を立てる上で，対人理論に関するさまざまな概念を利用することができた。Wigginsの円環については図18-1を参照にされたい。

　摂食障害患者の診断に有用な対人的側面を探る目的で，摂食障害患者に関する描写の中から特徴的な言葉を抜き出して2次元の円環上に配置してみた。対人回避傾向や引きこもり傾向はそのまま左下の象限に当てはまった。その中でも特に孤独—内向的オクタントに当てはめるのが最も適当だと考えられた。この孤独—内向的オクタントには内向性，人と距離をとる傾向，そっけなさ，感情を表に出さない傾向などの対人的側面が含まれるからである。

　摂食障害患者がみせる対人不信や人を操ろうとするかのような行動は，他者に対する敵意の度合いを表しているように思われた。また敵意の中でもより行動的で支配的傾向を表しているとも考えられた。こうした理由から，これらの行動は傲慢—打算的オクタントに配置するのが最も適当だと思われた。傲慢—打算的オクタントはうぬぼれや狡猾さ，抜け目のなさといった対人的特性を表している。

　最後に，摂食障害患者に関する描写の中に見出された受動的傾向や自己非難傾向を表現するために無定見—自信喪失オクタントを追加した。このオクタントが表しているのは首尾一貫しない傾向，自分への自信のなさ，意気地のないさまである。

　先行文献の記述を円環モデルに当てはめて分かったことは，摂食障害患者の対人スタイルが，Wigginsの孤独—内向的オクタントと傲慢—打算的オクタント，そして無定見—自信喪失オクタントとが複雑に混じり合ったものとして表現され得るということである。つまり摂食障害患者の

351

第3部　臨床問題への円環モデルの応用

治療計画を立てる際には，敵対的といってもよい態度をみせる患者が一般的だと考えておく必要がある。患者の敵意は服従的な自己卑下や引きこもりといった形で表現されることもあれば，巧みな操作や憤慨した様子をみせることによって医師を支配しようとする態度となって現れることもある。

患者を対象とした妥当性の検討

次に行われたのは実際の患者データを使用した妥当性検証の試みであった。焦点となったのは2つの問いであった。1つ目の問いは，摂食障害患者一般について書かれた記述をもとに立てた仮説は実際の患者の対人スタイルの測定データによって裏づけられるのか，という問いであった。とりわけ前述の3つのオクタントに対して摂食障害患者は高い得点をみせるのであろうか。さらに，測定した得点は摂食障害の診断と関係があり，その関係には意味があるのだろうか。Humphrey（1989）の研究によれば，拒食症患者の家族と過食症患者の家族とではSASBでコーディングされた家族間の相互作用のパターンに違いがあり，そこから家族療法の方向性に関して明確な示唆が得られたという。もし同様の結果が得られれば，摂食障害の種類によって治療を変える必要性が示唆されるかもしれない。

2つ目の問いは，摂食障害患者をその診断名とは関係なく，患者の対人的側面に従って分類した場合に，その分類には意味があるのかという問いであった。この問いに答えることはこれまでとは異なる観点で治療を選択することにつながる。通常摂食障害患者に対する治療は患者の食べ物との関わり方を対象とし，他者との関わり方を対象とすることはなかった。一般的に行われている治療法は行動療法や認知行動療法の枠組みに沿ったものではあるが，対人理論に合致するものではないのである。

方　法

妥当性検証のために用いたのは，1991年から1994年までにネブラスカ大学摂食障害プログラムに参加した摂食障害患者の中からランダムに選ばれた101人の患者に関する記録であった。プログラムでは摂食障害を包括的かつ学際的に捉える試みがなされており，その一部として伝統的な心理尺度である摂食障害インベントリー（EDI）（Garner, 1991）に加えて対人形容詞尺度（IAS）への回答をも求めていた。

分析対象となった患者が下された診断名はさまざまであった。自分自身で治療法を求めてプログラムに参加した患者もいれば，家族や知り合いに連れてこられた患者もいた。ネブラスカ大学の周りには摂食障害の包括的な治療を行う施設が他になかったため，他の医療機関では治療に難渋する，症状の複雑な患者や治療の難しい患者が数多く参加していた。DSMの第I軸や第II軸の障害を併発している患者も多く，飢餓感と食事制限との隔絶に身体的にも精神的にも苦しんでいた。患者の年齢は14歳から44歳で，平均21.8歳であった。当時の診断基準であったDSM-III-Rによる診断結果をDSM-IVによる分類に読み替えるためにカルテをすべて見直した。患者の60％は神経性過食症であった。神経性無食欲症患者の17％は排出型で，12％は摂食制限型であった。他は非定型的な摂食障害に分類された。非定型的とされたグループに含まれたのは，主

第18章　摂食障害患者の対人特性測定と治療：円環モデルの臨床応用

としてやせの症状がみられるものの DSM-IV の基準に照らすと診断名がつくほどの症状ではないとされた患者であった。つまり標準体重の 85％以下ではないものの，体重は少なめで，受診当時も体重が減少傾向にあった患者が非定型的グループに含まれていた。また，このグループの 52％は感情障害があると診断されており，27％は不安障害の診断を受けていた。こうした患者の多様性が摂食障害に特有な知見を覆い隠してしまう可能性があることは認めなければならない。しかし感情障害のほとんどがそれ単独で，純粋に 1 つの障害として出現することはほとんどなく，典型的な障害が複数組み合わさって出現することの方が多い。また臨床に従事する医師は日々さまざまな症状，さまざまな患者に向き合っている。我々の研究はこうした臨床の場で活用し得る知見を提供することを目的としている。純粋に摂食障害のみを抱えた患者を対象としなかったことで明らかにし得なかったことがあったとしても，その代わり臨床的に有益な知見が得られるのではないだろうか。

IAS に基づくデータ分析

初めに行われた分析は簡潔なものであった。Wiggins の円環の 3 つのオクタントのいくつが患者に当てはまるのか，その数を検証したのであった。考え得る 7 通りの組み合わせのどれに相当するか，患者のデータを精査した。単独のオクタントでの高得点者には傲慢─打算的，孤独─内向的，怠惰─服従的の 3 種類があり，2 つのオクタントでの高得点者としては傲慢─打算的と孤独─内向的，傲慢─打算的と怠惰─服従的，孤独─内向的と怠惰─服従的の組み合わせを想定した。さらにこれら 3 つのオクタントすべての特徴を兼ね備えた患者の存在も想定された。8 つのオクタント得点のうち，これら 3 つのオクタントのいずれかの得点が最も高かった場合に高得点者としてカウントした。得点は比較のために Wiggins（1979）の大学生の基準に従って偏差値に換算した。

対人形容詞尺度オクタント得点の分析

患者のオクタント得点に基づく分析結果は，事前に想定した患者のオクタント分布を部分的に支持するにとどまった。怠惰─服従的，孤独─内向的，傲慢─打算的の 3 つのオクタントのいずれかが単独で高得点であった患者は 9.57％にすぎなかった。最も高得点患者の多かったオクタントは，多かった順に温和─友好的，群居的─外向的，冷淡─敵対的で，それぞれ 22.5％，19.1％，17％であった。冷淡─敵対的オクタントは比較的割合が高く，当初予想した 3 つのオクタントと同じ円環の左半分に位置するという意味では，文献に基づいた分類と近いようにも思われた。このオクタントは孤独─内向的オクタントと傲慢─打算的オクタントとに挟まれているのである。しかし，患者の中に温和─友好的オクタントと群居的─外向的オクタントに分類される患者が数多くいたという事実は，摂食障害患者の対人スタイルを文献の記述を根拠に予測しようとする当初の方法からは考えられないことであった。この 2 つのオクタントに強く表れているのは養護的で親密な対人スタイルであり，文献の記述にみられる敵対的本質を含んだ対人スタイルや本分析でみられた冷淡─敵対的オクタントが表す対人スタイルとはまったく異なるものであった。

対人形容詞尺度プロフィールの分析

　患者のプロフィールをより詳細に分析するために，高い偏差値を示した2つのオクタントによって患者をグループに分けた。例えば，自信過剰—支配的と群居的—外向的の偏差値が最も高かった患者であれば両オクタントの2点高値群となる。

　対人形容詞尺度プロフィールで偏差値の高かった2つのオクタントに従って患者を分類しても，最も高得点のオクタントで分類した場合と結果はあまり変わらなかった。最も多かったのは温和—友好的と群居的—外向的オクタントの組み合わせで全体の13%を占め，傲慢—打算的と冷淡—敵対的，冷淡—敵対的と孤独—内向的の組み合わせがそれぞれ12%，10%でそれに続いた。当初想定したオクタントの組み合わせのうち，頻度で5番以内に入ったのは孤独—内向的と怠惰—服従的の組み合わせだけであった。謙虚—率直と温和—友好的，群居的—外向的と傲慢—打算的の組み合わせがそれぞれ全体の6%ずつを占めた。

　全体的にみれば，摂食障害患者の中には敵意や冷淡さを持った患者がいて，その中には人と距離をとろうとする患者や，他者を操作しようとする患者が含まれていると考えられた。こうした冷淡さというものは文献研究を行った際に参考にした摂食障害患者に関する描写からは十分に読み取ることのできないものであった。しかし，臨床の現場では時に，特定の問題について話し合っているときに1人の患者がわっと泣き出して，残りのメンバーがそれをみても平然と座っているといったことがあるのである。また，患者の中に抑圧された対人スタイルを持つ患者や，すぐに自己を卑下する態度をとる患者がいることも，この分析結果をみれば多少はうなずけるであろう。最も予想外だったのは，摂食障害患者の中にはまったく異なる対人スタイルを持つグループが存在することが明らかになったことであった。患者の中には円環の温和—友好的オクタントと群居的—外向的オクタントに分類される対人スタイルを持つ患者がいるようであった。他者との交流を好むこうした患者に対しては，他者に対して敵対的スタイルを持つ患者とは異なる戦略で治療に臨む必要があるだろうし，治療目標の設定の仕方もまた異なると考えられる。

交差妥当性の検証

　本研究には探索的側面があるため，異なるサンプルでも同じような結果がみられるのかどうかを検証することがとりわけ重要であった。そこで摂食障害プログラムに参加する患者の中から新たに101人の患者を抽出して分析を行った。前回の患者群との間で年齢，診断名に大きな違いはなく，対人形容詞尺度のほとんどの変数でも得点に違いはなかった。唯一，自信過剰—支配的オクタントだけは，平均得点が40.4（$SD=11.52$）点となり，前回の患者群の平均得点（36.4点，$SD=12.74$）よりも有意に高かった。しかし検定を複数回行っていたことを考えれば，測定誤差とも考えられた。

　今回の患者群に対しても同じ手続きで分析が行われた。やはり最も高得点者の多かったオクタントは温和—友好的で（23.6%），冷淡—敵対的（18%），孤独—内向的（12.4%），群居的—外向的（12.4%）がそれに続いた。2つのオクタントの組み合わせでは，やはり温和—友好的と群居的—外向的オクタントの組み合わせが19%で最も多かった。謙虚—率直と温和—友好的の組み合わ

せは１つ目の患者群に比べて多く，全体の９％を占めた。冷淡―敵対的と孤独―内向的オクタントの組み合わせが10％で２番目の多さであった。当初予想した３つのオクタントで高得点をみせた患者の割合は前回の患者群のときとほぼ同じであった。

本研究の意義

実際の患者データを使って行われた研究結果は文献研究の結果を裏づけるものであった。しかし詳細にみると異なる点もあり，それは摂食障害患者を冷淡―敵対的オクタントの特徴を持った患者と，温和―友好的オクタントの特徴を持った患者とに分けることができそうな点であった。この２つの患者グループの対人スタイルは非常に異なっており――まさに正反対である――，まったく異なる治療方法が求められる。仮に摂食障害患者はみな同じであるという仮定のもとに治療を行うようなことがあれば，かえって症状の悪化を招きかねない。確かにいずれの摂食障害患者にも体型を正しく捉えず，やせを過大評価し，意識が食べ物や体重のことばかりに向いているという特徴があるが，だからといって対人スタイルまでもが似通っているわけではない。Fairburn ら（1993）が対人的方法論を用いて良好な治療結果を得ているように，今後の治療の上で患者の対人スタイルは考慮すべき重要な一側面であると思われる。

対人形容詞尺度のクラスター分析

摂食障害患者には２つの異なる対人スタイルを持ったグループが存在するという考えをさらに検証するためにクラスター分析を行った。円環のオクタント分析で見出されたのと同じグループが，より正式な統計的手法によっても見出すことができるのかどうかを調べるためであった。クラスター分析を用いたのは，多変量解析の手法を用いて構成した２つのグループとオクタント分析で抽出された２つのグループとの類似の程度を調べるためであった。クラスタリングの手法には他の手法に比べて好ましいとされている K-means 法（Andreasen & Grove, 1982）を用いた。K-means 法は参加者が特定の数のまとまりにグルーピングされることが十分予想される場合には特に適切な方法とされている。

初めの分析は，最高得点のオクタントの分析を行うために最初の患者群の中から選ばれた100人を対象に行われた。その結果が図 18－2 である。１つ目のクラスターは予想通り温和―友好的傾向を示した。２つ目のクラスターには冷淡―敵対的，孤独―内向的，怠惰―服従的傾向の高い者が集まり，これはオクタント分析で見出された，敵対的で人と距離をとる傾向に相当すると考えられた。２つ目のクラスターの中に孤独―服従的傾向の者が含まれていることは，摂食障害患者の特徴を記した文献研究の結果を裏づけていたが，この要素がより敵対的な要素と入り混じって存在していることをも示唆していた。

もう１つのサンプルに対しても同様の分析が行われた。結果は初めのクラスター分析とほぼ同様であった。１つ目のクラスターの主たる傾向としては温和―友好的傾向と群居的―外向的傾向があった。２つ目のクラスターは初めの分析に比べ冷淡―敵対的特徴が顕著であったが，初めの分析と同じ３つの下位尺度得点も全体的に高い傾向があった。図 18－3 にこれらの結果を示した。

患者を最高得点のオクタントで評価するという比較的単純な方法で分類しても，また，より複

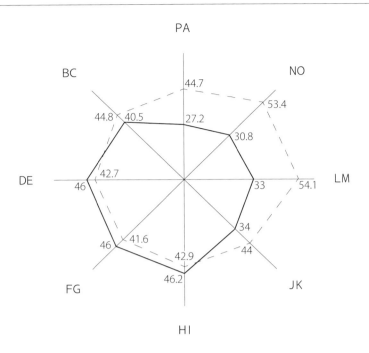

図18−2　クラスター分析によるグループごとの平均偏差値

敵対的対人スタイルを持つ患者グループは実線で，他者との関わりを好む対人スタイルを持つ患者グループは点線で示されている（AP＝自信過剰─支配的，BC＝傲慢─打算的，DE＝冷淡─敵対的，FG＝孤独─内向的，HI＝怠惰─服従的，JK＝謙虚─率直，LM＝温和─友好的，NO＝群居的─外向的）

雑なクラスター分析で分類しても，摂食障害患者の中には大きく分けて2種類の患者がいることが示された。文献研究による事前の予測との最も大きな違いは対人的に温和で社交的なタイプの患者の存在であった。しかし，対人形容詞尺度を用いた実証研究の結果は信頼性が高いと思われ，かつ，そのような患者が多いことを示していた。研究の次の段階は患者の群居的─外向的対人傾向と摂食障害の症状との関係を検討することであった。

　初めの患者群と交差妥当性検証用に選んだ患者群に対してそれぞれ行ったクラスター分析の結果がお互い非常によく似ていたことから，2つのサンプルを合わせて今後の分析を行うこととした。冷淡で孤独傾向のグループと温和で社交的な傾向を持つグループの両方で，診断名と構成患者の関係を検討するためにカイ2乗検定が行われた。診断名と患者数に関して事前に何の仮定もなかったため，期待度数は行と列の総和に基づき設定された。しかし2つのグループ間に違いがあるとする仮説は支持されなかった（$\chi^2=28.64, df=35, p=0.68$）。

対人スタイルと摂食障害

　摂食障害の特定の症状が患者の対人傾向と関係するかどうかを検討するために，患者の摂食障害インベントリー（EDI）得点を利用した。摂食障害患者への使用を想定して作られた尺度の中でも，EDIには特にユニークな特徴がある。食べることと体型イメージに関する態度や信念を

第18章 摂食障害患者の対人特性測定と治療：円環モデルの臨床応用

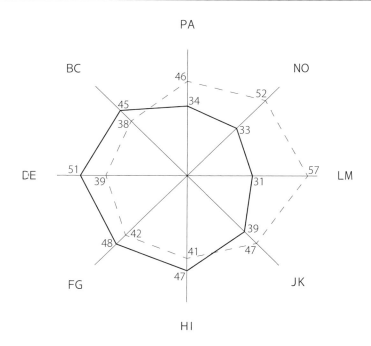

図18-3 交差妥当性検証用サンプルのクラスター分析によるグループごとの平均偏差値
敵対的対人スタイルを持つ患者グループは実線で，他者との関わりを好む対人スタイルを持つ患者グループは点線で示されている（AP＝自信過剰—支配的，BC＝傲慢—打算的，DE＝冷淡—敵対的，FG＝孤独—内向的，HI＝怠惰—服従的，JK＝謙虚—率直，LM＝温和—友好的，NO＝群居的—外向的）

測定するための3つの下位尺度——やせ願望，過食，身体への不満——が含まれているのである。また，それ以外の側面を測定する下位尺度もあり，そこには対人不信や内部洞察，無力感，完全主義，成熟恐怖など対人的変数を測定する下位尺度も包含されている（最新のEDIにはさらに3つの下位尺度が追加されているが，旧版のEDIで回答した患者もいたために分析には使用していない）。食べ物や体重に関する特定の歪みが患者の特定の対人スタイルと関連があると考える根拠はなかった。しかし，摂食障害の対人的側面と直接関連する変数との間には関連がみられるに違いないとも考えられた。この考えを検証するために判別分析が行われた。EDIの変数を1つずつ順番に投入し，F値の有意確率が0.05を超えた時点で投入が停止された。

EDIの変数のうち，食べ物に特異的な変数については投入の条件を満たす変数は1つもなかった。有意な関連がみられたのは無力感と完全主義であった。これら2つの変数を使用した方程式は5％水準で有意であった［$F(1,132)=12.41, p=0.0006$］。この判別式により65.7％の患者が正しく分類された。無力感と完全主義以外に投入可能であったのは過食尺度であった。そこで過食尺度を投入した際の効果も検討されたが，判別の正確さが増すことはなかった。

意 義

対人円環を用いて摂食障害患者の分析を行うと，患者の中にも複数のまったく異なるタイプの

患者が存在することが分かった。それは対人的には正反対といってもよい関わり方をする人たちで、他者と距離をとり、敵対的関わり方をする患者と、他者に対していたわりの心を持ち、他者との関わり合いに重きを置きすぎる患者とに分けられる。しかし、こうした分類と摂食障害それ自体との間には、診断上も、患者の態度や信念の面でも、規則的な関連は認められなかった。患者の対人問題を分析する際には、伝統的な認知—行動評価を並行して行うべきであろう。対人的評価と認知—行動的評価とはどちらの分析がより優れているかといった議論の対象ではない。摂食障害患者を診断する際の方法論の違いを表しているのである。認知的アプローチが重視するのは患者に共通してみられる信念や歪みである。対人的な分析は患者の中にも異なるタイプの患者がいることを示唆している。

　また、対人理論（Benjamin, 1979; Kiesler, 1983）と2次元の円環を使って、摂食障害患者の2つのグループに対する治療戦略を組み立てることも可能である。しかし議論を進める前に、対人理論や円環で明らかにできるのは患者の対人スタイルであることを強調しておく。IASで表現される対人スタイルは患者が過去に経験した対人関係上の問題と関連しており、そうした問題が摂食障害の一因になったと考えられる。言い換えれば、食べ物そのものに関連した問題ではなく、対人関係上の問題が患者を治療が必要な状態へと追いやり、そうした各自の問題が円環上の位置で表現されているのである。この作業仮説に従って治療戦略が立てられていることはすでに周知の事実であり、今後も実証研究によってその妥当性を検証していく必要がある。

　敵対的対人スタイルを持つ患者の分析は最も分かりやすい例であろう。こうした患者は冷たく距離をとるスタイルから敵対的スタイルまでを含んだ冷淡—敵対的対人スタイルをとると想定される。対人理論によれば彼らは他者と親密に協調性を持って接する能力に欠けると考えられる。この印象は図18-2と図18-3のように円環上に彼らの対人スタイルをマッピングしてみるとますます強くなる。円環上の得点プロットが示すように、彼らは敵意を示すオクタント得点が極端に高いというよりは、むしろ他者との親密さを示すオクタント得点が低いのである。

　つまり治療の目標は、こうした患者が他者と関わる際に、自分の好む対人スタイルとは反対のオクタントで表される行動をとる能力を高めることだといえる。分析によれば、こうした患者の対人スタイルは冷淡と服従を示す他のオクタントが複合的に混じり合ったもの（例えば、孤独—内向的と怠惰—服従の混合）になりがちであり、医師は患者の行動がどのような組み合わせからなっているのかを判断した上で個別に治療目標を設定しなくてはならない。一般的には、こうした患者は相補性の原理により、医療チームスタッフの中に敵対的心情や支配的感情を呼び起こしがちである。特に治療を始めて間もない時期には、こうした患者は誤解されやすく、距離をおいた接し方や、冷たい接し方をされやすい。対人理論の分析からいえることは、医師はこうした行動を厳に慎むべきであり、患者の行動に対して相補的にならずに、円環でいえば患者とは反対の行動をとることで患者の変容を促すべきだということである。

　摂食障害患者の中でも他者に対していたわりの心があり社交的な方が前段の患者に比べて予後がよいとする研究もあるが、見方によってはこちらの方が問題である。それは図18-3に示されたプロットをみれば明らかである。対人理論によれば、こうした患者は他者に対して反対側のオクタントの行動——つまり冷淡—敵対的、孤独—内向的に属する行動をとることが苦手であ

第18章　摂食障害患者の対人特性測定と治療：円環モデルの臨床応用

る。彼らは冷淡な患者とは現実の生活においてまさに正反対の対人スタイルを持っている。こうした患者は医療スタッフから協力的な反応や信頼を引き出す傾向がある。しかし，そのことがかえって機能不全に陥っている患者の対人スタイルを強化してしまい，行動変容を促せずに終わってしまうという失敗につながりかねない。データをみる限り，こうした患者は極端な対人スタイルがもとで悩んでいるというよりは，むしろ他者と争ったり，他者との間に境界線を引いたり，あるいは他者と距離をとるといった行動ができないことによる対人関係上の問題を抱えているのである。

　こうした考えに基づけば，これらの患者に対しては十分な対人関係上の距離をとる能力や必要なときには怒りや敵意を表現できる能力を育むことが治療の目標となるであろう。彼らの治療が時に難渋するのは，一般に友好的で支配的だと思われている医師が社会的に望ましくないと思われているふるまいで患者に接したがらないことに原因の一端がある。円環モデルからいえることはこれだけではない。患者がこうした能力を身につける必要があるのであれば，医師は相補的行動を適切にとることによって，その後押しをしなくてはならない。問題をさらに難しくしているのは，摂食障害患者には一般に女性が多いことである。問題解決に取り組むとなると，患者は女性の役割行動に関する文化的固定概念に背かなくてはならない（Wiggins & Holzmuller, 1978）。

　こうしたことを考える上で，Kiesler（1983）がいう対人行動のレベルと強度という考えは特に有用であろう。治療上の問題は，患者の温かく適応的とされる対人スタイルがはたして機能障害なのかということである。そうした対人スタイルが硬直的で融通のきかない接し方につながって自己と他者との境界に関わる深刻な問題を生じさせたり，患者を人間関係の網の目に絡め取られた状態へと追いやってしまっているのだろうか。もしそうであるならば，医師は最も効果的な方法で患者の行動変容を手助けしなくてはならない。円環モデルや対人理論はその方向性を指し示すことはできるが，どの程度の反相補的行動で患者の治療にあたるかについては医師が慎重に判断する必要がある。ロールプレイや役割固定法などの治療技法は，医師と患者の間の治療同盟や両者の自尊心を保ちつつ敵対的相互作用を行う助けとなるだろう。

結　論

　本章では，パーソナリティの対人円環モデルが秘める，摂食障害患者のパーソナリティ測定と治療計画立案への貢献の可能性について論じてきた。家族療法は別として，摂食障害患者の治療においては精神力動的，認知行動的な概念がこれまで重視されてきた。治療の焦点は食べ物や体重，体型イメージに関する患者の歪んだ信念を変容させることであり，特に過食症患者に対して着実な治療効果を上げてきた。しかし最近の研究により，対人療法に基づく治療方針もまた摂食障害患者の治療に効果的であることが示唆されている。摂食障害患者の対人的側面に関する記述に基づいて立てられた仮説を検証するために Wiggins（1979）のパーソナリティの2次元円環モデルが用いられ，その妥当性が検討された。

　研究の結果，摂食障害患者は大きく2つのグループに分けることができ，お互いにまったく異なる対人スタイルを持つことが明らかとなった。対人円環の理論に基づけば，2つのグループに

359

対してそれぞれ異なる治療方針で臨む必要がある。1つのグループは他者と接する際に距離をとり，敵対的態度で接する傾向がある。こうした患者に対しては，他者と気持ちよく友好的に接することができるように後押しするような治療が特に重要であろう。また，より積極的に人と関わり合いを持てるように援助することも適切といえる。治療上陥りやすい落とし穴としては，医師がこうした患者と距離をおいてしまうことや，患者に対して微妙な敵対的支配的そぶりをみせることが挙げられる。もう1つのグループは他者と友好的に愛情を持って接する傾向がある。彼らの場合，他者と衝突したり，他者との関係において適切な境界線を引くことができないことが多い。こうした患者の治療にあたる際には，患者の好ましい性格や医師に対して進んで協力しようという態度のせいで，友好的に傾いた患者の対人スタイルを無意識のうちにかえって強化してしまうことがある。もちろん，これらの結果は摂食障害患者のサンプルや使用する円環尺度を変えて検証し続ける必要がある。円環モデルを用いた摂食障害患者の研究により，対人的治療の適切な目標設定と，治療効果のさらなる向上につながると期待される。

文　献

Andreasen, N. C., & Grove, W. M. (1982). The classification of depression: A comparison of traditional and mathematically derived approaches. *American Journal of Psychiatry, 139*, 45-52.

Benjamin, L. S. (1974). Structural analysis of social behavior. *Psychological Review, 81*, 392-425.

Benjamin, L. S. (1979). Structural analysis of differentiation failure. *Psychiatry, 42*, 1-23.

Benjamin, L. S. (1994). *Interpersonal diagnosis and treatment of personality disorders*. New York: Guilford Press.

Bruch, H. (1973). *Eating disorders*. New York: Basic Books.

Fairburn, C. G. (1985). Cognitive-behavioral treatment for bulimia. In D. M. Gamer & P. E. Garfinkel (Eds.), *Handbook of psychotherapy for anorexia nervosa and bulimia* (pp. 160-192). New York: Guilford Press.

Fairburn, C. G., Peveler, R. C., Jones, R., Hope, R. A., & Doll, H. A. (1993). Predictors of 12-month outcome in bulimia nervosa and the influence of attitudes to shape and weight. *Journal of Consulting and Clinical Psychology, 61*, 696-698.

Garfinkel, P. E., & Garner, D. M. (1982). *Anorexia nervosa: A multidimensional perspective*. New York: Brunner/Mazel.

Garner, D. M. (1991). *The Eating Disorder Inventory-2 professional manual*. Odessa, FL: Psychological Assessment Resources.

Garner, D. M., & Bemis, K. M. (1982). A cognitive-behavioral approach to anorexia nervosa. *Cognitive Therapy and Research, 6*, 123-150.

Geist, R. A. (1985). Therapeutic dilemmas in the treatment of anorexia nervosa: A self-psychological perspective. In S. W. Emmett (Ed.), *Theory and treatment of anorexia nervosa and bulimia* (pp. 268-288). New York: Brunner/Mazel.

Horowitz, L. M., Rosenberg, S. E., Baer, B. A., Ureño, G., & Villaseñor, V. S. (1988). Inventory of Interpersonal Problems: Psychometric properties and clinical applications. *Journal of Consulting and Clinical Psychology, 56*, 885-892.

Humphrey, L. L. (1989). Observed family interactions among subtypes of eating disorders using structural analysis of social behavior. *Journal of Consulting and Clinical Psychology, 57*, 206-214.

Humphrey, L. L. (1994, October). *Family process in anorexia and bulimia*. Address to the Thirteenth National Conference on Eating Disorders, Columbus, OH.

Johnson, C., & Connors, M. E. (1987). *The etiology and treatment of bulimia nervosa*. New York: Basic Books.

Jones, R., Peveler, R. C., Hope, R. A., & Fairburn, C. G. (1993). Changes during treatment for bulimia nervosa: A comparison of three psychosocial treatments. *Behavior Research and Therapy, 31*, 479-485.

Kiesler, D. J. (1983). The 1982 interpersonal circle: A taxonomy for complementarity in human transactions. *Psychological Review, 90*, 185-214.

Klerman, G. L., Weissman, M. M., Rounsaville, B. J., & Chevron, E. S. (1984). *Interpersonal therapy of depression.* New York: Basic Books.

Leary, T. (1957). *Interpersonal diagnosis of personality: A functional theory and methodology for personality evaluation.* New York: Ronald Press.

Mizes, J. S. (1985). Bulimia: A review of its symptomatology and treatment. *Advances in Behavior Research and Therapy, 7*, 91-142.

Pyle, R. L., Mitchell, J. E., Eckert, E. D., Hatzukami, D. E., & Goff, G. M. (1984). The interruption of bulimic behaviors: A review of three treatment programs. *Psychiatric Clinics of North America, 7*, 275-286.

Wiggins, J. S. (1979). A psychological taxonomy of trait-descriptive terms: The interpersonal domain. *Journal of Personality and Social Psychology, 37*, 395-412.

Wiggins, J. S., & Holzmuller, A. (1978). Psychological androgyny and interpersonal behavior. *Journal of Consulting and Clinical Psychology, 46*, 40-52.

Wilfley, D. E. (1994, October). *Interpersonal psychotherapy adapted for group and for the treatment of binge eating disorder.* Paper presented at the Thirteenth National Conference on Eating Disorders, Columbus, OH.

エピローグ

円環の未来

Robert Plutchik & Hope R. Conte

　これまでの各章では，パーソナリティと感情の双方の構造を理解する上で円環モデルが1つの妥当なモデルであることが示されてきた。取り上げられたテーマは，円環の構成方法や円環を構成する要素，パーソナリティ障害や精神療法などの関連領域への円環の応用方法，円環と伝統的因子分析モデルとの関連などである。エピローグではこれらのテーマを含め，心理学において円環モデルが将来何らかの役割を担うであろうさまざまなテーマに関して議論を行い，簡単な総括を行う。また円環の持つ強みや弱みを挙げた上で，今後の研究に対していくつかの提案を行うつもりである。

議論1：円環モデルの多様性

　さまざまな基本的要素が円環構造をとるかどうかを調べるための方法がこれまで数多く提案されてきた。円環は，基本的にはある領域における構成要素間の類似構造を表現したものである。構成要素が円環構造をとる例は，パーソナリティ特性や広範なパーソナリティ次元，感情，パーソナリティ障害，自我防衛，職業興味，職業選択，対人スタイル，精神病理など，ざっと挙げただけでも多数にのぼる。しかし，円環モデルがこのように多くの領域に適用されるからといって，心理学のあらゆる領域に適用が可能かというと，そういうわけではない。例えば，知性は円環モデルではうまく表現することができないし，ミネソタ多面人格目録を構成する下位尺度の多くも円環モデルに当てはまらない。

　円環モデルが最も向いているのは対人関係に関わる領域，つまり人と人との相互作用に関わる領域である。そうした相互作用に内在するのは要素間の類似の程度や対極性といった考え方である。要素同士が類似していたり，あるいは要素同士が対極的な関係にある場合，相互作用する要素同士は互いに一部重なり合いつつ配列した円周構造をとる。円周構造には類似と対極という相対立する概念が内包されている。

　特定領域でみられる円環構造の，円環性の程度を検証する方法についても本書の中でいろいろな提案がなされてきた。そのほとんどは領域内の要素間の距離行列をもとに計算する方法である。本書で紹介した相関係数を利用する方法や多次元尺度構成法，最小空間分析，類似度直接評価法，SD法，相関行列からの正弦曲線のプロットなどの方法以外にも，あまり知られていないものも含め数多くの方法がある。

　円環が扱う領域や円環構造の求め方がこのように多岐にわたっている現状を考えれば，これま

でに発表された円環同士の違いが目についたとしても何ら驚くことではない。円環同士の違いは円環構造を導く方法論だけでなく，円環で表現する要素にも見て取ることができる。例えば，疲労や倦怠，低活性といった用語を感情表現語として使用する感情領域の研究者がいる一方で，そうした用語が表しているのは感情の種類そのものではなく，感情の強さの違いだと考え，嫌悪や罪悪感，抑うつといった用語を使う研究者もいる。一連の用語を構造化した円環と，一部異なる用語を用いて構造化した円環とが同じようにみえないのはまったく当然のことである。

　パーソナリティ領域でも理屈は同じである。例えば，傲慢，率直，自信がないといった用語を使っている円環（Wiggins）と，周りに合わせすぎる，冷淡，自己犠牲的，お節介といった用語を使っている円環（Horowitz）とでは異なってみえるだろうし，悲観的，好戦的，受動的，好奇心の強いといった用語を使っている円環（Plutchik）もまるで違う円環のようにみえるだろう。Kiesler の対人サークルでは自律的，よそよそしい，厳格，依存的などの用語を用いて円環を構成している。これらの円環は一見異なるように思えるが，円環を構成する言葉自体はパーソナリティや感情を表現する同じ領域から選び出したものである。同様に，Benjamin の SASB モデルでは，他者との関係に焦点を当てたモデルでは他動詞を用い，自己との関係に焦点を当てた2つ目のモデルでは自動詞を用い，3つ目のモデルでは自己投影的な言葉を用いて，結果的に3つの異なる円環を構成しているが，理論的構成概念としてはお互い明らかに関連し合っている。

　さまざまな円環モデルが異なってみえる理由としてもう1つ考えられるのは，分析に用いられる要素の数の違いである。例えば12語だけを取り出して円環分析に用いる場合，何百もの用語を扱う場合に比べ，用語同士が重なり合う確率は当然低くなる。同時に，扱う用語の数が多いほど用語同士の意味の重複は明らかとなり，用語同士の隙間もできにくくなる。つまり，多くの特性語や感情表現用語を用いることで，継ぎ目のない円環構造の特徴が一層明瞭になるのである。このことについて論じた研究者には，Conte と Plutchik（1981），Fisher（第11章），Hofstee, de Raad と Goldberg（1992），McCormick と Goldberg（第5章），Plutchik（1980），Saucier（1992）などがいる。Fisher（第11章）や McCormick と Goldberg（第5章），Wiggins と Trobst（第3章）によれば，パーソナリティ特性や感情の循環様配列は対象者や分析手法が変わっても一貫して見出されている。

議論2：軸の問題

　因子分析を用いた研究では，相関関係にある多くの変数の中から少数の因子を抽出して，理論に基づいて命名するという手法が伝統的に行われてきた。この方法は妥当だと思われたが，その結果，似た研究領域の中でさまざまな因子名が乱立するという事態に陥った。因子分析によって生み出された因子名は，外向性や神経症傾向，俊敏性，計画性，知性，経験への開放性，文化的，愛，敵意，統制，思慮深さ，疲労した―鈍い，自発的，表現豊か，冷静，平静など，一部を挙げただけでも多数にのぼる。これらの因子のすべてがパーソナリティの基本因子だとはとても思えないほどである。採用された因子名が分析に用いられた項目の選択や研究者の好み，特性同士の重なり合いの程度に左右されているのは間違いない。特定の因子を規定する用語を選ぶ際に

基準とする負荷量の値を上げるだけで，別の名前がつく可能性がある。基準となる負荷量の値を下げれば，今度は因子を定義する要素同士が因子間で重なり合う可能性が高くなるのが一般的である。

　研究者なら誰でも経験したことがあるだろうこの単純な事実が，階層因子モデルではなく円環構造の探索に本書の著者たちを駆り立てた要因の１つであることは本書で述べられた通りである。パーソナリティ研究や感情研究では，多くの項目（要素，特性，感情）が２つ以上の因子に対して大きな負荷量をみせることが往々にしてよくある。つまり，こうした領域では複数の特徴を併せ持つ構成要素がみられることがあり，そうした場合，円環のような類似構造で表現される可能性があるのである。

　こうした考えは軸の捉え方にも示唆を与えてくれる。因子分析モデルでは基本軸として２個から16個，あるいはそれ以上の軸が抽出可能であり，それらに対して名前がつけられる。命名した名前は，一般的にはパーソナリティ測定のための下位尺度の次元名として使われる。しかし，多くの研究で示されているように要素間の重なり合いがあまりに大きい場合には，命名された軸の本質とは何かという疑問が生じることは避けられない。それでは軸の名称は，一体どの程度恣意的なものといえるのだろうか。軸の命名は，因子名を定義するために任意に設定した負荷量の値にどの程度左右されているのだろうか。分析で構成されたクラスターは，用語のサンプリングに伴う偶然の影響をどの程度受けているのだろうか。また，少数の用語を対象としたことによる影響はどの程度あるのだろうか。さらに，社会的望ましさに関わる反応バイアスや変数をイプサティブ化，あるいは標準化しないことによる影響はどの程度因子に反映されるのだろうか（第15章）。

　パーソナリティを矩定する軸に関しては，研究者間で合意が得られているものもあれば得られていないものもある。研究者の中にはパーソナリティの基本次元を友好・親密性の次元と統制・支配性の次元だと考える者がいる。また，支配―従属と愛情―敵意の軸が基本軸だと考える研究者もいれば，情緒安定性と神経症傾向だと考える研究者もいる。さらに，自律性と友好的―愛，快―不快と配慮―拒否，快活―抑うつと活性―不活性，外向的と内向的，保守的と急進的など，軸の命名は研究者によってさまざまである。単極性の基本次元を仮定する研究者もいるが，多くの研究者は両極性の基本次元を想定しており（第２章），極端な外れ値を除外すれば両極性の軸が見出されると考えている。

　しかし円周配列を考える場合は，基本軸はどれかを考える必要はなくなる。軸は変数同士の関係を位置として平面上にプロットするための便宜的なものにすぎない。その意味で軸は別の場所に設定してもかまわないし，無視し得る存在である。すべての変数間の関係は円周ネットワークの中で表現される。

　円周構造の重要な特徴の１つは，変数間の空隙を目にみえる形で示すことで，その後の研究で組織的に追究すべき課題を明らかにする点である。理論上，変数を追加しても構造は変わらず，当該領域の詳細な記述につながるであろう。円環分析が目指しているのはさまざまな対人領域のあらゆる側面を漏れなく収集することである。この目的が達成された折には，統計的に処理された因子がいかに恣意的であるかも明らかになると思われる。

これまで論じてきたように，パーソナリティや感情のいわゆる基本次元というものは本来恣意的なものにすぎない。例えば Kiesler は，1982 年に発表した対人サークルの中で変数を等間隔に配置し，すべての軸を等価に扱っている。Wiggins の円環でも，傲慢対謙虚の軸と自信過剰対自信のないの軸との間に基本的特性としての差があるということはないのである。

　別の言い方をするならば，完全な円や，円に近い構造がみられる場合，その円上に存在するあらゆる点（要素）同士の位置関係は座標軸の位置にかかわらず変化しない。潜在的な基本次元を仮定しても円環を説明することはできない。どのような軸を想定しても恣意的であることを免れず，あらゆる軸は本来等価だからである。要素が継ぎ目のない円状に配置される場合，軸をどう回転させても要素間の関係に変化は生じない。

　誤解を招かないようにいっておくが，特定の軸を基本軸と考えることが好ましくないといっているわけではない。基本軸とは，いってみれば，任意に選ばれた階級幅の 1 つのようなものである。基本軸があれば関心領域についての議論がしやすくなるし，実用的な心理尺度の作成にも役立つ。しかし，特定の軸や特定の名称を取り上げて他よりも基本的なものと捉えることは，説明としては不適切である。

議論 3：心理尺度の作成と測定における円環の重要性

　これまでは因子分析モデルを用いて因子を特定することが多く，特定された因子をもとに多くの心理テストや心理尺度が作成されてきた。円環モデルでも事情は同じである。1955 年には，対人メカニズムを 16 分割した Leary の円環をもとに LaForge と Suczek が対人チェックリストを開発し，1958 年には Stern が学力や攻撃性，服従性，支配性，衝動性などを測定する 30 の下位尺度を含んだ円環テストを作成している。1959 年には Shaefer が子どもに対する母親の社会情動的行動が円環を使って表現できることを示し，1965 年には Lorr と McNair が自己評定データを分析し，支配性や社会性，敬意，卑下，不信，分離などの 14 次元からなる「仮説的対人行動サークル」を見出している。

　1974 年には Plutchik と Kellerman が情動プロフィール・インデックス（Emotions Profile Index）を作成している。これは感情とパーソナリティを 8 つの下位尺度で測定する，円環理論に基づいたテストである。下位尺度には群居性，信頼，制御不全，臆病などの名前がつけられている。同じ年，Benjamin は対人関係の円周モデルに基づく SASB システムを発表し，相互に関連した 3 つの円環で構成されたモデルを入念に作り上げた。SASB は今では広く使われる尺度となり，特に精神療法の研究でよく使われている。

　1970 年代の終わりには Wiggins が対人形容詞尺度（IAS）（Wiggins, 1979）を開発した。IAS は対人特性を円環上に配置した尺度である。この尺度の得点をもとに描かれる性格特性図は個人のパーソナリティ特性を評価するために使われている。また 1979 年，Horowitz らは精神療法に訪れる患者が抱える対人問題の種類を明らかにした。明らかとなった対人問題をもとに作成された尺度は対人問題インベントリー（IIP）として近年広く使われるようになっている。本書の第 15 章では Horowitz と Dryer が円環尺度である対人目標インベントリーの開発について報告してい

る。Kiesler, Schmidt と Wagner（第 10 章）は新たな円環尺度であるインパクトメッセージ・インベントリーを作成し，対人場面で相互作用する両者の内面に引き起こされる感情体験が測定できるようになった。第 10 章ではまたパーソナリティと感情との密接なつながりが論じられ，ともに対人相互作用過程に関わることが示された。このようにみてくれば明らかなように，円環モデルは新しい心理尺度を開発する際の強力な基盤となっている。

　円環にはもう 1 つ重要な特徴がある。2 次分析を通して既存の心理テストや心理尺度の特徴を改めて見直し，再解釈する上で役立つのである。2 つ例を挙げてみよう。

　Block（1961/1978）が開発したカリフォルニア Q セットはパーソナリティ特性を記した 100 の短文で構成された心理尺度で，評定者や観察者，仲間による評定を想定して作られた，パーソナリティ研究で広く使われている尺度である。Gurtman はこのカリフォルニア Q セットのデータの再分析を行った（第 4 章）。再分析したのは Lanning（1994）のデータで，専門家が 940 人の評定を行ったものであった。再分析の結果，1 つの因子だけに高い負荷量（0.30 以上）をみせた項目は 40 項目にすぎず，残り 60 項目は 1 項目を除いて 2 つ以上の因子に高い負荷量を示した。項目の因子負荷量が複数因子にかかる例はまさに円環構造の特徴であり，単純構造の特徴ではない。Q セットデータのプロットからは少なくとも 2 つの円環が構成可能であった。つまり対人円環と感情円環の 2 つで，Wiggins や Kiesler など他の研究者が作成した円環との共通点も多かった。また，統計的な検定結果は Q セットの項目が円状に均等に分布することを示していた。Gurtman はさらに，特性が表す主たる要素（つまりその特性の特徴を最もよく表している要素）や特性が表す範囲（忠実度もしくは帯域幅），因子飽和度（特定領域における他の特性と共通する分散）などを求める統計手法についても論じている。

　これらの方法を用いて，Gurtman は「適応的パーソナリティ」が円環パターンで表現できることを示した。さらに自己愛的パーソナリティが円環構造で表現されることも明らかにし，同じ方法で発表済みデータや保管されたデータを再分析することにより，他の方法では気づかなかった特徴の再発見につながるとしている。

　McCormick と Goldberg もまた円環が持つ心理測定上の有用な性質について論じている（第 5 章）。円環上で隣接する項目同士が似た意味を持っているのは明らかであるが，円環の特定の地点から時計回りの方向に位置する項目と反時計回りの方向に位置する項目とは異なる意味内容を含んでいると考えることができる。例えば，McCormick と Goldberg はビッグ・ファイブの中の外向性と協調性を取り上げ，「"支配性"と時計回りの方向で隣接する項目は協調性（例えば好意）と外向性とが混じり合ったものとして解釈できるが，反時計回りの方向に隣接する項目は非協調性（例えば敵対性）と外向性との混合である」と述べている。また，Leary の円環に基づく対人チェックリストの下位尺度が円周上に均等に配置されないことを指摘し，すべての項目の密度分布を再分析することで，より完全な円環に近い構造が得られたとしている。Wiggins（1979）はまた自己評定データをもとに配置し直した項目を使用して，サンプルを変えて妥当性検証を行ったところ，対人形容詞尺度のほぼ完全な円環構造が確認されたとしている。

　対人形容詞尺度の項目内容を精査すると項目の解釈に興味深い個人差があることが明らかとなった。多くの人は「命令をすることができる」という項目を「管理的」と近い意味で捉えた

が，「責任感がある」と解釈する者もいた。さらにこの項目を従順のカテゴリーに分類する参加者も2人存在した。項目に対する1人ひとりの回答を分析することで，他とは大きく外れた評価を下す評定者や意味の曖昧な項目を特定することができる（McCormick & Goldberg, 第5章）。

議論4：円環と5因子モデルの関係

5因子モデルは伝統的因子分析アプローチに基づいて導出されたモデルである。因子分析アプローチは2つの基本的な仮定に基づく。つまり，(a)変数や項目，もしくは下位尺度はそれぞれ特定の因子とのみ強い相関を持ち，他の因子とは相関を持たない（いわゆる単純構造もしくは単因子性を持つ），(b)因子を構成する項目や要素同士は概ね同義であり，お互いに交換可能である，とする仮定である。この2つの仮定に基づき多くの研究が行われてきたが，特に近年の大規模調査の結果から，研究者の多くはパーソナリティ評価や自己評定データの多くが比較的独立した，広範な概念を含む5つの因子に組み込まれると考えるに至っている。これらの5因子は次のように呼ばれることが多い。

Ⅰ．外向性
Ⅱ．協調性
Ⅲ．誠実性
Ⅳ．情緒安定性
Ⅴ．知性／開放性

このモデルに対して，少なくとも4つの異なる理論的観点から解釈がなされてきた（Wiggins & Pincus, 1992）。永続的特性論の観点に立つ研究者たちはパーソナリティの縦断研究や年齢変化を研究していたが，それらの研究をもとに5つの因子をそれぞれ6つのファセットで測定する尺度を作成した（Costa & McCrae, 1989）。2者相互作用的観点は精神療法現場における2者間の相互作用研究から生まれた考え方であるが，円環状に並んだ8つの下位尺度で構成された尺度の作成につながった［改訂版対人形容詞尺度（Trapnell & Wiggins, 1990）のことで，5因子得点が算出可能である］。職場環境や社会的環境における適応的行動の研究から生まれた社会的能力論の観点からは，5因子すべてではないものの，そのいくつかを測定するための尺度が構成された。自然言語の中に含まれるパーソナリティ表現用語を研究対象とした語彙研究からは，5因子の意味内容を形容詞で表現した尺度が作られた（Goldberg, 1981）。現在でもこれらの観点に基づき活発な研究が行われている。

このように一般モデルとしての5因子モデルに関心を抱く研究者が存在し，それを支持するデータがある一方で，5因子モデルに疑問を投げかけ，別のモデルでパーソナリティ構造を概念化しようとする研究者も多い。例えばMcCormickとGoldberg（第5章）は次のように述べている。

エピローグ　円環の未来

完全な単純構造の世界では，各項目はただ1つの因子にのみ負荷し，他の因子に対する負荷量は0に近くなる。しかし現実には，ほとんどの項目は一因子性とはいえず，むしろ複雑な因子構造を持ち，たいてい2因子以上に負荷する。(p. 91)

　McCormick と Goldberg の記述は，心理学者が研究している複雑な構成概念の多くやパーソナリティ障害の構造，精神病理や権威主義研究，社会適応，労働機能などに明らかに当てはまる。
　これが理論的問題にとどまらないことはさまざまな研究者が示している通りである。例えばSaucier（1992）は，軸と軸の間の空間に布置される変数に比べ，ビッグ・ファイブの5次元がどの程度お互いに明確な軸を構成するかを検証している。「完全な単純構造が得られる場合，軸と軸の間に布置される変数は存在しない（中略）。完全な円環構造の場合，因子軸に沿って布置される変数の数と同程度の数の変数が軸と軸の間に布置される」（Saucier, 1992, p. 1027）。
　Saucier が分析したデータは，320人の生徒が394の特性形容語を使って自己評定や他者評定したデータである。いくつかの基準（例えば最も高い負荷量に対して2番目に高い負荷量の大きさ）を設けて複数因子に負荷する項目を検討した結果，そのような項目はビッグ・ファイブのうち特に3つの因子——外向性（I），協調性（II），情緒安定性（IV）——に多くみられることが分かった。外向性への負荷量と協調性への負荷量，もしくは情緒安定性への負荷量をもとに項目をプロットすると，円環に極めて類似した構造が見出された。誠実性（III）や知性（V）への負荷量を組み合わせてプロットしてみても，明確な円環構造は得られなかった。これらの結果は対人関係を規定する，立体的円環構造をした感情—パーソナリティ空間の存在を示唆するものと解釈できよう。Hofstee, de Raad と Goldberg（1992）もまた同様の研究結果を報告している。
　5因子モデルと円環モデルの関係についてはいまだ明らかにすべき課題が多いが，その下準備は少しずつできてきたようである。5因子モデルは広範で包括的なパーソナリティ概念をよく表現しているように思われる。5因子モデルは個人差をさまざまな側面から測定する。しかし変数の中には5因子の中の複数の次元に対して大きな負荷量をみせる変数もあり，そのような変数を含むデータについては円環構造の方が当てはまりがよいと考えられる。そうした変数が特に多いのは，パーソナリティ特性や感情の中でも対人関係との関連が強い因子である。それゆえここでは，さしあたり次のように結論できよう。5因子モデルと円環モデルは相補的モデルであるが，中心となる関心対象が異なるのだと。パーソナリティ特性を広く捉える上では5因子モデルが有用であるのに対し，関心の対象が特定の特性である場合や複数因子の混じり具合にある場合，あるいは対人的な相互作用である場合は，円環モデルに着目する必要があるだろう。今後の研究の進展に期待したい。

議論5：円環モデルの重要性

　本書に記された理論やデータを詳細にみてみると，円環を構成する用語やラベルの名称が円環ごとに異なることに気がつくだろう。すでに述べたように，その違いは研究者自身の嗜好や興味関心，背景の違いや，研究方法の違い，研究対象とした概念の数の違いなどを反映している。し

369

かし，科学研究において異なる結果が得られることは決して珍しいことではないということを肝に銘じておくべきである。初期のパーソナリティ研究や感情研究でも，数多くの研究者が基本因子や基本次元，重要な変数，包括的理論を模索し，さまざまな主張がなされてきた。また，心理学全体を眺めてみても事情は同じである。それに比べれば円環の研究は比較的最近始まったばかりであり，新たな方法論や概念がまさに研究されている最中といえる。新たな可能性に関する創造的思考が生まれ，研究間の著しい不一致が目につくこともあるであろう。しかしこれらのことは前向きに捉えられなくてはならない。それは新たなアイデアが熟成されつつある証拠なのだから。

　本書の著者たちは円環の考えを使ってパーソナリティ心理学や感情心理学領域の広範な問題にいかに対処するかを示してくれた。円環モデルを使うことで，パーソナリティ特性やパーソナリティ障害，感情，精神疾患症状，精神療法の相互作用，社会適応，職業選択，目標設定などに関する理解を深めることができる。本書には円周状に配列する変数を扱うための，あまり知られていない数学的・心理計量学的方法も示されている。将来はより洗練された研究が可能となり，多くの情報を引き出すことができるであろう。因子ではなく項目や構成要素そのものを分析対象とすることで，既存のパーソナリティ尺度についても興味深い知見が得られ，また測定結果からある種の曖昧さを取り除く一助となる。円環モデルによって新たな心理テストや尺度の開発が促され，新たな研究材料が生み出されていることも重要である。

　本書の最後に，円環モデルによっていくつもの仮説が生成され，そうした仮説をもとに多くの研究が進められていることも強調しておく。Kiesler ら（第10章）が構成した対人サークルは対人相互作用に関わる仮説の生成へとつながった。この仮説を受けて Horowitz と Dryer（第15章）は対人サークルに基づく精神療法プログラムを作成した。SASB 円環モデルを使った Benjamin ら（第16章）の研究は対人問題の詳細な記述へとつながり，ネガティブな対人的サイクルが維持されてしまう仕組みを説明する原理の発見へと結びついた。発見された原理によって医師は治療すべき患者の対人行動に適切に目を向けることとなった。また，患者の対人関係歴や対人問題，感情，治療プロセス，治療結果に対する理解を深める上で，SASB 円環モデルは対人相互作用に関する一般理論の中に精神力動理論を組み込んだ。こうしたことから，対人相互作用に関する円環モデルは記述的側面と力動的側面の両方を備えたモデルといえる。円環モデルは新たな測定道具の開発を促し，仮説の生成に寄与することで理論の発展に寄与するだけでなく，将来の研究にとっての新たな礎にもなると考えられる。

文　献

Benjamin, L. S. (1974) Structural Analysis of Social Behavior. *Psychological Review, 81,* 392-425.

Block, J. (1961 / 1978). *The Q-Sort method in personality assessment and psychiatric research.* Palo Alto, CA: Consulting Psychologists Press.

Conte, H. R., & Plutchik, R. (1981). A circumplex model for interpersonal personality traits. *Journal of Personality and Social Psychology, 40,* 710-711.

Costa, P. T., & McCrae, R. R. (1989). *The NEO-PI/FFI Manual Supplement.* Odessa, FL: Psychological Assessment Resources.

Goldberg, L. R. (1981). Language and individual differences: The search for universals in personality lexicons. In L. Wheeler (Ed.), *Review of personality and social psychology* (Vol. 2, pp. 141-165). Beverly Hills, CA: Sage.

Hofstee, W. K. B., de Raad, B., & Goldberg, L. R. (1992). Integration of the Big Five and circumplex approaches to trait structure. *Journal of Personality and Social Psychology, 63,* 146-163.

Hogan, R. (1983). A socioanalytic theory of personality. In M. Page (Ed.), *1982 Nebraska Symposium on Motivation Personality—current theory and research* (pp. 55-89). Lincoln: University of Nebraska Press.

Horowitz, L. M. (1979). On the cognitive structure of interpersonal problems treated in psychotherapy. *Journal of Consulting and Clinical Psychology, 47*(1), 5-15.

LaForge, R., & Suczek, R. F. (1955). The interpersonal dimension of personality: III. An interpersonal checklist. *Journal of Personality, 24,* 94-112.

Lanning, K. (1994). Dimensionality of observer ratings on the California Adult Q-Set. *Journal of Personality and Social Psychology, 67,* 151-160.

Lorr, M., & McNair, D. M. (1965). Expansion of the interpersonal behavior circle. *Journal of Personality and Social Psychology, 2,* 823-830.

Plutchik, R. (1980). *Emotion: A psychoevolutionary synthesis.* New York: Harper & Row.

Plutchik, R., & Kellerman, H. (1974). *Manual of the Emotions Profile Index.* Los Angeles: Western Psychological Services.

Saucier, G. (1992). Benchmarks: Integrating affective and interpersonal circles with the Big-Five personality factors. *Journal of Personality and Social Psychology, 62,* 1025-1035.

Schaefer, E. S. (1959). A circumplex model for maternal behavior. *Journal of Abnormal and Social Psychology, 59,* 226-235.

Stern, G. G. (1958). *Activities Index.* Syracuse, NY: Syracuse University Research Center.

Trapnell, P. D., & Wiggins, J. S. (1990). Extension of the Interpersonal Adjective Scales to include the Big Five dimensions of personality. *Journal of Personality and Social Psychology, 59,* 781-790.

Wiggins, J. S. (1979). A psychological toxonomy of trait descriptive terms: The interpersonal domain. *Journal of Personality and Social Psychology, 37,* 395-412.

Wiggins, J, S., & Pincus, A. L. (1992). Personality: Structure and assessment. *Annual Review of Psychology, 43,* 473-504.

訳者あとがき

　本書が扱っているのは主として対人円環モデルである。対人円環モデルは日本の読者にはあまりなじみのないモデルかもしれないが，海外では 1950 年代に考案されて以来，長い歴史を持つ。対人円環モデルはビッグ・ファイブ（Big Five）やファイブ・ファクター・モデル（Five Factor Model）と並んで，パーソナリティの包括的モデルの 1 つとして広く利用されている。

　本書を読んでいただければ分かるが，一口に対人円環モデルといってもさまざまな種類が存在する。共通するのは何らかの特性が 2 次元平面上に円環状，もしくはそれに近い形で配置されている点である。この際，性質の近い特性同士はお互い近くに，性質が離れるにつれて遠くに配置される。配置された特性間にはある種の相関パターンが想定されている。近くに配置された特性ほど相関が高く，離れて配置された特性ほど相関が低くなる。つまり特性同士の関係性を幾何学的に表現している点に円環モデルの特徴がある。また，すべての特性同士が独立（無相関）であることを想定していない点も重要な特徴である。お互いに無相関が想定される特性だけでなく，2 つの因子に同時に負荷する特性をも表現することができる。

　本書の中でも何度か言及されているように，対人円環モデルはあらゆるパーソナリティ側面を表現できるわけではない。対人円環モデルが適しているのは主として対人的側面である。「対人」の名称の由来はここにある。ビッグ・ファイブやファイブ・ファクター・モデルでいえば，外向性と協調性の次元が他の次元に比べて対人的側面が強いと考えられている。対人円環モデルは外向性と協調性の次元を詳細に表現したモデルとも考えられている。

　対人的側面が強ければ，パーソナリティ以外の領域も円環でモデル化可能である。本書には感情を円環状に並べた Plutchik のモデルや社会的行動を表したモデル（SASB），対人相互作用場面で生じる内面の動きを表現したモデル（Impact Message Inventory）などが登場する。また職業興味や顔の表情などが円環構造で表現できるとする議論も展開される。これらに共通するのは対人関係との密接な関係性である。対人関係に関わるさまざまな側面を，円環という類似構造で表現できるとする議論には興味を掻き立てられる。

　編者の Robert Plutchik（1927 – 2006）は感情理論の先駆者として知られている。Plutchik の考えは心理学分野に強い影響を及ぼしたが，なかでも最も知られているのは感情を色相環のように並べたモデルであろう。感情を少数の 1 次感情と 1 次感情の組み合わせとに分解して円環状に配置したモデルは多くの研究者を引きつけた。さらに感情とパーソナリティの間のつながりに言及したことも重要である。Plutchik は感情とパーソナリティを表現する語彙の多くが共通していること，感情とパーソナリティの果たす機能が似ていること，そしてともに円環構造で表現できることを挙げて，感情とパーソナリティとが同じ対人関係領域の異なる側面を表していると考えた。また，感情やパーソナリティのみならず，パーソナリティ障害や自我防衛も円環構造で表現できるとし，対人円環モデルを使って対人関係に関わる領域を包括的に表現できると考えた。本

書はさまざまな領域にまつわる円環モデルを一堂に集めた，円環モデルの俯瞰図ともいえる。

　もう1人の編者である Hope R. Conte はアルベルト・アインシュタイン医学校の精神医学・心理学教授であった。主な専門はパーソナリティや精神療法，心理測定。本書のほかにも『自我防衛――理論と測定方法（*Ego Defenses: Theory and Measurement*）』（未邦訳）の監修も手掛け，数多くの論文を記した。

　本書は大きく3部に分かれている。第1部では主にパーソナリティの対人円環モデルが，第2部では感情と対人円環モデルの関わりが，第3部では臨床心理分野への対人円環モデルの応用が取り上げられる。しかし Plutchik と Conte がイントロダクションで述べているように，この区分は大まかな枠組みを提示したにすぎない。イントロダクションには全体の見取り図が，エピローグには本書で繰り返し取り上げられたテーマが5つの議論に整理されている。本書が扱う広範な対人円環モデルの世界を俯瞰し，主たる議論や今後の課題を理解する上で役立つだろう。

　対人円環モデルは，海外では一時のブームが去って，今ではすでに確立したモデルの1つとして研究に用いられている。原書の出版が1997年ということもあり，統計手法の話には古さを感じさせる部分もあるものの，執筆者の研究分野の多様性は，対人円環モデルをめぐる当時の熱を感じさせる。表現しているのが対人的側面のみとはいえ，各個人を2次元平面上に布置し，その特徴を視覚的に分かりやすく表現できるのはモデルとして大きな魅力である。日本でももっと使われてよいモデルと考えている。しかし残念ながら日本では対人円環モデルはあまり知られていない。本書を手に取った方の中から対人円環モデルに関心を抱いてくださる方が少しでも出てくれれば大変嬉しい。

　訳語について一言。原書中の circular model は円周モデル，circumplex model は円環モデルとした。ともにある特性が円形（もしくはそれに近い形）に配列されるさまを指す。

　最後に，不慣れな私に丁寧につきあってくださった福村出版の宮下基幸様，膨大な原稿に目を通して貴重なご指摘をくださった小山光様にこの場をお借りして感謝申し上げる。また，翻訳をしたいと言った私に福村出版を紹介してくださり，さらに一緒に翻訳の労をとってくださった私の指導教官たる小塩真司先生に感謝申し上げる。第1部と第3部は橋本が，第2部は小塩先生が翻訳を担当したが，最終的には橋本が全体に手を入れ，語調，訳語を調節した。読みにくい訳文となってしまったのは橋本の力不足である。訳語の誤り，誤訳があればご指導を賜りたい。

2019年8月

橋 本 泰 央

著者索引

Aaronson, B. S.　28, 41
Aaronson, M. R.　117, 125
Abelson, R. P.　172, 173, 177
Adolphs, R.　172, 177
Alden, L. E.　55, 64, 67, 184, 185, 195, 280, 301, 306, 334, 341, 346
Aldwin, C.　288, 307
Allen, B.　21, 40
Allport, G. W.　27, 40, 115, 124
Altman, J. H.　288, 306
Alwin, D. E.　268, 277
American Psychiatric Association　122, 124, 140, 147, 240-242, 247, 251-253, 255-257, 270, 274, 276, 318, 330, 337, 346
Anchin, J. C.　179, 180, 182, 184, 195, 196
Anderson, C. A.　297, 308
Anderson, M. Z.　155, 162
Andreasen, N. C.　355, 360
Angyal, A.　284, 306
Apter, A.　40
Arabie, P.　151, 152, 160, 163
Archer, D.　83, 86
Argyle, M.　127, 147
Arkowitz, H.　299, 306, 308
Arnold, M. B.　188, 190, 195, 220, 235
Averill, J. R.　170, 173, 177, 188, 191-193, 195, 196

Baer, B. A.　44, 50, 55, 68, 185, 195, 246, 258, 278, 309, 334, 346, 350, 360
Bagdanoff, J.　290, 306
Bakan, D.　52, 67, 284, 306
Bales, R. F.　52, 68
Balla, J. R.　268, 277
Bandura, A.　284, 306
Baron, R. A.　142, 147
Bartholomew, K.　71, 86, 284, 285, 307
Bateson, G.　179, 197
Batschelet, E.　92, 95, 101, 108
Batten, P. G.　297, 309
Baumrind, D.　122, 124
Bayley, N.　28, 40, 111, 113, 116, 124, 125
Beatty, M.　304, 308
Beck, A. T.　288, 307, 318, 330

Beck, S.　283, 307
Becker, W. C.　114, 115, 119, 124
Beech, A. R.　274, 276
Beier, E. G.　179, 195
Bell, R. Q.　111, 113, 125
Bellack, A. S.　297, 307
Bemis, K. M.　349, 360
Benjamin, L. S.　15, 17, 45, 46, 49, 66, 67, 240, 247-249, 253-258, 282, 307, 311-314, 317, 320, 321, 323, 324, 327, 329, 330, 331, 333, 346, 350, 358, 360, 364, 366, 370
Bentler, D. M.　47, 49
Bentler, P. M.　262, 267, 268, 276
Bernstein, A. B.　179, 196
Berscheid, E.　192, 195
Berzins, J. I.　283, 307
Bierman, R.　283, 307
Binder, J. L.　311, 331, 332
Birchler, G.　295, 307
Birtchnell, J.　127-129, 132-135, 140, 145, 147
Bishop, P. F.　242, 258
Blackburn, R.　127, 142, 147, 240, 257
Blaney, P. H.　304, 310
Blashfield, R. K.　246, 259, 266, 268, 276
Blatt, S. J.　132, 144, 147, 284, 307, 318, 330
Block, J.　25, 40, 71, 74, 75, 80, 81, 85, 367, 370
Bluhm, C.　254, 257, 287, 307
Blumberg, S. R.　288, 289, 307, 308
Bohrnstedt, G. W.　45, 49, 76, 85, 95, 108, 170, 177, 186, 195, 198, 199, 204, 205, 217
Bolton, B.　158, 162
Bond, N. A.　150, 162
Boneau, C. A.　124, 125
Bonner, T. O.　304, 310
Borgatta, E. I.　172, 177
Borgen, F. H.　150, 162
Bourne, E. J.　226, 237
Bowen, M.　137, 147
Bowlby, J.　127, 128, 137, 147, 148, 220, 221, 235, 284, 307, 320, 322, 330, 331
Boyes, M. C.　158, 162
Boyes-Braem, P.　66, 69
Bradlee, P. M.　82, 85, 240, 257

Brannigan, C. R. 229, 235
Brennan, T. 297, 307
Briggs, S. R. 89, 108
Brokaw, D. W. 247, 254, 255, 259
Broks, P. 274, 276
Brooks, L. 150, 162
Broughton, R. 66, 69, 77, 84, 87, 145, 149, 158, 162, 246, 252, 260, 333, 334, 348
Brown, D. 150, 162
Brown, P. 305, 307
Brown, R. 167, 177
Browne, M. W. 51, 67, 71, 85, 151, 162, 270, 276
Bruch, H. 349, 350, 360
Bruehl, S. 250, 257
Buck, R. 221, 223, 235
Budman, S. H. 82, 87, 247, 259, 273, 277, 335–338, 341, 343, 344, 346, 347
Bull, N. 190, 191, 195, 196
Bullock, M. 176, 178
Burgoon, B. 117, 125
Burnett, C. K. 115, 123, 125, 126
Busch, C. M. 71, 86
Buss, D. M. 52, 67, 71, 82, 85
Butler, S. F. 311, 331
Butt, D. S. 89, 96, 100, 108
Bynner, J. M. 14, 36, 42, 246, 251, 259, 262, 263, 267, 269–271, 276, 277
Byrne, D. 142, 147

Campbell, L. 31, 43, 240, 259
Cantor, J. 250, 257
Cantor, N. 24, 40, 264, 276
Carroll, J. D. 232, 236
Carson, R. C. 66, 67, 180, 181, 193–195, 218, 236, 254, 257, 283, 285, 307
Cartwright, D. 56, 67
Cattell, R. B. 7, 27, 40, 96, 108
Chang, J. J. 232, 236
Chapman, L. J. 142, 148
Charles, E. 246, 258, 267, 277
Chat, L. 252, 260
Cheek, J. M. 89, 108
Chelune, G. J. 297, 307
Cheney, D. L. 23, 42
Cheuvront, C. 325, 331
Chevron, E. S. 349, 361
Chiodo, L. M. 71, 82, 85
Chirico, B. M. 196
Choca, J. P. 255, 257
Christensen, R. R. 150, 162

Claridge, G. 142, 148, 274, 276
Clark, L. A. 250, 253, 257, 260
Clarkin, J. F. 250, 251, 257, 260
Cliff, N. 275, 276
Cloninger, R. 271, 276
Clore, G. L. 20, 40
Coates, D. 289, 290, 307
Cobb, S. 57, 67
Cofer, D. H. 288, 307
Coffey, H. S. 27, 41, 44, 49, 53, 56, 67, 92, 97, 108, 109, 134, 148, 218, 236, 241, 242, 244, 258
Coles, G. J. 32, 42
Collins, R. C. 155, 162
Collins, R. L. 58, 69
Comrey, A. L. 78, 85, 106, 108
Conners, C. K. 119, 125
Connors, M. E. 350, 360
Conte, H. R. 28, 29, 31, 32, 36, 37, 39, 40, 42, 45, 49, 71, 85, 96, 108, 189, 195, 198, 201–204, 209, 211–217, 226, 236, 243, 244, 249, 258, 259, 364, 370
Coryell, W. 148
Costa, H. R. 14, 18
Costa, P. T. 21, 41, 45, 48, 50, 55, 68, 71–73, 78, 84–86, 158, 162, 249–254, 258, 260, 273, 276, 328, 331, 333, 336, 339, 343, 344, 346, 347, 368, 371
Coyne, J. C. 288, 289, 304, 307, 309, 310
Cranach, M., von 221, 236
Cronbach, L. H. 184, 195
Cronbach, L. J. 70, 78, 85
Cudeck, R. 264, 276

Dakof, G. A. 59, 67
Daly, E. M. 170, 177
Damasio, A. 172, 177
Damasio, H. 172, 177
D'Andrade, R. G. 226, 237
Darwin, C. 21, 40
Davis, M. 335, 336, 346, 347
Davis, P. J. 90, 108
Dawis, R. V. 150, 163
Deahl, M. 127, 147
Deese, J. 96, 108
Degerman, R. 91, 108
DeJong, C. A. J. 245, 252, 258, 337, 338, 346
de Leeuw, J. 334, 346
Demby, A. 82, 87, 247, 259, 273, 277, 335–338, 341, 343, 344, 346, 347
de Raad, B. 51, 68, 70, 86, 89, 109, 364, 369, 371
Devlin, J. F. 92, 109
DeVoge, J. 283, 307

DeVries, H. 149, 237, 310
de Waal, F. 235, 236
Digman, J. M. 88, 108, 123, 125, 262, 276, 333, 339, 346
DiMatteo, M. R. 83, 86
Dix, T. 22, 40
Dolan, B. 146, 148
Doll, H. A. 349, 360
Doren, R. 55, 68, 278, 309
Dovidio, J. F. 229, 236
Droppelman, L. F. 115, 117, 125
Dryer, D. C. 15, 300, 302, 307-309, 366, 370
Durand, D. 95, 108
Dyce, J. A. 146, 148

Eady, P. 302, 309
Eckbald, M. 142, 148
Eckert, E. D. 349, 361
Edgerton, M. 115, 118, 120-122, 126
Eibl-Eibesfeldt, I. 221, 222, 229, 230, 236
Ekman, P. 169, 177, 202, 217, 220, 222, 229, 230, 236
Ellard, J. H. 61, 68
Ellsworth, P. C. 202, 217
Ellyson, S. L. 229, 236
Embleton, B. J. J. 95, 108
Embree, J. M. 58, 69
Emmons, R. A. 82, 85, 240, 257
Erikson, E. H. 284, 308
Evans, C. 146, 148
Eysenck, H. J. 7, 27, 40, 76, 85, 261, 262, 276, 317, 331
Eysenck, M. W. 76, 85

Fairburn, C. G. 349, 355, 360
Falkowski, J. 127, 132, 147
Fast, I. 137, 148
Federman, E. J. 196
Fehr, B. 170, 172, 173, 175, 177, 178
Feldman, L. A. 176, 177
Feldstein, M. 335, 346, 347
Fenichel, O. 23, 40
Fingleton, B. 76, 87, 95, 110
Fisch, R. 291, 310
Fisher, G. A. 45, 49, 76, 83, 85, 95, 108, 170, 177, 186, 187, 195, 198, 199, 201-203, 205, 211, 212, 217
Fisher, N. I. 95, 101, 105, 106, 108
Fisher, R. 95, 108
Fisher, S. 47, 49, 50
Fiske, D. W. 89, 96, 100, 108
Florsheim, P. 327, 331
Foa, E. B. 52, 57, 67, 158, 162
Foa, U. G. 52, 57, 67, 158, 162

Folkman, S. 188, 196
Ford, M. E. 300, 301, 308
Foss, M. A. 20, 40
Fouad, N. A. 155, 162
Frances, A. 268, 276
Freedman, M. B. 27, 41, 44, 48, 49, 53, 56, 67, 92, 97, 106, 108, 109, 134, 148, 218, 236, 241, 258
Freeman, J. W. 297, 309
French, R. D. 264, 276
French, R. deS. 297, 308
Friesen, W. V. 202, 217
Frijda, N. H. 174, 177, 188, 190, 195, 221, 236
Fromm, E. 127, 148
Funder, D. C. 55, 67, 71, 82, 83, 85, 343, 346
Furfey, P. H. 112, 125

Gaelick, L. 59, 69, 71, 87, 185, 197, 340, 348
Garfinkel, P. E. 350, 360
Garner, D. M. 349, 350, 352, 360
Gati, I. 150, 152, 153, 162
Geist, R. A. 349, 360
Gerjuoy, H. 28, 41
Gerson, A. C. 297, 308
Ghannam, J. 309
Gidro-Frank, L. 191, 195
Gifford, R. 56, 67, 71, 85, 229, 236
Gilbert, P. 24, 43
Glasgow, R. E. 299, 308
Goff, G. M. 349, 361
Goh, D. S. 158, 162
Goldberg, L. R. 10, 51, 68, 70, 72, 73, 78, 84-86, 88, 89, 97, 107-109, 123, 125, 249, 250, 251, 258, 259, 333, 337, 339, 346, 364, 367-369, 371
Goldman, S. L. 172, 177
Goldsmith, D. J. 304, 305, 308
Goldston, C. S. 245, 258, 337, 347
Goldthorpe, J. H. 159, 162
Goodall, J. 222, 235, 236
Goswick, R. A. 297, 309
Gotlib, I. H. 288, 303, 304, 308
Gottfredson, G. D. 150, 158, 162
Gottman, J. M. 295, 298, 308, 309
Gough, H. G. 78, 84, 85, 96, 108
Goyette, C. H. 119, 125
Grant, E. C. 229, 230, 236
Gray, W. D. 66, 69
Green, D. P. 172, 177
Greenwood, J. A. 95, 108
Greist, J. H. 258
Griffith, P. 148

Grinker, R. R.　289, 308

Grove, W. M.　355, 360

Guilford, J. P.　89, 108, 150, 162

Guilford, R. R.　89, 108

Gumbel, E. J.　95, 108

Gurtman, M. B.　55, 64, 68, 73, 77, 80, 82, 83, 85, 86, 95, 108, 184-186, 195, 282, 302, 308, 334, 345, 346, 367

Guttman, L. A.　27, 41, 44, 47, 48, 50, 51, 56, 68, 71, 84, 86, 88, 90-92, 94, 95, 97, 102, 107-109, 111, 112, 114, 125, 131, 148, 151, 162, 218, 236, 261, 263, 276, 280, 308

Hakistan, A. R.　142, 148

Halberg, C. J. A., Jr.　92, 109

Hall, J. A.　83, 86

Hammen, C.　304, 308

Hansen, J. C.　150, 155, 157, 162

Hansson, R. O.　297, 308

Hare, R. D.　142, 148

Harlow, H. F.　319, 320, 322, 331

Harlow, R. E.　24, 40

Harpur, T. J.　142, 148

Harris, M. J.　82, 83, 85

Hatzukami, D. E.　349, 361

Hebb, D. O.　21, 41

Heilbrun, A. B.　78, 84, 85

Heise, D. R.　45, 49, 76, 85, 95, 108, 170, 177, 186, 195, 198, 205, 217

Helmes, E.　225, 236

Hemphill, K. J.　65, 68

Hendler, J.　258

Henry, W. P.　311, 315-321, 325-327, 329, 331-333, 346

Herrick, L. R.　303, 309

Hills, H. I.　149, 237, 287, 300, 310

Hinchcliffe, M. K.　289, 304, 308

Hines, P.　299, 306

Hirschfeld, R. M. A.　132, 148

Hobbs, S. A.　297, 309

Hochschild, A. R.　201, 217, 220, 236

Hockenbury, D.　297, 309

Hodge, R. W.　159, 162

Hodgin, J.　268, 276

Hofstee, W. K. B.　51, 68, 70-73, 84, 86, 89, 96, 109, 364, 369, 371

Hogan, R.　55, 68, 83, 86, 153, 155, 158, 162, 371

Hokanson, J. E.　288, 289, 304, 307-309

Holden, R. R.　150, 163

Holland, J. L.　55, 68, 150-155, 157-159, 162, 163

Holzmuller, A.　359, 361

Hooper, D.　289, 308

Hope, K.　159, 162

Hope, R. A.　349, 360

Horney, K.　130, 282, 308, 322, 331

Horowitz, L. M.　44, 50, 55, 68, 71, 86, 185, 195, 247, 258, 274, 276, 278, 281, 282, 284, 287-289, 297, 298, 300, 304, 307-310, 318, 331, 334, 337, 346, 350, 360, 364, 366, 370, 371

Horowitz, M. J.　30, 41

Howes, M. J.　304, 309

Hoyle, R. H.　275, 276

Hubert, L.　151, 152, 160, 163

Hull, J. W.　250, 257

Humphrey, L. L.　350, 352, 360

Humphries, D. A.　229, 235

Hunter, W. M.　120-122, 126

Hyler, S. E.　146, 148, 246, 249, 258, 267, 268, 271, 276

Irwin, H. J.　142, 149

Izard, C. E.　169, 172, 174, 177, 202, 217, 220, 222, 229, 236, 238

Jackson, D. N.　46, 50, 150, 163, 225, 236, 246, 258

Jansen, J. A. M.　245, 258, 337, 346

Jefferson, G.　291, 303, 309

John, O. P.　70, 72, 73, 86, 333, 339, 346

Johnson, C.　350, 360

Johnson, D. M.　66, 69

Johnson, J. A.　70, 72, 84, 86

Jones, E. M.　158, 162

Jones, R.　349, 360

Jones, W. H.　297, 308, 309

Jöreskog, K. G.　261, 262, 264, 271, 276, 277

Justed, J.　258

Kalma, A.　229, 236

Kalverboer, A. F.　117, 125

Kanner, A. D.　188, 196

Kantor, M.　143, 148

Kass, F.　246, 258, 267, 268, 271, 277

Katz, R.　132, 148

Kavanagh, J. A.　96, 102, 106, 109

Keller, M. B.　148

Kellerman, H.　38, 39, 41, 42, 366, 371

Kellman, H. D.　146, 148

Kelly, G.　333, 346

Kelso, K.　240, 249, 260

Kemper, T. D.　188, 189, 192, 193, 195, 220, 236

Kernberg, O.　338, 346

Kiesler, D. J.　28, 41, 55, 68, 76, 77, 80, 81, 84, 86, 133, 145, 148, 158, 163, 179-184, 187, 191, 193-197, 218,

235, 236, 240, 244 245, 247, 253, 256, 258, 266, 277, 282, 287, 300, 309, 334, 337, 338, 343, 344, 346–350, 358, 359, 361

Kilmartin, C. T.   149, 237, 310

Klein, M. H.   249, 258

Klerman, G. L.   148, 349, 361

Klett, C. J.   48–50

Krantz, D. H.   91, 109

Krasnoperova, E. N.   289, 309

Krug, R. S.   115, 119, 124

Kruskal, J. B.   47, 113, 125, 232, 236

Kuder, F.   150, 163

Kuipers, P.   221, 236

Kyle, E. M.   196

Lafferty, J.   302, 309

LaForge, R.   27, 41, 44, 48, 50, 92, 94, 97, 98, 109, 131, 148, 186, 196, 243, 245, 246, 258, 265, 277, 283, 309, 366, 371

Laing, R. D.   55, 68, 137

Lakoff, G.   169, 177

Lambert, W. W.   172, 178

Lancee, W. J.   170, 177

Landrum, G. C.   288, 308

Lanier, K.   149, 237, 310

Lanning, K.   71–73, 86, 367, 371

Larus, J. P.   245, 258, 337, 347

Lasky, J. J.   48–50

Launier, R.   192, 196

Lavori, P.   148

Lazarus, R. S.   188–190, 192, 196, 220, 236, 288, 307

Leary, T.   27, 41, 44, 48–50, 53, 56, 67, 68, 77, 86, 92, 97, 98, 100, 102, 103, 108, 109, 115, 123, 125, 127, 130, 131, 134, 145, 146, 148, 158, 163, 180, 193, 196, 218–220, 224, 226, 229, 236, 237, 240–242, 244, 247, 253, 256, 258, 263, 277, 282, 283, 285, 309, 312, 313, 317, 331, 333, 347, 349, 350, 361

Lee, A. R.   55, 68

Lee, J. R. E.   291, 303, 309

Lefcourt, H. M.   324, 331

Lehman, D. R.   61, 65, 68

Leong, F. T. L.   158, 162

Levenson, H.   325, 331

Leventhal, H.   200–202, 214, 216, 217

Levinson, S.   305, 307

Levitin, D. J.   95, 109

Lewis, T. I.   95, 108

Lewyckyj, R.   119, 126

Lichtenstein, E.   299, 306

Lingoes, J. C.   47–50

Livesley, W. J.   146, 148, 246, 258

Locke, K. D.   304, 309

Locklin, R. H.   150, 163

Loevinger, J.   59, 68

Loranger, A. W.   247, 258, 337, 347

Lorenz, K.   320, 331

Lorr, M.   27, 28, 31, 37, 41, 43–50, 62, 68, 90, 109, 127, 133, 148, 172, 177, 178, 183, 184, 196, 240, 242, 258, 259, 366, 371

Lowenstein, E.   289, 304, 309

Luce, R. D.   91, 109

Lucke, J. F.   45, 49, 76, 85, 95, 108, 170, 177, 186, 195, 198, 205, 217

Lutz, C.   226, 237

Lyons, M.   246, 258, 267, 268, 271, 276

Mächler, E.   221, 236

MacLean, P. D.   220, 237

Mardia, K. V.   73, 76–79, 86, 92, 95, 101, 109, 212, 217

Margolin, G.   295, 309

Marks, E.   150, 163

Markus, H.   221, 238

Marler, P.   23, 42

Marr, D.   168, 177

Marsh, H. W.   268, 277

Masters, R. D.   235, 237

May, W. H.   198, 217

Maybury, C.   240, 257

McAdams, D. P.   52, 68

McClosky, H.   96, 108

McCormick, C. C.   96, 98, 100–102, 106, 109

McCrae, R. R.   14, 18, 21, 41, 45, 48, 50, 55, 68, 70–73, 78, 81, 84–86, 158, 162, 249–254, 258, 328, 331, 333, 336, 339, 343, 344, 346, 347, 368, 371

McDonald, R. P.   262, 268, 277

McDonough, M. R.   115, 125

McDougall, W.   25, 41

McEwen, J. L.   250, 257

McGovern, K.   299, 306

McGuffin, P.   132, 148

McLemore, C. W.   247, 254, 255, 259

McNair, D. M.   27, 28, 41, 44, 47–50, 90, 109, 133, 148, 172, 178, 183, 184, 196, 242, 258, 366, 371

McNemar, Q.   89, 109

Meehl, P. E.   70, 85, 96, 108

Mehrabian, A.   172, 178

Merry, J.   82, 87, 247, 259, 273, 277, 335–338, 341, 343, 344, 346, 347

Mervis, C. B.   66, 69

Meyer, C. W.   149, 237, 310

Meyer, G. J.　70, 72, 76, 86

Mezzich, J.　264, 276

Miele, G. M.　254, 257, 287, 307

Miller, G. A.　96, 109

Millon, T.　23, 24, 36, 41, 142, 144, 148, 240, 243, 246, 247, 249, 259, 337, 347

Miron, M. S.　198, 217

Mitchell, J. E.　349, 361

Mizes, J. S.　349, 361

Morey, L. C.　243, 245, 246, 252, 259, 337, 338, 347

Morrison, R. L.　297, 307

Morse, M. B.　309

Mosbach, P. A.　200–202, 214, 216, 217

Mosier, C. L.　89, 109

Moskowitz, D. S.　56, 68, 71, 86

Mueller, D.　156, 163

Murray, E. J.　304, 310

Muthén, B.　268, 277

Myllyniemi, R.　229, 233–235, 237

Naboisek, H.　92, 109

Neisser, U.　169, 178

Nelson, B. N.　149, 237, 310

Nerlove, S. B.　113, 126

Nesse, R. M.　22, 41, 132, 148

Nichols, C. W.　300, 301, 308

Norcross, J. C.　327, 331

Norton, K.　146, 148

Notarius, C. I.　303, 309

Novaco, R. W.　24, 41

Nowicki, S., Jr.　29, 41, 95, 98, 109, 133, 148

Nowlis, H. H.　172, 178

Nowlis, V.　172, 178

O'Connor, B.　71, 85, 229, 236

Odbert, H. S.　27, 40

Ogden, G.　169, 178

Olson, D. H.　28, 41, 132, 148

Orford, J.　180, 194, 196, 218, 237, 253, 254, 259, 282, 287, 309, 345, 347

Ortony, A.　20, 40

Osgood, C. E.　45, 47, 50, 115, 125, 172, 178, 198, 214, 217

Osipow, S. H.　150, 163

Ossorio, A. G.　27, 41, 44, 49, 53, 56, 67, 97, 108, 134, 148, 218, 236, 241, 258

Ostendorf, F.　70, 72, 84, 86

Ozer, D. J.　71, 80, 84, 86

Paddock, J. R.　29, 41, 95, 98, 109, 133, 148

Panksepp, J.　199, 202, 217

Parish, E. A.　297, 309

Parke, R. D.　71, 85

Parsons, T.　52, 68

Pasquarelli, B.　191, 196

Peabody, D.　97, 107, 109

Peraino, J. M.　158, 163

Perkins, M. J.　179, 182–184, 196

Perlman, D.　297, 308

Perry, J. C.　339, 347

Peters, S. D.　304, 308

Peveler, R. C.　349, 360

Pfeffer, C. R.　34, 35, 41

Pfohl, B.　245, 259

Phillips, N.　44, 50, 51, 57, 69, 92, 110, 158, 164, 184, 197, 266, 277, 345, 348

Phillipson, H.　55, 68

Piedmont, R. L.　84, 86

Pilkonis, P. A.　145, 148

Pincus, A. L.　36, 41, 51, 55, 64, 67–69, 82, 87, 146, 149, 184, 195, 246, 247, 249–251, 259, 260, 270, 273, 277, 280, 306, 334, 337, 338, 341, 344, 346–348, 368, 371

Pinkston, K.　268, 276

Plata, M.　159, 163

Platman, S. R.　36, 42, 198, 217, 242, 243, 253, 259

Plutchik, R.　21–23, 26, 28–32, 34–42, 45, 47, 49, 50, 70, 71, 85, 86, 91, 94, 96, 108, 109, 116, 117, 125, 126, 170, 172, 174, 178, 188–191, 195–198, 201–204, 209, 211–217, 220, 226, 236, 237, 242–244, 249, 253, 258, 259, 327, 331, 364, 366, 370, 371

Polivy, J.　170, 177

Potkay, C. R.　21, 40

Prediger, D. J.　150, 154, 155, 160, 163

Prochaska, J. O.　327, 331

Pyle, R. L.　349, 361

Quay, H. C.　122, 125

Rapaport, D.　23, 42

Ray, J. J.　127, 149

Redfield, R.　52, 69

Reider, R. O.　258

Reynolds, M. L.　95, 109

Reynolds, P.　222, 237

Richards, T. W.　115, 125

Rimmer, A.　28, 42

Rinn, J. L.　28, 42, 98, 109

Robbins, B.　304, 309

Roberts, J. F.　289, 308

Robinson, L. A.　288, 303, 308

Roe, A. 150, 160, 163

Rogers, P. L. 83, 86

Romney, A. K. 113, 126

Romney, D. M. 36, 42, 246, 251, 259, 262, 265, 267, 269–271, 276, 277, 337, 338, 347

Rosch. E. 66, 69, 169, 173, 178

Rosenberg, S. E. 44, 50, 55, 68, 71, 86, 185, 195, 246, 258, 278, 309, 334, 346, 350, 360

Rosenfeld, R. 258

Rosenthal, R. 83, 86

Rosenzweig, S. 218, 237

Ross, R. T. 92, 109

Rossi, P. H. 159, 162

Rothberg, P. 335, 346

Rounds, J. B. 55, 69, 95, 109, 150–164

Rounsaville, B. J. 349, 361

Ruesch, J. 179, 197

Russell, C. S. 132, 148

Russell, J. 27, 30, 42,

Russell, J. A. 47, 49, 50, 70, 72, 76, 86, 96, 109, 169, 170, 172, 173, 175–178, 189, 190, 193, 197

Ryan, J. M. 159, 163

Sacco, W. P. 288, 308

Safran, J. D. 194, 197

Salovey, P. 172, 177

Salzman, L. 304, 309

Sanderson, C. J. 250, 257, 260

Saucier, G. 45, 50, 55, 69–72, 76, 84, 86, 249, 253, 254, 256, 259, 364, 369, 371

Saunders, D. R. 96, 108

Sayers, S. L. 123, 126

Schacht, T. E. 311, 315, 316, 318, 325, 331–333, 346

Schachter, S. 189, 197

Schaefer, E. S. 27, 28, 42, 46, 50, 111, 113–123, 125–127, 198, 217, 247, 253, 259, 371

Scherer, K. R. 174, 178, 222, 237

Schichman, S. 284, 307

Schiffman, S. S. 95, 109

Schippers, G. M. 245, 258, 337, 346

Schlosberg, H. 25, 42, 92, 96, 102, 109, 110, 170, 172, 173, 176, 178

Schmidt, J. A. 12, 55, 68, 179, 182, 184, 185, 187, 193, 194, 196, 197, 343, 348

Schneider, B. 158, 163

Schneider, P. L. 159, 163

Schonemann, P. E. 184, 197

Schwartz, R. M. 298, 299, 309

Schwarz, N. 221, 237

Searle, J. R. 56, 69

Seery, J. B. 232, 236

Seligman, M. E. P. 138, 149

Sermat, V. 172, 173, 177

Seyforth, R. M. 23, 42

Shack, J. R. 70, 72, 76, 86

Shanley, L. A. 255, 257

Shepard, R. N. 51, 69, 90, 91, 108, 109, 113, 126

Shichman, S. 132, 144, 147

Shweder, R. A. 226, 237

Siegel, P. M. 159, 162

Sikes-Nova, V. E. 245, 258, 347

Sim, J. P. 42, 246, 259, 265, 277, 337, 338, 347

Simons, M. P. 115, 125

Singer, J. E. 189, 197

Singer, J. L. 189, 191, 197

Skodol, A. E. 146, 148, 246, 258, 267, 277

Smith, E. E. 264, 276

Smith, G. T. 275, 276

Snyder, M. 83, 87

Solano, C. H. 297, 309

Soldz, S. 82, 87, 247, 250, 251, 259, 273, 277, 335–341, 343, 344, 346, 347

Sörbom, D. 262, 271, 277

Spezzano, C. 23, 42

Spitzer, R. L. 246, 258, 267, 277

Sprengle, D. H. 132, 148

Springer, T. 335, 346

Sprock, J. 268, 276

Sroufe, L. A. 221, 237

St. Clair, K. L. 123, 126

Steffert, B. 132, 147

Steiger, J. H. 59, 69, 71, 87, 185, 197, 340, 348

Steiner, V. 221, 236

Stern, G. G. 27, 42, 98, 100, 109, 366, 371

Stevens, S. S. 88, 90, 91, 107, 109, 110

Stice, G. 96, 108

Stinson, C. H. 30, 41

Stone, L. A. 32, 42

Stone, M. 255, 256, 259

Storm, C. 20, 43

Storm, T. 20, 43

Strack, S. 31, 37, 43, 45, 50, 62, 68, 240, 246, 259, 304, 309

Strickland, D. 149, 237, 310

Strong, S. R. 145, 149, 218, 235, 237, 287, 300, 310

Strupp, H. H. 311, 315–317, 331–333, 346

Suci, G. J. 45, 50, 115, 125

Suczek, R. F. 27, 41, 44, 48, 50, 94, 97, 98, 109, 131, 148, 243, 245, 246, 258, 283, 309, 366, 371

Sullivan, H. S. 52, 69, 130, 131, 149, 179, 282, 310, 313,

316, 322, 332

Sultan, F. E. 297, 307

Summers, G. F. 268, 277

Suppes, P. 91, 109, 277

Sutton, M. A. 150, 162

Swanson, J. L. 155, 162

Takane, Y. 119, 126

Tannenbaum, P. H. 45, 50, 115, 125

Tanney, A. 146, 148

Tarnow, E. 309

Taylor, G. J. 137, 149

Taylor, S. E. 59, 67

Tellegen, A. 72, 76, 87, 170, 173, 178, 189, 197, 252, 253, 256, 259, 260

ter Schure, E. 221, 236

Thayer, R. E. 172, 178

Thissen, D. 70, 76, 87

Thurstone, L. L. 88, 110-112, 126

Tomkins, S. S. 202, 217

Tomlinson-Keasey, C. 71, 85

Torgerson, W. S. 91, 110

Tracey, T. J. 55, 69, 95, 109, 151-164, 334, 345, 347

Tranel, D. 172, 177

Trapnell, P. 44, 45, 50-53, 55, 57, 59, 64, 69, 92, 110, 158, 160, 162, 164, 184, 197, 251, 260, 266, 277, 336, 339, 345, 347, 348, 368, 371

Treece, C. 258

Triandis, H. C. 52, 56, 69, 172, 178

Trobst, K. K. 58, 59, 63, 69

Trower, P. 24, 43

Trull, T. J. 250, 251, 260, 312, 332

Tversky, A. 91, 109

Tyber, E. 322, 332

Ulrich, R. F. 119, 125

Upton, G. J. G. 76, 87, 95, 110

Ureño, G. 44, 50, 55, 68, 185, 195, 246, 258, 278, 309, 334, 346, 350, 360

Vaillant, G. E. 36, 43

van den Brink, W. 245, 258, 337, 346

Van Denburg, E. 255, 257

Van Denburg, T. F. 245, 258, 337, 343, 347, 348

Vansickle, T. R. 154, 163

Vehrencamp, S. 235, 237

Villaseñor, V. S. 44, 50, 55, 68, 185, 195, 246, 258, 278, 309, 334, 346, 350, 360

Vincent, J. 295, 307

Vitkus, J. 274, 276, 282, 287, 297, 298, 309, 310, 318, 331

Vorhies, L. 250, 257

Wagner, C. C. 184, 197, 343, 348

Waikar, S. V. 309

Wainer, H. 70, 76, 87

Wallbott, H. G. 222, 237

Wampold, B. E. 295, 309

Ward, L. M. 170, 177

Waters, E. 221, 237

Watson, D. 72, 76, 87, 170, 173, 178, 189, 197, 250, 253, 256, 260

Watson, G. S. 95, 102, 110

Watzlawick, P. 291, 310

Waugh, M. H. 246, 259

Weakland, J. 291, 310

Weckler, D. A. 55, 68, 278, 309

Weiss, R. 295, 307

Weissman, M. M. 349, 361

West, M. 146, 148

West, S. G. 343, 346

Wheaton, B. 268, 277

Wherry, R. J., Sr. 89, 110

White, J. S. 226, 237

White, R. W. 223, 237

Widaman, K. 71, 85

Widiger, T. A. 240, 249-254, 257, 260, 268, 273, 276, 287, 307, 340, 344, 346, 348

Wierzbicka, A. 169, 178

Wiggins, J. S. 28, 31, 36, 41, 43-46, 48, 50-57, 59, 63, 64, 66, 67, 69-73, 76-78, 80-84, 87, 92, 95, 97, 100, 110, 127, 133, 145, 146, 149, 158, 164, 180, 184-186, 191, 193, 195, 197, 201, 205, 211, 217, 218, 229, 235, 237, 240-247, 249-253, 256, 259, 260, 265-270, 273, 277, 280, 282, 283, 306, 310, 320, 332-334, 336-341, 344-351, 353, 359, 361, 364, 366-368, 371

Wilfley, D. E. 350, 361

Wilkinson, L. 76, 87

Willerman, L. 158, 163

Williams, C. L. 297, 307

Williams, E. J. 102, 110

Williams, J. B. W. 246, 258, 267, 277

Williams, L. M. 142, 149

Williams, T. (ウィリアムズ, T) 292

Winer, D. L. 304, 310

Wink, P. 81, 82, 87

Wish, M. 113, 125

Wittenborn, J. R. 288, 306, 307

Woodworth, R. S. 92, 102, 110

Wortman, C. B. 61, 68, 289, 290, 307

Young, F. W.　95, 109, 119, 126, 232, 236
Youniss, R. P.　46, 49, 50, 127, 148

Zajonc, R. B.　221, 238
Zar, J. H.　95, 110
Zevon, M. B.　159, 163
Zuckerman, M.　203, 217

〔訳注文献〕
藤山直樹　279, 280, 310
Gjerde Per F.　74, 75, 87
平井洋子　342, 348
清水弘司　74, 75, 87
白砂佐和子　342, 348
鈴木菜実子　279, 280, 310

事項索引

あ行

愛育志向性　222

愛着　127, 128, 137, 193, 221-224, 230, 234, 235, 284
　　——志向性　221-223

アタッチメント　220, 320-322, 325-327, 329
　　——スタイル　284-286, 327

依存性　14, 32, 33, 35-37, 141, 145, 146, 243-246, 248, 251, 255, 266, 269, 270, 274, 282, 284, 313, 337, 338

イプサティブ化　184-186, 188, 365

イプサティブ変数　44, 301, 340

因子の彩度　70, 77, 79

因子分析　7, 172, 204, 205, 261-264, 368

Intrex 質問紙（Intrex Questionnaire）　313, 316-318, 323

インパクトメッセージ　12, 13, 179-183, 187-189, 191, 194
　　——・インベントリー（Impact Message Inventory: IMI）　12, 13, 55, 179, 183, 184, 187, 193, 367
　　　　——オクタント尺度（octant-scale version of the IMI）　184-187

SASB 対人ローカス・オブ・コントロール尺度（SASB-Interpersonal Locus of Control Scale: SASB-ILCS）　325

SD 法　13, 25, 26, 29, 45, 47, 214, 363

円環構造
　　インパクトメッセージの——　184, 189
　　感情の——　25, 26, 170-173
　　子どもの行動の——　115
　　支援行動の——　57-67
　　自我防衛の——　39
　　職業興味の——　154-159
　　相関行列の——　263-265
　　対人形容語の——　225-228
　　対人問題の——　278, 343
　　パーソナリティ障害の——　31-33, 266, 269
　　パーソナリティ特性の——　27-29, 31, 72-76, 266
　　表情の——　231-233
　　夫婦関係・親子関係の——　114-115
　　母性行動の——　114
　　ムードの——　198, 201-213

円環配列　⇒ circumplex

円環モデル　28-30, 44, 45, 51, 55, 66, 70, 71, 73, 132, 133, 201-204, 263, 339, 349, 350, 363, 369

　　SASB の——　311, 312, 315, 319
　　感情の——　25, 170, 198
　　子どもの行動の——　115, 116
　　自我防衛の——　35-39
　　職業興味の——　151, 152
　　パーソナリティ障害の——　32, 116, 240, 269
　　夫婦関係・親子関係の——　114
　　母性行動の——　113, 114

演技性　14, 31-33, 35-37, 141, 143, 146, 243-246, 248, 253, 256, 263, 266, 269, 270, 284, 337, 338

円周構造　11, 13, 25, 27, 28, 47, 48, 91, 103, 150-158, 160, 244, 363, 365

円周統計学　9, 95, 107

オクタゴンモデル　10, 127, 128

親の態度に関する調査用紙（Parent Attitude Research Instrument）　113

か行

外向性　7, 14, 16, 17, 45, 51, 70, 72-74, 76-78, 96, 116-123, 142, 158, 235, 250-254, 256, 257, 262, 273, 275, 335, 336, 339, 340, 344, 345, 364, 367-369

χ^2 値　267, 268

解釈の水準　56, 57

階層モデル　14, 48, 118, 119, 261, 263

外的手続き　97

カイパー検定（Kuiper's test）　95

回避性　14, 29, 32, 33, 35-37, 141, 144-146, 243-248, 251, 271, 272, 274, 324, 337, 338

開放性（経験への開放性）　7, 14, 45, 72, 158, 250-252, 273, 339, 340, 344, 364, 368

角位置　54, 77, 78, 90, 106, 184, 186, 187

確認的因子分析　14, 151, 153, 172, 261, 262, 268

確率プロット（probability plot）　75, 76

カリフォルニア Q セット（California Q-Set: CQ）　9, 71-76, 78, 80-84, 367

感情　20-31, 47, 70-78, 80-84, 116, 122, 131, 132, 166-177, 179, 187-195, 198-205, 207-211, 213-226, 234, 235, 253, 256, 327, 363-367

感情志向性　218, 220-222, 225, 229, 234

感情の円環　7, 13, 73, 74, 76, 84, 113, 170, 198
　　——構造　25, 27, 170
　　——モデル　13, 198-217

感情の円周モデル　47

気質　27, 115, 320, 334

ギャップ・テスト（Gap test）　76

球体モデル　10, 111, 113, 118-120, 122-124, 159-161

境界性　14, 16, 31-37, 141, 143, 145, 242-251, 256, 271, 272, 274, 323, 324, 338-340

共感性尺度（Empathy Scale）　83

教師評定尺度（Teacher Rating Scales）　119

凝集性　24, 78

協調性　7, 14, 16, 17, 28, 45, 65, 72, 73, 75-78, 81, 83, 84, 96, 120, 121, 250-254, 256, 257, 273, 275, 335, 336, 339, 340, 344, 358, 367-369

共同性（communion）　52, 53, 55-57, 62, 64, 182, 188, 191-194, 278, 283, 284, 305, 353, 354, 358

強迫神経症　100, 241

強迫性　14, 31-33, 36, 37, 141, 145, 146, 243-249, 251, 252, 255, 256, 266, 268-274, 284, 326, 338

恐怖志向性　222, 223

恐怖症　143, 241

近接の法則　95, 96

クラスター分析　153, 168, 174, 355-357

クラス内行動

　　──尺度（Classroom Behavior Inventory）　117-121

　　──チェックリスト（Classroom Behavior Checklist）　115, 117

形容詞チェックリスト（Adjective Check List Scales: ACL）　84

K-means 法　355

語彙研究　55, 368

5 因子モデル（Five Factor Model）　7, 9, 14, 16, 17, 45, 48, 55, 70, 71, 123, 124, 249-254, 256, 257, 262, 273, 328, 329, 333-337, 339, 340, 343-345, 368, 369

攻撃志向性　223

構造方程式モデリング　14, 246, 261-264, 270, 275

50 対自己評定尺度（50-Bipolar Self-Rating Scales: 50-BSRS）　337, 339, 344

さ行

作動性（agency）　52, 53, 56, 284

支援行動

　　──円環尺度（Supportive Actions Scale-Circumplex: SAS-C）　59-67

　　──尺度（Supportive Actions Scale: SAS）　9, 58-64, 66

自我防衛　8, 31, 35-40, 363

自己愛性　11, 14, 32, 33, 35-37, 141, 144, 146, 242-246, 248, 263, 266, 269, 270, 338, 339

自己診断テスト（Self-Directed Search: SDS）　156, 158, 159

シゾイド（分裂病質）（Schizoid）　14, 32, 33, 35-37, 117, 141, 142, 146, 241-248, 251, 253, 266, 269-271, 273,

337, 338

児童適応行動尺度（Child Adaptive Behavior Inventory）　120-122

支配性　12, 15, 29, 47, 62, 73, 74, 77, 78, 82, 96, 100, 118, 183, 230, 243, 245, 254, 256, 267, 273, 279-281, 284, 286, 289, 291, 292, 295, 296, 301, 302, 305, 306, 312, 334, 337, 339, 365-367

社会的交換（social exchange）　52, 53, 55, 57, 58

社会的行動の構造分析（Structural Analysis of Social Behavior: SASB）　15, 45, 46, 247-249, 311-330, 333, 350, 352, 364, 366, 370

社会的相互作用　28, 30, 31, 192, 201

集団精神療法　16, 333, 335, 336, 341, 342, 344

集団メンバー対人プロセス尺度（Individual Group Member Interpersonal Process Scale: IGPIS-I）　335

重要な関係への態度尺度（Attitudes about Significant Relationships: ASR）　325, 326

主成分分析　16, 44, 45, 47-49, 59, 62, 88, 159, 184, 185, 204, 205, 210, 226, 228, 301, 335, 337

受動攻撃性　14, 33, 243, 244, 246, 251, 266, 268-272, 274, 338, 339

情動プロフィール・インデックス（Emotions Profile Index）　366

初期経験に関する質問紙（Early Experiences Questionnaire: EEQ）　324-326

職業興味　11, 150, 152, 155-162, 363

　　──検査（Vocational Preference Inventory: VPI）　55, 155, 156, 159

　　ストロング──検査（Strong Interest Inventory: SII）　155, 156

自律性・関係性尺度（Autonomy and Relatedness Inventory）　115

人格障害検査　247

神経症傾向（情緒安定性）　7, 14, 17, 45, 51, 64, 72-77, 81, 83, 84, 123, 250, 251, 254, 256, 257, 262, 273, 275, 312, 339, 340, 344, 364, 365, 368, 369

心身症　138, 241, 242

シンプレックス　⇒simplex

親密性　12, 16, 243, 245, 251, 254, 267, 273, 279, 284, 292, 295, 296, 305, 334, 337-339, 365

信頼志向性　221, 222

スクリプト　12, 168, 173-176

誠実性　7, 14, 72, 117, 123, 250, 251, 273, 275, 339, 340, 368, 369

精神病質　241

摂食障害　16, 349-360

　　──インベントリー（Eating Disorder Inventory: EDI）　349, 352, 356, 357

セルフ・モニタリング尺度（Self-Monitoring Scale）　82,

事項索引

83

相補性　12, 13, 180, 194, 253-256, 287, 288, 292, 295, 303, 313, 315, 316, 318, 321, 326, 327, 334, 345, 358

測定の水準　56, 57

た行

帯域幅　9, 70, 77, 78, 80, 367

大学入試検定（American College Testing Program）　156

対人意図（interpersonal purpose）　27

対人円環モデル　73, 78, 115, 158, 181, 240, 247, 249, 250, 252, 253, 333, 345, 359

対人関係　7-10, 12-14, 17, 20, 51, 52, 180, 281-285, 288, 312, 313, 315-318, 322-327, 363, 366, 369

　　──モデル　30, 282, 283

対人形容語　225-228, 234

対人形容詞尺度（Interpersonal Adjective Scales: IAS）　16, 53-55, 58, 62-64, 67, 92, 100, 184, 229, 350-356, 358, 366, 367

　改訂版──（Revised Interpersonal Adjective Scales: IAS-R）　44-46, 92, 158, 159, 246, 250, 368

対人行動　9, 10, 12, 13, 15, 16, 27, 28, 44, 97, 124, 130, 131, 179-183, 282-285, 287, 288, 312, 313, 315-322

　　──サークル（interpersonal behavior circle）　27, 28, 182, 366

　　──目録（Interpersonal Behavior Inventory: IBI）　44, 183, 184

対人職業尺度（Interpersonal Occupation Scales: IOS）　158

対人スタイル　16, 182, 242, 328, 350-360, 363

　　──目録（Interpersonal Style Inventory: ISI）　46, 47, 127

対人チェックリスト（Interpersonal Checklist: ICL）　10, 44, 88, 92, 94, 97-100, 102-107, 131, 243, 245, 246, 265, 366, 367

対人的目標　292, 300, 302-306

　対人目標インベントリー（Inventory of Interpersonal Goals）　15, 300, 301, 366

対人特性　9, 14, 16, 45, 52, 61, 64, 67, 70, 98, 218, 225, 229, 241, 244, 253, 266, 349, 366

対人の場（interpersonal situation）　52, 58

対人問題　15, 16, 278-283, 299, 300, 305, 306, 318, 322, 324, 326, 327, 333, 334, 342, 366, 370

　　──インベントリー（Inventory of Interpersonal Problems: IIP）　57, 184, 185, 246, 247, 278-282, 285, 286, 299, 334, 337, 340, 350, 366

　　──円環尺度（Inventory of Interpersonal Problems Circumplex Scales: IIP-C）　64, 334, 335, 337-339, 341-343

　　──円環尺度短縮版（IIP-SC）　16, 335, 341-343

多次元尺度構成法（Multidimensional scaling analysis）

13, 29, 44, 47, 95, 113, 119, 120, 123, 124, 154, 155, 159, 160, 168, 172, 218, 231-233, 363

他者との関わり方質問票（Person's Relating to Others Questionnaire: PROQ）　133, 146

探索的因子分析　14, 71, 172, 261-264, 268

単純構造　7, 9, 10, 17, 45, 51, 70, 72, 73, 84, 88, 89, 95, 96, 112, 153, 166, 172, 204, 252-254, 261, 345, 367-369

知性　7, 31, 38, 39, 72, 113, 118-123, 249, 262, 281, 363, 364, 368, 369

忠実度　78, 367

直接類似度比較法（direct similarity scaling）　29

治療同盟（therapeutic alliance）　65, 311, 315-317, 322, 359

同一化　36, 39, 201, 320, 321

統合失調型（分裂病型）（Schizotypal）　14, 32, 33, 35-37, 142, 243, 244, 246-249, 251, 252, 271, 273, 274, 338

取り込み　30, 47, 247, 248, 311, 313, 314, 316-322, 326-328

な行

内在化　145, 319-322

内的手続き　97

入院患者用多次元精神病理尺度（Inpatient Multi-dimensional Psychiatric Scales: IMPS）　48, 49

NEO PI 人格検査（NEO Personality Inventory）　250

は行

パーソナリティ障害　8, 11, 14, 16, 17, 23, 28, 31-36, 40, 82, 127, 132, 139-147, 240-257, 262-275, 284, 319, 323-325, 329, 330, 333, 335-345, 350, 363, 369, 370

　　──検査（Personality Disorder Examination: PDE）　337-339

パーソナリティ調査票（Personality Research Form: PRF）　46, 47

パーソナリティ特性　7-9, 11-14, 17, 21, 23-25, 27-31, 38, 40, 49, 65, 70, 78, 84, 107, 140, 145, 158, 172, 198, 199, 201-205, 208-210, 213, 240, 254, 261-267, 271, 317, 343, 363, 364, 366, 367, 369, 370

パーソナル・コンストラクト理論（personal construct psychology）　333

反社会性　14, 29, 32, 33, 35-37, 141, 146, 243-246, 248, 251, 255, 256, 271-274, 338, 339

非言語的感受性テスト（Profile of Nonverbal Sensitivity）　83

ヒステリー　100, 241

ビッグ・ファイブ（Big Five）　51, 65, 70, 72, 73, 78, 96, 158, 250, 267, 275, 312, 339, 367, 369

ファセット分析　52

夫婦関係・大人の親子関係の2次元円環モデル　114

フォン・ミーゼス分布　94, 101

プロセティック　⇒prothetic

文脈　55, 57, 58, 64, 65, 67, 305, 315, 323, 329

平方因子負荷量指標（squared factor loading index: SQLI）　45

ベクトル長　54, 72, 73, 80, 81, 83, 92-94, 101, 104, 105, 186, 187, 209, 211, 317

防衛志向性　221-223

法則定立的ネットワーク　9, 70, 77, 84

母性行動
　　──調査用紙（Maternal Behavior Research Instrument）113
　　──の円環モデル　113, 114

ま行

ミネソタ多面人格目録（Minnesota Multiphasic Personality Inventory: MMPI）　241, 246, 315, 316, 363

ミロン臨床多軸目録（Millon Clinical Multiaxial Inventory: MCMI-I）243, 246, 249
　　──II（Millon Clinical Multiaxial Inventory, version II: MCMI-II）　247, 337-339

メタセティック　⇒metathetic

妄想性　14, 16, 141, 142, 146, 243-246, 248, 252, 266, 269, 270, 326, 338, 339

や行

役割　56-58, 65, 295-300

UCLA孤独感尺度（University of California, Los Angeles Loneliness Scale）　298

余弦差相関（cosine-difference correlation）　83, 84

ら行

radexモデル　14, 44, 94, 112, 114, 261

ランダム化テスト（randomization test）　151, 152, 160

両極性特性尺度改訂増補版（Bipolar Trait Ratings）　119

類似性　7, 13, 29, 35, 36, 39, 40, 47, 51, 88, 96, 153, 225

レイリーの検定（Rayleigh test）　95

A〜Z

AASR（average absolute standardized residual）　268, 269, 271

Adjective Check List Scales（ACL）　⇒形容詞チェックリスト

AGFI　271, 272

American College Testing Program　⇒大学入試検定

Attitudes about Significant Relationships（ASR）　⇒重要な関係への態度尺度

Autonomy and Relatedness Inventory　⇒自律性・関係性尺度

Bipolar Trait Ratings　⇒両極性特性尺度改訂増補版

Child Adaptive Behavior Inventory　⇒児童適応行動尺度

circumplex（円環配列）　90, 91, 107

Classroom Behavior Checklist　⇒クラス内行動チェックリスト

Classroom Behavior Inventory　⇒クラス内行動尺度

direct similarity scaling　⇒直接類似度比較法

DSM-I　241, 242

DSM-II　242, 253, 266, 274

DSM-III　122, 146, 242-246, 249, 266, 267, 270

DSM-III-R　14, 16, 32-34, 247, 249, 270, 274, 337, 338, 344

DSM-IV　11, 139-141, 146, 147, 240, 247, 248, 252, 253, 255-257, 274, 318, 352, 353

Early Experiences Questionnaire（EEQ）　⇒初期経験に関する質問紙

Eating Disorder Inventory（EDI）　⇒摂食障害インベントリー

Emotions Profile Index　⇒情動プロフィール・インデックス

Empathy Scale　⇒共感性尺度

GFI　271

Impact Message Inventory（IMI）　⇒インパクトメッセージ・インベントリー

Individual Group Member Interpersonal Process Scale（IGPIS-I）⇒集団メンバー対人プロセス尺度

Inpatient Multidimensional Psychiatric Scales（IMPS）⇒入院患者用多次元精神病理尺度

Interpersonal Adjective Scales（IAS）　⇒対人形容詞尺度

interpersonal behavior circle　⇒対人行動サークル

Interpersonal Behavior Inventory（IBI）　⇒対人行動目録

Interpersonal Checklist（ICL）　⇒対人チェックリスト

Interpersonal Occupation Scales（IOS）　⇒対人職業尺度

Interpersonal Style Inventory（ISI）　⇒対人スタイル目録

Inventory of Interpersonal Goals　⇒対人目標インベントリー

Inventory of Interpersonal Problems（IIP）　⇒対人問題インベントリー

Inventory of Interpersonal Problems Circumplex Scales（IIP-C）⇒対人問題円環尺度

Maternal Behavior Research Instrument　⇒母性行動調査用紙

metathetic（メタセティック）　91, 94, 107

Millon Clinical Multiaxial Inventory（MCMI-I）　⇒ミロン臨床多軸目録

Millon Clinical Multiaxial Inventory, version II（MCMI-

Ⅱ) ⇒ミロン臨床多軸目録Ⅱ

Minnesota Multiphasic Personality Inventory（MMPI）
⇒ミネソタ多面人格目録

Multidimensional scaling analysis　⇒多次元尺度構成
法

NEO Personality Inventory　⇒NEO PI 人格検査

NFI（Normed Fit Index）　268, 271

NNFI（Non-Normed Fit Index）　268, 269, 271

Parent Attitude Research Instrument　⇒親の態度に
関する調査用紙

Personality Diagnostic Questionnaire（PDQ-Ⅳ）　146

Personality Disorder Examination（PDE）　⇒パーソナ
リティ障害検査

Personality Research Form（PRF）　⇒パーソナリティ
調査票

Person's Relating to Others Questionnaire（PROQ）
⇒他者との関わり方質問票

Profile of Nonverbal Sensitivity　⇒非言語的感受性テ
スト

prothetic（プロセティック）　91, 94, 107

Revised Interpersonal Adjective Scales（IAS-R）　⇒
改訂版対人形容詞尺度

RIASEC　11, 150-160

RMSR　271, 272

SASB-Interpersonal Locus of Control Scale: SASB-
ILCS　⇒SASB 対人ローカス・オブ・コントロー
ル尺度

Self-Directed Search（SDS）　⇒自己診断テスト

Self-Monitoring Scale　⇒セルフ・モニタリング尺度

simplex（シンプレックス）　90, 91, 107, 151, 263, 270-
275

squared factor loading index（SQLI）　⇒平方因子負荷
量指標

Strong Interest Inventory（SII）　⇒ストロング職業興
味検査

Structural Analysis of Social Behavior（SASB）　⇒社
会的行動の構造分析

Supportive Actions Scale（SAS）　⇒支援行動尺度

Supportive Actions Scale-Circumplex: SAS-C　⇒支援
行動円環尺度

Teacher Rating Scales　⇒教師評定尺度

University of California, Los Angeles Loneliness Scale
⇒ UCLA 孤独感尺度

Vocational Preference Inventory（VPI）　⇒職業興味検
査

【著者紹介】 ※データは原書出版（1997年）当時のもの。*は編者

John Birtchnell　ジョン・バーチネル
医学博士，精神医学研究所（ロンドン）准教授，精神科顧問医師

John M. Bynner　ジョン・M・ビンナー
博士，ロンドン大学シティ校社会統計研究部門所長，社会心理学教授

*Hope R. Conte　ホープ・R・コント
博士，アルベルト・アインシュタイン医学校（ニューヨーク州）精神科・心理学科教授，ブロンクス市営ホスピタルセンター精神科精神力動療法研究プログラムディレクター

D. Christopher Dryer　D・クリストファー・ドライアー
博士，IBMアルマデン研究所（カリフォルニア州）研究員

Gene A. Fisher　ジーン・A・フィッシャー
博士，マサチューセッツ大学アマースト校社会学准教授

Lewis R. Goldberg　ルイス・R・ゴールドバーグ
博士，オレゴン大学心理学科心理学教授，オレゴン調査機構研究員

Michael B. Gurtman　マイケル・B・ガートマン
博士，ウィスコンシン大学パークサイド校心理学科心理学教授

Steven Hagemoser　スティーブン・ハーゲモーサー
修士，ケンタッキー大学心理学科大学院生

William P. Henry　ウィリアム・P・ヘンリー
博士，ユタ大学心理学科心理学准教授

Leonard M. Horowitz　レオナルド・M・ホロヴィッツ
博士，スタンフォード大学（カリフォルニア州）心理学科心理学教授

Donald J. Kiesler　ドナルド・J・キースラー
博士，バージニア・コモンウェルス大学心理学科臨床心理学教授，学科長

Elena N. Krasnoperova　エレナ・N・クラスノペロヴァ
学士，スタンフォード大学（カリフォルニア州）心理学科大学院生

Maurice Lorr　モーリス・ロア
博士，アメリカ・カトリック大学ライフサイクル研究所（ワシントンDC）心理学教授

James K. Madison　ジェームズ・K・マディソン
博士，ネブラスカ大学医療センター摂食障害プログラムコーディネーター

Clarence C. McCormick　クラレンス・C・マコーミック
オレゴン州ユージーン

Rauni Myllyniemi　ラウニ・ミュッリュニエミ
博士，ヘルシンキ大学（フィンランド）社会心理学准教授

＊Robert Plutchik　ロバート・プルチック
博士，アルベルト・アインシュタイン医学校（ニューヨーク州）精神科名誉教授

David M. Romney　デビッド・M・ロムニー
博士，カルガリー大学（カナダ）臨床心理学教授

James B. Rounds　ジェームズ・B・ラウンズ
博士，イリノイ大学アーバナ・シャンペーン校カウンセリング心理学トレーニング理事長，教育
心理学・心理学准教授，ロズウェルパーク記念研究所（ニューヨーク州）心理学科臨床研究助手

James A. Russell　ジェームズ・A・ラッセル
博士，ブリティッシュコロンビア大学（カナダ）心理学科心理学教授

Earl S. Schaefer　アール・S・シェーファー
博士，ノースカロライナ大学公衆衛生大学院母子保健科心理学名誉教授

James A. Schmidt　ジェームズ・A・シュミット
博士，ウェスタン・イリノイ大学心理学科心理学助教授

Stephen Soldz　ステファン・ソルツ
博士，ハーバード大学医学大学院（マサチューセッツ州）臨床心理学助教授，ボストン心理療
法研究所研究部長

Terence J. G. Tracey　テレンス・J・G・トレーシー
博士，イリノイ大学アーバナ・シャンペーン校教育心理学科教育心理学・心理学教授

Krista K. Trobst　クリスタ・K・トロブスト
ブリティッシュコロンビア大学（カナダ）臨床心理学博士号取得予定

Christopher C. Wagner　クリストファー・C・ワグナー
博士，バージニア・コモンウェルス大学バージニア医学校精神医学科心理学博士研究員

Thomas A. Widiger　トーマス・A・ワイディガー
博士，ケンタッキー大学心理学科心理学教授

Jerry S. Wiggins　ジェーリー・S・ウィギンズ
博士，ブリティッシュコロンビア大学（カナダ）心理学科心理学教授

【訳者紹介】

橋本泰央（はしもと　やすひろ）

2008 年 4 月より　帝京短期大学ライフケア学科　助教
2012 年 4 月より現在　帝京短期大学ライフケア学科　講師
2015 年　早稲田大学大学院文学研究科修士課程修了
2015 年 4 月より現在　早稲田大学大学院文学研究科博士課程

［主要論文］
「対人円環モデルに基づいた IPIP-IPC-J の作成」心理学研究，2016 年（共著）
「対人特性とビッグ・ファイブ・パーソナリティ特性との関連──メタ分析による検討──」パーソナリティ研究，2018 年（共著）
「辞書研究に基づく対人特性語の構造の検討」パーソナリティ研究，2019 年（共著）

小塩真司（おしお　あつし）

2000 年　名古屋大学大学院教育学研究科博士課程後期課程修了。博士（教育心理学）
2001 年 10 月より　中部大学人文学部　講師，准教授
2012 年 4 月より　早稲田大学文学学術院　准教授
2014 年 4 月より現在　早稲田大学文学学術院　教授

［著者］
『研究事例で学ぶ SPSS と Amos による心理・調査データ解析 ［第 2 版］』（東京図書，2012 年）
『研究をブラッシュアップする SPSS と Amos による心理・調査データ解析』（東京図書，2015 年）
『ストーリーでわかる心理統計　大学生ミライの因果関係の探究』（ちとせプレス，2016 年）
『性格がいい人、悪い人の科学』（日本経済新聞出版社，2018 年）
『SPSS と Amos による心理・調査データ解析 ［第 3 版］──因子分析・共分散構造分析まで──』（東京図書，2018 年）

円環<ruby>円<rt>えん</rt></ruby><ruby>環<rt>かん</rt></ruby>モデルからみたパーソナリティと<ruby>感<rt>かん</rt></ruby><ruby>情<rt>じょう</rt></ruby>の<ruby>心<rt>しん</rt></ruby><ruby>理<rt>り</rt></ruby><ruby>学<rt>がく</rt></ruby>

2019 年 11 月 10 日　初版第 1 刷発行

編著者	ロバート・プルチック　ホープ・R・コント
訳　者	橋本泰央　小塩真司
発行者	宮下基幸
発行所	福村出版株式会社
	〒113-0034　東京都文京区湯島 2-14-11
	電話 03（5812）9702　FAX 03（5812）9705
	https://www.fukumura.co.jp
印刷・製本	中央精版印刷株式会社

ISBN978-4-571-24078-2 C3011
Printed in Japan ©Yasuhiro Hashimoto, Atsushi Oshio 2019
落丁・乱丁本はお取替えいたします
定価はカバーに表示してあります
本書の無断複製・転載・引用等を禁じます

福村出版 ◆ 好評図書

日本パーソナリティ心理学会 企画／二宮克美・浮谷秀一・
堀毛一也・安藤寿康・藤田主一・小塩真司・渡邊芳之 編集

パーソナリティ心理学ハンドブック

◎26,000円　　ISBN978-4-571-24049-2　C3511

歴史や諸理論など総論
から生涯の各時期の諸
問題, 障害, 健康, 社会
と文化, 測定法など多
岐にわたる項目を網羅。

田島信元・岩立志津夫・長崎 勤 編集

新・発達心理学ハンドブック

◎30,000円　　ISBN978-4-571-23054-7　C3511

1992年旧版刊行から20
余年の間に展開された
研究動向をふまえて,
新章や改変を加えた最
新情報・知見の刷新版。

日本青年心理学会 企画／後藤宗理・二宮克美・高木秀明・
大野 久・白井利明・平石賢二・佐藤有耕・若松養亮 編集

新・青年心理学ハンドブック

◎25,000円　　ISBN978-4-571-23051-6　C3511

青年を取り巻く状況の
変化を俯瞰しながら,
研究の動向や課題を今
日的なトピックを交え
て論説。研究者必備。

A.カンジェロシ・M.シュレシンジャー 著／岡田浩之・谷口忠大 監訳

発達ロボティクスハンドブック
● ロボットで探る認知発達の仕組み

◎11,000円　　ISBN978-4-571-23059-2　C3511

ロボットを用いて人の
認知発達過程をシミュ
レーションする学際分
野「発達ロボティクス」
の概要を紹介する。

E.シャフィール 編著／白岩祐子・荒川 歩 監訳

行動政策学ハンドブック
● 応用行動科学による公共政策のデザイン

◎11,000円　　ISBN978-4-571-41063-5　C3536

投票行動や健康運動な
ど多くの分野の政策策
定において, 心理学は
人々の行動にいかに影
響を与えうるか。

P.クーグラー 編著／皆藤 章 監訳

スーパーヴィジョンの実際問題
● 心理臨床とその教育を考える

◎5,000円　　ISBN978-4-571-24077-5　C3011

ユング派というオリエ
ンテーションを超え,
スーパーヴィジョンと
は何かという問題を通
して心理臨床を考える。

田島充士 編著

ダイアローグのことばと
モノローグのことば
● ヤクビンスキー論から読み解くバフチンの対話理論

◎5,000円　　ISBN978-4-571-22056-2　C3011

「ダイアローグ（対話）」
と「モノローグ（独話）」
概念を軸に, バフチン
の議論を実践的に読み
解く。

H.ベンベヌティ・T.J.クリアリィ・A.キトサンタス 編／中谷素之 監訳

自己調整学習の多様な展開
● バリー・ジマーマンへのオマージュ

◎9,000円　　ISBN978-4-571-22058-6　C3011

バリー・J.ジマーマン
による自己調整学習理
論のさまざまな領域に
おける展開と今後の可
能性について検証する。

日本青年心理学会 企画／大野 久・小塩真司・佐藤有耕・
白井利明・平石賢二・溝上慎一・三好昭子・若松養亮 編集

君 の 悩 み に 答 え よ う
● 青年心理学者と考える10代・20代のための生きるヒント

◎1,400円　　ISBN978-4-571-23057-8　C0011

悩みを抱く青年を応援
すべく, 心の専門家が
Q&A形式で彼らの悩
みに答える。進路指導・
学生相談にも最適。

◎価格は本体価格です。